Bible du yoga

B.K.S.

IYENGAR

Bible du yoga

Préface de Yehudi Menuhin

Traduit de l'anglais
par Georgia Berlanda
et Philippe Leconte

J'AI LU

Collection dirigée
par Ahmed Djouder

Titre original
LIGHT ON YOGA

Ouvrage précédemment paru sous le titre :
Yoga Dipika Lumière sur le yoga

Avant-propos

Ce n'est que grâce aux encouragements persistants de mes amis et élèves dévoués que ce livre est maintenant achevé, car seul, j'aurais abandonné à plusieurs reprises, non seulement à cause de ma maîtrise insuffisante de la langue anglaise, mais aussi parce que sans la force de leur soutien et de leur confiance, j'aurais perdu courage.

Le yoga est une science pragmatique dont l'origine se perd dans la nuit des temps. Il a évolué pendant des millénaires, et traite globalement du bien-être de l'homme sur les plans physique, moral, mental et spirituel.

Le premier livre qui a systématisé cette pratique est le traité classique des *Yoga Sutra* (ou aphorismes) de Patañjali, datant de 200 avant J.-C. Malheureusement la plupart des livres publiés de nos jours sur le yoga sont indignes à la fois du sujet et de son premier grand interprète, car ce sont des vulgarisations, superficielles et parfois erronées. Il est même arrivé que leurs lecteurs me demandent si je pouvais boire de l'acide, mâcher du verre, marcher sur le feu, me rendre invisible, ou accomplir d'autres actions magiques. Des études sérieuses et savantes des textes religieux et philosophiques existent déjà dans la plupart des langues ; mais la pratique d'un art est plus difficile à transmettre qu'un concept purement littéraire ou philosophique.

Le titre original de ce livre est *Yoga Dipika* (Lumière sur le yoga), car mon but est de décrire aussi simplement que possible les asana (postures) et le pranayama (disciplines de la respiration) à la lumière nouvelle de notre époque, des connaissances qu'elle apporte et de ses exigences. J'ai donc donné des indications très détaillées sur les asana et le pranayama, fruit de mon expérience de l'enseignement du yoga en de nombreuses parties du monde pendant plus de vingt-sept années. Ce livre contient la technique complète de 200 asana illustrés par 592 photos pour apprendre les postures ; et il décrit également les bandha, kriya et pranayama illustrés par 5 photos.

Le lecteur occidental sera peut-être surpris des références répétées qui sont faites à l'Esprit Universel, à la mythologie et même aux principes philosophiques et moraux. Il ne doit pas oublier que dans les temps anciens, toutes les grandes œuvres humaines dans les domaines de la connaissance, de l'art et du pouvoir faisaient partie intégrante de la religion et étaient considérées comme appartenant à Dieu et à ses représentants sur terre. En Occident, on trouve encore une telle incarnation du savoir et du pouvoir divins dans la personne du pape catholique. Mais auparavant, même dans le monde occidental, la musique, la peinture, l'architecture, la philosophie et la médecine aussi bien que la guerre étaient toujours au service de Dieu. En Inde, ce n'est que très récemment que ces arts et ces sciences ont commencé à s'affranchir du Divin, mais avec grand respect pour ce qui est de l'émancipation de la volonté de l'homme, par rapport à la volonté divine. En Inde, nous continuons à attacher une grande valeur à la pureté d'intention, à l'humilité dans la discipline et au désintéressement qui sont l'héritage de notre longue dépendance envers Dieu. Je considère qu'il est à la fois important et intéressant pour le lecteur de connaître l'origine des asana ; j'ai donc inclus dans ce livre les explications qu'en ont données les yogi pratiquants et les sages.

Tous les textes anciens sur le yoga mettent l'accent sur la nécessité de travailler sous la direction d'un guru (maître) et bien que mon expérience prouve la sagesse de cette règle, je me suis efforcé dans ce livre, avec la plus grande humilité, de guider le lecteur – qu'il soit professeur ou élève – vers la maîtrise de ces asana et pranayama suivant une méthode sûre et correcte.

Dans l'appendice I, j'ai présenté un programme de trois cents semaines pour les disciples fervents, en groupant les asana par étapes selon leur structure.

Dans l'appendice II, j'ai groupé les asana selon leur valeur thérapeutique.

Étudiez avec attention les recommandations avant de vous exercer aux asana et aux techniques de pranayama.

Je suis sincèrement reconnaissant envers mon ami et élève très estimé M. Yehudi Menuhin pour sa préface et son incommensurable soutien.

Je suis redevable à mon élève M. B.I. Taraporewala pour sa collaboration à la préparation de ce livre.

Je remercie Allen & Unwin Book Publishers d'avoir bien voulu publier ce livre abondamment illustré et diffuser mon ouvrage dans le monde entier ; je remercie également Eilean Pearcey qui a fait les dessins.

J'exprime ma sincère gratitude à G.G. Welling Photo Studio de Poona (Inde) pour l'intérêt et l'attention personnelle qu'ils ont apportés dans les innombrables prises de vues et pour avoir mis à ma disposition leur studio.

L'auteur désire exprimer sa gratitude à M. Gerald Yorke pour le soin qu'il a pris à diriger la publication du manuscrit et à corriger les épreuves.

B. K. S. Iyengar

Préface de Yehudi Menuhin

La pratique du yoga développe un sens fondamental de la mesure et des proportions. Elle nous ramène à notre propre corps, notre premier instrument, et nous apprenons à en jouer, à en tirer le maximum de résonance et d'harmonie. Avec une patience sans limites nous affinons et animons chaque cellule lors du combat de chaque jour, débridant et libérant des capacités qui, sinon, seraient condamnées à la frustration et à la mort.

Chaque portion inanimée de tissu ou de nerf, de cerveau ou de poumon est un défi à notre volonté et à notre intégrité, ou alors un germe de frustration et de mort. Quiconque a eu le privilège de recevoir l'enseignement de M. Iyengar, ou d'être le témoin de la précision, du raffinement et de la beauté de son art est introduit dans cette vision de perfection et d'innocence de l'homme, tel qu'il fut créé au jardin de l'Éden : désarmé, sans honte, fils de Dieu et maître de la création. L'arbre de la connaissance donne, il est vrai, de nombreux fruits de toutes sortes, doux, vénéneux, amers ou délicieux selon l'usage que nous faisons de cette connaissance. Mais n'est-il pas pour nous plus impératif que jamais de cultiver l'arbre et de nourrir ses racines ? De plus, le danger est très grand que cette connaissance soit appliquée par certains, mal à l'aise avec eux-mêmes, à manier les gens et les choses plutôt qu'à se perfectionner.

La pratique du yoga au cours des quinze dernières années m'a convaincu qu'à la plupart de nos attitudes fondamentales envers la vie correspondent des expressions physiques de notre corps. Ainsi le sens de la comparaison et de la critique se développe en cherchant à aligner le côté droit et le côté gauche à un degré de précision tel qu'un ajustement encore meilleur est toujours possible ; la formation de la volonté commence par l'étirement du corps tout entier des orteils au sommet de la tête, en défi à la pesanteur. L'élan et l'ambition peuvent être découverts par la sensation du poids et de la vitesse que donne le libre balancement des membres, tandis que l'aplomb sera acquis par le contrôle de l'équilibre prolongé sur un pied, les deux pieds ou les mains. La ténacité s'obtient en gardant les différentes postures de yoga, en étirement maximum pendant de longues minutes, et la sérénité vient en s'exerçant à respirer de façon calme et régulière en ouvrant au maximum la cage thoracique. L'harmonie et le sens de l'universel viennent avec la prise de conscience de l'alternance inéluctable de l'activité et de la passivité en rythmes éternels dont chaque inspiration et chaque expiration forment un cycle parmi les innombrables myriades d'ondes ou de vibrations qui constituent l'univers.

Quelle est l'alternative ? Des caractères faussés, aigris par l'échec, condamnant l'ordre des choses, des bossus critiquant la rectitude, des autocrates effondrés sous la menace d'accidents coronaires, le tragique spectacle d'hommes transmettant aux autres leur propre déséquilibre et leurs frustrations.

Le yoga, tel qu'il est vécu par M. Iyengar, est le don mystique d'un homme qui se présente lui-même devant l'autel, seul et pur de corps et d'esprit, concentré dans son attention et sa volonté, offrant avec simplicité et innocence, non pas un holocauste, mais simplement lui-même au plus haut de sa réalisation.

C'est une technique idéale pour prévenir les maladies physiques et mentales et protéger le corps en général en développant une sensation inébranlable d'assurance et de sûreté de soi. Par sa nature même, il est inextricablement lié aux lois universelles ; car le respect de la vie, la vérité et la patience sont autant d'éléments indispensables pour permettre une respiration calme dans la paix de l'esprit et la fermeté de la volonté.

C'est en cela que résident les vertus morales inhérentes au yoga. Pour ces raisons, il demande un effort total, mettant en jeu et façonnant l'être humain tout entier. Aucune répétition mécanique n'intervient, ni paroles vaines comme dans le cas des bonnes résolutions et des prières formelles. Par sa nature même, il est à chaque instant un acte vivant.

Nombreux seront, je l'espère, ceux qui, à la lecture du livre de M. Iyengar, suivront son exemple et deviendront les guides dont l'humanité a cruellement besoin. Si ce livre sert à répandre cet art fondamental et fait en sorte qu'il soit pratiqué à son plus haut niveau, je me sentirai plus que jamais reconnaissant d'avoir participé à sa présentation.

Yehudi Menuhin

PREMIÈRE PARTIE

INTRODUCTION

Qu'est-ce que le yoga ?

Le mot yoga vient de la racine sanskrite yuj qui signifie lier, unir, attacher, atteler sous le joug, ou diriger et concentrer son attention, ou encore utiliser et mettre en pratique. Elle signifie aussi union ou communion. C'est l'union même de notre volonté avec la volonté de Dieu. « Cela signifie donc, dit Mahadev Desai dans son introduction à la *Gita d'après Gandhi*, que tous les pouvoirs du corps, de l'esprit et de l'âme doivent être soumis à Dieu ; cela exige que l'intelligence, l'esprit, les émotions, la volonté soient soumis à la discipline que le yoga présuppose. Cela conduit à un équilibre de l'âme qui permet de considérer tous les événements de la vie de façon paisible. »

Le yoga est l'un des six systèmes orthodoxes de la philosophie hindoue. Il fut compilé, coordonné et systématisé par Patañjali dans son ouvrage classique, les *Yoga Sutra*, composé de 185 courts aphorismes. Selon la pensée hindoue tout est imprégné par l'Esprit Universel Suprême (Paramatma ou Dieu) dont l'esprit individuel (jivatma) de chaque être humain est une partie. Ce système est appelé yoga parce qu'il enseigne les moyens par lesquels le jivatma peut être uni, ou être en communion avec le Paramatma, et permettre ainsi la libération (moksa).

Celui qui suit la voie du yoga est un yogi ou yogin.

Dans le chapitre VI de la *Bhagavad Gita*, l'ouvrage qui fait le plus autorité en matière de philosophie du yoga, Sri Krishna explique à Arjuna que le but du yoga est la délivrance de la souffrance et de la peine. Il dit : « Quand l'esprit, l'intelligence et le soi (ahamkara) sont maîtrisés, libérés des désirs incessants, de sorte qu'ils reposent dans l'Esprit Intérieur, l'homme devient un Yukta : celui qui est en communion avec Dieu. La flamme d'une lampe à huile ne vacille pas si le vent ne souffle ; ainsi en est-il du yogi qui contrôle en lui-même l'esprit, l'intelligence et le soi et s'absorbe dans l'Esprit Intérieur qui est en lui. Quand, par la pratique du yoga, s'apaise l'effervescence de l'esprit, de l'intelligence et du soi, le yogi trouve la plénitude dans la grâce de l'Esprit qui est en lui. Alors il connaît la joie éternelle qui est au-delà de la limite des sens et que la raison ne peut saisir. Il demeure dans cette réalité et ne la quitte plus. Il a trouvé le plus grand des trésors que rien ne surpasse. Celui qui l'a trouvé ne craint plus d'être affecté, même par la plus grande peine. C'est le sens profond du yoga : la délivrance de la souffrance et de la peine. »

Comme les nombreuses facettes d'un diamant bien taillé qui réfléchissent chacune une couleur différente de la Lumière, chaque facette du mot yoga fait ressortir une nuance particulière de sa signification, et révèle différents aspects de tous les efforts faits par l'homme pour gagner la paix intérieure et le bonheur.

La *Bhagavad Gita* donne aussi d'autres explications du terme yoga et met l'accent sur le Karma Yoga (yoga de l'action). Il est écrit : « Seul le travail est votre privilège, et non les fruits qui en résultent. Que les fruits de l'action ne soient jamais votre mobile ; et cependant ne cessez jamais de travailler. Travaillez au nom de Dieu en abandonnant les désirs égoïstes, ne soyez affectés ni par le succès ni par l'échec ; cet équilibre est appelé yoga. »

Le yoga est aussi décrit comme la sagesse, l'art de vivre, l'harmonie et la modération dans toutes les actions.

« Le yoga n'est pas pour celui qui mange trop, ni pour celui qui ne mange pas assez. Il n'est pas non plus pour celui qui dort trop ni pour celui qui ne dort pas assez. Par la modération dans la nourriture et dans le repos, par la régularité dans le travail et par l'équilibre entre la veille et le sommeil, le yoga détruit toutes souffrances et toutes peines. »

La *Kathopanisad* décrit ainsi le yoga : « Quand les sens sont apaisés, quand l'esprit est en repos, quand l'intelligence ne s'agite plus, alors, dit le sage, le stade le plus élevé est atteint. Ce ferme contrôle des sens et de l'esprit a été défini comme étant le yoga. Celui qui l'a atteint est délivré de l'illusion. »

Dans le second aphorisme du premier chapitre des *Yoga Sutra*, Patañjali décrit le yoga comme « Citta vrtti nirodhah » ; cela peut être traduit comme le moyen d'arrêter (nirodhah) le cours des modifications (vrtti) mentales (citta), ou encore la suppression (nirodhah) des fluctuations (vrtti) de la conscience (citta).

Le mot citta désigne l'esprit dans son sens total ou collectif comprenant trois éléments :

a) L'esprit (manas, l'esprit individuel ayant le pouvoir d'attention et de sélection ; c'est la faculté de l'esprit qui est fluctuante et indécise) ;

b) L'intelligence ou la raison (buddhi, le système de décision qui établit la distinction entre les choses) ;

c) Le *moi* (ahamkara, littéralement le moi-actif, l'entité qui constate que « je sais »).

Le mot vrtti est tiré de la racine sanskrite vrt qui signifie tourner, pivoter, se dérouler. Il signifie donc le déroulement d'une action, le comportement, la façon d'être, la condition ou l'état mental. Le yoga est la méthode par laquelle l'agitation de l'esprit est arrêtée et l'énergie dirigée vers des voies constructives. Comme la domestication d'un fleuve puissant par canaux et barrages crée un vaste réservoir d'eau, fait disparaître la famine et fournit à l'industrie une importante quantité d'énergie, de même, la maîtrise de l'esprit crée un réservoir de paix et produit une abondante énergie pour l'élévation de l'homme.

Maîtriser l'esprit est un problème dont la solution n'est pas simple, comme il ressort du dialogue suivant tiré du sixième chapitre de la *Bhagavad Gita*. Arjuna demande à Sri Krishna :

« Krishna, vous m'avez parlé du yoga comme étant la communion avec le Brahman (l'Esprit Universel) qui est toujours un. Mais comment cela peut-il devenir un état permanent, alors que l'esprit est si agité et inconséquent ? L'esprit est impétueux et opiniâtre, volontaire et fort, aussi difficile à dompter que le vent. » Sri Krishna répond : « Sans aucun doute l'esprit est agité et difficile à maîtriser. Mais il peut être éduqué par une pratique constante (abhyasa) et par la libération des désirs (vairagya). Un homme qui ne peut pas maîtriser son esprit atteindra difficilement cette communion avec le divin. Mais un homme maître de lui peut l'atteindre s'il est tenace dans son effort et s'il dirige son énergie par les moyens appropriés. »

Le choix des moyens appropriés est aussi important que le but poursuivi. Pour celui qui est en quête de l'Âme, Patañjali énumère les moyens correspondants. *Ce sont les huit « piliers » ou étapes du yoga* :

1. – Yama (commandements moraux universels).

2. – Niyama (purification de soi par la discipline).

3. – Asana (posture).

4. – Pranayama (contrôle rythmique de la respiration).

5. – Pratyahara (détachement de l'esprit : il se libère de la domination des sens et des objets extérieurs).

6. – Dharana (concentration).

7. – Dhyana (contemplation).

8. – Samadhi (état de suprême conscience apportée par une méditation profonde dans laquelle le chercheur individuel (sadhaka) devient un avec l'objet de sa contemplation : Paramatma ou l'Esprit Universel).

Yama et niyama gouvernent les passions et les émotions du yogi et le maintiennent en harmonie avec ses semblables. Les asana maintiennent la force et la santé du corps et son harmonie avec le cosmos. Finalement, le yogi se libère des impressions physiques. Il triomphe de son corps et en fait le digne véhicule de l'âme. Les trois premières étapes sont les aspects extérieurs de la recherche (bahiranga sadhana).

Dans les deux étapes suivantes, pranayama et pratyahara, le disciple apprend à contrôler sa respiration et de cette façon à maîtriser son esprit. Cela permet de libérer les sens de l'asservissement aux objets de désirs. Ces deux étapes du yoga sont les aspects intérieurs de la recherche (antaranga sadhana).

Dharana, dhyana et samadhi entraînent le yogi jusque dans les replis les plus profonds de son âme.

Le yogi ne regarde pas vers le ciel pour trouver Dieu. Il sait qu'Il est en lui-même, c'est l'Antaratma (le Soi Intérieur). Ces trois dernières étapes le maintiennent en harmonie avec lui-même et son Créateur. Elles sont appelées antaratma sadhana, la recherche de l'Âme.

Par une méditation profonde, le connaissant, la connaissance et le connu deviennent un. Le voyant, la vue et ce qui est vu n'ont pas d'existence distincte. C'est comme un grand musicien qui ne fait plus qu'un avec son instrument et la musique qui en émane.

Alors, le yogi habite sa propre nature et réalise son âme (Atman), la part de l'Âme Universelle qui est en lui.

Il existe différentes voies (marga) par lesquelles un homme retourne vers son Créateur. L'homme d'action trouve sa réalisation par Karma Marga ; c'est la voie par laquelle l'homme réalise sa propre divinité dans le travail et l'obéissance. L'homme de cœur trouve sa réalisation par Bhakti Marga, à travers l'amour et la dévotion pour un Dieu personnel. L'homme de pensée suit Jñana Marga, où il se réalise par le savoir. L'homme de contemplation ou de méditation suit Yoga Marga, et réalise sa propre divinité par le contrôle de l'esprit.

Heureux l'homme qui sait distinguer le réel de l'irréel, l'éternel de l'éphémère, et le bien de l'agréable grâce à sa sagesse et son discernement. Deux fois béni celui qui connaît l'amour véritable et peut aimer toutes les créatures de Dieu. Celui qui, désintéressé, et le cœur rempli d'amour travaille pour le bien des autres est trois fois béni. Mais celui qui, sous sa forme mortelle, réunit la connaissance, l'amour et l'action désintéressée est un saint et devient un lieu de pèlerinage, comme le confluent du Gange, de la Sarasvati et de la Jamuna. Ceux qui le rencontrent trouvent la paix et sont purifiés.

L'esprit est le roi des sens. Celui qui a maîtrisé son esprit, ses sens, ses passions, sa pensée et sa raison est roi parmi les hommes. Il est digne du Raja Yoga, l'union royale avec l'Esprit Universel. Il possède la Lumière Intérieure.

Celui qui a maîtrisé son esprit est un Raja Yogi. Le mot raja signifie roi. L'expression Raja Yoga sous-entend une maîtrise complète du soi. Bien que Patañjali indique les moyens de contrôler l'esprit, nulle part dans ses aphorismes il n'affirme que cette connaissance est le Raja Yoga, mais il lui donne le nom d'Astanga Yoga, c'est-à-dire les huit piliers (étapes) du yoga. Comme cela sous-entend une maîtrise totale du soi on peut l'appeler la science du Raja Yoga.

Svatmarama, l'auteur de la *Hatha Yoga Pradipika* (hatha = force ou effort soutenu) appelle cette voie Hatha Yoga parce qu'elle exige une discipline rigoureuse.

On considère généralement que Raja Yoga et Hatha Yoga sont entièrement distincts, différents et même opposés, que les *Yoga Sutra* de Patañjali traitent de l'entraînement spirituel et que la *Hatha Yoga Pradipika* de Svatmarama traite uniquement de l'entraînement physique. Il n'en est rien, car Hatha Yoga et Raja Yoga se complètent et forment une seule et même approche de la Libération. De même qu'un alpiniste a besoin d'échelles, de cordes et de crampons aussi bien que de préparation physique et de discipline pour escalader les pics glacés des Himalaya, ainsi en est-il du yoga : le disciple a besoin de la connaissance et de la discipline du Hatha Yoga de Svatmarama pour atteindre les hauteurs du Raja Yoga dont traite Patañjali.

Cette voie du yoga est la source des trois autres voies. Elle apporte le calme et la tranquillité et prépare l'esprit à cet abandon total et sans réserves à Dieu, dans lequel ces quatre voies se fondent en une seule.

Citta Vrtti. (Les causes des fluctuations de l'esprit.)

Dans ses *Yoga Sutra,* Pantañjali énumère cinq catégories de citta vrtti qui sont cause de plaisir ou de souffrance. Ce sont :

1. – Pramana (un modèle ou idéal) par rapport auquel l'esprit apprécie ou connaît les choses ou les valeurs, que les hommes admettent :

a) par évidence directe telle que la perception (pratyaksa) ;

b) par déduction (anumana) ;

c) par témoignage ou sur la foi d'une autorité valable quand cette source de connaissance a été reconnue comme sûre et digne de confiance (agama).

2. – Viparyaya (une conception erronée qui est reconnue comme telle après analyse). Par exemple, un diagnostic médical inexact basé sur de fausses hypothèses, ou bien l'ancienne théorie astronomique selon laquelle ce serait le Soleil qui tourne autour de la Terre.

3. – Vikalpa (fabulation ou imagination, reposant uniquement sur des propos et non sur des faits réels). Un mendiant peut se sentir heureux en s'imaginant dépenser des millions. Ou au contraire, un riche avare peut se laisser mourir de faim en s'imaginant qu'il est pauvre.

4. – Nidra (le sommeil), où il y a absence d'idées et d'expériences. Quand un homme dort profondément, il ne se souvient ni de son nom, ni de sa famille, ni de son statut, ni de sa connaissance ou de sa sagesse, ni même de sa propre existence. Lorsqu'un homme s'oublie dans le sommeil, il se réveille régénéré. Si, par contre, une inquiétude se glisse dans son esprit au moment où il s'endort, son repos ne sera pas complet.

5. – Smrti (la mémoire immédiate des impressions vécues).

Il y a des gens qui vivent dans leurs expériences passées, alors que le passé est irrévocable. Leurs sou-

venirs, heureux ou malheureux, les gardent att
au passé par des chaînes qu'ils ne peuvent brise
Patañjali distingue cinq causes de citta vrtt
sont source de souffrances (klésa). Ce sont :

1. – Avidya (ignorance).

2. – Asmita (le sentiment d'individualité qui délimite une personne et la distingue d'un groupe ; il peut être d'ordre physique, mental, intellectuel ou émotionnel).

3. – Raga (attachement ou passion).

4. – Dvesa (aversion ou répulsion).

5. – Abhinivésa (amour ou soif de la vie, l'instinct qui nous accroche à la vie en ce monde et à ses plaisirs, la peur d'être séparé de tout cela par la mort). Ces causes de souffrances demeurent enfouies dans l'esprit du sadhaka (l'élève ou chercheur). Elles sont comme les icebergs des mers polaires, il n'en n'émerge qu'une petite partie.

Tant qu'elles ne sont pas maîtrisées et éliminées par une pratique assidue, il ne peut y avoir de paix. Le yogi apprend à oublier le passé et n'accorde aucune pensée à l'avenir. Il vit dans l'éternel présent. Comme une brise qui ride la surface d'un lac et trouble les images qui s'y reflètent, ainsi les citta vrtti troublent la paix de l'esprit. Les eaux calmes d'un lac réfléchissent la beauté qui l'entoure. De même, une fois apaisé, l'esprit réfléchit la beauté du Soi. Le yogi apaise son esprit en étant assidu dans son étude et en se libérant des désirs. Les huit piliers du yoga lui enseignent la voie.

Citta Viksepa (entraves et obstacles).

Les entraves et obstacles qui empêchent l'élève de pratiquer le yoga sont :

1. – Vyadhi : la maladie qui perturbe l'équilibre physique.

2. – Styana : la langueur ou manque d'ardeur au travail.

3. – Samsaya : le doute ou l'indécision.

4. – Pramada : l'indifférence ou l'insensibilité.

5. – Alasya : la paresse.

6. – Avirati : la sensualité, la montée des désirs quand les objets des sens envahissent l'esprit.

7. – Bhranti Darsana : la fausse connaissance ou l'illusion.

8. – Alabdha Bhumikatva : l'incapacité d'atteindre une continuité de pensée ou de concentration, ce qui empêche de voir la réalité.

9. – Anavasthitattva : l'incapacité de maintenir stable la concentration qui a été atteinte après un long entraînement.

Il y a encore quatre autres obstacles :

1. – Duhkha : la souffrance ou la détresse.

2. – Daurmansya : le désespoir.

3. – Angamejayatva : l'instabilité du corps.

4. – Svasa-prasvasa : l'irrégularité de la respiration.

Pour gagner une bataille, un général examine l'ennemi et le terrain et prend des mesures pour contrer l'ennemi. De la même façon, le yogi se prépare à conquérir le Soi.

Vyadhi : il faut noter que le premier des obstacles est la mauvaise santé ou la maladie. Le corps est, pour le yogi, l'instrument essentiel de sa réalisation. Si son véhicule tombe en panne, le voyageur n'ira pas loin. Si son corps tombe malade, l'élève n'avancera pas. La santé physique est importante pour le développement mental, car le fonctionnement normal de l'esprit repose sur le système nerveux. Une maladie du corps ou du système nerveux rend l'esprit agité ou inerte et hébété ; la concentration ou la méditation deviennent impossibles.

Styana : une personne souffrant de langueur n'a aucun but, aucune voie à suivre, et pas d'enthousiasme. Son esprit et son intelligence deviennent lents à cause de l'inactivité et leurs facultés se rouillent. Un torrent de montagne au flot régulier reste pur, mais il ne se développe rien de bon dans l'eau stagnante d'un fossé. Une personne apathique ressemble à un mort vivant, car elle ne peut se concentrer sur rien.

Samsaya : ceux qui manquent de sagesse, de foi ou qui vivent dans le doute se détruisent eux-mêmes. Comment peuvent-ils aimer cette vie ou celle qui suivra, ou avoir quelque bonheur ? Le chercheur doit avoir foi en lui-même et en son maître. Il doit avoir la conviction que Dieu est toujours à ses côtés et qu'aucun mal ne peut l'atteindre. Quand la foi surgit dans le cœur, elle tarit la source des appétits malsains, de la mauvaise volonté, de la paresse mentale, de la vanité de l'esprit et du doute, et le cœur, libéré de ces entraves, devient serein et paisible.

Pramada : une personne affligée de pramada est pleine de suffisance, manque totalement d'humilité et est persuadée qu'elle est la seule à penser juste. Elle est convaincue de savoir ce qui est bien et ce qui est mal, mais en fait elle est indifférente à ce qui est juste et choisit ce qui lui est agréable. Pour servir égoïstement ses passions et ses rêves de gloire personnelle, elle sacrifiera délibérément et sans scrupules quiconque se trouvera au travers de son chemin. Une telle personne est incapable de voir la gloire de Dieu et d'entendre Ses paroles.

Alasya : pour surmonter l'obstacle de la paresse, il faut un enthousiasme inébranlable (virya).

Le chercheur se comporte comme un amoureux brûlant de revoir son aimée, sans jamais désespérer. L'espoir doit être son bouclier et le courage, son épée. Il ne doit pas se laisser prendre par la haine et le chagrin. Par la foi et l'enthousiasme il surmontera l'inertie du corps et de l'esprit.

Avirati : c'est ce formidable appétit pour les objets des sens qui est si difficile à réfréner lorsqu'on a décidé consciemment de ne plus le satisfaire. Sans être esclave de ces objets, le yogi apprend à en jouir à l'aide des sens, qu'il contrôle totalement. Par la pratique de Pratyahara, il brise ses chaînes et se libère des désirs ; il devient heureux et paisible.

Bhranti Darsana : une personne ayant de fausses connaissances souffre d'être dans l'illusion et croit qu'elle est la seule à voir la vraie Lumière. Elle possède une vive intelligence mais manque d'humilité et fait étalage de sa sagesse. En restant en compagnie de grandes âmes et en se plaçant sous leur conduite, elle se rétablit sur le bon chemin et surmonte sa faiblesse.

Alabdha Bhumikatva : comme un alpiniste qui échoue avant le sommet par manque de résistance, une personne qui ne peut surmonter son incapacité à se concentrer est incapable de chercher la réalité. Elle peut avoir entrevu par instants la réalité, mais ne peut la voir clairement. Elle est comme un musicien qui, dans un rêve, a entendu une musique divine et une fois éveillé, ne peut se la rappeler, ni recommencer le rêve.

Anavasthitattva : une personne affectée de anavasthitattva a réussi à parvenir, après un dur travail, à voir la réalité. Heureuse et fière de sa réussite, elle relâche ses efforts dans sa quête (sadhana). Elle possède la pureté et un grand pouvoir de concentration et est arrivée à l'ultime croisée des chemins de sa quête. Même dans cette dernière étape, un effort constant est essentiel, et elle doit suivre le chemin avec une infinie patience et une persévérance farouche. Jamais elle ne doit faire preuve d'un laisser-aller qui entraverait sa marche sur le chemin de la réalisation Divine. Elle doit attendre jusqu'à ce que la grâce de Dieu descende sur elle. Il est dit dans la *Kathopanisad* : « Le Soi ne sera pas réalisé grâce aux études, à l'éducation, à la subtilité de l'intelligence, ou à une grande érudition. Il ne sera réalisé que par celui qui Le désire ardemment, s'il est celui qu'Il choisit. En vérité, à celui-là seul le Soi révèle Sa vraie nature. »

Pour surmonter ces obstacles et conquérir un bonheur sans mélange, Patañjali propose plusieurs remèdes. Le meilleur d'entre eux est la réunion des quatre suivants : maitri (la bienveillance), karuna (la compassion), mudita (la joie), et upeksa (le détachement).

Maitri n'est pas simplement la bienveillance, mais aussi un sentiment d'union avec l'objet de cette bienveillance (atmiyata). Lorsqu'une mère se sent profondément heureuse du succès de son enfant, c'est atmiyata, un sentiment de communion. Patañjali recommande de cultiver maitri en vue de sukha (joie ou vertu). Le yogi cultive maitri et atmiyata pour le bien et transforme ses ennemis en amis, car il n'a de malveillance pour personne.

Karuna n'est pas simplement la pitié ou la compassion, et le fait de pleurer de désespoir devant la misère des autres (duhka). C'est la compassion alliée au dévouement pour soulager la misère des affligés. Le yogi fait appel à toutes ses ressources physiques, économiques, mentales ou morales pour alléger la peine et la souffrance des autres. Il partage sa force avec les faibles jusqu'à ce qu'ils deviennent forts. Il partage son courage avec ceux qui sont timorés jusqu'à ce qu'ils deviennent braves, par son exemple. En aidant les faibles à devenir assez forts pour survivre, il désavoue le principe selon lequel seuls doivent survivre les mieux adaptés. Il devient un abri pour tous sans exception.

Mudita, c'est se réjouir du bon travail fait par un autre, même s'il s'agit d'un rival. Par mudita, le yogi s'épargne beaucoup d'amertume en ne montrant ni colère, ni haine, ni jalousie à l'égard de celui qui a rejoint le but que lui-même n'a pas réussi à atteindre.

Upeksa : Ce n'est pas qu'un sentiment de dédain ou de mépris pour la personne qui est tombée dans le vice (apunya), ou un sentiment d'indifférence ou de supériorité à son égard. C'est un examen autocritique pour découvrir comment on se serait comporté devant les mêmes tentations. C'est également examiner jusqu'à quel point on n'est pas responsable de l'état dans lequel est tombé l'infortuné, et enfin l'épauler pour qu'il revienne sur le droit chemin. Le yogi comprend les fautes des autres en les observant et en les étudiant d'abord sur lui-même. Cette étude de lui-même lui apprend à être charitable pour tous.

La profonde signification de ce remède à quatre volets : maitri, karuna, mudita et upeksa, ne peut être perçue par un esprit agité. Mon expérience m'a amené à conclure que pour un homme normal ou une femme normale, quelle que soit la société dans laquelle ils vivent, le moyen de parvenir à apaiser l'esprit est de travailler avec détermination deux des huit piliers du yoga mentionnés par Patañjali, à savoir les asana, et le pranayama.

L'esprit (manas) et le souffle (prana) sont intimement liés et l'activité ou la cessation d'activité de l'un affecte l'autre. C'est pourquoi Patañjali recommande le pranayama (contrôle du rythme de la respiration) pour acquérir l'équilibre mental et la paix intérieure.

Sisya et Guru (le disciple et le maître).

La *Siva Samhita* divise les sadhaka (chercheurs ou disciples) en quatre catégories. Ils peuvent être (1) mrdu (faibles), (2) madhyama (moyens), (3) adhimatra (supérieurs) et (4) adhimatratama (l'élève suprême). Seul le dernier, le plus élevé, est capable de franchir l'océan du monde manifesté. Les chercheurs faibles sont ceux qui manquent d'enthousiasme, ceux qui critiquent leur maître, ceux qui sont cupides, ceux qui sont enclins aux mauvaises actions, ceux qui mangent trop, ceux qui sont sous le pouvoir des femmes, ceux qui sont instables, ceux qui sont lâches, ceux qui sont malades, ceux qui sont dépendants, ceux qui parlent grossièrement, ceux qui ont un caractère faible et manquent de virilité. Le guru (maître ou professeur) ne guidera de tels chercheurs que sur la voie du Mantra Yoga. Avec beaucoup d'efforts, le sadhaka pourra atteindre l'illumination en douze ans. (Le mot mantra vient de la racine « man » qui signifie penser. Ainsi, le mantra est une pensée sacrée ou une prière que l'on doit répéter en se pénétrant totalement de sa signification. Cela prend beaucoup de temps, peut-être des années, pour qu'un mantra s'enracine solidement dans l'esprit d'un sadhaka sans énergie, et encore plus de temps pour qu'il porte des fruits.)

D'un esprit égal, capable de supporter les épreuves, désirant perfectionner son travail, parlant poliment et modéré en toutes circonstances, tel est le disciple moyen. Reconnaissant ces qualités, le guru lui enseigne le Laya Yoga, qui apporte la libération. (laya signifie dévotion, fusion ou dissolution.)

D'esprit stable, capable de Laya Yoga, viril, indépendant, noble, clément, indulgent, loyal, courageux, plein d'allant, respectueux, plein de dévotion pour son maître, acharné à la pratique du yoga, tel est le disciple supérieur. Il peut atteindre l'illumination après six années d'entraînement. Le guru enseigne à cet homme plein de valeur le Hatha Yoga.

Plein d'enthousiasme et de virilité, beau, courageux, instruit, studieux, sain d'esprit, sans mélancolie, gardant toujours son allant, se nourrissant sans excès, ayant le contrôle de ses sens, libéré de la peur, propre, adroit, généreux, serviable, solide, intelligent, indépendant, indulgent, de bon caractère, s'exprimant poliment, et plein de dévotion pour son guru, tel est le disciple suprême, capable de toutes les formes de yoga. Il peut atteindre l'illumination en trois ans.

Bien que la *Siva Samhita* et la *Hatha Yoga Pradipika* précisent la période de temps nécessaire pour obtenir le succès, en aucun endroit Patañjali n'indique le temps nécessaire pour que l'âme individuelle s'unisse à l'Âme Universelle Divine. Selon lui, abhyasa (pratique constante et résolue) et vairagya (libération des désirs) apportent à l'esprit le calme et la tranquillité. Il définit abhyasa comme un effort qui, poursuivi pendant très longtemps sans interruption et accompli avec dévotion, crée de solides fondations.

L'étude du yoga ne ressemble pas à la préparation d'un diplôme ou d'un grade universitaire que l'on désire obtenir dans un temps déterminé.

Les obstacles, les épreuves et les tribulations sur le chemin du yoga peuvent être pour une grande part écartés grâce à l'aide d'un guru. (La syllabe gu signifie ténèbres et ru signifie lumière. Seul est guru celui qui écarte les ténèbres et apporte l'illumination.) La notion du guru est profonde et de grande portée. Ce n'est pas un guide ordinaire. C'est un maître spirituel qui enseigne une manière de vivre et pas simplement une façon de gagner sa vie. Il transmet la connaissance de l'Esprit, et celui qui reçoit un tel enseignement est un sisya, un disciple.

La relation entre un guru et un sisya est très particulière. Elle transcende celle qui existe entre parents et enfant, mari et femme, ou entre amis. Un guru ignore l'égoïsme. Il conduit avec dévouement son sisya vers le but ultime sans désirs d'aucune sorte pour la renommée ou les biens matériels. Il lui montre le chemin vers Dieu et suit les progrès de son disciple en le guidant tout au long de ce chemin. Il insuffle la confiance, la dévotion, la discipline, la compréhension profonde et l'illumination à travers l'amour. Avec foi en son élève, le guru redouble d'efforts pour le voir assimiler l'enseignement. Il l'encourage à poser des questions et à découvrir la vérité par le jeu des questions et de la réflexion.

Un sisya doit avoir les qualités que requièrent une réalisation et un développement élevés. Il doit avoir confiance, dévotion et amour pour son guru. De parfaits exemples de relation entre guru et sisya sont ceux de Yama (le Dieu des Morts) et Naciketa dans la *Kathopanisad* et de Sri Krishna et Arjuna dans la *Bhagavad Gita*. Naciketa et Arjuna atteignirent l'illumination grâce à leur concentration, leur ardeur et leur curiosité d'esprit. Le sisya doit être affamé de connaissance et avoir l'esprit d'humilité, de persévérance et de ténacité pour le but poursuivi. Il ne doit pas chercher un guru par simple curiosité. Il doit avoir sraddha (la foi dynamique) et ne doit pas se décourager s'il ne peut atteindre le but dans le temps qu'il avait espéré. Il faut une patience infinie pour calmer un esprit agité, empreint des innombrables expériences passées et du samskara (les traces accumulées des pensées et des actions passées).

Il ne suffit pas au sisya d'écouter les paroles du guru pour assimiler l'enseignement. C'est ce qui ressort de l'histoire d'Indra et de Virocana. Indra, le roi des dieux, et Virocana, un prince démon, suivaient ensemble l'enseignement de leur précepteur spirituel Brahma pour acquérir la connaissance du Soi Suprême. L'un et l'autre entendirent les mêmes paroles de leur guru. Indra eut l'illumination, tandis que Virocana ne l'eut pas. L'attention d'Indra était animée par sa dévotion pour le sujet enseigné, et par l'amour et la foi qu'il avait en son maître. Il éprouvait un sentiment d'unité avec son guru. Ce furent les raisons de son succès. L'attention de Virocana n'était animée que par son intellect. Il n'avait de dévotion ni pour le sujet enseigné ni pour son précepteur. Il resta ce qu'il était au départ, un colosse intellectuel. Il s'en alla sceptique. Indra avait l'humilité intellectuelle tandis que Virocana avait l'orgueil intellectuel et il considérait comme une condescendance de sa part de suivre l'enseignement de Brahma. L'approche d'Indra était pleine de dévotion tandis que celle de Virocana était intéressée. Virocana était motivé par la curiosité et voulait la connaissance pratique, qui, croyait-il, lui servirait plus tard à gagner le pouvoir.

Le sisya doit valoriser avant tout l'amour, la modération et l'humilité. L'amour engendre le courage, la modération crée l'abondance, et l'humilité conduit au pouvoir. Le courage sans amour est brutal. L'abondance sans modération conduit à l'excès de tolérance et à la décadence. Le pouvoir sans humilité développe l'arrogance et la tyrannie. Le vrai sisya apprend de son guru à découvrir un pouvoir qui ne le quittera plus tout au long de son retour vers l'Un Primordial, la Source de son Être.

Sadhana (une clef vers la Liberté).

Tous les textes fondamentaux sur le yoga insistent sur l'importance du sadhana ou abhyasa (pratique assidue). Le sadhana n'est pas simplement l'étude théorique des textes sur le yoga. C'est un entraînement spirituel. Pour donner l'huile, les graines doivent être pressées. Pour s'embraser et faire jaillir de l'intérieur le feu latent, le bois doit être chauffé. De même, par une pratique assidue le sadhaka doit faire naître la flamme divine qui est en lui.

« Qu'il soit jeune, âgé, ou extrêmement âgé, même malade ou infirme, chacun peut atteindre la perfection en yoga par un entraînement assidu. Le succès viendra pour celui qui pratique et non pour celui qui ne pratique pas. Lire seulement de façon théorique les textes sacrés n'apporte pas le succès en yoga, non plus que porter la robe du yogi ou du sanyasi (ermite) ou discourir sur le yoga. La pratique assidue seule est le secret du succès. En vérité il n'y a aucun doute là-dessus. » (*Hatha Yoga Pradipika*, chapitre I, versets 64-66.) « De même que la connaissance de l'alphabet permet, avec de la pratique, de maîtriser toutes les sciences, ainsi en pratiquant à fond les exercices physiques élémentaires, on peut acquérir la connaissance de la Vérité (Tattva Jñana), ce qui est la vocation même de l'âme humaine, car elle est identique à l'Esprit Suprême qui imprègne l'Univers. » (*Gheranda Samhita*, chapitre I, verset 5.)

C'est par les efforts concentrés et coordonnés de son corps, de ses sens, de son esprit, de sa raison et de son âme qu'un homme gagne la paix intérieure et satisfait la quête de son âme pour rencontrer son Créateur. L'aventure suprême dans la vie d'un homme est ce retour vers Celui qui l'a créé. Pour atteindre ce but, il a besoin que son corps, ses sens, son esprit, sa raison et son âme fonctionnent pleinement et harmonieusement. Sans coordination de ses efforts, son aventure tournera court. Dans la troisième valli (chapitre) de la première partie de la *Kathopanisad*, Yama (le Dieu des Morts) explique ce yoga au chercheur Naciketa par la parabole de l'individu dans un char :

« L'Atman (le Soi) est comme le Seigneur dans un char, la raison en est le conducteur et l'esprit, les rênes. Les sens, disent-ils (les experts), sont les chevaux, et l'objet de leurs désirs est le pâturage. Les experts appellent agent de jouissance (bhoktr) le Soi muni de sens et de pensée. Celui qui n'a pas de discernement ne peut jamais guider son esprit ; ses sens sont comme des chevaux vicieux. Celui qui a du discernement contrôle toujours son esprit ; ses sens sont comme des chevaux dociles. Celui qui n'a pas de discernement devient négligent, il est toujours impur ; il n'atteint pas le but et erre sans cesse d'une incarnation à la suivante. Celui qui a du discernement devient attentif, il est toujours pur ; il atteint le but et ne renaîtra jamais plus. L'homme qui a un conducteur plein de discernement pour guider son esprit atteint la fin de son voyage : la Demeure Suprême de l'Esprit Éternel. »

« Les sens sont plus puissants que l'objet de leurs désirs. Plus grand que les sens est l'esprit, plus haut que l'esprit est la raison, et au-dessus de la raison IL est – Lui, l'Esprit en toutes choses. Disciplinez-vous au moyen du Soi et détruisez l'ennemi qui vous égare sous la forme de désirs. » (*Bhagavad Gita*, chapitre III, versets 42-43.)

Pour réaliser cela, non seulement une quête assidue est requise, il faut encore le renoncement. De quel renoncement s'agit-il ? Le yogi ne renonce pas au monde, car cela signifierait qu'il renie le Créateur. Le yogi renonce à tout ce qui l'éloigne du Seigneur. Il renonce à ses propres désirs, sachant que toute inspiration et bonne action viennent du Seigneur. Il renonce à ceux qui s'opposent au travail du Seigneur, à ceux qui répandent des idées démoniaques, et à ceux qui ne font que parler de valeurs morales sans les mettre en pratique.

Le yogi ne renonce pas à l'action. Il rompt les liens qui l'attachent à ses propres actions en en dédiant le fruit au Seigneur ou à l'humanité. Il pense que c'est son privilège de faire son devoir et qu'il n'a aucun droit sur le fruit de ses actions.

Tandis que les autres dorment quand le devoir les appelle et ne se réveillent que pour prétendre à leurs droits, le yogi est pleinement conscient de ses devoirs et ferme les yeux sur ses droits. C'est pourquoi il est dit que dans la nuit de tous les êtres, l'homme discipliné et paisible s'éveille vers la lumière.

Astanga Yoga – Les huit piliers du yoga.

Les *Yoga Sutra* de Patañjali sont divisés en quatre chapitres ou pada, le premier traite de samadhi, le second des moyens (sadhana) de réaliser le yoga, le troisième énumère les pouvoirs (vibhuti) qui traversent la vie du yogi dans sa recherche, et le quatrième traite de la libération (Kaivalya).

Yama.

Les huit piliers du yoga sont décrits dans le second chapitre. Le premier d'entre eux est yama (disciplines morales) : les grands commandements qui transcendent croyance, pays, âge et temps. Ce sont : ahimsa (non-nuisance), satya (Vérité), asteya (ne pas voler), brahmacarya (retenue) et aparigraha (non-cupidité). Ces commandements sont les règles morales de la société et des individus sans lesquelles règnent le chaos, la violence, le mensonge, le vol, la débauche et l'avarice. Les racines de ces maux sont les sentiments de cupidité, de désir et de possession. Ils peuvent être légers, moyens ou violents. Ils n'apportent que souffrance et aveuglement. Patañjali déracine ces maux en changeant l'orientation de la pensée selon les cinq principes de yama.

Ahimsa. Le mot ahimsa est fait du préfixe « a » qui signifie « non » et du nom « himsa » qui signifie l'action de tuer ou la violence. C'est plus que le simple commandement négatif de ne pas tuer, il a une signification positive très étendue : l'amour. Cet amour embrasse toute la création car nous sommes tous les enfants du même Père – le Seigneur. Le yogi pense que tuer ou détruire une chose ou un être est une insulte à son Créateur. Les hommes tuent pour se nourrir ou pour se protéger du danger. Mais ce n'est pas simplement parce qu'un homme est végétarien qu'on peut en déduire qu'il est non violent par tempérament ou que c'est un yogi, bien qu'un régime végétarien soit une nécessité pour la pratique du yoga. Des tyrans assoiffés de sang peuvent être végétariens, la violence est un état d'esprit et non une question de régime. Elle réside dans l'esprit de l'homme et non dans l'instrument qu'il tient dans sa main. On peut se servir d'un couteau aussi bien pour peler un fruit que pour frapper un ennemi. La faute ne vient pas de l'instrument mais de celui qui le tient.

Les hommes font appel à la violence pour défendre leurs propres intérêts : leur propre corps, les êtres qui leur sont chers, leurs biens ou leur dignité. Mais l'homme ne peut compter sur lui seul pour assurer sa protection ou celle des autres. Croire qu'il peut le faire est une erreur. L'homme doit compter sur Dieu qui est la source de toute force. Alors il ne craindra aucun mal.

La violence naît de la peur, de la faiblesse, de l'ignorance ou de l'agitation. Pour mater la violence, ce dont il a le plus besoin est de se libérer de la peur. Pour gagner cette liberté il lui faut changer son point de vue sur la vie et l'orientation de son esprit. La violence est en régression quand les hommes fondent leur foi sur la réalité et la recherche plutôt que sur l'ignorance et les préjugés.

Le yogi considère que toute créature a autant droit à la vie que lui-même. Il pense qu'il est né pour aider les autres et regarde la création avec les yeux de l'amour. Il sait que sa vie est liée inextricablement à celle des autres, et il se réjouit s'il peut les aider à être heureux. Il place le bonheur des autres avant le sien et devient une source de joie pour tous ceux qui le rencontrent. Comme des parents qui encouragent un bébé à faire ses premiers pas, il encourage les plus infortunés que lui et leur donne la possibilité de survivre.

Pour une faute commise par d'autres, les hommes demandent justice ; tandis que pour une faute commise par eux-mêmes ils implorent indulgence et miséricorde. À l'encontre de cela, le yogi pense que pour ses propres fautes justice doit être faite, tandis que pour celles des autres, il faut se montrer indulgent. Il sait comment vivre et l'enseigne aux autres.

Cherchant constamment à se perfectionner, il leur enseigne par son amour et sa compassion comment se perfectionner eux-mêmes.

Le yogi s'oppose au mal qui est dans l'homme, non à l'homme lui-même. Pour une faute il prescrit une pénitence et non un châtiment. L'amour pour l'homme et l'opposition au mal qui est en lui peuvent aller de pair. Ainsi la femme d'un ivrogne peut, tout en l'aimant, s'opposer à son vice. L'opposition sans amour conduit à la violence. L'amour pour celui qui faute sans opposition au mal qui est en lui est pure folie et n'apporte que souffrance. Le yogi sait que la bonne façon d'agir est d'aimer une personne tout en combattant le mal qui est en elle. La bataille sera gagnée car il le combat avec amour. Parfois une mère pourra battre l'enfant qu'elle aime pour le défaire d'une mauvaise habitude. C'est de la même manière qu'un vrai adepte de ahimsa aime celui à qui il s'oppose.

Ahimsa s'accompagne d'abhaya (libération de la peur) et d'akrodha (libération de la colère). La libération de la peur n'est donnée qu'à ceux qui mènent une vie pure. Le yogi ne craint personne et personne n'a à le craindre, car il est purifié par l'étude du Soi. La peur étreint un homme et le paralyse. Il a peur de l'avenir, de l'inconnu et de ce qu'il ne peut pas voir. Il a peur de perdre ses moyens d'existence, sa santé ou sa réputation. Mais la plus grande peur est celle de la mort. Le yogi ne s'identifie pas à son corps qui n'est que la demeure temporaire de son âme. Il voit toutes les créatures dans le Soi et le Soi dans toutes les créatures ; par conséquent il n'a plus aucune peur. Alors que le corps peut être atteint par la maladie, la vieillesse, le déclin et la mort, l'esprit conserve son intégrité. Pour le yogi, la mort est ce qui donne du piquant à la vie. Il a consacré son esprit, sa raison et sa vie tout entière au Seigneur. Puisqu'il s'est attaché de tout son être au Seigneur, que peut-il craindre ?

Il y a deux sortes de colère (krodha), celle qui avilit l'esprit et celle qui fait progresser spirituellement. La première a sa racine dans l'orgueil qui fait naître la colère chez celui qui est offensé. Cela empêche l'esprit de voir les choses avec du recul et altère le jugement. Le yogi, en revanche, est en colère contre lui-même quand son esprit s'avilit ou quand toutes ses connaissances et son expérience ne réussissent pas à l'arrêter sur la route de la déraison.

Il est sévère avec lui-même quand il s'agit de ses propres fautes, mais indulgent pour celles des autres. La bonté est un attribut du yogi dont le cœur fond devant toutes souffrances. En lui l'indulgence pour les autres et la sévérité pour lui-même vont de pair, et en sa présence toute hostilité s'évanouit.

Satya. Satya ou la vérité est la plus haute règle de conduite ou de moralité. Le Mahatma Gandhi disait : « La Vérité est Dieu et Dieu est la Vérité. » Comme le feu brûle les impuretés et affine l'or, ainsi le feu de la vérité purifie le yogi et brûle en lui toute impureté.

Si l'esprit émet des pensées de vérité, si la langue émet des paroles de vérité et si la vie tout entière est basée sur la vérité, alors l'homme est prêt pour la fusion avec l'Infini. La Réalité, dans sa nature fondamentale, est Amour et Vérité. Elle s'exprime à travers ces deux aspects. La vie du yogi doit se modeler strictement sur ces deux facettes de la Réalité. C'est pourquoi est prescrite ahimsa, qui est basée essentiellement sur l'amour. Satya suppose la vérité totale dans les pensées, les paroles et les actions. La non-vérité sous quelque forme que ce soit rejette le sadhaka hors de l'harmonie de la loi fondamentale de la vérité.

La vérité ne se limite pas au discours seul. Il y a quatre péchés du langage : insultes et obscénités, abus de confiance, calomnie ou fabulation, et enfin tourner en dérision ce que les autres tiennent pour sacré. Celui qui colporte des mensonges est plus venimeux qu'un serpent. La maîtrise de la parole permet de déraciner la malice. Quand l'esprit n'a de malveillance pour personne, il est plein d'amour à l'égard de tous. Celui qui a appris à retenir sa langue est parvenu à une grande maîtrise de soi. Quand cette personne parle, elle est écoutée avec respect et attention. On se souviendra de ses paroles car elles sont bonnes et vraies.

Quand celui qui est établi dans la vérité prie avec un cœur pur, alors les choses dont il a vraiment besoin viennent à lui : il n'a pas à courir après elles. L'homme qui est solidement établi dans la vérité reçoit le fruit de ses actions sans rien faire apparemment. Dieu, la source de toute vérité, pourvoit à ses besoins et veille sur son bien-être.

Asteya. Le désir de posséder ce qui appartient à autrui et d'en jouir conduit à de mauvaises actions. De ce désir naît le besoin de voler et le besoin d'amasser. Asteya (a = non, steya = voler), ou ne pas voler, se réfère non seulement au fait de prendre ce qui appartient à autrui sans sa permission, mais également au fait d'utiliser quelque chose pour un autre but que celui de son usage normal, ou au-delà du temps alloué par son propriétaire. Cela comprend donc l'abus de propriété, l'abus de confiance, la mauvaise gestion et le mauvais usage. Le yogi réduit ses besoins matériels au minimum, pensant que s'il amasse des choses dont il n'a pas vraiment besoin, il est un voleur. Tandis que les autres hommes sont assoiffés de richesses, de pouvoir, de renommée ou de plaisirs, le yogi n'a qu'une seule soif, celle d'adorer le Seigneur. La libération des désirs permet de se garder des grandes tentations. La fange des désirs trouble les eaux de la tranquillité. Cela abaisse l'homme, le rend vil et le paralyse. Celui qui obéit au commandement : « *Tu ne voleras pas* » devient un sûr dépositaire de tous les trésors.

Brahmacarya. Selon le dictionnaire, brahmacarya signifie une vie de célibat et de retenue, consacrée aux études religieuses. Il est dit que la perte de la semence conduit à la mort et sa rétention, à la vie. Lorsque la semence est conservée, le corps du yogi dégage une odeur agréable. Aussi longtemps que la semence est retenue, la peur de la mort n'existe pas. D'où la recommandation selon laquelle il faut la préserver par un grand effort de concentration de l'esprit. Le concept de brahmacarya n'est pas un concept de négation, d'autorité forcée et d'interdiction. Selon Sankaracarya, un brahmacari (celui qui observe le brahmacarya) est un homme qui est absorbé dans l'étude de la science sacrée du Veda, vit constamment en Brahman, et sait que tout existe en Brahman. En d'autres mots, celui qui voit la divinité en tout est un brahmacari. Patañjali, cependant, insiste sur la continence du corps, de la parole et de l'esprit. Cela n'implique pas que la philosophie du yoga soit réservée aux seuls célibataires. Brahmacarya a peu de rapport avec le fait que l'on soit célibataire ou marié et vivant une vie de chef de famille. Chacun doit faire passer les aspects les plus élevés du brahmacarya dans sa vie quotidienne. Il n'est pas nécessaire pour obtenir le salut de rester célibataire et sans foyer. Au contraire, tous les smrti (textes de lois) recommandent le mariage. Sans l'expérience de l'amour et du bonheur humains, il n'est pas possible de connaître l'amour divin. Presque tous les yogi et les sages de l'ancien temps en Inde étaient mariés et avaient leur propre famille. Ils ne se dérobaient pas à leurs responsabilités sociales ou morales. Le fait d'être marié et d'avoir des enfants n'est pas un obstacle à la connaissance de l'amour divin, au bonheur et à l'union avec l'Âme Universelle.

En parlant de la situation de l'adepte qui est chef de famille, la *Siva Samhita* dit : « Qu'il pratique en dehors de la compagnie des hommes en un lieu retiré. Pour l'apparence, il doit rester dans la société, mais ne s'y complaira pas ; il ne doit pas renoncer aux devoirs de sa profession, de sa caste ni de son rang ; qu'il les remplisse en se considérant comme l'instrument du Seigneur, sans aucune pensée pour leurs résultats. Il connaît le succès parce qu'il a la sagesse de suivre la méthode du yoga ; cela ne fait aucun doute. Vivant en son foyer et remplissant toujours ses devoirs de chef de famille, celui qui est affranchi du souci du mérite ou du démérite et a maîtrisé ses sens, gagne le salut. Le chef de famille qui pratique le yoga n'est pas affecté par le vice et la vertu ; si, pour protéger l'humanité, il lui arrive de commettre un péché, il ne s'en trouve pas souillé. » (Chapitre 5, versets 234-238.)

Lorsque l'on vit selon brahmacarya, une réserve de vitalité et d'énergie se développe, l'esprit devient courageux, et l'intelligence puissante. Cela permet de lutter contre toutes sortes d'injustices. Le brahmacari use avec sagesse des forces qu'il crée : il utilise ses forces physiques pour remplir la tâche que le Seigneur lui donne, ses forces intellectuelles pour répandre la culture, et ses forces mentales pour le développement de la vie spirituelle. Brahmacarya est la flamme qui allume la torche de la sagesse.

Aparigraha. Parigraha signifie amasser ou thésauriser. S'affranchir du besoin de thésauriser est aparigraha. Ce n'est qu'une autre facette de asteya (ne pas voler). Exactement comme il faut s'abstenir de prendre les choses dont on n'a pas vraiment besoin, on ne doit pas non plus thésauriser ou amasser des biens qui ne nous sont pas immédiatement nécessaires. De même, on ne doit rien prendre qui ne soit le fruit d'un travail, on ne doit rien accepter à titre de faveur, cela dénote une pauvreté de caractère. Le yogi considère qu'amasser des biens est un manque de foi en Dieu et en lui-même pour assurer son avenir. Il garde la foi en se souvenant de l'exemple de la lune. Pendant la moitié du mois où la lune décroît, elle se lève tard, quand les hommes sont pour la plupart endormis et n'apprécient donc pas sa beauté. Sa splendeur décline mais elle ne s'écarte pas de son chemin et ne se soucie pas de l'indifférence des hommes. Elle sait qu'elle retrouvera sa plénitude lorsqu'elle fera de nouveau face au Soleil et qu'alors les hommes seront impatients d'assister à son lever glorieux.

Par l'observance d'aparigraha, le yogi mène une vie aussi simple que possible et exerce son esprit à ne pas s'affecter de la perte ou du manque de quoi que ce soit. Alors tout ce dont il a vraiment besoin viendra à lui en temps utile. La vie d'un homme normal est remplie d'une série interminable de troubles et de frustrations et de toutes les réactions que cela suscite en lui. De cette façon l'esprit ne peut guère garder son équilibre. Le sadhaka a cultivé la capacité de demeurer satisfait quoi qu'il arrive. Ainsi il obtient la paix qui lui permet de dépasser le domaine des illusions et des souffrances dont notre monde est saturé. Il se souvient de la promesse donnée par Sri Krishna à Arjuna dans le neuvième chapitre de la *Bhagavad Gita* : « À ceux qui M'adorent avec une dévotion sincère, qui sont en harmonie avec Moi à tout instant, Je garantis la sécurité. Je satisferai tous leurs besoins et les protégerai pour toujours. »

Niyama.

Tandis que yama sont les règles dont l'application est universelle, niyama sont les règles de conduite de chaque individu.

Les cinq niyama énumérées par Patañjali, sont : sauca (pureté), santosa (contentement), tapas (ardeur ou austérité), svadhyaya (étude du Soi) et Isvara pranidhana (consécration au Seigneur).

Sauca. La pureté du corps est essentielle pour le bien-être. Tandis que les habitudes d'hygiène comme les bains purifient le corps extérieurement, les asana et pranayama le purifient intérieurement. La pratique des asana tonifie le corps tout entier et élimine les toxines et impuretés causées par les excès. Le pranayama purifie et aère les poumons, oxygène le sang et purifie les nerfs. Mais plus importante que la purification physique du corps, est la purification de l'esprit pour le libérer d'émotions telles que haine, passion, colère, convoitise, cupidité, illusion et orgueil. Plus importante encore est la purification de la pensée (buddhi). Les impuretés de l'esprit sont emportées par les eaux de la bhakti (adoration). Les impuretés de la pensée ou de la raison sont consumées dans le feu de svadhyaya (étude du Soi). Cette purification intérieure apporte le rayonnement et la joie. Elle conduit à la bienveillance (saumanasya) et bannit la souffrance morale, le découragement, le chagrin et le désespoir (daurmanasya). Lorsque quelqu'un est bienveillant, il voit dans les autres leurs vertus, et pas simplement leurs fautes. La considération que l'on montre pour les vertus de quelqu'un lui donne de l'amour-propre et l'aide à combattre ses difficultés et ses peines. Quand l'esprit est lucide, il est facile de le concentrer sur une seule chose (ekagra). Par la concentration on obtient la maîtrise des sens (indriyajaya). Alors le chercheur est prêt à entrer dans le temple de son propre corps et à voir son véritable soi dans le miroir de son esprit.

Outre la pureté du corps, des pensées et des paroles, la pureté de la nourriture est également nécessaire. Il faut préparer la nourriture avec propreté et être également attentif à la pureté des moyens par lesquels on se la procure.

La nourriture, substance qui entretient toute vie et cependant la consume, est considérée comme une manifestation du Brahman ; elle doit être absorbée avec le sentiment que chaque bouchée dispense la force qui permet de servir le Seigneur. Alors la nourriture devient pure. Être ou ne pas être végétarien est une question purement personnelle, car chacun est influencé par la tradition et les coutumes de son pays natal. Mais au bout d'un certain temps, celui qui pratique le yoga devra adopter un régime végétarien pour avoir une attention concentrée et pouvoir évoluer spirituellement.

La nourriture doit être prise pour que progressent la santé, la force, l'énergie et la vie. Elle doit être simple, nourrissante, savoureuse et apaisante. Il faut éviter les nourritures aigres, amères, saumâtres, âcres, trop épicées, avariées, sans goût, lourdes et malpropres.

Le caractère est marqué par le type de nourriture ingérée et par la façon dont elle est consommée. Les hommes sont les seules créatures qui mangent sans avoir faim, et généralement vivent pour manger plutôt qu'ils ne mangent pour vivre. Si nous mangeons par pure gourmandise, nous mangeons trop et souffrons de désordres digestifs qui perturbent tout notre organisme. Le yogi croit à l'harmonie, c'est pourquoi il ne mange que pour subsister. Il ne mange ni trop ni trop peu. Il considère son corps comme la demeure de son esprit et se garde des abus.

À côté de la nourriture, une place importante est aussi accordée aux pratiques spirituelles. Il est difficile de pratiquer dans un pays éloigné (loin de chez soi), dans une forêt, dans une ville peuplée ou en tout lieu bruyant. Il faut choisir un endroit où il est facile de se procurer de la nourriture, un endroit dénué d'insectes, à l'abri des éléments et dans un environnement agréable. Les rives d'un lac ou d'une rivière, ou le bord de la mer sont idéals. Il est difficile de trouver, dans nos temps modernes, de tels lieux tranquilles. Mais on peut au moins aménager un coin de sa propre chambre pour son entraînement et le garder propre, aéré, sec et sans parasites.

Santosa. Santosa, le contentement, doit être cultivé. Un esprit insatisfait ne peut pas se concentrer. Aucune privation n'affecte le yogi, il est donc naturellement satisfait. Le contentement donne au yogi une béatitude sans limites. Un homme satisfait est un homme accompli car il a connu l'amour du Seigneur et a rempli son devoir. Il est béni car il a connu la vérité et la joie.

Le contentement et la tranquillité sont des états d'esprit. Les races, les croyances, la richesse et l'éducation font apparaître des différences parmi les hommes. Ces différences créent de la discorde et font naître des conflits conscients ou inconscients qui désorientent et troublent. Alors l'esprit ne peut se concentrer (ekagra) et sa paix lui est dérobée. Il y a contentement et tranquillité quand la flamme de l'esprit n'est pas agitée par le vent des désirs. Le sadhaka ne cherche pas la paix vide de la mort, mais la paix de celui dont la raison est fermement établie en Dieu.

Tapas. Tapas provient de la racine « tap » qui signifie : s'embraser, brûler, briller, avoir une brûlure ou être consumé par la chaleur. Cela signifie donc un effort ardent en toutes circonstances pour atteindre un but déterminé dans la vie. Cela implique la purification, l'autodiscipline et l'austérité. Tout l'art de forger le caractère peut être considéré comme la pratique de tapas. Tapas est l'effort conscient pour réaliser l'union ultime avec le Divin et réduire en cendres tous les désirs que l'on rencontre en marchant vers ce but. Donner un sens riche à la vie, l'illumine, la rend pure et divine. Sans un tel sens, action et prière n'ont aucune valeur. La vie sans tapas est comme un cœur sans amour. Sans tapas, l'esprit ne peut s'élever jusqu'au Seigneur.

Il y a trois sortes de tapas, selon que cela s'applique au corps (kayika), à la parole (vacika) ou à l'esprit (manasika). La modération (brahmacarya) et la non-nuisance (ahimsa) sont les tapas du corps. User de mots qui n'offensent point, chanter la gloire de Dieu, dire la vérité quelles qu'en soient les conséquences pour soi-même et ne pas médire des autres sont les tapas de la parole. Cultiver une attitude mentale dans laquelle on demeure tranquille et équilibré dans la joie comme dans la peine, et où l'on reste maître de soi, est le tapas de l'esprit.

Le tapas est encore le travail sans motivation égoïste ni espoir de récompense, avec la foi inébranlable que pas même un brin d'herbe ne peut se mouvoir sans la volonté du Seigneur.

Par le tapas, le yogi développe la force de son corps, de son esprit et de son caractère. Cela lui apporte courage et sagesse, intégrité, droiture et simplicité.

Svadhyaya. Sva signifie soi et adhyaya signifie étude et éducation. Éduquer, c'est tirer d'une personne le meilleur d'elle-même. Svadyaya est donc l'éducation du soi.

Svadyaya se distingue de la simple instruction qui consiste à suivre des cours où le professeur fait état de ses propres connaissances face à l'ignorance de son auditoire. Quand des personnes se rencontrent pour svadhyaya, l'esprit de celui qui parle et l'esprit de celui qui écoute se confondent et ils éprouvent l'un pour l'autre amour et respect. Ce n'est pas un sermon, un cœur parle à un autre cœur. Les pensées élevées qui naissent de la pratique de svadhyaya sont, pour ainsi dire, emportées dans le flot de leur propre sang, de sorte qu'elles deviennent une part intime de leur vie et de leur être.

La personne qui pratique svadhyaya lit le livre de sa propre vie en même temps qu'elle l'écrit et le corrige. Elle change son point de vue sur la vie. Elle commence à comprendre que toute création est vouée à bhakti (adoration) plutôt qu'à bhoga (plaisir), que toute création est divine, qu'il y a de la divinité en elle-même, et que l'énergie qui l'anime est la même que celle qui anime l'univers tout entier.

Selon Sri Vinoba Bhave (le dirigeant du mouvement Bhoodan) svadhyaya est l'étude d'un sujet qui est la base ou la racine de tous les autres sujets ou actions, et sur lequel les autres s'appuient ; mais qui, lui-même, ne s'appuie sur rien.

Pour avoir une vie saine, heureuse, et paisible, il est essentiel d'étudier régulièrement et en un lieu pur la littérature sacrée. Cette étude des livres sacrés de l'humanité permet au sadhaka de se concentrer et de résoudre les problèmes difficiles quand ils apparaissent dans la vie. Elle met fin à l'ignorance et apporte la connaissance. L'ignorance n'a pas de commencement, mais elle a une fin. Il y a un commencement mais pas de fin à la connaissance. Par la pratique de svadhyaya, le sadhaka comprend la nature de son âme et obtient la communion avec le Divin. Les livres sacrés de l'humanité sont à lire par tous. Ils ne sont pas destinés aux seuls membres d'une confession particulière. Comme les abeilles se délectent du nectar de différentes fleurs, ainsi le sadhaka prend dans les autres religions ce qui lui permettra de mieux comprendre la sienne.

La philologie n'est pas un langage mais la science du langage, dont l'étude permet de mieux connaître sa propre langue. Pareillement, le yoga n'est pas en lui-même une religion. C'est la science des religions, dont l'étude permet au sadhaka d'approfondir sa propre foi.

Isvara Pranidhana. Consacrer au Seigneur ses actions et sa volonté est isvara pranidhana. Celui qui a foi en Dieu ne connaît pas le désespoir. Il a l'illumination (tejas). Celui qui sait que toute création appartient au Seigneur ne sera pas gonflé d'orgueil ni ivre de pouvoir. Il ne se laissera pas aller à des desseins égoïstes. Il ne courbera la tête que pour rendre le culte divin. Quand les eaux de la bhakti (adoration) sont dirigées sur les turbines de l'esprit, elles produisent la puissance mentale et la lumière spirituelle. Alors que la force physique seule, sans bhakti, est mortelle, l'adoration seule, sans force de caractère, a l'effet d'un stupéfiant. S'adonner aux plaisirs détruit à la fois la puissance et la gloire. La satisfaction des sens qui résulte de la recherche des plaisirs fait naître moha (la servitude) et lobha (l'avidité) pour leur constant renouvellement. Si les sens ne sont pas satisfaits, alors apparaît soka (la tristesse) ; ils doivent être vaincus par le savoir et l'abstinence ; mais la maîtrise de l'esprit est plus difficile. Une fois épuisées ses propres ressources sans succès, l'homme se tourne vers le Seigneur afin qu'Il l'aide, car Il est la source de toute-puissance. C'est à ce point précis que commence la bhakti. Dans la bhakti, l'esprit, l'intelligence et la volonté se soumettent au Seigneur et le sadhaka prie : « Je ne sais ce qui est bon pour moi. Que Ta volonté soit faite. » Les autres prient pour que leurs désirs soient satisfaits ou s'accomplissent. Dans la bhakti, ou amour pur, il n'y a pas de place pour « je » et « mon ». Lorsque la conscience de « je » et de « mon » disparaît, l'âme individuelle atteint sa maturité.

Lorsque l'esprit a été vidé des désirs de satisfaction personnelle, il doit être empli par la pensée du Seigneur. Un esprit habité par des pensées de satisfaction personnelle risque d'être entraîné par les sens vers les objets de désirs. Tenter de pratiquer la bhakti sans vider l'esprit de ses désirs, c'est vouloir faire du feu avec du bois mouillé. Cela produit beaucoup de fumée et fait pleurer celui qui fait le feu et tout son entourage. Un esprit plein de désirs ne s'embrase pas et ne rayonne pas, il ne produit pas non plus de lumière ni de chaleur lorsqu'il est touché par le feu de la connaissance.

Le nom du Seigneur est comme le soleil, dissipant toute obscurité. La lune est pleine lorsqu'elle fait face au soleil. L'âme individuelle découvre sa plénitude (purnata) lorsqu'elle fait face au Seigneur. Si la terre vient se placer entre la pleine lune et le soleil, il se produit une éclipse. Si la conscience du « moi » projette son ombre sur l'âme lorsqu'elle découvre la plénitude, tous les efforts du sadhaka pour trouver la paix sont vains.

Mieux que ses paroles, les actions d'un homme sont le miroir de sa personnalité. Le yogi a appris l'art de consacrer toutes ses actions au Seigneur, si bien qu'elles réfléchissent la divinité qui est en lui.

Asana.

Le troisième pilier du yoga est celui des asana ou postures. Les asana apportent la solidité, la santé et la légèreté des membres. Une posture stable et belle donne de l'équilibre mental et empêche l'esprit d'être inconstant. Les asana ne sont pas de simples exercices de gymnastique ; ce sont des postures. Pour les faire il faut un endroit propre et aéré, une couverture et de la détermination. Alors que les autres formes d'entraînement physique requièrent de grandes surfaces et des équipements coûteux, les asana peuvent être faits sans aucun matériel, car l'adepte trouve dans ses membres les poids et contrepoids nécessaires. En les pratiquant, il développe sa souplesse, son équilibre, son endurance et acquiert une grande vitalité.

Les asana, dont l'élaboration a duré des siècles, sont destinés à exercer chaque muscle, chaque nerf et chaque glande du corps. Ils procurent un physique agréable, souple et fort, sans excès de muscles, et garantissent le corps contre la maladie. Ils diminuent la fatigue et apaisent les nerfs. Mais leur importance réelle réside dans la façon dont ils exercent et disciplinent l'esprit.

Nombre d'acteurs, d'acrobates, d'athlètes, de danseurs, de musiciens et de sportifs ont aussi un physique superbe et un grand contrôle de leur corps, mais ils manquent de contrôle sur l'esprit, l'intelligence et le soi. D'où leur manque d'harmonie intérieure : on rencontre rarement des personnalités équilibrées parmi eux. Souvent, ils placent le corps au-dessus de tout. Tout en n'en sous-estimant pas l'importance, le yogi ne se consacre pas uniquement au perfectionnement de son corps, mais il se préoccupe aussi de ses sens, de son esprit, de son intelligence et de son âme.

Le yogi conquiert son corps par la pratique des asana et en fait le digne véhicule de l'esprit. Il sait bien qu'il faut un véhicule à l'esprit. Une âme sans un corps est comme un oiseau privé de ses ailes.

Le yogi ne craint pas la mort, car le temps prend son tribut sur toute chair. Il sait que le corps change constamment et porte l'empreinte de l'enfance, de la jeunesse et de la vieillesse. La naissance et la mort sont des phénomènes naturels, mais l'âme ne connaît ni naissance ni mort. Comme un homme jetant des vêtements usés pour en prendre de nouveaux, ainsi l'hôte du corps, rejetant son enveloppe usée, entre dans une autre neuve.

Le yogi pense que son corps lui a été donné par le Seigneur, non seulement pour en jouir, mais aussi pour servir autrui durant toute sa vie active. Il ne le considère pas comme sa propriété. Il sait que le Seigneur qui lui a donné son corps le lui reprendra un jour.

En pratiquant les asana, le sadhaka trouve tout d'abord la santé, qui est plus que se maintenir en vie. Ce n'est pas une marchandise que l'on peut acheter avec de l'argent. C'est un bien que l'on obtient par un travail très dur. C'est un état de complet équilibre entre le corps, la conscience et l'esprit. La santé est le silence de la conscience physique et mentale. Le yogi se libère des infirmités physiques et de la dispersion mentale en pratiquant les asana. Il fait l'offrande au Seigneur de ses actions et de leurs fruits pour le service de l'humanité.

Le yogi prend conscience que sa vie et toutes ses actions sont une part de l'action divine dans la nature, qui se manifeste et opère par le truchement de l'homme. Dans le battement de son pouls et le rythme de sa respiration, il reconnaît le cycle des saisons et la palpitation de la Vie Universelle. Son corps est un temple qui abrite l'Étincelle Divine. Il a le sentiment qu'une conception non divine de son corps et la négligence ou la négation de ses besoins reviendraient à négliger ou à nier la Vie Universelle dont il est un élément. Les besoins du corps sont les besoins de l'Esprit Divin qui l'habite. Le yogi ne regarde pas vers le ciel pour trouver Dieu, car il sait qu'Il est en lui-même, c'est l'Antaratma (le Soi Intérieur). Il sent que le royaume de Dieu est à la fois à l'intérieur et à l'extérieur et découvre que le paradis se trouve en lui-même.

Où finit le corps et où commence la conscience ? Où finit la conscience et où commence l'esprit ? Ils ne peuvent être séparés car ils sont intimement liés et ne sont que les différents aspects de la même Conscience Divine qui imprègne toute chose.

Le yogi ne néglige ni ne mortifie jamais son corps ou sa conscience, au contraire il en prend grand soin. Le corps n'est pas, pour lui, un obstacle à sa libération spirituelle ni la cause de sa déchéance, mais c'est un instrument de réalisation. Il cherche à avoir un corps aussi puissant que la foudre, sain et exempt de souffrance pour le consacrer au service du Seigneur, Qui est sa raison d'être. Comme cela est souligné dans la *Mundakopanisad*, le Soi ne peut être réalisé par celui qui n'a ni force, ni attention, ni but. Comme un pot de terre se dissout dans l'eau s'il n'est pas cuit, le corps se dégrade rapidement. Ainsi donc faites-le bien cuire au feu de la discipline du yoga pour le rendre vigoureux et le purifier.

Les noms des asana sont significatifs, ils illustrent les étapes de l'évolution. Certains portent le nom de végétaux : arbre (vrksa), lotus (padma) ; d'insectes : sauterelle (salabha), scorpion (vrschika) ; d'animaux aquatiques et amphibies : poisson (matsya), tortue (kurma), grenouille (bheka ou manduka), crocodile (nakra). Certains asana sont appelés de noms d'oiseaux : coq (kukkuta), héron (baka), paon (mayura), cygne (hamsa). D'autres de quadrupèdes : chien (svana), cheval (vatayana), chameau (ustra), lion (simha). Les reptiles comme le serpent (bhujanga) ne sont pas oubliés, non plus que l'homme à l'état embryonnaire (garbha-pinda). Des héros légendaires prêtent leur nom à d'autres asana : Virabhadra et Hanuman, fils du Vent. Le souvenir de sages tels que Bharadvaja, Kapila, Vasistha et Visvamitra est évoqué dans le nom de certains asana. Quelques asana portent le nom des dieux du Panthéon hindou et d'autres rappellent les Avatara, ou incarnations de la Puissance Divine. En pratiquant les asana, le yogi fait prendre à son corps la forme de diverses créatures. Son esprit est ainsi exercé à ne mépriser aucune créature, car il sait qu'à travers l'étendue de toute la création, du plus petit insecte jusqu'au sage le plus parfait, souffle le même Esprit Universel, sous d'innombrables formes. Et il sait que la forme la plus haute est Ce qui n'a pas de forme. Il trouve l'unité dans l'universel. Le vrai asana est celui par lequel la pensée du Brahman coule sans cesse et sans effort, à travers la conscience du sadhaka.

Les dualités comme gain et perte, victoire et défaite, honneur et déshonneur, corps et esprit, conscience et âme, sont abolies par la maîtrise des asana, et le sadhaka peut alors commencer le pranayama, quatrième étape sur le chemin du yoga. Dans la pratique du pranayama, les narines, les conduits respiratoires et les membranes du nez, la trachée artère, les poumons et le diaphragme sont les seules parties du corps qui soient activement impliquées. Elles seules reçoivent le plein impact de la force du prana, le souffle de vie. C'est pourquoi il ne faut pas chercher à maîtriser le pranayama trop vite, car c'est avec la vie même qu'on joue. Une pratique incorrecte peut faire naître des affections respiratoires et ébranler le système nerveux. Une pratique correcte protège de la plupart des maladies. Donc on ne doit pas chercher à pratiquer le pranayama tout seul. Il est essentiel de se placer sous la conduite personnelle d'un guru qui connaît les limites physiques de son élève.

Pranayama.

Comme le mot yoga, le mot prana recouvre de nombreuses acceptions. Prana signifie souffle, respiration, vie, vitalité, vent, énergie ou force. Il désigne également l'âme, par opposition au corps. Il est généralement employé au pluriel pour désigner les rythmes du souffle de la vie. Ayama signifie longueur, expansion, allongement ou retenue. Pranayama représente donc, à la fois, l'allongement du souffle et son contrôle. Ce contrôle s'étend à toutes les fonctions de la respiration, à savoir (1) l'inspiration qui est appelée puraka (emplissage), (2) l'expiration qui est appelée recaka (vidage) et (3) la rétention, le fait de retenir la respiration, état dans lequel il n'y a ni inspiration, ni expiration, et que l'on appelle kumbhaka. Dans les textes traitant de Hatha Yoga, kumbhaka est aussi employé dans un sens plus général qui comprend les trois processus respiratoires : inspiration, expiration et rétention.

Kumbha est une cruche, un pot à eau, un vase, ou un calice qui peut être entièrement vidé d'air et rempli d'eau, ou entièrement vidé d'eau et rempli d'air. Pareillement il y a deux états de kumbhaka, à savoir, (1) lorsque la respiration est retenue après une inspiration complète (les poumons étant complètement emplis d'air vivifiant) et (2) lorsque la respiration est retenue après une expiration complète (les poumons étant complètement vidés de tout air vicié). Le premier état (poumons pleins), avant que ne commence l'expiration, s'appelle antara kumbhaka. Le second (poumons vides), avant que ne commence l'inspiration, s'appelle bahya kumbhaka. Antara signifie interne ou intérieur, tandis que bahya signifie externe ou extérieur. Donc kumbhaka est l'intervalle de temps entre une inspiration complète et une expiration (antara kumbhaka), ou entre une expiration complète et une inspiration (bahya kumbhaka). Dans ces deux états, la respiration est suspendue ou retenue.

Le pranayama est donc la science de la respiration. C'est l'axe autour duquel tourne la roue de la vie. La *Hatha Yoga Pradipika* dit : « Le dressage des lions, des éléphants et des tigres demande beaucoup de temps et de prudence, de la même manière le prana doit être maîtrisé lentement et progressivement selon la capacité et les limites physiques de chacun. Sinon, il tuera l'élève. » (Chapitre II, verset 16.)

La vie du yogi ne se compte pas au nombre de ses jours, mais au nombre de ses respirations. C'est pourquoi il adopte un rythme particulier de respiration lent et profond. Ce rythme renforce le système respiratoire, apaise le système nerveux et calme les désirs. À mesure que les désirs et les obsessions diminuent, l'esprit se retrouve libre et devient un instrument de concentration. Par une pratique incorrecte du pranayama, l'élève s'expose à divers troubles tels que hoquet, aérophagie, asthme, toux, catarrhe, migraines, douleurs d'yeux et d'oreilles, et nervosité.

Cela prend beaucoup de temps pour apprendre à inspirer et expirer correctement, régulièrement, lentement et profondément. Il faut l'avoir maîtrisé avant de chercher à pratiquer kumbhaka.

Comme de vives flammes jaillissent lorsque les cendres qui recouvraient un feu sont dispersées par le vent, de même le corps est illuminé par toute la splendeur du feu divin qui l'habite, lorsque les cendres du désir sont dispersées par la pratique du pranayama.

Sankaracarya dit : « Dans la vraie expiration (recaka), l'esprit est libéré de toute son illusion. La vraie inspiration (puraka) est la prise de conscience de : "Je suis Atma (l'esprit)." Dans la vraie rétention (kumbhaka) cette conviction s'implante fermement dans l'esprit. Tel est le vrai pranayama. »

Dans chaque inspiration, toute créature vivante prononce inconsciemment la prière : « So'ham » (Sah = Il, Aham = Je – Il, l'Esprit Immortel, est Je).

De même dans chaque expiration toute créature prie : « Hamsah » (Je suis Il). Cet ajapa-mantra (prière répétée inconsciemment) accompagne à l'infini chaque créature vivante tout au long de sa vie. Le yogi réalise pleinement la signification de cet ajapa-mantra et est ainsi libéré de toutes les chaînes qui entravent son âme. Il offre au Seigneur le souffle même de son être et reçoit du Seigneur la grâce du souffle de vie. Le prana dans le corps de chaque individu (jivatma) est une part du souffle cosmique de l'Esprit Universel (Paramatma). En pratiquant le pranayama, on s'efforce de réaliser l'harmonie entre la respiration individuelle (pindaprana) et la respiration cosmique (Brahmanda-prana).

Kariba Ekken, un mystique du dix-septième siècle, disait : « Si vous voulez avoir un esprit calme, contrôlez d'abord votre respiration ; car lorsqu'elle est contrôlée, le cœur est apaisé ; mais si la respiration est spasmodique, il est dérangé. Avant donc de commencer quoi que ce soit, contrôlez votre respiration, grâce à quoi votre humeur s'adoucira et votre esprit s'apaisera. »

Citta (l'esprit, la raison et le moi) est comme un chariot tiré par un attelage de puissants chevaux.

L'un d'eux est prana (le souffle), l'autre est vasana (le désir). Le chariot va dans la direction du plus puissant des deux. Si le souffle l'emporte, les désirs sont dominés, les sens sont tenus en échec et l'esprit est apaisé. Si le désir l'emporte, le souffle est en désarroi et l'esprit est agité et troublé. C'est pourquoi le yogi maîtrise la science de la respiration, contrôle son esprit et en apaise le mouvement perpétuel par la régulation et le contrôle de son souffle. Dans la pratique du pranayama les yeux sont fermés pour empêcher l'esprit de vagabonder. « Quand le prana et le manas (l'esprit) ont été absorbés, il naît une joie indicible. » (*Hatha Yoga Pradipika*, chapitre IV, verset 30.)

Les émotions affectent le rythme respiratoire ; inversement, on peut contrôler ses émotions par une régulation délibérée de sa respiration. Comme c'est l'objet même du yoga de contrôler et d'apaiser l'esprit, le yogi commence par apprendre le pranayama pour avoir la maîtrise de sa respiration. Cela le conduira à contrôler ses sens et il parviendra ainsi au stade de pratyahara. C'est alors seulement que l'esprit sera à même de se concentrer (dhyana).

On dit que l'esprit possède deux faces : l'une pure, l'autre impure. Il est pur lorsqu'il est libre de tout désir, et impur lorsqu'il est possédé par les désirs. En faisant cesser tout mouvement de l'esprit et en l'affranchissant de son indolence et de ses distractions, on parvient au silence de la conscience (amanaska), l'état suprême de samadhi. Ce silence n'est ni de la folie ni de l'idiotie, mais un état de conscience où l'esprit est libéré de toute pensée et de tout désir. Il y a une différence fondamentale entre l'idiot ou le fou d'une part, et le yogi qui s'efforce d'atteindre le silence de la conscience d'autre part. Le premier est en deçà de l'attention, le second s'efforce de passer au-delà de l'attention. C'est cette union du souffle et de l'esprit, et donc également des sens, et cet abandon de toutes les conditions d'existence et de pensée que l'on appelle yoga.

Prana Vayu. L'air est une des formes les plus subtiles de l'énergie. Dans les textes traitant de Hatha Yoga, cette énergie vitale qui imprègne le corps humain est classée en cinq catégories principales suivant les différentes fonctions qu'elle accomplit. On les appelle vayu (vent) et les cinq divisions sont : prana (là le terme générique est utilisé pour désigner le particulier), qui se tient dans la région du cœur et contrôle la respiration, apana, qui se tient dans la partie inférieure de l'abdomen et contrôle l'élimination de l'urine et des excréments ; samana, qui alimente le feu gastrique pour faciliter la digestion ; udana, qui réside dans la cage thoracique et contrôle l'absorption de l'air et de la nourriture ; et vyana, qui parcourt le corps tout entier et distribue l'énergie extraite de la nourriture et de l'air. Il y a également cinq vayu subsidiaires. Ce sont : naga, qui provoque l'éructation et soulage de la pression abdominale ; kurma, qui contrôle le mouvement des paupières pour empêcher les corps étrangers ou une lumière trop vive d'entrer dans les yeux ; krkara, qui empêche les substances de pénétrer dans le nez et la gorge en provoquant l'éternuement et la toux ; devadatta, qui apporte à un corps fatigué un supplément d'oxygène en provoquant un bâillement ; et enfin, dhanamjaya, qui reste dans le corps même après la mort et fait parfois se gonfler un cadavre.

Pratyahara.

Si la raison d'un homme succombe sous la poussée de ses sens, il est perdu. Par contre, si la respiration et son rythme sont contrôlés, les sens, au lieu d'être entraînés à l'extérieur vers des objets de désir, se tournent vers l'intérieur, et l'homme se trouve libéré de leur tyrannie. C'est le cinquième pilier du yoga, à savoir, pratyahara, dans lequel les sens sont maîtrisés.

Quand ce stade est atteint, le sadhaka entreprend un examen approfondi de lui-même. Pour surmonter la tentation mortelle des objets des sens, il a besoin de la protection que donne l'adoration (bhakti), en lui rappelant que c'est le Créateur lui-même qui fit les objets de son désir. Il a aussi besoin de l'éclairage que donne la connaissance de son héritage divin. L'esprit, en vérité, est pour l'homme cause de servitude ou de libération : de servitude s'il est lié aux objets de désir, de libération s'il est dégagé de leur emprise. Il y a servitude quand l'esprit est obsédé, attristé ou affligé à cause de quelque chose. L'esprit devient pur quand tout désir et toute peur sont annihilés. Le bon et l'agréable se présentent ensemble aux hommes et les poussent à agir. Le yogi préfère le bon à l'agréable. D'autres, entraînés par leurs désirs, préfèrent l'agréable au bon et le but même de la vie leur échappe. Le yogi ressent de la joie dans ce qu'il est. Il sait s'arrêter, et c'est pourquoi il vit en paix. Au départ, il préfère ce qui est amer comme le poison, et persévère dans son entraînement sachant bien qu'à la fin cela deviendra aussi doux que le nectar. D'autres, aspirant follement à l'union de leurs sens avec l'objet de leurs désirs, préfèrent ce qui leur semble doux comme le nectar au premier abord, mais ils ignorent qu'à la fin cela sera amer comme le poison.

Le yogi sait que la voie qui passe par la satisfaction des sens est large, mais qu'elle conduit à la destruction et que nombreux sont ceux qui la suivent. La voie du yoga est aussi étroite que le fil du rasoir, elle est difficile à suivre, et peu nombreux sont ceux qui la trouvent. Le yogi sait que les voies, soit de la déchéance, soit du salut se trouvent en lui-même.

Selon la philosophie hindoue, la conscience se manifeste selon trois formes ou qualités. Pour l'homme, sa vie et sa conscience, ainsi que tout le cosmos, sont les émanations de la seule et même prakrti (la matière ou la substance cosmique) – émanations dont le caractère diffère selon que prédomine l'un ou l'autre des guna. Ces guna (qualités ou manières d'être) sont :

1. Sattva (qualité de pureté et de bonté qui illumine) qui conduit à la clarté et à la sérénité.

2. Rajas (qualité de mouvement ou d'action) qui rend une personne active et énergique, tendue vers un but et volontaire.

3. Tamas (qualité d'obscurité et de retenue) qui obstrue et s'oppose à la tendance de rajas pour l'action et de sattva pour la révélation.

Tamas représente l'erreur, l'obscurité, l'inertie et l'ignorance. Une personne chez qui cela prédomine est inerte et apathique. Sattva conduit au divin et tamas au démoniaque, entre les deux se trouve rajas.

La foi témoignée, la nourriture consommée, les sacrifices accomplis, les austérités subies, et les cadeaux offerts par chaque individu varient selon le guna qui prédomine en lui.

Celui qui est né avec un penchant pour le divin est pur et ne connaît pas la peur. Il est généreux et maître de lui. Il s'attache à l'étude du Soi. Il est non violent, intègre et ne s'emporte jamais. Il renonce aux fruits de son labeur, travaillant seulement pour l'amour du travail. Il a un caractère tranquille, n'éprouve de méchanceté pour personne et est charitable envers tous, car il est sans envie. Il est aimable, modeste et équilibré. Il est rayonnant, clément et déterminé, car il n'a ni perfidie ni orgueil.

Un homme dans lequel prédomine rajo-guna est animé d'une soif intense et est passionné. Sa passion et son avidité heurtent les autres. Étant plein de convoitise et de haine, d'envie et de fourberie, ses désirs sont insatiables. Il est déséquilibré, volage et facilement distrait, aussi bien qu'ambitieux et âpre au gain. Il cherche la protection d'amis et tire vanité de son origine. Il se dérobe aux choses déplaisantes et ne s'accroche qu'à ce qui lui est agréable. Sa parole est aigre et son estomac est avide.

Celui qui est né avec un penchant démoniaque est fourbe, insolent et vaniteux. Il est plein de colère, de cruauté et d'ignorance. En un tel personnage, il n'y a ni pureté, ni droiture, ni vérité. Il s'adonne à ses passions. Égaré par de nombreux désirs, pris dans le filet des illusions et attaché aux plaisirs sensuels, il est condamné à l'enfer.

On peut illustrer le mécanisme mental des personnes chez lesquelles prédomine tel ou tel guna par leurs différents comportements devant un commandement universel comme : « Tu ne convoiteras pas le bien d'autrui. » Un homme chez qui prédomine tamo-guna pourrait l'interpréter ainsi : « les autres ne doivent pas convoiter ce qui m'appartient, quelle que soit la façon dont je l'ai obtenu. S'ils osent, je les tuerai ». Celui qui est du type rajo-guna est égoïste et calculateur, il comprendra ainsi le commandement : « Je ne convoiterai pas le bien des autres, de peur qu'ils ne convoitent le mien. » Il suivra la loi à la lettre, par calcul, au lieu de s'attacher à l'esprit de la loi pour le principe. Une personne de tempérament « sattvique » suivra à la fois la lettre et l'esprit du précepte, pour le principe en tant que valeur éternelle et non par calcul. Il sera juste pour l'amour de la justice seule, et non par crainte du châtiment prescrit par une loi humaine.

Le yogi, qui est un homme comme les autres, est touché par ces trois guna. Par une étude appliquée et persévérante (abhyasa) de lui-même et des objets auxquels s'attachent ses sens, il apprend à reconnaître si ses pensées, ses paroles ou ses actions sont d'origine « tamasique » ou « rajasique ». Par un effort incessant, il élimine, il déracine les pensées d'origine « tamasique » et s'évertue à acquérir une forme d'esprit « sattvique ». Quand seule reste sattva-guna, l'âme humaine a fait un grand pas vers le but ultime.

La force des guna ressemble à celle de la pesanteur. Il a fallu une recherche intensive et une préparation rigoureuse pour expérimenter dans l'espace le prodigieux état d'apesanteur. De même, la recherche de soi et la discipline apportées par le yoga sont nécessaires au sadhaka pour expérimenter l'union avec le Créateur de l'espace, une fois qu'il s'est libéré de l'attraction des guna.

Une fois que le sadhaka a expérimenté la plénitude de la création, ou du Créateur, sa soif (trsna) pour les objets des sens s'éteint, et il les regardera toujours avec détachement (vairagya). Ni le chaud ou le froid, ni la douleur ou le plaisir, ni l'honneur ou le déshonneur, ni la vertu ou le vice ne viennent troubler sa paix. Il traite avec la même sérénité ces deux imposteurs : le triomphe et la défaite. Il s'est affranchi de toute dualité. Il a dépassé la force des guna et est devenu un gunatita (celui qui a transcendé les guna). Il ne connaît plus ni naissance, ni mort, ni peine, ni souffrance, il devient immortel. Il n'a plus d'identité propre, car il vit plongé dans la plénitude de l'Âme Universelle. Un tel homme, ne rejetant rien, conduit toute chose sur le chemin de la perfection.

Dharana.

Quand le corps a été trempé par les asana, quand l'esprit a été raffiné par le feu du pranayama, et quand les sens ont été maîtrisés par pratyahara, le sadhaka atteint la sixième étape, appelée dharana. Il est concentré totalement sur un point unique, ou sur une tâche qui l'absorbe complètement. Il faut apaiser l'esprit pour atteindre l'état d'immersion complète.

L'esprit est l'instrument qui classifie, juge et coordonne les impressions provenant du monde extérieur ou de l'intérieur de soi-même.

L'esprit produit les pensées, elles sont difficiles à contenir car elles sont fluides et inconstantes. Une pensée, poursuivie avec constance par un esprit qui ne s'en écarte pas, apporte la joie. Pour tirer le maximum d'un instrument, on doit savoir comment il fonctionne. L'esprit est l'instrument de la pensée, il faut donc connaître son fonctionnement. On classe les états mentaux en cinq catégories. La première est l'état de ksipta ; les forces mentales y sont éparpillées, négligées et en désarroi, l'esprit est à l'affût d'objets, c'est le rajo-guna qui domine. Le second est l'état de viksipta, où l'esprit est agité et distrait. Il y a bien une capacité à se réjouir des fruits de ses propres efforts, mais les désirs ne sont pas ordonnés ni contrôlés. Puis dans l'état de mudha (le troisième), l'esprit est insensé, lourd et stupide. Il est empêtré et désorienté, ne sachant ce qu'il veut. C'est la tendance du tamo-guna qui prédomine. Le quatrième état de l'esprit est ekagra (eka = un, agra = la pointe). L'attention est alors extrême, les facultés mentales sont concentrées sur un objet unique ou convergent vers un seul point ; le sattva-guna prédomine. Une personne qui a un tel état d'esprit possède des capacités intellectuelles supérieures et sait exactement ce qu'elle veut, elle fait appel à toutes ses ressources pour atteindre son but. Parfois la poursuite implacable de son objectif, même si cela doit se faire au détriment des autres, peut engendrer de grandes souffrances, et souvent il arrive que même si le but est atteint, cela laisse une certaine amertume.

Arjuna, le puissant archer de l'épopée du Mahabharata nous fournit un exemple de ce que l'on entend par dharana. Un jour, Drona, le précepteur des princes royaux, organisa un concours de tir à l'arc pour mettre à l'épreuve leur compétence. Un par un, ils furent appelés pour donner la description de la cible qui leur était présentée. C'était un oiseau dans son nid. Certains des princes décrirent le bouquet d'arbres, d'autres l'arbre lui-même ou la branche sur laquelle se trouvait le nid. Quand ce fut le tour d'Arjuna, il décrivit en premier lieu l'oiseau.

Puis il ne vit plus que sa tête, et finalement il ne put plus voir autre chose que l'œil brillant de l'oiseau, centre de la cible qu'avait choisie Drona.

Une personne capable d'ekagra court cependant le danger de devenir suprêmement centrée sur elle-même. Quand les sens se mettent à errer sans limites, l'esprit prend la même voie. Ils assombrissent le jugement de l'homme et le mettent à la dérive comme un bateau en perdition sur une mer déchaînée. Un bateau doit être lesté pour garder son tirant d'eau et le timonier a besoin des étoiles pour le diriger. La personne dont l'esprit est ekagra a besoin de bhakti (adoration du Seigneur) et de concentration sur le divin pour garder son équilibre mental, de façon à toujours aller dans la bonne direction. Elle ne connaîtra pas le bonheur tant que n'aura pas disparu la conscience de « je » et de « mon ».

Le dernier état est niruddha, où l'esprit (manas), l'intelligence (buddhi) et le moi (ahamkara) sont domptés et placés au service du Seigneur pour qu'Il en use. Ici, le sentiment de « je » ou de « mon » n'existe plus. Une lentille, fortement éclairée, devient très lumineuse et semble n'être plus que lumière, elle ne s'en distingue plus. De même, le sadhaka qui a abandonné au Seigneur son esprit, son intelligence et son moi, devient un avec Lui, car il ne peut penser à rien d'autre qu'à Lui, le Créateur de toute pensée.

Sans ekagrata, ou concentration, on ne peut rien maîtriser. Sans concentration sur le Divin, qui modèle et contrôle l'univers, on ne peut libérer la divinité qui est en soi, et devenir un homme universel. Cette concentration peut être atteinte par eka-tattva-abhyasa, l'étude de l'élément unique qui imprègne tout, le Soi présent au plus profond de tous les êtres, qui diffuse Sa forme unique en de multiples formes. C'est pourquoi, pour parvenir à ekagrata, le sadhaka se concentre sur AUM, qui est le symbole Divin.

AUM : Selon Sri Vinoba Bhave, le mot latin Omne et le mot sanskrit Aum proviennent de la même racine et véhiculent tous deux les concepts d'omniscience, d'omniprésence, d'omnipotence. Un autre mot pour Aum est pranava qui dérive de la racine « nu » signifiant prier, à laquelle est ajouté le préfixe superlatif pra. Le mot signifie donc la meilleure prière ou encore celui qui prie le mieux.

Le symbole AUM est composé de trois éléments, à savoir, les lettres A, U, M, et si on l'écrit correctement, il faut ajouter un croissant et un point au-dessus. Quelques exemples des différentes interprétations que l'on en donne doivent être mentionnés ici pour en exprimer le sens.

Les trois lettres représentent trois états de la conscience ou de l'esprit : la lettre A symbolise l'état de veille (jagrata-avastha), la lettre U l'état de rêve (svapna-avastha), et la lettre M l'état de profond sommeil sans rêve (susupta-avastha). Le symbole tout entier accompagné du croissant et du point représente le quatrième état (turiya-avastha), qui englobe les trois premiers et les transcende. C'est l'état de samadhi.

Les lettres A, U, et M symbolisent respectivement la parole (vak), l'esprit (manas), et le souffle de vie (prana), tandis que le symbole tout entier représente l'esprit vivant, qui n'est autre qu'une étincelle de l'Esprit Divin.

Ces trois lettres représentent aussi les trois dimensions : longueur, largeur et profondeur, tandis que le symbole tout entier représente la Divinité, qui est au-delà des limitations d'aspect et de forme.

Les trois lettres A, U et M symbolisent encore l'absence de désir, de peur et de colère, tandis que le symbole tout entier représente l'homme parfait (un sthita-prajña), celui dont la sagesse est résolument établie dans le Divin.

Elles représentent les trois genres : masculin, féminin et neutre, tandis que le symbole tout entier représente la création tout entière avec son Créateur.

Elles représentent encore les trois guna ou manières d'être, sattva, rajas et tamas, tandis que le symbole tout entier représente le gunatita, celui qui a transcendé et dépassé la puissance des guna.

Ces lettres correspondent aux trois temps : le passé, le présent et le futur, tandis que le symbole tout entier représente le Créateur qui transcende les limites du temps.

Elles représentent également l'enseignement transmis par la mère, le père et le guru. Le symbole tout entier représente Brahma Vidya, la connaissance du Soi, l'enseignement qui est impérissable.

Les lettres A, U et M rappellent les trois stades de la pratique du yoga : asana, pranayama et pratyahara. Le symbole tout entier représente samadhi, le but vers lequel mènent ces trois étapes.

Elles représentent la trilogie de la Divinité : Brahma – Celui qui crée l'univers –, Visnu – Celui qui le maintient –, et Siva – Celui qui le détruit. Le symbole tout entier représente alors le Brahman, d'où émane l'univers, dans lequel il croît et porte ses fruits et dans lequel à la fin il se fond. Lui ne croît ni n'évolue. Tout change et passe, mais le Brahman est l'UN sans second qui est éternellement inchangé.

Les lettres A, U et M représentent encore le mantra « Tat Tvam Asi » (Tu es Cela), la réalisation de la divinité qui réside en l'homme lui-même. Le symbole tout entier représente cette réalisation, qui libère l'esprit humain des limites du corps, de la conscience, de l'intelligence et du moi.

Après avoir compris l'importance de AUM, le yogi concentre son attention sur la Divinité qu'il vénère en ajoutant AUM au nom du Seigneur. Mais ce mot AUM étant trop vaste et trop abstrait, il lui faut unifier ses sens, sa volonté, son intelligence, sa conscience et sa raison en se concentrant sur le nom du Seigneur et en y ajoutant le mot AUM dans le même élan de dévotion. Il perçoit ainsi la signification du mantra.

Le yogi se souvient des versets de la *Mundakopanisad* : « Te servant comme d'un arc de l'arme magnifique que sont les Upanisad, places-y une flèche aiguisée par la méditation. En le bandant avec une pensée orientée vers l'essence de Cela, pénètre, mon ami, l'Impérissable qui est le but. La syllabe mystique AUM est l'arc, la flèche est le Soi (Atma). Le Brahman est la cible. Il est transpercé par l'homme attentif qui doit venir se ficher en Lui comme la flèche dans la cible. »

Dhyana.

Comme l'eau épouse la forme du vase qui la contient, l'esprit en contemplant un objet prend la forme de cet objet. Après une dévotion longue et sans relâche, l'esprit, à force de penser à la divinité omniprésente qu'il adore, se transforme jusqu'à finalement lui ressembler.

Lorsque l'on transvase de l'huile, on peut observer que l'écoulement est stable et régulier. Quand la concentration s'est stabilisée en un flot régulier, c'est l'état de dhyana (méditation). Comme le filament d'une ampoule électrique parcourue par un courant régulier brille et répand de la lumière, l'esprit du yogi est rendu lumineux par l'état de dhyana. Son corps, son souffle, ses sens, son esprit, sa raison et son moi sont totalement intégrés dans l'objet de sa contemplation : l'Esprit Universel. Il demeure dans un état de conscience qu'on ne peut qualifier d'aucune façon. Il n'éprouve plus d'autre sensation qu'une Suprême Béatitude. Le yogi voit, comme un éclair, la Lumière qui rayonne par-delà la terre et les cieux. Il voit la lumière qui brille en son cœur. Il devient une lumière pour lui-même et pour les autres.

On reconnaît les progrès sur le chemin du yoga à certains signes tels que : la santé, un certain sentiment de légèreté du corps, la stabilité, la simplicité de comportement, la beauté de la voix, la fraîcheur du corps, l'apaisement des désirs. L'esprit du yogi est équilibré, serein et tranquille. Il est le symbole même de l'humilité. Il dédie toutes ses actions au Seigneur et, trouvant refuge en Lui, il se libère de la servitude de karma (action) et devient un Jivana Mukta (une Âme Libérée).

« Qu'advient-il de celui qui, malgré ses efforts, ne réussit pas à atteindre le but du Yoga, de celui qui a la foi, mais dont l'esprit s'égare loin du Yoga ? » À cette question d'Arjuna, le Seigneur Sri Krishna répond :

« Aucun mal ne peut atteindre un homme droit. Il séjourne de longues années dans le paradis de ceux qui ont fait le bien, puis il renaît dans une maison d'êtres purs et grands. Il peut même renaître dans une famille de yogi inspirés ; mais renaître dans une telle famille est la chose la plus difficile au monde. Il retrouvera la sagesse qu'il avait atteinte dans sa vie précédente et tendra toujours vers la perfection. Grâce à ses études, à son entraînement et à ses luttes antérieures, le yogi est toujours porté en avant et progresse sans cesse avec une âme purifiée, il réalise la perfection à travers de nombreuses vies et atteint enfin le but suprême. Le yogi va plus loin que ceux qui ne suivent que la voie de l'austérité, de la connaissance ou du service. C'est pourquoi, Arjuna, tu te dois d'être un yogi. Le plus grand de tous les yogi est celui qui M'adore avec foi, et dont le cœur demeure en Moi. » *(Bhagavad Gita*, chapitre VI, versets 38 à 47.)

Samadhi.

Pour le sadhaka, samadhi est le but ultime de sa quête. Au plus fort de sa méditation, il entre dans l'état de samadhi. Son corps et ses sens sont au repos comme s'il dormait, sa pensée et sa raison sont vigilantes comme en l'état de veille, cependant il est au-delà de la conscience. Une personne dans l'état de samadhi est pleinement consciente et éveillée.

Toute la création est le Brahman. Le sadhaka est paisible et L'adore comme Ce dont il émane, Ce en quoi il respire et Ce dans quoi il se fondra. L'âme qui est enfouie dans le cœur est plus petite que la plus petite semence et cependant plus grande que le ciel, contenant toutes les actions et tous les désirs. En cette âme pénètre le sadhaka. Alors les notions de « je » et de « mon » ne sont plus perceptibles, car le corps, l'esprit et l'intelligence ont cessé leur activité comme dans un profond sommeil. Le sadhaka a atteint le vrai yoga ; ce n'est rien d'autre qu'une expérience de conscience, de vérité et de joie indicible. C'est une paix qui dépasse tout entendement. L'esprit ne peut trouver de mots pour décrire cet état et la langue ne saurait les prononcer. Lorsqu'on compare samadhi à d'autres expériences, les sages répondent : « Neti ! Neti ! » – « Ce n'est pas cela ! Ce n'est pas cela ! » L'état ne peut être décrit que par le silence profond. Le yogi a quitté le monde matériel pour se fondre dans l'Éternel. Alors il n'y a plus aucune dualité entre le connaissant et le connu car ils sont confondus comme le camphre et la flamme.

Alors jaillit du fond du cœur du yogi le Chant de l'Âme (Atma Satkam) de Sankaracarya.

LE CHANT DE L'ÂME[1]

Je ne suis ni ego, ni raison, je ne suis ni esprit, ni
[pensée,
Je ne puis être entendue, ni emprisonnée dans des
[mots, ni humée, ni entrevue,

1. Ce chant est en vers dans le texte anglais. *(N.d.T.)*

Dans la lumière et dans le vent, on ne me trouve, ni
[même sur terre ou dans le ciel,
Je suis conscience et joie incarnée, Béatitude du
[Bienheureux.
Je n'ai pas de nom, je n'ai pas de vie, je ne respire
[aucun air vital,
Aucun élément ne m'a modelée, aucune enveloppe
[charnelle n'est mon refuge,
Je n'ai ni parole, ni mains, ni pieds : rien par quoi
[évoluer,
Je suis conscience et joie, Béatitude dans
[l'Absorption.
J'ai rejeté la haine et la passion, j'ai conquis l'illusion
[et l'avidité,
Aucun soupçon d'orgueil ne m'a effleurée, ainsi
[l'envie n'a jamais pu lever en moi :
Au-delà de toutes croyances, hors d'atteinte de toutes
richesses, plus loin que la liberté, plus loin que les
[désirs,
Je suis conscience et joie, et la Béatitude est ma
[parure.
Vertu et vice, plaisir et souffrance ne sont pas mon
[lot,
Non plus que textes sacrés, sacrifices, prières, ou
[pèlerinages,
Je ne suis ni nourriture, ni repas, ni encore celui qui
[mange,
Je suis conscience et joie incarnée, Béatitude du
[Bienheureux.
Aucune crainte de mort ne m'agite, aucune distinction
[de race ne me déchire,
Aucun parent ne m'a jamais appelée enfant, aucun
[lien de naissance ne m'a jamais tenue,
Je ne suis ni disciple, ni maître, je n'ai ni famille, ni
[amis,
Je suis conscience et joie, et me fondre dans la
[Béatitude est ma fin.

Je ne suis ni connaissable, ni connaissance, ni
[connaissant, l'absence de forme est ma forme,
J'habite parmi les sens, mais ils ne sont pas ma
[demeure,
Toujours sereine et en harmonie, je ne suis ni libre,
[ni esclave,
Je suis conscience et joie et c'est dans la Béatitude
[que l'on me trouve.

DEUXIÈME PARTIE

YOGASANA, BANDHA ET KRIYA

RECOMMANDATIONS, TECHNIQUE ET EFFETS

(Après le nom de chaque asana, le nombre suivi d'un astérisque indique la difficulté de chaque asana : le plus facile est noté Un*, le plus difficile Soixante*.)

Yogasana

RECOMMANDATIONS POUR LA PRATIQUE DES ASANA

Les conditions requises.

1. Sans de solides fondations, une maison ne peut tenir debout. Sans l'application des principes de yama et niyama, qui sont les fondations solides sur lesquelles se forme le caractère, on ne peut avoir une personnalité accomplie. Pratiquer les asana sans le soutien de yama et de niyama n'est que de l'acrobatie.

2. Les qualités demandées au novice sont la discipline, la foi, la ténacité et la persévérance dans un entraînement régulier et sans interruption.

Hygiène.

3. Avant de commencer les asana, la vessie doit être vidée et l'intestin évacué. Les postures inversées stimulent les mouvements intestinaux. Si l'élève est constipé ou qu'il ne peut évacuer l'intestin avant de faire les asana, il faut qu'il commence par Sirsasana et Sarvangasana et leurs variations ; qu'il n'essaie pas de faire les autres asana sans avoir évacué l'intestin. Ne faites jamais d'asana difficiles sans avoir auparavant évacué l'intestin.

Bains.

4. Les asana se font plus facilement après un bain. Une séance d'asana rend le corps moite de sueur, et il est bon de prendre un bain un quart d'heure après environ. Prendre un bain (ou une douche) avant et après une séance d'asana procure un délassement pour le corps et l'esprit.

Nourriture.

5. Il est préférable de faire les asana avec l'estomac vide. Si cela est vraiment nécessaire, on peut prendre une tasse de thé ou de café, de chocolat ou de lait avant la séance. On peut commencer à s'entraîner sans désagrément une heure après un repas très léger. Attendez au moins quatre heures après un bon repas. On peut manger une demi-heure après la fin de la séance.

Le choix de l'heure.

6. Les meilleurs moments pour pratiquer sont tôt le matin, ou tard le soir. Le matin, il n'est pas facile de faire les asana car le corps est raide. L'esprit cependant est encore alerte tandis que sa détermination et sa vivacité diminuent dans le courant de la journée. Un entraînement régulier permet au corps de s'assouplir et l'on devient capable de faire les asana correctement. Le soir, le corps est plus souple et les asana se font mieux et avec plus de facilité. L'entraînement matinal permet de mieux travailler dans son activité professionnelle. Le soir, cela repose des tensions de la journée et redonne le calme et la fraîcheur. Par conséquent, les asana difficiles devraient être faits le matin, lorsqu'on a plus de détermination, et les asana stimulants (comme Sirsasana, Sarvangasana et leurs variations et Pashimottanasana) devraient être pratiqués le soir.

Soleil.

7. Pendant les périodes chaudes, ne faites pas d'asana après plusieurs heures d'exposition au soleil.

Lieu.

8. Choisissez, pour votre entraînement, un endroit propre et bien aéré, sans bruit ni insectes.

9. Ne faites pas les asana sur un sol nu ou inégal, mais placez-vous sur une couverture pliée étendue sur un sol plat.

Recommandation.

10. Pendant la pratique des asana, aucune tension exagérée ne doit être perçue sur le visage, les oreilles et les yeux, ou à travers la respiration.

Les yeux.

11. Au début, gardez les yeux ouverts. Ainsi vous saurez ce que vous faites et vous verrez vos fautes. Si vous fermez les yeux, vous ne serez pas à même d'observer l'exactitude de vos mouvements ou simplement la direction dans laquelle vous faites la posture. Vous ne pouvez fermer les yeux que si vous avez atteint la perfection dans un asana particulier, car alors vous pourrez ajuster de l'intérieur les mouvements de votre corps et sentir les étirements corrects.

Usage du miroir.

12. Si vous utilisez un miroir pour contrôler vos asana, faites en sorte qu'il soit bien perpendiculaire au sol, sinon votre posture vous paraîtrait de biais à cause de l'inclinaison du miroir. Il vous sera impossible d'observer les mouvements ou la position de la tête ou des épaules dans les postures inversées, si le miroir n'atteint pas le niveau du sol.

Le cerveau.

13. Au cours de l'entraînement, seul le corps doit être actif, alors que le cerveau doit rester passif, vigilant et alerte. Si le cerveau est actif, vous ne serez pas capable de voir vos propres fautes.

Respiration.

14. Dans tous les asana on doit respirer par le nez et non par la bouche.

15. Ne retenez pas votre respiration en vous plaçant dans une posture ou pendant que vous la tenez. Suivez les instructions données pour la respiration dans la partie technique où les différents asana sont décrits.

Savasana.

16. Après une séance d'asana, étendez-vous, toujours en Savasana pendant au moins dix à quinze minutes. Cela fera disparaître la fatigue.

Asana et Pranayama.

17. Lisez avec soin les recommandations pour l'entraînement au pranayama avant de vous y exercer (voir la 3e partie). Le pranayama peut être pratiqué soit très tôt le matin avant de faire les asana, soit le soir après les avoir terminés. Le matin, le pranayama peut être fait pendant quinze à trente minutes, suivi de quelques minutes en Savasana. Puis on attendra un certain temps, pendant lequel on pourra s'adonner à ses activités normales, avant de pratiquer les asana. Par contre, le soir, attendez au moins une demi-heure avant de vous asseoir pour le pranayama.

Recommandations particulières pour les personnes qui souffrent d'hypertension artérielle ou de vertiges.

18. Si vous avez des vertiges ou trop de tension artérielle, ne commencez pas par Sirsasana ou Sarvangasana. Commencez par Pashimottanasana, Uttanasana et Adhomukha Svanasana avant d'entreprendre les postures inversées comme Sirsasana et Sarvangasana. Puis après les avoir faites, recommencez Paschimottanasana, Adhomukha Svanasana et Uttanasana dans cet ordre.

19. Toutes les flexions en avant sont bénéfiques pour les personnes qui souffrent de troubles de la tension artérielle.

Avertissement aux personnes souffrant d'otite ou de décollement de la rétine.

20. Les personnes qui ont une otite ou un décollement de la rétine doivent s'abstenir de faire les postures inversées.

Recommandations particulières pour les femmes.

21. *Règles.* Ne faites pas d'asana pendant la période des règles. Cependant si les règles sont trop abondantes, on obtient un effet bénéfique en faisant Upavistha Konasana, Baddha Konasana, Virasana, Janu Sirsasana, Paschimottanasana et Uttanasana. Ne faites en aucun cas l'équilibre sur la tête pendant les règles.

Grossesse.

22. Tous les asana peuvent être pratiqués pendant les trois premiers mois de la grossesse. Toutes les postures debout et les postures en avant peuvent être faites de façon modérée. À ce moment, en effet, la colonne doit être assouplie et renforcée et on ne doit pas faire de pression sur l'abdomen. Baddha Konasana et Upavistha Konasana peuvent être pratiqués pendant toute la grossesse à n'importe quelle heure de la journée (même après les repas, mais pas les postures en avant). Ces deux asana renforceront, en effet, les muscles pelviens et la région lombaire. Cela réduira considérablement les douleurs de l'accouchement. On peut pratiquer le pranayama sans rétention (kumbhaka) pendant toute la grossesse, car une respiration profonde et régulière est une aide considérable pendant l'accouchement.

Après l'accouchement.

23. Aucun asana ne doit être fait pendant le mois qui suit l'accouchement. Par la suite, ils peuvent être

pratiqués avec modération. Augmentez progressivement le rythme comme c'est indiqué dans l'appendice I. Trois mois après l'accouchement tous les asana peuvent être pratiqués sans difficultés.

Effets des asana.

24. Une pratique défectueuse entraîne une sensation d'inconfort et un certain malaise pendant quelques jours. C'est la preuve d'une mauvaise exécution des postures. Si vous n'arrivez pas à trouver l'erreur par vous-même, il vaut mieux en parler à une personne qui a de l'expérience et suivre ses conseils.

25. La bonne façon de faire les asana procure une sensation de légèreté et de joie aussi bien dans le corps que dans l'esprit et une impression d'unité du corps, de l'esprit et de l'âme.

26. L'entraînement continu change le point de vue de celui qui s'y adonne. Il parvient à se discipliner dans son alimentation, sa vie sexuelle et son caractère. Il devient un homme nouveau.

27. Une fois qu'un asana est maîtrisé, on le fait avec aisance, sans effort et il ne crée pas de gêne. Les mouvements du corps deviennent harmonieux. En faisant différents asana, le corps revêt l'apparence de nombreuses formes de vie de la création : du plus petit insecte au plus grand sage. L'étudiant apprend que dans chacune d'elles souffle le même Esprit Universel : l'Esprit de Dieu. En pratiquant, il s'intériorise et sent la présence de Dieu dans chaque asana qu'il fait avec le sentiment de son complet abandon aux pieds du Seigneur.

1. Tadasana (aussi appelé Samasthiti) Un* (photo 1).

Tada signifie montagne. Sama signifie vertical, droit impassible. Sthiti est l'immobilité, la stabilité. Tadasana implique donc une posture debout où l'on est fermement érigé comme une montagne. C'est la base des postures debout.

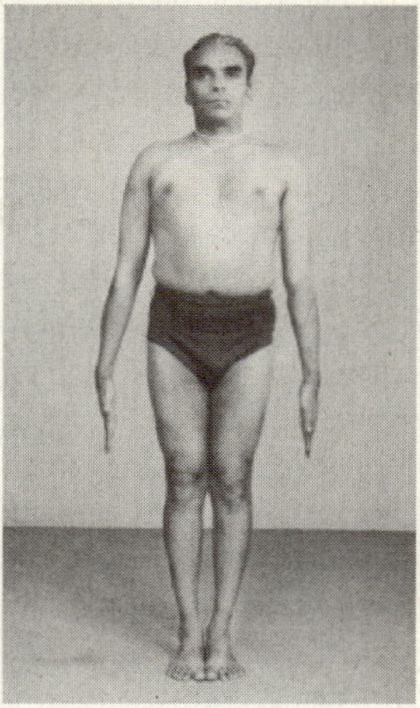
1

Technique.

1. Tenez-vous debout, les pieds joints, les talons se touchant, ainsi que les gros orteils. Reposez l'extrémité des métatarsiens sur le sol et étirez à plat tous les orteils.

2. Tendez les genoux et montez les rotules. Serrez les muscles des fesses et étirez vers le haut ceux de l'arrière des cuisses.

3. Gardez le ventre rentré, bombez la poitrine, étirez la colonne vertébrale et allongez le cou.

4. Ne portez pas le poids du corps sur les talons ou sur les orteils, mais répartissez-le également sur toute la surface du pied.

5. En principe, en Tadasana, les deux bras sont étirés au-dessus de la tête mais, par commodité, on peut les placer de chaque côté des cuisses. Chaque posture debout décrite ci-dessous peut être prise en partant de Tadasana avec les paumes de chaque côté des cuisses.

Effets.

Les gens ne font pas attention à la manière dont ils se tiennent debout. Certains basculent le poids du corps sur une seule jambe ou tournent une jambe complètement de côté. D'autres portent tout le poids sur les talons ou bien sur le côté intérieur ou le côté extérieur des pieds. On peut s'en apercevoir en regardant l'usure des semelles ou des talons des chaussures. Du fait du faux aplomb et de la mauvaise répartition du poids sur les pieds, ils contractent des déformations particulières qui diminuent l'élasticité de la colonne vertébrale. Même si les pieds sont écartés, il est préférable de garder les lignes talon-gros orteil parallèles entre elles. Ainsi, les muscles fessiers sont contractés, le ventre est rentré et la poitrine est portée en avant. Le corps se sent léger et l'esprit devient agile. Si le poids du corps est porté sur les talons seulement, les variations de l'équilibre deviennent perceptibles, les fesses sont molles, le ventre fait saillie en avant, le corps se laisse tomber en arrière et la colonne vertébrale ressent une surcharge qui, rapidement, entraîne une fatigue et un engourdissement de l'esprit. C'est pourquoi il est essentiel de maîtriser l'art de se tenir debout correctement.

2. Vrksasana Un* (photo 2).

Vrksa signifie arbre.

Technique.

1. Placez-vous en Tadasana (photo 1).
2. Pliez le genou droit et placez le talon droit à la base de la cuisse gauche. Posez le pied sur la cuisse gauche, les orteils pointant vers le bas.
3. Cherchez l'équilibre sur le pied gauche, joignez les mains et tendez les bras au-dessus de la tête (photo 2).
4. Restez dans la posture pendant quelques secondes en respirant profondément, puis baissez les bras et séparez les mains, dépliez la jambe droite et revenez en Tadasana.

5. Répétez la posture en vous tenant sur la jambe droite et en plaçant le talon gauche à la base de la cuisse droite. Tenez la posture pendant le même temps, puis revenez en Tadasana (photo 1) pour vous relaxer.

2

3

Effets.

Cette posture tonifie les muscles des jambes et donne le sens de l'équilibre.

3. Utthita Trikonasana Trois* (photos 4 et 5).

Utthita signifie étendu, étiré. Trikona (tri = trois ; kona = angle) est un triangle. Cet asana debout est la posture du triangle étiré.

Technique.

1. Placez-vous en Tadasana (photo 1).

2. Inspirez profondément et, en sautant, écartez les pieds latéralement d'environ 1 mètre. Placez les bras à l'horizontale en alignement avec les épaules, les paumes vers le sol (photo 3).

4

5

3. Tournez le pied droit de 90° vers la droite ; tournez légèrement le pied gauche vers la droite, en gardant la jambe gauche étirée de l'intérieur et tendue au genou.

4. Expirez, fléchissez le buste et le bassin vers la droite en approchant la main droite de la cheville droite. La main droite doit, si possible, s'appuyer complètement sur le sol (photos 4 et 5).

5. Étirez le bras gauche vers le haut (voir l'illustration) en le plaçant en ligne avec l'épaule droite et étirez le buste. L'arrière des jambes, le dos et les hanches doivent être sur une même ligne. Regardez le pouce de votre main gauche étiré au maximum. Gardez le genou droit tout à fait tendu, en montant la rotule, et maintenez le genou droit face aux orteils.

6. Restez dans cette position pendant une demi-minute à une minute, en respirant régulièrement et profondément. Puis ôtez la main droite du sol. Inspirez et retournez à la position 2 ci-dessus.

7. Maintenant, tournez le pied gauche de 90° vers la gauche, tournez légèrement le pied droit vers la gauche, gardez les jambes tendues aux genoux et continuez de la position 2 à la position 6, en inversant droite et gauche. Inspirez et revenez à la position 2. Tenez la posture pendant le même laps de temps sur le côté gauche.

8. Expirez et sautez pour revenir en Tadasana (photo 1).

Effets.

Cet asana tonifie les muscles des jambes, assouplit les jambes et les hanches, corrige toutes sortes de petites déformations des jambes et leur permet de se développer harmonieusement. Il soulage les douleurs du dos et les torticolis, renforce les chevilles et développe la cage thoracique.

4. Parivrtta Trikonasana Cinq* (photos 6 et 7).

Parivrtta signifie retourner, tourner autour ou en arrière. Trikona est un triangle. C'est la posture du triangle en torsion. C'est la contre-posture de Utthita Trikonasana (photo 4).

6

7

Technique.

1. Placez-vous en Tadasana. (photo 1). Inspirez profondément et, en sautant, écartez les pieds latéralement d'environ 1 mètre. Placez les bras à l'horizontale en alignement avec les épaules, paumes vers le sol (photo 3).

2. Tournez le pied droit de 90° vers la droite. Tournez le pied gauche de 60° vers la droite en gardant la jambe gauche étirée et tendue au genou.

3. Expirez, tournez complètement le buste et le bassin vers la droite, en même temps que la jambe de façon à placer la main gauche sur le sol, près du côté extérieur du pied droit.

4. Levez le bras droit, étirez-le dans le prolongement du bras gauche. Regardez le pouce droit (photos 6 et 7).

5. Gardez les genoux tendus. Ne soulevez pas du sol les orteils du pied droit. Pensez à bien appuyer sur le sol le côté extérieur du pied gauche.

6. Étirez les épaules et les omoplates.

7. Restez dans cette posture pendant une demi-minute en respirant normalement.

8. Inspirez, ôtez la main gauche du sol, ramenez le buste dans sa position initiale et revenez en position 1.

9. Expirez, répétez la posture sur le côté gauche en tournant le pied gauche de 90° vers la gauche et le pied droit de 60° vers la gauche et placez la main droite sur le sol, près du côté extérieur du pied gauche.

10. Maintenez cette posture pendant une durée égale de chaque côté, ce que l'on peut contrôler en faisant, par exemple, trois ou quatre respirations de chaque côté.

11. Une fois ce laps de temps écoulé, ramenez le buste à sa position initiale, remettez les pieds de face et gardez les bras à l'horizontale comme dans la position 1.

12. Expirez et, en sautant, revenez en Tadasana (photo 1). Ceci termine l'asana.

Effets.

Cet asana tonifie les muscles de la cuisse et du mollet. La colonne vertébrale et les muscles du dos sont amenés à fonctionner correctement, car la posture permet un apport supplémentaire de sang dans la région basse de la colonne vertébrale. La poitrine est pleinement ouverte. La posture soulage les douleurs dorsales, fortifie les organes abdominaux et renforce les muscles fessiers.

5. Utthita Parsvakonasana Quatre*

(photos 8 et 9).

Parsva signifie flanc ou côté. Kona est un angle. C'est la posture de l'angle étiré sur le côté.

Technique.

1. Placez-vous en Tadasana (photo 1). Inspirez profondément et, en sautant, écartez les pieds latéralement d'environ 1,30 mètre. Placez les bras en alignement avec les épaules, paumes vers le sol (photo 3).

2. En expirant doucement, tournez le pied droit de 90° vers la droite et le pied gauche légèrement vers la droite, en conservant la jambe gauche étirée et tendue au genou. Pliez le genou droit jusqu'à ce qu'il forme un angle droit et que la cuisse soit parallèle au sol.

3. Placez la main droite sur le sol à côté du pied droit. L'aisselle droite doit couvrir le côté extérieur du genou droit et le toucher. Étirez le bras gauche au-dessus de l'oreille gauche. Gardez la tête levée (photos 8 et 9).

8

9

4. Allongez les reins et étirez l'arrière du genou gauche. La poitrine, les hanches et les jambes doivent

être dans un même plan et pour cela redressez la poitrine vers le haut et en arrière. Étirez le corps tout entier en vous concentrant sur toute la partie arrière et particulièrement la colonne vertébrale. Étirez la colonne vertébrale jusqu'à ce que toutes les vertèbres et les côtes s'écartent et que l'on sente que même la peau est étirée et allongée.

5. Restez dans cette posture pendant 30 secondes à 1 minute, en respirant profondément et régulièrement. Inspirez et ôtez la main droite du sol.

6. Inspirez, redressez la jambe droite et relevez les bras en revenant à la position 1.

7. Continuez en expirant et suivez les positions 2 à 5 en permutant droite et gauche.

8. Expirez et revenez en sautant en Tadasana (photo 1).

Effets.

Cet asana tonifie les chevilles, les genoux et les cuisses. Il corrige les défauts des mollets et des cuisses, développe la cage thoracique, amincit la taille et les hanches et soulage les douleurs sciatique ou arthritique. Il augmente également les mouvements péristaltiques et facilite l'élimination.

6. Parivrtta Parsvakonasana Huit*

(photos 10 et 11).

Parivrtta signifie retourner, tourner autour ou en arrière. Parsva signifie flanc ou côté. Kona est un angle. C'est la posture de l'angle en torsion.

10

11

Technique.

1. Placez-vous en Tadasana (photo 1).

2. Inspirez profondément et, en sautant, écartez les pieds latéralement d'environ 1,30 mètre. Placez les bras en alignement avec les épaules, paumes vers le sol (photo 3).

3. Tournez le pied droit de 90° vers la droite et le pied gauche de 60° vers la droite, en gardant la jambe gauche étirée et tendue au genou. Pliez le genou droit jusqu'à ce qu'il forme un angle droit et que la cuisse droite soit parallèle au sol.

4. Expirez, tournez le buste, le bassin et la jambe gauche de façon à amener le bras gauche au-dessus du genou droit. Reposez l'aisselle gauche sur le côté extérieur du genou droit et placez la main gauche sur le sol près du côté extérieur du pied droit (photos 10 et 11).

5. Tournez à fond la colonne (vers la droite), étirez le buste et amenez le bras droit au-dessus de l'oreille droite (voir les photos). Regardez votre bras droit qui est étiré au maximum. Gardez toujours le genou gauche tendu.

6. Restez dans cette posture pendant 30 secondes à 1 minute, en respirant profondément et régulièrement. Inspirez et ôtez la main gauche du sol. Relevez le buste et revenez en position 2, en redressant la jambe droite et en relevant les bras.

7. En expirant, reprenez les positions 3 à 5 en inversant droite et gauche.

8. Chaque fois qu'un mouvement est pratiqué sur un côté puis sur l'autre, il faut rester aussi longtemps dans l'un que dans l'autre. Cette règle générale s'applique ici.

Effets.

Cette posture qui demande plus d'effort que Parivrtta Trikonasana (photo 6) a un effet plus important. L'arrière des genoux est cependant moins étiré que dans Parivrtta Trikonasana. Les organes abdominaux y sont plus contractés, ce qui aide la digestion. Le sang circule largement dans la région abdominale et vertébrale, ce qui les revivifie. Cet asana facilite l'évacuation de l'intestin.

7. Virabhadrasana I Trois* (photo 14).

Daksa célébrait un jour un grand sacrifice, mais il n'avait pas invité sa fille Sati, ni son gendre Siva, le prince des dieux. Sati se rendit tout de même au sacrifice, mais l'insulte et l'humiliation étaient si grandes qu'elle se jeta dans le feu et mourut. Lorsque Siva l'apprit, il se sentit gravement provoqué ; arrachant un cheveu de son chignon tressé, il le jeta sur le sol. Un puissant héros, nommé Virabhadra, en sortit et se mit à ses ordres. Siva le chargea de conduire son armée contre Daksa et de détruire son sacrifice. Virabhadra et son armée s'abattirent comme un ouragan sur l'assemblée de Daksa, détruisirent le sacrifice, dispersèrent les autres dieux et les prêtres et décapitèrent Daksa. Siva, accablé de douleur par la perte de Sati, se retira au mont Kailas et entra en méditation. Sati se réincarna en Uma dans la maison de l'Himalaya. Elle lutta une fois de plus pour gagner l'amour de Siva et parvint finalement à conquérir son cœur. Cette histoire est racontée par Kalidasa dans son grand poème *Kumara sambhava* (La naissance du Seigneur de la guerre).

Cet asana est dédié au puissant héros créé par Siva d'un cheveu de son chignon tressé.

Technique.

1. Placez-vous en Tadasana (photo 1).

2. Élevez les deux bras au-dessus de la tête ; étirez et joignez les mains (photo 12).

3. Inspirez profondément et, en sautant, écartez les pieds latéralement d'environ 1,30 mètre.

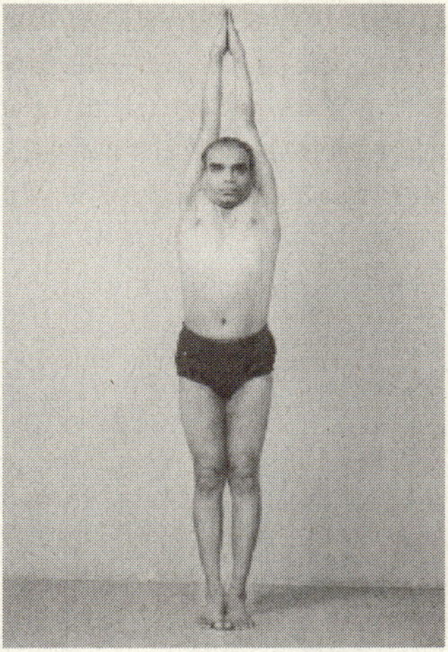

12

13

4. Expirez, tournez-vous sur la droite. Tournez en même temps le pied droit de 90° vers la droite et le pied gauche légèrement vers la droite (photo 13). Fléchissez le genou droit jusqu'à ce que la cuisse soit parallèle au sol et le tibia droit, perpendiculaire au sol ; la cuisse et le mollet droits forment alors un angle droit. Le genou plié ne doit pas être en avant de la cheville, mais à la verticale du talon.

5. Étirez la jambe gauche et tendez-la au genou.

6. Comme on peut le voir sur la photo, le visage, le buste et le genou droit doivent être tournés dans la même direction que le pied droit. Rejetez la tête en arrière, étirez la colonne depuis le coccyx et regardez vos mains jointes (photo 14).

7. Tenez la posture pendant 20 à 30 secondes en respirant normalement.

8. Recommencez sur le côté gauche comme dans les positions 4 à 6 en permutant droite et gauche.

9. Expirez et retournez, en sautant, en Tadasana (photo 1).

Note. Toutes les postures debout demandent un grand effort, celle-ci en particulier. Elles ne doivent pas être pratiquées par les personnes qui souffrent de faiblesse cardiaque. Même les personnes de constitution solide doivent éviter de rester longtemps dans cet asana.

14

Effets.

Dans cette posture, la poitrine est pleinement ouverte et cela permet une respiration profonde. Elle assouplit les épaules et le dos, tonifie les chevilles et les genoux et diminue les raideurs du cou. De plus, elle amincit les hanches.

8. Virabhadrasana II Un* (photo 15).

Technique.

1. Placez-vous en Tadasana (photo 1).

2. Inspirez profondément et, en sautant, écartez les pieds latéralement d'environ 1,30 mètre. Placez les bras en alignement avec les épaules, paumes vers le sol (photo 3).

3. Tournez le pied droit de 90° vers la droite et le pied gauche légèrement vers la droite, en gardant la jambe gauche étirée et tendue au genou. Étirez les muscles de l'arrière du genou.

4. Expirez et fléchissez le genou droit jusqu'à ce que la cuisse soit parallèle au sol et le tibia droit perpendiculaire au sol ; la cuisse droite et le mollet droit forment alors un angle droit. Le genou plié ne doit pas être en avant de la cheville, mais à la verticale du talon (photo 15).

5. Étirez les bras et les mains, comme si deux personnes vous les tiraient, chacune de son côté.

6. Tournez la tête sur la droite et regardez votre main droite. Étirez à fond les muscles de l'arrière de la jambe gauche. Le dos, l'arrière des jambes et les hanches doivent être dans un même plan.

7. Restez dans cette position pendant 20 à 30 secondes en respirant profondément. Inspirez et revenez en position 2.

8. Tournez le pied gauche de 90° vers la gauche et le pied droit légèrement vers la gauche, fléchissez le genou gauche et suivez les positions 3 à 6 en permutant droite et gauche.

9. Inspirez et revenez en position 2. Expirez et, en sautant, retournez en Tadasana (photo 1).

15

Effets.

Cette posture embellit et renforce les muscles de la jambe. Elle soulage les crampes dans les mollets ou dans les cuisses, assouplit les muscles de la jambe et du dos, et tonifie les organes abdominaux.

La maîtrise des postures debout prépare l'élève aux flexions en avant de niveau élevé, qui seront alors acquises facilement.

9. Virabhadrasana III Cinq* (photo 17).

Cette posture est la suite, en plus intense, de Virabhadrasana I (photo 14).

16

17

Technique.

1. Placez-vous en Tadasana (photo 1).

2. Inspirez profondément et, en sautant, écartez les pieds latéralement d'environ 1,30 mètre (photo 3).

3. Prenez la posture finale de Virabhadrasana I sur le côté droit (photo 14).

4. Expirez, fléchissez le buste en avant et amenez la poitrine sur la cuisse droite. Gardez les bras tendus et les mains jointes (photo 16). Reposez-vous dans cette position pendant deux cycles respiratoires.

5. Maintenant, expirez et en même temps, ôtez la jambe gauche du sol en déplaçant légèrement le poids du corps vers l'avant et redressez la jambe droite en la rendant aussi raide qu'un pieu. Tournez

la jambe gauche vers l'intérieur de façon à ce que la rotule soit face au sol (photo 17).

6. Tenez cette posture de 20 à 30 secondes en respirant profondément et régulièrement.

7. Tout en gardant l'équilibre, assurez-vous que le corps tout entier (sauf la jambe droite) est parallèle au sol. La jambe droite, qui doit être parfaitement étirée et tendue, doit rester perpendiculaire au sol. Allongez l'arrière de la cuisse droite et étirez les bras et la jambe gauche comme si deux personnes vous tiraient à chaque extrémité.

8. Expirez et revenez en Virabhadrasana I (photo 14).

9. Exécutez la posture sur le côté gauche.

Effets.

L'illustration (photo 17) montre l'harmonie, l'équilibre, l'aplomb et la force que donne la pratique de cet asana. Il tonifie et aide la contraction des organes abdominaux et rend les muscles des jambes plus beaux et plus robustes. Il est recommandé aux coureurs auquels il donne vigueur et agilité.

Tous les mouvements de cet asana corrigent le port, le maintien. Lorsque l'on se tient mal en laissant tomber le poids sur les talons, le corps ne peut se développer harmonieusement et l'élasticité de la colonne est compromise. Le port du poids sur les talons fait ressortir l'estomac et diminue l'agilité mentale et corporelle. Cet asana nous aide à nous tenir solidement sur la plante des pieds, maintient les muscles de l'estomac rentrés et donne agilité au corps et à l'esprit.

10. Ardha Candrasana Cinq* (photo 19).

Ardha signifie moitié. Candra est la lune. La posture ressemble à une demi-lune, d'où le nom.

18

19

Technique.

1. Placez-vous en Tadasana (photo 1), puis faites Utthita Trikonasana (photo 4), en suivant la technique décrite ci-dessus.

2. Une fois en Trikonasana sur le côté droit, expirez et placez la main droite à 30 centimètres environ au-delà du pied droit en pliant le genou droit et en rapprochant le pied gauche du pied droit (photo 18).

3. Attendez dans cette position pendant deux cycles respiratoires. Puis expirez et montez la jambe gauche, la pointe du pied tournée vers le haut. Étirez la main droite et la jambe droite.

4. Posez la main gauche sur la hanche gauche, puis étirez-vous vers le haut en gardant les épaules bien en l'air. Tournez la poitrine vers la gauche et cherchez l'équilibre (photo 19).

5. Le poids du corps est porté sur la jambe droite. La main droite ne sert qu'à contrôler l'équilibre.

6. Gardez la posture pendant 20 à 30 secondes en respirant profondément et régulièrement. Puis descendez la jambe gauche doucement vers le sol et revenez en Trikonasana (photo 4).

7. Répétez la posture sur le côté gauche.

Effets.

La posture est bénéfique pour ceux qui ont une blessure ou une infection dans les jambes. Elle tonifie la partie inférieure de la colonne vertébrale et le réseau nerveux de la jambe. Elle renforce également le genou. Associé aux autres postures debout, cet asana apporte un remède aux troubles gastriques.

Note. Ceux qui se sentent faibles et sont épuisés par les postures debout, doivent se limiter à Utthita Trikonasana (photo 4) et Utthita Parsvakonasana (photo 8), car ces deux asana fortifient le corps. Les autres postures debout ne doivent être pratiquées que par ceux qui sont devenus suffisamment forts et suffisamment souples.

11. Utthita Hasta Padangusthasana Seize*

(photo 23).

Utthita signifie étendu. Hasta est la main, Padangustha, le gros orteil. On fait cette posture en se tenant sur une jambe, en étendant l'autre devant soi, en la tenant par l'orteil et en la touchant avec la tête.

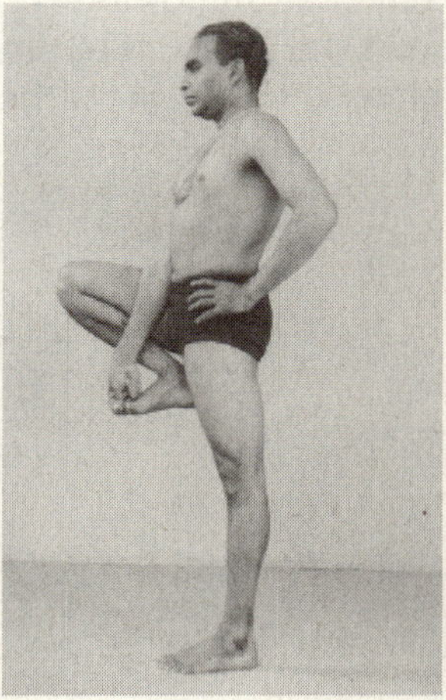

20

21

Technique.

1. Placez-vous en Tadasana (photo 1).

2. Expirez, levez la jambe droite en pliant le genou et attrapez le gros orteil du pied droit entre le pouce, l'index et le majeur de la main droite.

3. Placez la main gauche sur la hanche gauche et cherchez l'équilibre (photo 20). Faites deux cycles respiratoires.

4. Expirez, tendez la jambe droite en avant et tirez-la vers vous (photo 21). Faites deux cycles respiratoires.

5. Quand vous vous sentez solide dans cette position, prenez le pied droit avec les deux mains et levez-le plus haut encore (photo 22). Faites deux cycles respiratoires.

6. Maintenant, en expirant, amenez la tête, puis le nez et enfin le menton sur le tibia au-delà du genou droit (photo 23). Maintenez cette posture pendant quelques respirations profondes.

7. Expirez, relâchez les mains et reposez la jambe droite sur le sol pour revenir en Tadasana (photo 1).

8. Recommencez la posture sur l'autre côté, en gardant la jambe droite au sol et en levant la jambe gauche.

22

23

9. L'équilibre est difficile à maintenir dans les positions 5 et 6, il ne peut être atteint si l'on ne maîtrise pas la position 4.

Effets.

Cet asana fortifie les muscles des jambes et le travail en équilibre apporte stabilité et aplomb.

12. Parsvottanasana Six* (photo 26).

Parsva signifie flanc ou côté. Uttana (ut = intense, tan = étendre, étirer, allonger) signifie un étirement intense. Le nom de la posture implique un étirement intense des côtés du buste.

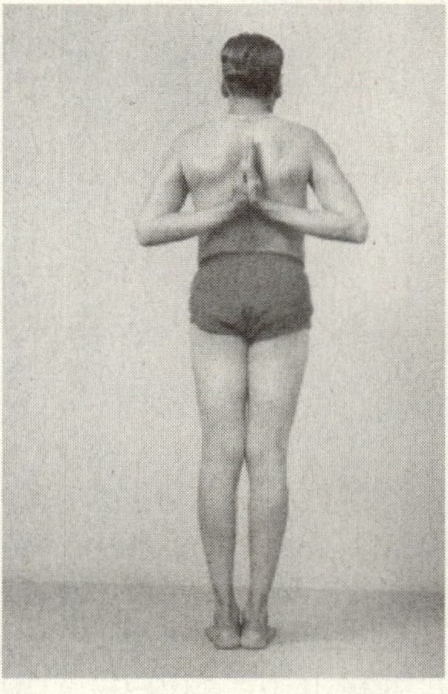

24

25

Technique.

1. Placez-vous en Tadasana (photo 1). Inspirez profondément et étirez l'avant du corps.

2. Joignez les deux mains derrière le dos et tirez les épaules et les coudes en arrière.

3. Expirez, tournez les poignets et montez les mains sur le milieu du dos, les doigts au niveau des

omoplates. Vous faites « namaste » (les mains jointes, attitude de respect en Inde) avec les mains derrière le dos (photo 24).

4. Inspirez et, en sautant, écartez les pieds latéralement de 1 mètre environ. Restez dans cette position et expirez.

5. Inspirez et tournez le buste vers la droite. Tournez le pied droit de 90° vers la droite, en ligne avec le buste. Tournez le pied et la jambe gauches de 75 à 80° vers la droite en gardant le pied gauche étiré au maximum et la jambe gauche tendue au genou. Rejetez la tête en arrière (photo 25).

26

6. Expirez, inclinez le buste en avant et amenez la tête sur le genou droit. Allongez le dos et progressivement étirez le cou jusqu'à ce que le nez, puis les lèvres et enfin le menton touchent le tibia au-delà du genou droit (photo 26). Tendez les deux jambes en remontant les rotules au maximum.

7. Gardez cette position pendant 20 à 30 secondes en respirant normalement. Puis, lentement, déplacez la tête et le buste vers le genou gauche en basculant le buste autour des hanches. En même temps tournez le pied gauche de 90° vers la gauche et le pied droit de 75 à 80° vers la gauche. Maintenant, relevez la tête et le buste aussi loin que vous pouvez

en arrière, sans plier la jambe droite. Ce mouvement doit être exécuté pendant une inspiration.

8. Expirez, inclinez le buste en avant, amenez la tête sur le genou gauche et, en étirant le cou, amenez progressivement le menton au-delà du genou gauche comme en position 6.

9. Après avoir tenu la posture pendant 20 à 30 secondes en respirant normalement, inspirez, ramenez la tête vers le centre et les pieds dans leur position initiale, les orteils pointant vers l'avant. Puis relevez le buste.

10. Expirez et revenez en Tadasana (photo 1) en sautant et en libérant les mains.

11. S'il vous est impossible de joindre les mains derrière le dos, attrapez simplement votre poignet et suivez la technique décrite ci-dessus (photos 27 et 28).

27

28

Effets.

Cet asana assouplit les muscles des jambes et des hanches ainsi que l'articulation de la hanche et de la colonne vertébrale. Quand la tête vient toucher les genoux, les organes abdominaux sont contractés et tonifiés. Les poignets s'assouplissent et perdent ainsi toute raideur. Cette posture corrige les épaules affaissées et les dos voûtés. Quand la posture est faite correctement, les épaules sont fortement tirées en arrière, ce qui permet de respirer profondément.

13. Prasarita Padottanasana I Quatre*

(photos 33 et 34).

Prasarita signifie dilaté, étendu. Pada est le pied. Dans cette posture les jambes écartées sont étirées intensément.

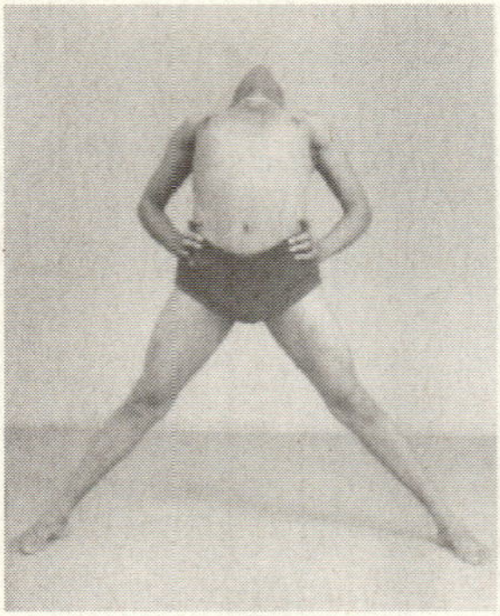
29

30

31

32

Technique.

1. Placez-vous en Tadasana (photo 1).
2. Inspirez, placez les mains à la taille et écartez les pieds latéralement d'environ 1,30 mètre (photo 29).
3. Tendez les jambes en montant les rotules. Expirez, et placez les mains sur le sol entre les pieds, en ligne avec les épaules (photo 30 : vue de face).
4. Inspirez, et relevez la tête en gardant le dos concave (photos 31 et 32 : vues de côté).
5. Expirez, pliez les coudes et amenez le sommet du crâne sur le sol en continuant à porter le poids du corps sur les jambes (photos 33 et 34). Ne vous appuyez pas sur la tête. Les deux pieds, les deux mains et la tête doivent être sur une même ligne.
6. Gardez la posture pendant 30 secondes en respirant profondément et régulièrement.
7. Inspirez, ôtez la tête du sol et tendez les bras. Relevez bien la tête en creusant le dos comme en position 4 (photo 30).
8. Expirez et revenez en position 2 (photo 29).
9. Sautez pour revenir en Tadasana (photo 1).

33

34

14. Prasarita Padottanasana II Quatre*

(photos 35 et 36).

C'est une variante avancée de la posture précédente. Au lieu d'être placées sur le sol, les mains sont à la taille (photo 35) ou jointes dans le dos, comme pour faire « namaste » dans le dos (photo 36) ainsi qu'il est décrit pour Parsvottanasana (photo 26). Dans ce mouvement, l'étirement des jambes est plus important.

35

36

Effets.

Dans cette posture, l'arrière des genoux et les muscles abducteurs sont pleinement développés, tandis que le sang afflue dans le buste et dans la tête. Les personnes qui ne peuvent pas faire Sirsasana (photo 184) auront avantage à faire cette posture qui développe les capacités digestives.

Toutes les postures debout décrites ci-dessus sont indispensables pour les débutants. Lorsque l'élève progresse, sa souplesse augmente et il peut être dispensé des postures debout ; cependant, il reste conseillé de les pratiquer une fois par semaine. Toutes les postures debout aident à perdre du poids.

15. Parighasana Quatre* (photo 39).

Parigha est une traverse ou une barre utilisée pour fermer une barrière. Dans cette posture, le corps ressemble à un pêne utilisé pour fermer les portes, d'où son nom.

37

38

Technique.

1. Agenouillez-vous sur le sol en joignant les chevilles.

2. Allongez la jambe droite sur le côté droit dans le plan du buste et du genou gauche. Tournez le pied droit vers la droite tout en maintenant la jambe droite tendue au genou.

3. En inspirant, étendez les bras sur le côté (photo 37). Inspirez et expirez deux fois.

4. Expirez, inclinez le buste et le bras droit vers la jambe droite tendue (photo 38). Reposez l'avant-bras et le poignet droits sur le tibia et la cheville droites respectivement, la paume droite étant tournée vers le haut. L'oreille droite vient alors toucher le haut du bras droit. Amenez le bras gauche par-dessus la tête et touchez la main droite avec la main gauche. L'oreille gauche touche alors le haut du bras gauche (photo 39).

5. Restez dans cette position pendant 30 à 60 secondes en respirant normalement.

6. Inspirez, ramenez le buste et les bras en position 3. Pliez la jambe droite et agenouillez-vous sur le sol en rejoignant les chevilles.

7. Répétez la posture de l'autre côté en permutant droite et gauche. Maintenez la posture pendant le même laps de temps de chaque côté.

39

Effets.

Dans cette posture, la région du bassin est étirée. Un côté de l'abdomen est étiré tandis que l'autre est fléchi. Cela maintient les muscles et les organes abdominaux en bonne condition. La peau du ventre ne se relâche pas, elle reste saine. Les flexions de la colonne vertébrale sont recommandées aux personnes au dos raide.

16. Ustrasana Trois* (photo 41).

Ustra signifie chameau.

Technique.

1. Agenouillez-vous sur le sol en joignant les pieds et les cuisses, les orteils pointant vers l'arrière et touchant le sol.

2. Placez les mains sur les hanches. Étirez les cuisses, arquez la colonne en arrière et allongez les côtes (photo 40).

3. Expirez, placez la main droite sur le talon droit et la main gauche sur le talon gauche. Si cela est possible, placez les mains sur la plante des pieds.

4. Appuyez les mains sur les pieds, rejetez la tête en arrière et étirez la colonne vertébrale vers les cuisses qui doivent rester perpendiculaires au sol.

5. Serrez les fesses et étirez plus encore les régions dorsales et lombaires de la colonne en gardant le cou étiré vers l'arrière (photo 41).

6. Restez dans cette position pendant environ 30 secondes en respirant normalement.

7. Relâchez les mains l'une après l'autre et replacez-les sur les hanches (photo 40). Puis asseyez-vous sur le sol et relaxez-vous.

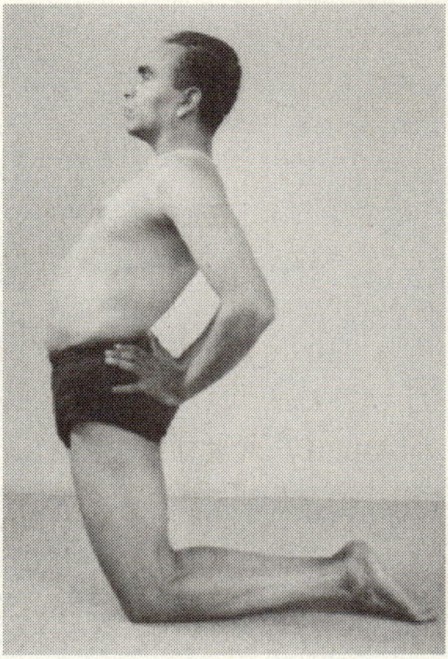

40

41

Effets.

Les personnes au dos voûté et aux épaules tombantes bénéficieront de cet asana.

Toute la colonne est étirée en arrière et tonifiée. Cette posture peut être pratiquée sans inconvénient par les personnes âgées et même par celles qui souffrent de lésions de la colonne vertébrale.

17. Utkatasana Deux* (photo 42).

Utkata signifie puissant, féroce, inégal. Dans cet asana on fait semblant de s'asseoir sur une chaise imaginaire.

42

1. Placez-vous en Tadasana (photo 1). Tendez les bras au-dessus de la tête et joignez les mains (photo 12).

2. Expirez, pliez les genoux et abaissez le buste jusqu'à ce que les cuisses soient parallèles au sol (photo 42).

3. Ne vous penchez pas en avant et gardez la poitrine aussi en arrière que possible en respirant normalement.

4. Gardez la posture pendant quelques secondes (30 suffisent). Il est difficile de se maintenir en équilibre dans cette position.

5. Inspirez, redressez les jambes (photo 12), abaissez les bras, revenez en Tadasana (photo 1) et relaxez-vous.

Effets.

Cette posture assouplit les épaules et corrige toute déformation mineure des jambes. Elle renforce les chevilles et développe harmonieusement les muscles des jambes. Le diaphragme est relevé, ce qui provoque un léger massage du cœur. Le dos et les organes abdominaux sont tonifiés et la cage thoracique prend de l'ampleur grâce à cette pleine ouverture. C'est une très bonne posture pour les cavaliers.

18. Padangusthasana Trois* (photo 44).

Pada est le pied. Angustha est le gros orteil. C'est une posture debout où l'on tient les gros orteils.

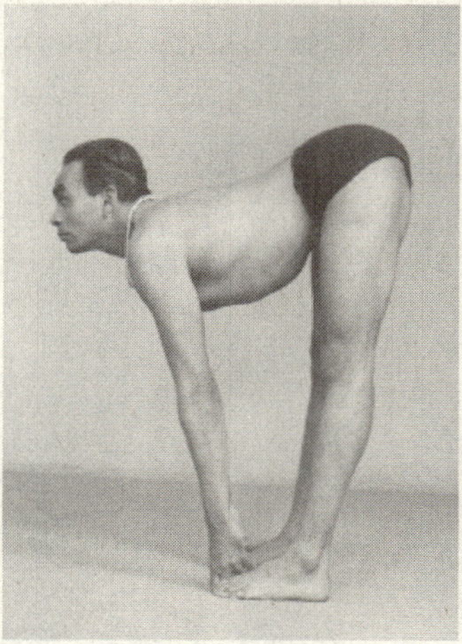

43

44

Technique.

1. Placez-vous en Tadasana (photo 1). Écartez les jambes de 30 centimètres.

2. Expirez, penchez-vous en avant et prenez les gros orteils entre les pouces et les deux premiers doigts, les paumes se faisant face. Tenez-les solidement (photo 43).

3. Gardez la tête levée, étirez le diaphragme vers la poitrine et creusez le dos autant que possible. Au lieu de faire cet étirement en abaissant les épaules,

pliez-vous en avant à partir du bassin pour que le dos se creuse à partir du coccyx.

4. Gardez les jambes droites sans lâcher les orteils, ni plier les genoux. Étirez également les omoplates. Inspirez et expirez une ou deux fois dans cette position.

5. Maintenant, expirez, et amenez la tête entre les genoux tendus en tirant sur les orteils sans les laisser quitter le sol (photo 44). Restez dans cette position pendant vingt secondes environ tout en respirant normalement.

6. Inspirez, revenez en position 2 (photo 43), relâchez les orteils et relevez-vous. Revenez en Tadasana (photo 1).

19. Padahastasana Six* (photo 46).

Pada signifie pied. Hasta est la main. Dans cette posture, on se penche en avant et les pieds s'appuient sur les mains.

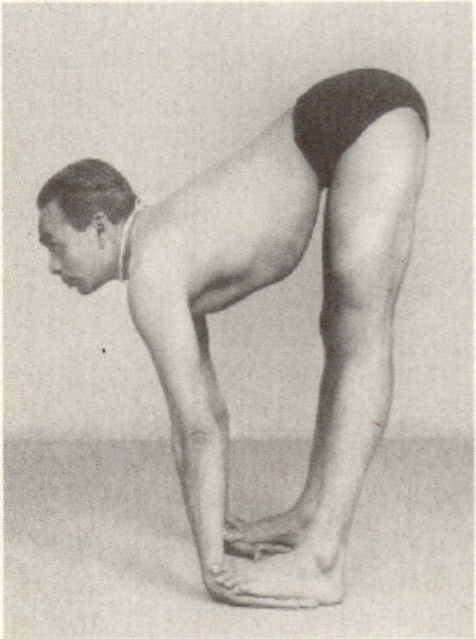

45

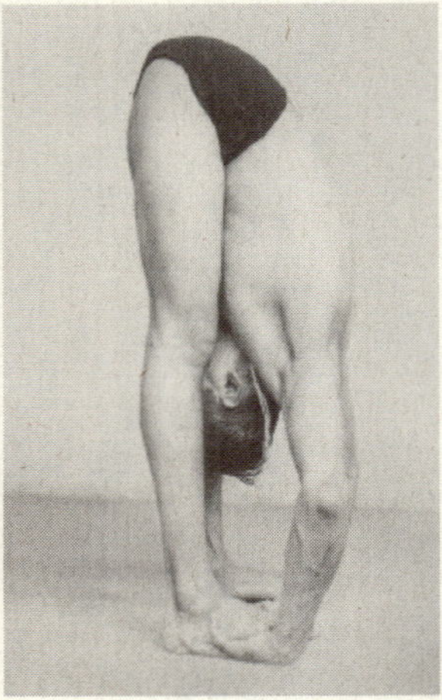

46

Technique.

1. Placez-vous en Tadasana (photo 1). Écartez les pieds de 30 centimètres.

2. Expirez, penchez-vous en avant et sans plier les genoux, introduisez les mains sous les pieds, les paumes étant au contact de la plante des pieds (photo 45).

3. Gardez la tête relevée et creusez le dos autant que possible. Ne relâchez pas la tension aux genoux et prenez le temps de respirer dans cette position.

4. Maintenant, expirez, et amenez la tête entre les genoux en pliant les coudes et en tirant sur les pieds avec les mains (photo 46). Gardez cette posture pendant vingt secondes environ en respirant normalement.

5. Inspirez, relevez la tête et revenez en position 2 (photo 45), en gardant la tête bien haute. Inspirez et expirez deux fois.

6. Inspirez, relevez-vous et revenez en Tadasana (photo 1).

Effets de Padangusthasana et de Padahastasana.

Le second asana demande plus d'efforts que le premier, mais ils ont les mêmes effets. Les organes abdominaux sont tonifiés, particulièrement le foie et la rate ; cela augmente la sécrétion des sucs digestifs. Les personnes qui souffrent de ballonnement abdominal ou de troubles gastriques auront avantage à faire ces deux asana.

Les glissements de disques vertébraux ne peuvent être corrigés que dans les postures où le dos est concave comme sur les photos 43 et 45. N'amenez pas la tête entre les genoux si vous souffrez d'un tel déplacement. Je l'ai testé sur des personnes qui en souffraient, cette position de dos concave s'est avérée être un bienfait pour elles. Avant d'essayer cette posture, il est indispensable de se placer sous la direction d'un guru (maître), car on peut ne pas être capable de réaliser du premier coup cette concavité du dos. On doit alors attendre d'avoir maîtrisé d'autres postures plus faciles.

20. Uttanasana Huit* (photo 48).

Ut est une particule qui indique une volonté délibérée d'intensité, le verbe tan signifie allonger, étirer, étendre. Dans cette posture, la colonne vertébrale reçoit un étirement intense et délibéré.

47

48

Technique.

1. Placez-vous en Tadasana (photo 1), en gardant les genoux serrés.

2. Expirez, penchez-vous en avant et placez les doigts sur le sol. Puis, placez les mains sur le sol à côté des pieds, derrière les talons. Ne pliez pas les genoux (photo 47).

3. Essayez de maintenir la tête haute et d'étirer la colonne vertébrale ; déplacez légèrement le bassin vers l'avant de façon à ce que les jambes soient perpendiculaires au sol.

4. Restez dans cette position pendant deux cycles respiratoires.

5. Expirez, approchez le buste des jambes et touchez vos genoux avec la tête (photo 48).

6. Ne relâchez pas la tension aux genoux et remontez bien les rotules. Gardez cette posture pendant 1 minute en respirant régulièrement et profondément.

7. Inspirez, relevez la tête, mais sans ôter les mains du sol (photo 47).

8. Après deux cycles respiratoires, inspirez profondément, ôtez les mains du sol et revenez en Tadasana (photo 1).

Effets.

Cet asana apaise les maux de ventre et tonifie le foie, les reins et la rate. Il apaise également les douleurs abdominales dues aux règles. Le rythme cardiaque ralentit et la moelle épinière est régénérée. Si l'on tient la posture pendant 2 minutes ou plus, toute impression de dépression morale est éliminée. Cette posture est un bienfait pour les gens qui s'énervent facilement car elle calme les cellules cérébrales. Après cet asana, on se sent calme et rafraîchi, les yeux deviennent brillants et l'esprit est en paix.

Les personnes qui sont mal à l'aise en faisant Sirsasana (photo 184), qui ressentent une lourdeur dans la tête ou auxquelles cette posture fait monter le sang au visage, devront faire Uttanasana d'abord ; elles seront alors à même de faire Sirsasana (l'équilibre sur la tête) sans difficulté et sans désagrément.

21. Urdhva Prasarita Ekapadasana Six* (photo 49).

Urdhva signifie vers le haut, au-dessus, haut. Prasarita signifie étendu, étiré. Eka signifie un, Pada est le pied. On fait cette posture en se tenant sur une jambe, en se penchant en avant et en levant l'autre jambe le plus haut possible.

Technique.

1. Placez-vous en Tadasana (photo 1).

49

2. Expirez, pliez le buste en avant. Avec la main gauche, attrapez la partie arrière de la cheville droite. Placez la main droite sur le sol, à côté du pied droit et touchez le genou droit avec la tête ou le menton.

3. Montez la jambe gauche en l'air aussi haut que possible. Tendez les deux genoux. Pointez les orteils de la jambe qui est en l'air vers le haut. Les jambes doivent rester droites, les orteils pointant dans l'axe, sans dévier sur le côté (photo 49).

4. Restez dans cette posture pendant vingt secondes en respirant régulièrement. Inspirez, ramenez la jambe gauche au sol et revenez en Tadasana (photo 1).

5. Répétez la posture de l'autre côté en gardant la jambe gauche par terre et en levant la jambe droite. Restez dans la posture pendant la même durée de chaque côté.

Effets.

Cet asana tonifie les muscles des jambes et amincit les hanches.

22. Ardha Baddha Padmottanasana Neuf*
(photo 52).

Ardha signifie moitié. Baddha signifie lié, retenu, pris, détenu. Padma est un lotus. Uttana est un étirement intense.

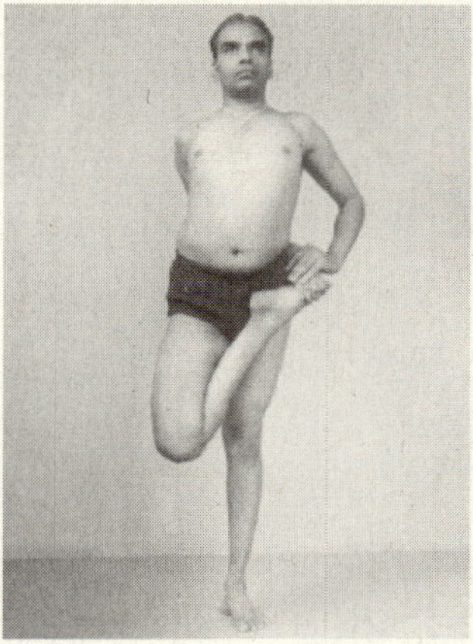

50

51

Technique.

1. Placez-vous en Tadasana (photo 1).

2. Inspirez, levez la jambe droite, pliez le genou droit et placez le pied droit sur la cuisse gauche.

3. Tenez le pied droit avec la main gauche, passez le bras droit derrière le dos et attrapez le gros orteil du pied droit avec le pouce, l'index et le majeur de la main droite (photo 50).

4. Relâchez la main gauche. Expirez, pliez le buste et le bassin en avant, placez la main gauche sur le sol à côté du pied gauche (photo 51), et gardez la tête haute. Creusez le dos autant que possible. Prenez le temps de respirer quelques instants.

5. Expirez, amenez la tête ou le menton contre le genou gauche (photo 52).

6. Si toute la main ne peut être appliquée sur le sol, commencez par le bout des doigts, puis

52

53

progressivement allongez les doigts et enfin étalez la main tout entière sur le sol. En ce qui concerne également la position de la tête, amenez d'abord le front sur le genou gauche, puis allongez le cou pour placer le bout du nez, puis les lèvres et enfin le menton sur le genou gauche. En passant de la tête au menton on voit combien le corps gagne en souplesse.

7. Après avoir respiré profondément pendant quelques instants dans cette posture, inspirez et relevez le buste en vous remettant en position 4 (photo 51). Inspirez et expirez deux fois.

8. Inspirez, ôtez la main gauche du sol et revenez en position 3 (photo 50).

9. Détachez la main droite du pied droit et revenez en Tadasana (photo 1).

10. Recommencez de l'autre côté en gardant la jambe droite sur le sol ; pliez la jambe gauche, placez le pied gauche sur la cuisse droite, passez la main gauche derrière le dos et attrapez le gros orteil

gauche, penchez-vous en avant en mettant la main droite sur le sol (photo 53).

11. Si vous ne pouvez pas attraper le gros orteil par l'arrière avec la main, placez les deux mains sur le sol et suivez la technique décrite ci-dessus (photos 54 et 55).

Effets.

Les genoux trop raides sont assouplis par cet asana. Comme les organes abdominaux sont contractés, la capacité digestive est augmentée et l'activité péristaltique permet d'éliminer les toxines par voie intestinale. La posture permet de mieux ouvrir les épaules, elle développe la cage thoracique et aide à respirer librement et profondément.

54

55

23. Garudasana Un* (photo 56).

Garuda signifie aigle. C'est aussi le nom du roi des oiseaux. Garuda, véhicule de Visnu, est représenté avec un visage blanc, un nez aquilin, des ailes rouges et un corps doré.

56

Technique.

1. Placez-vous en Tadasana (photo 1). Pliez le genou droit.

2. Amenez la jambe gauche sur la cuisse droite par-dessus le genou droit et appliquez la cuisse gauche sur la cuisse droite.

3. Puis amenez le pied gauche derrière le mollet droit de façon à ce que le tibia gauche touche le mollet droit et que le gros orteil gauche s'accroche juste au-dessus de la partie intérieure de la cheville droite. Ainsi la jambe gauche est enroulée autour de la jambe droite.

4. Vous êtes en équilibre sur la jambe droite ; il vous faudra quelque temps pour apprendre à ne pas tomber.

5. Pliez les coudes et levez les bras au niveau de la poitrine. Appuyez le coude droit sur le biceps gauche près de l'articulation du coude. Puis déplacez la main droite vers la droite et la main gauche vers la gauche et joignez les mains. Ainsi le bras gauche est enroulé autour du bras droit (photo 56).

6. Restez dans cette position pendant quelques secondes, environ 15 à 20, en respirant profondément. Puis relâchez les bras et les jambes et revenez en Tadasana (photo 1).

7. Répétez la posture en vous tenant sur la jambe gauche et en enroulant la jambe droite autour d'elle, ainsi que le bras droit autour du bras gauche. Veillez à rester pendant un laps de temps égal de chaque côté.

Effets.

Cet asana développe les chevilles et assouplit les épaules. Il est recommandé pour prévenir les crampes dans les mollets. Pour supprimer les crampes dans les jambes et apaiser la douleur, il est recommandé de faire Garudasana, Virasana (photo 89) et Bhekasana aussi appelé Mandukasana (photo 100). Les deux dernières sont décrites plus loin.

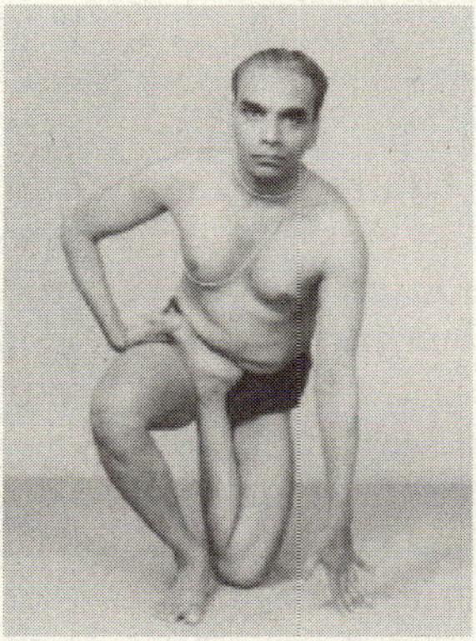

57

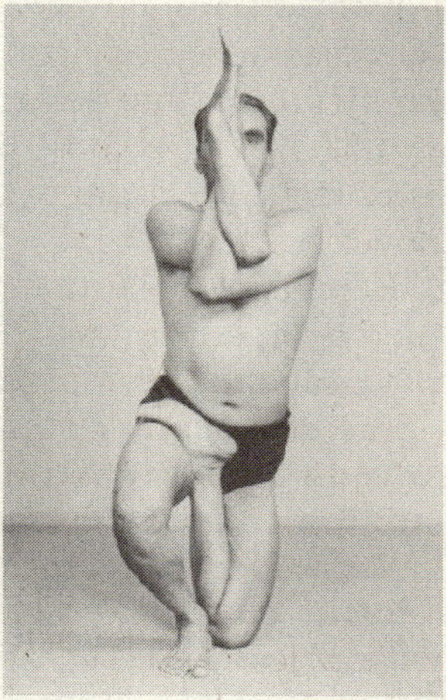

58

24. Vatayanasana Onze* (photo 58).

Vatayana signifie cheval. La posture ressemble à une tête de cheval, d'où son nom.

Technique.

1. Asseyez-vous sur le sol et placez le pied gauche à la base de la cuisse droite en demi-lotus (demi-Padmasana).

2. Placez les mains sur le sol à côté des hanches. Expirez, soulevez-vous du sol et placez la pointe du genou gauche sur le sol. Amenez le pied droit près du genou gauche et mettez la cuisse droite parallèle au sol (photo 57).

3. Étirez le bassin en avant, gardez la cuisse gauche perpendiculaire au sol, levez les mains, redressez le dos et maintenez-vous en équilibre. Ne vous penchez pas en avant en cherchant à garder l'équilibre, tenez le dos droit.

4. Pliez les coudes et levez les bras au niveau de la poitrine. Placez le coude droit sur le biceps gauche près de l'articulation du coude. Enroulez les avant-bras et joignez les mains. Gardez cette position pendant environ 30 secondes en respirant normalement. (Vue de face : photo 58, vue de côté : photo 59.)

5. Relâchez les mains, asseyez-vous sur le sol et allongez les jambes.

6. Répétez la posture sur l'autre côté. Placez donc le pied droit sur la base de la cuisse gauche, placez le pied gauche près du genou droit plié et enroulez les bras de façon à ce que le bras gauche soit au-dessus du bras droit au niveau du coude et trouvez l'équilibre en gardant la cuisse gauche parallèle au sol. Maintenez la posture pendant une durée égale de chaque côté. Puis relâchez la posture et relaxez-vous sur le sol.

7. Au commencement, il vous sera difficile de garder l'équilibre et vous souffrirez des genoux. Avec de l'entraînement, la douleur disparaîtra et l'équilibre viendra.

59

60

Effets.

Dans cette posture, les articulations de la hanche sont bien irriguées. Cela corrige certaines déformations mineures des cuisses ou de la hanche et assouplit la région sacro-iliaque.

25. Salabhasana Un* (photo 60).

Salabha signifie sauterelle. La posture ressemble à une sauterelle au repos sur le sol, d'où son nom.

Technique.

1. Couchez-vous sur le ventre de tout votre long. Étirez les bras en arrière.
2. Expirez, soulevez simultanément la tête, la poitrine, les bras et les jambes et levez-les aussi haut que possible. Les mains et les côtes ne doivent pas toucher le sol. Seule la partie abdominale du corps est sur le sol et supporte tout le poids (photo 60).
3. Contractez les fesses et étirez les muscles des cuisses. Gardez les jambes droites et étirées, se touchant aux cuisses, aux genoux et aux chevilles.

4. Ne portez aucun poids sur les mains, mais étirez-les en arrière pour exercer la partie supérieure des muscles du dos.

5. Restez dans cette position aussi longtemps que vous le pouvez en respirant normalement.

6. Au début, il est difficile de lever la poitrine et les jambes, mais cela devient plus facile à mesure que les muscles abdominaux deviennent plus forts.

Effets.

La posture aide la digestion et soulage les troubles gastriques et l'aérophagie. Comme la colonne vertébrale est étirée en arrière, elle s'assouplit et les douleurs dans les régions sacrées et lombaires sont soulagées. Selon mon expérience, des personnes qui souffraient de déplacement de disques vertébraux ont été soulagées par une pratique régulière de cet asana sans avoir recours au repos forcé ou à un traitement chirurgical. La vessie et la prostate profitent de cet asana et restent en bonne santé.

On peut essayer de faire une variation de cette posture pour soulager des douleurs dans le bas du dos. Pour cela, les jambes sont pliées aux genoux et les cuisses sont séparées tandis que les tibias sont placés perpendiculairement au sol. Puis en expirant, les cuisses sont dégagées du sol et rapprochées jusqu'à ce que les genoux se touchent, les tibias restant perpendiculaires au sol (photo 61).

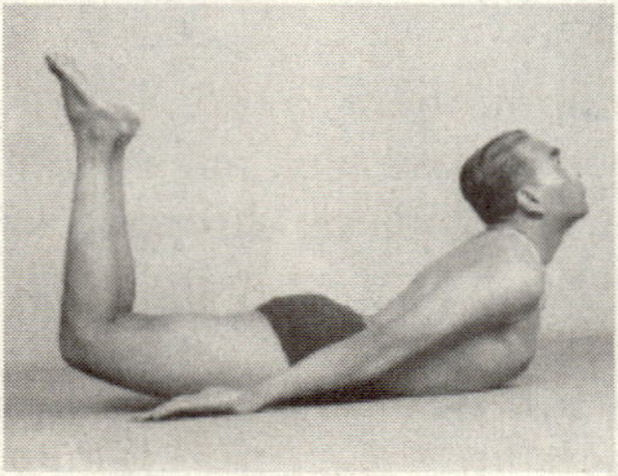

61

62

Le verset 40 du second chapitre de la Gheranda Samhita décrit ainsi la posture suivante :

26. Makarasana (photo 62).

« Allongez-vous par terre, face au sol, la poitrine touchant la terre et les deux jambes étant étirées au maximum ; placez vos mains sur votre tête. C'est la posture du crocodile qui réchauffe le corps. » C'est une variation de Salabhasana.

27. Dhanurasana Quatre* (photo 63).

Dhanu est un arc. On se sert là des bras comme de la corde d'un arc pour tirer vers le haut la tête, le buste et les jambes. Ainsi la posture ressemble à un arc bandé.

63

Technique.

1. Allongez-vous de tout votre long sur le ventre.
2. Expirez et pliez les genoux. Tirez les bras en arrière et attrapez votre cheville gauche avec la main gauche et votre cheville droite avec la main droite. Inspirez et expirez deux fois.
3. Puis expirez complètement et tirez les jambes vers le haut en dégageant les genoux et la poitrine du sol. Les mains et les bras tendent le corps comme la corde d'un arc (photo 63).

4. Levez la tête et rejetez-la en arrière aussi loin que possible. N'appuyez ni les côtes, ni le bassin sur le sol. Seul l'abdomen doit porter tout le poids du corps.

5. En levant les jambes, ne les serrez pas aux genoux, sinon vous ne pouvez pas les monter aussi haut. Après avoir fait votre maximum en vous étirant vers le haut, rejoignez les cuisses, les genoux et les chevilles.

6. Comme l'abdomen est étiré, la respiration sera rapide, mais ne vous en inquiétez pas. Gardez la posture selon vos possibilités pendant 20 à 60 secondes.

7. Puis, en expirant, relâchez les chevilles, redressez les jambes, ramenez la tête et les jambes sur le sol et relaxez-vous.

Effets.

Dans cette posture, la colonne vertébrale est étirée en arrière. Les personnes âgées ne font pas habituellement ce mouvement et leur colonne devient rigide. Cet asana redonne de la souplesse à leur colonne vertébrale et tonifie les organes abdominaux. Selon mon expérience, des personnes qui souffraient de déplacements de disques vertébraux ont vu leur état s'améliorer après une pratique régulière de Dhanurasana et de Salabhasana (photo 60) sans avoir recours au repos forcé ou à un traitement chirurgical.

28. Parsva Dhanurasana Quatre*

(photos 64 et 65).

Parsva signifie sur le côté. Dans cette variation de Dhanurasana, on fait la posture en se couchant sur le côté.

Technique.

1. Faites Dhanurasana (photo 63).
2. Expirez, laissez-vous rouler vers la droite et étirez les jambes et la poitrine (photo 64).
3. Inspirez et revenez en position 1. Puis, expirez et laissez-vous rouler sur le côté gauche (photo 65).

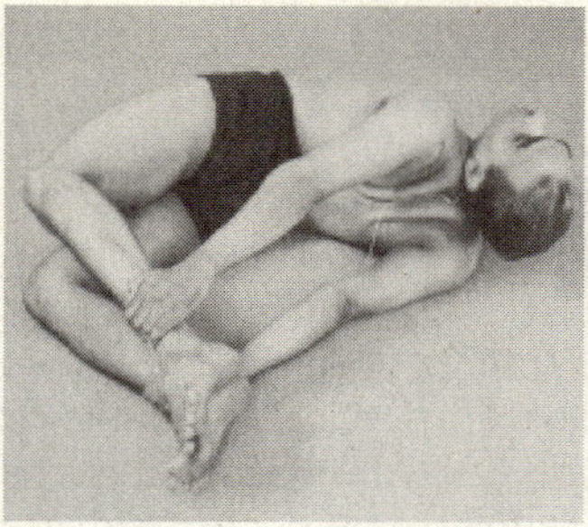

64

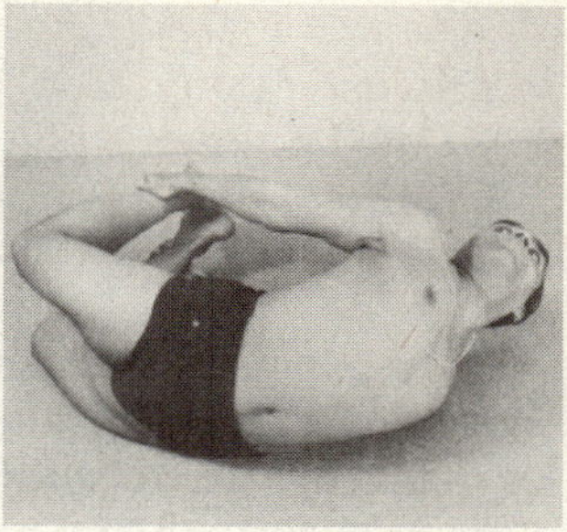

65

4. Restez de chaque côté pendant le même temps, selon vos capacités, en respirant normalement. Inspirez, revenez en Dhanurasana, relâchez les jambes et relaxez-vous.

5. Dans cette posture, qui demande plus d'efforts que la première, les chevilles ont tendance à échapper des mains. Renforcez donc votre prise.

Effets.

Dans la rotation sur le côté, les organes abdominaux sont pressés sur le sol, ce qui leur fait un excellent massage.

29. Caturanga Dandasana Un* (photo 67).

Catur signifie quatre. Anga est un membre ou une partie de membre. Danda signifie bâton. On se couche à plat ventre sur le sol, on porte son poids sur les mains et les orteils et, en expirant, on garde le corps parallèle au sol, raide comme un bâton. Les quatre membres qui supportent le corps sont les mains et les pieds. La posture ressemble aux « pompes » des gymnastiques occidentales.

66

67

Technique.

1. Couchez-vous à plat ventre sur le sol.

2. Pliez les coudes et placez les mains sur les côtés de la poitrine. Écartez les pieds de 30 centimètres environ.

3. En expirant, soulevez tout le corps de quelques centimètres au-dessus du sol, en portant le poids sur les mains et les orteils (photo 66). Maintenez le corps aussi raide qu'un bâton, parallèlement au sol de la tête aux talons, avec les genoux bloqués. Restez ainsi pendant quelques instants en respirant normalement.

4. Puis progressivement avancez tout le corps en avant jusqu'à ce que le poids repose sur le dessus des pieds (photo 67).

5. Restez dans cette posture pendant 30 secondes en respirant profondément ou normalement. Le mouvement peut être répété plusieurs fois. Puis, relaxez-vous sur le sol.

Effets.

La posture renforce les bras, les poignets gagnent en souplesse et en force. Les organes abdominaux sont également contractés et tonifiés.

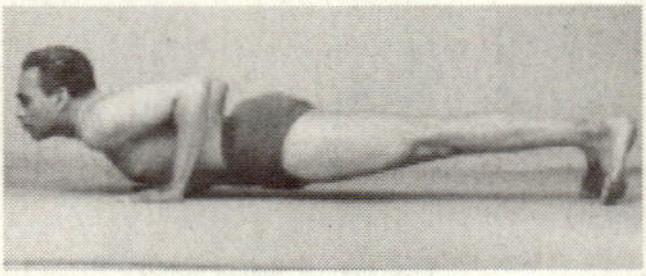

68

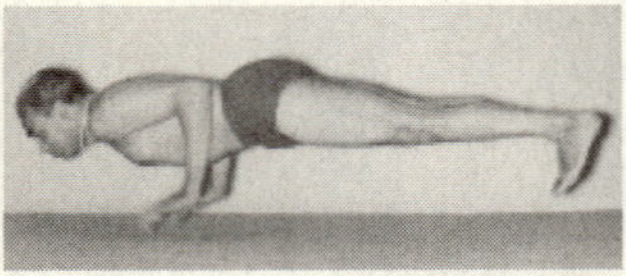

69

30. Nakrasana Six* (photos 68 à 71).

Nakra est un crocodile. La posture consiste en plusieurs sauts qui ressemblent à ceux du crocodile bondissant sur sa proie, d'où le nom.

Technique.

1. Couchez-vous à plat ventre sur le sol.

70

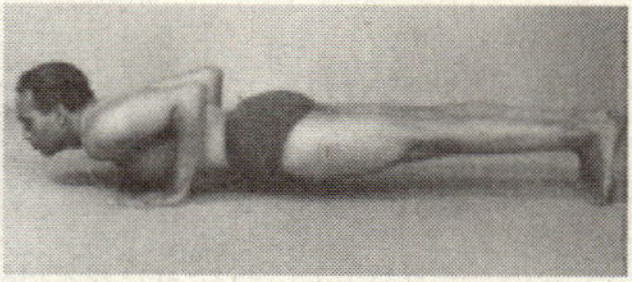

71

2. Pliez les coudes et placez les mains à plat sur le sol au niveau de la taille.

3. Écartez les pieds de 30 centimètres environ. Expirez, soulevez tout le corps de quelques centimètres au-dessus du sol, en vous stabilisant sur les mains et sur les orteils. Gardez le corps droit comme un piquet et tendez les genoux. Le corps doit rester parallèle au sol (photo 68).

4. Prenez le temps de respirer quelques instants, puis dans un souffle sautez de 30 centimètres en avant en soulevant les mains et les pieds simultanément (photos 69, 70 et 71). Après cela, respirez de nouveau. Puis expirez et sautez encore une fois en avant.

5. Faites quatre à cinq bonds en avant. À la fin de chaque saut, la position du corps doit être celle qui a été décrite en 3. Ces mouvements ressemblent aux bonds que fait le crocodile pour attraper sa proie. Après chaque saut, reposez-vous quelques secondes en respirant profondément.

6. Maintenant, inversez les mouvements et, en expirant, sautez en arrière de 30 centimètres à la fois jusqu'à ce que vous soyez retourné à l'endroit d'où vous êtes parti.

7. Reposez votre buste sur le sol et relaxez-vous.

Effets.

Cet asana renforce les poignets, sort le corps de sa torpeur et le régénère, défatigue le cerveau et donne de l'entrain et de la vigueur. Ces mouvements sollicitent beaucoup les poignets ; pour ne pas vous les fouler vous devez donc vous y exercer progressivement.

31. Bhujangasana I Un* (photo 73).

Bhujanga est un serpent. Dans cette posture, on se couche à plat ventre, puis on relève le buste et on rejette la tête en arrière comme un serpent prêt à frapper.

Technique.

1. Couchez-vous à plat ventre sur le sol. Étirez les jambes et joignez les pieds. Gardez les jambes tendues et les pieds pointés en arrière.
2. Placez les mains à plat sur le sol de chaque côté du bassin.
3. Inspirez, prenez fermement appui sur vos mains et relevez le buste (photo 72). Inspirez et expirez deux fois.
4. Inspirez, montez encore le buste depuis le bassin jusqu'à ce que le pubis vienne en contact avec le sol. Maintenez le poids sur les jambes et sur les mains (photo 73).

72

73

5. Serrez les fesses et les sphincters. Contractez les muscles des cuisses.
6. Maintenez la posture pendant 20 secondes environ en respirant normalement.
7. Expirez, pliez les coudes et reposez le buste sur le sol. Répétez la posture deux ou trois fois, puis relaxez-vous.

Effets.

Cette posture est une panacée pour ceux qui ont la colonne vertébrale en mauvais état. Dans certains cas bénins de déplacements de disques vertébraux, la pratique de cette posture permet de les remettre en place. La région vertébrale est tonifiée et la poitrine pleinement ouverte.

32. Urdhva Mukha Svanasana Un*

(photo 74).

Urdhva Mukha signifie avoir la face tournée vers le haut. Svana est un chien. La posture ressemble au chien qui s'étire avec la tête en l'air, d'où le nom.

74

Technique.

1. Couchez-vous à plat ventre sur le sol.
2. Séparez les pieds d'environ 30 centimètres. Les pieds doivent pointer en arrière dans l'axe des jambes. Placez les mains sur le sol au niveau de la taille, les doigts pointant en avant.
3. Inspirez, relevez la tête et le buste, tendez les bras à fond et rejetez la tête et le buste en arrière aussi loin que possible, sans que les genoux touchent le sol.
4. Gardez les jambes droites et tendues aux genoux, mais n'appuyez pas les genoux sur le sol. Le corps ne s'appuie que sur les mains et les orteils (photo 74).
5. La colonne vertébrale et les mollets doivent être pleinement étirés, et les fesses fortement serrées. Poussez la poitrine en avant, étirez à fond le cou et rejetez la tête en arrière autant que possible. Étirez aussi l'arrière des bras.
6. Gardez cette posture pendant 30 à 60 secondes en respirant profondément.

7. Pliez les coudes, relâchez l'étirement et reposez-vous sur le sol.

Effets.

Cette posture régénère la colonne vertébrale. Elle est particulièrement recommandée aux personnes qui ont le dos raide. Ce mouvement est bon pour les lumbagos et les sciatiques et pour les déplacements de disques vertébraux. Cette posture renforce la colonne et soulage les douleurs dorsales. Grâce à l'ouverture de la poitrine, les poumons sont assouplis. Le sang irrigue largement la zone du bassin et la maintient en bonne santé.

33. Adho Mukha Svanasana Cinq*

(photo 75).

Adho Mukha signifie avoir la face tournée vers le bas. Svana est un chien. La posture ressemble à un chien qui s'étire en baissant la tête et les pattes antérieures tout en gardant les pattes postérieures levées d'où le nom.

75

76

Technique.

1. Couchez-vous à plat ventre sur le sol. Séparez les pieds de 30 centimètres.

2. Placez les mains à plat sur le sol, de chaque côté de la poitrine, les doigts pointant vers l'avant.

3. Expirez, soulevez le buste et le bassin. Tendez les bras, avancez la tête entre les bras vers les pieds et posez le sommet du crâne sur le sol en gardant les coudes tendus et en étirant le dos. (Vue de côté : photo 75, vue de face : photo 76.)

4. Gardez les jambes tendues sans plier les genoux et en appuyant les talons vers le bas. Les pieds doivent être parallèles entre eux, pointer vers l'avant et s'appliquer au sol sur toute leur surface.

5. Restez dans cette position pendant 1 minute en respirant profondément. Puis, en expirant, relevez la tête, étendez le buste en avant, reposez doucement le corps sur le sol et relaxez-vous.

Effets.

Quand on est exténué, une station prolongée dans cette posture élimine la fatigue et permet de recouvrer l'énergie perdue. La posture est particulièrement recommandée aux coureurs épuisés après une course rude. Les sprinters y gagneront de la vitesse et de la légèreté dans les jambes. La posture soulage des douleurs et de la raideur dans les talons et aide à amollir les excroissances pathologiques des talons. Elle renforce les chevilles et affine les jambes. La pratique de cet asana supprime toute raideur dans la région des omoplates et soulage les arthroses de l'humérus. Les muscles abdominaux sont tirés vers la colonne et renforcés. L'étirement du diaphragme vers la poitrine ralentit les battements du cœur. C'est une posture vivifiante.

Ceux qui ont peur de se mettre sur la tête (Sirsasana : photo 184) auront avantage à pratiquer cette posture. Dans cet asana, comme le buste est abaissé, il est pleinement étiré et cela irrigue toute cette région avec du sang neuf sans effort pour le cœur.

Les cellules cérébrales sont régénérées et le cerveau vivifié par suppression de la fatigue.

Les personnes qui ont de l'hypertension artérielle peuvent faire cette posture.

34. Paripurna Navasana Deux* (photo 77).

Paripurna signifie entier ou complet. Cette posture ressemble à un bateau à rames, d'où le nom.

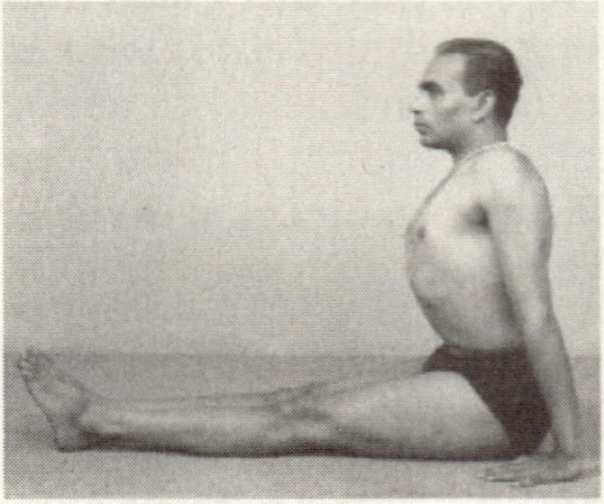

77

78

Technique.

1. Asseyez-vous sur le sol, les jambes allongées devant vous. Placez les mains sur le sol à côté des hanches, les doigts pointant vers les pieds. Étirez les bras et tenez le dos droit.

35. Dandasana Deux* (photo 78) (Danda = un bâton ou une baguette).

2. Expirez, inclinez le buste et le bassin légèrement en arrière tout en relevant les jambes. Elles doivent rester aussi droites qu'un piquet, et être bloquées aux genoux avec les orteils pointant en avant. On doit maintenir son équilibre sur les fesses uniquement sans permettre à aucune partie de la colonne vertébrale de toucher le sol. Les jambes doivent faire avec le sol un angle d'au moins 60 à 65°. Les pieds sont plus hauts que la tête et non pas au même niveau comme dans Ardha Navasana (photo 79).

3. Ôtez les mains du sol et étirez les bras en avant parallèlement au sol et au-dessus des cuisses. Les mains doivent être au même niveau que les épaules, les paumes se faisant face (photo 78).

4. Restez dans cette posture pendant 30 secondes en respirant normalement. Progressivement, allongez ce temps jusqu'à 1 minute. Ce n'est qu'après 20 secondes que l'on commence à ressentir les effets de la posture.

5. Puis, expirez, abaissez les bras, reposez les jambes sur le sol et relaxez-vous en vous couchant sur le dos.

Effets.

Cet asana soulage les personnes auxquelles l'aérophagie donne une impression de ballonnement de l'abdomen ainsi que celles qui souffrent de douleurs gastriques. Il amincit la taille et tonifie les reins.

36. Ardha Navasana Deux* (photo 79).

Ardha signifie moitié. Nava est un navire, un bateau ou un vaisseau. Cette posture donne au corps la forme d'un bateau, d'où le nom.

79

Technique.

1. Asseyez-vous sur le sol. Allongez les jambes devant vous et tendez-les bien (photo 77).

2. Croisez les mains derrière la tête, juste au-dessus du cou.

3. Expirez et inclinez le buste vers l'arrière tout en relevant les jambes. Les genoux doivent rester tendus et les orteils pointés en avant. On doit maintenir l'équilibre sur les fesses sans permettre à aucune partie de la colonne d'être en contact avec le sol (photo 79). On ressent la tension des muscles abdominaux et des lombaires.

4. Maintenez les jambes à un angle de 30 à 35° par rapport au sol, le sommet du crâne restant au niveau des orteils.

5. Maintenez cette posture pendant 20 à 30 secondes environ en respirant normalement. Pouvoir tenir pendant 1 minute prouve que l'on a de bons abdominaux.

6. Ne retenez pas votre respiration pendant cet asana : on a toujours tendance à le pratiquer en bloquant les poumons après une inspiration. Si la respiration est retenue, on ne ressentira d'effets que sur les muscles du ventre et rien sur les organes abdominaux. Si l'on inspire trop profondément, on relâchera les muscles abdominaux. Pour les maintenir en tension, inspirez, expirez et bloquez la respiration, puis recommencez, mais sans respirer profondément. Ainsi, cela exercera non seulement les muscles abdominaux, mais aussi les organes.

7. Remarquez bien la différence entre Ardha Navasana et Paripurna Navasana ; dans le second, les jambes montent plus haut et l'angle entre les jambes et le buste est plus fermé que dans le premier.

Effets.

Les effets de Ardha Navasana et ceux de Paripurna Navasana (photo 78) sont différents à cause de la position des jambes. Paripurna Navasana agit sur les intestins, tandis que Ardha Navasana agit sur le foie, la vésicule biliaire et la rate.

Au commencement, le dos est trop faible pour supporter l'effort de la posture. Lorsqu'on commence à pouvoir la maintenir, cela montre que l'on prend de la force. Un dos faible est souvent un handicap, en particulier pour les femmes lorsqu'elles doivent porter des enfants. Ces deux asana associés aux torsions latérales de la colonne vertébrale permettent de renforcer le dos.

On peut réaliser combien il est important d'avoir les reins solides en regardant les personnes âgées s'asseoir, se lever et marcher ; en effet, consciemment ou inconsciemment elles se soutiennent le dos avec les mains. Cela montre que leur dos est faible et ne peut supporter l'effort. Tant qu'il est fort et n'a besoin d'aucun support, on se sent jeune même si l'on est âgé. Ces deux asana animent et renforcent le dos et permettent de vieillir sans souffrir et en restant souple.

37. Gomukhasana Deux* (photo 80).

Go est une vache. Mukha est le visage. Gomukha qualifie quelqu'un dont le visage ressemble à une tête de vache. C'est également une sorte d'instrument de musique, étroit à une extrémité et large à l'autre comme une tête de vache.

Technique.

1. Asseyez-vous sur le sol, les jambes allongées en avant (photo 77).
2. Placez les mains sur le sol et soulevez le bassin.
3. Repliez la jambe gauche et asseyez-vous sur le pied gauche. Ôtez les mains du sol, levez la jambe droite et placez la cuisse droite par-dessus la cuisse gauche. Soulevez les fesses et, à l'aide des mains, rapprochez les chevilles et l'arrière des talons jusqu'à ce qu'ils se touchent.
4. Reposez les chevilles sur le sol en gardant les orteils pointés en arrière.

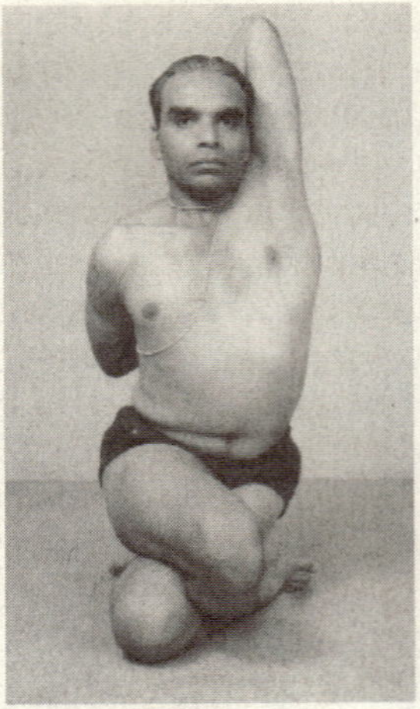

80

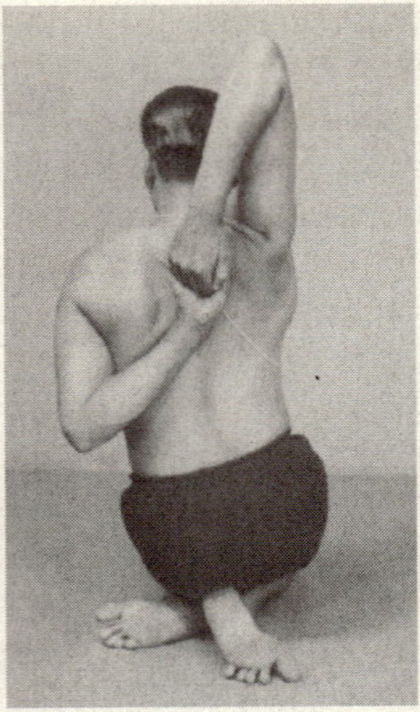

81

5. Passez le bras gauche plié derrière la tête et placez la main gauche sous la nuque entre les épaules. Baissez le bras droit, pliez-le au coude et remontez l'avant-bras droit derrière le dos jusqu'à ce que la main droite se trouve entre les épaules et à leur niveau. Agrippez les mains derrière le dos entre les épaules. (Vue de face : photo 80, vue de dos : photo 81.)

6. Maintenez cette position pendant 30 à 60 secondes en respirant normalement. Gardez le cou érigé et la tête droite et regardez droit devant vous.

7. Détachez les mains, redressez les jambes et recommencez la posture pendant le même laps de temps en permutant droite et gauche. Puis, détachez les mains, redressez les jambes et relaxez-vous.

Effets.

La posture soulage les crampes dans les jambes et en assouplit les muscles. La poitrine est bien ouverte et le dos est redressé. Les articulations des épaules sont assouplies et les dernières dorsales sont étirées à fond.

38. Lolasana Six* (photo 83).

Lola signifie tremblant, allant de-ci de-là, ou se balançant comme une boucle d'oreille. Dans cette posture, les pieds et les jambes sont placées comme dans Gomukhasana (photo 80). Les mains sont placées sur le sol à côté des hanches et le corps est soulevé et porté par les mains seules. On se tient alors en équilibre en se balançant légèrement d'avant en arrière ; le mouvement ressemble à l'oscillation d'un pendentif.

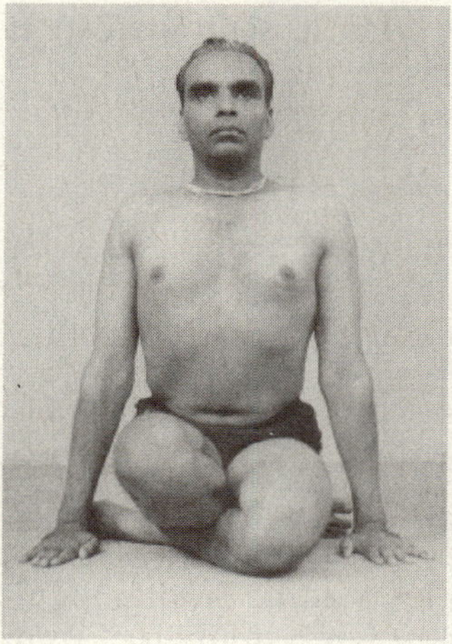

82

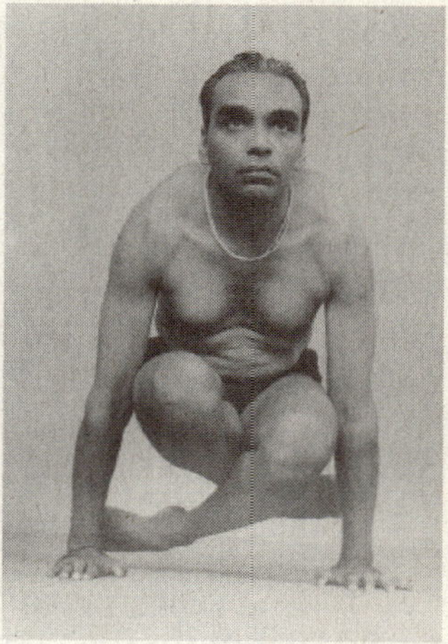

83

Technique.

1. Asseyez-vous sur le sol, les jambes allongées droit devant vous (photo 77).
2. Placez les mains sur le sol, de chaque côté des hanches.
3. Soulevez le bassin, pliez le genou droit, placez la plante du pied droit sous la fesse gauche et asseyez-vous dessus.
4. Pliez le genou gauche et, en soulevant de nouveau le bassin, placez la plante du pied gauche sous la fesse droite et asseyez-vous dessus.

5. Les pieds doivent se croiser de telle façon que le tibia de la jambe droite soit au-dessus du mollet gauche. Gardez les orteils pointés en arrière (photo 82).

6. Faites quelques respirations. Expirez, soulevez le corps et les jambes en équilibre sur les mains, en étirant à fond les bras (photo 83). Balancez doucement le buste et les jambes d'avant en arrière. Respirez normalement.

7. Redescendez sur le sol et décroisez les jambes.

8. Recroisez les jambes dans le sens opposé et remontez en équilibre sur les mains.

9. Restez en équilibre aussi longtemps que possible.

Effets.

Cet asana renforce les mains et les poignets, les muscles du dos et les organes abdominaux. Il assouplit les muscles des jambes, il développe et tonifie tous les petits muscles des bras.

39. Siddhasana Un* (photo 84).

Un Siddha est un demi-dieu, supposé être d'une grande pureté et d'une grande sainteté et possédant des dons surnaturels appelés siddhi. Siddha signifie également un sage inspiré, un visionnaire ou un prophète.

Radhakrishnan écrit dans *Philosophie des Upanisad* : « Les Siddha disent que parmi les niyama, le commandement le plus important est celui qui recommande de ne faire de mal à personne, et parmi les yama, celui qui recommande d'avoir un régime simple, ainsi en est-il de Siddhasana parmi les asana. »

« Parmi les 84 sortes d'asana, on doit toujours pratiquer Siddhasana. Il purifie 72 000 nadi. » (Les nadi sont les canaux à travers lesquels l'énergie nerveuse se transmet dans le corps humain.)

« Le yogin qui pratique la contemplation de l'Atman et observe un régime simple, pourra, s'il pratique

84

pendant douze ans Siddhasana, recevoir les siddhi du yoga. » (Atman signifie le Soi et l'Âme Suprême. Les Siddhi sont les dons surnaturels.)

« Quand on a maîtrisé Siddhasana, l'Unmani Avastha (Samadhi) vient naturellement et sans effort apporter son enchantement. »

L'âme possède trois avastha ou états qui sont eux-mêmes compris dans un quatrième. Ce sont les états de veille, de rêve et de sommeil et ce qui est appelé Turiya. « Le premier état est celui de plein éveil, où le soi est conscient du monde des objets ordinaires. Il s'intéresse aux choses ordinaires. Ici prédomine la dépendance du corps. Le second état est celui de rêve, où le soi s'intéresse à des choses subtiles, façonnant pour lui-même un monde de formes nouvelles à partir d'éléments provenant de ses expériences vécues. On dit que l'esprit erre librement, détaché des sujétions du corps. Le troisième état est celui de profond sommeil où nous n'avons ni rêves ni désirs. On l'appelle susupti. On dit que dans cet état l'âme s'unit temporairement avec le Brahman et goûte la béatitude. Dans le sommeil, l'homme est élevé au-dessus de tout désir, et libéré des tourments de l'esprit... Bien qu'enchaînée au corps, l'âme est, par nature, divine. Dans le sommeil, on dit qu'elle est libérée de ses attaches corporelles et regagne sa propre nature. Mais cela, cet état de sommeil éternel sans rêves est peu distinct de la véritable inconscience… L'état le plus élevé n'est pas celui de sommeil sans rêves, mais un autre, un quatrième état de l'âme, un état de pure conscience intuitive où on ne connaît ni objet interne ni objet externe. Dans le profond sommeil, l'esprit réside en un lieu situé loin au-dessus de la vie changeante des sens, en union parfaite avec le Brahman. L'état de turiya fait ressortir l'aspect positif de ce qui est négatif dans l'état de profond sommeil. » Cette quatrième condition est décrite dans la Mandukya Upanisad de la façon suivante : « Le quatrième état, dit le sage, n'est pas une expérience subjective, ni une expérience objective, ni quelque chose d'intermédiaire ; ce n'est pas non plus un état négatif où il n'y a ni conscience ni inconscience. Ce n'est pas une connaissance des sens, ni une connaissance relative, ni encore une connaissance déductive. Au-delà des sens, au-delà de l'entendement, au-delà de toute expression se trouve le quatrième état. C'est la conscience unitaire pure, où toute perception du monde et de la multiplicité est complètement effacée. C'est le bien suprême. C'est l'Un sans second. C'est le Soi. Ne cherchez que cela ! » La *Hatha Yoga Pradipika* (chapitre IV, versets 3 à 6) précise :

« Raja-yoga, Samadhi, Unmani, Manomani, Immortalité, Concentration, Sunyasunya (vide et cependant non vide), Parama Pada (l'État Suprême), Amanaska (l'arrêt du fonctionnement de l'esprit), Advaita (la non-dualité), Niralamba (sans support), Niranjana (pur), Jivanmukti (l'état d'émancipation), Sahajavastha (l'état naturel), et Turiya (littéralement : le Quatrième), tous ces mots signifient la même chose. Comme un grain de sel jeté dans l'eau s'unit à elle et devient un avec elle, ainsi l'esprit s'unit-il à l'Atman ; une telle union est Samadhi.

Quand Prana et manas (l'esprit) sont absorbés, il se développe une harmonie qui est appelée Samadhi. »

Il n'existe aucun asana comme Siddha, aucun kumbhaka comme Kevala, aucune mudra comme Khechari, et aucun laya (absorption de l'esprit) comme Nada.

(Khechari Mudra, littéralement « errer à travers l'espace », est ainsi décrit dans la *Gheranda Samhita* aux versets 25 à 28 du chapitre III : « Coupe le tendon qui est situé sous la langue et masse constamment ta langue ; frotte-la avec du beurre frais et étire-la (pour l'allonger) avec un instrument métallique. En pratiquant toujours cet exercice, la langue s'allonge. Lorsqu'elle atteint les sourcils, Khechari est accompli. Alors (la langue étant allongée) exerce-toi à la tourner d'avant en arrière de façon à la glisser le long du palais jusqu'à ce qu'elle atteigne enfin l'endroit où débouchent dans la gorge les conduits respiratoires. Obture-les avec la langue (stoppant ainsi la respiration), et fixe des yeux le point qui se trouve entre les sourcils. C'est ce que l'on appelle Khechari. Par cette pratique, il n'y a plus ni faiblesse, ni faim, ni soif, ni paresse. Il ne vient plus ni maladie, ni déclin, ni mort. Le corps devient divin. »

Nada est le son mystique intérieur. Les versets 79 à 101 du quatrième chapitre du même ouvrage le décrivent avec un luxe de détails et une grande variété d'images. On y définit le yoga comme étant le contrôle des aberrations de l'esprit. Pour obtenir ce contrôle de l'esprit, il faut tout d'abord que le yogi absorbe son esprit dans la concentration de quelque objet, puis qu'il le retire progressivement de cet objet et le conduise à regarder à l'intérieur de lui-même. C'est à ce moment que le yogi doit se concentrer sur les sons mystiques intérieurs. « L'esprit, y est-il dit, est comme un serpent, qui, oubliant toute son instabilité en entendant Nada, cesse de danser. » Graduellement, à mesure que Nada s'intériorise, l'esprit l'accompagne dans un même mouvement. « Le feu s'emparant du bois l'accompagne dans son extinction (une fois qu'il l'a consumé) ; de même l'esprit, se concentrant sur Nada, l'accompagne dans son intériorisation. »

Technique.

1. Asseyez-vous sur le sol, les jambes allongées droit devant vous (photo 77).

2. Pliez la jambe gauche au genou. Prenez le pied gauche avec les mains, placez le talon près du périnée et appuyez la plante du pied gauche contre la cuisse droite.

3. Pliez maintenant la jambe droite au genou et placez le pied droit sur la cheville gauche en appuyant le talon droit contre le pubis.

4 Placez la plante du pied droit entre la cuisse et le mollet gauches.

5. Ne mettez pas de poids sur les talons.

6. Tendez les bras devant vous et posez l'arrière des mains sur les genoux, paumes tournées vers le haut. Joignez les pouces et les index en laissant les autres doigts étendus (photo 84).

7. Conservez cette position aussi longtemps que vous le pouvez en gardant érigés le dos, le cou et la tête. Maintenez le regard tourné vers l'intérieur, comme si vous fixiez l'extrémité de votre nez.

8. Relâchez les pieds et relaxez-vous pendant quelques instants. Puis reprenez la posture pour la même durée en plaçant, cette fois, le talon droit, le premier, près du périnée et le pied gauche sur la cheville droite, comme décrit plus haut.

Effets.

Cette posture maintient la région du pubis en bonne santé. Comme Padmasana (photo 104), c'est un des asana qui apportent le plus de détente.

La position assise permet au corps de se reposer, tandis que l'esprit garde son attention et son agilité grâce à la position croisée des jambes et à la verticalité du dos. Cet asana est également recommandé pour la pratique du pranayama et de la méditation.

Du point de vue purement physique, cet asana est excellent pour assouplir les genoux et les chevilles. Il provoque un afflux de sang dans la région lombaire et dans l'abdomen et il tonifie la partie inférieure de la colonne vertébrale et les organes abdominaux.

40. Virasana Un* (photo 89).

Vira est un héros, un guerrier, un champion. Cette posture assise se fait en gardant les genoux l'un contre l'autre et en allongeant les pieds de chaque côté des hanches.

C'est une bonne posture pour le pranayama et la méditation.

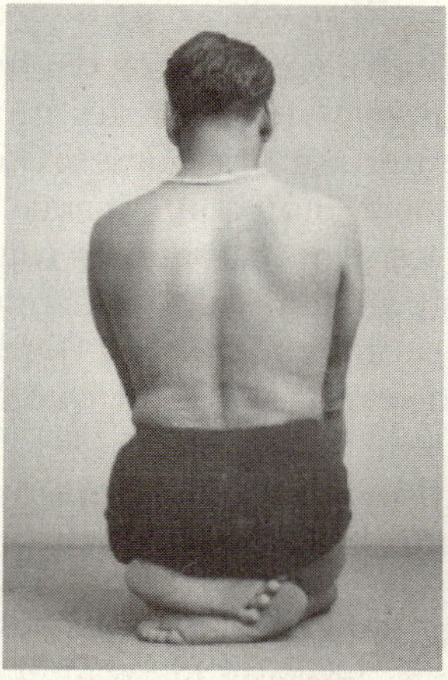

85

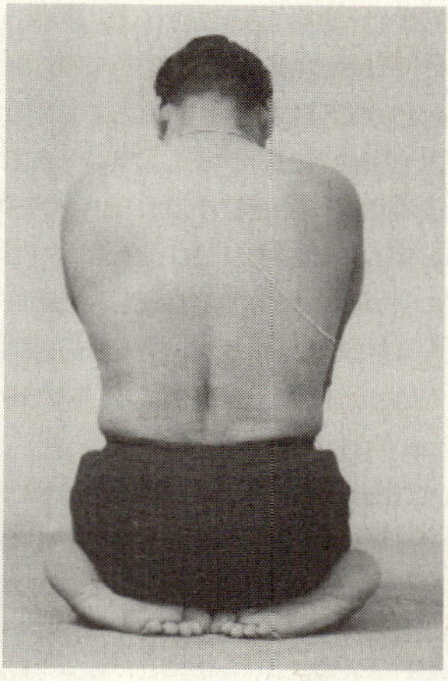

86

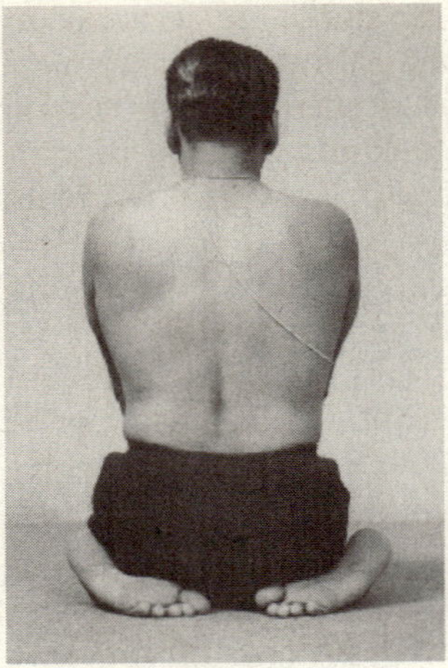

87

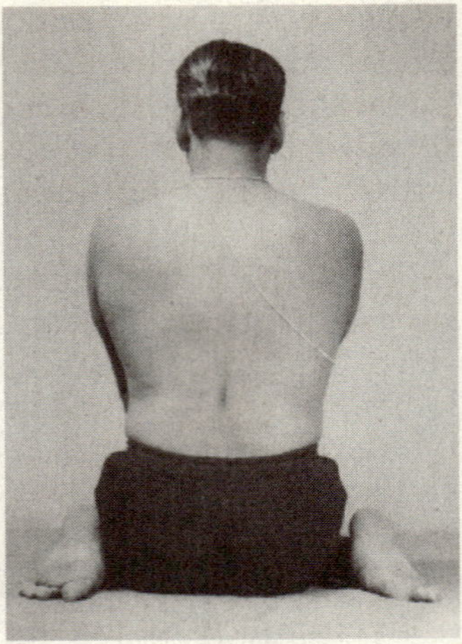

88

Technique.

1. Agenouillez-vous sur le sol. Gardez les genoux serrés et écartez les pieds d'environ 40 centimètres en les allongeant sur le sol.

2. Asseyez-vous sur le sol entre vos deux pieds. Les pieds restent à côté des cuisses, l'intérieur des mollets étant en contact avec l'extérieur des cuisses. Gardez les orteils pointés en arrière et en contact avec le sol. Placez les poignets sur les genoux, paumes tournées vers le haut, et joignez l'extrémité des pouces et des index. Gardez les autres doigts allongés. Tenez le dos droit et érigé. (Vue de dos : photo 88, vue de face : photo 89.)

3. Restez dans cette position aussi longtemps que vous le pouvez, en respirant profondément.

4. Puis, faites une pause en reposant les paumes sur les genoux. (Vue latérale : photo 90.)

5. Enfin, croisez les doigts et étirez les bras à la verticale au-dessus de la tête, les paumes étant face au plafond (photo 91).

6. Restez dans cette position pendant 1 minute en respirant profondément.

7. Expirez, détachez les doigts, placez les mains sur la plante des pieds, penchez-vous en avant et posez le menton sur les genoux (photo 92).

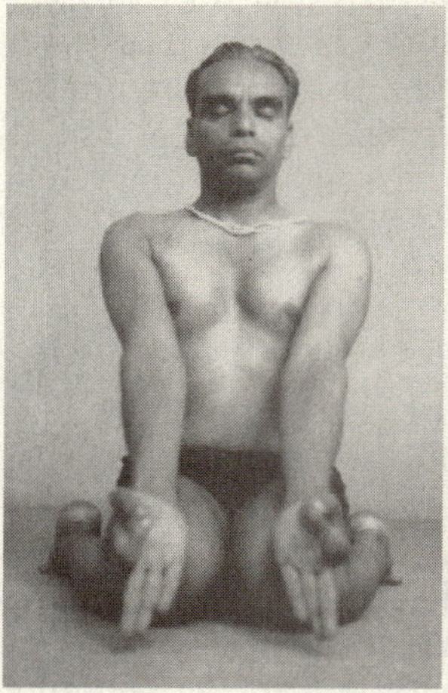

89

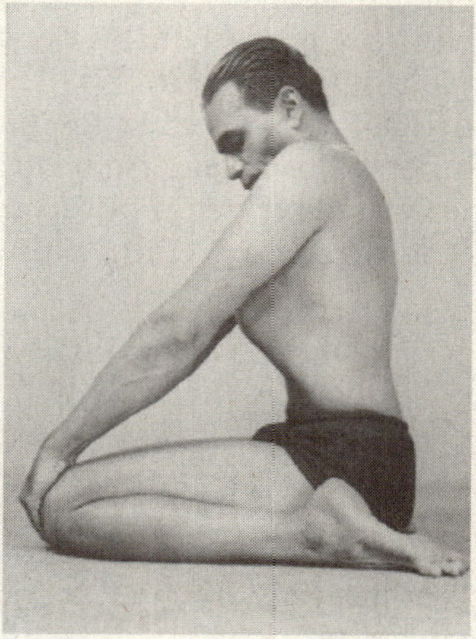

90

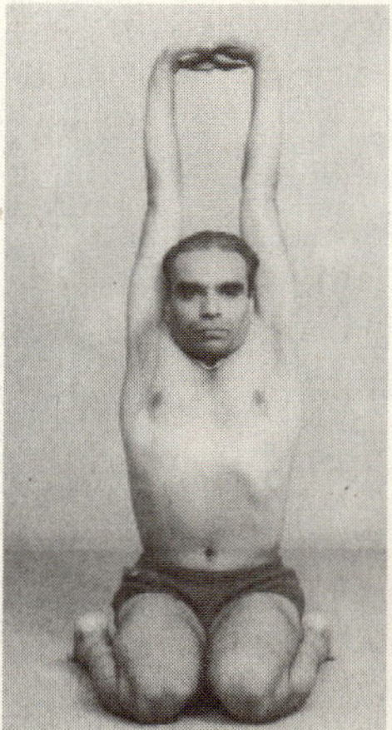

91

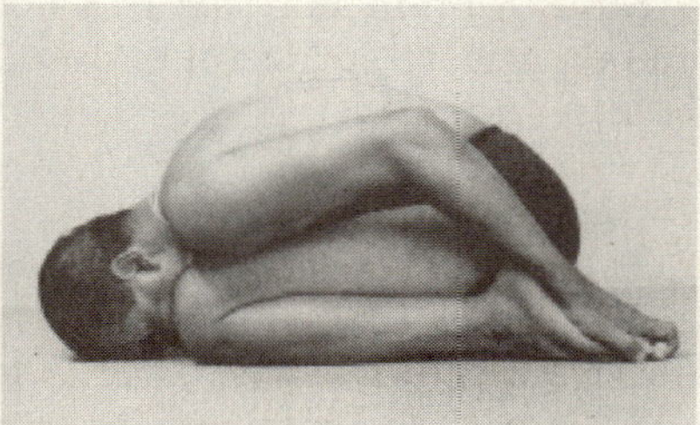

92

8. Restez dans cette position pendant 1 minute en respirant normalement.

9. Inspirez, relevez le buste, ramenez les pieds en avant et relaxez-vous.

10. S'il vous est difficile de faire la posture comme elle est décrite ci-dessus, essayez de la faire en plaçant les pieds l'un au-dessus de l'autre et asseyez-vous dessus (photo 85). Écartez progressivement les orteils, puis séparez les pieds (photos 86 et 87) et amenez-les à l'extérieur des cuisses. Ensuite, avec le temps, les fesses reposeront correctement sur le sol et le corps ne prendra plus appui sur les pieds.

Effets.

La posture guérit de la goutte et des douleurs rhumatismales dans les genoux. Elle est également bonne pour les pieds plats. Grâce à l'étirement des pieds et des chevilles, les voûtes plantaires sont formées. Cependant, cela prend beaucoup de temps et requiert une pratique quotidienne de quelques minutes pendant plusieurs mois. Les personnes souffrant de douleurs dans les talons ou d'excroissance du calcanéum seront soulagées et verront leur excroissance disparaître.

Cette posture peut même être pratiquée immédiatement après un repas et soulagera des lourdeurs d'estomac.

41. Supta Virasana Deux* (photo 96).

Supta signifie couché. Dans cet asana, on se couche en arrière sur le sol et on étire les bras derrière la tête.

Technique.

1. Asseyez-vous en Virasana (photo 89).

2. Expirez, inclinez le buste en arrière et placez les coudes l'un après l'autre sur le sol (photo 93).

3. Ôtez la pression sur les coudes en étendant les bras l'un après l'autre.

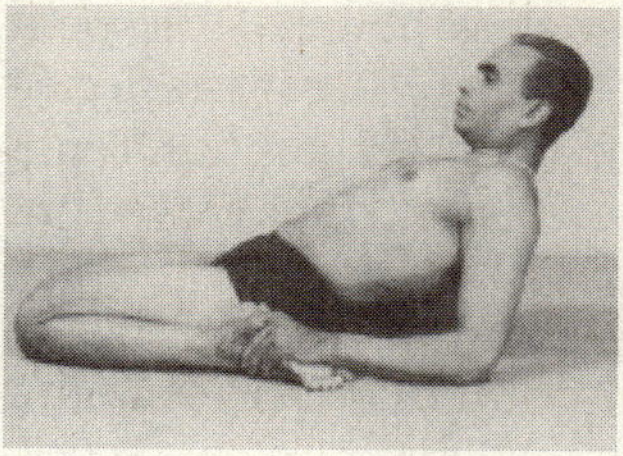

93

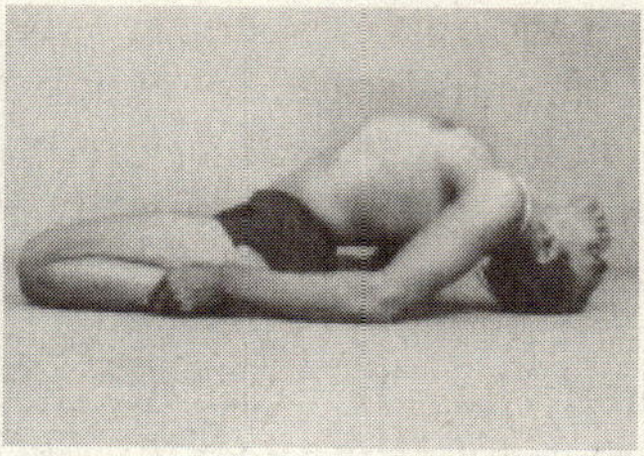

94

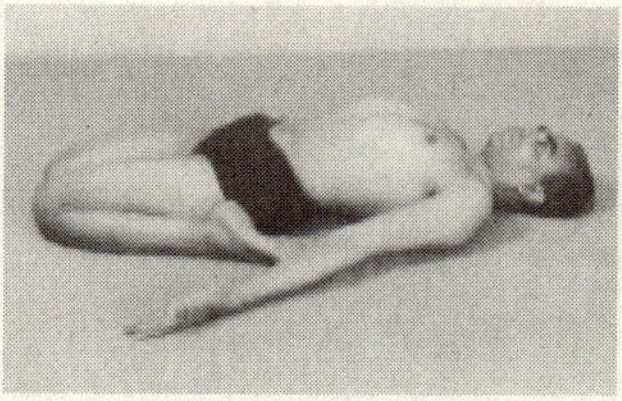

95

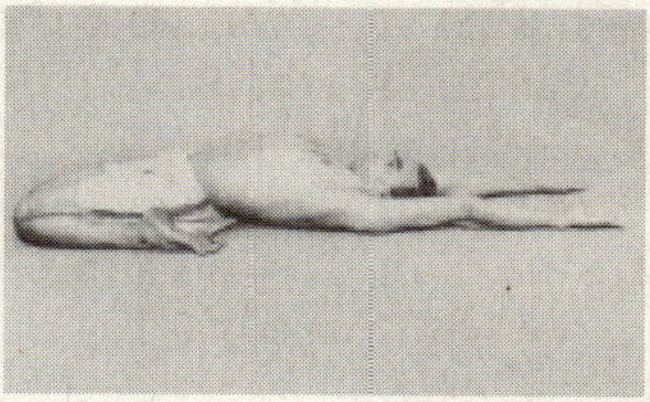

96

4. Au début, placez le sommet du crâne sur le sol (photo 94). Progressivement, appuyez l'arrière de la tête, puis le dos sur le sol (photo 95). Tendez les bras derrière la tête et étirez-les à fond (photo 96). Gardez cette posture aussi longtemps que vous le pouvez en respirant profondément. Puis placez les bras de chaque côté du buste, reprenez appui sur les coudes et remettez-vous en position assise en expirant.

5. Les mains doivent être étendues derrière la tête ou placées le long des cuisses. Quand elles sont en arrière, ne décollez pas les omoplates du sol.

6. Les débutants peuvent laisser leurs genoux s'écarter.

Effets.

Cet asana étire les organes abdominaux et la région du bassin. Les personnes souffrant des jambes trouveront un soulagement en faisant cette posture pendant 10 à 15 minutes. Elle est recommandée aux athlètes et à tous ceux qui ont à marcher ou à rester debout pendant de longues heures. Elle peut être faite après les repas et, lorsqu'elle est pratiquée le soir avant de se coucher, on a les jambes reposées le lendemain matin. Plusieurs de mes élèves qui étaient cadets à la « National Defence Academy » ont trouvé un grand soulagement après de longues marches d'entraînement en combinant cet asana à Sarvangasana I (photo 223).

42. Paryankasana Deux* (photo 97).

Paryanka est un lit, une couche ou un canapé. Cet asana est une continuation de Supta Virasana (photo 96). Dans cette posture, le corps prend la forme d'un lit, d'où son nom.

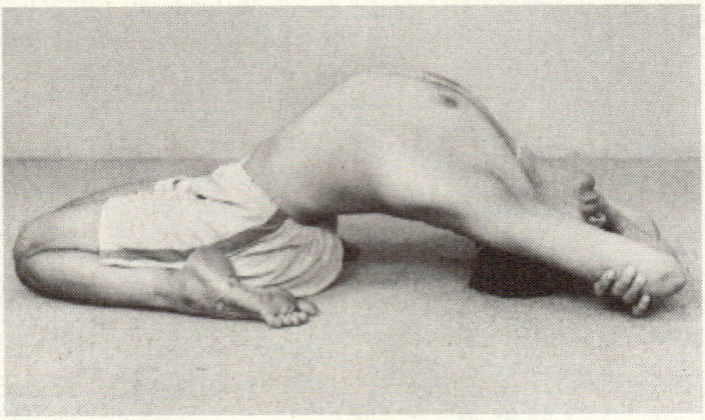

97

Technique.

1. Asseyez-vous en Virasana (photo 89).

2. Expirez et inclinez le buste en arrière (photo 93). Arquez le dos en levant la poitrine et le cou. Le buste ne repose plus que sur le sommet du crâne (photo 94). Aucune partie du buste ne doit être en contact avec le sol.

3. Pliez les bras aux coudes. Attrapez le biceps gauche avec la main droite et le biceps droit avec la main gauche. Reposez les bras croisés sur le sol derrière la tête (photo 97). Restez dans cette posture pendant une minute en respirant régulièrement.

5. Inspirez, reposez le buste et la nuque sur le sol, relâchez les mains et replacez-vous en Virasana (photo 89).

6. Puis, tendez les jambes l'une après l'autre, couchez-vous à plat sur le sol et relaxez-vous.

Effets.

La pleine extension dorsale de Matsyasana (photo 113) et de Paryankasana développe largement les poumons. Les muscles du cou sont étirés et le fonctionnement des glandes thyroïde et parathyroïde est stimulé. Ceux qui ne peuvent pas faire Matsyasana tireront un bénéfice équivalent de cet exercice.

Alors que Virasana (photo 89) et Supta Virasana (photo 96) peuvent être faits n'importe quand, même après avoir absorbé de la nourriture, Paryankasana ne peut pas être fait immédiatement après un repas.

43. Bhekasana (aussi appelé Mandukasana) Quatre* (photo 100).

Bheka est une grenouille. Dans cet asana, le corps prend l'allure d'une grenouille, d'où le nom.

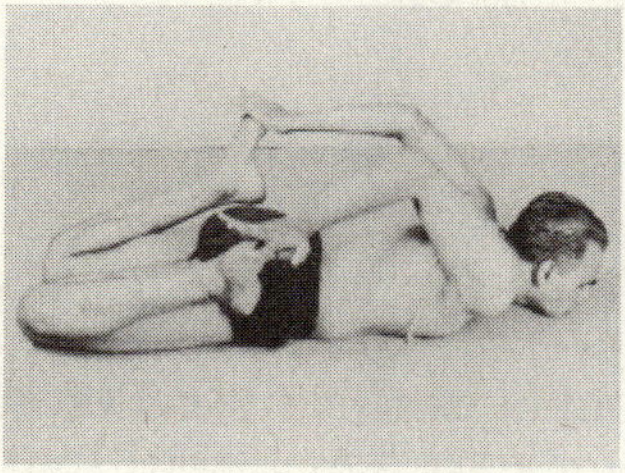

98

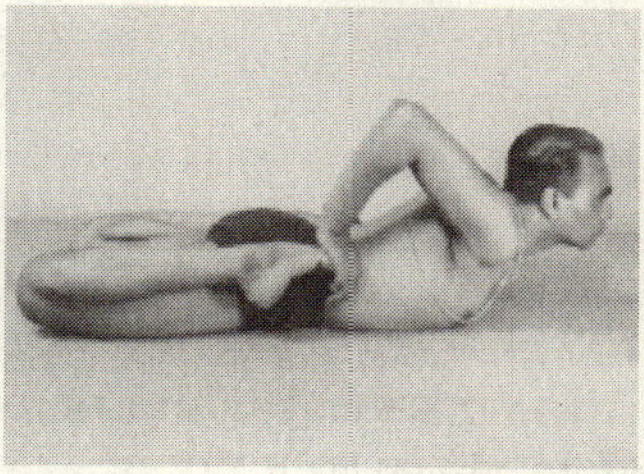

99

Technique.

1. Couchez-vous à plat ventre sur le sol. Tendez les bras en arrière.

2. Expirez, pliez les genoux et ramenez les talons sur les hanches. Prenez la plante du pied droit avec la main droite et la plante du pied gauche avec la main gauche (photo 98). Faites deux respirations. Expirez, soulevez la tête et le buste et regardez vers le haut.

3. Puis, tournez les mains de façon à ce que les paumes soient en contact avec le dessus des pieds, les doigts ainsi que les orteils pointant vers la tête (photo 99). Poussez sur les mains vers le bas et rapprochez les orteils et les talons du sol. Gardez les avant-bras verticaux (photo 100). Quand les genoux et les chevilles ont acquis assez de souplesse, les talons peuvent aller jusqu'à toucher le sol.

4. Restez dans la posture pendant 15 à 30 secondes, mais ne retenez pas votre respiration. Expirez, relâchez les pieds, étendez les jambes et relaxez-vous.

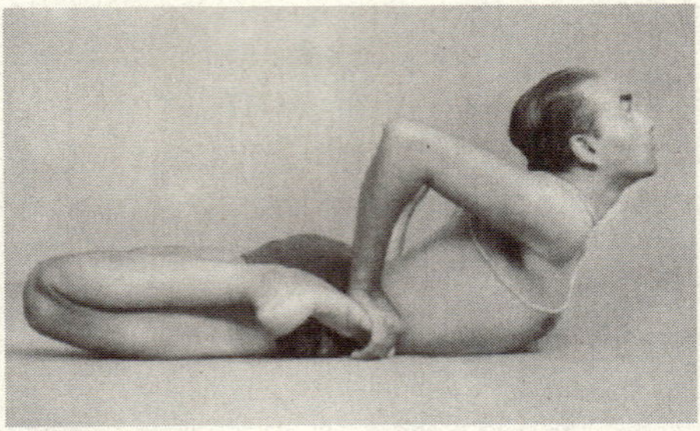

100

Effets.

Les organes abdominaux tirent bénéfice de cet exercice, car ils sont pressés contre le sol. Les genoux sont affermis et la posture soulage des douleurs des articulations des genoux dues aux rhumatismes et à la goutte. Elle apporte également un soulagement pour toutes sortes de déplacements à l'intérieur de l'articulation du genou. La pression des mains sur les pieds améliore la voûte plantaire, c'est donc un traitement des pieds plats. Elle aide à guérir les chevilles foulées et les renforce. La posture soulage les douleurs dans les talons ; une pratique continue les rend plus moelleux. Les personnes souffrant d'excroissance du calcanéum en tireront bénéfice autant que de Virasana (photo 89).

44. Baddha Konasana Trois* (photo 102).

Baddha signifie attrapé, retenu. Kona est un angle. Dans cette posture, asseyez-vous sur le sol, approchez les talons du périnée, attrapez les pieds et ouvrez les cuisses jusqu'à ce que les genoux touchent le sol. C'est ainsi que s'assoient les cordonniers indiens.

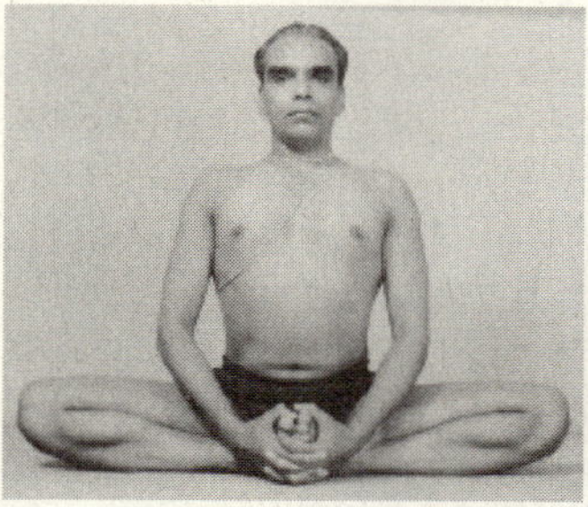

101

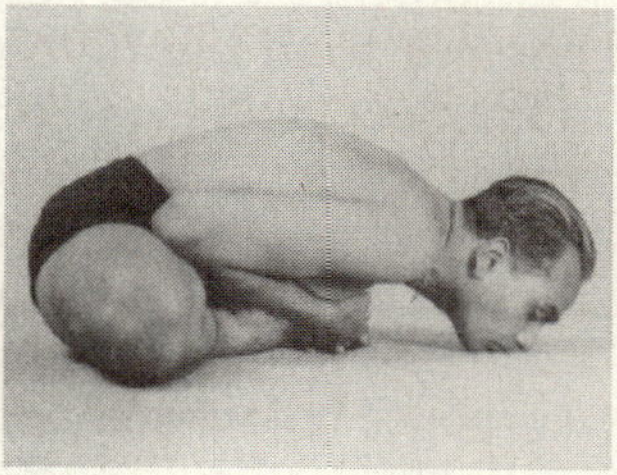

102

Technique.

1. Asseyez-vous sur le sol, les jambes allongées devant vous (photo 77).

2. Pliez les genoux et rapprochez les pieds du bassin.

3. Joignez les plantes de pied et, en prenant les pieds près des orteils, amenez les talons vers le périnée. L'extérieur des pieds doit s'appuyer sur le sol et l'arrière des talons doit toucher le périnée.

4. Ouvrez les cuisses et descendez les genoux jusqu'à ce qu'ils touchent le sol.

5. Croisez les doigts, prenez les pieds fermement et allongez la colonne vertébrale verticalement en

regardant droit devant vous ou à la pointe de votre nez (photo 101). Tenez la posture aussi longtemps que vous le pouvez.

6. Placez les coudes sur les cuisses et appuyez-les vers le sol. Expirez, penchez-vous en avant, amenez la tête, puis le nez et enfin le menton sur le sol (photo 102). Gardez cette position pendant trente à soixante secondes en respirant normalement.

7. Inspirez, relevez le buste et revenez en position 5 (photo 101).

8. Puis, lâchez les pieds, redressez les jambes et relaxez-vous.

Effets.

La posture est particulièrement recommandée à ceux qui souffrent de troubles urinaires. Le bassin, l'abdomen et le dos reçoivent un large apport de sang et sont stimulés. Elle garde les reins, la prostate et la vessie en bonne santé. Il est bien connu que les troubles des voies urinaires sont très rares parmi les cordonniers indiens et la raison en est qu'ils se tiennent toute la journée assis dans cette posture.

Elle soulage les douleurs dues à la sciatique et prévient les hernies. Une pratique constante permet de guérir les douleurs et la lourdeur des testicules.

La posture est une bénédiction pour les femmes. Associée à Sarvangasana I (photo 223) et ses variations (photos 235 à 271), elle régularise le cycle menstruel et aide les ovaires à fonctionner correctement. Il a été constaté que les femmes qui font chaque jour cette posture pendant quelques minutes ont un accouchement moins douloureux et n'ont pas de varices. (Le docteur Grantly Dick Reed la recommande aux femmes enceintes dans son livre : *Childbirth without Fear*[1].)

---

1. *Accoucher sans crainte (N.d.T.).*

De même que Padmasana (photo 104) et Virasana (photo 89), cet asana est recommandé pour l'entraînement au pranayama et à la méditation. Dans la posture de méditation les mains doivent être jointes devant la poitrine (photo 103) ; il faut beaucoup de pratique pour arriver à le faire en gardant le dos droit. On ne doit pas craindre de faire cet asana même après un repas, à condition qu'on ne cherche pas à amener la tête jusque par terre.

103

104

45. Padmasana Quatre* (photo 104).

Padma est un lotus. C'est la posture du Lotus, l'un des asana les plus importants et les plus utiles. C'est la posture de méditation dans laquelle le Buddha est souvent représenté.

La posture et la pratique de la respiration contrôlée qui l'accompagne sont décrites ainsi dans le verset 48 du premier chapitre du *Hatha Yoga Pradipika* :

« Étant en Padmasana et ayant joint les mains l'une contre l'autre, applique fermement le menton contre la poitrine, et tout en contemplant le Brahman, contracte fréquemment l'anus et soulève l'apana ; par une contraction identique de la gorge, force le prana à descendre en toi. Par cela tu obtiens une connaissance inégalable grâce à Kundalini (qui est éveillée par cette méthode). »

Kundalini est l'Énergie Cosmique Divine qui réside dans le corps. Elle est symbolisée par un serpent endormi, lové dans le premier cakra situé à la base de la colonne vertébrale. Cette énergie latente doit être éveillée et conduite à travers toute la colonne vertébrale jusqu'au cerveau en empruntant la Susumna Nadi. Ce canal dans lequel passe l'énergie nerveuse traverse les six cakra, centres subtils du corps, qui sont les régulateurs du système nerveux de la machine humaine. L'éveil de la Kundalini est décrit en détail dans un livre d'Arthur Avalon (sir John Woodroffe) intitulé *The Serpent Power*[1].

Padmasana est une des postures de base souvent utilisée dans les variations de Sirsasana et de Sarvangasana.

105

1. *Le Pouvoir du Serpent (N.d.T.).*

Technique.

1. Asseyez-vous sur le sol, les jambes allongées (photo 77).

2. Pliez la jambe droite au genou, prenez votre pied droit dans les mains et placez-le sur la base de la cuisse gauche, le talon étant proche de l'ombilic.

3. Puis, pliez la jambe gauche et, prenant le pied gauche dans les mains, placez-le à la base de la cuisse droite, le talon se trouvant près de l'ombilic. La plante des pieds doit être tournée vers le haut. C'est la base de la posture dite Padmasana (photo 104).

4. Il est rare que les gens qui n'ont pas l'habitude de s'asseoir par terre aient les genoux souples. Au commencement, ils vont ressentir des douleurs épouvantables dans les genoux. Avec de la pratique et de la persévérance, la douleur s'atténuera progressivement et ils pourront rester longtemps dans la posture sans éprouver de gêne.

5. D'une extrémité à l'autre, la colonne vertébrale doit rester droite. On peut allonger les bras en plaçant la main droite sur le genou droit et la main gauche sur le genou gauche. Les index et les pouces sont pliés et se touchent. On peut également placer les mains l'une sur l'autre au centre, là où se croisent les pieds (photo 105).

6. Intervertissez la position des jambes en plaçant d'abord le pied gauche sur la cuisse droite, puis le pied droit sur la cuisse gauche. Cela développera les jambes de façon égale.

Effets.

Une fois que les premières douleurs de genoux ont été surmontées, Padmasana est une des postures qui apportent le plus de détente. Se trouvant dans une position assise, le corps se repose sans s'amollir. L'esprit reste attentif et éveillé grâce au croisement des jambes et à la position d'équilibre du dos. De ce fait, c'est un des asana recommandés pour la pratique du pranayama (le contrôle de la respiration).

Sur le plan purement physique, la posture est excellente pour assouplir les genoux et les chevilles. Comme elle provoque un apport de sang dans la région lombaire et dans l'abdomen, la colonne vertébrale et les organes abdominaux sont tonifiés.

46. Sanmukhi Mudra Quatre* (photo 106).

San signifie six et mukha est la bouche. Sanmukha est le nom du dieu de la guerre qui possède six têtes ; on l'appelle également Kartikeya. Mudra est un sceau ou une fermeture.

La posture est également appelée Parangmukhi Mudra (tourné vers l'intérieur), Sambhavi Mudra (Sambhu est un autre nom de Siva, père de Kartikeya. Sambhava signifie donc la descendance de Siva), et enfin Yoni Mudra. Yoni est la matrice, la source. Cette Mudra est appelée ainsi parce que l'élève regarde en lui-même pour trouver la source même de son être.

106

Technique.

1. Asseyez-vous en Padmasana (photo 104). Gardez le dos droit et la tête levée.

2. Portez les mains au visage. Levez les coudes jusqu'au niveau des épaules, bouchez-vous les oreilles avec les pouces pour ne pas entendre les bruits extérieurs. Si les pouces font mal, pressez le tragus (la petite proéminence qui se trouve à l'entrée de l'oreille externe) avec les pouces pour fermer l'oreille.

3. Fermez les paupières, mais gardez les yeux tournés vers le haut. Placez l'index et le médius de chaque main sur les paupières en appuyant à l'aide des deux premières phalanges seulement sur le globe oculaire tout entier. Cependant, ne pressez pas la cornée. Tirez les paupières vers le bas avec les médius. Repoussez la partie supérieure des paupières vers le haut contre les arcades sourcilières à l'aide des index. Appuyez doucement sur les yeux à chaque extrémité.

4. Les pressions sur les yeux et sur les oreilles doivent être égales.

5. Appuyez sur chacune des deux narines de façon égale avec le bout des annulaires. Le conduit respiratoire, ainsi rétréci, permet de pratiquer une respiration lente, profonde, régulière, rythmique et subtile.

6. Les petits doigts sont placés sur la lèvre supérieure où ils peuvent contrôler l'écoulement rythmé de la respiration.

7. Restez dans cette position aussi longtemps que vous le pouvez, en concentrant votre regard vers l'intérieur (photo 106).

Effets.

Les sens sont tournés vers l'intérieur et la respiration rythmée apaise le vagabondage de l'esprit. Cela apporte un sentiment de paix intérieure et l'on entend la voix divine du soi intérieur dire : « Regarde ici, regarde à l'intérieur, pas à l'extérieur, car la source de toute paix est en toi. » Ainsi, cette posture prépare l'adepte à la cinquième étape du yoga, Pratyahara, où il s'efforce de se libérer du joug des sens et de les empêcher de poursuivre leurs désirs.

47. Parvatasana Quatre* (photo 107).

Parvata est une montagne. Dans cette variation de Padmasana, les bras sont étirés au-dessus de la tête, les doigts croisés.

107

Technique.

1. Asseyez-vous en Padmasana (photo 104).

2. Croisez les doigts et étirez les bras verticalement au-dessus de la tête. Gardez la tête penchée en avant, le menton étant en contact avec le sternum.

3. Étirez les bras vers le haut depuis le latissimus dorsi (dans le dos, près des côtes flottantes) et les omoplates. Les paumes doivent être tournées vers le haut (photo 107).

4. Gardez la posture pendant une minute ou deux en respirant profondément et régulièrement. Intervertissez le croisement des jambes et celui des doigts, puis reprenez la posture en gardant le dos bien droit.

Effets.

Cet asana atténue les rhumatismes et la raideur des épaules. Il assure une bonne liberté de mouvement et développe la cage thoracique. Les organes abdominaux sont tirés vers l'intérieur et la poitrine est pleinement ouverte.

48. Tolasana Quatre* (photo 108).

Tola est une balance à deux plateaux. La posture porte ce nom, car elle ressemble à l'un des plateaux suspendus d'une telle balance.

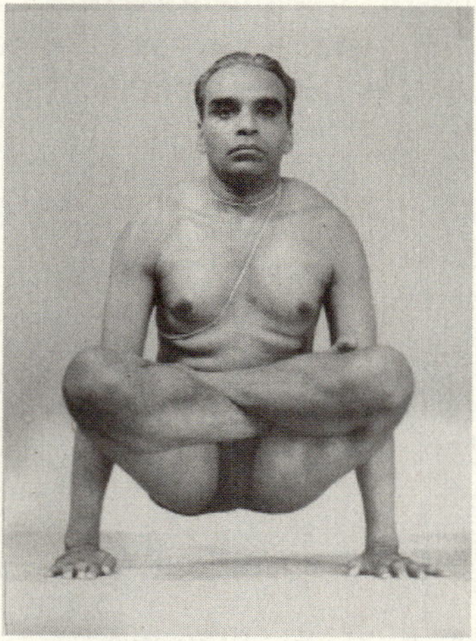

108

Technique.

1. Asseyez-vous en Padmasana (photo 104).
2. Placez les mains sur le sol à côté des hanches. Expirez, soulevez le buste et le bassin et restez en équilibre sur les mains en étirant les bras (photo 108).
3. Redescendez sur le sol, décroisez les jambes, recroisez-les dans l'autre sens et remontez en équilibre sur les mains.

4. Restez en équilibre le plus longtemps possible.

Effets.

Cet asana renforce les poignets, les mains et la paroi abdominale.

49. Simhasana I Un* (photo 109).

Simha est un lion. Cet asana est dédié à Narasimha (Nara = homme, Simha = lion) Homme-Lion, l'une des incarnations de Visnu. On raconte que le roi des démons Hiranya Kasipu avait obtenu de Brahma la faveur de n'être tué, ni de jour, ni de nuit, ni dans sa maison, ni en dehors, ni sur terre, ni sur l'eau, ni par un dieu, ni par un homme, ni par un animal. Le roi des démons persécutait donc aussi bien les dieux que les hommes, et même son fils Prahlada, ardent dévot de Visnu. Prahlada était l'objet de toute une variété d'ordalies et de cruautés, mais, par la grâce de Visnu, il restait indemne et prêchait avec vigueur et grande foi l'omniprésence, l'omniscience et l'omnipotence du Seigneur

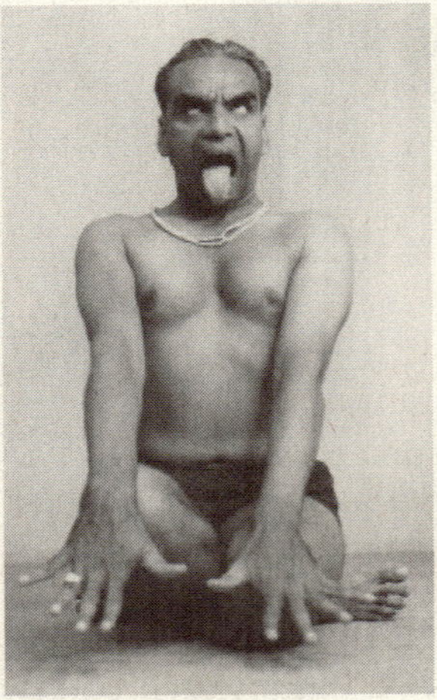

109

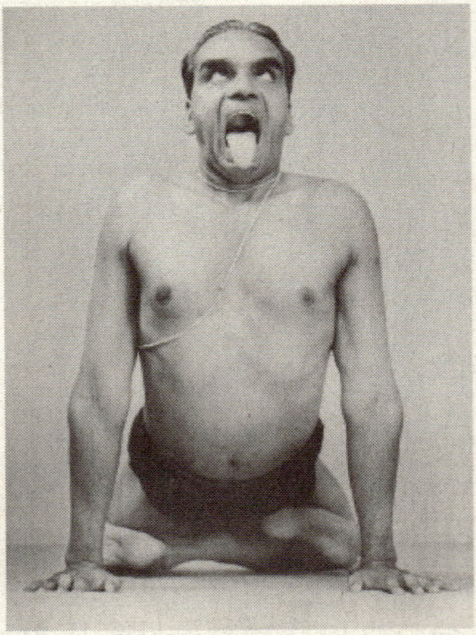

110

Visnu. Dans un accès d'irritation Hiranya Kasipu demanda à son fils pourquoi, si Visnu était omniprésent, il ne pouvait pas le voir dans un pilier de son palais. Pour bien prouver à son fils l'absurdité de sa foi, le roi des démons frappa du pied le pilier avec mépris. Sur un appel à l'aide de Prahlada, le Seigneur Visnu sortit du pilier sous la forme effrayante d'un homme à tête de lion. C'était le crépuscule, ce n'était pas le jour, ce n'était pas la nuit. Le Seigneur souleva Hiranya Kasipu en l'air, s'assit au seuil du palais, plaça le roi des démons sur Sa cuisse et le réduisit en pièces. L'Avatar Narasimha est souvent représenté dans les sculptures indiennes et l'on peut voir dans les grottes d'Ellora l'un de ces groupes imposants.

Il y a deux variations de cet asana. La première décrite ci-dessous suit les textes anciens, tandis que la seconde, plus difficile à faire, mais qui a plus d'effets bénéfiques, est décrite plus loin sous le nom de Simhasana II (photo 110).

Technique.

1. Asseyez-vous sur le sol, les jambes allongées droit devant vous (photo 77).
2. Soulevez le bassin, pliez le genou droit et placez le pied droit sous la fesse gauche. Puis pliez le genou gauche et placez le pied gauche sous la fesse droite. La cheville gauche doit être maintenue sous la cheville droite.
3. Asseyez-vous sur les talons, les orteils pointant en arrière.
4. Puis, portez le poids du corps sur les cuisses et sur les genoux.
5. Étirez le buste en avant et gardez le dos droit.
6. Placez la main droite sur le genou droit et la main gauche sur le genou gauche. Tendez les bras et raidissez-les. Étendez les doigts et appuyez-les contre les genoux.

7. Ouvrez largement les mâchoires et tirez la langue vers le menton aussi loin que vous le pouvez (photo 109).

8. Fixez des yeux le milieu de vos sourcils ou le bout de votre nez. Restez dans la posture pendant 30 secondes en respirant par la bouche.

9. Rentrez la langue dans la bouche, ôtez les mains des genoux et redressez les jambes. Puis répétez la posture en plaçant d'abord le pied gauche sous la fesse droite et le pied droit sous la fesse gauche.

10. Restez pendant le même laps de temps de chaque côté.

Effets.

La posture soigne la mauvaise haleine et purifie la langue. Après une pratique continue, l'élocution devient plus claire. C'est pourquoi cet asana est recommandé aux bègues. Elle permet également de maîtriser les trois Bandha (voir la troisième partie).

50. Simhasana II Six* (photo 110).

111

Technique.

1. Asseyez-vous en Padmasana (photo 104).

2. Étendez les bras devant vous et placez les mains sur le sol, les doigts pointant en avant.

3. Montez sur vos genoux, puis abaissez le bassin vers le sol.

4. Étirez le dos en serrant les fesses et en gardant les bras bien étirés. Le poids du corps ne doit reposer que sur les mains et les genoux. Ouvrez la bouche et tirez la langue vers le menton aussi loin que vous le pourrez. (Vue de face : photo 110, vue de côté : photo 111.)

5. Fixez des yeux le milieu des sourcils ou le bout de votre nez et gardez la posture pendant environ 30 secondes. Respirez par la bouche.

6. Asseyez-vous en Padmasana (photo 104), et ôtez les mains du sol. Puis intervertissez la position des jambes, faites de nouveau Padmasana et reprenez la posture pour une même durée.

Effets.

La posture exerce le foie et contrôle l'afflux de bile. Elle soigne la mauvaise haleine, purifie la langue et améliore l'élocution. C'est pourquoi elle est recommandée aux personnes qui bégaient.

Cet asana soulage un coccyx douloureux et aide à le remettre en place s'il a été déplacé.

51. Matsyasana Cinq* (photo 113).

Matsya signifie poisson. Cette posture est dédiée à Matysa le Poisson, une Incarnation de Visnu, Qui maintient l'univers et de Qui proviennent toutes choses. Elle fait allusion à l'histoire suivante : « En ce temps-là, il y avait une telle corruption sur la terre que celle-ci était sur le point d'être submergée par le déluge. Visnu prit la forme d'un poisson et avertit Manu (l'Adam Hindou) du désastre imminent. Puis le poisson transporta Manu, sa famille et sept grands sages dans un bateau, attaché à la corne de sa tête. Il sauva également les Veda du déluge. »

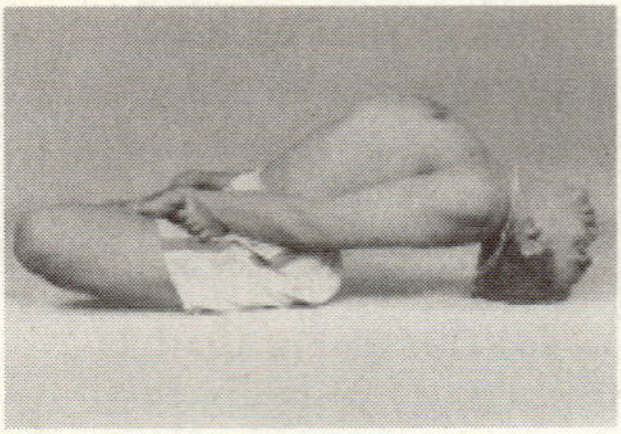

112

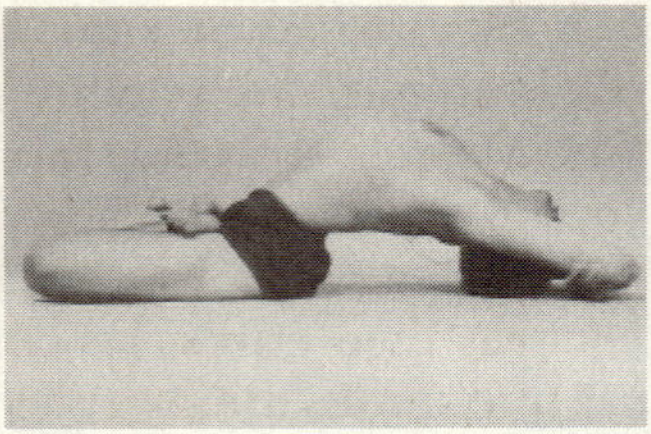

113

Technique.

1. Asseyez-vous en Padmasana (photo 104).

2. Couchez-vous à plat sur le dos en gardant les jambes au contact du sol.

3. Expirez, arquez le dos en soulevant le cou et la poitrine, glissez la tête vers les fesses et appuyez-vous sur le sommet du crâne. Ramenez plus encore la tête vers les jambes en tirant avec les mains sur les jambes croisées pour augmenter la courbure du dos (photo 112).

4. Puis lâchez les jambes, pliez les bras, prenez les coudes dans les mains et reposez les avant-bras sur le sol derrière la tête (photo 113).

5. Restez dans cette position pendant 30 à 60 secondes en respirant profondément.

6. Posez le dos de la tête sur le sol, couchez-vous à plat sur le dos, inspirez, puis revenez en Padmasana, relâchez les jambes et relaxez-vous.

7. Recroisez les jambes dans l'autre sens et reprenez la posture pour la même durée.

8. S'il vous est difficile de faire les positions 3 et 4, couchez-vous à plat sur le dos en étendant les bras, droit derrière la tête (photo 114).

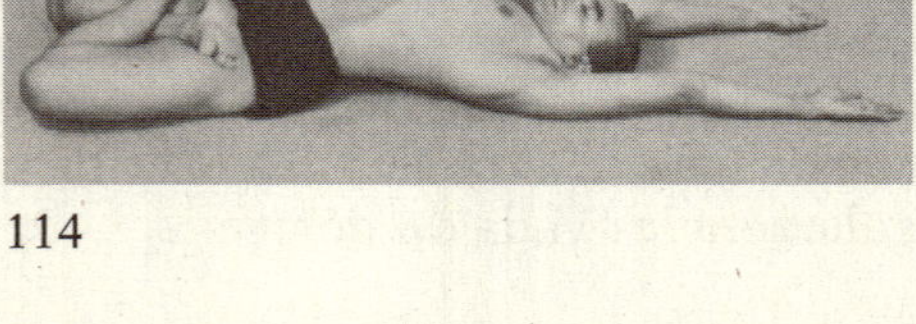

114

Effets.

La région dorsale est pleinement étirée dans cette posture et la poitrine bien ouverte. La respiration devient plus profonde. La glande thyroïde bénéficie de cet exercice grâce à l'étirement du cou. Les articulations du bassin sont assouplies. Cet asana soulage les hémorroïdes qui sont enflammées ou qui saignent.

52. Kukkutasana Six* (photo 115).

Kukkuta est un coq et la posture lui ressemble.

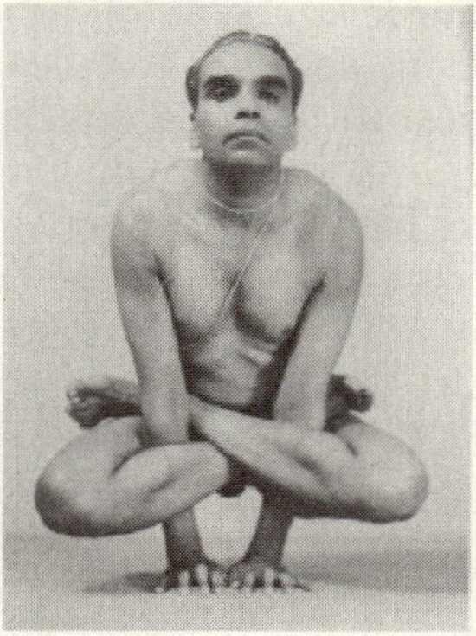

115

Technique.

1. Asseyez-vous en Padmasana (photo 104).
2. Insérez les mains dans l'espace qui se trouve entre la cuisse et le mollet, près du genou. Commencez par les doigts, puis progressivement enfoncez les mains et les bras jusqu'aux coudes.
3. Expirez, soulevez le corps du sol et prenez équilibre sur les mains en gardant les pouces joints. Restez en équilibre aussi longtemps que vous le pouvez en respirant normalement (photo 115).
4. Revenez sur le sol, relâchez les mains, intervertissez le croisement des jambes et reprenez la posture.

Effets.

Cette posture renforce les poignets et la paroi abdominale.

53. Garbha Pindasana Sept* (photo 116).

Garbha Pinda signifie l'embryon dans la matrice (garbha = matrice, pinda = embryon). Dans cette variation de Padmasana, insérez les mains et les bras dans l'espace qui se trouve entre les mollets et les cuisses jusqu'à ce que les coudes puissent se plier. Les avant-bras sont alors levés et les mains placées contre les oreilles. Ainsi la posture ressemble au fœtus de l'homme dans l'utérus, à ceci près que le fœtus est retourné, la tête en bas, et que les jambes ne sont pas croisées en Padmasana. Le nom de la posture indique que les anciens sages connaissaient le développement du fœtus humain dans le sein de sa mère bien qu'ils n'aient alors à leur disposition que très peu d'instruments médicaux.

116

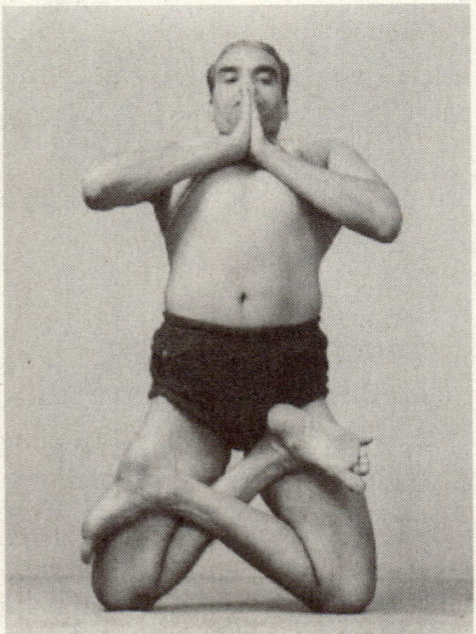

117

Technique.

1. Asseyez-vous en Padmasana (photo 104).

2. Insérez les mains dans l'espace qui se trouve entre les cuisses et les mollets, de chaque côté.

3. Enfoncez les bras jusqu'à ce que les coudes puissent être facilement pliés.

4. Puis, en expirant, soulevez les cuisses du sol, prenez équilibre sur le coccyx (l'extrémité de la colonne vertébrale) et prenez vos oreilles avec les mains (photo 116).

5. Restez dans la posture pendant 15 à 30 secondes en respirant normalement. Abaissez les jambes, dégagez les bras l'un après l'autre, redressez les jambes et relaxez-vous.

6. Intervertissez le croisement des jambes et reprenez la posture.

Effets.

Dans cette posture les organes abdominaux sont complètement contractés et le sang les irrigue largement. Cela les garde en bon état.

54. Goraksasana Dix* (photo 117).

Goraksa est un vacher. C'est une posture d'équilibre difficile et l'on est très heureux lorsque l'on a réussi à la tenir pendant quelques secondes.

Technique.

1. Faites Padmasana (photo 104), tendez les bras en avant et placez les mains sur le sol.

2. En vous appuyant sur les mains, soulevez les hanches du sol.

3. Étirez le buste verticalement et tenez-vous sur le sommet des genoux.

4. Étirez les cuisses et cherchez progressivement l'équilibre en retirant l'une après l'autre les mains du sol.

5. Une fois que l'équilibre est assuré, joignez les mains devant la poitrine et gardez cette position aussi longtemps que vous le pouvez (photo 117).

6. Replacez les mains sur le sol, asseyez-vous, et relâchez les jambes.

7. Changez la position des jambes et reprenez la posture pour la même durée.

Effets.

En plus des avantages de Padmasana (photo 104), cette posture développe le sens de l'équilibre. Le coccyx (l'os situé à l'extrémité de la colonne vertébrale) est assoupli par la pratique de cette posture.

55. Baddha Padmasana Six* (photo 118).

Baddha signifie pris, contenu. Dans cette position les mains sont croisées dans le dos et on attrape les gros orteils par l'arrière. Le corps est pris entre les jambes croisées devant et les bras croisés derrière, d'où le nom.

Technique.

1. Asseyez-vous en Padmasana (photo 104).

2. Expirez, lancez le bras gauche en arrière depuis l'épaule et approchez la main près de la cuisse droite. Attrapez le gros orteil gauche, tenez la position et inspirez.

3. De même, en expirant, lancez le bras droit en arrière depuis l'épaule, amenez la main près de la hanche gauche et attrapez le gros orteil droit. (Vue de face : photo 118, vue de dos : photo 119.)

118

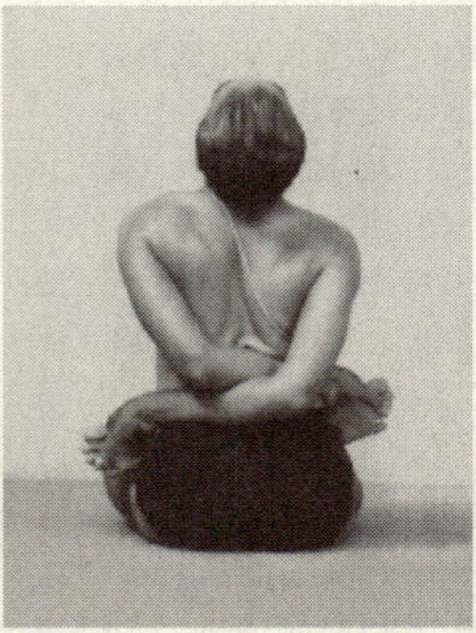

119

4. S'il est difficile d'attraper les orteils, étirez les épaules en arrière de façon à rapprocher les omoplates. En s'entraînant un peu à lancer les bras en arrière en expirant, on arrivera à attraper les gros orteils.

5. Si le pied droit a été placé au-dessus de la cuisse gauche, puis le pied gauche au-dessus de la cuisse droite, attrapez le gros orteil gauche d'abord, puis le droit. Si, par contre, le pied gauche est placé sur la cuisse droite, puis le pied droit sur la cuisse gauche, attrapez d'abord le gros orteil du pied qui se trouve le plus haut.

6. Rejetez au maximum la tête en arrière et faites quelques respirations profondes.

7. Inspirez profondément, puis dans une expiration, inclinez le buste en avant à partir des hanches et posez la tête sur le sol, sans lâcher les orteils. Penchez la tête en avant à partir de Baddha Padmasana (photo 118) jusqu'à toucher le sol est appelé :

56. Yoga Mudrasana Six* (photo 120).

Cet asana est particulièrement bon pour éveiller la Kundalini.

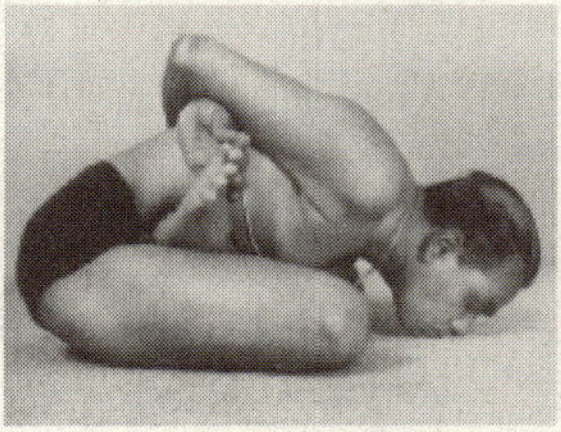

120

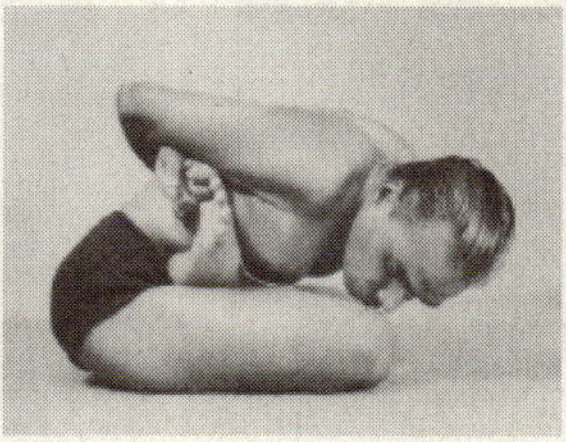

121

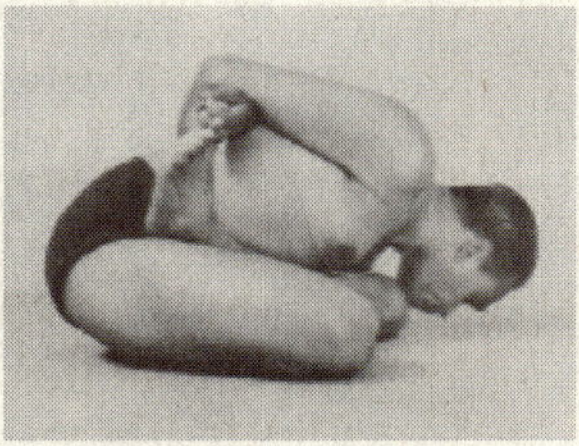

122

8. Vous pouvez également amener alternativement la tête sur les genoux droit et gauche en expirant (photos 121 et 122).

Effets.

Le croisement des bras derrière le dos ouvre la poitrine et augmente l'étendue du mouvement des épaules. Yoga Mudrasana (photo 120) intensifie l'activité péristaltique, entraîne les excréments accumulés dans le côlon ; soulage ainsi de la constipation et augmente les capacités digestives.

57. Supta Vajrasana Douze* (photo 124).

Supta signifie être couché. Vajra est la foudre, l'arme d'Indra, le roi des dieux. C'est un asana difficile qui demande beaucoup d'entraînement.

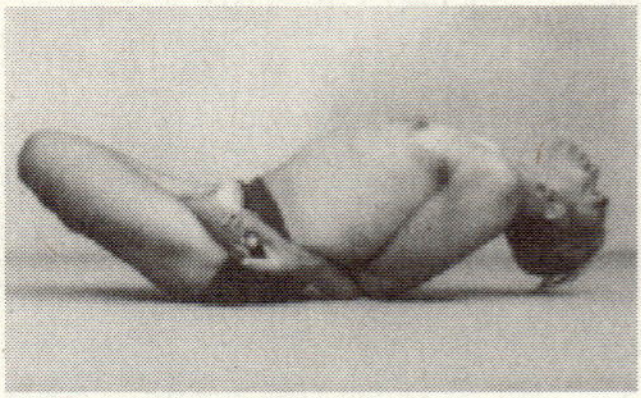

123

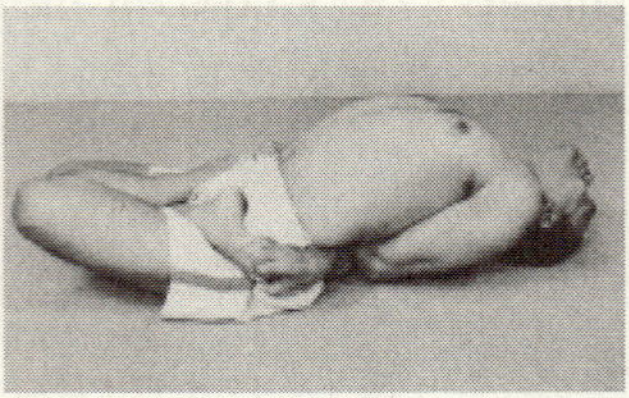

124

Technique.

1. Asseyez-vous en Padmasana (photo 104). Puis, faites Baddha Padmasana (photo 118).

2. Expirez, dégagez les genoux et les cuisses du sol et basculez en arrière sur le sol (photo 123). Faites deux respirations.

3. Étirez le cou en arrière et posez le sommet du crâne sur le sol, puis arquez le dos vers le haut.

4. Sans lâcher à aucun moment les orteils, expirez et abaissez les genoux et les cuisses vers le sol (photo 124). Le sommet du crâne, les coudes, les avant-bras croisés derrière le dos et les fesses sont alors les seules parties du corps en contact avec le sol.

5. Restez dans la posture pendant quelques secondes. Expirez, lâchez les orteils, décroisez les mains et asseyez-vous en Padmasana (photo 104). Puis, redressez les jambes et relaxez-vous.

6. Intervertissez la position des jambes et reprenez la posture.

Effets.

La région dorsale est pleinement étirée dans cette posture et ainsi la poitrine est pleinement ouverte. Grâce à l'étirement du cou, la glande thyroïde bénéficie de cet exercice. Les articulations de la hanche sont assouplies. Un fois cette posture maîtrisée, Matsyasana (photo 113) vous paraîtra un jeu d'enfant.

58. Maha Mudra Cinq* (photo 125).

Maha signifie grand ou noble. Mudra signifie qui scelle, qui verrouille. Dans cette posture assise, les ouvertures du haut et du bas du corps sont fermement serrées et fermées.

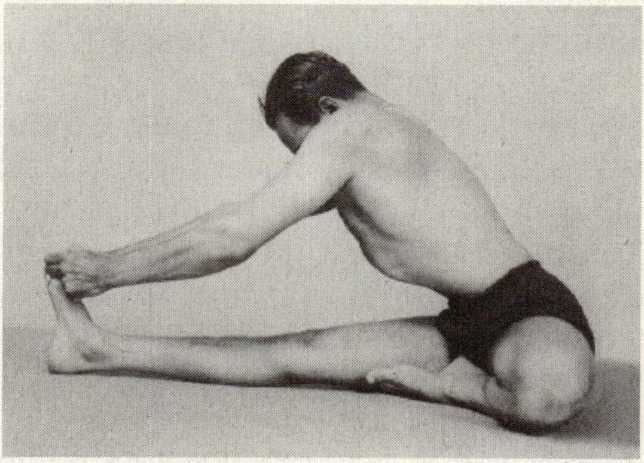

125

Technique.

1. Asseyez-vous sur le sol, les jambes allongées droit devant vous (photo 77).

2. Pliez le genou gauche et glissez-le vers la gauche en gardant l'extérieur de la cuisse et du mollet gauches sur le sol.

3. Placez le talon gauche contre l'intérieur de la cuisse gauche près du périnée. Le gros orteil du pied gauche doit toucher l'intérieur de la cuisse droite. Il doit y avoir un angle droit entre la jambe droite tendue et la jambe gauche pliée.

4. Allongez les bras en avant vers le pied droit et accrochez le gros orteil avec les pouces et les index.

5. Inclinez la tête vers le buste jusqu'à ce que le menton s'appuie dans le creux qui se trouve entre les deux clavicules au-dessus du sternum.

6. Gardez la colonne vertébrale pleinement étirée et ne laissez pas la jambe droite tourner vers la droite.

7. Inspirez à fond. Contractez tout l'abdomen de l'anus jusqu'au diaphragme. Aspirez l'abdomen vers la colonne vertébrale et en haut vers le diaphragme.

8. Relâchez la tension abdominale, puis expirez, inspirez de nouveau, retenez votre respiration, et contractez de nouveau tout l'abdomen. Tenez la posture décrite ci-dessus pendant 1 à 3 minutes (photo 125).

9. Relâchez la tension abdominale, expirez, relevez la tête, relâchez les mains et redressez la jambe pliée.

10. Recommencez de l'autre côté en gardant la jambe gauche tendue et la jambe droite pliée, pendant une durée identique.

Effets.

Cet asana tonifie les organes abdominaux, les reins et les glandes surrénales. Les femmes souffrant d'une descente de la matrice sont soulagées car cet asana ramène l'utérus vers le haut dans sa position normale. Les personnes souffrant de la rate ou d'une inflammation de la prostate auront intérêt à rester dans cette posture plus longtemps. Elle soigne également les indigestions.

« Mahamudra détruit la mort et supprime de nombreuses autres souffrances. » « Il n'y a rien que l'on ne puisse manger ou que l'on doive éviter de manger (si on l'a pratiquée). Toute nourriture quel qu'en soit le goût est digérée même si elle est mortellement empoisonnée. » « Celui qui pratique Mahamudra ne craint pas la tuberculose, la lèpre, les hémorroïdes, l'inflammation de la rate, l'indigestion ni les autres maladies chroniques. » (*Hatha Yoga Pradipika*, chapitre 3, versets 14, 16 et 17.)

59. Janu Sirsasana Cinq* (photo 127).

Janu signifie le genou, Sirsa la tête. Pour faire cette posture, asseyez-vous avec une jambe allongée sur le sol, et l'autre pliée au genou. Puis, avec les deux mains attrapez le pied de la jambe tendue et posez la tête sur le genou.

126

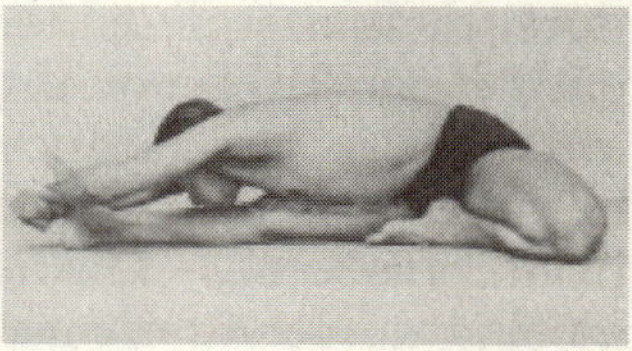
127

Technique.

1. Asseyez-vous sur le sol, les jambes allongées en avant (photo 77).
2. Pliez le genou gauche, amenez-le vers la gauche en laissant l'extérieur de la cuisse et du mollet gauches sur le sol.
3. Placez le talon gauche contre l'intérieur de la cuisse gauche près du périnée. Le gros orteil gauche doit toucher l'intérieur de la cuisse droite. Les deux

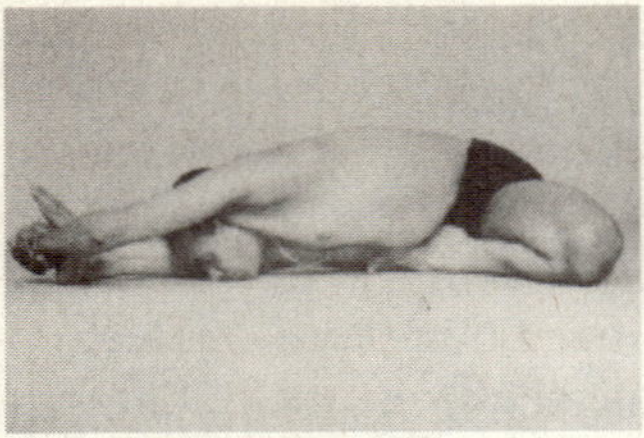

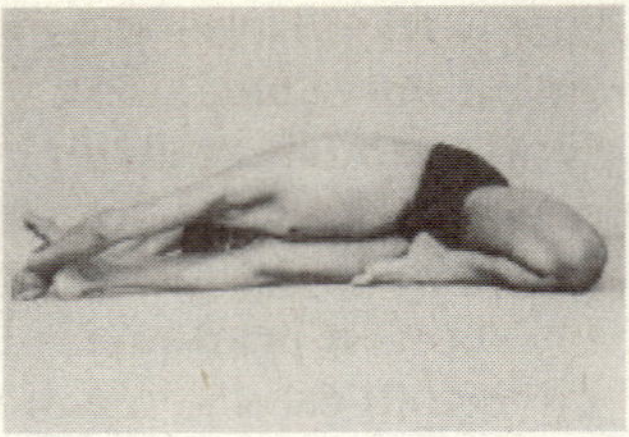

128 129

jambes forment un angle obtus. La ligne genou-cuisse gauche ne doit pas former un angle droit avec la jambe droite étirée. Essayez de repousser le genou gauche le plus loin possible vers l'arrière, pour que le corps s'étire depuis la jambe pliée.

4. Allongez les bras en avant vers le pied droit et prenez-le avec les mains. Attrapez d'abord les orteils du pied droit, puis progressivement la plante du pied, puis le talon, et enfin étirez à fond les bras et attrapez un poignet avec l'autre main, en entourant le pied de la jambe tendue (photo 126).

5. Gardez la jambe droite étirée pendant toute la durée de la posture en tendant le genou. Veillez à ce que l'arrière du genou droit touche le sol.

6. En expirant, avancez le buste et le bassin en pliant et en ouvrant les coudes, et posez d'abord le front, puis le nez, puis les lèvres et enfin le menton au-delà du genou droit (photo 127). Puis la même chose de chaque côté du genou droit (photos 128 et 129). Le pied droit s'inclinera vers la droite au début. Empêchez la jambe de tourner.

7. Étirez le dos à fond, allongez le buste et le bassin en avant et maintenez la poitrine en contact avec la cuisse droite.

8. Tenez la posture pendant 30 à 60 secondes en respirant profondément. On peut aussi faire la posture en rétention après chaque expiration.

9. Inspirez, relevez la tête et le buste, étirez les bras et regardez devant vous pendant quelques secondes,

en étirant la colonne vertébrale et en essayant de la rendre concave (photo 126).

10. Relâchez le pied droit, allongez la jambe gauche et revenez en position 1.

11. Refaites la posture en allongeant la jambe gauche et en pliant la jambe droite. Maintenez la posture pendant une durée égale de chaque côté.

Effets.

Cet asana tonifie le foie et la rate et de ce fait aide la digestion. Il tonifie et active également les reins. Cet effet sur les reins peut être ressenti quand on exécute la posture comme il est expliqué ci-dessus.

Les personnes souffrant d'hypertrophie de la prostate auront intérêt à rester plus longtemps dans cette posture. Ils doivent faire cet asana ainsi que Sarvangasana (photo 223).

Cette posture est à recommander également aux personnes souffrant d'hypothermie chronique.

60. Parivrtta Janu Sirsasana Neuf*

(photo 132).

Parivrtta signifie tourné autour, retourné, janu signifie le genou, et sirsa la tête. Dans cette variation de Janu Sirsasana, une jambe est étirée sur le sol, l'autre est pliée au genou, le buste et le bassin sont tournés, les deux mains prennent le pied de la jambe tendue, et l'arrière de la tête est placé sur le genou de la jambe tendue en inclinant la colonne vertébrale en arrière.

130

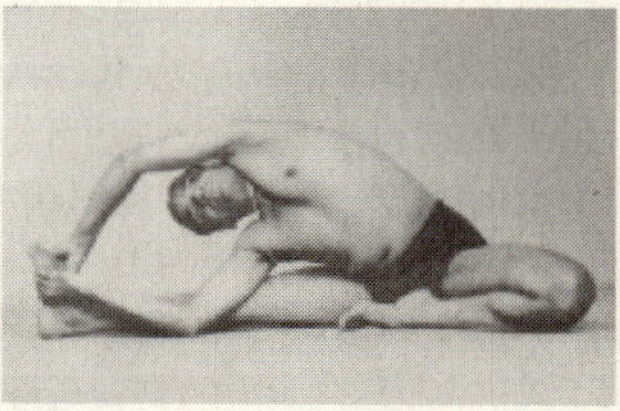

131

Technique.

1. Asseyez-vous sur le sol, les jambes allongées en avant (photo 77).

2. Pliez le genou gauche, amenez-le vers la gauche en laissant l'extérieur de la cuisse et du mollet gauches sur le sol.

3. Placez le talon gauche contre l'intérieur de la cuisse gauche près du périnée. Le gros orteil gauche doit toucher l'intérieur de la cuisse droite. Les deux jambes forment un angle obtus. Étirez le genou gauche le plus loin possible vers l'arrière.

4. Tournez le buste et le bassin vers la gauche.

5. Allongez le bras droit vers la jambe droite qui est tendue. Tournez l'avant-bras et le poignet droits de manière à avoir le pouce qui pointe vers le sol, et le petit doigt qui pointe en l'air. Puis, prenez le côté intérieur du pied droit avec la main droite (photo 130).

6. Rejetez le buste en arrière, étirez le bras gauche au-dessus de la tête en plaçant le poignet vers le haut, et prenez le côté extérieur du pied droit avec la main gauche. Là aussi le pouce gauche pointe vers le sol et le petit doigt pointe vers le haut (photo 131).

7. Pliez et écartez les coudes. Expirez, tournez le buste vers le haut, avancez la tête entre les bras et posez-la sur le genou droit. Essayez de toucher le côté intérieur de la rotule droite avec l'épaule droite de manière à avoir l'arrière des côtes droites qui touche le genou droit. Étirez le genou gauche plié encore plus loin en arrière et étirez le côté gauche des côtes (photo 132).

8. Maintenez la posture pendant environ 20 secondes. La respiration sera courte et rapide en raison de la contraction de l'abdomen.

9. Inspirez, relâchez les mains, placez le buste et le bassin dans leur position primitive face à la jambe droite étirée, relevez la tête et allongez la jambe gauche pour revenir en position 1.

10. Faites la posture de l'autre côté en pliant le genou droit et en gardant la jambe gauche tendue. Tournez le buste et le bassin vers la droite jusqu'à faire face au genou droit plié et étirez le bras gauche vers le pied gauche. Tournez l'avant-bras et le poignet gauches de manière à avoir le pouce qui pointe vers le sol. Prenez le côté intérieur du pied gauche avec la main gauche, amenez le bras droit au-dessus de la tête et attrapez le bord extérieur du pied gauche près du talon. Puis posez l'arrière de la tête sur le genou gauche et essayez de toucher le côté intérieur de la rotule gauche avec l'arrière de l'épaule gauche de manière à avoir l'arrière des côtes gauches qui touche le genou gauche et étirez le côté droit des côtes. Maintenez la posture de ce côté pendant aussi longtemps que de l'autre côté.

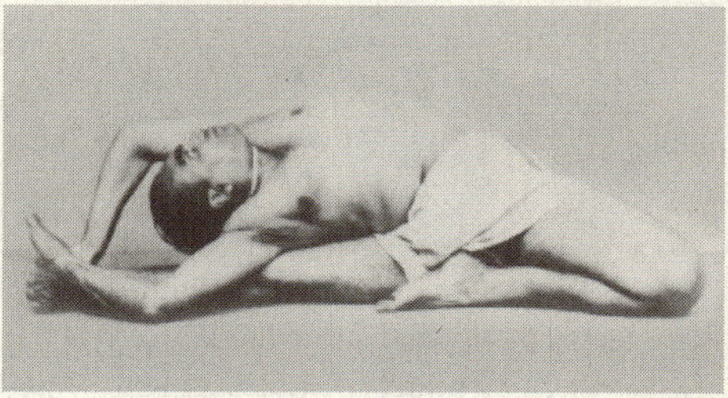

132

Effets.

En plus des effets mentionnés sur Janu Sirsasana (photo 127), cette posture stimule la circulation du sang vers la colonne vertébrale et soulage les douleurs du dos. Dans Janu Sirsasana les organes abdominaux sont contractés, ici chaque côté de l'abdomen est étiré. C'est une posture très tonifiante.

61. Ardha Baddha Padma Paschimottanasana Huit* (photo 135).

Ardha signifie demi, baddha signifie attrapé, retenu, et padma le lotus. Paschimottanasana (photo 160) est la posture où la partie arrière de tout le corps reçoit un étirement intense.

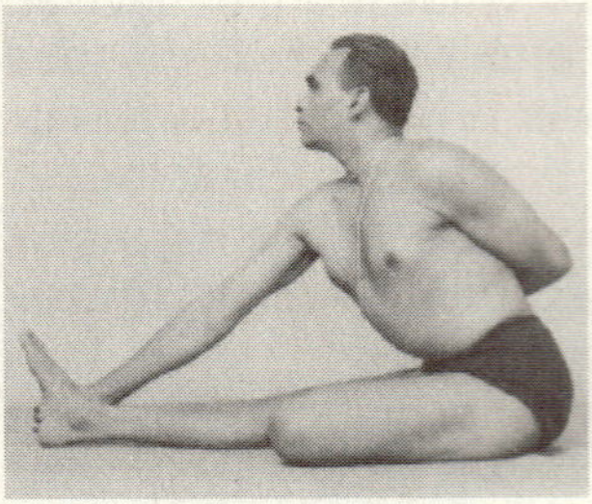

133

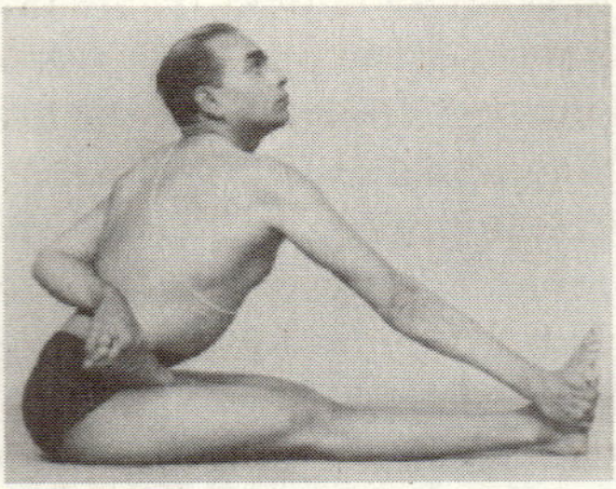

134

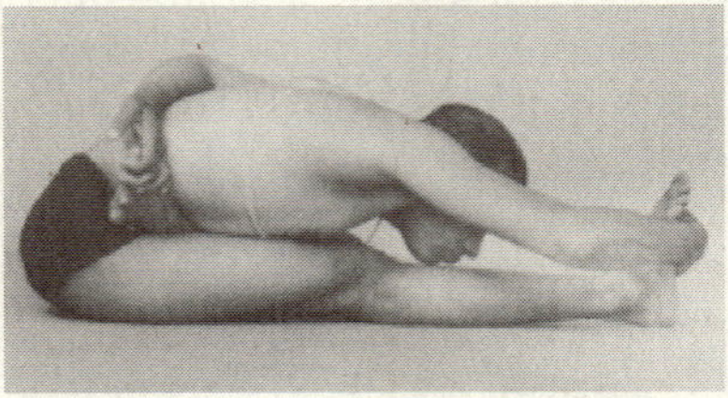

135

Technique.

1. Asseyez-vous sur le sol, les jambes allongées en avant (photo 77).

2. Pliez la jambe gauche et placez le pied gauche sur la cuisse droite. Le talon gauche doit appuyer sur le nombril et les orteils doivent être étirés et pointés. C'est la posture du demi-lotus.

3. Entourez le dos avec le bras gauche, et en expirant attrapez le gros orteil du pied gauche. S'il est difficile d'attraper l'orteil, rejetez l'épaule gauche en arrière.

4. Après avoir attrapé le gros orteil, rapprochez de la jambe droite le genou gauche plié. Étirez le bras droit en avant et avec la main droite attrapez le pied droit, la paume de la main touchant la plante du pied (photos 133 et 134).

5. Inspirez, allongez le dos et regardez droit devant vous pendant quelques secondes, en tenant toujours le gros orteil gauche.

6. Expirez, étirez le buste et le bassin en avant en pliant le coude droit vers l'extérieur. Posez le front, puis le nez, puis les lèvres, et enfin le menton sur le genou droit (photo 135).

7. Les premiers temps, le genou de la jambe allongée se pliera. Les muscles de la cuisse devront être tendus et toute la surface arrière de la jambe allongée devra toucher le sol.

8. Maintenez la posture pendant 30 à 60 secondes, en respirant régulièrement.

9. Inspirez, relevez la tête et le buste, lâchez les mains, allongez la jambe gauche et revenez en position 1.

10. Refaites la posture de l'autre côté, avec la jambe gauche étirée au sol, le genou droit plié et le pied droit sur la cuisse gauche. Maintenez la posture pendant une durée égale de chaque côté.

11. Si vous ne pouvez pas attraper le gros orteil en passant votre bras derrière le dos, prenez votre jambe étirée avec les deux mains, en suivant la même technique pour le reste (photos 136 et 137).

136

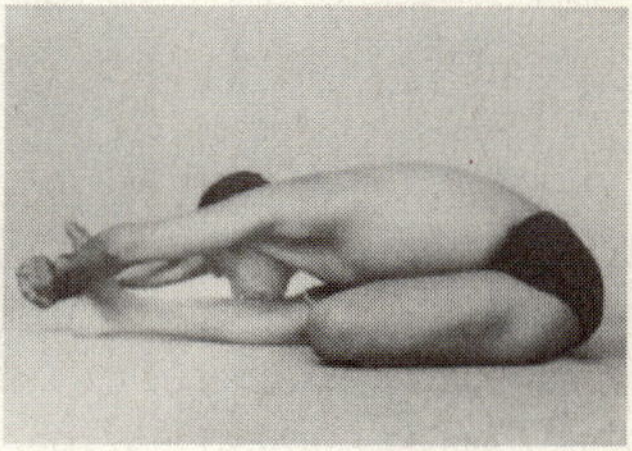

137

Effets.

Grâce au demi-lotus, les genoux s'assouplissent suffisamment pour préparer à la posture du lotus complet. En plaçant le menton sur le genou de la jambe tendue, le genou plié est rapproché de la jambe tendue. Cela produit un bon étirement des organes abdominaux et de la région du nombril. Ceux-ci, ainsi que les organes génitaux, reçoivent un afflux de sang. Le nombril est considéré comme étant un centre nerveux, et le Svadhisthana Cakra, l'un des éléments de purification et de régulation du système nerveux, est situé à cet endroit. Ce cakra correspond au plexus hypo-gastrique. Cette posture est recommandée aux personnes ayant des épaules arrondies et tombant en avant.

62. Triang Mukhaikapada Paschimottanasana Cinq* (photo 139).

Trianga signifie trois membres ou parties de membres. Dans cette posture, les trois parties sont les pieds, les genoux et les fesses. Mukhaikapada (association de trois mots, mukha : le visage, eka : un, et pada : la jambe ou le pied) correspond au visage (ou la bouche) touchant une jambe (étirée). Dans Paschimottanasana (photo 160) l'arrière de tout le corps reçoit un étirement intense.

138

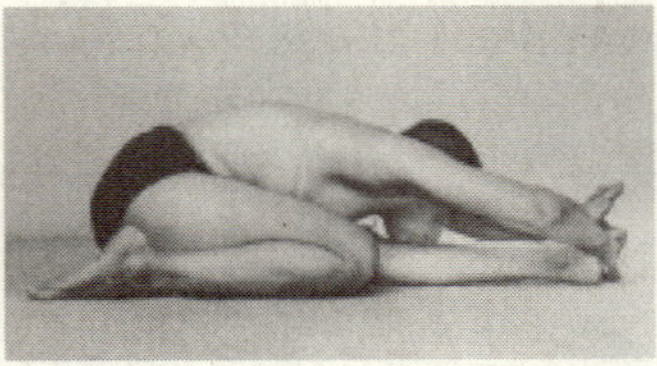

139

Technique.

1. Asseyez-vous sur le sol, les jambes allongées en avant (photo 77).

2. Pliez la jambe droite et placez le pied en arrière. Placez-le à côté de l'articulation de la hanche, les

orteils étirés en arrière et posés au sol. Le côté intérieur du mollet droit touche le côté extérieur de la cuisse droite.

3. Équilibrez-vous en mettant le poids du corps sur le genou plié. Au début, le corps penche du côté de la jambe tendue, et le pied de cette jambe tourne vers l'extérieur. Apprenez à vous équilibrer dans cette position en gardant le pied et les orteils étirés et pointés en avant.

4. Maintenant prenez le pied gauche avec vos deux mains en agrippant les côtés de la plante du pied. Si vous le pouvez, entourez le pied gauche avec vos poignets en étirant le buste et le bassin en avant (photo 138). Faites deux cycles respiratoires profonds. En général, il faut plusieurs mois avant de pouvoir entourer le pied avec les poignets de cette façon, aussi ne vous désespérez pas après les premières tentatives.

5. Joignez les genoux, expirez et étirez-vous en avant. Posez d'abord le front, puis le nez, ensuite les lèvres et enfin le menton sur le genou gauche (photo 139). Pour cela, écartez les coudes et poussez le buste et le bassin en avant en expirant.

6. Ne posez pas le coude gauche sur le sol. Au début, on perd l'équilibre et on culbute du côté de la jambe tendue. Le buste et le bassin doivent donc être inclinés vers le côté de la jambe pliée et le poids du corps doit être pris sur le genou plié.

7. Restez dans cette position pendant 30 secondes à 1 minute, en respirant régulièrement.

8. Inspirez, relevez la tête et le buste, défaites les mains, allongez la jambe et revenez en position 1.

9. Faites la posture de l'autre côté, en allongeant la jambe droite, genou gauche plié et le pied gauche près de l'articulation de la hanche gauche. Restez dans la posture pendant le même laps de temps de chaque côté.

Effets.

Cet asana est recommandé aux personnes souffrant d'affaissement des voûtes plantaires et de pieds plats. Il guérit les entorses de la cheville et du genou, et réduit le gonflement des jambes.

De même que Janu Sirsasana (photo 127) et Ardha Baddha Padma Paschimottanasana (photo 135), cet asana tonifie les organes abdominaux et en empêche la paresse. Nous maltraitons nos organes abdominaux par gourmandise ou en nous conformant à des convenances sociales. Ils sont la cause de la majorité des maladies, et les anciens sages insistaient sur l'importance de leur santé en vue du bonheur, de la paix de l'esprit et d'une longue vie. Ces asana en flexion en avant maintiennent les organes abdominaux en bonne santé et leur permettent de bien fonctionner. En plus de maintenir les muscles en bonne forme, ils agissent également sur les organes.

63. Krouncasana Dix* (photos 141 et 142).

Krounca signifie héron. C'est également le nom d'un mont qui passe pour être le petit-fils de l'Himalaya, et qui aurait été transpercé par Kartikeya, le dieu de la guerre, et par Parasurama, la sixième incarnation de Visnu. Dans cette posture en flexion avant une jambe est pliée en arrière, le pied placé à côté de l'articulation de la hanche, tandis que l'autre jambe est levée verticalement, les mains attrapant le pied. Le menton est placé sur le genou de la jambe levée. Celle-ci ressemble au cou allongé du héron et à sa tête ; elle ressemble aussi à un précipice. D'où le nom de la posture.

Technique.

1. Asseyez-vous sur le sol, les jambes allongées en avant (photo 77).

2. Pliez la jambe droite et placez le pied droit en arrière, à côté de l'articulation de la hanche, les

orteils étirés en arrière et posés au sol. Le côté intérieur du mollet droit touche le côté extérieur de la cuisse droite. Joignez les genoux.

3. En expirant, pliez le genou gauche, attrapez le pied gauche avec les deux mains, et levez la jambe gauche verticalement (photo 140).

4. Étirez à fond la jambe gauche en gardant le dos plat. Après quelques cycles respiratoires dans cette position, avancez, en expirant, la tête et le buste et en même temps essayez de rapprocher la jambe gauche afin de poser le menton sur le genou (photos 141 et 142).

140

141

142

5. Maintenez la posture pendant 20 à 30 secondes en respirant profondément. Le genou de la jambe pliée ne doit pas quitter le sol pendant que le menton est posé sur le genou de la jambe tendue.

6. En inspirant laissez aller en arrière la tête et le buste (photo 140), baissez la jambe gauche, lâchez les mains, et allongez la jambe droite en avant, pour retourner en position 1.

7. Faites la posture de l'autre côté, en pliant le genou gauche, le pied gauche à côté de la hanche gauche, puis levez la jambe droite. Tenez la posture pendant le même laps de temps de chaque côté.

Effets.

Cette posture peut être faite en prolongement de Triang Mukhaikapada Paschimottanasana (photo 139). Elle est plus difficile à faire que Paschimottanasana (photo 160) et en conséquence ses effets sont plus importants. Elle exerce les muscles des jambes et leur donne une extension maximum. Les organes abdominaux sont également régénérés.

64. Maricyasana I Cinq* (photo 144).

Cet asana est dédié au sage Marici, fils du Créateur, Brahma. Marici était le grand-père de Surya (le dieu Soleil).

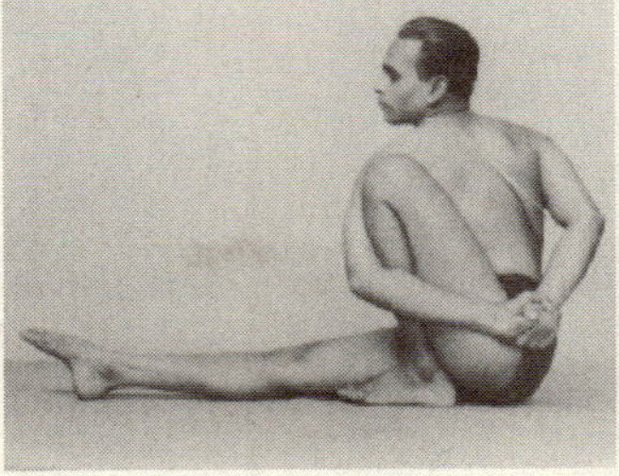

143

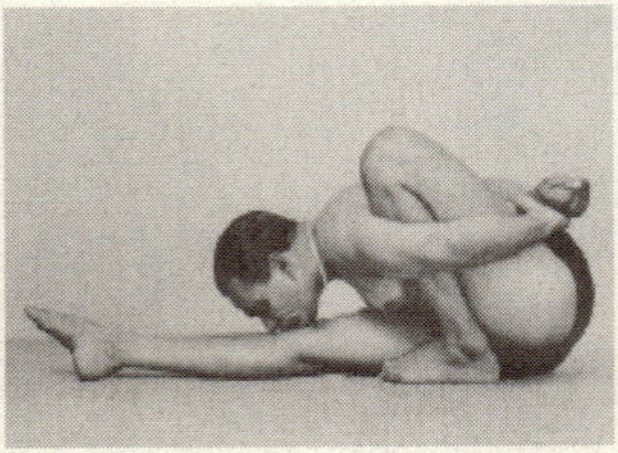

144

Technique.

1. Asseyez-vous sur le sol les jambes allongées en avant (photo 77).

2. Pliez le genou gauche et placez la plante du pied et le talon gauches à plat sur le sol. Le tibia de la jambe gauche doit être perpendiculaire au sol et le mollet doit toucher la cuisse. Le talon gauche est placé près du périnée. L'intérieur du pied gauche doit toucher l'intérieur de la cuisse droite étirée.

3. Amenez l'épaule gauche en avant jusqu'à ce que l'aisselle touche le tibia gauche. Avec le bras gauche tournez autour du tibia et de la cuisse gauches, pliez le coude et lancez l'avant-bras derrière le dos au niveau de la taille. Puis placez la main droite derrière le dos et enserrez le poignet gauche avec la main droite ou vice versa. Si c'est impossible, alors attrapez les paumes ou les doigts (photo 143).

4. Maintenant tournez la colonne vertébrale vers la gauche, en gardant la jambe droite tendue. Restez dans cette position en regardant vers le gros orteil droit, le temps de quelques respirations profondes.

5. En expirant penchez-vous en avant. Posez le front, puis le nez, ensuite les lèvres et enfin le menton sur le genou droit (photo 144). Dans cette position les épaules sont parallèles au sol et la respiration doit être normale. Restez dans la posture pendant environ 30 secondes et veillez à ce que la face arrière de toute la jambe soit en contact avec le sol.

6. Inspirez, relevez la tête (photo 143), défaites les mains, allongez la jambe gauche et revenez en position 1.

7. Faites la posture de l'autre côté pendant une durée égale.

Effets.

En pratiquant cet asana les doigts deviennent plus forts. Dans les précédents asana (à savoir, Janu Sirsasana (photo 127), Ardha Baddha Padma Paschimottanasana (photo 135) et Triang Mukhaikapada Paschimottanasana (photo 139), les organes abdominaux sont contractés à l'aide des mains qui agrippent la jambe. Dans cette posture les mains ne tiennent pas les jambes. Pour se pencher en avant et pour que le menton se pose sur le genou de la jambe tendue, les organes abdominaux doivent se contracter fortement. Cela crée une meilleure circulation du sang autour de ces organes et les maintient en bonne santé. Au début il est très difficile de se pencher en avant si peu que ce soit après avoir attrapé les mains derrière le dos, mais on y parvient peu à peu avec la pratique. Dans cette posture la région dorsale également est exercée.

Note. Ces quatre postures, Janu Sirsasana, Ardha Baddha Padma Paschimottanasana, Triang Mukhaikapada Paschimottanasana et Maricyasana I, sont des postures préparatoires à un bon Paschimottanasana (photo 161). Pour beaucoup de personnes il est difficile d'attraper les pieds dans Paschimottanasana (photo 160) même après de longs efforts. Ces quatre asana rendent les jambes et le dos suffisamment souples pour que peu à peu on arrive à faire Paschimottanasana (photo 161) correctement, comme il est décrit plus loin. Lorsque l'on peut les faire avec aisance, ces quatre asana seront pratiqués une ou deux fois par semaine et non plus quotidiennement.

65. Maricyasana II Six* (photos 146 et 147).

Technique.

1. Asseyez-vous sur le sol, les jambes allongées en avant (photo 77).

2. Pliez la jambe gauche au genou et placez le pied gauche à la base de la cuisse droite. Le talon gauche doit faire pression sur le nombril et les orteils doivent

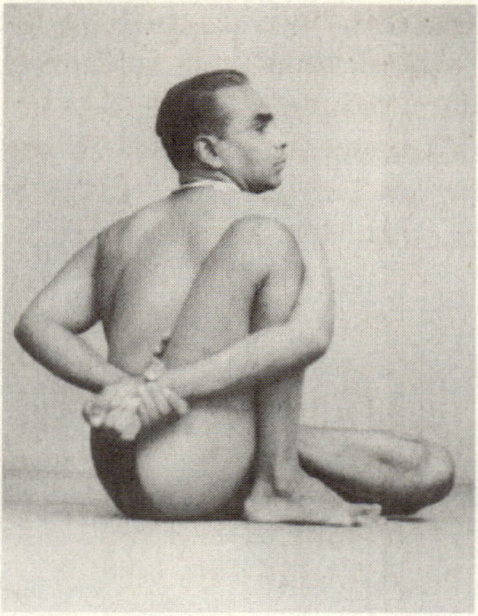

145

être étirés et pointés. La jambe gauche se trouve ainsi en demi-Padmasana.

3. Pliez la jambe droite au genou. Placez la plante et le talon du pied droit à plat sur le sol. Placez le tibia de la jambe droite perpendiculairement au sol de façon à ce que la cuisse droite et le mollet droit se touchent et que le talon droit touche le périnée.

4. Penchez-vous légèrement en avant, étirez l'épaule droite en avant jusqu'à ce que l'aisselle droite touche le tibia droit. En expirant, entourez avec le bras droit le tibia et la cuisse droites, pliez le coude droit et tournez l'avant-bras dans le dos au niveau de la taille. Puis avancez la main gauche derrière le dos et serrez le poignet de la main droite avec la main gauche (photo 145).

5. Étirez la colonne vertébrale vers le haut et maintenez cette position pendant quelques secondes en respirant profondément.

6. En expirant avancez le buste et la tête, puis posez la tête sur le genou gauche plié. Étirez le cou et posez alors le menton sur le genou gauche (photos 146

et 147). Refaites ce mouvement trois ou quatre fois, en inspirant quand vous vous relevez et en expirant quand vous vous baissez.

7. Inspirez, relevez le buste et la tête, lâchez les mains, tendez les jambes, puis faites la posture de l'autre côté pendant une durée égale.

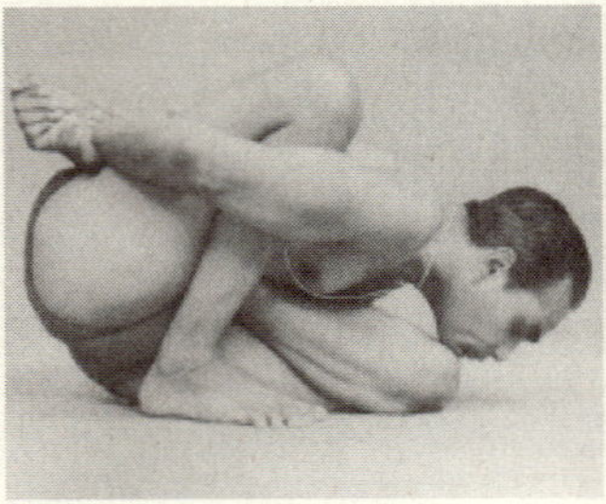

146

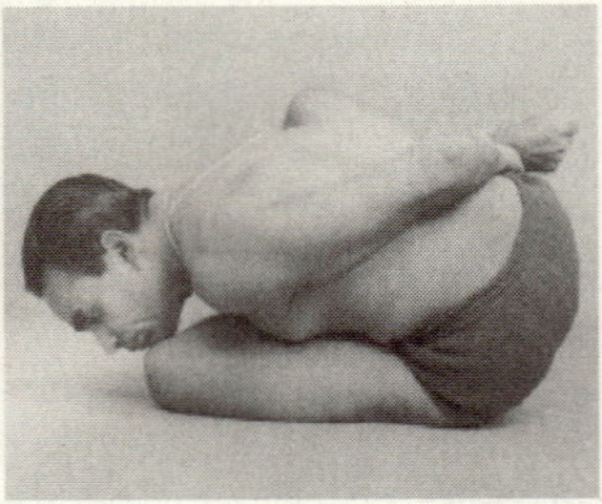

147

Effets.

Cette posture est une forme intensifiée de Maricyasana I (photo 144), ses effets sont donc plus grands. Le talon posé sur le nombril fait une pression plus importante sur l'abdomen, de sorte que les organes abdominaux sont encore plus tonifiés, plus fortifiés, et la digestion est facilitée.

66. Upavistha Konasana Neuf* (photo 151).

Upavistha signifie assis. Kona signifie angle.

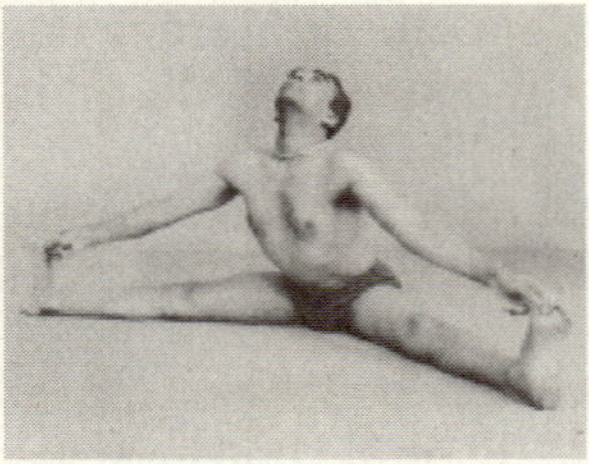

148

149

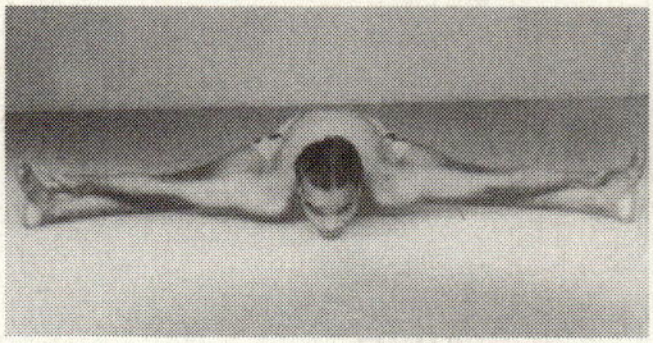

150

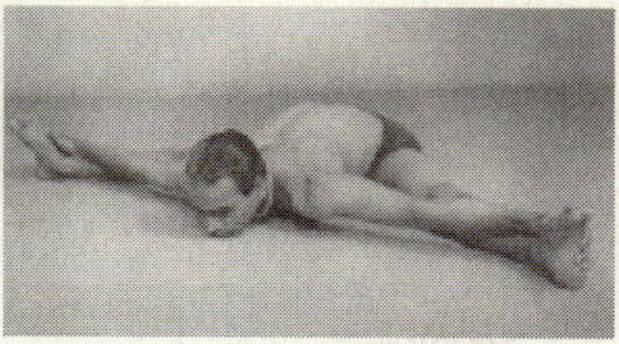

151

Technique.

1. Asseyez-vous sur le sol les jambes allongées en avant (photo 77).

2. L'une après l'autre, écartez les jambes sur les côtés en ouvrant l'angle le plus possible. Pendant que vous écartez les jambes, elles doivent être constamment tendues et l'arrière de toute la jambe doit être en contact avec le sol.

3. Attrapez le gros orteil de chaque pied avec le pouce, l'index et le majeur de chaque main.

4. Maintenez la colonne vertébrale droite et étirez les côtes. Montez fort le diaphragme et gardez la posture pendant quelques secondes en respirant profondément (photo 148).

5. En expirant, penchez-vous en avant et posez la tête sur le sol (photo 149). Puis étirez le cou et posez le menton sur le sol (photo 150).

6. Puis, attrapez les pieds avec les mains et essayez de poser la poitrine sur le sol (photo 151). Restez dans cette posture pendant 30 à 60 secondes en respirant normalement.

7. Inspirez, relevez le buste (photo 148), lâchez les pieds, ramenez-les au centre et relaxez-vous.

8. Attrapez le pied gauche avec les deux mains, et en expirant posez le menton sur le genou gauche (photo 152). Inspirez et relevez la tête et le buste. Maintenant attrapez le pied droit et en expirant posez le menton sur le genou droit. Inspirez, relevez la tête et le buste, lâchez les mains, ramenez les pieds au centre et relaxez-vous.

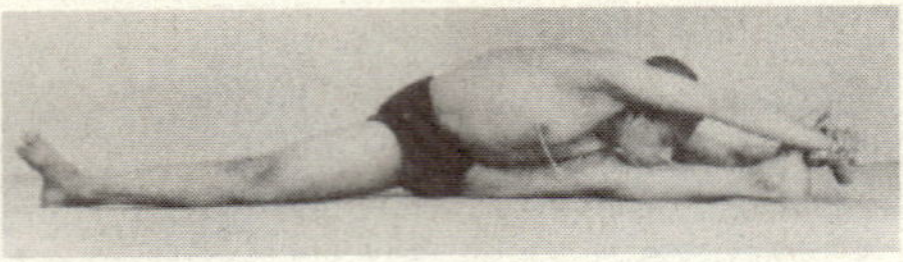

152

Effets.

Cet asana donne de l'extension à l'arrière du genou, aide le sang à circuler largement dans la région pelvienne et la maintient en bonne santé. Il prévient le développement des hernies, dont il peut guérir les cas bénins, et soulage les douleurs sciatiques. Du fait que cet asana a pour effet de rendre les règles plus régulières, d'en contrôler l'abondance et de stimuler les ovaires, il est un bienfait pour les femmes.

67. Paschimottanasana Six* (photo 161).

(Est appelé également Ugrasana ou Brahmacaryasana)

Paschima signifie littéralement l'Ouest. Il indique l'arrière de tout le corps depuis la tête jusqu'aux talons. Le côté antérieur, ou l'Est, est l'avant du corps depuis le visage jusqu'aux orteils. Le sommet de la tête est le côté supérieur, ou le Nord, tandis que les plantes de pied et les talons sont le côté inférieur du corps, ou le Sud. Dans cet asana, l'arrière de tout le corps est étiré intensément, d'où le nom.

Ugra signifie redoutable, puissant et noble. Brahmacarya signifie étude religieuse, modération et célibat.

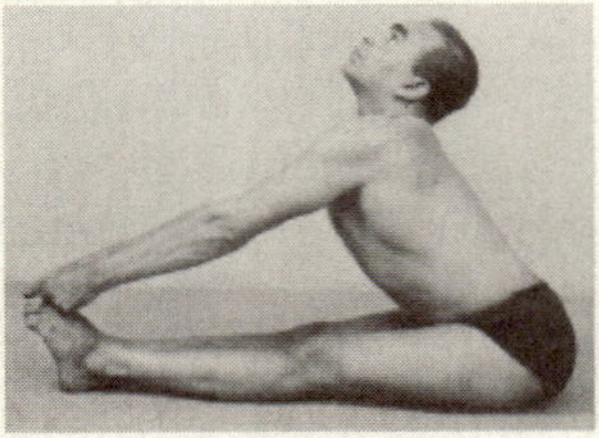

153

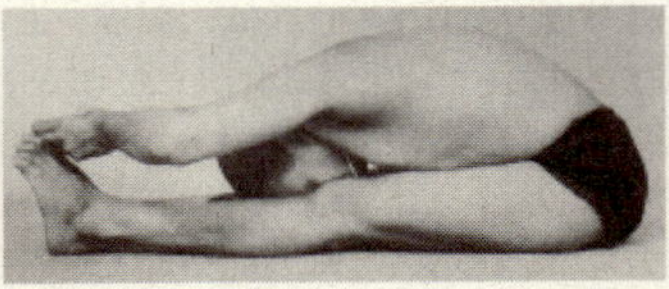

154

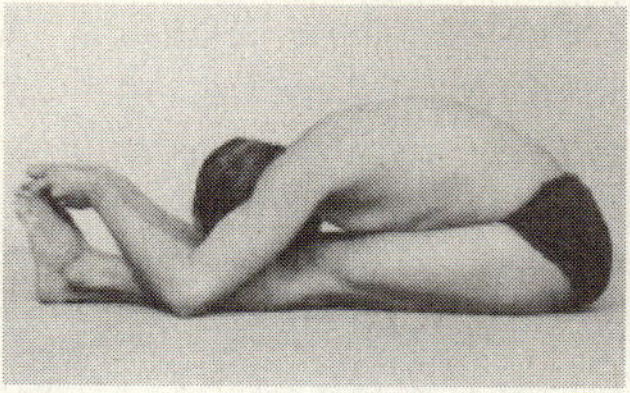

155

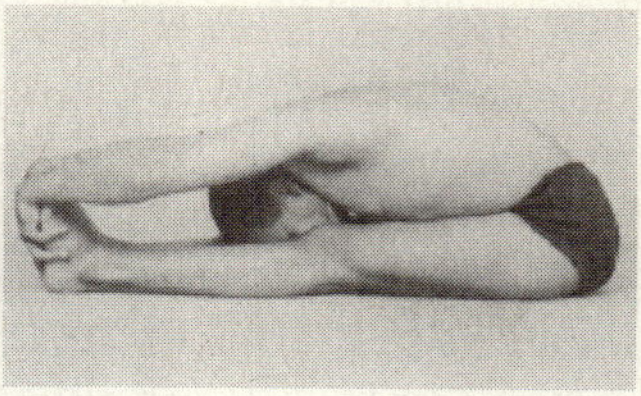

156

Technique.

1. Asseyez-vous sur le sol les jambes allongées en avant. Posez les paumes au sol à côté des hanches. Faites quelques respirations profondes (photo 77).

2. En expirant, étirez les mains et attrapez les orteils. Prenez le gros orteil de chaque pied avec le pouce, l'index et le majeur de la main correspondante (photo 153).

3. Étirez la colonne vertébrale et essayez de rendre votre dos concave. Au début, le dos formera une bosse. Cela est dû au fait que vous n'étirez la colonne que depuis la région des épaules. Apprenez à la fléchir depuis la base du bassin, et étirez aussi les bras depuis les épaules. Alors la bosse disparaîtra et le dos deviendra plat comme sur la photo 153. Faites quelques respirations profondes.

4. Maintenant expirez, pliez et écartez les coudes, et en les utilisant comme des leviers, avancez le buste et touchez vos genoux avec le front (photo 154). Petit à petit posez les coudes sur le sol, étirez le cou et le buste, touchez vos genoux avec le nez puis avec les lèvres (photo 155).

5. Quand cela devient aisé, faites un effort supplémentaire pour attraper les plantes de pied et posez le menton sur les genoux (photo 156).

6. Quand cela devient aisé également, joignez les mains en croisant les doigts et posez le menton sur les tibias au-delà des genoux (photo 157).

7. Quand la position 6 devient aisée, prenez la paume de la main droite avec la main gauche, ou vice versa, au-delà des pieds, en maintenant le dos concave (photo 158). Faites quelques respirations profondes.

8. En expirant, posez le menton sur les tibias au-delà des genoux (photo 159).

9. Si la position 8 devient également aisée, attrapez le poignet droit avec la main gauche, ou vice versa, et posez le menton sur les tibias, au-delà des genoux (photo 160).

10. Veillez à ce que l'arrière des genoux soit fermement en contact avec le sol. Dans les premiers temps de l'entraînement les genoux se soulèveront du sol. Tendez les muscles de l'arrière de la cuisse et avancez le buste. Alors l'arrière des genoux sera appuyé sur le sol.

11. Essayez de rester dans celle des positions indiquées que vous pouvez tenir pendant 1 à 5 minutes, en respirant régulièrement.

12. Les élèves avancés peuvent allonger les mains, poser les paumes sur le sol, joindre les pouces au-delà des pieds et poser le menton sur les tibias au-delà des genoux (photo 161). Tenez pendant 1 à 2 minutes en respirant régulièrement.

13. Inspirez, relevez la tête et relaxez-vous.

14. On ne doit sentir aucun effort dans le dos lorsque Paschimottanasana est fait correctement (photo 162).

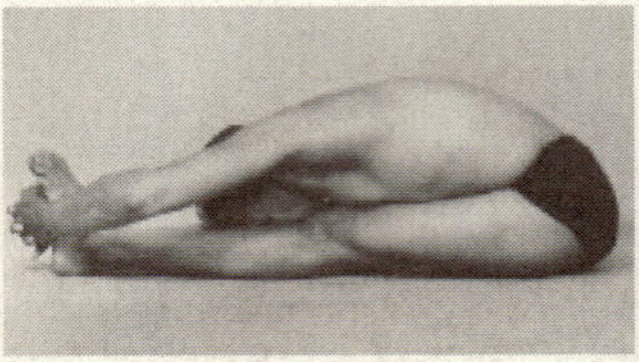

157

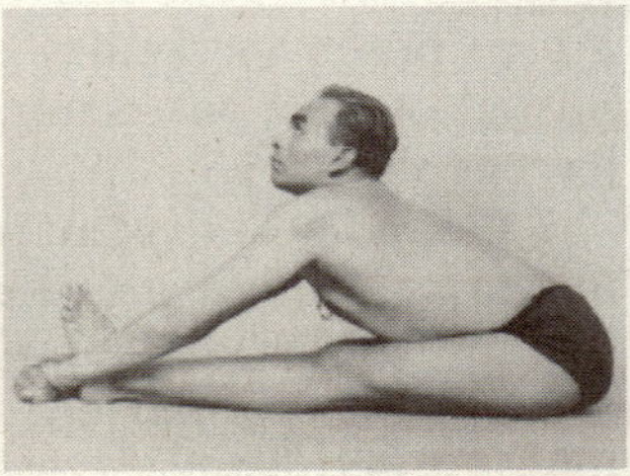

158

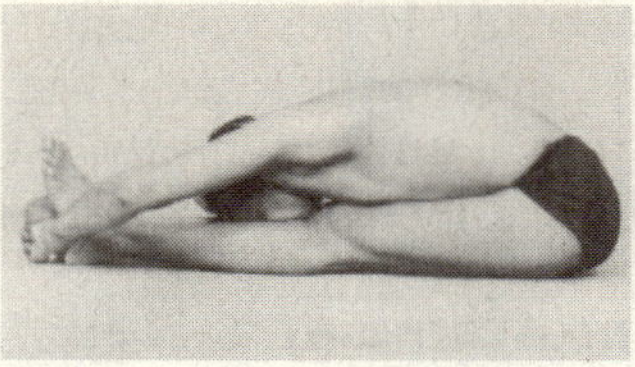

159

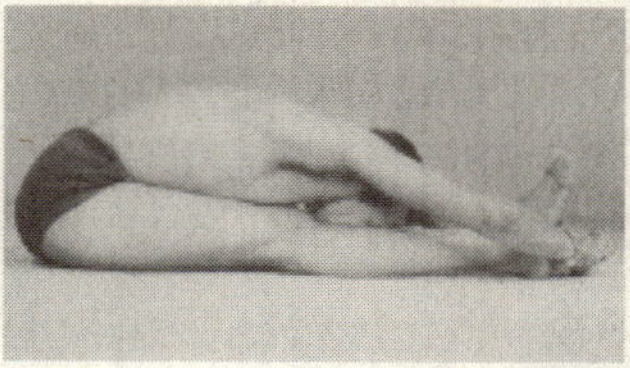

160

Effets.

Cet asana tonifie les organes abdominaux et empêche leur paresse. Il tonifie également les reins, régénère la colonne vertébrale tout entière et améliore la digestion.

La colonne vertébrale des animaux est horizontale et leur cœur se trouve dessous. Cela les maintient en bonne santé et leur donne une grande endurance. Chez les humains, la colonne est verticale et le cœur n'est pas dessous, c'est pourquoi ils ressentent vite de l'épuisement et sont également sujets aux troubles cardiaques. Dans Paschimottanasana la colonne est maintenue en ligne droite horizontale et le cœur se trouve à un niveau inférieur par rapport à la colonne. Un bon travail dans cette posture est un massage du cœur, de la colonne vertébrale et des organes abdominaux, qui se sentent revigorés tandis que l'esprit est reposé. Grâce à la forte extension dont bénéficie le bassin, un sang bien oxygéné circule dans cette région et nourrit abondamment les gonades. Cela accroît la vitalité, aide à guérir l'impuissance

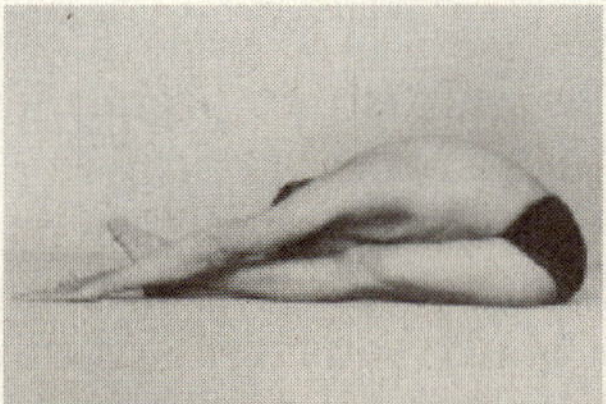

161

162

et permet également de contrôler le besoin sexuel. D'où le nom de Brahmacaryasana donné à cet asana. Brahmacarya signifie le célibat et un Brahmacari est celui qui a maîtrisé le besoin sexuel.

68. Parivrtta Paschimottanasana Neuf*

(photo 165).

Parivrtta signifie tourné autour, retourné. Paschima signifie littéralement l'Ouest et se réfère à l'arrière de tout le corps depuis la tête jusqu'aux talons. Uttana signifie un étirement intense. C'est une variation en torsion de Paschimottanasana.

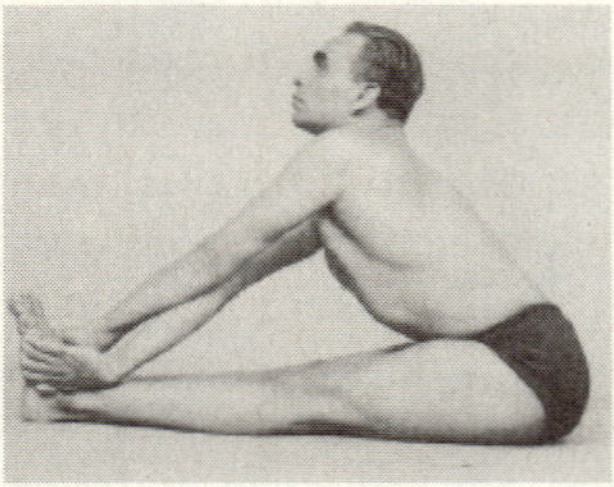

163

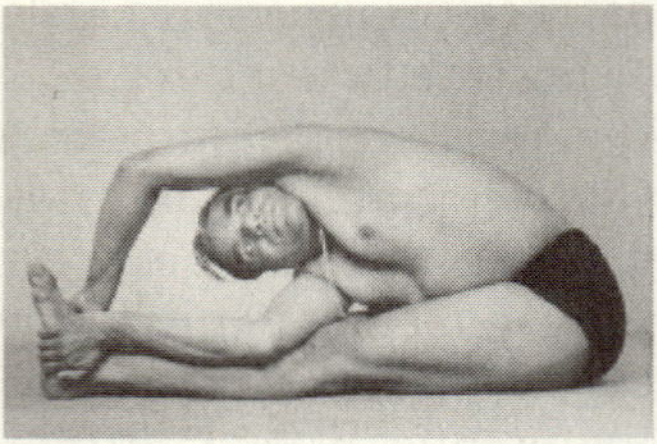

164

Technique.

1. Asseyez-vous sur le sol, les jambes allongées en avant. Tendez les genoux et mettez en contact les deux genoux, les deux chevilles et les deux gros orteils (photo 77).

2. En expirant, tendez le bras droit vers le pied gauche. Tournez l'avant-bras et le poignet droits afin que le pouce droit pointe vers le sol et le petit doigt droit vers le haut. Puis avec la main droite prenez le côté extérieur du pied gauche. Inspirez.

3. Maintenant expirez et étirez le bras gauche au-dessus de l'avant-bras droit en gardant le poignet gauche tourné vers le haut. Tournez l'avant-bras et le poignet gauches de façon à avoir le pouce pointé vers le sol et le petit doigt pointé vers le haut.

Prenez le côté extérieur du pied droit (photo 163) et inspirez.

4. Expirez et tournez le buste à environ 90° vers la gauche en pliant et en écartant les coudes (photo 164). Inspirez. Expirez en avançant la tête entre les bras et en regardant en haut. La partie arrière du bras droit près de l'aisselle sera posée en travers du genou gauche. Essayez de poser la partie latérale des côtes droites sur la cuisse gauche. (Vue de face : photo 165, vue de dos : photo 166.) En raison de la torsion latérale du buste, la respiration deviendra rapide. Tenez la posture pendant environ 20 secondes.

5. Inspirez, lâchez les mains et replacez le buste dans sa position de départ (photo 163).

6. Tournez maintenant le buste vers la droite et reprenez la posture pendant la même durée, en suivant la même technique, mais en remplaçant le mot « gauche » par le mot « droit » et le mot « droit » par le mot « gauche ».

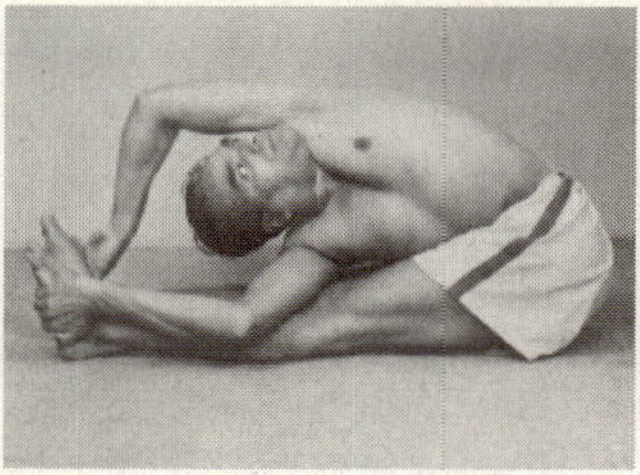

165

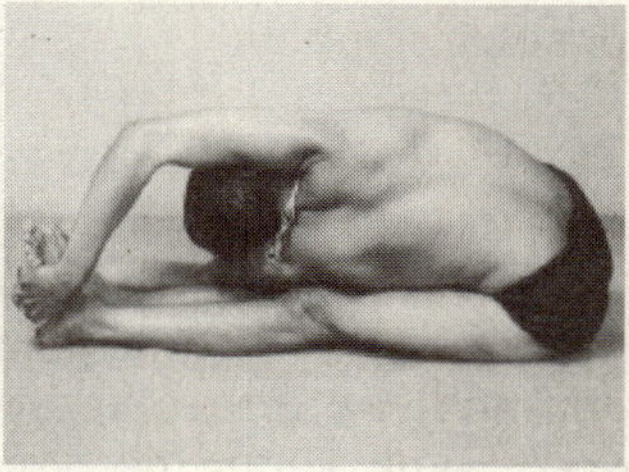

166

Effets.

Cette posture fortifiante tonifie les organes abdominaux et les prévient contre la paresse. Elle tonifie également les reins et régénère la colonne vertébrale tout entière, tandis que la digestion est améliorée. La torsion stimule l'irrigation sanguine de la colonne et réduit les douleurs de dos. Grâce à l'étirement du bassin, les glandes sexuelles sont nourries par un sang plus oxygéné.

Cela accroît la vitalité, aide à guérir l'impuissance et permet également de contrôler le besoin sexuel.

69. Ubhaya Padangusthasana I Trois*
(photo 167).

Urdhva (vers le haut) et Mukha (visage, bouche) utilisés ensemble signifient le visage tourné vers le haut. Paschimottanasana est l'étirement intense de la partie postérieure du corps.

Technique.

1. Asseyez-vous sur le sol les jambes allongées en avant (photo 77).

2. Pliez les genoux et amenez les pieds près des fesses.

3. Attrapez les gros orteils avec les mains, expirez et tendez les jambes vers le haut, en étirant les genoux et en remontant les rotules dans les cuisses ; tenez-vous en équilibre sur les fesses, en gardant la colonne vertébrale aussi concave que possible. Cette posture s'appelle :

70. Ubhaya Padangusthasana II Dix*
(photo 168).

Ubhaya = les deux, padangustha = le gros orteil.

Au début, on roule et on tombe en arrière et cela demande un certain temps de pratique pour apprendre à avoir l'équilibre sur les fesses seules. Tenez la posture pendant 30 à 60 secondes en respirant normalement.

4. Quand l'équilibre devient stable, lâchez les gros orteils et attrapez les talons.

5. Quand cela devient facile, joignez les doigts derrière les pieds étirés et tenez-vous en équilibre. Puis, sans bouger la position des jambes, avancez la tête et le buste plus près des jambes, étirez le cou vers le haut et, en expirant, posez le front sur les genoux (photo 168). Maintenant étirez les jambes

167

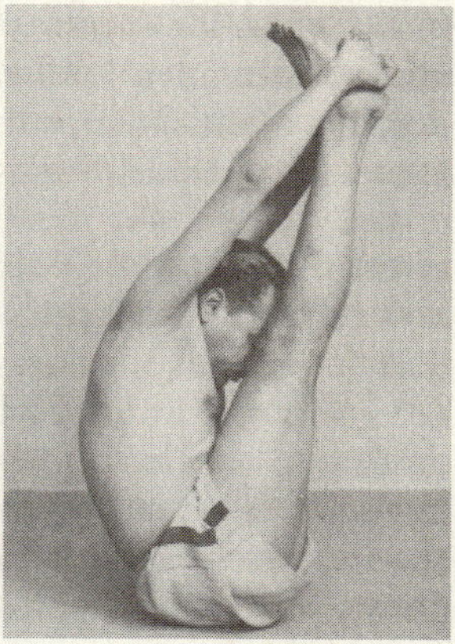

168

au maximum ainsi que la colonne. Tenez la posture pendant environ 30 secondes avec une respiration normale.

6. Inspirez, lâchez les mains, pliez les jambes, posez-les sur le sol et relaxez-vous.

71. Urdhva Mukha Paschimottanasana Dix* (photo 170).

169

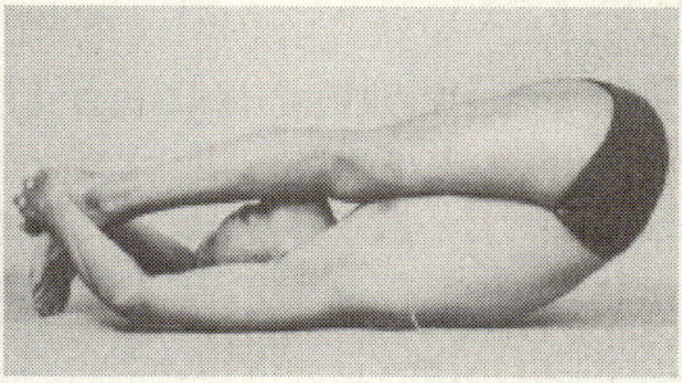

170

Technique.

1. Étendez-vous sur le sol ou sur une couverture et placez les bras allongés au-delà de la tête (photo 276).

2. Étirez les jambes, tendez les genoux et faites quelques inspirations profondes.

3. En expirant montez lentement les deux jambes et amenez-les au-dessus de la tête.

4. Croisez les doigts, attrapez les plantes de pied et étirez les jambes en gardant les genoux tendus. Le dos tout entier doit être posé au sol (photo 169). Faites trois respirations profondes.

5. Expirez, abaissez les jambes vers le sol au-delà de la tête en écartant les coudes. Essayez de garder le bassin le plus possible au contact du sol. Gardez constamment les jambes tendues aux genoux. Touchez le menton avec les genoux (photo 170).

6. Maintenez la posture pendant 30 à 60 secondes en respirant normalement.

7. En expirant, ramenez les jambes à la position initiale (photo 169).

8. En inspirant, lâchez les pieds et reposez les jambes tendues au sol (photo 276), puis relaxez-vous.

Effets.

La posture apporte équilibre et aplomb. L'étirement maximum des jambes donne du galbe aux cuisses et aux mollets. Les bienfaits sont les mêmes que ceux de Paschimottanasana (photo 160), mais en plus, cette posture empêche l'apparition des hernies et soulage les violents maux de dos.

72. Purvottanasana Un* (photo 171).

Purva signifie littéralement l'Est. Cela désigne l'avant de tout le corps depuis le front jusqu'aux orteils. Uttana signifie étirement intense. Dans cette posture, tout l'avant du corps est intensément étiré.

Technique.

1. Asseyez-vous sur le sol les jambes allongées en avant. Posez les mains au sol à côté des hanches, les doigts pointés dans la direction des pieds (photo 77).

171

2. Pliez les genoux et posez les talons et les plantes de pied sur le sol.

3. Prenez appui sur les mains et les pieds, et en expirant soulevez le corps. Tendez les bras et les jambes en verrouillant genoux et coudes (photo 171).

4. La ligne des bras, des poignets aux épaules, doit être perpendiculaire au sol. Depuis les épaules jusqu'au bassin, le buste doit être parallèle au sol.

5. Étirez le cou et envoyez la tête le plus loin possible en arrière.

6. Restez dans la posture pendant 1 minute en respirant normalement.

7. En expirant, pliez les coudes et les genoux, abaissez le corps et asseyez-vous sur le sol, puis relaxez-vous.

Effets.

Cette posture fortifie les poignets et les chevilles, améliore le jeu des articulations des épaules et développe harmonieusement la cage thoracique. Elle soulage de la fatigue causée par des postures en flexion avant éprouvantes.

73. Akarna Dhanurasana Onze*

(photos 173 et 175).

Karna signifie oreille. Le préfixe a exprime la proximité. Dhanu signifie un arc. Dans cette posture, le pied gauche est monté jusqu'à ce que le talon touche l'oreille, comme un archer tirant sur la corde de son arc, tandis que l'autre main tient le gros orteil du pied droit, la jambe droite restant tendue au sol. Dans la seconde partie de la posture, la jambe levée est tendue jusqu'à ce qu'elle soit presque perpendiculaire au sol, le gros orteil constamment tenu avec la main, comme un arc que l'on tend.

Cet asana est expliqué ci-dessous en deux parties.

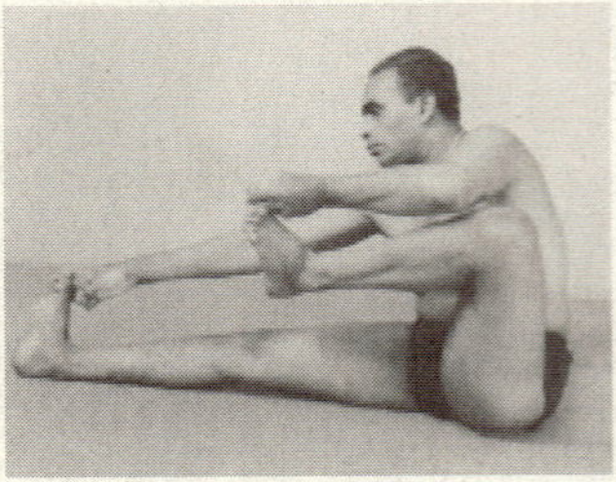
172

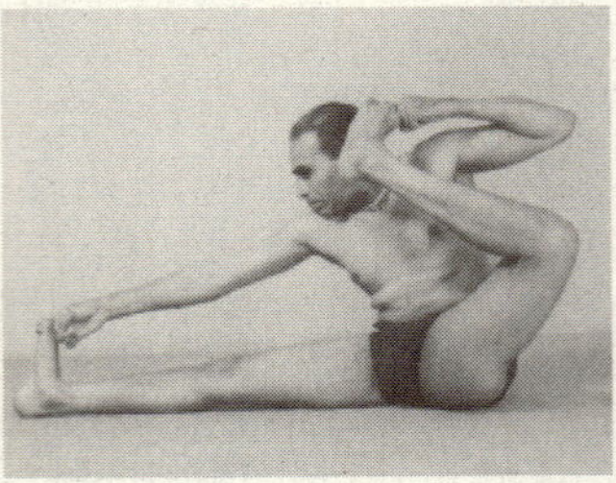
173

174

175

Technique.

1. Asseyez-vous sur le sol les jambes allongées droit devant vous (photo 77).

2. Prenez le gros orteil droit entre le pouce, l'index et le majeur de la main droite. Tenez le gros orteil gauche de la même façon (photo 153).

3. En expirant, pliez le coude gauche et levez le pied gauche en pliant le genou (photo 172). Inspirez, puis en expirant montez le pied gauche jusqu'à ce

que le talon soit près de l'oreille gauche. En même temps, tirez en arrière le bras gauche depuis l'épaule (photo 173). Ne lâchez pas le gros orteil droit. Gardez la jambe droite étirée pendant tout le temps de la posture et veillez à ce que toute la jambe soit en contact avec le sol. Le genou droit ne doit pas se plier.

4. Maintenez cette position pendant 15 à 20 secondes en respirant normalement. Ceci est la première partie de la posture.

5. Maintenant expirez et étirez la jambe gauche verticalement (photo 174). Inspirez, puis en expirant, amenez la jambe encore plus en arrière jusqu'à ce qu'elle touche l'oreille gauche (photo 175). Continuez de tenir les orteils des deux pieds et étirez à fond les deux jambes. Ne pliez pas les genoux. Cela prend un certain temps pour trouver l'équilibre dans cette seconde partie de la posture. Restez dans cette position pendant 10 à 15 secondes en respirant normalement.

6. Expirez, pliez la jambe gauche et amenez le talon gauche près de l'oreille gauche comme dans la position 3 ci-dessus (photo 173). Puis baissez la jambe gauche et allongez les deux jambes sur le sol (photo 153).

7. Faites la posture du côté droit, en amenant le pied droit vers l'oreille droite, puis en tendant la jambe verticalement près de l'oreille droite, tandis que la jambe gauche est maintenue tendue sur le sol. Ne relâchez pas la prise des orteils. Maintenez la posture pendant un laps de temps égal de chaque côté. Puis lâchez les mains et relaxez-vous.

Effets.

Le travail de cette posture rend les muscles des jambes très souples. Les muscles abdominaux sont contractés, ce qui aide le mouvement des intestins. Les petites difformités des hanches sont réajustées. La partie inférieure de la colonne vertébrale est exercée. La posture est très gracieuse. On doit la pratiquer jusqu'à ce que tout effort ait disparu et elle doit donner l'apparence d'un archer bien entraîné tirant une flèche avec son arc.

74. Salamba Sirsasana I Quatre*

(photos 184, 185 et 190).

Salamba signifie avec support. Sirsa signifie la tête. C'est la posture sur la tête, l'un des asana les plus importants du yoga. C'est ici la posture de base, d'où dérivent plusieurs postures décrites plus loin sous le nom de variations. La maîtrise de cette posture apporte équilibre et aplomb, tant physique que psychologique. La technique est décrite en détail en deux parties ; la première est pour les débutants, la seconde est pour ceux qui peuvent déjà se tenir en équilibre sur la tête. Votre attention est spécialement attirée sur les recommandations concernant Sirsasana données à la suite des deux descriptions techniques.

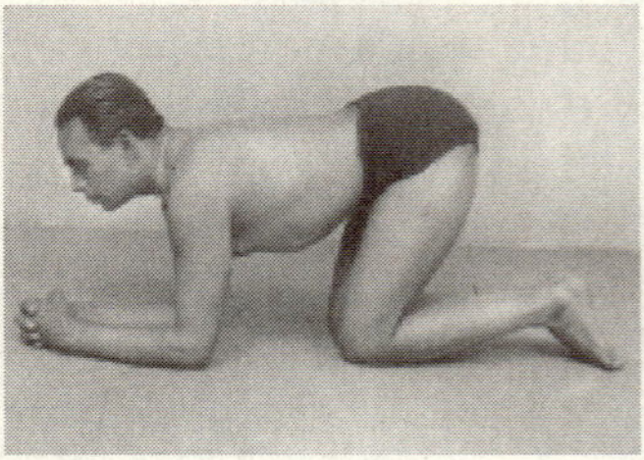

176

177

178

179

Technique pour débutants.

1. Étendez sur le sol une couverture pliée en quatre, et agenouillez-vous devant.

2. Posez les avant-bras au centre de la couverture. En faisant cela assurez-vous que la distance entre les coudes posés au sol n'est pas plus grande que la largeur des épaules.

3. Croisez les doigts entièrement jusqu'à la base (photo 176), de façon à ce que les paumes forment une coupe. Placez le bord extérieur des paumes (près des petits doigts), sur la couverture. Pendant que vous montez ou que vous êtes en équilibre, les doigts doivent rester croisés. S'ils se relâchent, le poids du corps tombe sur eux et les bras deviennent douloureux. Veillez donc à les maintenir bien croisés.

4. Posez juste le sommet du crâne sur la couverture, de façon à ce que l'arrière de la tête touche les paumes placées en coupe (photo 177). Ne prenez appui ni sur le front ni sur l'arrière de la tête, mais seulement sur le sommet du crâne. Pour cela, les genoux doivent s'avancer vers la tête.

5. Après avoir placé la tête en bonne position, levez les genoux du sol en amenant les orteils le plus près possible de la tête (photo 178).

6. En expirant, prenez un petit élan des jambes et montez-les avec les genoux pliés (photo 179). Prenez l'élan de façon à ce que les deux pieds se soulèvent ensemble du sol. Une fois l'équilibre trouvé dans cette position, suivez les différentes étapes des mouvements des jambes sur les photos 180, 181, 182 et 183.

7. Tendez les jambes et cherchez l'équilibre sur la tête, le corps entier perpendiculaire au sol. (Vue de face : photo 184. Vue de dos : photo 185. Vue de côté : photo 190.)

8. Après avoir tenu la position finale selon votre capacité, pendant 1 à 5 minutes, pliez les genoux et descendez au sol en faisant les mouvements dans

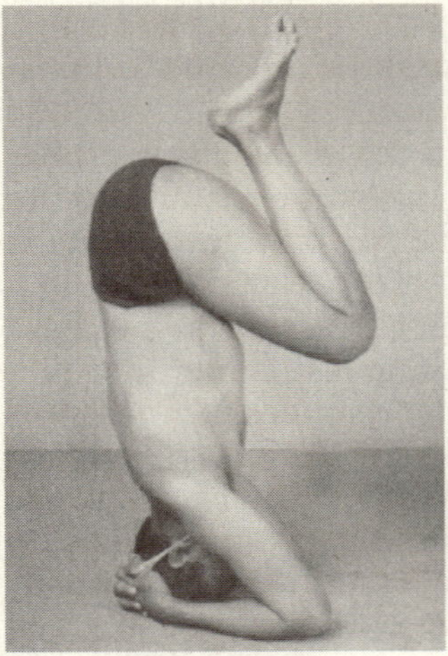

180

181

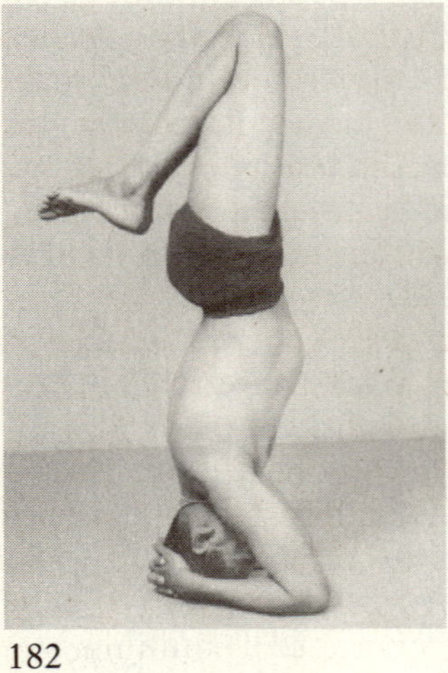

182

183

l'ordre inverse, comme sur les photos 183, 182, 181, 180, 179, 178 et 177.

9. Un débutant doit être aidé par un ami ou faire cet asana contre un mur. Quand on le fait contre un mur, la distance entre le mur et la tête ne doit pas

être supérieure à 6 ou 7 centimètres. Si la distance est plus grande, la colonne vertébrale se cambrera et l'estomac fera une bosse en avant. Le poids du corps sera sur les coudes et la position de la tête pourrait changer, le sang montera au visage et les yeux seront crispés ou bouffis. Par conséquent, il est recommandé aux débutants de faire la posture sur la tête entre deux murs formant un angle droit, en plaçant la tête à 6 ou 7 centimètres de chacun des deux murs.

10. Lorsqu'il fait l'équilibre sur la tête contre un mur ou dans un coin de mur, le débutant doit expirer, lancer les jambes vers le haut, appuyer les hanches contre le mur et monter les jambes. Dans un coin de mur, il peut appuyer ses talons sur chacun des deux murs. Il doit alors étirer le dos verticalement, quitter progressivement le support du mur et apprendre à trouver l'équilibre. En descendant il peut appuyer ses pieds et ses jambes contre le mur, plier les genoux et descendre les jambes jusqu'à s'agenouiller sur le sol. Les mouvements de montée et de descente doivent être faits en expirant.

11. Pour le débutant l'utilisation d'une encoignure de mur a l'avantage de placer sa tête et ses jambes dans l'angle et ainsi il est assuré d'avoir une position correcte. Ceci ne serait pas le cas s'il faisait la posture contre un mur plat. Car tant que son équilibre n'est pas stable il peut s'écarter du mur ou incliner le buste ou osciller vers son côté le plus fort, tout en gardant les jambes appuyées contre le mur et en étant plié à la taille ou aux hanches. Le débutant n'est pas à même de savoir s'il penche d'un côté, et encore moins de se corriger. Petit à petit il apprendra à trouver l'équilibre, mais son corps peut prendre l'habitude de pencher ou sa tête de se poser de travers. Il est aussi difficile de corriger une posture sur la tête incorrecte que de briser une mauvaise habitude. De plus, cette posture incorrecte peut entraîner des

maux de tête, de cou, d'épaules et de dos. Mais les deux murs formant un angle aideront le débutant à faire cet asana de façon symétrique.

12. Une fois que l'équilibre est assuré, il est conseillé de descendre avec les jambes tendues (c'est-à-dire sans plier du tout les genoux) et avec un mouvement des hanches en arrière. Au début, il est impossible de monter et descendre sans plier les jambes, mais il faudra ensuite apprendre la méthode correcte. Lorsque le débutant aura acquis de l'assurance dans la posture sur la tête, il lui sera plus profitable de monter et descendre les deux jambes tendues, sans aucun à-coups.

13. Pendant un certain temps le débutant sera incapable, dans cette posture, de s'orienter par rapport à son environnement. Tout lui semblera inconnu. Les instructions lui sembleront confuses et il devra faire un effort pour penser clairement et agir logiquement. Cela est dû à la peur de tomber. La meilleure façon de surmonter la peur est de faire face avec calme à la situation qui la provoque. Puis on arrive à avoir une vue juste des choses, et la peur disparaît. Faire la culbute en apprenant cette posture n'est pas aussi terrible qu'on se l'imagine. Si on fait la culbute, il faut penser à relâcher les doigts croisés, relaxer tout le corps, plier les genoux et tomber mollement. Cela se terminera en roulant par terre avec un sourire. Si les doigts ne sont pas relâchés, ils recevront tout l'impact de la chute et cela les rendra douloureux. Si le corps n'est pas relaxé afin de tomber mollement, la chute sera dure. Si les genoux sont fléchis, ils ne risquent pas d'être éraflés lors de la chute. Lorsque l'on a appris à se tenir en équilibre contre un mur ou dans un angle de mur, on doit essayer de faire la posture au milieu de la pièce. Il y aura quelques culbutes et on doit donc apprendre l'art de tomber comme il est expliqué ci-dessus. Faire Sirsasana au milieu de la pièce donne au débutant beaucoup de confiance en lui.

184

185

Technique pour ceux qui peuvent tenir en équilibre **Huit*.**

1. Suivez les indications données aux débutants depuis les positions 1 à 4.

2. Après avoir posé la tête correctement, tendez les jambes en levant les genoux du sol. Avancez les orteils le plus près possible de la tête en essayant d'appuyer les talons au sol et en gardant le dos étiré verticalement (photo 186).

3. Étirez les dorsaux, la partie centrale du dos, et restez dans cette position pendant environ 30 secondes en respirant normalement et régulièrement.

4. En expirant, levez les talons et décollez les orteils du sol avec un mouvement en arrière des hanches. Levez les deux jambes simultanément en les tenant aussi raides qu'un bâton (photo 187). Inspirez.

5. En expirant, continuez de monter les jambes jusqu'à ce qu'elles soient parallèles au sol. Cette position s'appelle :

186

187

75. Urdhva Dandasana Huit* (photo 188).

(Udhva = en haut, danda = bâton.)

Restez dans cette position pendant 10 secondes en respirant normalement.

6. Expirez, levez les jambes comme sur la photo 189, puis amenez-les à la position verticale (vue de côté : photo 190). Restez dans cette position pendant 1 à 5 minutes en respirant régulièrement.

7. Descendez lentement en appliquant la technique ci-dessus dans l'ordre inverse (photos 189, 188, 187 et 186). Posez les pieds sur le sol, pliez les genoux et relevez la tête.

8. En descendant, il est conseillé de rester aussi longtemps que l'on peut en Urdhva Dandasana (jusqu'à 1 minute) en respirant normalement. Dans cette posture, le cou et le buste ne seront pas perpendiculaires au sol mais seront légèrement déportés vers l'arrière. Le cou, les épaules et la colonne vertébrale auront un grand effort à fournir, et au début on ne pourra maintenir les jambes parallèles au sol que pendant quelques secondes. À mesure que le cou, les épaules, le ventre et la colonne vertébrale deviendront plus forts, on pourra rester un peu plus longtemps.

188

189

190

191

Recommandations pour Sirsasana.

1. Dans Sirsasana ce n'est pas seulement l'équilibre qui est important. On doit observer et à chaque instant trouver les ajustements qui conviennent. Lorsque nous nous tenons debout nous n'avons besoin

d'aucun effort supplémentaire, ni de force ni d'attention, car la position nous est naturelle. Cependant, une façon correcte de se tenir debout a un effet sur notre maintien et notre démarche. Il est donc nécessaire de maîtriser la position debout juste comme il est indiqué dans les notes concernant Tadasana. En Sirsasana également la position juste doit être maîtrisée, car une position défectueuse dans cet asana causera des douleurs dans la tête, le cou et le dos.

2. Tout le poids du corps doit reposer uniquement sur la tête, et non sur les avant-bras et les mains. Les avant-bras et les mains ne servent qu'à compenser toute perte d'équilibre en avant ou en arrière. Dans la posture correcte, la partie de la tête en contact avec la couverture est un cercle à peu près de la taille d'une roupie indienne.

3. L'arrière de la tête, le dos, l'arrière des cuisses et les talons doivent former une ligne perpendiculaire au sol, et non inclinée d'un côté. La gorge, le menton et le sternum doivent être alignés, sinon la tête se penchera d'un côté ou se mettra en avant. Quant aux mains, croisées derrière la tête, leurs paumes ne doivent pas presser contre la tête, le bord inférieur et le bord supérieur des paumes doivent être sur une même ligne, sinon le sommet du crâne ne sera pas posé correctement sur le sol.

4. Les coudes doivent être placés dans l'alignement des épaules, et ils ne doivent pas s'écarter. Les épaules doivent être maintenues aussi éloignées du sol que possible, en les montant et en les écartant. Pour apprendre le mouvement correct d'étirement des épaules, il faut relâcher les doigts croisés, éloigner les mains de la tête et écarter les poignets en gardant les coudes à la même place. Tournez les paumes vers le haut, touchez les épaules avec les doigts en gardant les poignets en contact avec le sol et en maintenant l'équilibre (photo 191). Cela vous aidera non seulement à trouver l'équilibre, mais vous pré-

parera également pour les autres postures en Sirsasana décrites plus loin.

5. En ce qui concerne la position du buste, la région dorsale doit être poussée en avant et vers le haut. La région lombaire (la taille) et le bassin ne doivent pas être poussés en avant, tout en maintenant une ligne perpendiculaire au sol depuis les épaules jusqu'aux aines. Si le bassin se projette trop en avant, cela signifie que le poids de votre corps ne tombe pas seulement sur la tête mais aussi sur les coudes, et cela provient d'un étirement incorrect de la région dorsale (poitrine). Vu de profil, le corps doit apparaître sur une ligne droite du cou aux talons.

6. Essayez de joindre le mieux possible les cuisses, les genoux, les chevilles et les orteils. Tendez les jambes au maximum, avec une attention particulière sur l'arrière des genoux et des cuisses. Si les jambes oscillent en arrière, il faut étirer les genoux et la partie centrale du bas de l'abdomen, au-dessus du pubis. Les jambes se maintiendront ainsi verticales. Les orteils doivent être pointés vers le haut. Si les jambes oscillent en avant, étirez la région dorsale et poussez le bassin légèrement en arrière jusqu'à ce qu'il soit en ligne avec les épaules. Vous sentirez la légèreté du corps et la posture vous apportera de la joie.

7. En montant ou en faisant la posture sur la tête, les yeux ne doivent jamais apparaître injectés de sang. S'ils le sont, la posture est mal faite[1].

8. Le temps maximum que l'on peut tenir en Sirsasana dépend de la capacité personnelle et du

---

1. J'ai enseigné cette posture à une dame de 65 ans qui souffrait d'un glaucome. Maintenant ses yeux sont complètement détendus et la douleur a beaucoup diminué. Les examens médicaux ont révélé que la tension des globes oculaires avait diminué. Je mentionne cette expérience comme preuve de la valeur de la posture sur la tête correctement faite.

temps dont on dispose. On peut tenir aisément de 10 à 15 minutes. Un débutant peut tenir de 2 à 5 minutes en allant progressivement. Il est toujours difficile pour un débutant de tenir en équilibre pendant 1 minute, mais une fois qu'il y est parvenu, il est sûr de pouvoir maîtriser Sirsasana rapidement.

9. En montant et en descendant, les jambes doivent se mouvoir lentement, centimètre par centimètre. Tous les mouvements doivent être faits en expirant. Inspirez lorsque vous faites un temps de repos. Monter et descendre en Sirsasana avec les jambes tendues produit un mouvement lent et harmonieux qui contrôle l'afflux de sang vers la tête. Le visage ne rougit pas puisqu'il n'y a pas de mouvements brusques et saccadés, et l'afflux de sang vers la taille et les jambes est également contrôlé. Il n'y a donc aucun danger de perdre l'équilibre lorsque l'on se met debout immédiatement après Sirsasana car on éprouve ni vertige ni engourdissement des pieds. Plus tard, tout le mouvement de montée et de descente devra se faire avec le moins d'effort possible. La posture est parfaite lorsque l'on sent un étirement total du corps alors qu'on éprouve en même temps une sensation de totale relaxation.

10. Il est toujours préférable de perfectionner Sarvangasana (photo 223) avant d'essayer Sirsasana. Si les postures debout décrites plus haut (photos 1 à 36) ainsi que Sarvangasana et Halasana et leurs variations (photos 234 à 271) sont déjà bien maîtrisées, Sirsasana viendra sans beaucoup d'efforts. Si ces asana élémentaires ne sont pas maîtrisés, Sirsasana sera plus long à apprendre.

11. Cependant, après que l'on aura appris à tenir en Sirsasana, il sera préférable de pratiquer Sirsasana et ses variations (photos 190 à 218) avant tout autre asana. La raison en est que l'on ne peut pas tenir en équilibre sur la tête si l'on a fait de gros efforts dans d'autres postures ou si la respiration n'est pas aisée

et profonde, le corps tremble et il devient difficile de maintenir l'équilibre. Il est toujours préférable de pratiquer Sirsasana en début de séance lorsque l'on est frais.

12. Sirsasana et ses variations doivent toujours être suivies de Sarvangasana et ses variations. On a observé que les personnes qui s'adonnaient à Sirsasana sans pratiquer Sarvangasana et ses variations avaient tendance à s'énerver pour des choses insignifiantes et à devenir facilement irritables. La pratique de Sarvangasana en complément de Sirsasana supprime ce trait. Si Sarvangasana est la Mère, Sirsasana peut être considérée comme le Père de tous les asana. Et tout comme les deux parents sont nécessaires pour que la paix et l'harmonie règnent dans une maison, la pratique de ces deux asana est essentielle pour maintenir la santé du corps ainsi que la tranquillité et la paix de l'esprit.

Effets de Sirsasana.

Dans les anciens livres, on a appelé Sirsasana le roi de tous les asana, et les raisons n'en sont pas difficiles à trouver. Lorsque nous naissons, la tête vient normalement en premier, puis les membres. Le crâne contient le cerveau qui contrôle le système nerveux et les organes des sens. Le cerveau est le siège de l'intelligence, de la connaissance, du discernement, de la sagesse et de l'énergie. C'est le siège du Brahman, l'âme. Un pays ne peut prospérer sans un roi capable ou un pouvoir constitutionnel pour le guider ; de même le corps humain ne peut se développer sans un cerveau en bonne santé.

La *Bhagavad Gita* dit : « l'harmonie (sattva), l'action (rajas) et l'inertie (tamas) sont les qualités issues de la matière ; elles attachent solidement dans le corps, ô toi aux grands bras (Arjuna), l'hôte indestructible » (discours 14, verset 5). Toutes ces qualités proviennent du cerveau, et parfois l'une ou l'autre qualité prévaut. La tête est le centre des qualités « sattviques » qui gouvernent le discernement ; le buste est le centre des qualités « rajasiques » qui gouvernent les passions, les émotions et les actions ; et la région sous le diaphragme le centre des qualités « tamasiques » qui gouvernent la satisfaction des sens tels les plaisirs de la nourriture et de la boisson, les émois et plaisirs de la sexualité.

La pratique régulière de Sirsasana apporte un afflux de sang pur et sain dans les cellules du cerveau. Cela les régénère de sorte que la faculté de penser augmente et les idées deviennent plus claires. Cet asana est tonique pour les personnes dont le cerveau se fatigue vite. Il assure une bonne irrigation des glandes pituitaire et pinéale du cerveau. Notre croissance, notre santé et notre vitalité dépendent du bon fonctionnement de ces deux glandes.

Des personnes souffrant d'insomnie, d'amnésie ou d'asthénie ont été guéries par une pratique correcte et régulière de cet asana et se sont retrouvées débordantes d'énergie. Les poumons acquièrent le pouvoir de résister à tous les climats, de faire face à tout effort, ce qui permet de résister aux rhumes, à la toux, aux angines, à la mauvaise haleine et aux palpitations. Cette posture réchauffe le corps. Pratiquée avec Sarvangasana et ses variations (photos 234 à 271), c'est un bienfait pour les personnes souffrant de constipation. La pratique régulière de Sirsasana améliore le taux d'hémoglobine dans le sang.

Il n'est pas recommandé de commencer la séance par Sirsasana ou Sarvangasana lorsque l'on souffre de tension artérielle trop faible ou trop forte.

La pratique régulière et précise de Sirsasana développe le corps, discipline l'esprit et élargit le champ de la conscience. On devient équilibré et détaché de la peine et du plaisir, de la perte et du gain, du déshonneur et de l'honneur, de la défaite et de la victoire.

Sirsasana et ses variations.

En Sirsasana des mouvements variés peuvent être pratiqués sans discontinuer après être resté en Salamba Sirsasana I (photo 184) pendant au moins 5 minutes ou plus selon sa capacité. On peut exécuter ces divers mouvements pendant 20 à 30 secondes de chaque côté après être resté en Sirsasana pendant 5 à 15 minutes.

76. Salamba Sirsasana II Cinq* (photo 192).

192

Technique.

1. Placez une couverture pliée en quatre sur le sol et agenouillez-vous devant.
2. Posez la main droite sur le sol à l'extérieur du genou droit, et la main gauche à l'extérieur du genou gauche. Les paumes doivent être parallèles l'une à l'autre, les doigts pointant vers la tête. L'écartement des mains posées au sol doit être égal à la largeur des épaules.
3. Avancez les genoux vers la tête et placez le sommet du crâne sur la couverture.

4. Après vous être assuré de la position de la tête, tendez les jambes en levant les genoux du sol. Avancez les orteils encore un peu plus près de la tête et descendez les talons au sol en maintenant le dos droit.

5. Étirez la partie dorsale de la colonne en poussant la poitrine vers l'avant et gardez cette position pendant quelques secondes. Faites trois ou quatre respirations.

6. En expirant, prenez un petit élan au sol et montez les jambes en fléchissant les genoux. Les deux pieds doivent quitter le sol en même temps. Lorsque cette position est stable, en expirant montez les jambes tendues, les orteils pointant vers le haut, les genoux verrouillés, et cherchez l'équilibre (photo 192).

7. Dans la position d'équilibre, seuls le sommet de la tête et les deux mains sont en contact avec le sol. Des poignets jusqu'aux coudes, les avant-bras sont perpendiculaires au sol et parallèles l'un à l'autre. Des coudes jusqu'aux épaules, les bras sont parallèles entre eux et au sol.

8. Pour le reste suivez la technique et les recommandations données dans Salamba Sirsasana I pour ceux qui peuvent tenir en équilibre.

9. La maîtrise de cette variation de la posture sur la tête est fondamentale pour apprendre les asana difficiles comme Bakasana (photo 410), Urdhva Kukkutasana (photo 419), Galavasana (photos 427 et 428) et Koundinyasana (photo 438), etc.

Variations de Sirsasana (suite).

77. Salamba Sirsasana III Huit*

(photos 194 et 195).

Technique.

1. Agenouillez-vous au sol près de la couverture. Écartez les genoux d'environ 30 centimètres.

193

194

2. Retournez les mains et placez-les sur la couverture entre les genoux de façon à avoir les doigts pointant vers les pieds. Les avant-bras, des poignets aux coudes, doivent être verticaux. La distance entre les mains ne doit pas être plus grande que la largeur des épaules.

3. Posez le sommet de la tête sur la couverture juste derrière les poignets. Le front fera face au côté intérieur des poignets. La tête doit être placée à égale distance des deux mains.

4. Pressez fermement les paumes et les poignets sur le sol, expirez, levez les pieds du sol, montez les jambes jusqu'à la position verticale et restez en équilibre. N'écartez pas les coudes, mais au contraire essayez de les rapprocher le plus possible l'un de l'autre (photo 193).

5. Maintenez l'équilibre dans cette position pendant 1 minute en respirant normalement, puis expirez et descendez les jambes au sol.

6. Après avoir appris à maintenir l'équilibre dans cette variation de Sirsasana, essayez de rapprocher les mains le plus possible l'une de l'autre jusqu'à ce que les côtés des paumes et les petits doigts se

touchent. (Vue de face : photo 194, vue de côté : photo 195.) Apprenez aussi à monter et descendre en gardant les jambes tendues aux genoux (photos 196 et 197). Cette variation de Sirsasana apportera fermeté et confiance dans l'équilibre.

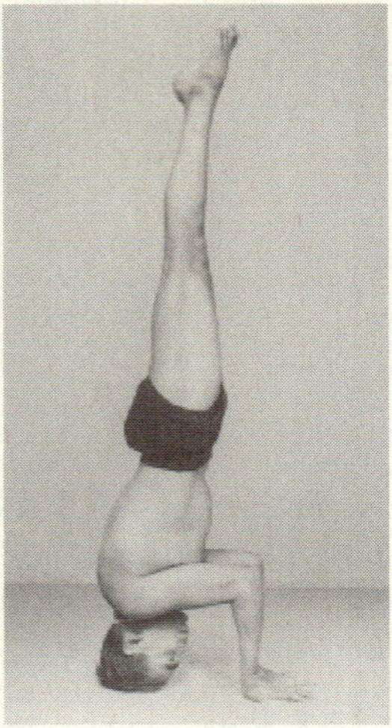

195

196

197

78. Baddha Hasta Sirsasana Quatre*

(photo 198).

Baddha signifie lié, attrapé, retenu. Hasta est la main. C'est une variation de la posture sur la tête.

198

Technique.

1. Étalez une couverture pliée en quatre sur le sol, et agenouillez-vous devant.

2. Croisez les bras devant la poitrine et attrapez le bras droit près du coude avec la main gauche. De même, attrapez le bras gauche avec la main droite.

3. Les coudes et les avant-bras sont appuyés sur la couverture. Penchez-vous et placez le sommet de la tête sur la couverture juste derrière les avant-bras croisés. Le front sera juste derrière les avant-bras.

4. Levez les genoux et tendez les jambes au maximum.

5. Après avoir assuré le poids sur la tête et les coudes, appuyez les avant-bras au sol, poussez légèrement le buste en arrière sans détacher les mains et montez les jambes (photo 198).

6. Lorsque les jambes montent à la position verticale, le cou porte le poids du corps et ressent un effort. Montez les jambes jusqu'à ce que vous sentiez la légèreté à l'arrière du cou et dans les avant-bras, et étirez la partie dorsale en avant. Lorsque vous sentez la légèreté,

assurez-vous que le corps est droit. Les personnes qui peuvent tenir en équilibre suivront la technique et les conseils donnés dans Salamba Sirsasana I.

7. Restez étiré en équilibre pendant 1 minute. Puis, en expirant, ramenez les hanches légèrement en arrière sans soulever les coudes, et doucement baissez les jambes jusqu'au sol. Essayez de les garder tendues sans les plier aux genoux en les descendant.

79. Mukta Hasta Sirsasana Six*

(photos 200 et 201).

Mukta signifie libre. Hasta est la main. C'est la variation de Sirsasana la plus difficile à maîtriser. Lorsqu'elle est faite avec aisance, on est passé maître dans la posture sur la tête. Il est relativement facile de tenir en équilibre dans cet asana, mais il est extrêmement difficile de monter et descendre les jambes tendues sans plier aux genoux.

199

200

Technique.

1. Étalez sur le sol une couverture pliée en quatre et agenouillez-vous devant.

2. Penchez le buste en avant et posez le sommet du crâne sur la couverture.

3. Allongez les bras vers les pieds devant la poitrine et posez le dos des poignets sur le sol. Gardez les bras tendus aux coudes, paumes des mains vers le haut. L'écart entre les poignets doit être égal à la largeur des épaules.

4. Montez le buste jusqu'à ce qu'il soit perpendiculaire au sol. Pressez légèrement les poignets sur le sol, expirez et montez les pieds (photo 199). Tendez les jambes et montez-les lentement jusqu'à ce qu'elles soient perpendiculaires au sol (vue de profil : photo 200).

5. Restez dans la posture pendant 1 minute en respirant normalement. Gardez les bras tendus, étirez les coudes et étirez les épaules le plus possible vers le haut, sans changer la position des poignets (vue de face : photo 201).

6. En expirant, envoyez légèrement les hanches en arrière et descendez les jambes au sol petit à petit, en mettant un peu de poids sur les poignets.

7. Puis relevez la tête, asseyez-vous et relaxez-vous.

Note. Une fois acquise la maîtrise des variations de Sirsasana, il est possible de changer la position des mains tout en maintenant l'équilibre uniquement

201

sur la tête. On n'a donc pas besoin de descendre pour changer la position des mains. On doit apprendre cela peu à peu, sinon on risque de faire un effort exagéré du cou et des épaules.

80. Parsva Sirsasana Huit* (photos 202 et 203).

Parsva signifie côté ou flanc. Dans cette variation de Sirsasana, le buste, le bassin et les jambes sont tournés tour à tour de chaque côté, sans déranger la position de la tête et des mains.

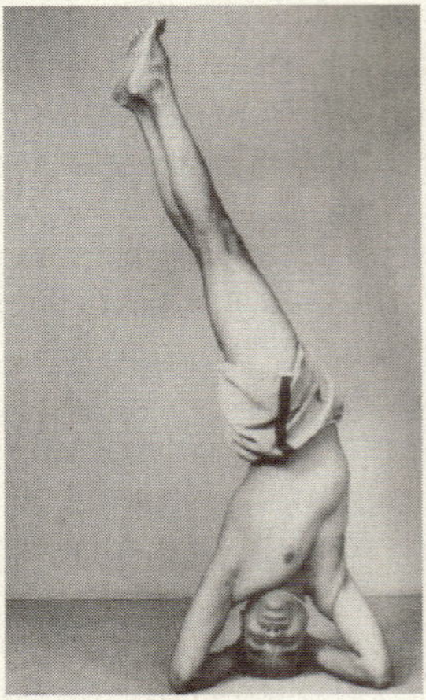

202

203

Technique.

1. Depuis la position en ligne droite de Salamba Sirsasana I (photo 184), faites, avec la colonne vertébrale, une torsion vers la droite ; tournez tout le corps sur le côté, excepté la tête et les mains (vue de face : photo 202. Vue de dos : photo 203).

2. Les jambes et le nombril doivent tourner à 90° comme on le voit sur les photos. On doit sentir l'étirement à l'endroit des côtes flottantes.

3. Maintenez la posture pendant 20 à 30 secondes avec une respiration normale.

4. En expirant, revenez dans la position en ligne droite de Salamba Sirsasana I. Inspirez, puis en expirant faites la posture de l'autre côté pendant la même durée. Expirez et revenez en Salamba Sirsasana I.

Effets.

Cet asana donne à la colonne vertébrale force et souplesse.

81. Parivrttaikapada Sirsasana Dix*

(photos 205, 206 et 207).

Parivrtta signifie retourné, tourné autour. Eka signifie un et pada jambe. Dans cette variation de Sirsasana, les jambes sont écartées, le buste et les jambes sont ensuite tournés sur le côté, tandis que l'on maintient l'équilibre sans déranger la position de la tête et des mains.

204

205

Technique.

1. Après avoir exécuté Parsva Sirsasana (photo 202), écartez les jambes, en descendant autant la jambe gauche en arrière que la jambe droite en avant (photo 204). Puis, en expirant, pivotez la colonne vers la gauche de sorte que les jambes tournent de

90° dans le sens des aiguilles d'une montre (vue de profil : photo 205).

2. Après avoir tourné, gardez les jambes étirées au maximum en tendant l'arrière des genoux et les mollets.

3. Écartez encore plus les jambes et restez dans cette position pendant 20 à 30 secondes en essayant de respirer normalement.

4. En expirant, revenez dans la position en ligne droite de Salamba Sirsasana I. Maintenant, descendez la jambe gauche en avant et la jambe droite en arrière, faites pivoter la colonne vers la droite de sorte que les jambes tournent de 90° dans le sens inverse des aiguilles d'une montre (vue de face : photo 206. Vue de dos : photo 207). Restez dans cette position pendant la même durée que l'autre côté. En expirant, revenez en Salamba Sirsasana I.

206

207

Effets.

Cet asana développe les muscles des jambes et tonifie les reins, la rate, la prostate et les intestins.

82. Eka Pada Sirsasana Onze*

(photos 208 et 209).

Eka signifie un. Pada est la jambe. Cette variation de Sirsasana consiste à descendre une jambe vers le sol, devant la tête, en gardant l'autre jambe verticale.

208

209

Technique.

1. Après être resté en Salamba Sirsasana I selon votre endurance, descendez, en expirant, la jambe droite vers le sol devant la tête (vue de profil : photo 208).

2. Tandis que la jambe droite descend et se pose sur le sol, la jambe gauche doit être maintenue verticale comme en Sirsasana.

3. Au début, le cou supporte un très gros effort. La jambe gauche est également entraînée en avant. Pour remédier à cela il faut garder les jambes tendues aux genoux et étirer les muscles de l'arrière des cuisses des deux jambes. Il faut aussi contracter les muscles de la partie centrale du bas de l'abdomen.

4. Les genoux et les orteils de chaque jambe doivent être sur une même ligne et ne doivent pas tourner sur le côté.

5. Restez dans la posture pendant 10 à 20 secondes en respirant profondément. Expirez et remontez la jambe droite en Sirsasana.

6. Après avoir fait une pose en Sirsasana, baissez la jambe gauche vers le sol (vue de face : photo 209)

puis restez pendant la même durée avec la jambe au sol, expirez et remontez en Sirsasana.

7. Tandis que vous descendez et montez les jambes, maintenez-les étirées et ne pliez pas les genoux. Si les genoux se plient, vous ne serez plus en équilibre.

Effets.

Cette posture est difficile, et il se peut que vous ne puissiez pas toucher le sol au début. Petit à petit les jambes deviendront plus souples et le dos plus fort, les jambes pourront alors toucher le sol sans que l'équilibre soit perdu. Cet asana renforce le cou ainsi que tous les muscles abdominaux. Les organes abdominaux se trouvent contractés, ce qui favorise leur fonctionnement.

83. Parsvaika Pada Sirsasana Douze*

(photo 210).

Parsva signifie de côté. Eka, un et pada, la jambe. Dans cette posture, une jambe descend au sol sur le côté en ligne avec les épaules, alors que l'autre jambe reste verticale.

210

Technique.

1. Faites cette posture après avoir fait Eka Pada Sirsasana (photos 208 et 209) décrite ci-dessus.
2. En expirant, baissez la jambe droite sur le côté droit, en la plaçant sur le sol en ligne avec les épaules (photo 210). Maintenez la jambe gauche étirée comme en Sirsasana.
3. Il est plus difficile de rester en équilibre sur la tête dans cette variation que dans Eka Pada Sirsasana. Pour se maintenir en équilibre dans cette posture, il faut tendre les genoux et étirer les muscles de l'arrière des cuisses des deux jambes, ainsi que les muscles abdominaux situés entre l'aine et la taille du côté de la jambe qui descend.
4. Restez dans cette position pendant 10 à 20 secondes en respirant profondément. Tendez l'arrière des genoux et les cuisses et en expirant remontez la jambe droite en Sirsasana.
5. Faites une pause en Sirsasana puis, en expirant, descendez la jambe gauche sur le côté en ligne avec les épaules. Maintenez la posture pendant la même durée. Puis, expirez et remontez en Sirsasana.
6. Ne pliez pas les genoux en descendant et en montant les jambes, sinon vous vous mettrez hors de l'équilibre.

Effets.

Cet asana donne de la force au cou, à toute la paroi musculaire abdominale et aux cuisses. Il tonifie et renforce les intestins et la colonne vertébrale.

84. Urdhva Padmasana en Sirsasana Six*

(photo 211).

Urdhva signifie au-dessus ou haut. Padmasana (photo 104) est la posture du lotus décrite plus haut. Dans cette variation, Padmasana est effectué en équilibre sur la tête.

Technique.

1. Cette variation doit être faite après Eka Pada (photos 208 et 209) et Parsvaika Pada Sirsasana (photo 210). Croisez les jambes en Padmasana. Placez d'abord le pied droit sur la cuisse gauche et le pied gauche sur la cuisse droite.

2. Serrez les genoux le plus possible l'un vers l'autre et étirez les cuisses verticalement (photo 211).

3. Maintenez cette position pendant 30 secondes en respirant régulièrement et profondément. Puis, en expirant, étirez les cuisses aussi loin que possible en arrière (photo 212).

4. Décroisez les jambes et revenez en Sirsasana. Maintenant, croisez les jambes de l'autre côté, en plaçant d'abord le pied gauche sur la cuisse droite, ensuite, le pied droit sur la cuisse gauche. Restez pendant 30 secondes, puis étirez les cuisses en arrière.

5. En étirant les cuisses vers le haut, ne changez pas la position du cou ni de la tête.

211

212

Effets.

Cette posture apporte un étirement supplémentaire à la région dorsale, aux côtes et au bassin. Il en résulte que la poitrine s'ouvre au maximum et que le sang circule convenablement dans la région du bassin. Afin de donner un étirement encore plus grand, on peut faire cette posture en torsion latérale du buste, toujours en équilibre sur la tête. On l'appelle :

85. Parsva Urdhva Padmasana en Sirsasana Sept* (photos 213 à 216).

Parsva signifie côté, flanc.

213

214

86. Pindasana en Sirsasana Six* (photo 218).

Pinda signifie un embryon. Depuis Padmasana en équilibre sur la tête (photo 211), les aines se plient et les jambes descendent pour aller toucher les aisselles.

Technique.

1. Faites Padmasana en Sirsasana selon la description ci-dessus (photo 211). Expirez, pliez les aines (photo 217) et faites deux respirations. De nouveau, avec une expiration, descendez les jambes jusqu'à ce qu'elles touchent les bras près des aisselles (photo 218).

215

216

217

218

2. Restez dans cette position pendant 20 à 30 secondes en respirant normalement.

3. Inspirez, revenez en Urdhva Padmasana, décroisez les jambes et restez en Sirsasana pendant un moment. Puis croisez les jambes de l'autre côté et refaites la posture.

4. Revenez en Sirsasana, relaxez les jambes l'une après l'autre en les étirant, puis en les gardant tendues, descendez-les sur le sol en expirant.

Effets.

Cette posture a les mêmes effets que la précédente. De plus, les organes abdominaux sont tonifiés car ils bénéficient d'une contraction et d'un apport supplémentaire de sang.

87. Salamba Sarvangasana I Deux*

(photos 223, 224 et 234).

Alamba signifie un étai, un support, et sa en même temps que ou accompagné par. Salamba, par conséquent, signifie supporté, soutenu. Sarvanga (Sarva = tout, entier, total ; anga = membre ou corps) signifie le corps entier ou tous les membres. Dans cette posture, la totalité du corps bénéficie de l'exercice, d'où le nom.

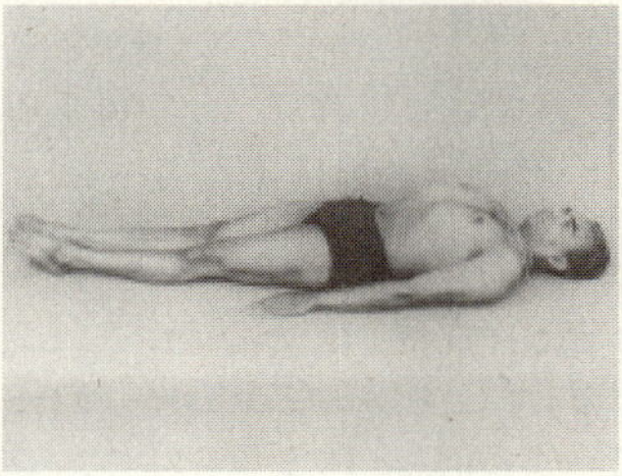

219

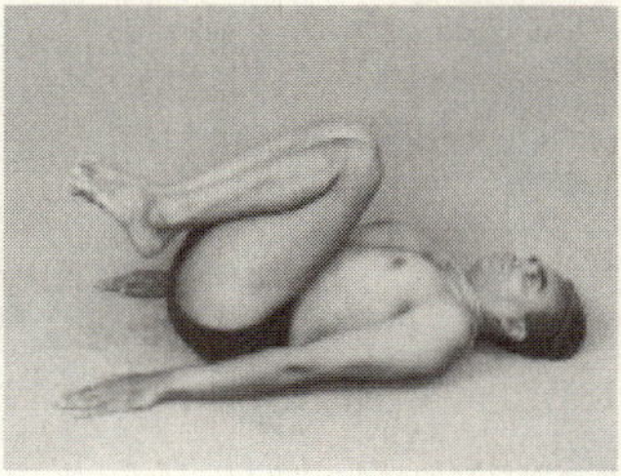

220

Technique pour les débutants.

1. Étendez-vous sur la couverture en étirant les jambes et en les tendant aux genoux. Placez les mains à côté des jambes, paumes faces au sol (photo 219). Faites quelques respirations profondes.

2. En expirant, pliez les genoux et amenez les jambes vers l'estomac jusqu'à ce que les cuisses s'y appuient (photo 220). Faites deux respirations.

3. En expirant, montez les hanches, posez les mains sur celles-ci en pliant les coudes (photo 221). Faites deux respirations.

4. En expirant, montez le buste verticalement, en le soutenant avec les mains, de façon à amener la poitrine en contact avec le menton (photo 222).

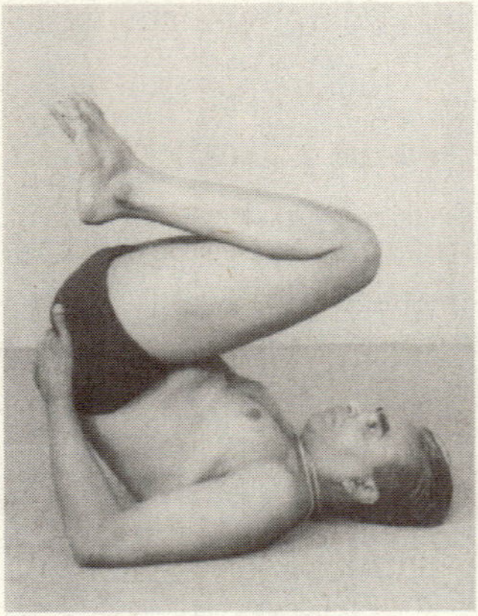

221

222

5. Seuls l'arrière de la tête et le cou, les épaules et l'arrière des bras jusqu'aux coudes doivent être posés au sol. Placez les mains au milieu de la colonne vertébrale comme sur la photo 222. Faites deux respirations.

6. Expirez et tendez les jambes en pointant les orteils vers le haut (vue de face : photo 223. Vue de dos : photo 224).

7. Restez dans la posture pendant 5 minutes en respirant de façon régulière.

8. Expirez, descendez progressivement, relâchez les mains, étendez-vous au sol et relaxez-vous.

9. Si vous ne pouvez pas faire cet asana sans support, utilisez un tabouret et suivez les indications techniques. Voyez la photo 225.

223

224

225

Technique pour les élèves avancés.

1. Étendez-vous sur la couverture.

2. Étirez les jambes, tendez les genoux. Placez les mains à côté des jambes, paumes face au sol (photo 219).

3. Faites quelques respirations profondes. Expirez lentement et en même temps montez les deux jambes ensemble jusqu'à former un angle droit avec le buste, comme on le voit sur les photos 226, 227 et 228. Restez dans cette position, inspirez en gardant les jambes fermement tendues.

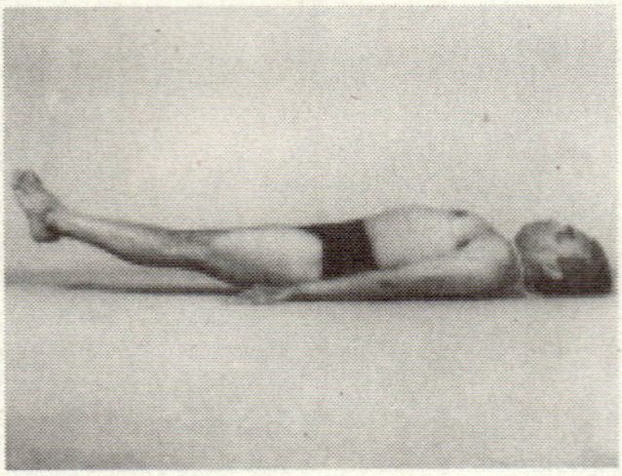

226

227

228

4. Expirez, montez les jambes encore plus haut en soulevant les hanches et le dos, en pressant doucement les paumes sur le sol, comme sur les photos 229, 230 et 231.

5. Quand tout le buste est soulevé du sol, pliez les coudes et placez les mains à l'arrière des côtes, en laissant bien les épaules sur le sol (photo 232).

6. Pressez les paumes au sol pour monter le buste et les jambes à la verticale comme sur la photo 233, de sorte que le sternum vienne au contact du menton. L'action de compresser la gorge et de mettre le

sternum en contact avec le menton pour faire un blocage du menton s'appelle Jalandhara Bandha. Souvenez-vous de toujours amener la poitrine en avant vers le menton, et non le menton vers la poitrine. Si vous faites cette dernière action la colonne vertébrale ne se trouvera pas totalement étirée, et vous ne ressentirez pas le plein effet de cet asana.

7. Seuls l'arrière de la tête et le cou, les épaules et les bras jusqu'aux coudes doivent être posés au sol. Le reste du corps doit être sur une ligne droite perpendiculaire au sol. C'est la position finale (vue de profil : photo 234).

8. Au début de l'entraînement, les jambes ont tendance à osciller et à s'éloigner de la verticale. Pour corriger cela, il faut tendre les muscles de l'arrière des cuisses et étirer verticalement.

9. La distance entre les coudes doit être la même qu'entre les épaules. Essayez d'étirer les épaules loin du cou et en même temps de rapprocher les coudes l'un vers l'autre. Si les coudes s'écartent, le buste ne pourra pas être étiré vers le haut correctement, et la posture apparaîtra imparfaite. Vérifiez également que le cou soit droit et que le centre du menton soit appuyé sur le sternum. Au début, le cou tourne sur le côté, et si cela n'est pas corrigé il peut en résulter une douleur et une lésion dans le cou.

10. Restez dans cette posture pendant au moins 5 minutes. Progressivement augmentez jusqu'à 15 minutes. Cela ne présente aucun danger.

11. Relâchez les mains, descendez doucement au sol, étendez-vous et relaxez-vous.

Comme le poids de tout le corps se porte sur le cou et les épaules, et que les mains sont utilisées pour soutenir le poids, cet asana est appelé Salamba Sarvangasana. Il y a différents mouvements qui peuvent être faits à partir de la posture de base décrite ci-dessus.

229

230

231

232

223

224

Effets.

L'importance de Sarvangasana ne saurait être trop soulignée. C'est l'un des grands bienfaits apportés à l'humanité par nos anciens sages. Sarvangasana est la Mère de tous les asana. De même qu'une mère s'efforce de faire régner l'harmonie et la joie dans la maison, cet asana tend à faire régner l'harmonie et la joie dans l'organisme humain. C'est une panacée pour la plupart des troubles courants. Dans l'organisme il y a un certain nombre de glandes endocrines. Nourries par le sang, elles y sécrètent des hormones qui permettent le bon fonctionnement du corps et du cerveau et agissent sur leur développement et leur équilibre. Si le fonctionnement de ces glandes n'est pas assuré, les hormones ne sont pas produites comme elles le devraient et le corps commence à dégénérer. Si étonnant que cela paraisse, beaucoup d'asana ont un effet direct sur les glandes et les stimulent. Sarvangasana procure cet effet direct sur les glandes thyroïde et parathyroïde qui sont situées dans le cou, et qui bénéficient d'une meilleure irrigation grâce au blocage du menton. De plus, puisque le corps se trouve dans une position inversée, la circulation veineuse qui apporte le sang vers le cœur se fait sans effort, grâce à la pesanteur. Cela permet un apport de sang nouveau dans le cou et la poitrine. Il en résulte que les personnes souffrant d'essoufflement, de palpitation, d'asthme, de bronchite et de maux de gorge se trouvent soulagées. Du fait que la tête reste dans cette position inversée et que le blocage du menton lui apporte une bonne circulation du sang, les nerfs sont apaisés et les maux de tête – même chroniques – disparaissent. La pratique régulière de cet asana supprime les rhumes communs et autres perturbations nasales. Grâce à son effet apaisant sur les nerfs, la posture calme ceux qui ont un caractère irritable ou colérique et soulage ceux qui souffrent d'hypertension, d'insomnie ou de dépression nerveuse. Le renversement de la pesanteur a également un effet sur les organes abdominaux en facilitant les mouvements intestinaux, ce qui fait disparaître la constipation. L'organisme est ainsi débarrassé des toxines et l'on se sent plein d'énergie. Cet asana est recommandé en cas de troubles urinaires et menstruels, de déplacement de l'utérus, d'hémorroïdes et de hernie. Il aide également à soulager les personnes qui souffrent d'épilepsie, de manque de vitalité et d'anémie. Il n'est pas exagéré de dire que si une personne pratique régulièrement Sarvangasana, elle sent une nouvelle force et une nouvelle ardeur et se sent heureuse et confiante. Une vie nouvelle coulera en elle, son esprit sera en paix et elle éprouvera la joie de vivre. Après une longue maladie, la pratique régulière deux fois par jour de cet asana fait recouvrer la vitalité. Les variations de Sarvangasana active les organes abdominaux et soulage les personnes souffrant d'ulcère à l'estomac ou à l'intestin, de colite ou de violents maux de ventre.

Les personnes souffrant d'hypertension artérielle ne doivent pratiquer Salamba Sarvangasana qu'après avoir fait Halasana (photo 244) pendant au moins 3 minutes.

Halasana est décrit au numéro 91 (photo 244).

Variations de Sarvangasana.

Différents mouvements (ou variations) peuvent être pratiqués sans discontinuer après être resté en Sarvangasana I (photo 223) pendant 5 à 10 minutes, ou plus si on le peut. Faites chaque variation pendant 20 à 30 secondes de chaque côté, excepté Halasana qui doit être maintenu pendant au moins 3 à 5 minutes d'une seule traite.

88. Salamba Sarvangasana II Trois*

(photo 235).

Cette position est légèrement plus difficile que la première.

235

Technique.

1. Faites Salamba Sarvangasana I (photo 223).

2. Ôtez les mains du dos, croisez les doigts, tournez les poignets et étirez les bras. Les pouces toucheront alors le sol et les paumes seront tournées vers l'extérieur (photo 235). La tête sera d'un côté de la ligne verticale du corps et les bras seront de l'autre côté.

3. Gardez les jambes et le dos aussi stables que possible.

4. Cette posture peut être faite pendant 1 minute après Sarvangasana I.

Effets.

Comme l'équilibre est maintenu en étirant les muscles du dos et que le poids du corps porte sur l'arrière du cou, le dos et le cou se fortifient. Les muscles des bras sont également tonifiés.

89. Niralamba Sarvangasana I Trois*
(photo 236).

Alamba signifie support, étai, et nir a le sens de loin de, sans, libre de. Niralamba signifie donc sans support. Cette variation de Sarvangasana est plus difficile que les deux premières, car dans celle-ci le corps n'est pas étayé par les bras, et le poids et l'équilibre du corps sont maintenus par les muscles du cou, du dos et du ventre, qui sont ainsi fortifiés.

236

Technique.

1. Faites Salamba Sarvangasana I (photo 223).
2. Lâchez les mains, amenez-les au-dessus de la tête, placez les bras étirés sur le sol, du même côté de la ligne verticale du corps que la tête, et cherchez l'équilibre (photo 236).
3. Cette posture peut aussi être tenue pendant 1 minute.

90. Niralamba Sarvangasana II Quatre*
(photo 237).

C'est la plus difficile des variations de Sarvangasana. De toutes les autres variations, c'est celle qui permet le plus d'étirer la colonne vertébrale et aide ainsi à arriver à la perfection dans Salamba Sarvangasana (photo 223).

237

Technique.

1. À partir de la posture précédente, levez les mains et placez les paumes sur ou à côté des genoux (photo 237). Les mains ne doivent pas servir à soutenir les jambes.

2. Restez dans la posture pendant une minute. Puis revenez en Salamba Sarvangasana pendant quelques instants, descendez en Halasana (photo 244), et continuez en faisant les autres variations de Sarvangasana, l'une après l'autre.

Effets.

En pratiquant ces différentes variations de Sarvangasana, le corps tout entier est tonifié par une augmentation de la circulation sanguine et par l'élimination des déchets formant des toxines. Ces asana ont une action aussi stimulante que des fortifiants. Après une convalescence, on peut les pratiquer pour retrouver rapidement des forces.

91. Halasana Quatre* (photo 244).

Hala signifie charrue. Le corps en prend la forme dans cette posture, d'où le nom. C'est une partie de Sarvangasana I et sa continuation.

238

239

240

241

Technique.

1. Faites Salamba Sarvangasana I (photo 223), avec un ferme blocage du sternum contre le menton.

2. Relâchez le blocage, abaissez légèrement le buste en plaçant les bras et les jambes au-delà de la tête et en posant les orteils sur le sol (photo 238).

3. Verrouillez les genoux en tirant vers le haut les muscles de l'arrière des genoux et des cuisses, puis montez le buste et le bassin (photo 239).

4. Placez les mains au milieu du dos en faisant une poussée avec les mains pour que le buste soit perpendiculaire au sol (photo 240).

5. Étirez les bras sur le sol dans la direction opposée à celle des jambes (photo 241).

6. Accrochez les pouces entre eux et tendez les bras et les jambes (photo 242).

242

7. Croisez les doigts (photo 243) et tournez les poignets afin que les pouces soient posés sur le sol (photo 244). Étirez les paumes ainsi que les doigts, verrouillez les bras aux coudes et étirez-les depuis les épaules.

8. Les jambes et les bras sont étirés en directions opposées, ce qui donne un étirement maximum à la colonne vertébrale.

9. Lorsque l'on croise les doigts il est recommandé d'intervertir le croisement. Supposons que ce soit le pouce droit qui soit le plus près du sol, maintenez cette position pendant 1 minute. Puis lâchez les doigts et recroisez-les en mettant le pouce gauche le plus près du sol, et reprenez l'étirement des bras pendant la même durée. Cela favorisera le développement harmonieux et la souplesse des épaules, des coudes et des poignets.

10. Pendant les premiers temps, il sera difficile de croiser les doigts. En pratiquant progressivement les différentes positions décrites ci-dessus, cela deviendra plus facile.

11. De même il est difficile au début de tenir fermement les orteils sur le sol. Si vous restez plus long-

temps et si vous étirez plus fort en Sarvangasana I (photo 223) avant de faire Halasana, les orteils pourront rester plus longtemps sur le sol.

12. Restez dans la position qu'il vous est possible de faire pendant 1 à 5 minutes en respirant normalement.

13. Relâchez les mains. Montez les jambes en Sarvangasana I et progressivement redescendez au sol. Étendez-vous sur le dos et relaxez-vous.

243

244

Effets.

Les effets de Halasana sont les mêmes que ceux de Sarvangasana I (photo 223). En plus, grâce à leur contraction, les organes abdominaux sont régénérés. La colonne vertébrale reçoit un apport supplémentaire de sang grâce à la flexion en avant, et cela aide à soulager les maux de dos. L'action de croiser et d'étirer les paumes et les doigts fait disparaître les crampes dans les mains. Cet asana apporte un soulagement aux personnes qui souffrent de raideur des épaules et des coudes, de lumbago et d'arthrite du dos. Les fortes douleurs d'estomac dues à l'aérophagie sont également réduites et on se sent immédiatement allégé.

La posture est bénéfique pour les personnes qui ont tendance à avoir une tension artérielle trop élevée. Si elles pratiquent d'abord Halasana avant Sarvangasana I, elles n'auront pas la sensation du sang qui monte à la tête.

Halasana est une posture qui prépare à Paschimottanasana (photo 160). Si on fait des progrès en Halasana, la mobilité du dos qui en résultera permettra de faire un bon Paschimottanasana.

Note. Pour les personnes souffrant d'excès de tension artérielle, la technique suivante est recommandée pour faire Halasana avant de pratiquer Salamba Sarvangasana I.

1. Étendez-vous sur le sol.
2. En expirant, levez lentement les jambes jusqu'à la position verticale et restez pendant environ 10 secondes en respirant normalement.
3. En expirant, amenez les jambes au-delà de la tête et poser les orteils sur le sol. Maintenez les orteils sur le sol et tendez les jambes aux genoux.
4. S'il vous est difficile de garder les orteils sur le sol, placez une chaise ou un tabouret derrière la tête et posez les orteils dessus.
5. Si la respiration devient difficile ou rapide, ne posez pas les orteils sur le sol, mais sur une chaise ou un tabouret. Vous ne sentirez aucune pression dans la tête.
6. Allongez les bras sur le sol au-delà de la tête, et restez dans cette position pendant huit minutes en respirant normalement.
7. Pendant toute la durée de cet asana, fermez les yeux et dirigez votre regard vers le bout du nez.

92. Karnapidasana Un* (photo 246).

Karna signifie l'oreille. Pida signifie douleur, malaise ou pression. Cette posture est une variation de Halasana et peut être faite à la suite de celle-ci.

Technique.

1. Faites Halasana (photo 244) et, après avoir atteint la limite du temps que vous pouviez tenir cette posture, fléchissez les genoux, posez le genou

droit à côté de l'oreille droite et le genou gauche à côté de l'oreille gauche.

2. Les deux genoux doivent être en contact avec le sol, serrés contre les oreilles.

3. Gardez les orteils étirés et joignez les talons et les orteils. Placez les mains dans le dos (photo 245) ou croisez les doigts et tendez les bras (photo 246) comme en Halasana.

245

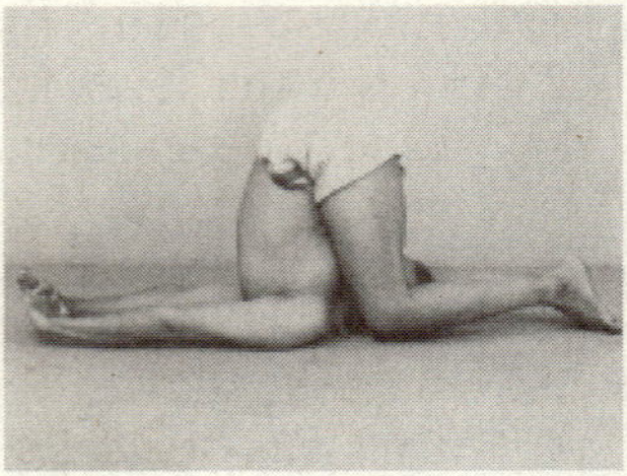

246

4. Maintenez cette posture pendant 30 à 60 secondes en respirant normalement.

Effets.

Cet asana repose le buste, le cœur et les jambes. En pliant les genoux, la colonne vertébrale peut davantage s'étirer et cela favorise la circulation du sang autour de la taille.

93. Supta Konasana Deux* (photo 247).

Supta signifie être couché, et kona, un angle. C'est une variation de Halasana dans laquelle les jambes sont écartées.

Technique.

1. À partir de Karnapidasana (photo 246), tendez les jambes et écartez-les l'une de l'autre autant que vous le pouvez.

2. Montez le buste et verrouillez les genoux.

3. Prenez le gros orteil droit avec la main droite et le gros orteil gauche avec la main gauche. Maintenez les talons vers le haut. Après avoir agrippé les orteils, montez au maximum la partie dorsale de la colonne vertébrale et tendez l'arrière des genoux (photos 247 et 248).

4. Restez dans la posture pendant 20 à 30 secondes en respirant normalement.

247

248

Effets.

Cette posture tonifie les jambes et facilite la contraction des organes abdominaux.

94. Parsva Halasana Quatre* (photo 249).

Dans Halasana (photo 244) les deux jambes sont placées derrière la tête. Dans cette posture elles sont placées sur le côté, dans le plan de la tête. C'est la posture en torsion de la charrue.

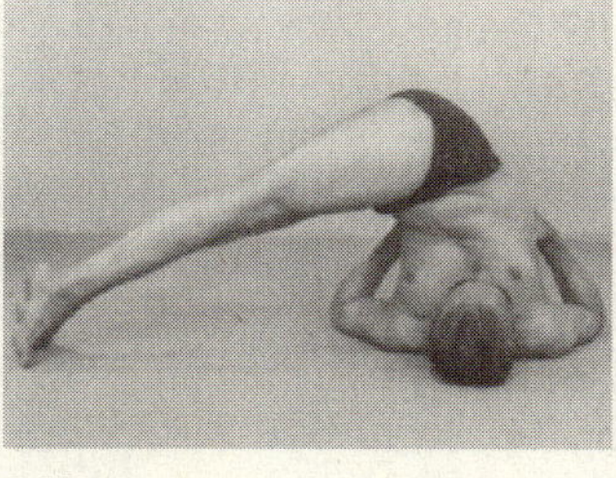

249

Technique.

1. Faites Supta Konasana (photo 247) et revenez en Halasana.

2. Placez les mains dans le dos (photo 240).

3. Déplacez vos jambes aussi loin que possible vers la gauche.

4. Verrouillez les deux genoux, montez le buste en vous aidant des mains et étirez les jambes (photo 249).

5. Restez dans la posture pendant une demi-minute avec une respiration normale.

6. En expirant, déplacez vos jambes vers la droite jusqu'à ce qu'elles soient de nouveau dans le plan de la tête et tenez la posture pendant 30 secondes. Ne dérangez pas la position du buste en déplaçant les jambes. Le buste doit rester comme en Sarvangasana et Halasana.

Effets.

Dans cet asana, la colonne vertébrale reçoit une torsion latérale et devient ainsi plus souple. Le côlon, qui est inversé pendant ces mouvements, est convenablement exercé, ce qui facilitera une élimination complète. Les personnes souffrant de constipation chronique ou aiguë, cause de beaucoup de maladies, tireront un grand profit de cet asana. Si des ordures s'accumulent devant notre maison, cela nous donne la nausée. N'en est-il pas de même si on laisse des déchets qui créent des toxines s'accumuler dans notre organisme ? Si ces déchets ne sont pas éliminés, des maladies entreront dans notre corps comme des voleurs et nous déroberont la santé. Si les intestins ne bougent pas librement, l'esprit devient lourd, et on se sent triste et irritable. Cet asana favorise le mouvement des intestins, et nous aide ainsi à remporter le prix de la santé.

95. Eka Pada Sarvangasana Cinq*

(photo 250).

Eka signifie un, seul. Pada signifie pied. Dans cette variation de Sarvangasana, une jambe descend au sol en Halasana, tandis que l'autre reste verticale comme le buste.

250

Technique.

1. Faites Salamba Sarvangasana I (photo 223).
2. Gardez la jambe gauche étirée en Sarvangasana. En expirant, descendez la jambe droite au sol en Halasana (photo 250). Elle doit rester tendue sans plier au genou.
3. Pendant que la jambe droite descend au sol, le genou gauche doit être tendu et la jambe ne doit pas s'incliner sur le côté. La jambe gauche doit rester tendue, face à la tête.
4. Restez dans la posture pendant 20 secondes avec une respiration normale.
5. En expirant, remontez la jambe droite en Sarvangasana, puis descendez la jambe gauche au sol

en Halasana, en gardant la jambe droite étirée verticalement et tendue. Remonter une jambe en Sarvangasana exerce davantage les organes abdominaux que de descendre les deux jambes en Halasana.

6. Maintenez la posture de ce côté pendant la même durée que de l'autre.

Effets.

Cet asana tonifie les reins et les muscles des jambes.

96. Parsvaika Pada Sarvangasana Six*

(photo 251).

Parsva signifie côté. Dans Eka Pada Sarvangasana (photo 250), la jambe qui descend se pose derrière la tête, tandis que dans cette variation la jambe se pose sur le côté en ligne avec le buste.

251

Technique.

1. Faites Eka Pada Sarvangasana des deux dôtés comme indiqué ci-dessus, et revenez en Sarvangasana.

2. En expirant, descendez la jambe droite en ligne avec les épaules (photo 251). Gardez la jambe droite étirée et tendue au genou.

3. La jambe gauche étirée verticalement doit être maintenue tendue et ne doit pas s'incliner sur le côté. Les côtes doivent être montées à l'aide des mains pour aider la poitrine à s'épanouir pleinement.

4. Gardez la posture pendant 20 secondes en respirant normalement, puis expirez et revenez en Sarvangasana. Recommencez avec l'autre jambe pendant la même durée, puis revenez en Sarvangasana.

Effets.

Cette posture combat la constipation et tonifie les reins.

97. Parsva Sarvangasana Neuf* (photo 254).

Parsva signifie côté ou flanc. Cette variation de Sarvangasana se fait en donnant au buste une torsion latérale.

252

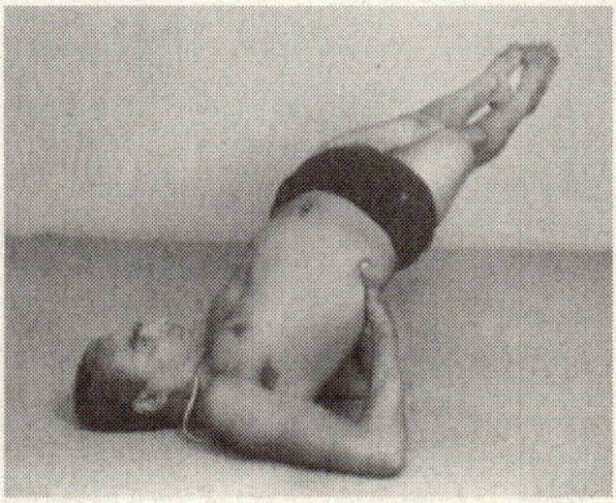

253

Technique.

1. Depuis Salamba Sarvangasana I (photo 223), tournez le buste et les jambes sur la droite.

2. Placez la paume de la main gauche sous la fesse gauche, de façon à ce que le coccyx soit posé sur le poignet (photo 252). En prenant appui sur le coude et le poignet gauches, descendez le bassin sur la main gauche (photo 253).

3. La paume de la main droite reste posée contre les dorsales, comme en Sarvangasana.

4. Étirez les jambes par-dessus la main gauche en formant un angle aigu avec le sol (photo 254) et restez dans cette posture pendant 20 secondes en respirant normalement.

5. En expirant, revenez en Salamba Sarvangasana I et faites la posture du côté droit pendant la même durée (photo 255).

254

255

Effets.

Cet asana fortifie les poignets. Il stimule également les fonctions du foie, du pancréas et de la rate par une irrigation sanguine importante. Ces organes sont ainsi maintenus en bonne santé.

98. Setu Bandha Sarvangasana – également appelé Uttana Mayurasana Dix* (photo 259).

Setu signifie un pont et Setu Bandha la construction d'un pont. Dans cette posture, le corps, prenant appui sur les épaules, les talons et les plantes de pied, forme une arche. L'arche est étayée par les mains placées à la taille.

Ut signifie intense et tan signifie étirer. Cet asana ressemble à un paon (Mayura) qui fait la roue, d'où le nom.

256

257

Technique

1. Faites Salamba Sarvangasana (photo 223).

2. Posez les mains sur le dos, montez la colonne vertébrale, descendez les jambes en arrière (photo 256), tendues ou pliées aux genoux (photo 257), et laissez tomber les jambes en arrière jusqu'au sol (photo 258). Tendez les jambes en les gardant l'une contre l'autre (photo 259).

258

259

3. Le corps entier forme un pont, dont le poids est supporté par les coudes et les poignets. Les seules parties du corps en contact avec le sol seront l'arrière

de la tête et le cou, les épaules, les coudes et les pieds. Restez dans cette posture pendant 30 à 60 secondes en respirant normalement.

4. Il est possible de diminuer la pression sur les coudes et les poignets en étirant la colonne vertébrale vers le cou, et en gardant les talons fermement posés sur le sol.

99. Eka Pada Setu Bandha Sarvangasana – appelé aussi Eka Pada Uttana Mayurasana Onze* (photo 260).

Eka signifie un, et pada, le pied. C'est une variation de l'asana précédent avec une jambe verticale.

260

Technique.

1. Après avoir fait Setu Bandha Sarvangasana (photo 259), en expirant montez la jambe droite verticalement (photo 260). Tendez les deux jambes au maximum et tenez la posture pendant 10 secondes.

2. Inspirez, ramenez la jambe droite au sol, et en expirant, montez la jambe gauche verticalement en tendant les deux jambes au maximum. Restez en position pendant la même durée de chaque côté. Inspirez, ramenez la jambe au sol.

3. En expirant, remontez les jambes en Sarvangasana (photo 223), descendez-les progressivement vers le sol en retirant les mains et étendez-vous.

Effets de Setu Bandha Sarvangasana et de Eka Pada Setu Bandha Sarvangasana.

Ces deux asana donnent à la colonne vertébrale un étirement en arrière et font disparaître la pression sur le cou provoquée par les autres mouvements de Sarvangasana.

Une colonne vertébrale souple et en bonne santé dénote un système nerveux sain. Des nerfs en bonne santé font un homme sain de corps et d'esprit.

100. Urdhva Padmasana en Sarvangasana Quatre* (photo 261).

Urdhva signifie au-dessus, haut. Padma est un lotus. Dans cette variation de Sarvangasana, les jambes, au lieu de rester droites, sont pliées aux genoux et croisées en lotus, en amenant le pied droit sur la cuisse gauche et le pied gauche sur la cuisse droite (photo 104).

261

Technique.

1. Après avoir fait Salamba Sarvangasana, pliez les jambes aux genoux et croisez-les. Placez d'abord le pied droit sur la cuisse gauche, puis le pied gauche sur la cuisse droite.

2. Étirez verticalement les cuisses, rapprochez les genoux le plus possible l'un de l'autre et éloignez le plus possible les jambes du bassin (photo 261).

3. Restez dans cette posture pendant 20 à 30 secondes en respirant profondément et régulièrement.

4. Afin d'augmenter l'étirement, faites la posture en donnant au buste une torsion latérale suivant la technique de Parsva Sarvangasana (photo 254). Cette posture s'appelle :

101. Parsva Urdhva Padmasana en Sarvangasana Sept* (photos 262-265).

Parsva signifie côté.

5. Restez de chaque côté pendant 10 à 15 secondes en respirant normalement.

6. En expirant, revenez en Urdhva Padmasana et faites une pause.

7. Maintenant, en expirant, faites une arche en ouvrant le buste et le bassin en arrière (photo 266) en suivant la technique de Setu Bandha Sarvangasana (photo 259).

262

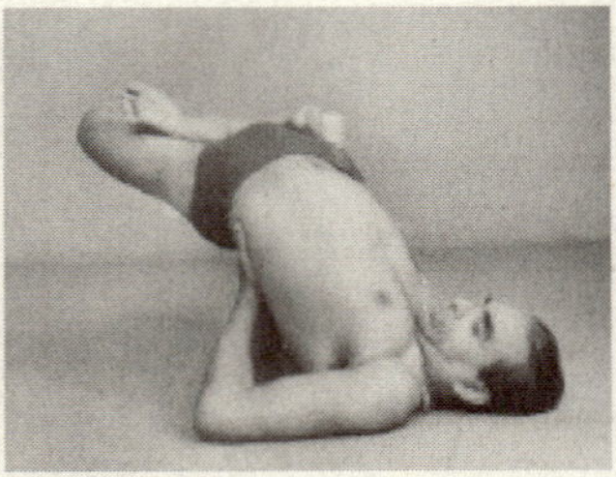

263

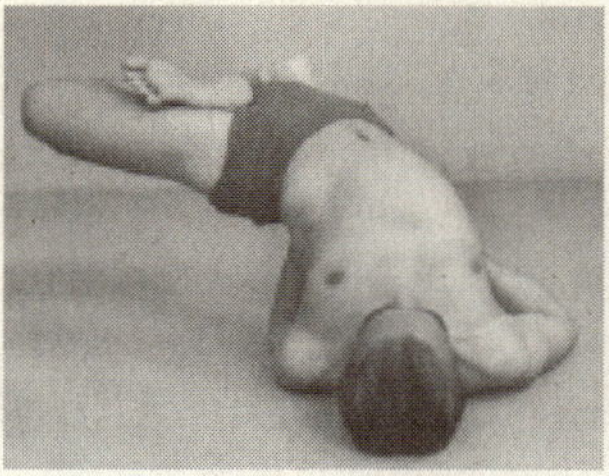

264

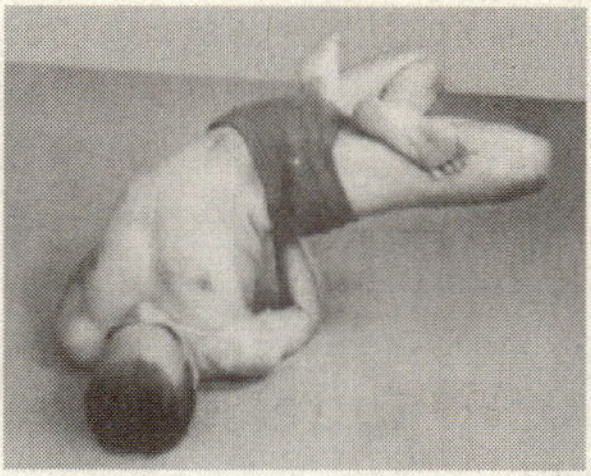

265

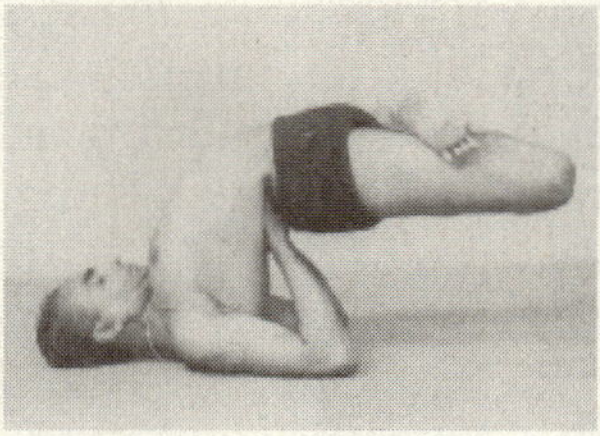

266

Progressivement, étirez les cuisses en arrière jusqu'à ce que les genoux touchent le sol, formant ainsi un pont au-dessus des mains. Cela s'appelle :

102. Uttana Padma Mayurasana Vingt-cinq* (photo 267).

Uttana signifie un étirement intense, padma, le lotus, et mayura, le paon.

8. Restez dans cette posture pendant 10 à 15 secondes en respirant normalement.

9. En expirant, revenez en Urdhva Padmasana.

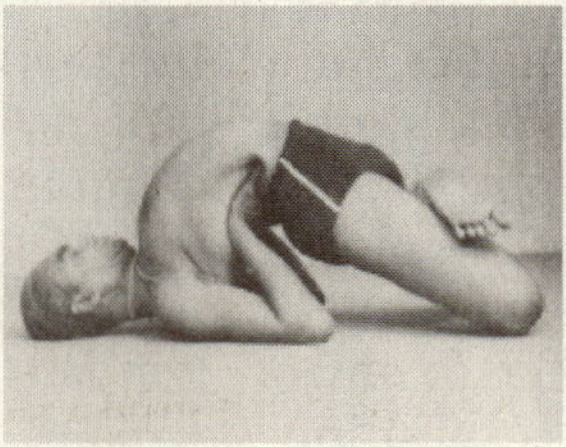

267

10. Décroisez les jambes, revenez en Salamba Sarvangasana et refaites la posture en plaçant le pied gauche sur la cuisse droite puis le pied droit sur la cuisse gauche. Restez dans toutes ces postures pendant une durée égale.

103. Pindasana en Sarvangasana Cinq* (photo 269).

Pinda signifie embryon ou fœtus. Dans cette variation de Sarvangasana, qui est une continuation de la précédente, les jambes croisées descendent jusqu'à ce qu'elles viennent toucher la tête. La posture ressemble à l'embryon dans l'utérus, d'où le nom.

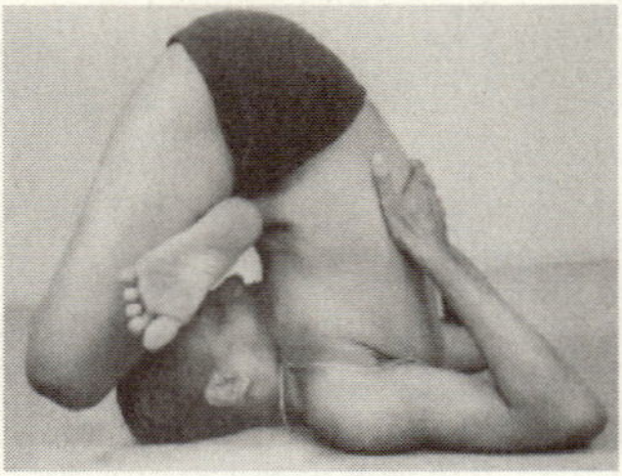

268

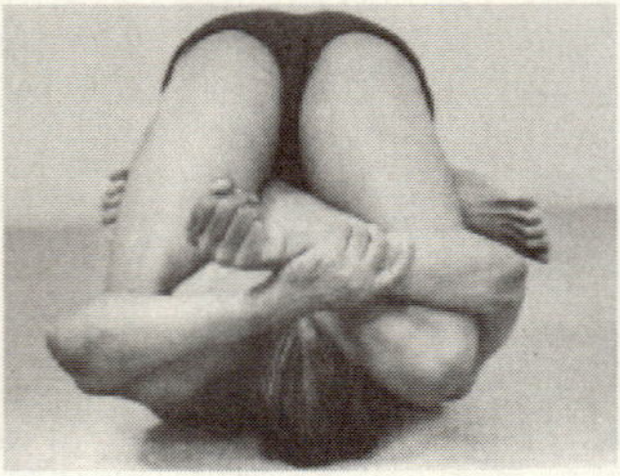

269

Technique.

1. Après avoir fait Urdhva Padmasana en Sarvangasana (photo 261), en expirant pliez et descendez les jambes en lotus vers la tête.

2. Posez les jambes sur la tête (photo 268).

3. Enlevez les mains du dos et entourez les jambes avec vos bras (photo 269). En entourant les jambes ramenez le buste le plus près possible du cou pour que les jambes se posent bien.

4. Maintenez cette posture pendant 20 à 30 secondes avec une respiration normale, et revenez en Urdhva Padmasana en Sarvangasana.

104. Parsva Pindasana en Sarvangasana Huit* (photos 270 et 271).

Parsva signifie côté ou flanc. Dans cette variation en Pindasana de la posture précédente, les deux genoux pliés descendent au sol et sont placés sur le côté du buste. C'est la posture, en torsion, de l'embryon en Sarvangasana.

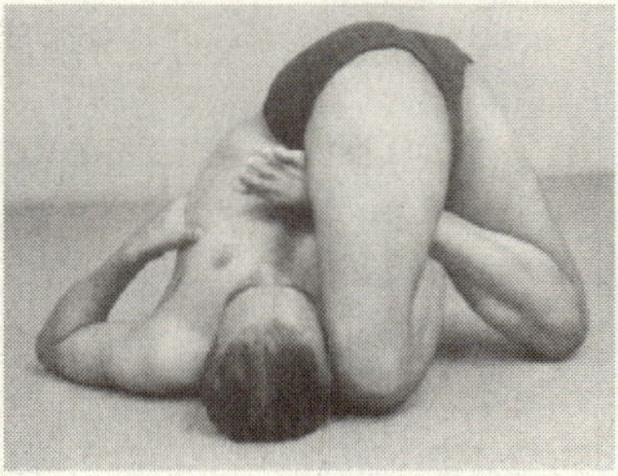

270

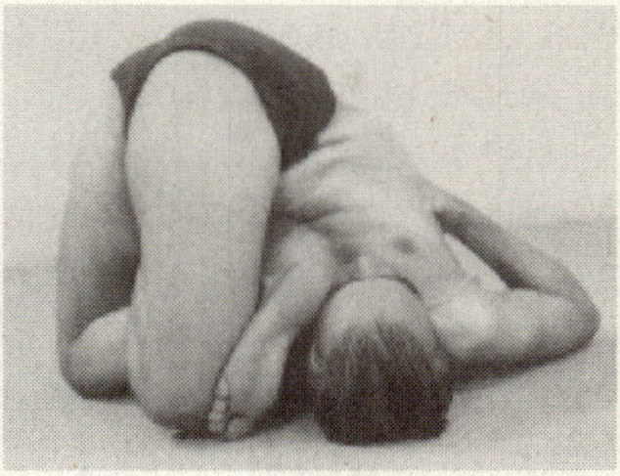

271

Technique.

1. Après Pindasana, lâchez les mains (photo 269), placez-les dans le dos à l'arrière des côtes (photo 268).

2. Tournez les hanches sur le côté droit et, en expirant, descendez les deux genoux au sol. Le genou gauche doit être tout près de l'oreille droite (photo 270).

3. Au début de l'entraînement, l'épaule gauche se soulève du sol. Faites descendre l'épaule vers le sol, et avec la main gauche pressez fermement le dos. Si vous ne faites pas cela, vous perdrez l'équilibre et vous ferez une culbute sur le côté.

4. Du fait de la torsion, la respiration sera rapide et difficile car le diaphragme est compressé dans cette posture.

5. Vous n'arriverez à poser votre genou au sol près de l'oreille qu'après un long entraînement.

6. Restez dans cette posture pendant 20 à 30 secondes en respirant normalement.

7. En expirant, remontez et sans défaire le lotus tournez-vous sur la gauche, de sorte que le genou droit se place près de l'oreille gauche (photo 271). Restez de ce côté pendant la même durée.

8. Revenez en Urdhva Padmasana (photo 261). Défaites le lotus et faites Salamba Sarvangasana.

9. Maintenant changez de jambe et faites le lotus de l'autre côté en mettant d'abord le pied gauche au-dessus de la cuisse droite, puis le pied droit au-dessus de la cuisse gauche, c'est-à-dire le contraire de la posture précédente.

10. Refaites les mêmes mouvements de chaque côté suivant les indications ci-dessus.

Effets des variations d'Urdhva Padmasana et de Parsva Pindasana en Sarvangasana.

Le fait de changer alternativement le croisement des jambes dans la posture du lotus apporte une pression égale des deux côtés de l'abdomen et du côlon, ce qui élimine la constipation. Pour les personnes souffrant de constipation chronique, il est recommandé de rester plus longtemps en Parsva Pindasana ; 1 minute de chaque côté se révélera particulièrement efficace. Ces postures soulagent les coliques aiguës.

Les personnes qui ont des genoux très souples peuvent faire facilement ces postures. Cependant, pour un grand nombre, il est difficile de croiser les jambes en Padmasana. Pour elles, il est recommandé de maintenir plus longuement Parsva Halasana (photo 249). Là aussi la colonne vertébrale et le buste bénéficient d'une torsion latérale, mais les jambes restent allongées.

Dans toutes ces postures, la respiration sera, au début de l'entraînement, rapide et difficile. Essayez de la rendre normale.

Note. Dans ces variations de Sarvangasana, on fait faire à la colonne vertébrale des mouvements en avant, sur le côté et en arrière. En Halasana, Eka Pada Sarvangasana, Karna Pidasana et Pindasana, la colonne est étirée vers l'avant. En Parsvaika Pada Sarvangasana, Parsva Halasana et Parsva Pindasana, elle est étirée latéralement, ainsi qu'en Parsva Sarvangasana et en Parsva Urdhva Padmasana. En Setu Bandha et Uttana Padma Mayurasana, elle est étirée en arrière. Ces mouvements dans tous les sens tonifient la colonne vertébrale et la maintiennent en bonne santé.

On raconte que pendant l'Âge Krita (le premier Âge du Monde) une armée de Danava (géants et démons) devinrent invincibles dans les batailles conduites par Vrta et dispersèrent les Deva (les Dieux). Ceux-ci comprirent qu'ils ne pourraient retrouver leur pouvoir tant que Vrta serait en vie. Ils allèrent trouver leur aïeul, Brahma, le créateur. Brahma leur recommanda de consulter Visnu qui leur demanda d'obtenir les os d'un sage appelé Dadhica, avec lesquels ils pourraient faire une arme pour tuer le démon. Les dieux apparurent au sage et, suivant le conseil de Visnu, le prièrent de leur accorder ce don. Le sage renonça alors à son corps au profit des dieux. Avec la colonne vertébrale de Dadhica on fabriqua Vajra, le foudre. Indra, le roi des dieux, lança le foudre sur Vrta et le tua.

L'histoire est symbolique. Les Danava représentent les qualités « tamasiques » des hommes et les maladies. Les Deva représentent la santé, l'harmonie et la paix. Pour détruire les qualités « tamasiques » et les maladies qui en découlent et pour jouir de la santé et du bonheur, notre colonne vertébrale doit devenir aussi forte qu'un foudre, comme celle de Dadhica. Alors nous jouirons abondamment de la santé, de l'harmonie et du bonheur.

105. Jathara Parivartanasana Cinq*

(photos 274 et 275).

Jathara signifie l'estomac, le ventre. Parivartana signifie enrouler, tourner autour.

272

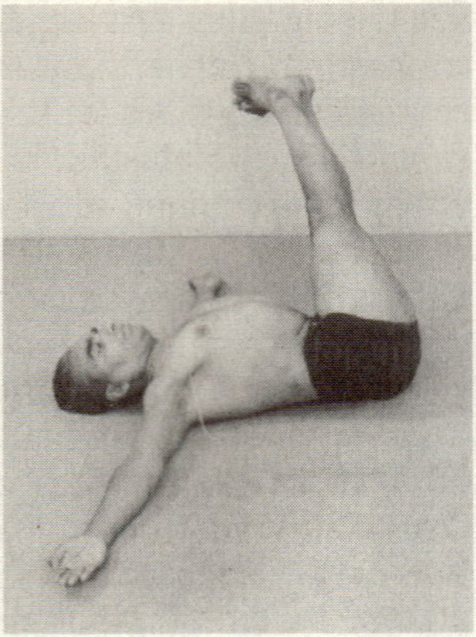

273

Technique.

1. Couchez-vous sur le dos (photo 219).

2. Tendez les bras sur les côtés dans l'axe des épaules, de sorte que le corps ressemble à une croix.

3. En expirant, levez les deux jambes ensemble verticalement. Vous devez les tendre au maximum, sans plier aux genoux (photo 272).

4. Restez dans cette position en faisant quelques respirations. Puis, en expirant, descendez les deux jambes sur le côté gauche (photo 273) jusqu'à ce que les orteils touchent presque le bout des doigts de la main gauche (photo 274). Essayez de garder le dos bien appuyé au sol. Au début, l'épaule droite se soulèvera du sol. Pour éviter cela, demandez à un ami de la presser au sol, ou bien accrochez-vous à un meuble avec la main droite lorsque les jambes tournent sur le côté gauche.

5. Les deux jambes doivent descendre ensemble et les genoux doivent rester tendus constamment. Autant que possible, la partie lombaire du dos doit rester en contact avec le sol, les jambes tournent uniquement depuis les hanches. Lorsque les jambes

vont vers la main gauche étirée, amenez l'abdomen vers la droite.

6. Restez dans la posture pendant environ 20 secondes, en gardant les jambes constamment tendues. Puis, en expirant, ramenez lentement les jambes, toujours tendues, à la verticale (photo 272).

7. Gardez les jambes verticales le temps de quelques respirations, puis refaites les mouvements en descendant les jambes vers la droite et en tournant l'abdomen vers la gauche (photo 275). Gardez la posture pendant la même durée, puis en expirant, revenez à la position de jambes verticales (photo 272) et descendez-les lentement jusqu'au sol (photo 219) et relaxez-vous.

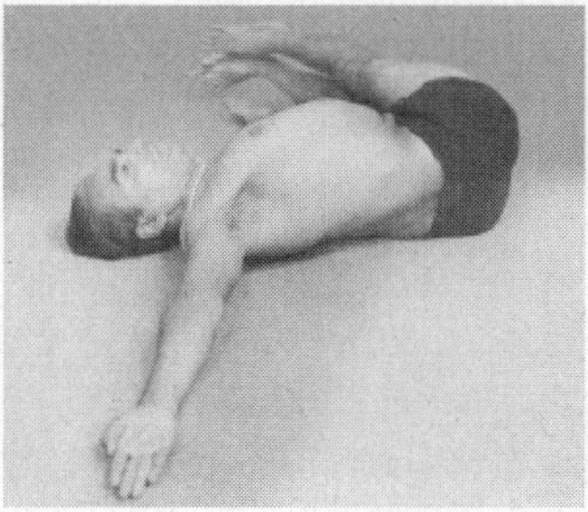
274

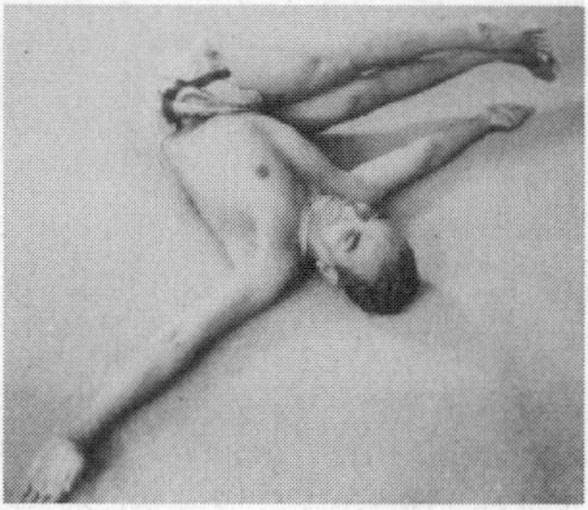
275

Effets.

Cet asana aide à réduire l'embonpoint. Il élimine la paresse du foie, de la rate et du pancréas, et les tonifie. Il soulage également les gastrites et fortifie les intestins. La pratique régulière de cet asana assure un bon fonctionnement de tous les organes abdominaux. Il soulage les douleurs dans le bas du dos et dans la région des hanches.

106. Urdhva Prasarita Padasana Un*
(photos 276 à 279).

Urdhva signifie droit, au-dessus, haut. Prasarita signifie tendu, étiré. Pada est le pied.

276

277

278

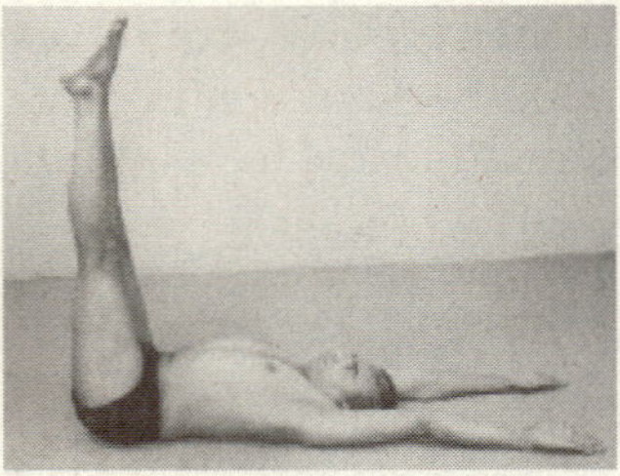
279

Technique.

1. Couchez-vous sur le dos en étirant les jambes et en tendant les genoux. Placez les mains le long des jambes (photo 219).

2. En expirant, levez les bras au-dessus de la tête et tendez-les (photo 276). Faites deux respirations.

3. En expirant, montez les jambes à un angle de 30° (photo 277) et maintenez cette position pendant 15 à 20 secondes en respirant normalement.

4. En expirant, montez les jambes à un angle de 60° (photo 278), maintenez cette position pendant 15 à 20 secondes en respirant normalement.

5. De nouveau, en expirant, montez les jambes jusqu'à la verticale (photo 279) et maintenez la position pendant 30 à 60 secondes avec une respiration normale.

6. Puis, en expirant, descendez lentement les jambes au sol et relaxez-vous.

7. Répétez trois ou quatre fois l'enchaînement des positions 2 à 6.

Note. Si vous ne pouvez pas faire les trois positions en une seule fois, faites-les en prenant un temps de repos entre chaque position.

Effets.

Cet asana se révèle être d'une efficacité étonnante pour réduire les rondeurs du ventre. Il fortifie la région lombaire du dos, tonifie les organes abdominaux et soulage les personnes souffrant de troubles gastriques et de flatulence.

107. Cakrasana Quatre* (photos 280 à 283).

Cakra signifie une roue. Dans cette posture, couchez-vous sur le sol, levez les deux jambes ensemble en les tendant, et amenez-les au-delà de la tête en Halasana (photo 239). Placez les mains près des oreilles et roulez au-dessus de la tête. Dans ce mouvement, le corps tourne comme une roue, d'où le nom.

280

281

282

283

Technique.

1. Couchez-vous sur le dos (photo 219).

2. En expirant, levez les deux jambes ensemble et amenez-les au-delà de la tête, en Halasana, les orteils posés sur le sol (photo 239). Faites deux ou trois respirations.

3. Amenez les mains au-dessus de la tête, pliez les coudes et placez les paumes au sol à côté des épaules, les doigts pointant dans le sens inverse des pieds (photo 280).

4. En expirant, pressez les mains sur le sol et étirez les jambes loin derrière pour soulever la nuque, puis roulez au-dessus de la tête comme sur les photos 281, 282 et 283.

5. Maintenant, tendez les bras et faites Adho Mukha Svanasana (photo 75).

6. Pliez les coudes, posez le buste sur le sol, retournez-vous sur le dos et relaxez-vous.

Effets.

Cet asana tonifie les organes abdominaux et la colonne vertébrale. Grâce à ce mouvement de roue, le sang circule abondamment autour de la colonne vertébrale et la régénère. Il a également une action efficace contre les troubles gastriques et la paresse du foie.

108. Supta Padangusthasana Treize*

(photo 285).

Supta signifie étendu sur le sol. Pada est le pied et Angustha, le gros orteil. Cet asana se fait en trois mouvements.

284

285

Technique.

1. Couchez-vous sur le dos, les deux jambes étirées et tendues aux genoux (photo 219).

2. En inspirant, levez la jambe gauche jusqu'à la verticale. Gardez la jambe droite tendue à fond sur le sol et posez la main droite sur la cuisse droite.

3. Levez le bras gauche et attrapez le gros orteil entre le pouce, l'index et le majeur (photo 284). Faites trois ou quatre respirations profondes.

4. En expirant, montez la tête et le buste, pliez le coude gauche et amenez la jambe gauche vers la tête sans plier au genou. Montez la tête et le buste ensemble et posez le menton sur le genou gauche (photo 285). Restez dans la posture pendant environ 20 secondes, en gardant la jambe droite sur le sol, tendue à fond et en respirant normalement.

5. En inspirant, ramenez la tête et le buste au sol et la jambe gauche à la position verticale (photo 284). Ceci termine le premier mouvement.

6. En expirant, attrapez le gros orteil gauche, pliez le genou gauche puis amenez le pied gauche vers l'épaule droite. Pliez le coude gauche, faites passer le bras gauche derrière la tête, puis avancez la tête dans l'espace entre l'avant-bras gauche et le tibia (photo 286). Faites quelques respirations profondes.

7. Inspirez, reposez la tête sur le sol, ramenez le bras gauche face à la tête et tendez le bras et la jambe gauches.

Ramenez la jambe gauche à la verticale en continuant de tenir le gros orteil (photo 284). Pendant le temps de la posture, la jambe droite reste également tendue au maximum sur le sol et la main droite est posée sur la cuisse. Ceci termine le second mouvement.

8. Expirez et, sans déranger la tête et le buste ni soulever la jambe droite du sol, faites descendre le bras avec la jambe gauche sur le côté gauche, jusqu'au sol (photo 287). Ne lâchez pas le gros orteil en amenant le bras gauche dans l'axe des épaules. Maintenez la posture pendant environ 20 secondes sans plier la jambe gauche au genou. Respiration normale.

9. Maintenant inspirez, et sans plier la jambe gauche au genou ramenez-la à la position verticale, sans lâcher le gros orteil gauche ni déranger la jambe droite tendue au sol (photo 284).

10. En expirant, lâchez le gros orteil, reposez la jambe gauche sur le sol à côté de la droite et posez la main gauche sur la cuisse gauche. Ceci termine le troisième mouvement. Au début de la pratique, il est difficile de maintenir la jambe tendue sur le sol pendant toute la durée de ces trois mouvements. Vous pouvez donc demander à un ami de presser la cuisse juste au-dessus du genou, pour aider la jambe à se maintenir au sol. Vous pouvez aussi appuyer le pied contre un mur.

11. Lorsque vous avez terminé ces trois mouvements du côté gauche, faites quelques respirations profondes, puis faites le côté droit en permutant droite et gauche.

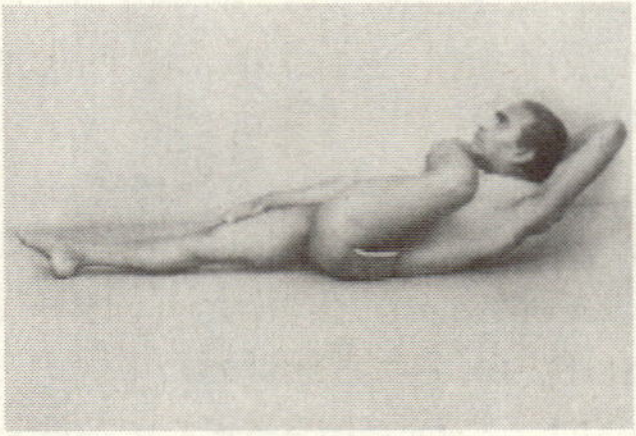

286

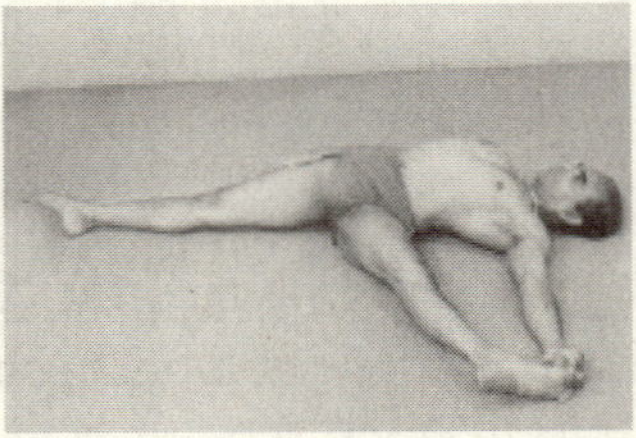

287

Effets.

Par la pratique de cet asana, les jambes se développent harmonieusement. Les personnes souffrant de sciatique et de paralysie des jambes tireront un grand profit de cette posture. Le sang circule abondamment dans les jambes et les hanches dont les nerfs sont ainsi régénérés. Elle fait disparaître la raideur des hanches et empêche les hernies de se développer. Elle peut être pratiquée aussi bien par les hommes que par les femmes.

109. Anantasana Neuf* (photo 290).

Ananta est l'un des noms de Visnu ; c'est aussi le lit de Visnu, le serpent Sesa. D'après la mythologie hindoue, Visnu dort sur l'océan primordial, couché sur Sesa, le serpent aux mille têtes. Pendant ce sommeil, un lotus sort de son nombril. De ce lotus, naît Brahma le Créateur, qui construira le monde. Après la création, Visnu s'éveille pour régner dans le plus haut des cieux, Vaikuntha. La statue de Visnu dans cette posture se trouve dans un temple dédié au Seigneur Ananta Padmanabha (padma = lotus, nabha = nombril) à Trivandrum en Inde du Sud.

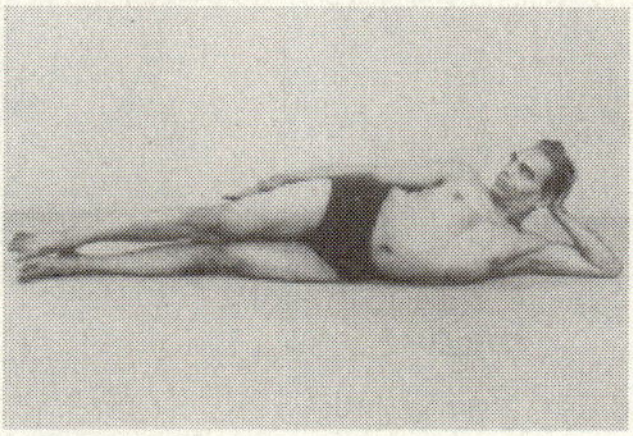

288

Technique.

1. Couchez-vous sur le dos (photo 219). En expirant, tournez-vous sur le côté gauche, le côté du corps étant ainsi en contact avec le sol.

2. Levez la tête, étirez le bras gauche au-delà de la tête dans l'axe du corps, pliez le coude gauche, levez l'avant-bras et posez la tête sur la paume de la main gauche, qui doit être placée derrière l'oreille (photo 288). Restez dans la posture pendant quelques secondes en respirant soit normalement, soit profondément.

3. Pliez le genou droit et attrapez le gros orteil droit entre le pouce, l'index et le majeur de la main droite (photo 289).

4. En expirant, dépliez le bras droit et étirez la jambe droite, verticalement (photo 290). Tenez la posture pendant 15 à 20 secondes avec une respiration normale.

5. En expirant, pliez le genou droit et retournez à la position 2.

6. Ôtez la tête de la main gauche et remettez-vous sur le dos (photo 219).

7. Faites la posture de l'autre côté pendant la même durée, et relaxez-vous.

289

290

Effets.

Cette posture produit un effet bénéfique sur la région pelvienne, et tonifie les muscles des mollets. Elle soulage également les maux de dos et empêche le développement de hernies.

110. Uttana Padasana Neuf* (photo 292).

Uttana signifie étiré à fond ou couché sur le dos avec la tête levée. Pada signifie jambe.

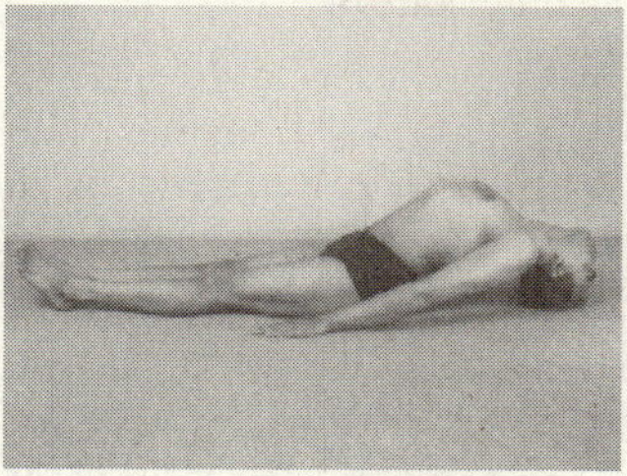

291

292

Technique.

1. Couchez-vous sur le dos, en gardant les pieds et les genoux serrés l'un contre l'autre. Les genoux doivent être tendus (photo 219). Faites trois ou quatre respirations profondes.

2. En expirant, soulevez le dos pour former une arche ; étirez le cou et ramenez la tête en arrière jusqu'à ce que le sommet du crâne soit posé sur le sol (photo 291). S'il vous est difficile de poser le sommet du crâne sur le sol, vous pouvez poser les mains sur le sol à côté de la tête, puis lever le cou et placer la tête aussi loin que possible en arrière en arquant les régions dorsale et lombaire. Puis allongez les bras le long du corps. Faites deux ou trois respirations.

3. Étirez le dos et, en expirant, montez les jambes jusqu'à former un angle de 45° ou 50° avec le sol. Levez les bras, parallèlement aux jambes, joignez les mains (photo 292). Les bras et les jambes doivent être maintenus tendus, sans plier les coudes ni les genoux. Les jambes doivent se toucher aux cuisses, aux genoux, aux chevilles et aux pieds.

4. Étirez les côtes au maximum et restez dans la posture pendant 30 secondes en respirant normalement.

Le corps est en équilibre sur le sommet de la tête et sur les fesses.

5. En expirant, abaissez les jambes et les bras sur le sol, allongez le cou et la tête, posez le dos sur le sol et relaxez-vous.

Effets.

Cet asana apporte une complète expansion à la cage thoracique et entretient la souplesse et la santé de la région dorsale de la colonne vertébrale. Il tonifie le cou et le dos et régularise l'activité de la glande thyroïde en lui assurant un apport de sang nouveau. Les muscles abdominaux sont également étirés et renforcés.

111. Setu Bandhasana Quatorze* (photo 296).

Setu signifie un pont. Setu Bandha signifie la construction d'un pont. Dans cette posture, le corps entier forme une arche qui est supportée, d'un côté, par le sommet de la tête, et, de l'autre, par les pieds, d'où le nom.

293

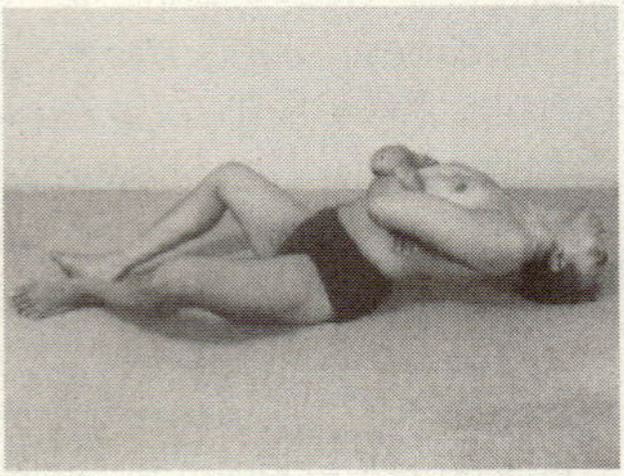

294

Technique.

1. Couchez-vous sur le dos (photo 219). Faites quelques respirations profondes.

2. Pliez les genoux, ouvrez les jambes en écartant les genoux et amenez les talons à l'intérieur vers les fesses.

3. Gardez les talons serrés, le côté extérieur fermement appuyé au sol.

4. Amenez les mains de chaque côté de la tête, et en expirant, montez le buste pour former une arche, et posez le sommet de la tête sur le sol (photo 293). Ramenez la tête le plus possible en arrière en étirant le cou et en soulevant les régions dorsale et lombaire.

5. Croisez les bras sur la poitrine en tenant le coude gauche avec la main droite et le coude droit avec la main gauche (photo 294). Faites deux ou trois respirations.

6. En expirant, montez les hanches (photo 295) et étirez les jambes jusqu'à ce qu'elles soient tendues (photo 296). Joignez les pieds et pressez-les fermement sur le sol. Le corps entier forme ainsi un pont ou une arche. D'un côté, le point d'appui est le sommet de la tête et, de l'autre côté, ce sont les pieds.

7. Maintenez la posture pendant quelques secondes en respirant normalement.

8. En expirant, décroisez les bras, placez les mains sur le sol, pliez les genoux, descendez les jambes et le buste au sol, remettez la tête droite et étirez le cou, puis allongez-vous sur le dos et relaxez-vous.

295

296

Effets.

Cet asana renforce le cou et tonifie les régions cervicale, dorsale, lombaire et sacrée de la colonne vertébrale. Les muscles extenseurs du dos et les hanches sont également renforcés. Les glandes pinéale, pituitaire, thyroïde et surrénales bénéficient d'un apport de sang supplémentaire, ce qui active leur fonctionnement.

112. Bharadvajasana I Un* (photos 297 et 298).

Bharadvaja était le père de Drona, le précepteur militaire des Kauravas et des Pandavas qui combattirent pendant la grande guerre décrite dans le *Mahabharata*. Cet asana est dédié à Bharadvaja.

Technique.

1. Asseyez-vous sur le sol les jambes allongées en avant (photo 77).

2. Fléchissez les genoux, pliez les jambes en arrière et ramenez les deux pieds sur le côté droit près de la hanche.

3. Les deux fesses posées sur le sol, tournez le buste à environ 45° vers la gauche, tendez le bras droit et placez la main droite sur le côté extérieur de la cuisse gauche près du genou gauche. Glissez la main droite sous le genou gauche, la paume touchant le sol.

4. En expirant, depuis l'épaule faites tourner le bras gauche derrière le dos, en pliant le coude, et avec la main gauche attrapez le biceps droit.

5. Tournez la tête vers la droite et regardez audessus de l'épaule droite (photos 297 et 298).

6. Maintenez la posture pendant 30 secondes en respirant profondément.

7. Relâchez les mains, étirez les jambes et refaites la posture de l'autre côté. Ramenez les deux pieds près de la hanche gauche, tournez le buste vers la droite, tendez le bras gauche, placez la paume gauche sous le genou droit et attrapez le biceps gauche avec la main droite passée derrière le dos. Restez de ce côté pendant la même durée que de l'autre côté.

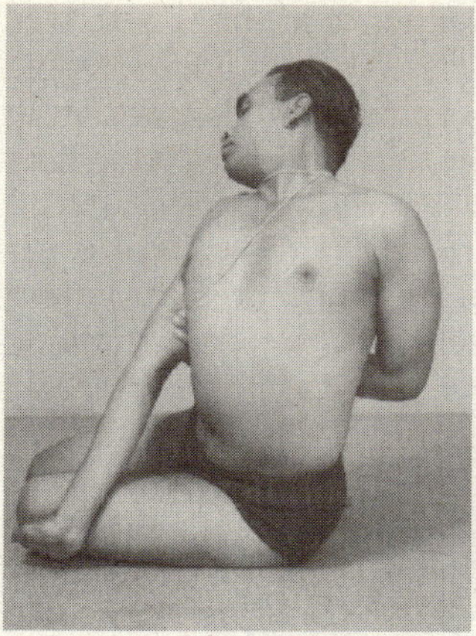

297

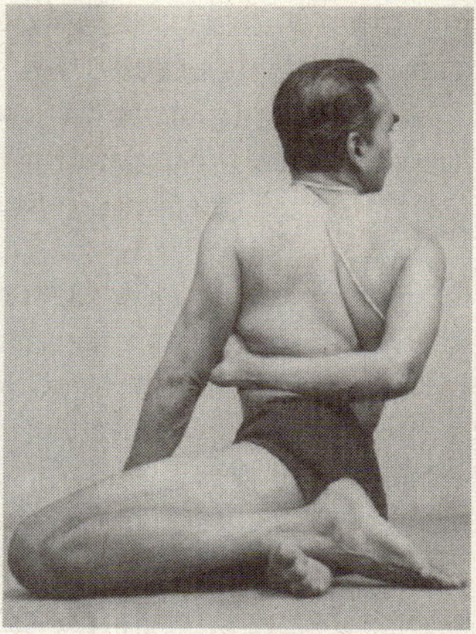

298

Effets.

Cet asana simple fait travailler les régions dorsale et lombaire de la colonne vertébrale. Les personnes qui ont un dos très raide auront beaucoup de difficultés à faire les autres postures en torsion latérale. Cette posture assouplit le dos. Elle est aussi très bénéfique pour les personnes qui souffrent d'arthrite.

113. Bharadvajasana II Deux* (photos 299 et 300).

Technique.

1. Asseyez-vous sur le sol les jambes allongées en avant (photo 77).
2. Pliez la jambe gauche au genou, prenez le pied gauche avec les mains et placez-le à la base de la cuisse droite près du bassin de sorte que le talon se trouve placé à côté du nombril. La jambe gauche sera alors en demi-lotus.
3. Pliez la jambe droite au genou, amenez le pied droit en arrière et placez le talon droit près de la

hanche. Maintenez les deux genoux sur le sol, très près l'un de l'autre.

4. En expirant, depuis l'épaule faites tourner le bras gauche, derrière le dos, en pliant le coude, et attrapez le pied gauche avec la main gauche.

5. Tendez le bras droit, placez la main droite sur le côté extérieur de la cuisse gauche près du genou gauche. Glissez la main droite sous le genou gauche, la paume touchant le sol et les doigts pointés vers la droite (photos 299 et 300).

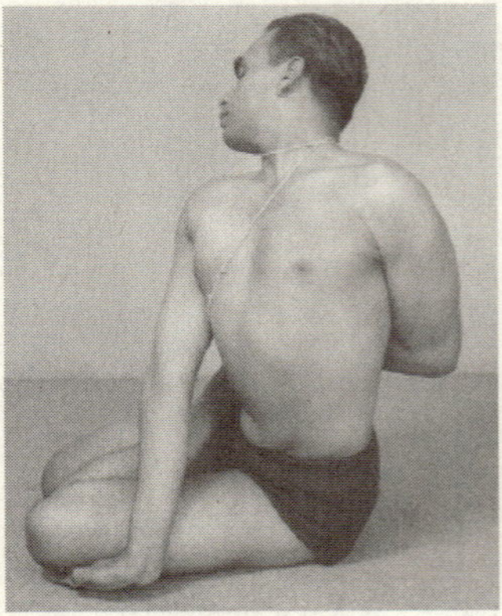

299

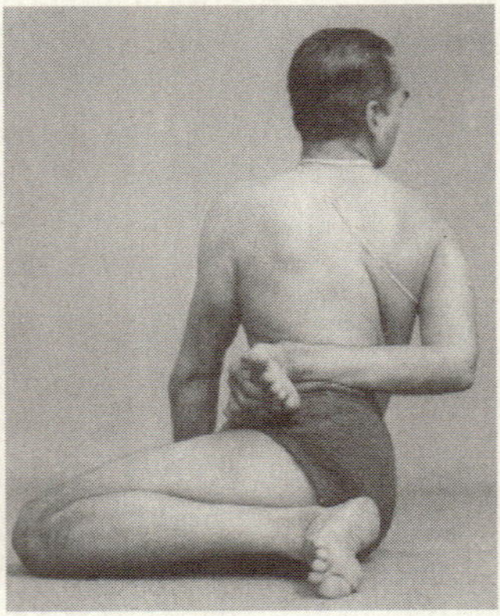

300

6. Sans lâcher le pied gauche, tournez le buste aussi loin que possible vers la gauche. Tournez la tête soit vers la gauche, soit vers la droite et regardez au-dessus de l'épaule.

7. Maintenez cette posture pendant 30 secondes à une minute en respirant normalement ou profondément.

8. Puis défaites la posture et refaites-la de l'autre côté pendant une durée égale. Vous placerez alors le pied droit à la base de la cuisse gauche que vous attraperez avec la main droite passée derrière le dos. Vous plierez la jambe gauche au genou et placerez le talon sur le sol près de la hanche gauche. Vous place-

rez la main gauche sous le genou droit et tournerez le buste aussi loin que possible vers le côté droit.

9. Lorsque cet asana a été fait des deux côtés, allongez les jambes et les bras et relaxez-vous.

Effets.

La pratique de cette posture assouplit les genoux et les épaules. Elle n'est pas très efficace pour les personnes qui ont une colonne vertébrale souple, mais ce sera une bénédiction pour les personnes qui souffrent d'arthrite.

114. Maricyasana III Dix* (photos 303 et 304).

C'est une des postures assises en torsion latérale.

301

302

Technique.

1. Asseyez-vous sur le sol les jambes allongées en avant (photo 77).

2. Pliez le genou gauche, placez le pied gauche à plat sur le sol. Le tibia doit être perpendiculaire au sol, et le mollet au contact de la cuisse. Placez le talon près du périnée. Le côté intérieur du pied gauche doit venir toucher le côté intérieur de la cuisse droite tendue.

3. En expirant, tournez la colonne à environ 90° vers la gauche, afin que la poitrine passe au-delà de la cuisse gauche pliée, et amenez le bras droit au-dessus de la cuisse gauche (photo 301).

4. Placez l'épaule droite au-delà du genou gauche et tendez le bras droit en avant en tournant la colonne vertébrale encore plus vers la gauche et en étirant le buste depuis la partie arrière des côtes flottantes droites (photo 302). Faites deux respirations.

5. En expirant, tournez le bras droit autour du genou gauche en pliant le coude droit, et placez le poignet droit dans le dos au niveau de la taille. Inspirez et maintenez la position.

6. En expirant profondément, amenez le bras gauche dans le dos. Agrippez la main droite avec la main gauche, ou vice versa (photos 303 et 304). Au début de la pratique, on arrivera difficilement à tourner le buste sur le côté, mais en s'exerçant, l'aisselle touchera le genou plié. Après avoir réussi à tourner le bras derrière le genou, on trouvera également difficile de rejoindre les mains. Petit à petit, on apprendra à attraper les doigts, puis la paume et enfin le poignet.

7. Le bras droit doit bloquer fermement le genou gauche plié. Il ne doit pas y avoir d'espace entre l'aisselle droite et le genou gauche.

8. Après avoir joint les mains dans le dos, tournez plus encore la colonne vertébrale vers la gauche grâce à la traction des mains.

9. Toute la surface de la jambe qui est allongée doit rester fermement en contact avec le sol, mais cela ne sera pas possible au début. Il faut tendre la jambe de sorte que la rotule soit remontée vers la cuisse et également étirer le mollet. Ainsi la jambe restera fermement tendue sur le sol.

10. Restez dans la posture pendant 30 à 60 secondes en respirant normalement. On peut tourner la tête d'un côté et regarder les orteils de la jambe tendue, ou la tourner de l'autre côté et regarder au-dessus de l'épaule.

11. Relâchez les mains et ramenez le buste à sa position initiale. Dépliez la jambe gauche et étirez-la sur le sol.

12. Puis refaites la posture de l'autre côté. Cette fois pliez la jambe droite et placez le pied droit à plat sur le sol ; le talon doit toucher le périnée et le côté intérieur du pied droit doit toucher le côté intérieur de la cuisse gauche tendue. Tournez le buste à environ 90° vers la droite de sorte que l'aisselle gauche soit au contact du genou droit plié. En expirant, tournez le bras gauche autour du genou droit et amenez la main gauche au niveau de la taille, dans le dos. Puis, en expirant, tournez le bras droit derrière le dos en pliant le coude, amenez la main droite vers la gauche et joignez-les. Tournez au maximum vers la droite et regardez vers les orteils de la jambe gauche tendue ou au-dessus de l'épaule droite. Restez de ce côté pendant la même durée. Relâchez les mains, ramenez le buste à sa position initiale, étirez la jambe droite sur le sol et relaxez-vous.

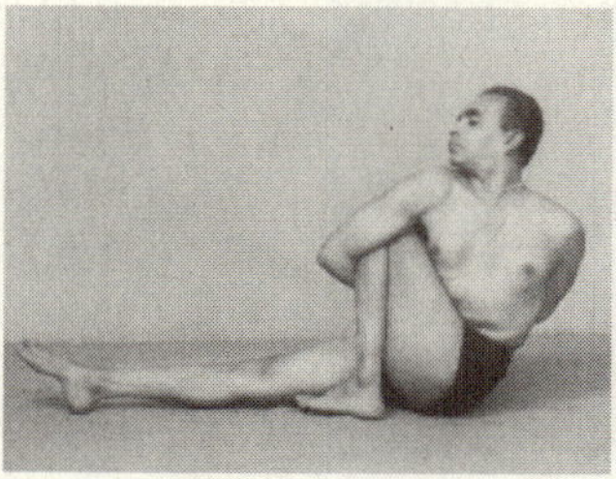

303

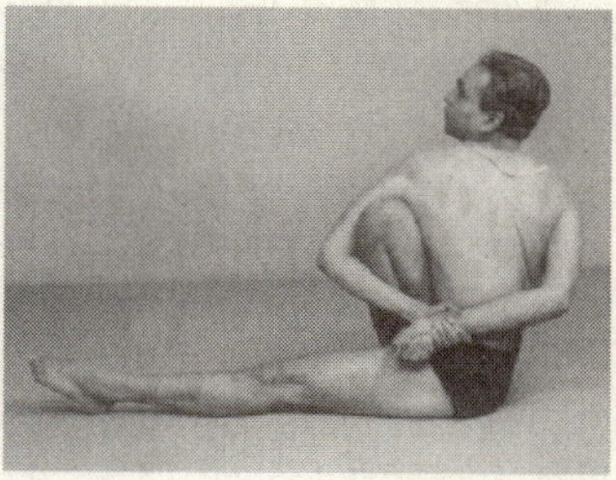

304

Effets.

La pratique régulière de cet asana fait disparaître les douleurs dans les hanches, les lumbagos et les maux de dos insupportables. Le foie et la rate sont contractés, et ainsi tonifiés ils cessent d'être paresseux. Les muscles du cou sont renforcés. Les entorses de l'épaule et les déplacements des articulations de l'épaule sont soulagés et les mouvements des épaules deviennent aisés. Cet asana a également un effet bénéfique sur les intestins. Cependant, les effets seront moindres sur les personnes maigres, pour lesquelles des postures plus efficaces sont décrites plus loin. Il aide également à réduire le volume du ventre.

115. Maricyasana IV Onze* (photo 305).

Cette variation réunit les mouvements de Maricyasana II (photo 146) et de Maricyasana III (photo 303).

Technique.

1. Asseyez-vous sur le sol les jambes allongées en avant (photo 77).

2. Pliez la jambe droite au genou et placez le pied droit à la base de la cuisse gauche. Le talon droit doit presser contre le nombril, les orteils doivent être étirés et pointés. La jambe droite est ainsi en demi-Padmasana.

3. Pliez la jambe gauche au genou et placez le talon et la plante du pied à plat sur le sol. Gardez le tibia perpendiculaire au sol afin que la cuisse et le mollet gauches se touchent et que le talon gauche soit en contact avec le périnée.

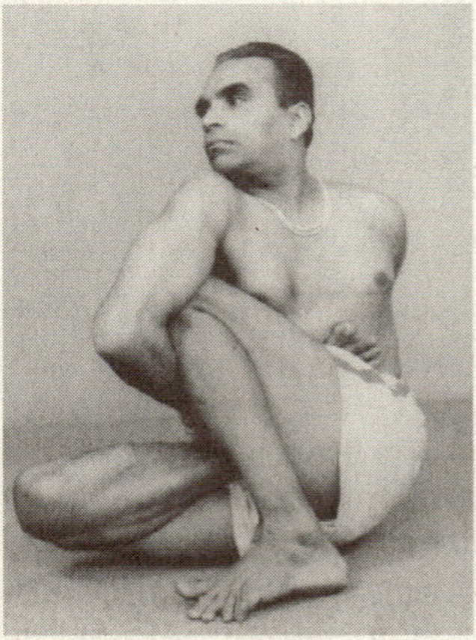

305

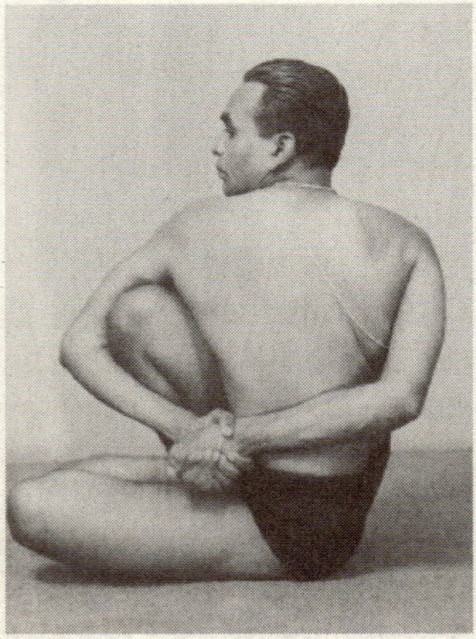

306

4. En expirant, tournez la colonne vertébrale d'environ 90° vers la gauche, de façon à ce que l'omoplate droite touche le côté extérieur de la cuisse gauche.

5. Placez l'épaule droite au-delà du genou gauche puis étirez le bras droit en avant avec un mouvement en torsion de la colonne vers la gauche encore plus grand ; ce mouvement a sa base dans la région arrière des côtes flottantes. Faites une respiration.

6. En expirant, entourez le genou gauche avec le bras droit, pliez le coude et placez la main droite dans le dos au niveau de la taille. Le genou gauche doit être fermement bloqué derrière l'aisselle droite. Faites une respiration.

7. Puis, dans une profonde expiration, depuis l'épaule tournez le bras gauche derrière le dos et joignez les mains. Étirez la poitrine et la colonne vertébrale vers le haut (photos 305 et 306).

8. Maintenez cette posture pendant 30 secondes. La respiration sera rapide.

9. Relâchez les mains et dépliez les jambes.

10. Puis faites la posture de l'autre côté en permutant droite et gauche. Maintenez la posture pendant la même durée de chaque côté. Après avoir relâché les mains et déplié les jambes, relaxez-vous.

Effets.

La pression du talon sur le nombril et l'étreinte des mains dans le dos régénère les centres nerveux de la région ombilicale, ce qui tonifie le foie, la rate et le pancréas. Les calcifications de l'articulation de l'épaule se dissolvent et l'épaule s'assouplit.

116. Ardha Matsyendrasana I Huit*
(photos 311 et 312).

Ardha signifie demi. Dans la *Hatha Yoga Pradipika*, Matsyendra est mentionné comme étant l'un des fondateurs de la Science du yoga (Hatha Vidya). On raconte qu'un jour, le Seigneur Siva conduisit Parvati, son épouse, sur une île déserte et lui dévoila les mystères du yoga. Près du rivage, un poisson écouta tout le récit avec concentration, sans bouger. Siva s'apercevant que le poisson avait assimilé le yoga, l'aspergea d'eau, et immédiatement le poisson, prenant une forme divine, devint Matsyendra (le Seigneur des Poissons) qui répandit, par la suite, la connaissance du yoga. Paripurna Matsyendrasana (photos 336 et 339), où l'on donne à la colonne vertébrale une torsion maximum, est dédié à Matsyendra. Ardha Matsyendrasana est une version atténuée de cet asana.

Technique.

1. Asseyez-vous sur le sol les jambes allongées en avant (photo 77).

2. Pliez le genou gauche et joignez la cuisse et le mollet ; soulevez les fesses du sol, placez le pied gauche sous les fesses et asseyez-vous sur le pied de sorte que la fesse gauche repose sur le talon gauche. Le pied qui est utilisé comme siège doit être posé sur le sol sur son côté extérieur ainsi que la cheville et le petit orteil. Si le pied n'est pas placé ainsi, il sera impossible de s'asseoir dessus. Trouvez un équilibre stable dans cette position.

3. Pliez ensuite le genou droit, soulevez la jambe droite du sol, placez-la contre le bord extérieur de la cuisse gauche de sorte que le côté extérieur de la cheville droite touche le côté extérieur de la cuisse gauche posée au sol. Cherchez l'équilibre dans cette position en maintenant le tibia droit perpendiculaire au sol (photo 307).

4. Tournez le buste à 90° vers la droite jusqu'à ce que l'aisselle gauche touche le côté extérieur de la cuisse droite. Amenez l'aisselle au-delà du genou (photo 308). En expirant, étirez le bras gauche depuis l'épaule et tournez autour du genou droit. Pliez le coude et amenez le poignet gauche dans le dos au niveau de la taille.

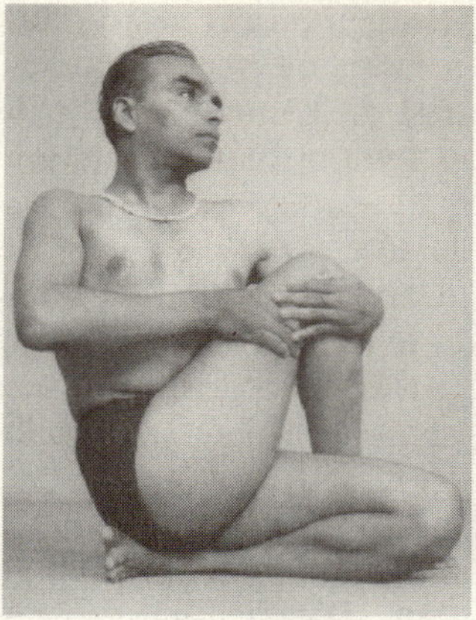
307

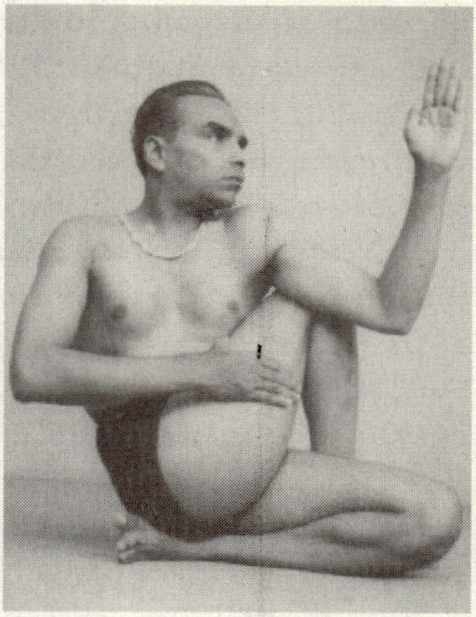
308

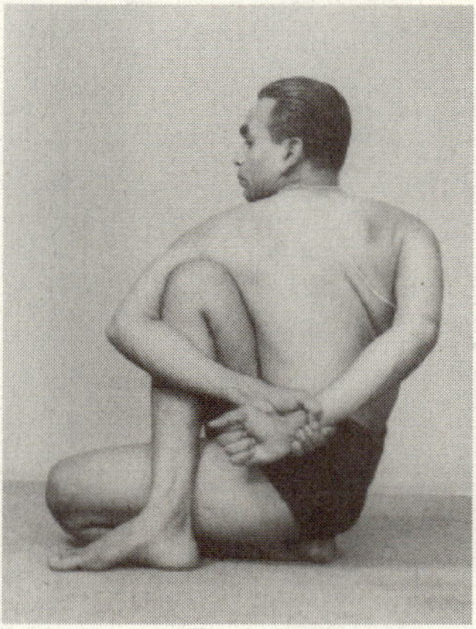
309

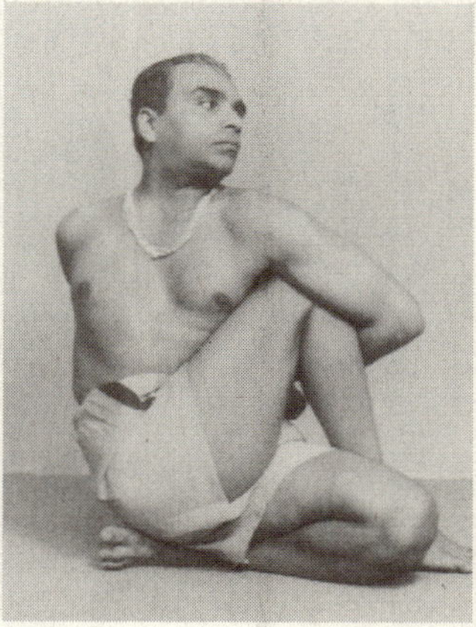
310

5. Le bras gauche doit presser fermement le genou droit et il ne doit y avoir aucun espace entre l'aisselle gauche et le genou droit plié. Pour cela, en expirant, étirez le buste en avant. Restez dans cette position et faites deux respirations.

6. Maintenant, en expirant profondément, tournez le bras droit depuis l'épaule, pliez le coude, amenez

la main droite dans le dos, et agrippez la main gauche, ou vice versa. Au début, vous ne pourrez attraper qu'un doigt ou deux. Avec de l'entraînement, il vous sera possible d'attraper les paumes, et ensuite les poignets (photo 309).

7. Vous pouvez tourner la tête vers la gauche et diriger le regard au-dessus de l'épaule gauche (photo 310), ou vers la droite et fixer le regard au centre des sourcils (photos 311 et 312). La torsion de la colonne vertébrale sera plus importante si vous tournez la tête vers la gauche.

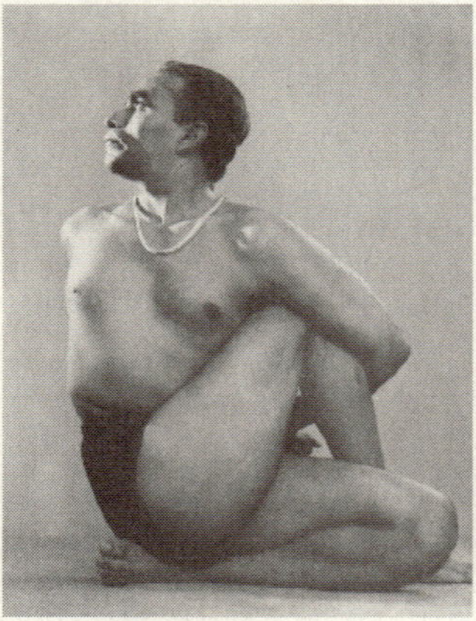

311

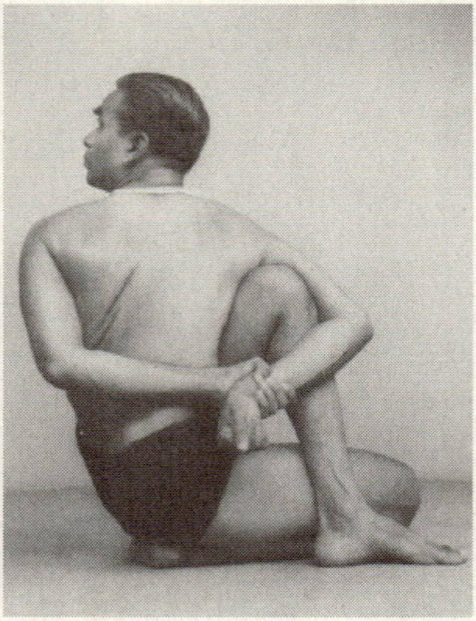

312

8. Du fait que le diaphragme est comprimé par la torsion de la colonne, au début la respiration sera rapide et courte. Ne vous en inquiétez pas. Après un certain temps d'entraînement, vous pourrez maintenir la posture pendant 30 à 60 secondes avec une respiration normale.

9. Relâchez les mains, dépliez les jambes et étendez-les.

10. Faites la posture de l'autre côté pendant la même durée. Pliez alors la jambe droite et asseyez-vous sur le pied droit de sorte que le talon droit se

trouve sous la fesse droite. Placez la jambe gauche au-dessus de la droite et posez le pied gauche sur le sol ; le côté extérieur de la cheville gauche doit toucher le côté extérieur de la cuisse droite posée au sol. Tournez le buste à 90° vers la gauche, placez l'aisselle droite au-delà du genou gauche et entourez le genou gauche avec votre bras droit. Pliez le coude droit et amenez la main droite dans le dos au niveau de la taille. Maintenez la posture et faites deux respirations. En expirant profondément, tournez le bras gauche depuis l'épaule, pliez le coude et agrippez les deux mains dans le dos. Puis relâchez tout et relaxez-vous.

11. Au début, il se peut que vous ne puissiez pas tourner le bras autour du genou opposé. Dans ce cas, essayez d'attraper le pied opposé en gardant le bras tendu au coude (photos 313 et 314). Cela demande aussi du temps avant de pouvoir agripper les mains dans le dos. Progressivement, l'étirement arrière des bras s'améliorera et il sera possible d'attraper d'abord les doigts, puis les paumes et enfin le poignet, et même l'avant-bras lorsque l'on maîtrise la posture. Les débutants qui ont des difficultés à s'asseoir sur le pied peuvent s'asseoir sur le sol (photos 315 et 316).

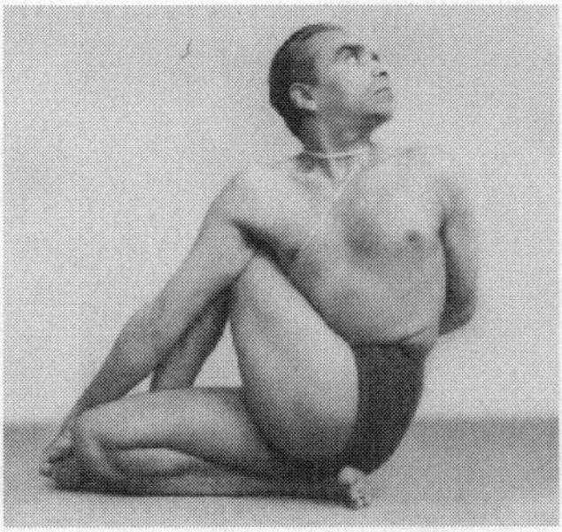

313

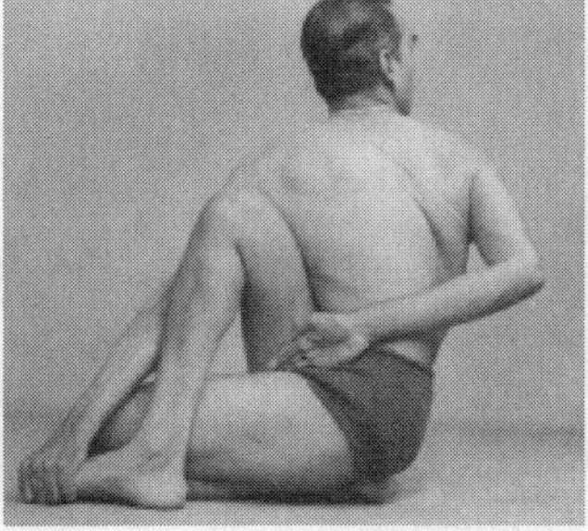

314

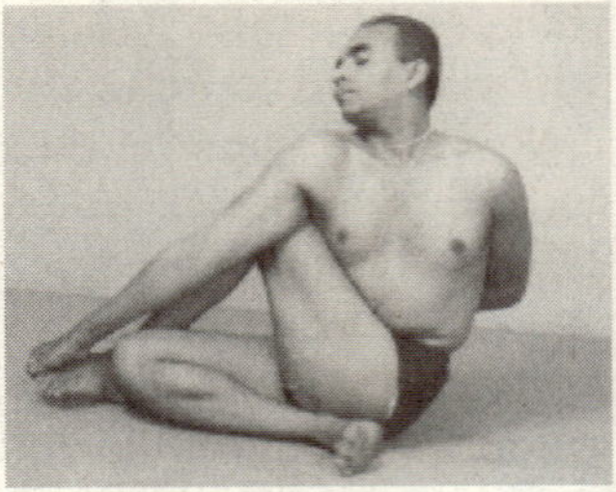

315

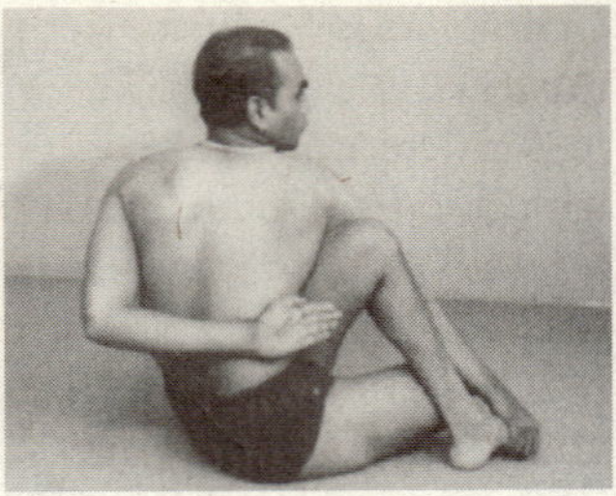

316

Effets.

La pratique de cet asana procure les mêmes effets que ceux mentionnés dans Maricyasana III (posture 114 et photo 303). Mais ici, du fait que l'ensemble des mouvements est intensifié, les effets en seront également plus importants. En pratiquant Maricyasana III, la partie supérieure de l'abdomen est comprimée. Ici c'est la partie inférieure de l'abdomen qui reçoit le bénéfice de la posture. Si l'on s'entraîne régulièrement, on ne souffrira pas de dilation de la prostate ni de la vessie.

117. Malasana I Huit* (photo 321).

Mala signifie guirlande.

Les deux techniques pour pratiquer cet asana sont données ci-dessous.

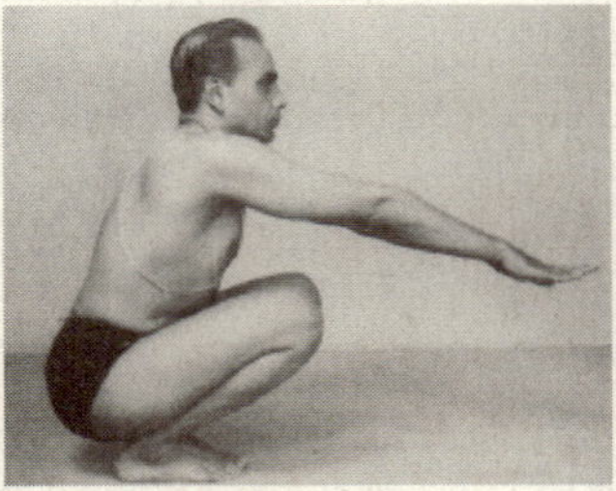

317

318

Technique.

1. Accroupissez-vous en gardant les pieds joints. Le talon et la plante des pieds doivent être en contact avec le sol. Remontez un peu les fesses et cherchez l'équilibre (photo 317).

2. Maintenant, écartez les genoux et avancez le buste.

3. En expirant, passez les bras devant vos jambes pliées et posez les mains sur le sol (photo 318).

4. L'une après l'autre, amenez les mains dans le dos et accrochez les doigts (photos 319 et 320).

319

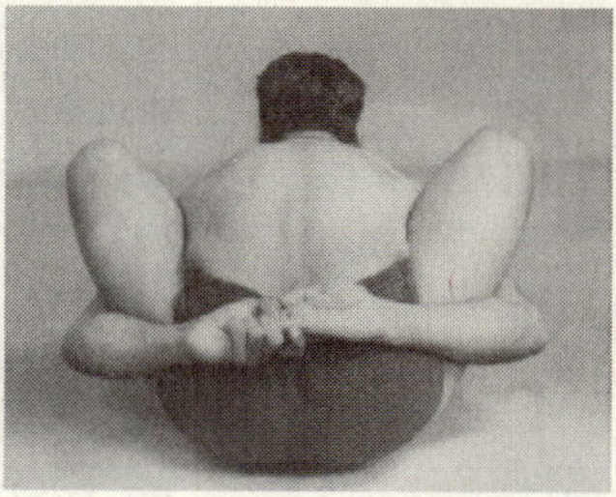

320

5. Puis, étirez le dos et le cou en haut et en avant.

6. Restez dans cette position pendant 30 à 60 secondes en respirant normalement.

7. Maintenant, en expirant, penchez-vous en avant et posez la tête sur le sol (photo 321). Restez dans cette position pendant 30 à 60 secondes également en respirant normalement.

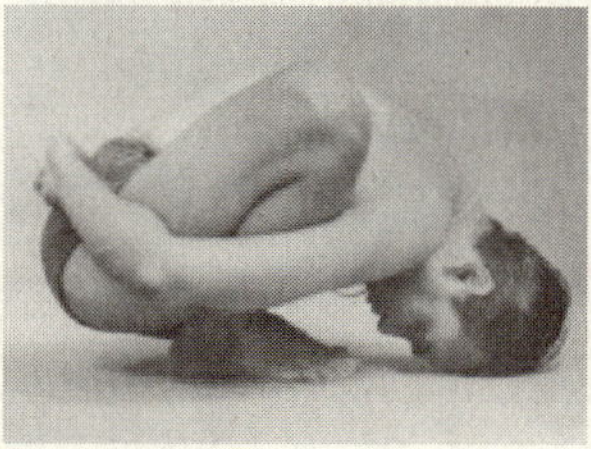

321

8. En inspirant, relevez la tête du sol et reprenez la position 5.

9. Relâchez les mains et allongez-vous.

Effets.

Cet asana tonifie les organes abdominaux et soulage les maux de dos.

118. Malasana II Deux* (photo 322).

Technique.

1. Accroupissez-vous en gardant les pieds joints. Les talons et les plantes de pied doivent être en contact avec le sol. Remontez un peu les fesses et cherchez l'équilibre (photo 317).

2. Écartez les cuisses et les genoux, avancez le buste jusqu'à ce que les aisselles arrivent au-delà des genoux.

3. Étirez-vous en avant et attrapez l'arrière des pieds.

4. Puis, en expirant, amenez la tête vers les orteils pour y poser le front (photo 322).

5. Maintenez la posture pendant environ 1 minute avec une respiration normale.

6. En inspirant, relevez la tête, relâchez les mains et relaxez-vous sur le sol.

322

Effets.

Cette posture active les organes abdominaux. Les femmes qui souffrent de vives douleurs dans le dos pendant leurs règles seront soulagées ; leur dos sera détendu.

Dans ces deux postures, les bras entourent le corps comme une guirlande, d'où le nom.

119. Pasasana Quinze* (photos 328 et 329).

Pasa signifie un lacet ou une corde. Dans cette posture, il faut s'accroupir, tourner le buste d'environ 90°, enrouler un bras autour des deux cuisses, tourner l'autre bras depuis l'épaule et agripper les mains dans le dos. Les bras sont utilisés comme une corde qui maintiendrait serrés le buste et les jambes, d'où le nom.

Technique.

1. Accroupissez-vous en ayant les talons et les plantes de pieds entièrement posés au sol.
2. Maintenez les genoux et les talons serrés, soulevez légèrement les fesses du sol et cherchez l'équilibre (photo 317).
3. Lorsque vous avez trouvé l'équilibre, tournez le buste vers la droite, à environ 90°, et amenez l'aisselle gauche au-delà de l'extérieur de la cuisse droite près du genou (photo 323). Pour parvenir à la torsion maximum, il faut avancer le genou gauche d'environ 3 centimètres.
4. En expirant, étirez le bras gauche depuis l'épaule (photo 324), sans laisser d'espace entre l'aisselle gauche et la cuisse droite, entourez la cuisse droite de votre bras gauche, puis en pliant le coude gauche vers la cuisse gauche, amenez la main près de la hanche gauche. Faites une respiration.
5. En expirant, tournez le bras droit depuis l'épaule, amenez-le dans le dos en pliant le coude et accrochez les doigts entre eux dans le dos près de la hanche gauche (photo 325).
6. Progressivement, agrippez les paumes (photo 326), puis quand cela devient aisé, les poignets (photos 327, 328, et 329).

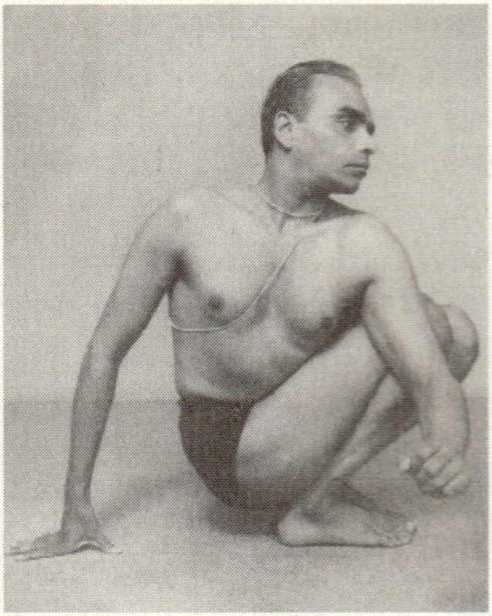

323

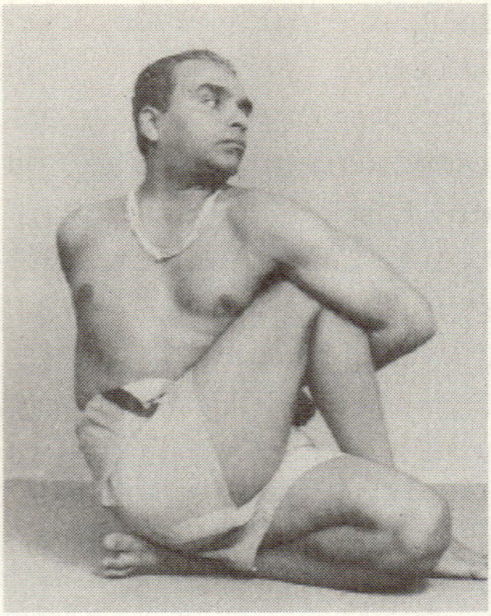

324

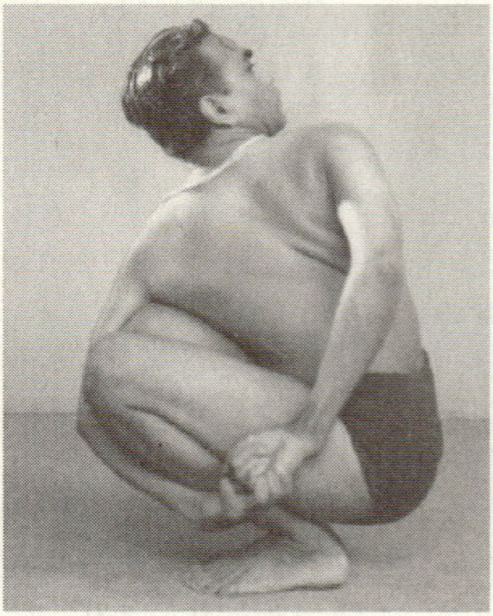

325

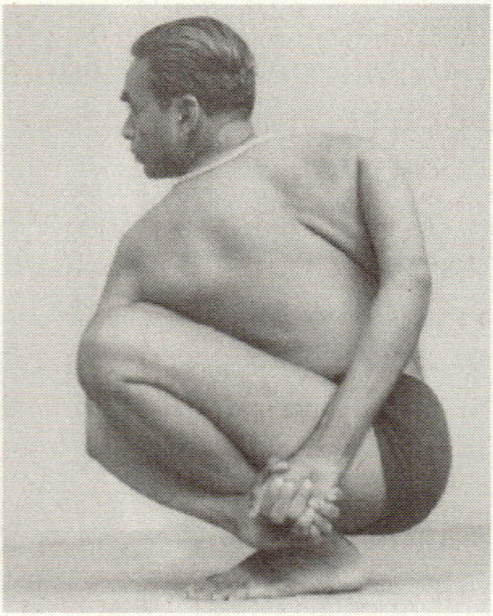

326

7. Tendez les muscles des mollets pour maintenir l'équilibre, étirez la colonne vertébrale en vrille aussi loin que possible vers la droite et restez dans la posture pendant 30 à 60 secondes en respirant normalement. Tournez la tête d'un côté ou de l'autre et regardez au-delà de l'épaule.

8. Relâchez les mains, faites la posture de l'autre côté. Tournez alors le buste vers la gauche, entourez

la cuisse gauche de votre bras droit, puis en pliant le coude droit vers la cuisse droite, amenez la main près de la hanche droite. Puis, en expirant, tournez le bras gauche depuis l'épaule, amenez-le dans le dos en pliant le coude et agrippez la main droite avec votre main gauche, dans le dos près de la hanche droite.

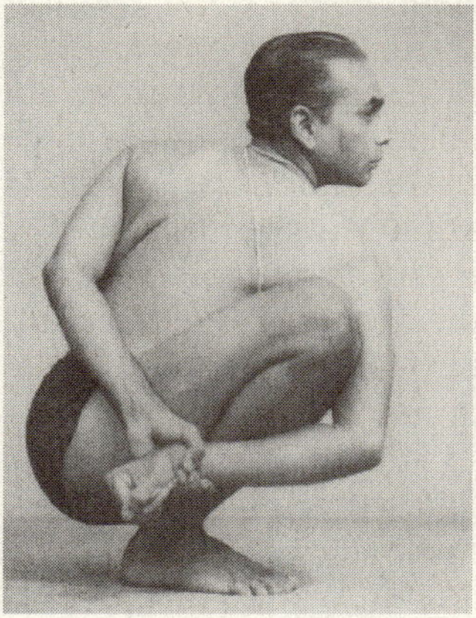

327

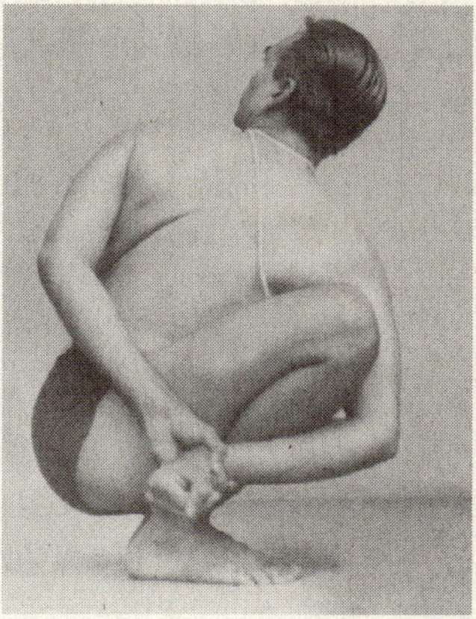

328

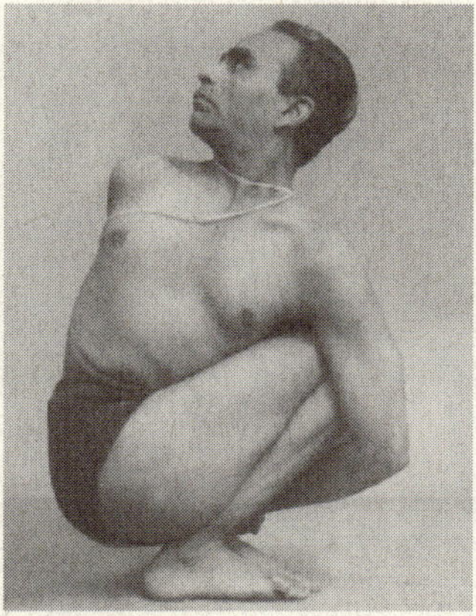

329

Effets.

Cette posture apporte de la force et de la souplesse aux chevilles. Les personnes ayant un métier qui les oblige à rester longtemps debout reposeront leurs pieds dans cette posture. Elle tonifie et rend agile la colonne vertébrale. Les épaules sont renforcées et leurs mouvements deviennent aisés. Cette posture fait diminuer la surcharge graisseuse enveloppant l'abdomen, masse les organes abdominaux et en même temps développe harmonieusement la cage thoracique. Elle est plus intense, et donc les bienfaits en sont plus grands, que Ardha Matsyendrasana I et II (photos 311 et 330). Elle est un remède contre la paresse du foie, de la rate, du pancréas, et est recommandée aux personnes souffrant du diabète. Elle facilite également la digestion.

120. Ardha Matsyendrasana II Dix-neuf*

(photos 330 et 331).

Cet asana est une variation de Ardha Matsyendrasana I (photo 311). Elle apporte à la colonne vertébrale une torsion latérale plus importante.

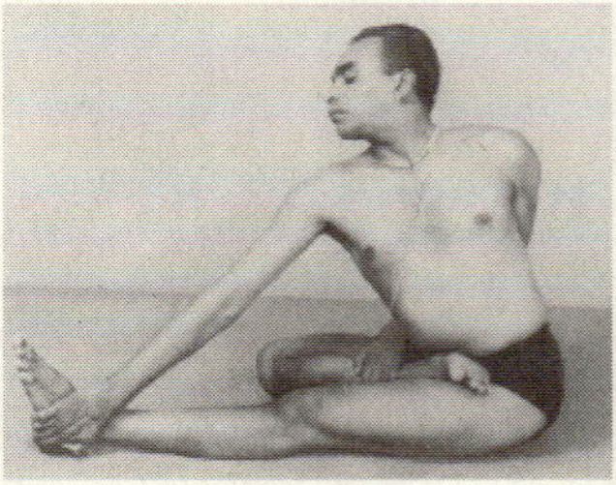

330

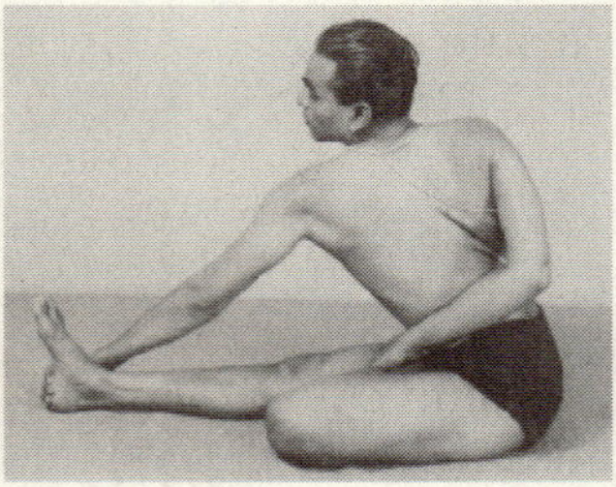

331

Technique.

1. Asseyez-vous sur le sol, les jambes allongées en avant (photo 77).

2. Pliez le genou droit et placez le pied droit à la base de la cuisse gauche, le talon pressant le nombril.

3. En expirant, tournez le buste vers la gauche à environ 90°, depuis l'épaule lancez le bras gauche dans le dos, pliez le coude gauche, et avec la main gauche attrapez la cheville ou le tibia droit.

4. La jambe gauche doit rester constamment tendue sur le sol, la main droite doit attraper le gros orteil ou la plante du pied gauche, et le bras droit reste tendu. Au début, il sera difficile de maintenir la jambe gauche tendue pendant tout le temps de la posture. Vous pouvez donc plier le genou gauche, attraper le gros orteil avec la main droite, et ensuite tendre à la fois le bras droit et la jambe gauche. Tournez la tête vers la droite et regardez au-delà de l'épaule droite (photo 330).

5. Maintenez les genoux l'un près de l'autre et restez dans cette position pendant 30 à 60 secondes en essayant de garder une respiration normale, qui, au début, sera rapide du fait de la torsion latérale.

6. Relâchez les mains, allongez les deux jambes, puis faites la posture de l'autre côté en permutant droite et gauche (photo 331).

7. Restez des deux côtés pendant la même durée et relaxez-vous.

Effets.

Les organes abdominaux sont tonifiés en raison de leur contraction d'un côté et de leur étirement de l'autre côté. La torsion latérale de la colonne vertébrale fait disparaître les maux de dos, lumbagos et douleurs dans les articulations de la hanche. Les muscles du cou sont renforcés et les mouvements des épaules deviennent plus aisés. On ne souffrira pas d'hypertrophie de la prostate ou de la vessie si l'on fait régulièrement cet asana. Il prépare à la pratique de Paripurna Matsyendrasana (photos 336 et 339) où l'on donne à la colonne vertébrale une torsion latérale maximum.

121. Ardha Matsyendrasana III Vingt-deux* (photos 332 et 333).

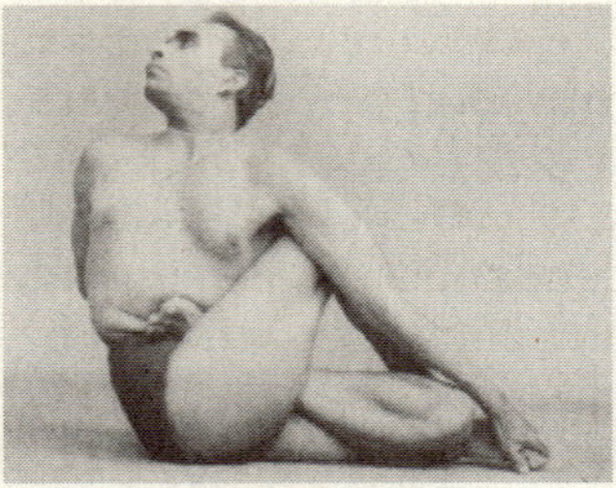

332

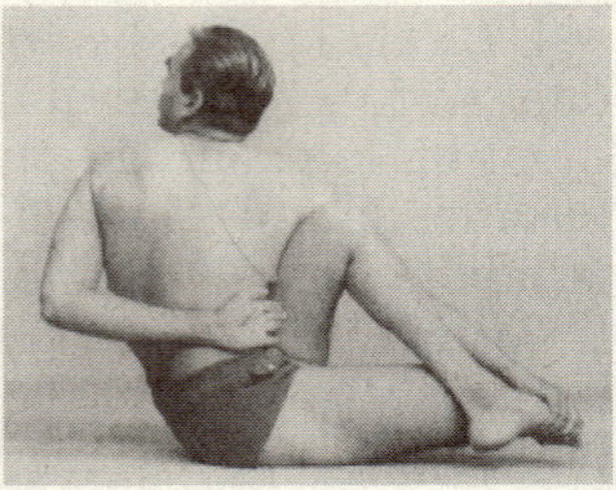

333

Technique.

1. Asseyez-vous sur le sol les jambes allongées en avant (photo 77).

2. Pliez le genou gauche et placez le pied gauche à la base de la cuisse droite, le talon pressant le nombril.

3. Pliez le genou droit, soulevez la jambe droite du sol et placez le pied sur le côté extérieur de la cuisse gauche. Le côté extérieur de la cheville droite touchera alors le côté extérieur de la cuisse gauche posée au sol. Faites deux ou trois respirations.

4. En expirant, tournez le buste vers la droite à 90° et amenez l'épaule gauche au-delà du genou droit. Ne laissez pas d'espace entre l'aisselle gauche et la cuisse droite et prenez le pied droit avec la main gauche.

5. Tournez le bras droit dans le dos en le pliant au coude et posez la main dans le dos.

6. Tournez la tête vers la droite, relevez le menton et dirigez votre regard soit vers le centre des sourcils ou vers le bout du nez (photos 332 et 333).

7. Maintenez la posture pendant 30 à 60 secondes, selon votre endurance. La respiration deviendra rapide, mais essayez de la ramener à un rythme normal.

8. Relâchez la prise du pied droit, ramenez la jambe droite en avant et allongez-la. Défaites également la jambe gauche et allongez-la.

9. Faites la posture de l'autre côté pendant la même durée et relaxez-vous.

Effets.

Cette posture exerce et masse les organes abdominaux et les maintient en bonne santé. Elle tonifie et assouplit la colonne vertébrale. C'est une posture préparatoire à Paripurna Matsyendrasana (photos 336 et 339).

122. Paripurna Matsyendrasana Trente-huit* (photos 336 et 339).

Paripurna signifie entier, complet. Matsyendra était l'un des fondateurs de la Science du yoga (Hatha Vidya).

Le verset 27 de la *Hatha Yoga Pradipika* mentionne : « Matsyendrasana augmente l'appétit en activant le feu digestif et guérit de très graves maladies du corps ; la pratique de cet asana éveille la Kundalini et rend la lune stable. »

Il est dit que le souffle qui passe par la narine droite est chaud et celui qui passe par la gauche est froid. C'est pourquoi on appelle souffle solaire le souffle qui passe par la narine droite, et souffle lunaire le souffle qui passe par la narine gauche. La nadi droite se nomme pingala (d'après la couleur du feu), et la nadi gauche se nomme ida. La lune, parcourant ida, rafraîchit de son nectar l'organisme entier, et le soleil, parcourant pingala, assèche l'organisme entier, car le corps humain est considéré comme étant un microcosme. On dit que la lune se tient à la base du palais, faisant sans cesse couler l'ambroisie rafraîchissante qui est consumée en alimentant le feu digestif. Matsyendrasana évite cela.

Cet asana est dédié à Matsyendra.

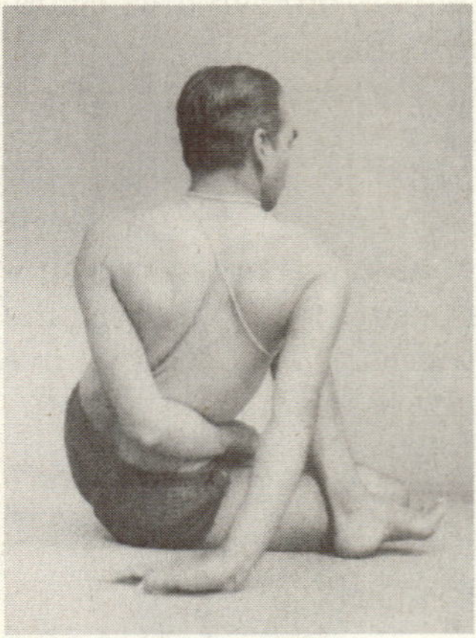

334

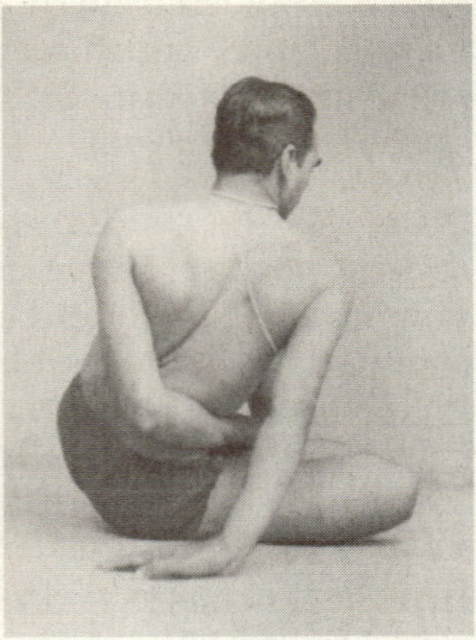

335

Technique.

1. Asseyez-vous sur le sol les jambes allongées en avant (photo 77).

2. Pliez le genou droit et placez le pied droit à la base de la cuisse gauche, le talon droit pressant le nombril. Pliez le genou gauche et levez-le pour l'amener au niveau de la poitrine.

3. En expirant, tournez le buste vers la gauche, lancez le bras gauche dans le dos, depuis l'épaule, et attrapez la cheville droite avec la main gauche (photo 334). Tenez fermement la cheville. Ceci est la première partie.

4. Passez le pied gauche au-dessus de la cuisse droite et placez-le sur le sol près du côté extérieur du genou droit (photo 335). Faites quelques respirations. Ceci est la seconde partie.

5. De nouveau, en expirant, tournez le buste vers la gauche pour amener l'épaule droite au-delà du genou gauche et attrapez le pied gauche avec votre main droite. Tournez la tête vers la gauche, levez le menton et regardez en haut (photo 336). Ceci est la posture finale. Maintenez-la pendant 30 à 60 secondes selon votre endurance. La respiration sera rapide en raison de la pression sur le diaphragme.

6. Relâchez d'abord la prise sur le pied gauche, passez-le au-dessus de la cuisse droite et allongez la jambe gauche. Puis relâchez la prise sur la cheville droite, allongez la jambe droite et relaxez-vous.

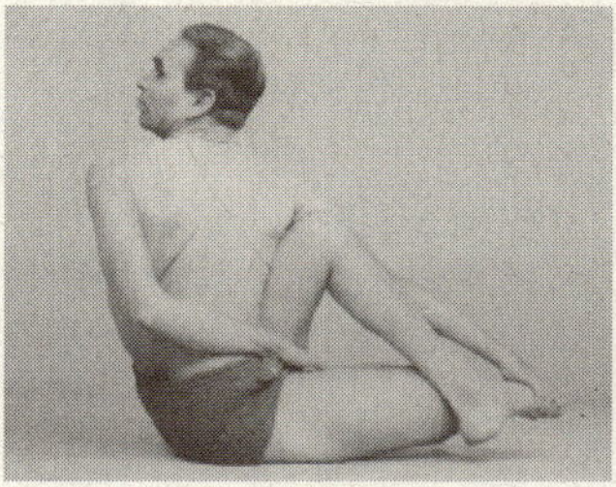

336

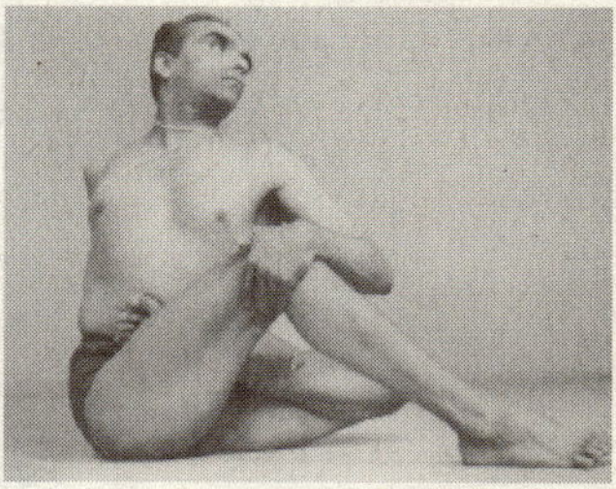

337

7. Dans cette posture, la colonne vertébrale est tournée jusqu'à son extrême limite et il est donc plus facile de faire chaque mouvement dans une expiration.

La technique suivante doit être employée pour faire la posture de l'autre côté :

1. Asseyez-vous sur le sol les jambes allongées en avant. Pliez le genou gauche et placez le pied gauche à la base de la cuisse droite, le talon gauche pressant le nombril.

2. En expirant, tournez le buste vers la droite, lancez le bras droit dans le dos, depuis l'épaule, attrapez fermement la cheville gauche avec la main droite,

puis pliez la jambe droite en montant le genou (photo 337). Ceci est la première partie.

3. Passez le pied droit au-dessus de la cuisse gauche et placez-le sur le sol près du côté extérieur du genou gauche (photo 338). Faites quelques respirations. Ceci est la seconde partie.

4. En expirant, tournez le buste vers la droite pour amener l'épaule gauche au-delà du genou droit et de votre main gauche attrapez le pied droit. Tournez la tête vers la droite, levez le menton et regardez en haut (photo 339). Ceci est la posture finale. Maintenez la posture de ce côté pendant la même durée que de l'autre côté.

5. Relâchez la prise du pied droit, passez le pied au-dessus de la cuisse gauche et allongez la jambe droite. Relâchez ensuite la prise de la cheville gauche, allongez la jambe et relaxez-vous.

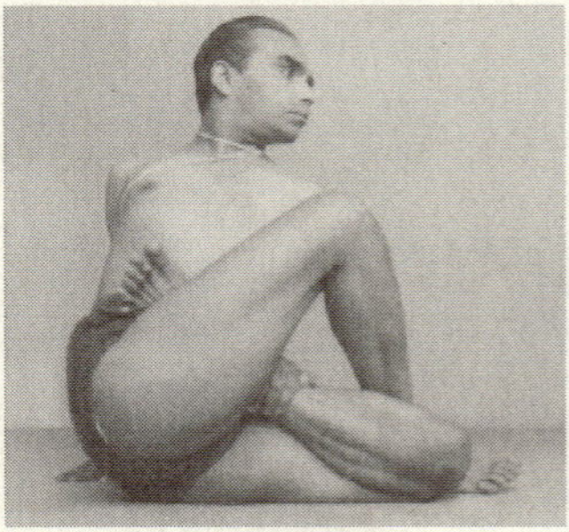

338

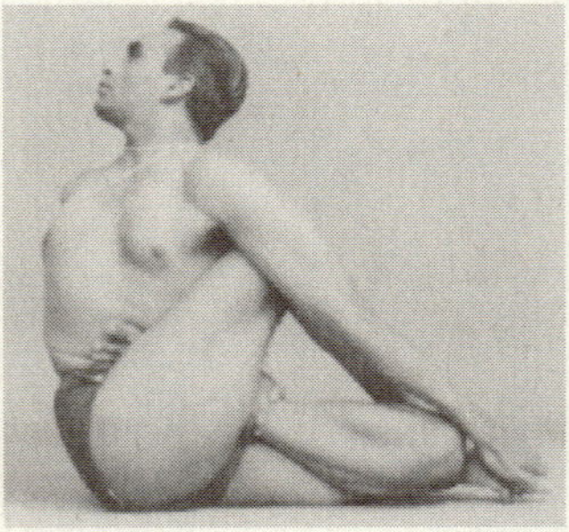

339

Effets.

Cette posture difficile tonifie la colonne vertébrale en irriguant abondamment la moelle épinière. Elle favorise l'activité des sécrétions gastriques et aide ainsi à digérer et à éliminer les toxines. La santé de la colonne vertébrale et de l'abdomen engendre la paix du corps et de l'esprit. La colonne reçoit une torsion latérale maximum.

123. Astavakrasana Treize* (photos 342 et 343).

Cet asana est dédié au sage Astavakra, qui fut le maître spirituel du roi Janaka du Mithila, père de Sita. On raconte que lorsque le sage était dans le ventre de sa mère, son père Kagola (ou Kahola) commit plusieurs fautes en récitant les Veda (les écritures sacrées). En entendant cela, le futur sage se moqua. Son père se fâcha et lui jeta un sort pour qu'il naisse « Astavakra ». On raconte donc qu'il naquit difforme en huit endroits. Ces difformités lui valurent le nom de Astavakra (huit difformités). Le père du sage avait été vaincu dans une joute philosophique contre Vandi, l'érudit de la cour du Mithila. Alors qu'il était encore tout jeune, le sage vengea son père en l'emportant sur Vandi et devint le précepteur de Janaka. Alors son père le bénit, ses difformités disparurent et il se tint droit.

340

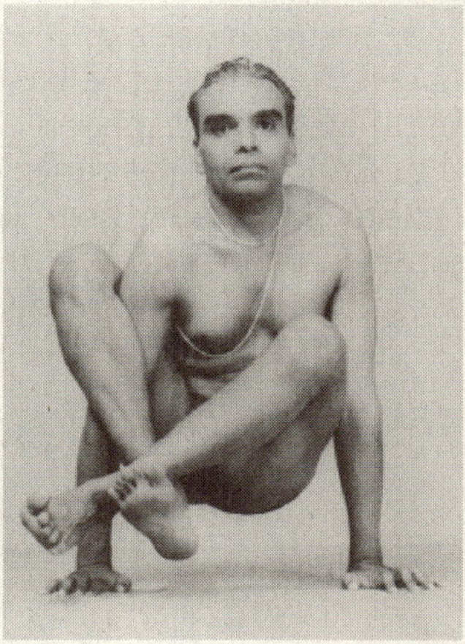

341

La technique de cet asana est donnée en deux parties.

Technique.

1. Tenez-vous debout et écartez les pieds d'environ cinquante centimètres.

2. Pliez les genoux, posez la main droite sur le sol entre les pieds et la main gauche sur le sol à côté du pied gauche, mais à l'extérieur.

3. Amenez la jambe droite au-dessus du bras droit et posez l'arrière de la cuisse sur le dos du bras droit, juste au-dessus du coude. Avancez la jambe gauche entre les deux bras et posez le pied gauche à côté du droit (photo 340).

4. En expirant, soulevez les jambes du sol. Croisez les chevilles en posant la cheville gauche sur la cheville droite (photo 341), puis étirez les jambes sur le côté droit (photo 342). Le bras droit, légèrement plié au coude, sera pris entre les cuisses. Le bras gauche doit rester tendu. Maintenez-vous en équilibre sur les mains pendant quelques instants en respirant normalement. Ceci est la première partie.

5. Maintenant, expirez, pliez les coudes et baissez la tête, le buste et le bassin jusqu'à ce qu'ils soient parallèles au sol (photo 343).

6. En inspirant, tendez les bras, remontez le buste (photo 342), décroisez les chevilles et reposez les jambes sur le sol.

7. Faites la posture de l'autre côté en permutant droite et gauche dans les positions 2 à 5.

342

343

Effets.

Cet asana renforce les poignets et les bras, et développe les muscles abdominaux.

124. Eka Hasta Bhujasana Cinq* (photo 344).

Eka signifie un. Hasta signifie la main, et bhuja, le bras.

344

Technique.

1. Asseyez-vous sur le sol les jambes allongées en avant (photo 77).

2. En expirant, pliez la jambe droite au genou ; avec votre main droite prenez la cheville droite et placez-la au-dessus du bras droit. Ainsi l'arrière de la cuisse droite est en contact avec le dos du bras droit. Placez la jambe aussi haut que possible vers l'épaule.

3. Posez les paumes sur le sol et, en expirant, soulevez tout le corps au-dessus du sol et maintenez-vous en équilibre (photo 344).

4. Maintenez la posture pendant 20 à 30 secondes en respirant normalement.

5. Gardez la jambe gauche tendue et parallèle au sol pendant que vous êtes en équilibre.

6. En expirant, redescendez au sol, relâchez la jambe droite et étirez-la en avant, puis faites la posture de l'autre côté pendant la même durée.

Effets.

Cet asana fortifie les bras et exerce les organes abdominaux.

125. Dvi Hasta Bhujasana Quatre* (photo 345).

Dvi signifie deux, ensemble, hasta signifie la main, et bhuja, le bras. C'est une variation de Eka Hasta Bhujasana (photo 344).

345

Technique.

1. Tenez-vous debout en écartant les jambes d'environ 50 centimètres.

2. Pliez les genoux et posez les mains sur le sol entre les pieds.

3. Amenez la jambe droite au-dessus du bras droit et placez la cuisse droite sur le dos du bras droit. De la même façon, placez la cuisse gauche sur le dos du bras gauche.

4. En expirant, soulevez les pieds du sol et cherchez l'équilibre sur les mains. Tendez les bras et gardez les pieds l'un près de l'autre, très haut (photo 345).

5. Restez dans la posture pendant 20 à 30 secondes en respirant normalement.

6. En expirant, pliez les coudes, redescendez sur le sol, allongez les jambes et relaxez-vous.

Effets.

Les effets sont les mêmes que ceux de Eka Hasta Bhujasana.

126. Bhujapidasana Huit* (photo 348).

Bhuja signifie bras ou épaule. Pida signifie douleur ou pression. Dans cette posture, le corps est tenu en équilibre sur les mains en posant l'arrière des cuisses sur les bras, d'où le nom.

346

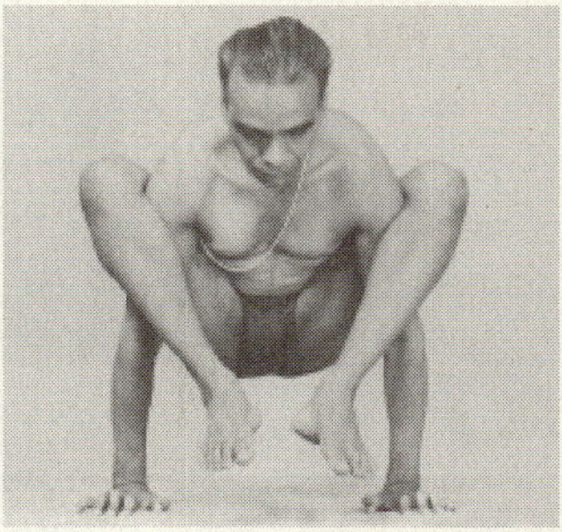

347

Technique.

1. Placez-vous en Tadasana (photo 1). Écartez les jambes d'environ 60 centimètres.
2. Penchez-vous en avant et pliez les genoux.
3. Placez les mains sur le sol, entre les jambes, avec un écartement entre les mains d'environ 45 centimètres (photo 346).
4. Placez l'arrière des cuisses sur le dos des bras. Les cuisses reposent au milieu des bras, entre le coude et l'épaule.
5. Pour placer les cuisses sur les bras, au début, il faut lever les talons du sol.
6. En expirant, soulevez doucement les pieds du sol, l'un après l'autre, trouvez l'équilibre sur les mains (photo 347), puis croisez les pieds aux chevilles (photo 348). Au début, les jambes glisseront et il sera difficile de se mettre en équilibre. Pour trouver un équilibre plus stable, essayez de placer l'arrière des cuisses le plus haut possible sur les bras. Les bras doivent se

plier légèrement aux coudes. Essayez de tendre les bras le plus possible et relevez la tête.

348

349

350

7. Restez en équilibre en respirant normalement aussi longtemps que les poignets peuvent supporter le poids du corps. Puis relâchez les pieds et faites passer les jambes en arrière l'une après l'autre (photos 349 et 350) et posez-les sur le sol. Relevez-vous et faites Tadasana (photo 1).

8. Refaites la posture en intervertissant le croisement des chevilles. Si la première fois le pied droit a été placé sur le gauche, placez cette fois le pied gauche sur le droit.

Effets.

La pratique de cet asana renforce les mains et les poignets, ainsi que les muscles abdominaux en raison de la contraction de l'abdomen. Le corps se sentira léger. Les muscles secondaires des bras sont développés et tonifiés par la pratique de cette posture qui ne nécessite aucun équipement spécial. Les différentes parties du corps servent de poids et contre-poids. Seule la force de volonté est nécessaire.

127. Mayurasana Neuf* (photo 354).

Mayura signifie paon.

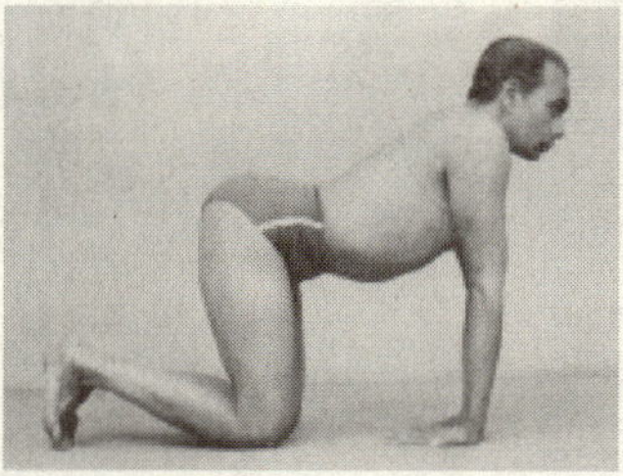

351

Technique.

1. Agenouillez-vous sur le sol, les genoux légèrement écartés.

2. Penchez-vous en avant, posez les mains sur le sol, les doigts pointés vers les pieds ; les petits doigts se touchent (photo 351).

3. Pliez les coudes, gardez les avant-bras joints. Posez le diaphragme sur les coudes et la poitrine sur l'arrière des bras (photo 352).

4. Étirez en arrière les jambes l'une après l'autre et maintenez-les tendues et jointes (photo 353).

5. En expirant, portez le poids du corps sur les mains et les poignets, ôtez les jambes du sol (l'une après l'autre, où les deux ensemble) et en même temps étirez le buste et la tête en avant. Gardez le

corps parallèle au sol, les jambes tendues et les pieds joints (photo 354).

6. Maintenez la posture aussi longtemps que vous le pouvez, en augmentant progressivement jusqu'à rester pendant 30 à 60 secondes. Ne mettez aucune pression sur les côtes. Si le diaphragme est compressé, la respiration sera difficile.

7. Abaissez la tête au sol et ensuite les jambes. Posez les genoux à côté des mains, puis relevez-vous et relaxez-vous.

352

353

354

8. Lorsque cette posture sera maîtrisée, apprenez à faire la même posture en croisant les jambes en Padmasana (photo 104). Cette variation s'appelle :

128. Padma Mayurasana Dix* (photo 355).

Effets.

Cette posture tonifie merveilleusement toute la région abdominale. Grâce à la pression des coudes sur la partie abdominale de l'artère aorte, la circulation du sang dans les organes abdominaux se fait convenablement. Cela augmente le pouvoir de digestion, guérit les maux d'estomac et de la rate et empêche l'accumulation de toxines dues aux mauvaises habitudes alimentaires. Les personnes souffrant du diabète trouveront la posture très bénéfique. De même que le paon détruit les serpents, cet asana détruit les toxines du corps. Il fortifie également les avant-bras, les poignets et les coudes.

355

129. Hamsasana Dix* (photo 356).

Hamsa signifie cygne. Cette posture ressemble à Mayurasana (photo 354), seules les mains sont posées différemment. Dans Mayurasana, les petits doigts se touchent et les doigts pointent vers les pieds, tandis que dans Hamsasana les pouces se touchent et les doigts pointent vers la tête. La posture ressemble à l'exercice de la planche en gymnastique moderne.

356

Technique

1. Agenouillez-vous sur le sol, les genoux légèrement écartés.

2. Penchez-vous en avant, posez les mains sur le sol. Les pouces doivent se toucher et les doigts pointer vers la tête.

3. Pliez les coudes, gardez les avant-bras joints. Posez le diaphragme sur les coudes et la poitrine sur l'arrière des bras.

4. Étirez l'une après l'autre les jambes en arrière et maintenez-les tendues et jointes.

5. En expirant, avancez le buste, portez le poids du corps sur les mains et les poignets, soulevez les jambes du sol, maintenez-les tendues et parallèles au sol, les pieds joints (photo 356).

6. Maintenez-vous en équilibre sur les mains aussi longtemps que vous le pouvez, sans bloquer votre respiration. Les avant-bras ne pourront pas rester perpendiculaires au sol, en raison de la position des mains et de la pression importante sur les poignets. Il est plus difficile de trouver l'équilibre en Hamsasana qu'en Mayurasana. Du fait que le diaphragme est comprimé, la respiration sera difficile. Les avant-bras ne supportent pas le poids du corps comme en Mayurasana.

7. En expirant, posez la tête et les pieds sur le sol. Posez les genoux à côté des mains, ôtez le poids du corps des coudes, puis relevez la tête du sol et relaxez-vous.

Effets.

Cet asana tonifie la région abdominale qui est abondamment irriguée grâce à la pression des coudes sur l'artère aorte. Ceci améliore le pouvoir de digestion et empêche l'accumulation de toxines dans l'organisme. Il développe et fortifie les coudes, les avant-bras et les poignets.

130. Pinca Mayurasana Douze* (photo 357).

Pinca signifie menton et plume. Mayura signifie paon. À l'approche de la saison des pluies, les paons se mettent à danser. Ils commencent par soulever leur queue pour faire la roue. Dans cette posture les jambes et le buste sont montés, et on se tient en équilibre sur les avant-bras et les mains. La posture ressemble à un paon qui commence à danser.

La description de la posture est donnée ci-dessous en deux phases : dans la seconde, les mains sont soulevées du sol et les paumes placées en coupe sous le menton, le poids du corps est ainsi en équilibre uniquement sur les coudes. La seconde phase se nomme Sayanasana (photo 358).

357

358

Technique.

1. Agenouillez-vous sur le sol. Penchez-vous en avant, placez les coudes, avant-bras et mains sur le sol. La distance entre les coudes doit être égale à la largeur des épaules. Gardez les mains et les avant-bras parallèles entre eux.

2. Étirez le cou et montez la tête aussi haut que possible.

3. En expirant, lancez les jambes en l'air et essayez de trouver l'équilibre sans laisser tomber les jambes derrière la tête (photo 357).

4. Étirez verticalement la région de la poitrine. Maintenez les jambes étirées verticalement et jointes aux genoux et aux chevilles. Les orteils doivent pointer vers le haut.

5. Tendez les genoux et serrez les fesses. Pendant que vous êtes en équilibre, étirez les épaules vers le haut et verrouillez les genoux. Maintenez-vous en équilibre pendant une minute. Ceci est la première phase. Au début, cherchez l'équilibre en faisant la posture contre un mur pour éviter de tomber à la renverse. Progressivement, apprenez à étirer la colonne vertébrale et les épaules et à garder la tête loin du sol. Lorsque vous êtes capable de vous maintenir en équilibre faites la posture au milieu de la pièce.

6. Perfectionnez l'équilibre, et lorsque, dans la première phase, il devient stable, soulevez les mains l'une après l'autre, joignez les poignets, placez les paumes en coupe et placez-les sous le menton. Dans la seconde phase de la posture, le corps est en équilibre uniquement sur les coudes. Cela est difficile, mais par une pratique régulière et déterminée vous pouvez y arriver. Cette seconde phase est appelée posture du repos :

131. Sayanasana Quinze* (photo 358).

Effets.

Cette posture développe les muscles des épaules et du dos. Elle tonifie la colonne vertébrale et les muscles abdominaux.

132. Adho Mukha Vrksasana Dix* (photo 359).

Adho Mukha signifie avoir la tête en bas. Vrksa signifie arbre. Cette posture est comme l'équilibre sur les bras tendus que l'on fait en gymnastique moderne.

359

Technique.

1. Faites Tadasana (photo 1). Penchez-vous en avant et placez les mains sur le sol à environ 30 centimètres d'un mur. L'écartement des mains doit être égal à la largeur des épaules. Tendez les bras.

2. Reculez les jambes et pliez les genoux. En expirant, lancez les jambes en l'air contre le mur et cherchez l'équilibre. Si les mains sont placées trop loin du mur, le fait de poser les pieds contre le mur entraînera une trop grande courbure du dos. Ce sera très fatigant et il sera difficile de se maintenir sur l'équilibre. Restez dans la posture pendant 1 minute en respirant normalement.

3. Lorsque vous avez appris à vous tenir en équilibre sur les mains contre le mur, ôtez les pieds du mur. Puis, essayez de faire la posture au milieu de la pièce. Gardez les jambes tendues au maximum et les orteils pointés vers le haut. Levez la tête aussi haut que possible (photo 359).

Effets.

Cette posture développe harmonieusement le corps. Elle renforce les épaules, les bras, les poignets, et développe pleinement la cage thoracique.

133. Kurmasana Quatorze* (photos 363 et 364).

Kurma signifie tortue. Cet asana est dédié à Kurma la Tortue, Incarnation de Visnu, le Dieu qui maintient l'univers. Dans un déluge universel un grand nombre de trésors divins avaient été perdus, y compris amrta (le nectar), grâce à quoi les dieux conservaient leur jeunesse. Pour retrouver les trésors perdus, les dieux firent alliance avec les démons et entreprirent ensemble le barattage de l'océan cosmique. Visnu prit la forme d'une grande tortue et plongea au fond de l'océan. Sur son dos, le mont Mandara servait de bâton à baratter autour duquel était enroulé en guise de corde le divin serpent Vasuki. L'océan fut baratté par les efforts combinés des dieux et des démons, qui, en tirant alternativement sur le serpent faisaient pivoter la montagne. De l'océan baratté, émergea Laksmi, parèdre de Visnu, déesse de la beauté et de la prospérité, amrta et divers autres trésors.

La posture se fait en trois phases. La dernière ressemble à une tortue dont la tête et les membres sont rentrés sous la carapace. On l'appelle Supta Kurmasana (photo 368), la posture de la tortue endormie.

360

361

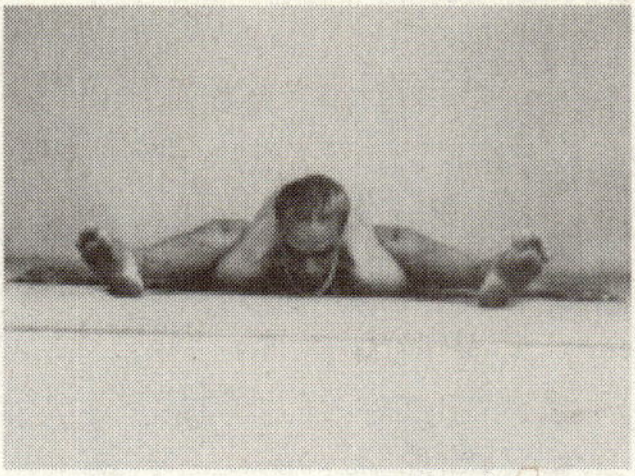

362

363

Technique.

1. Asseyez-vous sur le sol les jambes allongées en avant (photo 77). Écartez les jambes jusqu'à ce que les genoux soient à environ 45 centimètres l'un de l'autre.

2. Pliez les genoux et amenez les pieds vers le bassin.

3. En expirant, penchez le buste en avant et glissez les mains l'une après l'autre sous les genoux (photos 360 et 361). Glissez les bras sous les genoux et étirez-les sur les côtés, les paumes face au sol. Posez les épaules sur le sol (photo 362). Faites une respiration.

4. En expirant, étirez encore plus le buste et le bassin, étirez aussi le cou et posez le front, puis le menton et enfin la poitrine sur le sol. Puis tendez les jambes de nouveau (photos 363 et 364). Les genoux seront près des aisselles et l'arrière des genoux touchera le dos des bras, près des aisselles.

5. Progressivement, intensifiez l'étirement jusqu'à ce que le menton puis la poitrine touchent le sol. Étirez les jambes au maximum et pressez les talons sur le sol. Ceci est la première partie. Gardez cette position pendant 30 à 60 secondes.

6. Maintenant, tournez les poignets de façon à avoir les paumes face vers le haut, et en gardant les jambes, le buste et la tête dans la même position amenez les bras en arrière et étirez-les de façon à ce que les avant-bras soient près des hanches

(photo 365). Restez dans cette position, sans plier les coudes, pendant 30 à 60 secondes. Ceci est la seconde partie.

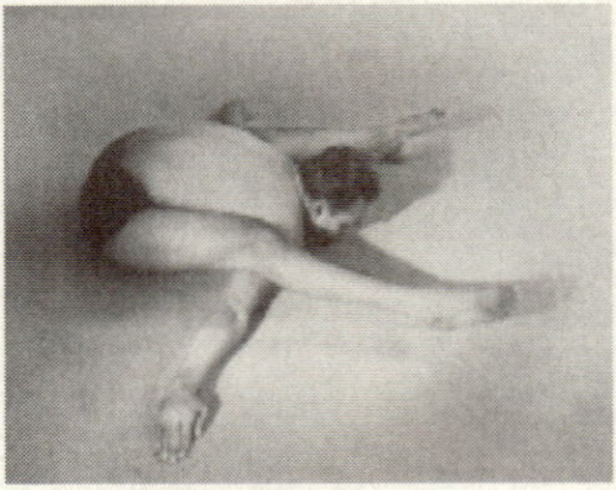

364

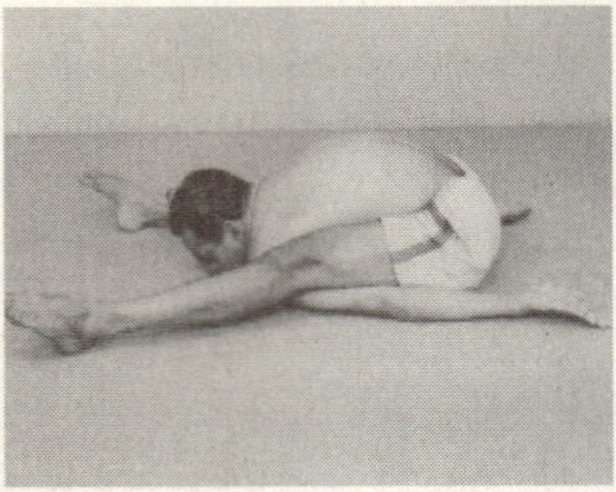

365

7. Pliez et montez les genoux. Puis montez légèrement la poitrine, amenez les mains dans le dos, en pliant les coudes, et agrippez-les (photo 366).

8. Maintenant, amenez les pieds vers la tête. Croisez les chevilles en plaçant le pied droit sur le pied gauche, ou vice versa (photo 367).

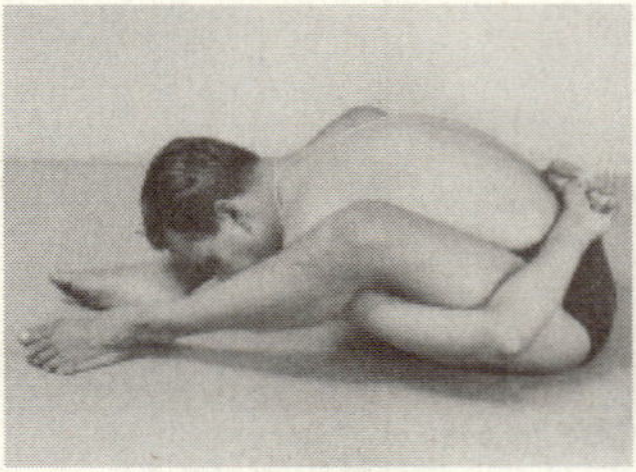

366

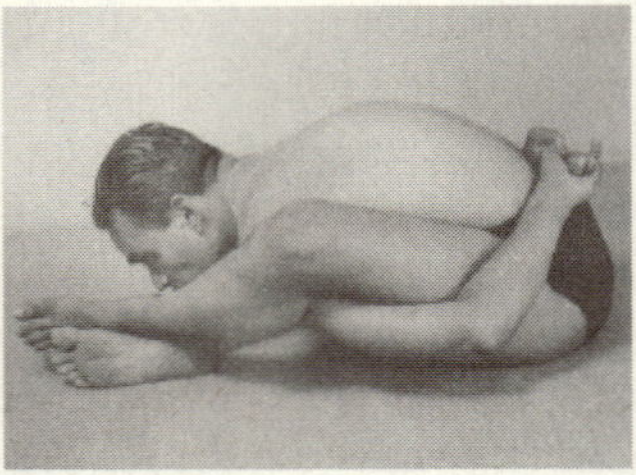

367

9. En expirant, placez la tête entre les pieds et posez le front sur le sol. L'arrière de la tête sera en contact avec les pieds croisés. Ceci est la posture finale, qui s'appelle :

134. Supta Kurmasana Quatorze* (photo 368).

Maintenez cette posture pendant 1 ou 2 minutes. Il est recommandé de changer le croisement des pieds ; ainsi, si on a placé d'abord le pied droit sur le pied gauche, on placera ensuite le pied gauche sur le pied droit. Cela développera les jambes de façon égale.

10. En inspirant, relevez la tête et relâchez les mains et les pieds ; tendez les jambes, allongez-vous et relaxez-vous.

11. Respirez normalement pendant les trois parties de la posture décrites ci-dessus.

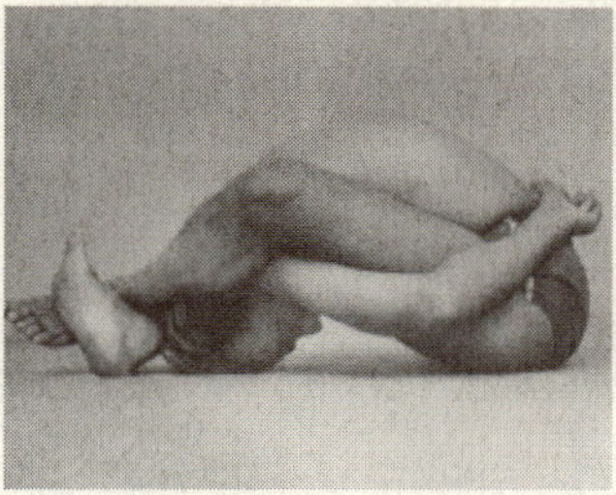

368

Effets.

Cette posture est sacrée pour un yogi. En décrivant les qualités d'un sthita-prajña (celui dont l'esprit est stable) à Arjuna, le Seigneur Béni dit : « Lorsque, comme une tortue rétracte ses membres de tous côtés, il soustrait ses sens de leurs objets, alors sa compréhension est bien établie » (*Bhagavad Gita*, second discours, verset 58). Dans cette posture, les membres sont rétractés et le corps ressemble à une tortue. L'esprit devient calme et paisible et accueille avec équanimité la peine comme la joie. Tandis que les émotions provoquées par la passion, la peur et la colère perdent prise sur l'esprit, celui-ci se libérera petit à petit de l'anxiété causée par les peines, et également de l'attachement aux plaisirs.

Sur le plan purement physique, les effets de cet asana sont également importants. Il tonifie la colonne vertébrale, active le fonctionnement des organes abdominaux et maintient l'organisme en bonne santé et plein d'énergie. Il apaise les nerfs du cerveau, et après avoir fait cette posture on se sent rafraîchi comme si l'on s'éveillait d'un long sommeil paisible.

Cet asana prépare l'élève à la cinquième étape du yoga, à savoir, Pratyahara (retrait des sens de leurs objets extérieurs).

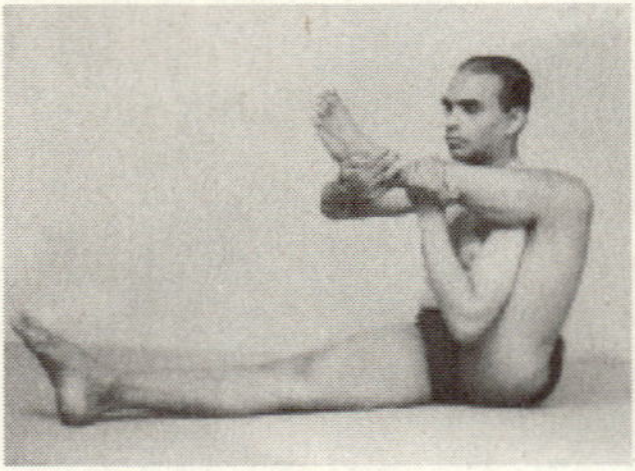

369

370

135. Eka Pada Sirsasana Quinze* (photo 371).

Eka signifie un. Pada signifie jambe ou pied, et sirsa, tête.

Technique.

1. Asseyez-vous sur le sol, les jambes allongées en avant (photo 77).

2. Pliez le genou gauche, levez le pied gauche et amenez-le près du buste en tenant la cheville avec les deux mains (photo 369).

3. En expirant, amenez la cuisse gauche en haut et en arrière, pliez légèrement le buste en avant et placez la jambe gauche sur la nuque (photo 370). L'extérieur du bas de la jambe gauche juste au-dessus de la cheville vient toucher la nuque.

4. Relevez le cou et la tête, maintenez le dos droit, lâchez la cheville gauche et joignez les paumes devant la poitrine (photo 371). L'arrière de la cuisse gauche est en contact avec l'épaule gauche. Si la tête

n'est pas tenue bien relevée, la jambe glissera. La jambe droite est tendue sur le sol. Toute la surface de l'arrière de la jambe droite doit toucher le sol, et les orteils doivent pointer en avant.

5. Restez dans cette position pendant 15 à 60 secondes en respirant profondément.

6. Séparez les paumes, prenez la cheville gauche avec les mains, ramenez la jambe gauche sur le sol et allongez-la.

7. Faites la posture de l'autre côté, en plaçant la jambe droite sur la nuque. La jambe gauche doit rester tendue au sol. Maintenez la posture pendant la même durée des deux côtés.

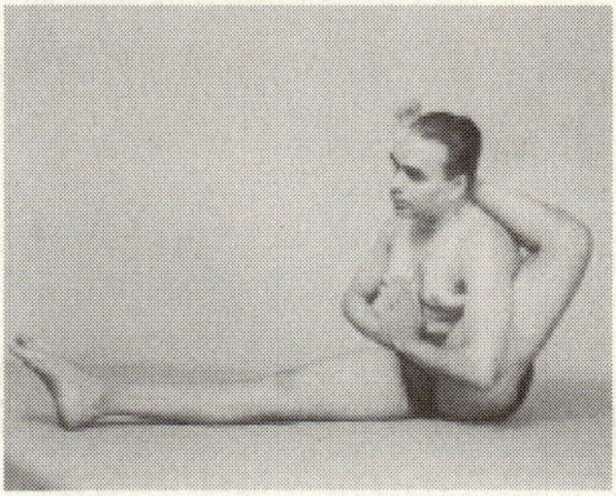

371

Effets.

La pratique de cette posture renforce le cou et le dos et donne un étirement maximum aux muscles des cuisses et des mollets. Les organes abdominaux sont contractés et le pouvoir de digestion augmente. Avant d'avoir fait cette posture, on ne peut pas se rendre compte du poids et de la pression que fait la jambe sur le cou.

Variations de Eka Pada Sirsasana

Les asana décrits ci-dessous peuvent être faits à la suite de Eka Pada Sirsasana (photo 371), l'un après l'autre, tout d'une traite. Il n'est pas nécessaire de les faire séparément.

Tout d'abord, faites toutes les variations en commençant par Eka Pada Sirsasana avec une jambe placée sur la nuque. Puis reposez-vous pendant une ou deux minutes et recommencez toutes les variations en plaçant l'autre jambe sur la nuque. Ces postures sont fatigantes et leur maîtrise demande un long entraînement.

136. Skandasana Seize* (photo 372).

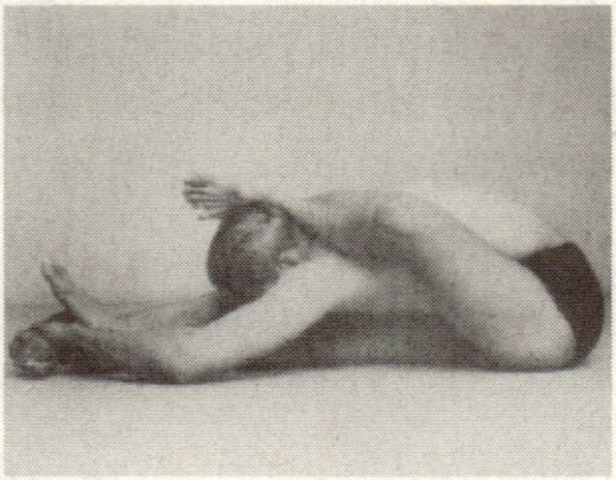

372

Skanda est un autre nom de Kartikeya, le dieu de la guerre, dont la naissance forme le sujet du poème épique *Kumarasambhava*, écrit par Kalidasa. Ce poème raconte que, selon une prédiction, le démon Taraka, qui ne cessait de harceler les dieux, ne pourrait être tué que par le fils de Siva et de la belle Parvati, fille de la montagne Himalaya. Mais il sembla aux autres dieux que les chances qu'avait Siva d'avoir un fils étaient très faibles, car Il était continuellement absorbé dans sa méditation depuis la mort de sa femme Sati. Parvati, qui était la réincarnation de Sati, fut envoyée par les dieux auprès de Siva, mais bien qu'elle fît plusieurs tentatives pour qu'il remarque sa présence, il ne lui prêta aucune attention. Vasanta, le dieu du printemps, et Kama, le dieu de l'Amour, firent tout ce qui était en leur pouvoir pour aider Parvati à gagner le cœur de Siva. Kama lui décocha une flèche de désir et dérangea sa méditation. Siva ouvrit son troisième œil et les flammes qui en sortirent réduisirent en cendres Kama. Afin de reconquérir celui qui était son époux dans sa vie précédente, Parvati décida de le suivre dans la voie de la méditation. Elle mit de côté ses ornements et devint une ermite sur un mont voisin, et sous cette apparence Siva, qui avait déjà été touché par la flèche de Kama, la remarqua et tomba amoureux. Siva et Parvati furent mariés dans une grande cérémonie à laquelle tous les dieux étaient présents. Parvati donna naissance au dieu de la guerre Skanda, qui, lorsqu'il devint adulte, tua le démon Taraka.

Technique.

1. Faites Eka Pada Sirsasana (photo 371).
2. En expirant, pliez le buste en avant et attrapez avec vos deux mains la jambe droite étirée comme en Paschimottanasana (photo 160), puis posez le menton sur le genou droit.
3. Allongez le menton pour éviter que la jambe ne glisse.
4. Restez dans cette posture pendant environ 20 secondes en respirant profondément.

137. **Buddhasana Vingt-deux*** (photo 373).

Buddha signifie illuminé. Cet asana est la suite de Skandasana (photo 372).

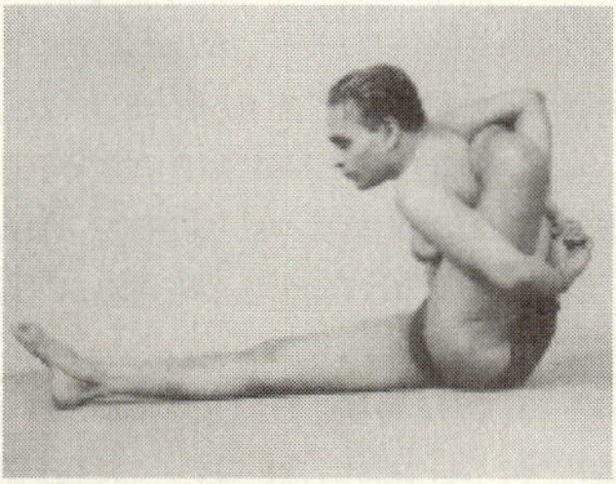

373

Technique.

1. À partir de Skandasana (photo 372) avec la jambe gauche placée sur la nuque, en inspirant remontez la tête et le buste.

2. Tenez la cheville gauche avec la main gauche et descendez encore un peu plus la jambe.

3. Montez le bras droit depuis l'épaule, amenez-le sur le côté et tournez l'avant-bras dans le dos pour le faire passer au-dessus de la cheville gauche (photo 373).

4. Restez dans cette posture pendant environ 15 secondes en respirant profondément. Inspirez, montez le buste et la tête.

138. Kapilasana Vingt-deux* (photo 374).

Kapila est le nom d'un grand sage, qui passe pour être le fondateur du système de philosophie Sankhya. Cet asana est la suite de Buddhasana (photo 373).

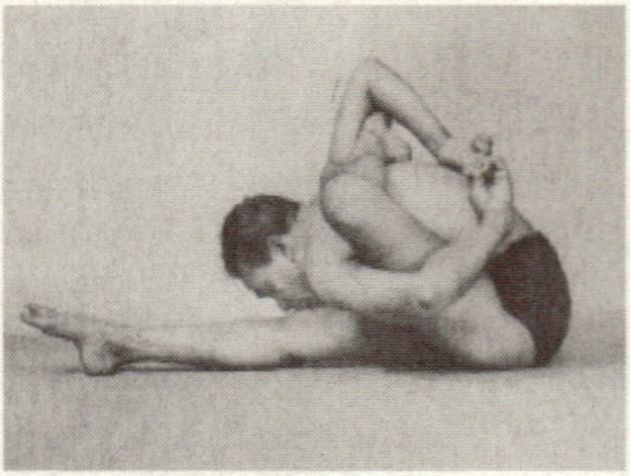

374

375

Technique.

1. Avec la jambe gauche placée sur la nuque, maintenez la prise des mains en Buddhasana, penchez le buste et le bassin en avant, et posez le menton sur la jambe droite étirée, comme en Paschimottanasana (photo 160).

2. Maintenez la posture pendant 10 à 15 secondes en respirant profondément. En inspirant, remontez la tête et le buste et relâchez les mains.

139. Bhairavasana Seize* (photo 375).

Bhairava signifie terrible, épouvantable. C'est l'un des huit aspects de Siva.

Technique.

1. Après avoir relâché les mains en Kapilasana (photo 374), expirez et couchez-vous sur le dos.
2. Joignez les mains sur la poitrine. Maintenez la jambe droite tendue sur le sol (photo 375).
3. Restez dans la posture pendant environ 20 secondes, en respirant profondément.

140. Kala Bhairavasana Dix-neuf* (photo 378).

Kala Bhairava est Siva sous son aspect épouvantable de destructeur de l'univers, la personnification du principe destructeur.

376

377

Technique.

1. Après avoir fait Bhairavasana (photo 375), dépliez les mains, pressez les paumes au sol et remettez-vous en Eka Pada Sirsasana. Les paumes doivent être placées à côté des hanches.
2. Amenez la jambe droite sur le côté droit.
3. En expirant, soulevez tout le corps du sol (photo 376) et faites deux respirations.
4. En expirant, soulevez le bras droit du sol, tournez le buste vers la droite et posez le bras droit le long de la cuisse droite (photo 377). Faites deux respirations.

5. Maintenant étirez le bras droit verticalement (photo 378).

6. Le corps entier est sur le côté, en équilibre sur la main gauche et l'extérieur du pied droit. La jambe droite forme un angle de 30° avec le sol.

7. Maintenez la posture pendant environ 20 secondes en respirant profondément.

378

141. Cakorasana Vingt* (photos 379 et 380).

Cakora est un oiseau qui ressemble à une perdrix et dont on dit qu'il se nourrit des rayons de la lune.

Technique.

1. Depuis Kala Bhairavasana (photo 375), placez la main droite sur le sol, et en pliant le genou droit asseyez-vous en maintenant la jambe gauche sur la nuque ; vous êtes ainsi de nouveau en Eka Pada Sirsasana (photo 371).

2. Posez les mains sur le sol à côté des hanches.

3. Soulevez les fesses du sol et maintenez-vous en équilibre sur les mains. Montez la jambe droite tendue jusqu'à ce qu'elle forme un angle de 60° à 75° avec le sol (photos 379 et 380). Restez dans cette posture suivant votre endurance en respirant normalement.

379

380

142. Durvasasana Vingt et un* (photo 383).

Durvasa est le nom d'un sage extrêmement irascible dont la colère est devenue proverbiale.

381

Technique.

1. Depuis Cakorasana (photo 379) reposez la jambe droite tendue sur le sol. Pliez le genou droit

et accroupissez-vous en posant les mains sur le sol (photo 381).

2. Puis posez les mains sur la cuisse droite. En expirant, pressez les paumes sur la cuisse droite, montez le buste et progressivement relevez-vous en redressant la jambe. Les muscles de la jambe se contractent au maximum (photo 382).

3. Étirez la taille et le buste vers le haut, joignez les mains devant la poitrine et maintenez-vous en équilibre sur la jambe droite (photo 383). La jambe gauche est placée sur la nuque. Essayez de respirer normalement.

4. Tenez la posture aussi longtemps que vous le pouvez. Comme il est difficile de se tenir en équilibre, au début, demandez à un ami de vous aider ou appuyez-vous contre un mur.

382

383

143. Rucikasana Dix-huit* (photos 384 et 385).

Rucika est le nom d'un sage, le grand-père de Bhagavan Parasurama, la sixième incarnation de Visnu.

384

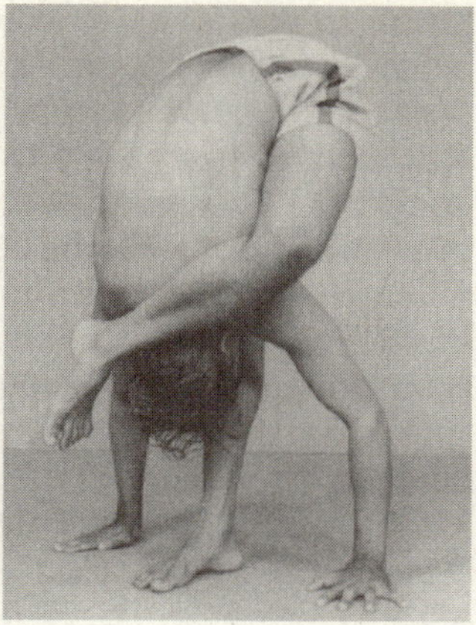

385

Technique.

1. Après avoir fait Durvasasana (photo 383), en expirant pliez le buste et le bassin en avant et posez les mains de chaque côté du pied droit (photos 384 et 385).

2. Placez la tête sur le genou droit, sans permettre à la jambe gauche de glisser. Puis, petit à petit, étirez le cou jusqu'à ce que le menton touche le genou droit, comme en Uttanasana (photo 48).

3. Restez dans cette posture pendant environ 15 secondes en respirant normalement.

4. Pliez le genou droit, asseyez-vous sur le sol, ôtez la jambe gauche de la nuque et relaxez-vous.

5. Puis placez la jambe droite sur la nuque et faites chaque variation en permutant droite et gauche.

Effets des variations de Eka Pada Sirsasana.

Ces différentes variations tonifient les systèmes nerveux, respiratoire et musculaire du corps. La colonne vertébrale reçoit un abondant apport de sang, ce qui développe l'énergie nerveuse des cakra (les différents plexus situés dans la colonne vertébrale), qui sont les volants régulateurs de la machine humaine. Ces postures développent la cage thoracique, permettent une respiration plus complète et affermissent le corps. Elles arrêtent les tremblements nerveux et préviennent les maladies qui en sont la source ; elles aident également à éliminer les toxines en distribuant le sang oxygéné dans le corps entier et en activant le retour du sang vers le cœur et les poumons pour qu'il se purifie. La pratique de ces asana augmente le taux d'hémoglobine du sang, le corps et l'esprit deviennent vigoureux et la capacité de travail augmente.

144. Virancyasana I Dix-neuf* (photos 386 et 387).

Viranca ou Viranci est l'un des noms de Brahma, l'Être Suprême, la première déité de la Trinité Hindoue, dont la tâche est de créer le monde.

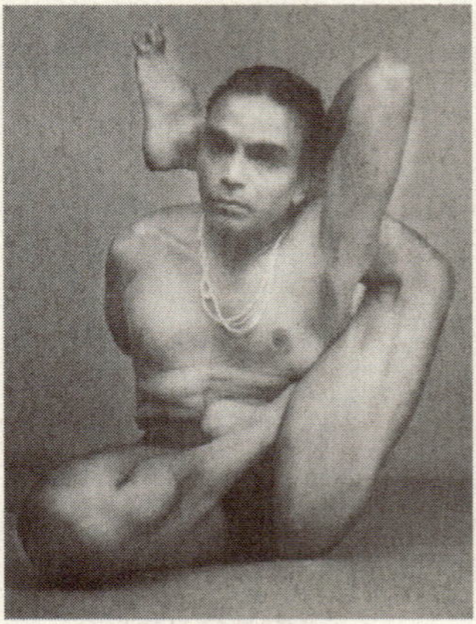

386

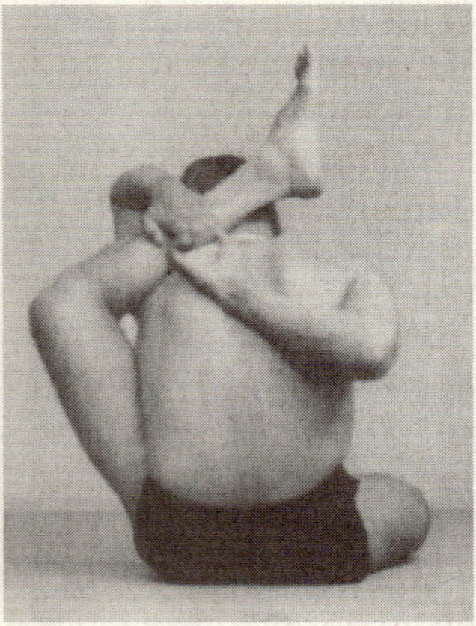

387

Technique.

1. Asseyez-vous sur le sol les jambes allongées en avant (photo 77).

2. Pliez le genou droit et placez le pied droit à la base de la cuisse gauche en demi-Padmasana.

3. Pliez le genou gauche, amenez le pied près du buste et prenez la cheville gauche avec les deux mains. En expirant, montez la cuisse gauche en l'amenant en arrière, pliez légèrement le buste en avant et placez la jambe gauche sur la nuque. L'extérieur de la jambe gauche juste au-dessus de la cheville est en contact avec la nuque.

4. Relevez la tête et le cou, maintenez le dos droit et relâchez la cheville gauche.

5. Maintenant, levez le bras gauche verticalement, pliez-le au coude, et amenez-le dans le dos au-dessus de la jambe gauche. Pliez le bras droit au coude et montez l'avant-bras vers les omoplates jusqu'à ce que la main droite soit au niveau des omoplates. Agrippez les deux mains entre les omoplates (photos 386 et 387).

6. Restez dans cette posture pendant 10 à 20 secondes en respirant normalement. Défaites les mains, descendez la jambe gauche, tendez la jambe droite et revenez en position 1.

7. Faites la posture de l'autre côté pendant la même durée, en permutant droite et gauche.

145. Virancyasana II Dix* (photo 388).

Technique.

1. Asseyez-vous sur le sol les jambes allongées en avant (photo 77).

2. Pliez la jambe gauche au genou et amenez-la en arrière. Placez le pied gauche près de la hanche gauche, les orteils pointant en arrière et posés au sol. La jambe gauche sera ainsi en Virasana (photo 89).

3. Puis suivez les indications techniques données pour Virancyasana I (photo 386).

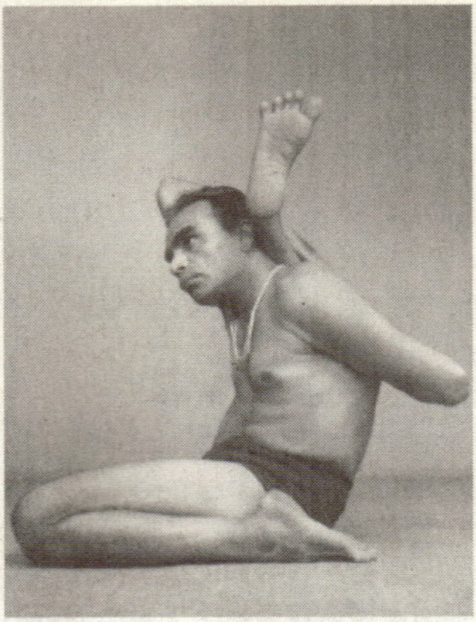

388

Effets.

Ces deux postures renforcent le dos et le cou et rendent aisés les mouvements des épaules. Les cuisses et les mollets sont étirés au maximum, les muscles abdominaux sont contractés et le pouvoir de digestion augmente.

146. Yoganidrasana Dix-huit* (photo 391).

Nidra signifie sommeil. Yoganidra est un état entre le sommeil et la veille. C'est aussi le nom que l'on donne au sommeil de Visnu lorsqu'il s'endort à la fin d'un Yuga, un Âge du monde.

Dans cette posture, les jambes sont entrelacées derrière la nuque et les mains sont agrippées dans le dos qui repose sur le sol. Les jambes forment l'oreiller du yogi et son dos est le lit. La pratique de cette posture réchauffe le corps très rapidement. C'est pourquoi les yogi qui vivent dans les montagnes la pratiquent pour se réchauffer.

Technique.

1. Couchez-vous sur le dos (photo 219).

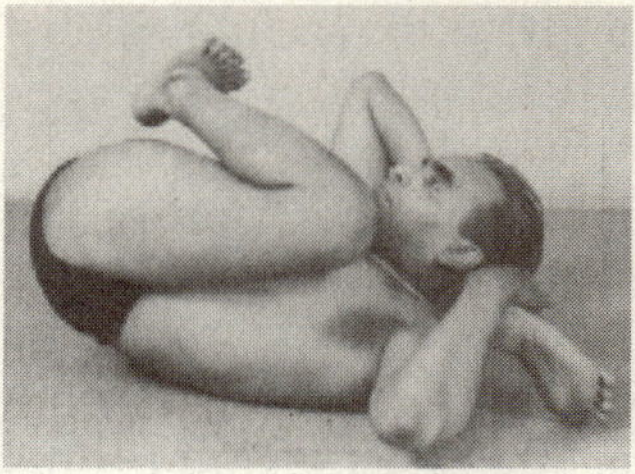

389

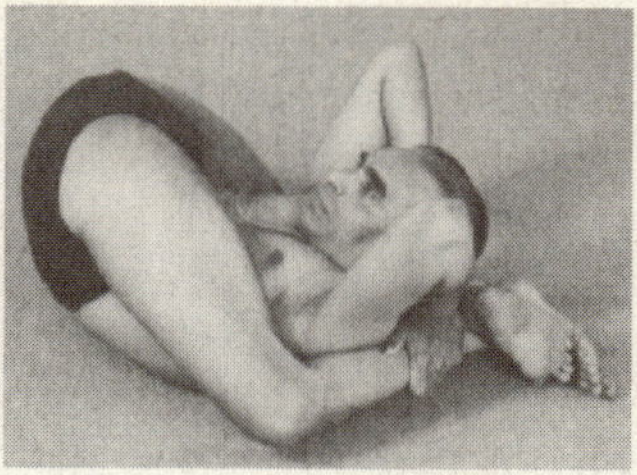

390

2. Pliez les genoux et amenez les jambes au-dessus de la tête.

3. En expirant, prenez le pied droit avec les deux mains, amenez la jambe droite derrière l'épaule droite et placez-la bien sur la nuque, comme en Eka Pada Sirsasana (photo 389).

4. Maintenez la position de la jambe droite en faisant plusieurs respirations.

5. Expirez et, à l'aide de la main gauche, amenez la jambe gauche derrière l'épaule gauche et placez-la sous la jambe droite (photo 390). Maintenez les chevilles croisées.

6. Levez très haut les épaules, amenez les bras dans le dos et agrippez les doigts (photo 391). L'arrière des bras sera en contact avec l'arrière des cuisses. Faites quelques respirations.

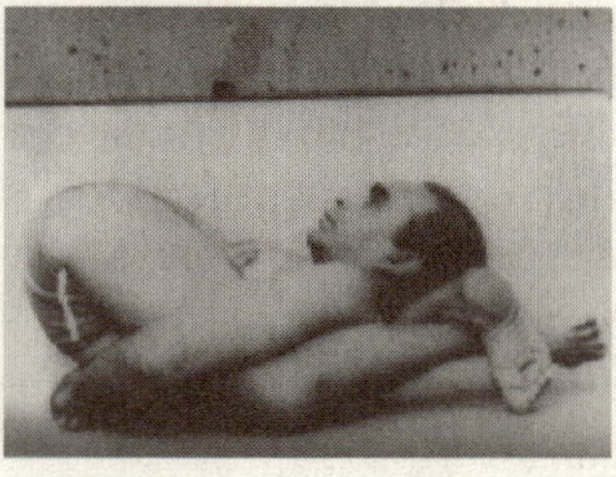

391

7. En expirant, ouvrez la poitrine vers le haut et étirez le cou en arrière. C'est la position finale (qui

est la position inverse de Supta Kurmasana, photo 368). Maintenez la posture pendant 30 à 60 secondes en essayant de respirer normalement.

8. En expirant, relâchez les mains et les jambes.

9. Relaxez-vous en étendant vos jambes sur le sol pendant quelques instants.

10. Puis refaites la posture pendant la même durée en plaçant d'abord la jambe gauche sur la nuque puis la jambe droite sous la gauche.

11. Relâchez les mains et les jambes, puis relaxez-vous.

12. Il ne faut pas croiser les deux jambes et les placer ensuite sur la nuque. Cela ne donnera pas la sensation juste de l'asana. Souvenez-vous d'amener une jambe sur la nuque, puis l'autre en la plaçant sous la première. Avant de placer les jambes sur la nuque il faut monter le cou et la région dorsale et étirer les épaules afin que celles-ci ne soient pas coincées entre la poitrine et les jambes. Ainsi, vous serez sûr que votre position est correcte.

Effets.

Dans cette posture, la colonne vertébrale bénéficie d'un étirement en avant maximum et on a une sensation très agréable dans le dos. C'est l'une des meilleures postures en flexion avant. Même l'étirement maximum de Paschimottanasana (photo 160) ne donne pas le même sentiment de justesse dans l'exercice, de bien-être et de repos comme la pratique correcte de Yoganidrasana.

Dans les postures en flexion arrière, les poumons et les muscles abdominaux se prêtent à une expansion maximum. Dans cet asana, les poumons sont comprimés et les muscles abdominaux contractés à fond. En peu de temps, la pratique de cette posture tonifie les reins, le foie, la rate, les intestins, la vessie, la prostate et la vésicule biliaire. Les organes abdominaux seront à l'abri des maladies grâce à la pratique régulière de cette posture. Elle stimule également les gonades et apporte ainsi énergie et vitalité à l'organisme. Les nerfs seront apaisés et l'énergie sera accumulée dans le corps pour une meilleure activité du corps et de l'esprit.

147. Dvi Pada Sirsasana Vingt-quatre* (photo 393).

Dvi Pada (dvi = deux, pada = jambe ou pied) signifie avec les deux pieds. Dans Eka Pada Sirsasana (photo 371), une jambe est placée sur la nuque. Dans cet asana, ce sont les deux jambes. Les mains sont jointes devant la poitrine et le corps est en équilibre sur un espace très étroit près du coccyx. Ceci est difficile et on a tendance à tomber en arrière. La posture ressemble à Yoganidrasana (photo 391), mais ici le buste est vertical, tandis que dans Yoganidrasana il repose sur le dos.

392

393

Technique.

1. Asseyez-vous sur le sol les jambes allongées en avant (photo 77).
2. Pliez les genoux et amenez les pieds près du bassin.
3. En expirant, attrapez la cheville droite avec les mains, amenez la cuisse droite en haut et en arrière, pliez légèrement le buste en avant et placez la jambe droite sur la nuque comme dans Eka Pada Sirsasana.

L'arrière de la cuisse droite sera en contact avec l'arrière de l'épaule droite. Lâchez la cheville et faites quelques respirations.

4. En expirant, attrapez la cheville gauche avec la main gauche, amenez la cuisse gauche en haut et en arrière et placez la jambe gauche au-dessus de la droite, de la même manière qu'il est décrit plus haut. Lâchez la cheville gauche et maintenez les chevilles croisées. Placez les mains sur le sol à côté des hanches et cherchez l'équilibre en prenant appui sur la partie des fesses qui se trouve près du coccyx (photo 392). Cela demande beaucoup d'entraînement. Essayez de respirer normalement.

5. Ôtez les mains du sol, joignez-les devant la poitrine et restez en équilibre avec le buste vertical autant que vous le pouvez, de 10 à 30 secondes (photo 393). Ceci est la position finale.

6. Après avoir travaillé cette posture, posez les mains sur le sol à côté des hanches, expirez, tendez les bras et soulevez tout le corps en prenant le poids sur les mains. Ne décroisez pas les chevilles (photo 394). Maintenez la posture pendant 10 à 20 secondes selon votre endurance.

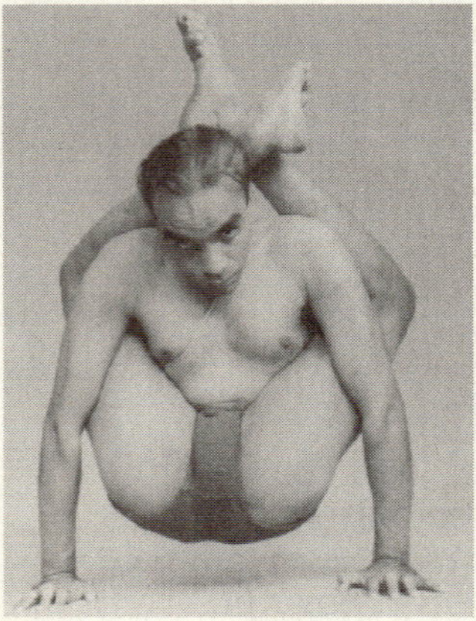

394

7. Relâchez les chevilles, étirez les jambes verticalement en restant en équilibre sur les mains. Cette posture s'appelle :

148. Tittibhasana Vingt-deux* (photo 395).

Tittibha est un insecte qui ressemble à une luciole.

Après être resté dans cette posture pendant quelques secondes, pliez les jambes aux genoux, asseyez-vous sur le sol, relâchez les jambes et allongez-les, et prenez quelques secondes de repos.

8. Refaites les mouvements pendant la même durée, cette fois en plaçant d'abord la jambe gauche sur la nuque puis la jambe droite au-dessus. À la fin, étendez-vous et relaxez-vous.

395

Effets.

Dans cet asana, les poumons et les muscles abdominaux sont le plus contractés possible. On donne à la colonne vertébrale un étirement maximum en flexion avant et les organes abdominaux tirent un grand profit de l'exercice en peu de temps. Les autres effets sont les mêmes que ceux de Yoganidrasana (photo 391), mais dans cette posture les cuisses sont plus étirées et on ressent un plus grand effort sur le cou, les régions sacrée et lombaire de la colonne vertébrale et l'abdomen.

149. Vasisthasana Dix-huit* (photo 398).

Vasistha était un célèbre sage ou voyant, le prêtre familial des rois de race solaire et l'auteur de plusieurs hymnes védiques, particulièrement le septième Mandala du Rg Veda. Il était un représentant typique de la dignité et du pouvoir brahmaniques, et l'un des sept sages identifiés aux étoiles de la Grande Ourse. La rivalité entre lui et le sage Visvamitra, un ksatriya (un homme de la caste des guerriers) qui, à force de piété et d'ascétisme, s'éleva, au statut de brahmane, forme le sujet d'un grand nombre de légendes.

Cet asana est dédié au sage Vasistha.

396

397

398

Technique.

1. Faites Tadasana (photo 1). Penchez-vous en avant, posez les mains sur le sol et lancez les jambes

en arrière à environ 1,20 mètre comme pour faire Adho Mukha Svanasana (photo 75).

2. Tournez le corps sur le côté droit et maintenez-vous en équilibre sur la main et le pied droits uniquement. Le côté extérieur du pied droit doit être fermement tenu au sol. Placez le pied gauche sur le droit, posez la main gauche sur la hanche gauche et restez en équilibre en gardant le corps étiré (photo 396). Pour apprendre l'art de rester en équilibre dans cette posture, placez-vous près d'un mur de façon à ce que le côté intérieur du pied droit soit calé contre le mur.

3. En expirant, pliez le genou gauche, avancez légèrement le corps et attrapez le gros orteil gauche entre le pouce, l'index et le majeur de la main gauche (photo 397). Étirez le bras et la jambe gauches verticalement (photo 398). La façon d'attraper le gros orteil sera la même que celle décrite dans Supta Padangusthasana (photo 284). Maintenez-vous en équilibre dans cette position en gardant les bras et les jambes tendues, et en respirant profondément, pendant 20 à 30 secondes.

4. Relâchez le gros orteil, reposez la jambe gauche sur le pied droit et ramenez la main gauche sur la hanche.

5. En expirant, retournez-vous, placez la main gauche sur le sol et tenez-vous en équilibre sur la main et le pied gauches. Refaites la posture de ce côté pendant la même durée, en suivant les indications données ci-dessus et en permutant droite et gauche.

Effets.

Cette posture fortifie les poignets, exerce les jambes et tonifie les régions lombaire et sacrée de la colonne vertébrale.

150. Kasyapasana Dix-neuf* (photos 399 et 400).

Cet asana est dédié au sage Kasyapa, fils du sage Marici, l'un des fils de Brahma. Il exerce un rôle important dans le travail de création. On raconte que Kasyapa épousa les treize filles de Daksa. D'Aditi il engendra les douze Adityas (les dieux), et de Diti, les Daityas (les démons). De ses autres épouses, il eut une progéniture nombreuse et diverse telle que des serpents, des reptiles, des oiseaux et des nymphes de la constellation lunaire. Il est ainsi le père de Surya (le dieu du soleil) et de tous les êtres vivants, et est souvent appelé Prajapati (le Géniteur).

399

400

Technique.

1. Faites Tadasana (photo 1). Penchez-vous en avant, posez les mains sur le sol comme dans Uttanasana (photo 47) et lancez les jambes en arrière à environ 1,20 mètre, en Adho Mukha Svanasana (photo 75).

2. Tournez-vous sur le côté droit et tenez-vous en équilibre sur la main et le pied droits. Le côté extérieur du pied droit doit être fermement tenu au sol. Placez le pied gauche sur le pied droit, la main gauche sur la hanche gauche et tenez-vous en équilibre en tenant le corps droit (photo 396).

3. En expirant, pliez le genou gauche et placez le pied gauche à la base de la cuisse droite en demi-

Padmasana. Depuis l'épaule lancez le bras gauche dans le dos et avec la main gauche attrapez le gros orteil gauche. Ceci est la position finale (photos 399 et 400). Maintenez-vous en équilibre pendant quelques instants en respirant profondément. Toute la poitrine et le bras droit tendu doivent être sur le même plan.

4. En expirant, relâchez le pied gauche, replacez-le sur le pied droit et posez la main gauche sur la cuisse gauche (photo 396). Faites quelques respirations profondes.

5. En expirant, tournez le corps sur le côté gauche et maintenez-vous en équilibre sur la main et le pied gauches uniquement. Placez le pied droit à la base de la cuisse gauche en demi-Padmasana et attrapez le gros orteil droit avec la main droite passée derrière le dos. Restez de chaque côté pendant une durée égale.

6. Expirez, relâchez le pied droit et placez-le sur le pied gauche, puis la main droite sur la cuisse droite.

7. Posez la main droite sur le sol et revenez en Uttanasana (photo 47), faites quelques respirations, et en expirant revenez en Tadasana (photo 1).

Effets.

Cet asana fortifie les mains et diminue les douleurs et les raideurs de la région sacrée de la colonne vertébrale.

151. Visvamitrasana Vingt* (photo 403).

Visvamitra est le nom d'un célèbre sage. D'origine Ksatriya (caste des guerriers), il était le roi de Kanyakubja. Un jour qu'il chassait, il s'arrêta à l'hermitage du sage Vasistha, et, voyant Kamadhenu (la Vache de l'Abondance), demanda au sage de la lui donner en échange de trésors immenses. Au refus du sage, le roi essaya de se l'approprier par la force. Un long combat s'ensuivit, où le roi fut vaincu. Bien que fortement vexé, il fut grandement impressionné par le pouvoir inhérent au Brahmanisme. Le roi se soumit à la plus rigoureuse des ascèses jusqu'à ce que successivement il atteigne les statuts et les titres de Rajarsi (un sage de rang royal, un prince et en même temps un saint), Risi (un sage, un voyant), Maharsi (un grand sage, un patriarche de l'humanité) et enfin Brahmarsi (un sage brahmane), mais il ne fut content que lorsque Vasistha lui-même l'appela Brahmarsi. Pendant cette dure pénitence, la nymphe céleste Menaka le séduisit et conçut Sakuntala, l'héroïne du célèbre drame écrit par Kalidasa.

Cet asana est dédié à Visvamitra.

401

402

403

Technique.

1. Faites Tadasana (photo 1). Penchez-vous en avant, posez les mains sur le sol et lancez vos jambes en arrière comme en Adho Mukha Svanasana (photo 75).

2. En expirant, amenez la jambe droite au-dessus de la main droite et placez l'arrière de la cuisse droite sur le dos du bras droit (photo 401).

3. Immédiatement, tournez le corps vers la gauche, placez le bras gauche le long de la cuisse gauche et cherchez l'équilibre (photo 402).

4. Tournez le pied gauche sur le côté et pressez au sol le talon et la plante du pied.

5. Tendez et étirez vers le haut la jambe droite et faites deux respirations.

6. En expirant, tendez le bras gauche verticalement depuis l'épaule et regardez la main gauche étirée (photo 403).

7. Restez dans cette posture pendant 20 à 30 secondes en respirant profondément.

8. En expirant, relâchez la jambe droite et revenez en position 1.

9. Faites la posture pendant la même durée de l'autre côté, en suivant les indications techniques ci-dessus et en permutant droite et gauche.

Effets.

Cette posture renforce les mains et les organes abdominaux et exerce les muscles des cuisses.

152. Bakasana Neuf* (photos 406 et 410).

Baka est une grue. Le corps dans cette posture ressemble à celui de cet échassier marchant dans l'eau d'un étang, d'où le nom.

Deux techniques sont décrites ici, l'une pour les débutants, l'autre pour les élèves avancés.

Technique (pour les élèves débutants).

1. Accroupissez-vous, les pieds joints. La plante des pieds doit être entièrement en contact avec le sol. Trouvez l'équilibre sans que les fesses touchent le sol (photo 317).

2. Écartez les genoux et portez le buste en avant.

404

405

406

3. Expirez, passez les bras devant les genoux et posez les mains sur le sol (photo 318).

4. Pliez les coudes, soulevez les talons, avancez encore le buste plus en avant et prenez appui avec les tibias sur l'arrière des bras, près des aisselles (photo 404). Faites deux ou trois respirations.

5. Expirez, balancez le corps en avant et dégagez les orteils du sol (photo 405).

6. Redressez les bras et portez le corps tout entier en équilibre sur les mains (photo 406).

7. Restez dans cette position pendant 20 à 30 secondes en respirant normalement.

8. Expirez, pliez les coudes, descendez au sol, dégagez les jambes des aisselles, accroupissez-vous sur le sol et relaxez-vous.

407

408

Technique (pour les élèves avancés).

1. Faites Salamba Sirsasana II (photo 192).

2. Expirez, pliez les genoux et descendez les jambes jusqu'à ce que les cuisses s'appuient sur le ventre et la poitrine.

3. Placez le genou droit sur le dos du bras aussi près que possible de l'aisselle, puis, de la même façon, le genou gauche sur le bras gauche. Les pieds doivent rester joints (photo 407). Assurez-vous dans cette posture et maintenez votre équilibre en respirant régulièrement.

4. Expirez, entraînez le buste vers le haut et dégagez la tête du sol (photo 408). Tendez et étirez les bras et montez les fesses (photo 409). Allongez le cou et montez la tête aussi haut que possible (photo 410).

5. Restez en équilibre sur les mains pendant quelques secondes en contractant les muscles de la région du diaphragme. Essayez de respirer normalement.

409

410

6. Expirez, ramenez la tête sur le sol et revenez en Salamba Sirsasana II. Puis, redescendez les jambes sur le sol et reposez-vous. Les élèves avancés peuvent faire Urdhva Dhanurasana (photo 486) en laissant tomber les jambes en arrière après être remonté en Sirsasana II, et puis revenir directement en Tadasana (photo 1). Lorsque vous aurez maîtrisé Viparita Cakrasana (photos 488 à 499), cela vous détendra de le faire après Urdhva Dhanurasana.

Effets.

Cet exercice renforce les bras. Les organes abdominaux, étant contractés, sont également renforcés.

153. Parsva Bakasana Seize* (photo 412).

Parsva signifie côté, flanc ou oblique ; baka est une grue ou plus généralement un échassier. Ici les jambes sont sur le côté.

Technique.

1. Faites Salamba Sirsasana II (photo 192).
2. Expirez, pliez les genoux et amenez les cuisses contre le ventre et la poitrine.

411

412

3. Gardez les jambes l'une contre l'autre. Inclinez les jambes et le bassin vers la droite. Appuyez la cuisse gauche sur le dos du bras droit aussi près que possible de l'aisselle (photo 411). Faites quelques profondes respirations et cherchez l'équilibre.

4. Puis, en expirant, ôtez la tête du sol, contractez les muscles de la région du diaphragme, tendez les bras et cherchez l'équilibre sur les mains (photo 412). Restez dans cette position pendant quelques secondes en respirant régulièrement. On ressentira un grand effort dans le bras qui se trouve apparemment libre.

5. Pliez les coudes, replacez la tête sur le sol (photo 411) et revenez en Salamba Sirsasana II.

6. Puis, pliez les genoux et inclinez les jambes pliées vers la gauche. Amenez la cuisse droite sur le dos du bras gauche aussi près que possible de l'aisselle. Expirez, ôtez la tête du sol et restez en équilibre comme en position 4.

7. Revenez en Salamba Sirsasana II après avoir ramené la tête sur le sol. Puis vous pouvez, soit descendre les jambes au sol et vous relaxer, soit basculer en Urdhva Dhanurasana (photo 486) et revenir en Tadasana (photo 1). Lorsque vous aurez maîtrisé Viparita Cakrasana (photos 488 à 499), cela vous détendra de le faire après Urdhva Dhanurasana.

Effets.

La posture renforce les bras. Par une pratique continue, les muscles de la paroi latérale de l'abdomen se développeront et les intestins seront renforcés.

154. Urdhva Kukkutasana Dix-huit* (photos 417, 418 et 419).

Urdhva signifie vers le haut. Kukkuta est un coq. Dans cette posture le corps ressemble à un coq en train de se pavaner, d'où le nom.

413

414

Technique.

1. Faites Salamba Sirsasana II (photo 192).

2. Une fois que vous êtes en équilibre, croisez vos jambes en Padmasana en plaçant le pied droit à la base de la cuisse gauche et le pied gauche à la base de la cuisse droite (photo 413), puis en expirant abaissez les jambes et appuyez-les sur le dos des bras aussi près que possible des aisselles (photo 414). Assurez votre équilibre dans cette position en respirant régulièrement.

3. Expirez, prenez solidement appui sur le sol avec les mains, montez le buste et ôtez la tête du sol en suivant la progression du mouvement comme sur les photos 415 et 416. Redressez et étirez les bras et montez les fesses. Allongez le cou et maintenez la tête aussi haut que possible (photos 417, 418 et 419).

415

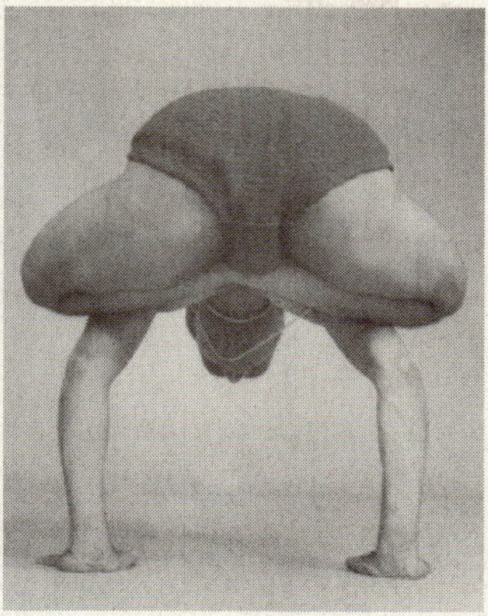

416

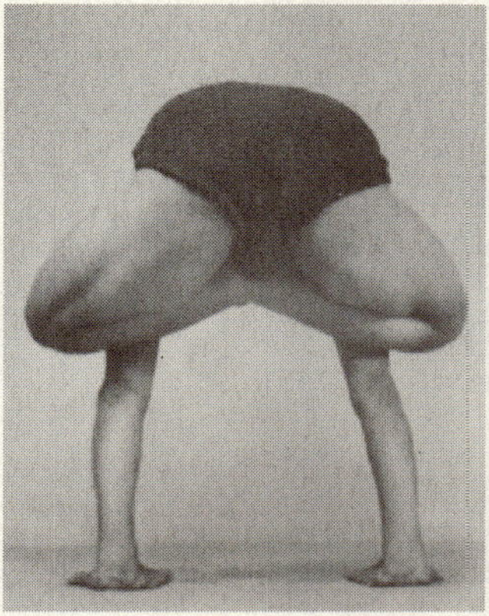

417

418

4. Cherchez l'équilibre sur les mains dans cette position pendant quelques secondes en contractant la région du diaphragme. Essayez de respirer normalement.

5. Expirez, pliez les coudes, ramenez la tête sur le sol en suivant les photos 414 et 413 et revenez en Salamba Sirsasana II, puis décroisez les jambes.

6. Refaites Padmasana, en plaçant cette fois le pied gauche le premier à la base de la cuisse droite et le pied droit à la base de la cuisse gauche. Puis recommencez cet asana, comme décrit ci-dessus.

7. Après être resté dans la posture pendant la même durée de chaque côté, revenez en Salamba Sirsasana II (photo 192), descendez les jambes au sol et relaxez-vous. Les élèves avancés peuvent aussi passer en Urdhva Dhanurasana (photo 486) en laissant tomber les jambes en arrière et en redressant les bras, puis revenir directement en Tadasana (photo 1). Lorsque vous aurez maîtrisé Viparita Cakrasana (photos 488 à 499), cela vous détendra de le faire après Urdhva Dhanurasana.

419

Effets.

La colonne vertébrale est pleinement étirée et l'effet de Paschimottanasana (photo 160) est obtenu en un temps très court. Les bras et les organes abdominaux sont renforcés. Toutes ces postures difficiles et compliquées ont des effets plus rapides que les postures simples. Quand le corps devient souple, les postures simples n'ont que peu ou plus d'effet. L'élève avisé saura les abandonner et pratiquer les postures compliquées comme un étudiant qui ne passe pas son temps à répéter quotidiennement l'alphabet. Mais comme les danseurs qui pratiquent tous les jours à la barre les pas élémentaires et ne les abandonnent pas, les élèves de yoga doivent continuer à faire chaque jour Sirsasana (photo 184 à 218) et Sarvangasana et leurs variations (photos 234 à 271).

155. Parsva Kukkutasana Vingt-quatre* (photos 424 et 424a, 425 et 425a). Parsva signifie côté, flanc ou oblique. Kukkuta est le coq.

Technique.

1. Faites Salamba Sirsasana II (photo 192).

2. Croisez les jambes en Padmasana en plaçant d'abord le pied droit à la base de la cuisse gauche, puis le pied gauche à la base de la cuisse droite (photo 413). Une fois l'équilibre assuré, expirez, tournez la taille vers la droite (photo 420) et abaissez les jambes jusqu'à ce que la cuisse gauche s'appuie sur le dos du bras droit (photo 421). Prenez le temps d'assurer votre équilibre dans cette position en respirant régulièrement mais rapidement à cause de la torsion latérale du corps.

3. C'est une posture difficile, le plus dur étant de placer la cuisse sur le bras opposé. Au début il sera difficile de garder l'équilibre tout en mettant en place la cuisse et on retombera souvent par terre lourdement.

4. Expirez, prenez solidement appui avec les mains sur le sol, soulevez la tête du sol (photo 422) et montez le buste (photo 423). Tendez et étirez les bras et montez les fesses. Allongez le cou en avant et soulevez la tête aussi haut que possible (photo 424).

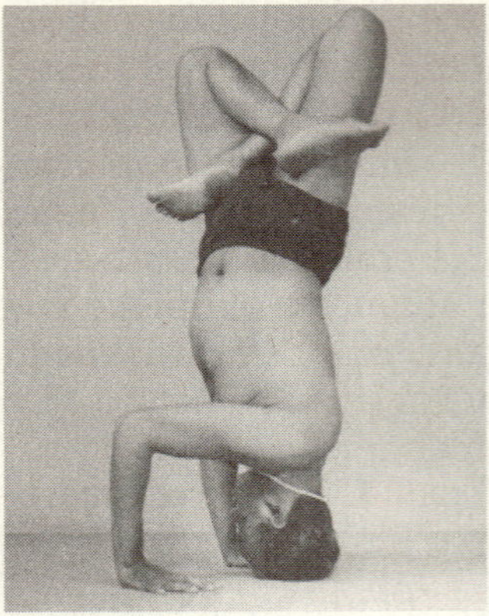

420

421

422

423

5. C'est la position finale. Restez en équilibre sur les mains pendant quelques secondes, aussi longtemps que vous le pouvez. On ressentira un très gros effort dans le bras gauche qui est apparemment libre.

6. Expirez, pliez les coudes, ramenez la tête sur le sol et remontez en Sirsasana II. Puis décroisez les jambes.

7. Reposez-vous un moment en Sirsasana. Puis, refaites Padmasana en plaçant cette fois, d'abord le pied gauche à la base de la cuisse droite et ensuite le pied droit à la base de la cuisse gauche. Puis répétez la posture sur le côté gauche (photo 425). Là, la cuisse droite s'appuiera sur le dos du bras gauche. Pour faire l'équilibre sur le côté gauche il faut changer le croisement des jambes en Padmasana. Si on ne le fait pas, il est extrêmement difficile de placer la cuisse sur le dos du bras opposé.

424

425

8. Restez dans la posture aussi longtemps de chaque côté.

9. Après avoir réussi à faire les positions 4 et 7, on peut essayer, sans défaire le croisement de jambes de la position 6, de tourner le corps vers la gauche, de placer la cuisse droite sur le bras gauche, d'ôter la tête du sol et de se mettre en équilibre sur les mains (photo 424a).

10. Revenez en Sirsasana II. Puis, après avoir fait la position 7, tournez le corps vers la droite sans changer le croisement des jambes, essayez de placer la cuisse sur le bras droit, ôtez la tête du sol

et mettez-vous en équilibre sur les mains (photo 425a).

11. Tenez la posture pendant la même durée dans chaque position. Puis, revenez en Sirsasana II, abaissez les jambes jusqu'au sol et relaxez-vous. Ou bien faites Urdhva Dhanurasana (photo 486) et revenez en Tadasana (photo 1). Lorsque vous aurez maîtrisé Viparita Cakrasana (photo 488 à 499), cela vous tonifiera de le faire après Urdhva Dhanurasana.

424a

425a

Effets.

En plus des effets bénéfiques apportés par Urdhva Kukkutasana (photo 419), cette variation donne à la colonne vertébrale une torsion latérale et la tonifie. Les muscles et les organes abdominaux, la poitrine et les bras deviennent plus forts et la force vitale augmente.

156. Galavasana Seize* (photos 427 et 428).

Galava fut un sage, élève de Visvamitra. Cet asana lui est dédié.

426

Technique.

1. Faites Salamba Sirsasana II (photo 192).

2. Puis croisez les jambes en Padmasana en plaçant le pied droit à la base de la cuisse gauche et le pied gauche à la base de la cuisse droite (photo 413), expirez et ramenez les cuisses contre l'estomac et la poitrine.

3. Faites quelques respirations, tournez le corps vers la droite et, en expirant, amenez le point où les tibias se croisent sur le bras droit aussi près que possible de l'aisselle (photo 426). Assurez votre équilibre dans cette position en respirant profondément.

4. Expirez, ôtez la tête du sol en soulevant le corps sur les mains, contractez les muscles de la région du diaphragme, tendez les bras et cherchez l'équilibre (photo 427). Restez dans la posture pendant quelques secondes selon votre capacité. On ressentira dans cette posture un grand effort dans l'épaule et dans le bras gauche qui sont apparemment libres.

5. Pliez les coudes, ramenez la tête sur le sol et remontez en Salamba Sirsasana II sans décroiser les jambes.

6. Expirez, pliez le bassin, placez les jambes sur le dos du bras gauche et montez en équilibre sur les mains comme vous l'avez fait sur le côté droit (photo 428).

7. Pliez les coudes, ramenez la tête sur le sol, remontez en Salamba Sirsasana II et décroisez les jambes. Faites de nouveau Padmasana, en plaçant cette fois le pied gauche en premier à la base de la cuisse droite et le pied droit à la base de la cuisse gauche et refaites l'asana comme il est décrit ci-dessus.

8. Revenez en Salamba Sirsasana II après avoir ramené la tête sur le sol. Puis vous pouvez, soit redescendre les jambes et vous relaxer, soit faire Urdhva Dhanurasana (photo 486) et revenir en Tadasana (photo 1). Lorsque vous aurez maîtrisé Viparita Cakrasana (photos 488 à 499), cela vous détendra de le faire après Urdhva Dhanurasana.

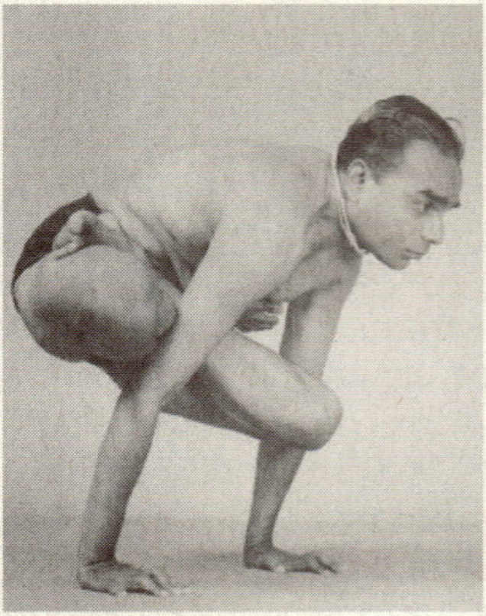

427

428

Effets.

Grâce à une pratique continue, les poignets et les organes abdominaux se renforceront ainsi que les muscles des parois latérales de l'abdomen. La colonne vertébrale deviendra plus souple et le cou et les épaules deviendront plus puissants. Cette posture a les effets réunis de Sirsasana (photo 184), Padmasana (photo 104) et Paschimottanasana (photo 160).

157. Eka Pada Galavasana Vingt et un*

(photos 431 et 433).

Eka signifie un, pada, jambe, et Galava est le nom d'un sage.

429

Technique.

1. Faites Salamba Sirsasana II (photo 192).

2. Expirez, placez le pied droit à la base de la cuisse gauche en demi-Padmasana et pliez le bassin jusqu'à ce que les jambes soient parallèles au sol.

3. Puis, pliez la jambe gauche au genou. Faites quelques respirations profondes. Expirez et placez le pied droit sur le dos du bras gauche. En plaçant le pied, faites attention à tourner les orteils dans la même direction que les doigts des mains. Appuyez le genou droit sur le dos du bras droit (photo 429).

4. Assurez la position de la jambe droite et faites quelques respirations. Tendez bien la jambe gauche et gardez-la parallèle au sol (photo 430).

5. Expirez et soulevez le corps en ôtant la tête du sol. La jambe gauche reste droite et parallèle au sol. Les coudes doivent rester fléchis, les bras étant parallèles au sol et les avant-bras (du poignet au coude) étant perpendiculaires au sol (photo 431).

430

431

6. Étirez le cou et montez la tête aussi haut que possible. Restez dans cette position pendant quelques secondes. Comme le diaphragme est comprimé, la respiration sera rapide et difficile.

7. Repliez la jambe gauche au genou, ramenez la tête sur le sol et revenez en Salamba Sirsasana II.

8. Faites quelques respirations profondes et reprenez l'asana en pliant, cette fois, la jambe gauche en demi-Padmasana, en plaçant le pied gauche sur le dos du bras droit et le genou gauche sur le dos du bras gauche. Puis, ôtez la tête du sol (photos 432 et 433). Restez de chaque côté pendant la même durée, et revenez en Sirsasana.

9. On peut terminer la posture soit en ramenant les jambes par terre, soit en basculant en Urdhva Dhanurasana (photo 486) et en revenant en Tadasana (photo 1). Lorsque vous aurez maîtrisé Viparita Cakrasana (photos 488 à 499), cela vous tonifiera de le faire après Urdhva Dhanurasana.

432

433

Effets.

Cette posture renforce les poignets. Les organes abdominaux sont massés par la pression du pied sur le ventre.

158. Dvi Pada Koundinyasana Vingt-deux* (photo 438).

Dvi pada (dvi = deux, pada = pied ou jambe) signifie les deux pieds.

Koundinya était un sage appartenant à la famille de Vasistha qui fonda une secte, la Koundinya Gotra. Cet asana lui est dédié.

434

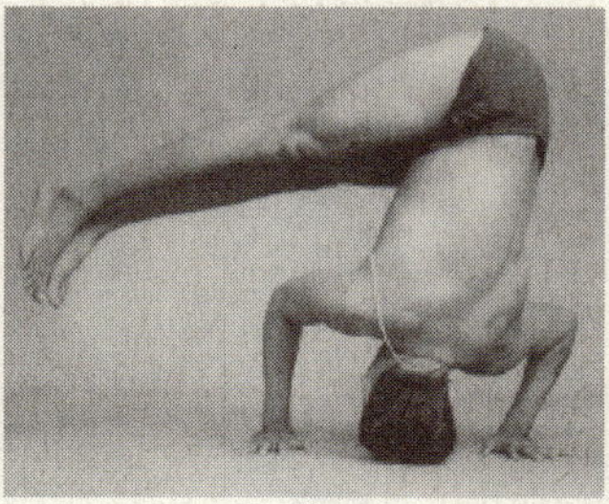

435

436

437

Technique.

1. Faites Salamba Sirsasana II (photo 192).

2. Expirez, et amenez les deux jambes tendues à l'équerre (photo 434). Faites ici une pause pour respirer.

3. Expirez, tournez le buste légèrement vers la droite en amenant les deux jambes sur le côté (photo 435). Descendez les deux jambes ensemble au-dessus du bras droit et posez sur le dos de ce bras aussi près que possible de l'aisselle la partie extérieure de la cuisse gauche qui se trouve près du genou (photo 436).

4. Stabilisez l'équilibre en faisant quelques respirations. Puis, expirez et, en prenant fermement appui sur les deux mains, ôtez la tête du sol (photo 437). Puis montez le corps et étirez le cou (photo 438). C'est la posture finale dans laquelle les jambes seront en l'air, presque parallèles au sol. À cause de la torsion du buste, la respiration sera rapide. Restez en équilibre aussi longtemps que vous le pouvez, de 10 à 20 secondes. Un effort important sera demandé au bras gauche qui est apparemment libre.

5. Pliez les genoux, ramenez la tête sur le sol et remontez en Salamba Sirsasana II. Faites une pause, puis reprenez l'asana de l'autre côté comme il est décrit ci-dessus en intervertissant droite et gauche. Là, la cuisse droite prendra appui sur le dos du bras gauche. Restez en équilibre de chaque côté pendant la même durée. Revenez de nouveau en Sirsasana.

6. Pour terminer cette posture, vous pouvez soit descendre les jambes par terre et vous relaxer, soit faire Urdhva Dhanurasana (photo 486) et revenir en Tadasana (photo 1). Lorsque vous aurez maîtrisé Viparita Cakrasana (photos 488 à 499), cela vous tonifiera de le faire après Urdhva Dhanurasana.

438

Effets.

La posture tonifie les organes abdominaux. L'activité péristaltique du côlon est stimulée, ce qui permet d'éliminer les toxines. Il faut une certaine expérience pour arriver à trouver l'équilibre avec les jambes tendues. La colonne vertébrale est assouplie par la torsion, et les bras et le cou sont renforcés.

159. Eka Pada Koundinyasana I Vingt-trois*

(photo 441).

Eka signifie un. Pada est la jambe ou le pied. Koundinya est le nom d'un sage.

439

Technique.

1. Faites Salamba Sirsasana II (photo 192).

2. Expirez, descendez les jambes tendues à l'équerre (photo 434). Faites ici une pause pour respirer.

3. Expirez, pliez les jambes et amenez la jambe gauche vers la droite. Posez la jambe gauche sur le dos du bras droit de façon à ce que la partie extérieure de la cuisse gauche qui se trouve près du genou s'appuie aussi près de l'aisselle que possible (photo 439). Assurez votre équilibre en faisant quelques respirations.

4. Tendez la jambe gauche sur le côté et la jambe droite en arrière (photo 440). Faites deux respirations.

5. Expirez, ôtez la tête du sol, tendez les bras et cherchez l'équilibre sur les mains. Gardez les deux jambes droites et verrouillées aux genoux (photo 441). C'est la posture finale. Restez dans la posture aussi longtemps que vous le pouvez, jusqu'à 30 secondes, en respirant normalement.

6. Pliez les deux genoux, expirez, ramenez la tête au sol et remontez en Sirsasana. Reposez-vous dans cette position pendant un instant en respirant normalement.

7. Reprenez l'asana de l'autre côté pour la même durée en suivant les indications ci-dessus et en permutant droite et gauche. La cuisse droite s'appuiera donc sur le dos du bras gauche et la jambe gauche sera tendue en arrière. Puis revenez en Sirsasana comme indiqué à la position 6.

8. Pour terminer la posture, vous pouvez soit ramener les jambes au sol et vous relaxer, soit faire Urdhva Dhanurasana (photo 486) et remonter en Tadasana (photo 1). Lorsque vous aurez maîtrisé Viparita Cakrasana (photos 488 à 499), cela vous tonifiera de le faire après Urdhva Dhanurasana.

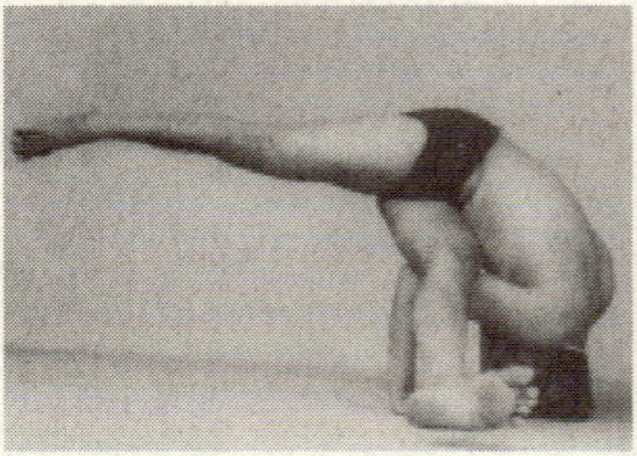

440

441

Effets.

Dans cette posture, la pression des jambes sur le ventre masse les organes abdominaux. La colonne vertébrale est renforcée et régénérée par la torsion. Les bras et le cou gagnent en force.

160. Eka Pada Koundinyasana II Vingt-quatre* (photos 442 et 443).

442

443

Technique.

1. Faites Visvamitrasana (photo 403) avec la jambe droite sur le dos du bras droit.

2. Expirez, placez la main gauche sur le sol. Rapprochez la tête et le buste du sol. Pliez les deux coudes, gardez le corps parallèle au sol, tendez les deux jambes tout en dégageant les orteils du sol. Restez en équilibre sur les mains aussi longtemps que vous le pouvez. La jambe gauche doit être étirée en arrière tandis que la jambe droite doit être étirée sur le côté droit. Le côté intérieur de la cuisse droite s'appuie sur le dos du bras droit (photos 442 et 443).

3. Cette posture est très difficile et demande beaucoup de persistance pour être maîtrisée. La respiration est rapide et difficile. Étirez le cou et gardez la tête haute.

4. Ramenez la jambe gauche au sol, dégagez la jambe droite du bras droit et relaxez-vous pendant quelques instants.

5. Reprenez la posture de l'autre côté en mettant cette fois la jambe gauche sur le dos du bras gauche et en tendant la jambe droite en arrière. Faites la posture pendant la même durée de chaque côté.

6. Les élèves avancés peuvent faire la posture en partant de Salamba Sirsasana II (photo 192) en

suivant la technique de Eka Pada Koundinyasana I (photo 441), mais en plaçant sur le dos du bras la jambe qui est du même côté, comme sur la photo 444, puis en ôtant la tête du sol en gardant les deux jambes droites et parallèles au sol.

444

7. Répétez la posture de l'autre côté, puis revenez en Sirsasana II (photo 192), faites Urdhva Dhanurasana (photo 486) et revenez en Tadasana (photo 1) ou faites Viparita Cakrasana (photos 488 à 499).

Effets.

La posture renforce les organes abdominaux, les bras et les muscles des cuisses.

161. Eka Pada Bakasana I Vingt-six*

(photos 446 et 447).

Eka signifie un. Pada est le pied ou la jambe. Baka est une grue.

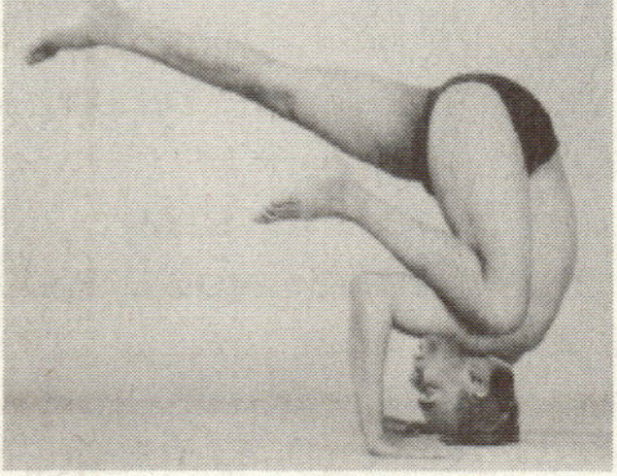

445

Technique.

1. Faites Salamba Sirsasana II (photo 192).

2. Expirez, amenez les deux jambes à l'équerre (photo 434). Pliez le genou droit et placez le tibia droit sur le dos du bras droit aussi près que possible de l'aisselle. Gardez la jambe gauche en l'air parallèlement au sol (photo 445). Assurez votre équilibre dans cette position en respirant régulièrement.

3. Expirez, soulevez le corps en ôtant la tête du sol et étirez le cou en avant. Essayez de garder le corps parallèle au sol sans rien appuyer sur le coude gauche (photos 446 et 447).

4. Restez dans cette position pendant 10 à 20 secondes en étirant à fond la colonne vertébrale et la jambe gauche. Essayez de respirer normalement. C'est une posture d'équilibre difficile.

446

447

5. Pliez la jambe gauche et ramenez la tête sur le sol. Expirez, et revenez en Salamba Sirsasana II.

6. Reprenez l'asana sur le côté gauche pendant la même durée, en gardant la jambe droite tendue en l'air et parallèle au sol.

7. Revenez en Salamba Sirsasana II, descendez les jambes par terre et reposez-vous. Les élèves avancés peuvent faire Urdhva Dhanurasana (photo 486) et revenir en Tadasana (photo 1). Lorsqu'on a maîtrisé Viparita Cakrasana (photos 488 à 499), il est tonifiant de faire cet exercice après Urdhva Dhanurasana.

Effets.

Dans cette posture, les organes abdominaux sont contractés d'un côté et étirés de l'autre. Le maintien de l'équilibre exerce les muscles et les organes abdominaux plus que les bras.

162. Eka Pada Bakasana II Vingt-cinq*

(photos 451 et 452).

448

Technique.

1. Faites Salamba Sirsasana II (photo 192).
2. Expirez, descendez les jambes à l'équerre (photo 434). Pliez le genou gauche et posez le tibia gauche sur le dos du bras gauche aussi près que possible de l'aisselle comme dans Bakasana (photo 410). Amenez la jambe droite vers la droite jusqu'à ce qu'elle dépasse le bras droit. La partie intérieure de la cuisse droite doit toucher le dos du bras droit (photo 448).
3. Expirez, soulevez le corps en ôtant la tête du sol et étirez le cou en avant (photos 449 et 450). Maintenant, dépliez la jambe droite en avant et tendez-la sans la faire toucher par terre. Tendez les bras et cherchez l'équilibre (photos 451 et 452).
4. Tenez cette posture pendant 10 à 20 secondes en étirant à fond la colonne vertébrale et la jambe droite. Essayez de respirer normalement.

449

450

451

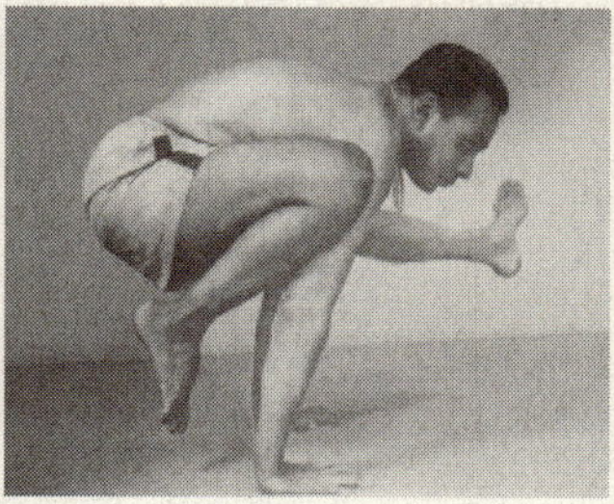

452

5. Pliez le genou gauche, ramenez la tête sur le sol et revenez en Salamba Sirsasana II (photo 192).

6. Recommencez l'asana de l'autre côté pour la même durée en tendant la jambe gauche en avant et en appuyant le tibia droit sur le dos du bras droit.

7. Il y a deux façons de terminer la posture. Vous pouvez replier la jambe qui était tendue en avant et revenir en Sirsasana, puis descendre les jambes par terre. Lorsque vous avez maîtrisé cette méthode, vous pouvez essayer la seconde. Pour cela, vous laissez tendue la jambe qui est en avant. Puis, vous pliez les coudes et tendez en arrière la jambe qui était pliée en la maintenant droite, parallèle au sol sans le toucher. Le corps et la tête ne doivent pas toucher le sol. Vous êtes maintenant en Eka Pada Koundinyasana (photos 442 et 443). Puis, expirez, ramenez la tête sur le sol, pliez les deux jambes et revenez en

Sirsasana II. Puis, passez en Urdhva Dhanurasana (photo 486) suivi de Viparita Cakrasana (photos 488 à 499).

Effets.

Les organes et les muscles abdominaux aussi bien que les mains, la poitrine et le dos sont renforcés. Votre corps fonctionne là comme un appareil à soulever des charges et les différentes positions qu'il prend, obligent différentes parties à en supporter le poids, ce qui les renforce.

163. Yogadandasana Dix-neuf* (photo 456).

Yogadanda est le bâton d'un Yogin. Dans cette posture, le yogi s'assied par terre et se sert de sa jambe comme d'une béquille placée sous l'aisselle, d'où le nom.

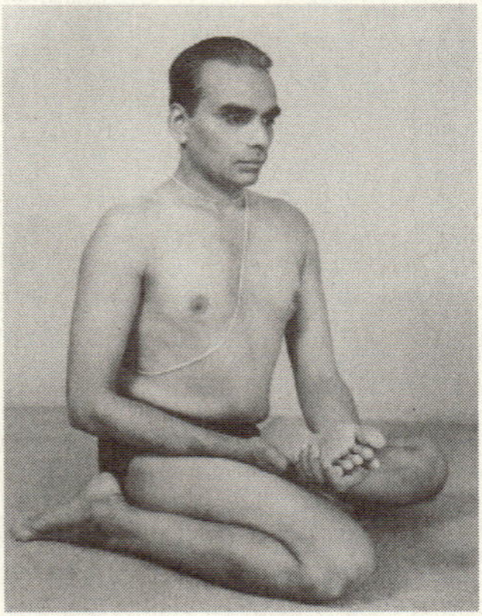

453

Technique.

1. Asseyez-vous sur le sol les jambes allongées en avant (photo 77).

2. Pliez le genou droit et placez le pied droit à côté de la hanche droite. La jambe droite est maintenant en Virasana (photo 89).

3. Écartez la jambe gauche vers la gauche en ouvrant les cuisses et pliez-la au genou en amenant le pied gauche près du genou droit (photo 453).

4. Prenez le pied gauche avec la main droite. Tournez le buste vers la droite et en expirant, amenez le pied gauche vers la poitrine en gardant le genou gauche par terre. Faites quelques respirations et en expirant, tirez le pied gauche vers l'aisselle gauche. L'aisselle gauche s'appuie ainsi sur la plante du pied gauche comme sur une béquille (photo 454).

5. Après avoir fait quelques respirations, passez le bras gauche autour du pied gauche et amenez-le dans le dos (photo 455). Passez le bras droit derrière le dos et attrapez l'avant-bras gauche, tournez la tête vers la gauche, levez le menton et regardez vers le haut (photo 456).

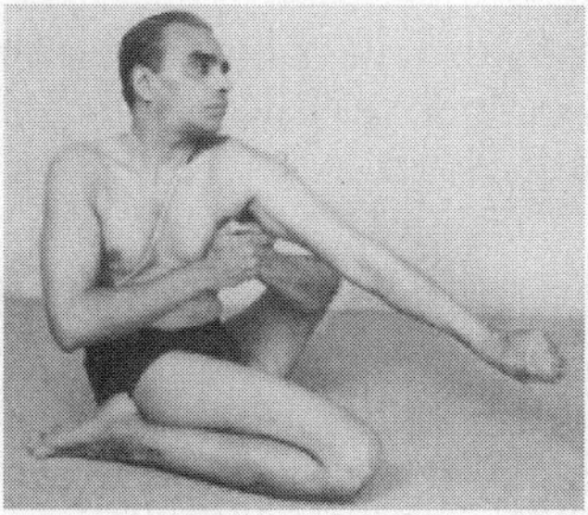

454

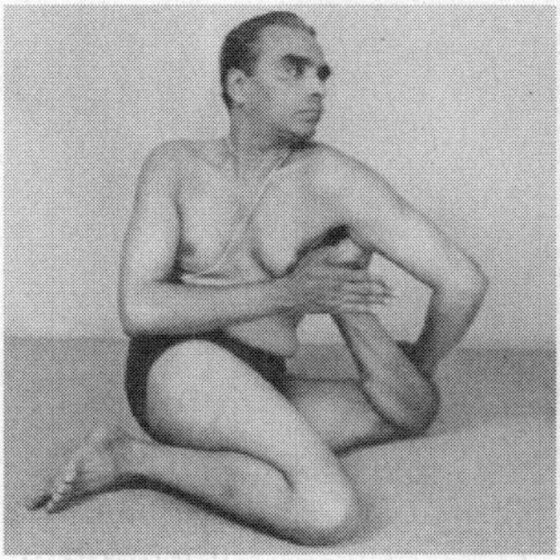

455

456

6. Restez dans la posture pendant 30 secondes environ en respirant profondément.

7. Relâchez les mains, redressez les jambes et relaxez-vous.

8. Reprenez la posture de l'autre côté pour la même durée. Pliez donc la jambe gauche de façon à ce que le pied gauche soit à côté de la hanche gauche. Puis, placez le pied droit comme une béquille sous l'aisselle droite et attrapez l'avant-bras droit derrière le dos avec la main gauche.

9. Cela prend du temps et demande de l'entraînement pour se trouver à l'aise dans cette posture, mais lorsque vous y êtes parvenu, elle est extrêmement reposante.

Effets.

Dans cette posture, la colonne vertébrale est reposée et le corps est relaxé. Elle assouplit également les chevilles et les genoux.

164. Supta Bhekasana Vingt et un*

(photo 458).

Supta signifie couché. Bheka est une grenouille. Supta Bhekasana est la même posture que Bhekasana (photo 100), mais retournée.

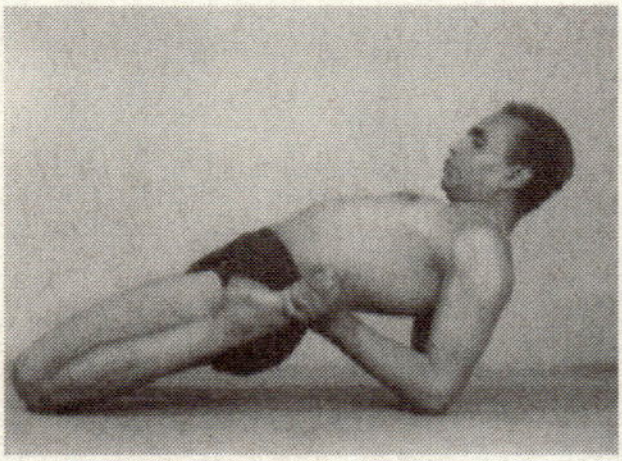

457

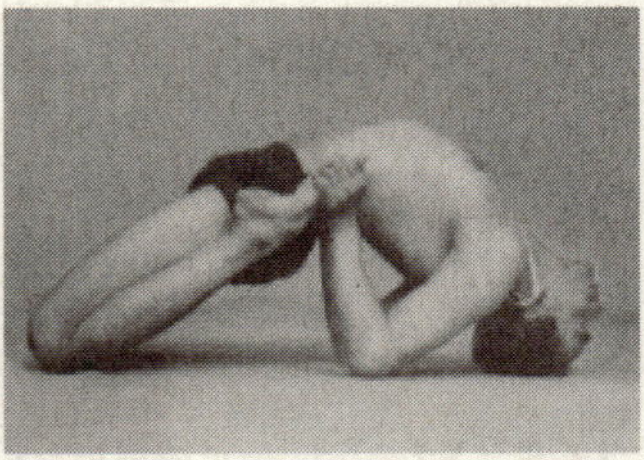

458

Technique.

1. Asseyez-vous en Virasana (photo 89).

2. Les mains étant tournées vers le haut, insérez-les sous chaque pied. Poussez les pieds vers le haut et couchez-vous en arrière. Faites quelques respirations.

3. Expirez, soulevez les hanches (photo 457), poussez les cuisses vers le haut et arquez le dos en prenant appui avec le sommet du crâne sur le sol (photo 458).

4. Le corps repose sur le sommet du crâne, les coudes et les genoux. Les avant-bras doivent être perpendiculaires au sol et les mains doivent tenir l'extérieur des pieds du côté des petits orteils. Montez au maximum les pieds en ouvrant l'aine.

5. Restez dans la posture pendant 20 à 30 secondes en respirant normalement.

6. Ôtez la tête du sol et lâchez les pieds qui retombent en Supta Virasana (photo 96).

7. Revenez en Virasana, redressez les jambes et relaxez-vous.

Effets.

Cet asana tonifie la colonne vertébrale. Il permet au sang de circuler largement autour des genoux, des chevilles, des hanches et du cou et soulage les maux de dos. Il guérit certaines déformations internes de l'articulation des genoux. La pression des mains sur les pieds renforce les voûtes plantaires et guérit les pieds plats. Une pratique continue est un remède pour l'atrophie ou d'autres défauts musculaires de la jambe. Les poumons sont pleinement ouverts. Les organes abdominaux en bénéficient.

165. Mulabandhasana Trente-deux*

(photos 462 et 463).

Mula est la racine, la base le début ou les fondations. Bandha est un lien, une attache ou une posture.

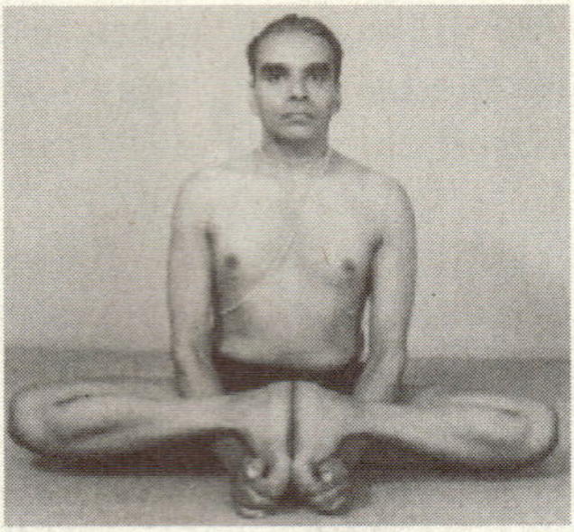

459

Technique.

1. Asseyez-vous en Baddha Konasana (photo 101).

2. Insérez les mains entre les cuisses et les mollets et prenez chaque pied avec la main correspondante.

3. Joignez les plantes de pieds et les talons. Soulevez les talons, gardez les orteils sur le sol et tirez les pieds vers le périnée (photo 459).

4. Gardez-les dans cette position et amenez les mains derrière les hanches (photo 460).

460

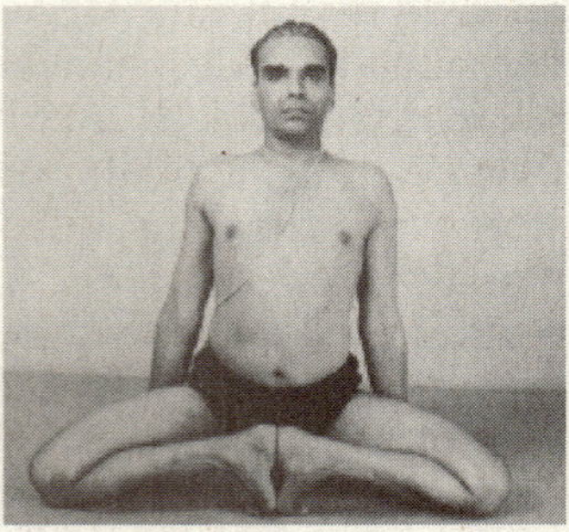

461

5. Soulevez le bassin à l'aide des mains et portez-le avant (photo 461), tout en tournant les pieds et les genoux pour faire basculer les talons en avant sans bouger les orteils (photos 462 et 463).

6. Prenez appui sur les orteils et les genoux et tenez la posture pendant 30 à 60 secondes en respirant profondément.

7. Pour vous dégager de la posture, ramenez les mains devant vous et prenez appui sur elles. Soulevez le bassin, remettez les talons en position normale et allongez les jambes. Ne jamais mettre de poids sur les jambes en relâchant la posture.

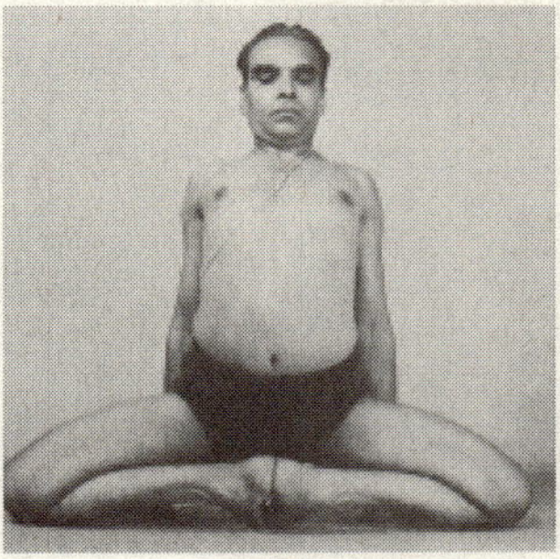

462

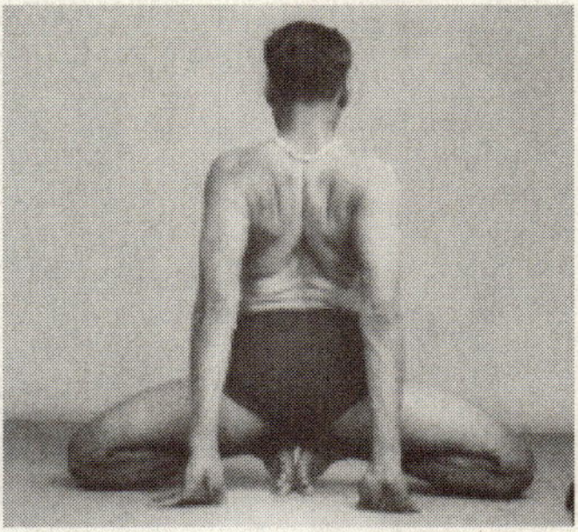

463

Effets.

Cet asana agit sur le Muladhara Cakra, la prostate et les glandes sexuelles. Il a également le merveilleux effet de contrôler les besoins sexuels excessifs et aide ainsi à sauver de l'énergie. C'est pourquoi il permet de maîtriser et d'apaiser l'esprit.

La *Hatha Yoga Pradipika* (chapitre 4, versets 29 et 30) explique :

« L'esprit dirige les sens (Indriyas). Prana dirige l'esprit ; Laya ou l'absorption dirige Prana ; et l'absorption dépend de l'attention aux sons intérieurs (Nada). Quand l'esprit est absorbé, il est appelé Moksa (libération). Mais d'autres disent que ce n'est pas cela : cependant, quand Prana et Manas (l'esprit) ont été absorbés, il naît une joie indicible. »

Baddha Konasana (photo 101) et Mulabandhasana sont d'un grand secours pour ceux qui ont des besoins sexuels excessifs. Quand ce besoin est contrôlé, l'énergie est sublimée et la vraie joie de vivre est sans limites.

166. Vamadevasana I Quinze* (photo 465).

Vamadeva est le nom d'un sage, et aussi celui de Siva, le troisième dieu de la Trinité Hindoue, qui est chargé de la tâche de destruction.

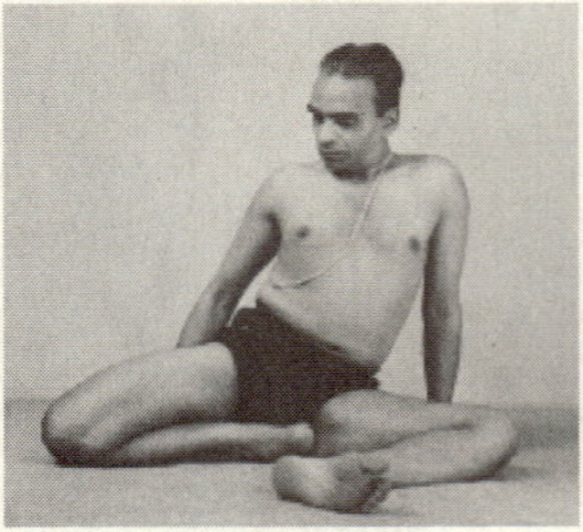

464

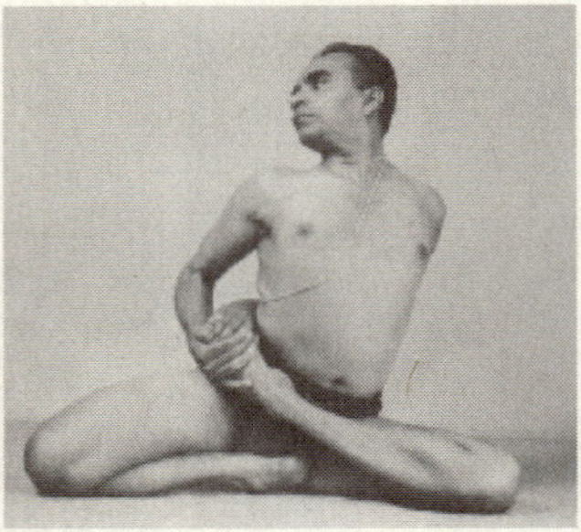

465

Technique.

1. Asseyez-vous en Baddha Konasana (photo 101).

2. Insérez la main droite sous la cuisse et le mollet droits. Gardez les orteils du pied droit sur le sol, levez le talon et tirez le pied vers le périnée. Enlevez la main et poussez le talon vers le sol, levez le bassin, avancez la hanche droite et mettez le genou droit par terre. Le pied droit est maintenant en Mulabandhasana (photo 464).

3. Maintenant, placez le pied gauche à la base de la cuisse droite, c'est-à-dire en Padmasana (photo 104).

4. Lancez le bras gauche depuis l'épaule derrière le dos et, en expirant, attrapez le gros orteil gauche. Prenez le dessus du pied gauche avec la main droite.

5. Tournez la tête vers la droite (photo 465) et restez stable pendant 30 secondes en respirant profondément.

6. Défaites la posture, revenez en Baddha Konasana et répétez l'asana de l'autre côté pendant la même durée en suivant la technique décrite ci-dessus, en intervertissant droite et gauche.

Effets.

La posture assouplit les jambes et supprime les douleurs. Elle maintient en bonne santé les organes génitaux. Elle tonifie également la colonne vertébrale et aide la digestion.

167. Vamadevasana II Quinze* (photo 466).

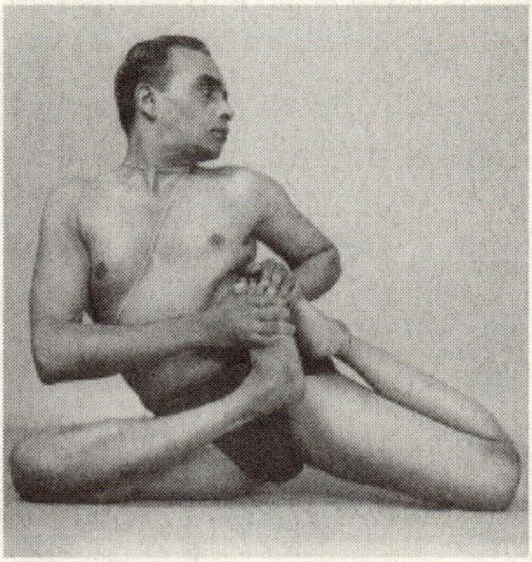

466

Technique.

1. Asseyez-vous sur le sol et écartez les cuisses.

2. Pliez le genou gauche en arrière en mettant le mollet gauche en contact avec l'arrière de la cuisse gauche.

3. Avec la main gauche, soulevez le pied gauche jusqu'à ce que le talon gauche touche l'articulation de la hanche gauche. Tenez le pied gauche avec la main gauche comme dans Bhekasana (photo 100).

4. Avec la main droite, placez le pied droit à la base de la cuisse gauche comme dans Padmasana (photo 104).

5. En se servant des deux mains, rapprochez les plantes des deux pieds jusqu'à ce qu'elles se touchent (photo 466).

6. Le buste penchera vers la jambe qui est en Padmasana. Restez en équilibre en tenant fermement les mains et tenez la posture pendant 30 secondes en respirant profondément.

7. Relâchez les mains et les jambes et reprenez la posture de l'autre côté, en mettant le pied droit en Bhekasana et le pied gauche en Padmasana. Restez en position pendant la même durée de chaque côté.

Effets.

Cet asana supprime les douleurs dans les jambes, les assouplit et maintient les organes génitaux en bonne santé. Elle tonifie également la colonne vertébrale et améliore la digestion.

168. Kandasana Trente-neuf* (photos 470, 471, 471a et 471b).

Kanda signifie racine bulbeuse ou nœud. Les versets 107 et 113 du 3e chapitre de la *Hatha Yoga Pradipika* parle de Kanda de la façon suivante :

« (107). La Kundalini dort au-dessus du Kanda (l'endroit, près de l'ombilic, où se séparent et s'unissent les nadi). Elle donne Mukti (la libération) aux yogin et la servitude aux fous. Celui qui la connaît, connaît le Yoga. »

« (113). Le Kanda se trouve à 30 centimètres au-dessus de l'anus et s'étend de 10 centimètres de part et d'autre. Il a été décrit comme étant rond et recouvert comme d'un morceau de fin tissu blanc. » (Le mot utilisé dans le texte est vitasti qui représente une mesure de longueur égale à 12 « angula », la distance qui sépare le pouce de l'auriculaire de la main étendue : empan.)

Technique.

1. Asseyez-vous sur le sol, les jambes allongées en avant (photo 77). Pliez les genoux, écartez les cuisses, rapprochez les pieds du bassin jusqu'à ce que les talons soient contre le périnée et gardez les genoux sur le sol. La position ressemble à Baddha Konasana (photo 101).

2. Prenez le pied droit dans la main droite et le pied gauche dans la main gauche.

467

468

3. À l'aide des mains, tirez les pieds en haut et vers le buste, retournez les chevilles (photo 467), tirez les genoux et les cuisses vers le bas (photo 468) et placez les talons et le bord extérieur des pieds contre le nombril et la poitrine (photo 469). Au début, les pieds ont tendance à glisser et à s'échapper. Pratiquez la posture pendant quelques semaines en tenant solidement les pieds contre la poitrine.

469

4. Ôtez les mains ; ensuite, ou vous tendez les bras et vous posez le dos des mains sur les genoux (photo 470), ou vous joignez les mains devant la poitrine (photo 471). Gardez le dos droit et restez dans la posture pendant environ 30 secondes en respirant profondément.

470

471

5. Les élèves avancés peuvent lever les mains jointes au-dessus de la tête (photo 471a). Puis, essayez de joindre les mains dans le dos et de rester en équilibre (photo 471b) : c'est la partie la plus difficile de l'asana.

471 a

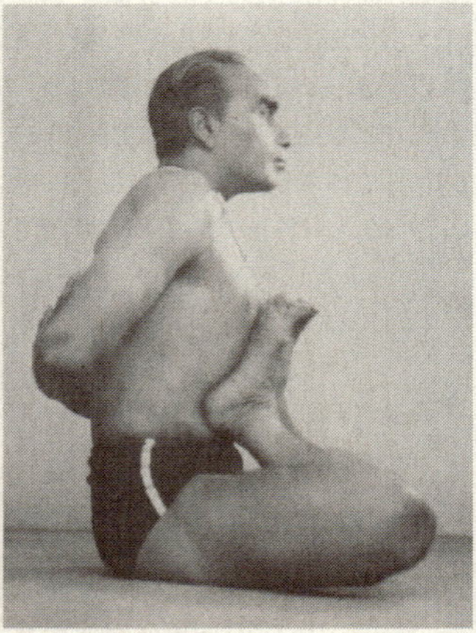

471 b

6. Reprenez les pieds dans vos mains, ramenez-les par terre et reposez-vous.

7. Les articulations du bassin et des jambes sont soumises à une torsion telle qu'il faut beaucoup de temps pour maîtriser la posture.

Effets.

Tous les muscles situés en dessous du niveau du nombril sont exercés. La posture assouplit les hanches, les genoux et les chevilles. Elle reconstitue l'énergie sexuelle et contrôle les besoins sexuels.

Cet asana agit également sur le Svadhisthana Cakra (le plexus hypogastrique) et le Manipuraka Cakra (le plexus solaire), ce qui aide la digestion.

169. Hanumanasana Trente-six*

(photos 475, 476 et 476a).

Hanuman était le nom d'un puissant chef des singes, doué d'une force et d'une vaillance extraordinaires. Fils d'Anjana et de Vayu, Dieu du Vent, il était l'ami et le serviteur dévoué de Rama, la Septième Incarnation de Visnu. Or Rama, sa femme Sita et son frère Laksmana s'étaient retirés en ermites dans la forêt de Dandaka. Ravana, roi démon de Sri Lanka (Ceylan), s'en fut à leur ermitage, déguisé en ascète, pour enlever Sita. Il se saisit d'elle et la transporta à Sri Lanka, pendant que Rama et Laksmana étaient partis à la chasse. Les deux frères, cherchant partout Sita, demandèrent l'aide de Sugriva, le roi des singes, et de son général Hanuman. Hanuman partit à sa recherche et, ayant franchi d'un bond la mer à son détroit, trouva Sita dans le palais de Ravana et vint en rendre compte à Rama. Avec l'aide d'une grande armée de singes et d'ours, Rama construisit une digue de pierres à travers la mer jusqu'à Lanka et, après une terrible bataille, massacra Ravana et son armée et délivra Sita. Au cours de la bataille, Laksmana fut frappé d'une flèche. Il gisait inconscient et l'on apprit que le seul remède possible était le suc d'une herbe croissant dans les Himalayas. D'un bond prodigieux, Hanuman traversa la mer et atteignit les Himalayas. Puis il ramena avec lui le sommet de la montagne sur lequel poussait la plante de vie et put ainsi sauver Laksmana. Cet asana est dédié à Hanuman et commémore son bond fabuleux. On le pratique en se plaçant sur le sol les jambes écartées au maximum et en joignant les mains devant la poitrine. Il ressemble au grand écart de la danse classique occidentale.

472

473

Technique.

1. Agenouillez-vous sur le sol (photo 40).

2. Placez les mains sur le sol de chaque côté du corps à 30 centimètres l'une de l'autre.

3. Soulevez les genoux. Amenez la jambe droite en avant et la jambe gauche en arrière (photo 472). Tendez les deux jambes à fond en expirant et en gardant le bassin haut (photo 473). Puis descendez les jambes et le bassin vers le sol en portant le poids sur les mains (photo 474).

4. Cette position est très longue à maîtriser. Pour arriver à appliquer les jambes droites sur le sol, ainsi que les fesses, il faut faire plusieurs essais chaque jour. Le dessous de la jambe avant et le dessus de la jambe arrière doivent être en contact avec le sol.

5. Lorsque vous y êtes parvenu, asseyez-vous bien sur le sol, levez les mains, joignez-les devant la poitrine et restez en équilibre (photo 475). Restez dans la posture pendant 10 à 30 secondes en respirant normalement.

474

475

6. Puis soulevez le bassin à l'aide des mains et reprenez la posture pour la même durée de l'autre côté, en plaçant la jambe gauche en avant et la jambe droite en arrière (photo 476).

476

7. Notez bien que l'arrière du genou de la jambe qui est en avant et le genou de la jambe qui est en arrière doivent toucher le sol.

8. Les élèves avancés peuvent lever les mains au-dessus de la tête, étirer les bras, joindre les mains et rester en équilibre (photo 476a). Cela donne un étirement supplémentaire aux jambes et soulage le dos.

476 a

Effets.

Cette belle posture est recommandée dans les cas de sciatique et pour certaines difformités des jambes. Elle tonifie les muscles des jambes et les maintient en bonne santé. Les coureurs et les sprinters qui la pratiquent régulièrement en tireront grand bénéfice. Elle relaxe et renforce les muscles abducteurs des cuisses.

170. Samakonasana Trente-huit*

(photo 477).

Sama signifie identique, similaire, régulier ou rectiligne. Kona est un angle ou la pointe d'un compas. Dans cet asana, on fait le grand écart avec les jambes écartées sur le côté et les mains jointes devant la poitrine. C'est une posture plus difficile que Hanumanasana (photo 475). Les deux jambes et le bassin sont sur une seule ligne.

477

Technique.

1. Placez-vous en Tadasana (photo 1), placez les mains sur les hanches et écartez les jambes sur le côté à votre maximum (photo 29).

2. Placez les mains sur le sol (photo 30) et, en expirant, écartez les jambes de plus en plus jusqu'à vous asseoir par terre avec les deux jambes tendues sur une même ligne. L'arrière des jambes et, en particulier, l'arrière des genoux doit tout entier être appliqué sur le sol.

3. Joignez les mains devant la poitrine (photo 477) et restez dans la posture pendant quelques secondes.

4. Placez les mains sur le sol, soulevez le bassin et rapprochez progressivement les jambes l'une de l'autre jusqu'à ce que vous vous retrouviez en Uttanasana (photo 47). Puis relevez-vous en Tadasana (photo 1) et relaxez-vous.

Effets.

Dans cette posture, l'articulation de la hanche est travaillée et les jambes sont forcées de se mouvoir dans toutes les directions. C'est un traitement pour toute déformation de la partie basse de la colonne vertébrale qui est étirée. Cette posture, comme Hanumanasana, donne du galbe aux jambes et en tonifie les muscles. Elle empêche le développement des hernies et soulage les sciatiques. Elle aide le sang à irriguer le bassin et les organes génitaux, ce qui les maintient en bonne santé.

171. Supta Trivikramasana Trente-neuf*

(photo 478).

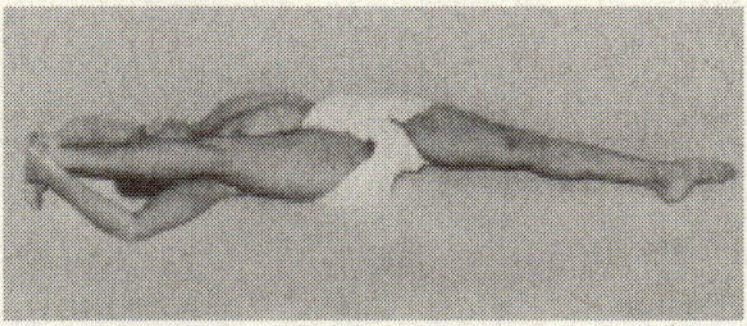

478

Supta signifie couché. Trivikrama (tri = trois, vikrama = pas, enjambée) est un des noms de Visnu. Cet asana est dédié à Vamanavatar, le Nain, Incarnation de Visnu. On raconte que Bali, petit-fils de Prahlada, le roi des démons, avait pris le contrôle du monde. Bali pratiquait un tel ascétisme que son pouvoir s'était étendu au point de menacer les dieux mêmes. Ceux-ci prièrent Visnu de leur venir en aide. Ce dernier descendit sur terre et s'incarna sous la forme d'un nain (Vamana), fils du sage Brahman Kasyapa et de sa femme Aditi. Lors d'un sacrifice fait par Bali, Visnu lui apparut sous cette forme et lui demanda de lui faire don d'autant de terre qu'il pourrait couvrir en trois enjambées. Bali, qui était connu pour sa libéralité, accorda cette faveur sans hésiter. Aussitôt, le Nain prit une forme gigantesque et fit trois pas. Le premier couvrit la terre, et le second, les cieux. Comme il n'y avait pas d'autre place pour le troisième pas, Bali offrit sa propre tête sur laquelle le Seigneur planta son pied. Alors le Seigneur l'envoya lui et toutes ses légions au Patala, les enfers, et lui accorda le droit d'en être le maître. C'est ainsi que l'univers fut, une fois de plus, rendu aux dieux.

Cet asana est plus difficile qu'Hanumanasana (photo 475). La posture est faite, cette fois, en se couchant sur le dos, puis on fait le grand écart et l'on tient le talon d'un des pieds près de la tête, tandis que l'autre talon reste sur le sol.

Technique.

1. Couchez-vous sur le dos, les jambes allongées (photo 219).

2. Soulevez la jambe droite. Croisez les doigts, étendez les bras et tenez le talon droit dans la coupe ainsi formée par les mains.

3. Expirez, tirez la jambe droite tendue jusque derrière la tête et venez toucher le sol avec le gros orteil droit sans laisser échapper le talon (photo 478). L'inté-

rieur du mollet droit doit toucher l'oreille droite et les coudes doivent s'écarter légèrement. Pendant tout ce temps, la jambe gauche doit rester tendue sur le sol.

4. Restez dans la posture aussi longtemps qu'elle vous est supportable, en respirant normalement.

5. Lâchez le talon droit et laissez revenir la jambe droite à côté de la jambe gauche.

6. Recommencez la posture pour la même durée, en tenant maintenant le talon gauche et en laissant la jambe droite sur le sol.

7. Après avoir terminé cette posture très difficile, reposez-vous un moment et relaxez-vous.

Effets.

Dans cette posture, les jambes sont pleinement étirées. Cela prévient et soigne les hernies. Cela diminue également le désir sexuel et, par conséquent, apaise l'esprit.

172. Urdhva Dhanurasana I Sept*
(photo 482).

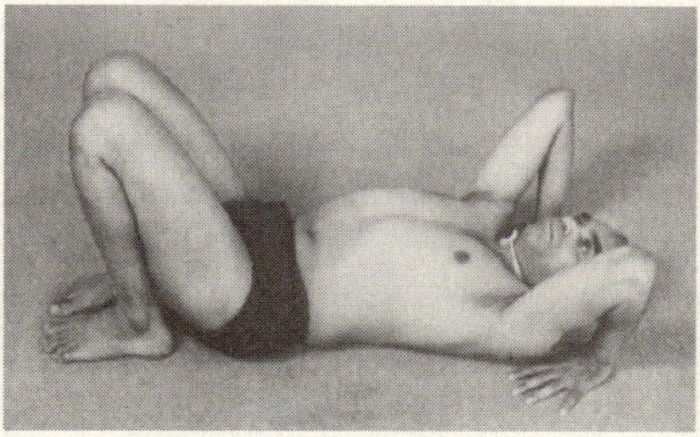

479

Urdhva signifie vers le haut. Dhanu est un arc. Dans cette posture, le corps est arqué en arrière et porté sur les mains et les pieds.

Technique (pour les débutants).

1. Couchez-vous sur le dos (photo 219).

2. Pliez et levez les coudes au-dessus de la tête, et placez les mains sous les épaules. L'écart entre les mains ne doit pas être supérieur à la largeur des épaules et les doigts doivent pointer vers les pieds.

3. Pliez et levez les genoux, puis approchez les pieds jusqu'à ce qu'ils touchent les fesses (photo 479).

4. Expirez, levez le buste et le bassin et appuyez le sommet du crâne sur le sol (photo 480). Faites deux respirations.

5. Maintenant, expirez, montez le buste et la tête et arquez le dos de façon à porter le poids sur les mains et les pieds (photo 481).

480

481

6. Étirez les bras depuis les épaules jusqu'à ce que les coudes soient tendus, en étirant en même temps les muscles des cuisses vers le haut (photo 482).

7. Pour obtenir un meilleur étirement, expirez, tirez les muscles des cuisses plus haut encore en dégageant les talons du sol. Ouvrez la poitrine, montez et étirez la région sacrée de la colonne vertébrale jusqu'à ce que l'abdomen soit aussi tendu qu'un tambour. Puis, descendez les talons sur le sol tout en gardant l'étirement de la colonne.

8. Restez dans cette position pendant 30 à 60 secondes en respirant normalement.

9. En expirant, revenez au sol en pliant les coudes et les genoux.

482

172 a. Urdhva Dhanurasana II Quinze* (photo 486).

Technique (pour les élèves moyens).

1. Tenez-vous debout, les pieds écartés de 30 centimètres et les mains sur les hanches.

2. Avancez légèrement le bassin en avant (photo 483), expirez et arquez le dos en arrière de façon à sentir le poids du corps sur les cuisses et les orteils (photo 484).

483

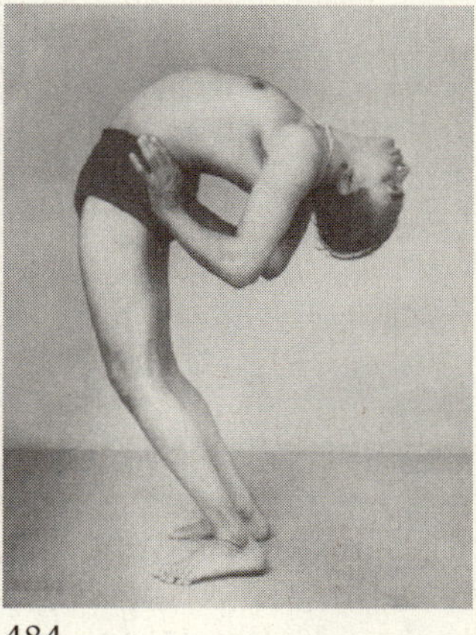

484

3. Levez les bras au-dessus de la tête et laissez tomber les mains sur le sol (photo 485). Tâchez de redresser immédiatement les bras et de prendre appui avec les mains sur le sol (photo 486). Si les coudes ne sont pas tendus au moment où les mains arrivent sur le sol, vous risquez de vous cogner la tête.

4. Après vous être assuré dans cette position, tendez les bras et les jambes (photo 487).

485

486

487

5. Pour apprendre à faire la posture de cette façon, il est bon de faire appel à un ami ou de se servir d'un mur. Tenez-vous à 1 mètre du mur en lui tournant le dos. Arquez le dos et rapprochez la tête du mur.

Passez les bras derrière la tête et appuyez-les contre le mur. Avancez le bassin en avant de façon à ressentir le poids sur les cuisses et descendez les mains le long du mur jusque par terre. Utilisez le mur pour remonter de la même façon.

173. Viparita Cakrasana en Urdhva Dhanurasana* (photos 488 à 499).

Technique (pour les élèves avancés).

1. Tenez-vous debout. Penchez-vous en avant et mettez les mains par terre. Expirez et lancez les deux jambes comme si vous alliez faire l'équilibre sur les mains (photo 359), pliez les genoux, arquez le dos et laissez tomber les jambes derrière la tête (photo 486).

2. Pendant que les jambes tombent derrière la tête, serrez les fesses, montez le dos, étirez les côtes et l'abdomen et tendez les bras. Sinon, vous tomberez assis par terre.

3. Quand tout cela a bien été maîtrisé, apprenez à le faire dans l'autre sens en remontant les jambes comme sur les photos 488 à 499. C'est une sorte de pirouette arrière où on lance les jambes vers le haut et en arrière. Ce retour par une pirouette arrière vers la position en flexion avant est appelé Viparita Cakrasana, la posture de la roue renversée. (Viparita = renversé, contraire, opposé, inverse ; cakra = roue.) Cependant, la plupart des gens ne peuvent apprendre à le faire qu'avec l'aide d'un professeur compétent.

4. Cela étant, si vous n'avez pas de guru à votre disposition et si vous avez suffisamment confiance en vous-même, vous pouvez tenter de faire la pirouette arrière de la façon suivante. Faites Urdhva Dhanurasana près d'un mur, les pieds étant devant le mur à 30 centimètres environ. En expirant, lancez le buste vers les épaules de façon à ce que le poids du corps soit porté sur les poignets et les épaules. Puis, levez une jambe et placez le pied contre le mur à environ

60 centimètres du sol. Appuyez bien le pied sur le mur, soulevez l'autre jambe et, en expirant, lancez les jambes par-dessus la tête en faisant une pirouette arrière. À force d'essayer, vous prendrez confiance en vous. Vous apprendrez à balancer le corps d'avant en arrière et à lancer le buste vers les épaules avec un mouvement en arrière des jambes dans la pirouette arrière. Quand vous êtes sûr de pouvoir décoller les jambes du sol, essayez alors Viparita Cakrasana au milieu de la pièce, loin du mur. C'est ainsi que j'ai appris à faire les pirouettes arrière en Viparita Cakrasana.

488

489

490

491

492

493

494

495

Effets.

Cet asana est le premier de la série des postures avancées et difficiles en flexion arrière. Il tonifie la colonne vertébrale en l'étirant pleinement et garde le corps alerte et souple. Le dos se sent fort et plein de vie. Il renforce les bras et les poignets et a un très grand effet calmant sur la tête. Lorsque Viparita Cakrasana est maîtrisé, il peut être répété plusieurs fois par jour. Il confère une grande vitalité, une grande énergie et une sensation de légèreté.

496

497

498

499

500

174. Eka Pada Urdhva Dhanurasana Douze*

(photos 501 et 502).

Eka signifie un, pada, jambe. Urdhva signifie vers le haut, et dhanu, arc.

Technique.

1. Après avoir fait Urdhva Dhanurasana (photo 486), expirez et levez la jambe droite.

2. Tendez bien la jambe droite et placez-la à un angle d'environ 45° par rapport au sol (photo 500).

3. Puis ôtez la main droite du sol et placez-la sur la cuisse droite (photo 501). Le corps est alors en équilibre sur le pied et la main gauches. Restez dans cette position pendant 10 à 15 secondes en respirant normalement.

4. Expirez, redescendez la main et la jambe et revenez en Urdhva Dhanurasana.

5. Refaites la posture en levant la jambe gauche et en plaçant la main gauche sur la cuisse gauche, en étant donc en équilibre sur la main et le pied droits (photo 502). Restez dans la posture de ce côté pendant la même durée que de l'autre côté.

501

502

Effets.

En plus de ce qu'apporte Urdhva Dhanurasana (photo 486), cet asana magnifique développe le sens de l'équilibre et donne grâce et aplomb.

175. Kapotasana Vingt et un* (photos 507 et 512).

Kapota est une colombe ou un pigeon. Dans cette posture la poitrine se dilate et s'enfle comme celle d'un pigeon qui enfle son jabot, d'où le nom.

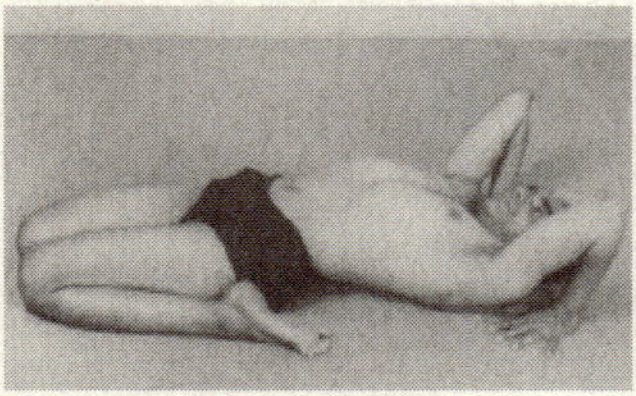
503

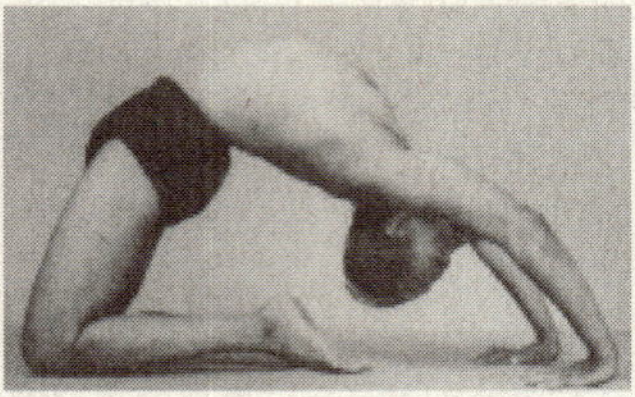
504

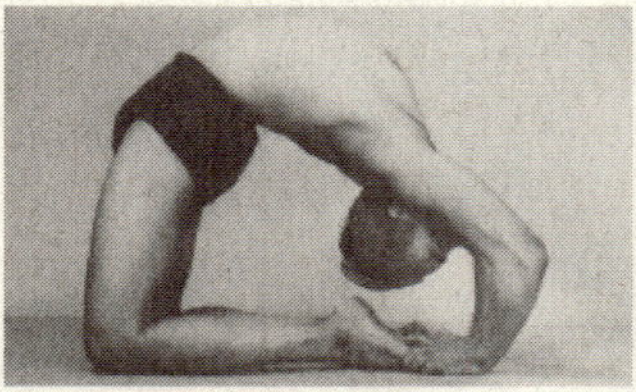
505

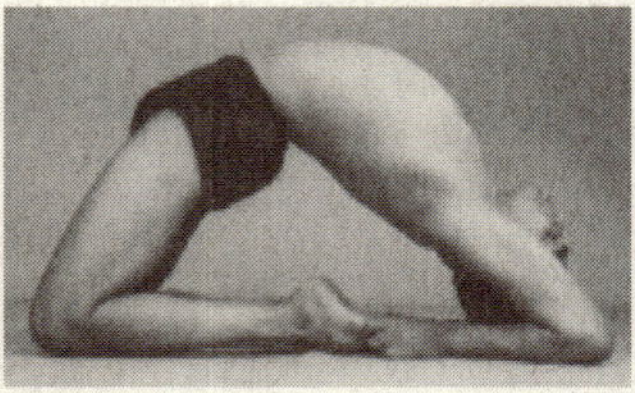
506

Technique (pour les débutants).

1. Asseyez-vous en Virasana sur une couverture pliée (photo 90).

2. Couchez-vous en arrière sur la couverture et faites Supta Virasana (photo 95). Tendez les bras derrière la tête, pliez les coudes et placez les mains près des oreilles, les doigts pointant vers les épaules (photo 503).

3. Portez le poids sur les mains et expirez. Tendez les bras et soulevez tout le corps en étirant les cuisses. Puis serrez les genoux (photo 504).

4. Serrez les fesses, étirez toute la colonne vertébrale, pliez les coudes et attrapez vos orteils (photo 505). Puis appliquez les coudes sur le sol (photo 506). La respiration sera très rapide et difficile, car le diaphragme est pleinement contracté.

5. Faites quelques respirations rapides, expirez, montez le bassin en tendant les muscles des cuisses. Progressivement, amenez les mains près des talons et attrapez-les en approchant la tête des pieds. Maintenant, posez le sommet du crâne sur la plante des pieds (photo 507).

6. Restez dans la posture pendant quelques secondes. Progressivement, augmentez ce temps jusqu'à 1 minute selon votre endurance.

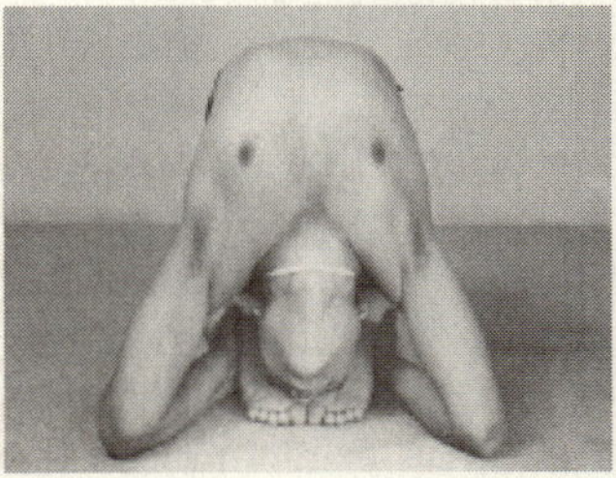

507

508

7. Expirez, relâchez la prise sur les pieds et abaissez la tête et le corps jusqu'à revenir en Supta Virasana (photo 95). Tendez les jambes l'une après l'autre et relaxez-vous sur le sol.

Technique (pour les élèves avancés).

1. Agenouillez-vous sur une couverture pliée, pieds et genoux serrés. Placez les mains sur les hanches, étirez les cuisses et maintenez-les perpendiculaires au sol (photo 40).

2. Expirez, étirez toute la colonne vertébrale et fléchissez le dos comme dans les photos 508 et 509. Passez les bras par-dessus la tête vers les pieds, placez les mains sur les talons et agrippez-les (photo 510). La respiration sera rapide et difficile. Faites quelques respirations rapides.

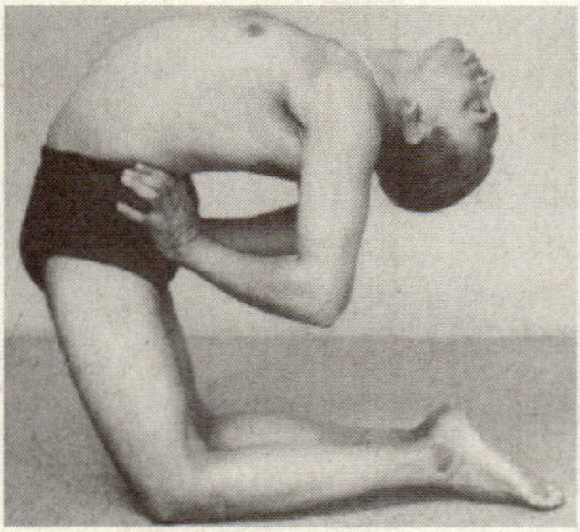

509

510

3. Expirez, étirez encore plus la colonne vertébrale, pliez les coudes et placez-les sur le sol (photo 511).

4. Étirez le cou en arrière et posez le sommet du crâne sur la plante des pieds. Serrez les fesses, soulevez le bassin, étirez les cuisses et attrapez les chevillles (photo 512).

5. Restez dans cette position aussi longtemps que vous le pouvez (pendant environ 60 secondes), respirez de façon rythmée.

6. Relâchez les pieds. Étendez les bras et ramenez le corps en avant jusqu'à ce que vous vous teniez de

nouveau à genoux. Puis couchez-vous sur le sol et relaxez-vous.

511

512

Effets.

La posture tonifie la colonne vertébrale tout entière car le sang l'irrigue largement. Comme le bassin est étiré, les organes génitaux sont maintenus en bonne santé. Le diaphragme est soulevé et cela masse doucement le cœur et aide à le fortifier. La poitrine est largement ouverte. Il est essentiel de maîtriser Kapotasana avant de pratiquer des postures en flexion arrière plus difficiles. Vous ne pouvez pas les faire tant que vous n'avez pas atteint la perfection dans Kapotasana, Viparita Dandasana (photo 516) et Mandalasana (photos 525 à 535).

176. Laghu Vajrasana Vingt-trois*

(photo 513).

Laghu signifie peu, petit, facile aussi bien que charmant, beau, élégant. Vajra est le foudre, l'arme d'Indra, le roi des dieux.

Technique.

1. Agenouillez-vous sur le sol, les genoux et les pieds joints. Placez les mains sur les hanches (photo 40).
2. Expirez, arquez le dos en arrière et, en même temps, contractez les muscles des cuisses (photos 508 et 509).

513

3. Poussez le bassin en avant et continuez de fléchir la colonne vertébrale jusqu'à ce que le sommet du crâne repose sur les pieds. Il faut beaucoup s'entraîner pour acquérir la souplesse nécessaire de la colonne vertébrale. Le poids du corps est entièrement porté sur les genoux.

4. Quand la position ci-dessus est réalisée, ôtez les mains des hanches, tendez les bras depuis les épaules et attrapez chaque genou avec la main correspondante (photo 513).

5. À cause de l'étirement de la colonne vertébrale et de la pression sur l'abdomen, la respiration sera pénible et rapide. Essayez de tenir la posture pendant 10 à 15 secondes en respirant normalement.

6. Expirez, gardez les genoux serrés, relevez la tête et le buste jusqu'à vous retrouver à genoux. Puis asseyez-vous sur le sol et reposez-vous.

Effets.

Cet asana tonifie la moelle épinière et assouplit le coccyx (l'os triangulaire qui se trouve au bas de la colonne vertébrale). La posture, pratiquée régulièrement, atténue les douleurs dues aux déplacements de disques vertébraux dans la partie inférieure de la colonne. À cause de la flexion du dos, les muscles du ventre et la poitrine sont pleinement étirés.

177. Dvi Pada Viparita Dandasana Vingt-quatre* (photo 516).

Dvi pada signifie les deux jambes. Viparita signifie renversé, inversé. Danda est un bâton ou une baguette, symbole représentant l'autorité ou le châtiment aussi bien que la prosternation du corps. Les fidèles hindous se prosternent devant le Seigneur en se couchant à plat ventre sur le sol avec les mains étendues. Le yogi, en revanche, se prosterne en faisant la gracieuse arche inversée, décrite ci-dessous.

514

515

Technique (pour les débutants).

1. Couchez-vous à plat sur le dos (photo 219).
2. Passez les bras derrière la tête, pliez les coudes et placez les mains sous les épaules, les doigts pointant vers les pieds. En même temps, pliez et levez les genoux, et ramenez les pieds vers les fesses et posez-les sur le sol (photo 479).
3. Expirez, levez la tête et le buste et posez le sommet du crâne sur le sol (photo 480). Faites quelques respirations.
4. Expirez, tendez les jambes l'une après l'autre en portant le poids sur les mains, la tête et le cou (photo 514).
5. Ôtez la main gauche du sol et placez-la derrière la tête en posant le coude sur le sol (photo 515). Faites deux respirations.

6. Maintenant, ôtez la main droite du sol, posez le coude sur le sol, amenez la main derrière la tête, croisez les doigts et posez les mains en coupe contre l'arrière de la tête. C'est la position finale (photo 516). Là, la tête et les mains sont dans la même position que dans Salamba Sirsasana I (photo 190).

516

7. Le diaphragme étant contracté, la respiration sera courte et rapide. Faites quelques respirations, expirez et levez les épaules aussi haut que vous le pouvez, ainsi que le buste, le bassin, les cuisses et les mollets. Tendez les jambes au maximum du bassin jusqu'aux chevilles. Enfoncez les talons dans le sol et restez dans la posture selon votre endurance de 1 à 2 minutes.

8. Déplacez les pieds vers la tête, pliez les genoux, décroisez les doigts, soulevez la tête, abaissez le buste et relaxez-vous.

9. Le cou, la poitrine et les épaules doivent être pleinement étirés et le bassin monté aussi haut que possible au-dessus du sol. Au début, le cou ne peut pas être perpendiculaire au sol comme il le devrait et la tête et les avant-bras ont tendance à glisser. Dans ce cas, placez les pieds contre un mur et demandez à un ami de vous appuyer sur les coudes jusqu'à ce que la distance entre les pieds et la tête permette l'équilibre avec une pleine extension de la colonne vertébrale et des jambes.

517

518

Technique (pour les élèves avancés).

1. Faites Salamba Sirsasana I (photo 190), pliez les genoux et laissez tomber les jambes en arrière sur le sol comme cela est montré sur les photos 517, 518 et 519.

2. Le mouvement doit se faire sans que les coudes quittent le sol et sans déranger la position de la tête.

519

520

3. Tendez, maintenant, les jambes l'une après l'autre (photos 520 et 516) et en même temps, montez et étirez les régions dorsales et lombaires de la colonne vertébrale. Appuyez fortement les talons contre le sol.

4. Serrez les fesses, montez le bassin et tendez les genoux, les cuisses et les mollets.

5. Essayez de rester dans cette position pendant 1 minute ou 2 en respirant normalement.

6. Puis, pliez les genoux et lancez les jambes en l'air en expirant pour revenir en Salamba Sirsasana I. Reposez-vous là pendant quelques secondes en respirant profondément et descendez les jambes par terre. Décroisez les doigts, relevez la tête et relaxez-vous. Vous pouvez également faire Urdhva Dhanurasana (photo 486) et revenir en Tadasana (photo 1) directement ou par Viparita Cakrasana (photos 488 à 499).

Effets.

Cette posture tonifiante donne une colonne vertébrale saine et robuste et ouvre pleinement la poitrine. On ressent en plus les effets de Sirsasana. Elle est recommandée pour soulager les douleurs dans la région du coccyx.

La posture est apaisante pour l'esprit et ceux qui ont des troubles émotionnels la trouvent très bienfaisante.

178. Eka Pada Viparita Dandasana I Vingt-six* (photo 521).

Eka signifie un, pada est un pied ou une jambe. Viparita signifie inversé, retourné. Danda est un bâton ou une baguette, symbole d'autorité ou de châtiment. C'est également le corps. La posture est une variation avancée de Dvi Pada Viparita Dandasana (photo 516).

Technique.

1. Faites Dvi Pada Viparita Dandasana (photo 516).

2. Expirez et levez la jambe gauche verticalement en maintenant la jambe droite sur le sol en Viparita Dandasana (photo 521).

521

3. Restez dans la posture en respirant normalement pendant 10 secondes.

4. Descendez la jambe gauche et revenez en Viparita Dandasana. Puis, en expirant, recommencez la posture pour la même durée en montant la jambe droite perpendiculairement au sol.

5. Revenez en Viparita Dandasana, puis relaxez-vous sur le sol.

6. Les élèves avancés peuvent, en expirant, lancer les deux jambes vers le haut jusqu'en Salamba Sirsasana I (photo 190), puis les redescendre par terre et se relaxer. Ils peuvent encore faire Urdhva Dhanurasana (photo 486) et revenir directement en Tadasana (photo 1) ou faire Viparita Cakrasana (photos 488 à 499).

Effets.

La posture tonifie la colonne vertébrale et ouvre pleinement la poitrine. Elle a également les effets de Sirsasana (photo 190). Cette posture tonifiante apaise également l'esprit.

179. Eka Pada Viparita Dandasana II Vingt-neuf* (photo 523).

C'est une version plus difficile de l'asana précédent.

522

523

Technique.

1. Faites Dvi Pada Viparita Dandasana (photo 516).
2. Rapprochez les deux pieds de la tête.
3. Relâchez les doigts, ouvrez les poignets et posez les mains sur le sol.
4. En expirant, soulevez la tête, étirez le cou vers les jambes et rapprochez la jambe droite plus près des mains.
5. Attrapez la cheville droite avec les deux mains et maintenez le pied bien à plat sur le sol (photo 522).
6. Lorsque vous avez réussi à tenir solidement votre cheville, expirez et levez la jambe gauche à la verticale en montant les épaules et en étirant la colonne vertébrale. Tendez au maximum la jambe verticale (photo 523).

7. Restez dans la posture pendant 10 à 15 secondes. À cause de la contraction des muscles abdominaux, la respiration sera rapide et pénible.

8. Ramenez la jambe gauche sur le sol.

9. Relâchez la cheville droite et attrapez la gauche. Répétez la posture comme ci-dessus, en montant cette fois la jambe droite à la verticale. Restez dans la posture pendant la même durée que précédemment. Puis descendez la jambe droite.

10. Relâchez la cheville et, en expirant, lancez les deux jambes vers le haut jusqu'en Salamba Sirsasana I (photo 190), puis descendez les jambes par terre et relaxez-vous. Ou bien, faites Urdhva Dhanurasana (photo 486) et revenez en Tadasana (photo 1) ou faites Viparita Cakrasana (photos 488 à 499).

Effets.

Dans cet asana, les muscles abdominaux sont exercés et la colonne vertébrale est tonifiée. Comme la flexion est plus grande, l'effet qui en résulte est plus important.

180. Cakra Bandhasana Trente et un*

(photo 524).

524

Cakra est un centre nerveux, un volant régulateur de la machine qu'est le corps humain. Bandha est un lien ou une attache. Les cakra sont les endroits de la colonne vertébrale où se croisent les nadi. Il y en a sept dans le corps humain : 1) Muladhara Cakra (le plexus pelvien) ; 2) Svadhisthana Cakra (le plexus hypogastrique) ; 3) Manipuraka Cakra (le plexus solaire) ; 4) Anahata Cakra (le plexus cardiaque) ; 5) Visuddha Cakra (le plexus du pharynx) ; 6) Ajña Cakra (le plexus de commande qui se trouve entre les deux sourcils) ; et 7) Sahasrara Cakra (le lotus aux mille pétales, le centre cérébral supérieur). Les cakra sont subtils et difficilement reconnaissables. Bien qu'ils soient ici comparés aux différents plexus, il ne faut pas tenir pour acquis que les plexus eux-mêmes sont les cakra.

Technique.

1. Faites Dvi Pada Viparita Dandasana (photo 516).

2. En expirant, rapprochez les deux pieds de la tête.

3. Décroisez les doigts, étendez les poignets et posez les avant-bras sur le sol, les doigts dirigés vers les pieds. Faites deux respirations.

5. Puis, attrapez la cheville droite avec la main droite et la cheville gauche avec la main gauche et appuyez les pieds sur le sol. Faites deux respirations.

6. Assurez votre prise sur les chevilles et, en expirant, appuyez les coudes et les pieds sur le sol et arquez le dos en étirant les épaules et les cuisses (photo 524).

7. Restez dans la posture pendant 10 à 15 secondes. La respiration sera rapide.

8. Relâchez les chevilles, reposez le sommet du crâne sur le sol et recroisez les doigts derrière la tête. Puis en expirant, lancez les jambes vers le haut jusqu'en Salamba Sirsasana I (photo 190), descendez-

les sur le sol et relaxez-vous. Ou bien, faites Urdhva Dhanurasana (photo 486) et remontez directement en Tadasana (photo I) ou en faisant Viparita Cakrasana (photos 488 à 499).

Effets.

Tous les cakra sont stimulés. Cet asana aide les glandes surrénales à fonctionner sainement et exerce les muscles du rectum, des reins, du cou et des yeux.

181. Mandalasana Vingt-sept* (photos 525 à 535).

Mandala signifie roue, anneau, circonférence ou orbite. En gardant la tête et les mains en Salamba Sirsasana I (photo 190), le corps tourne autour de la tête dans le sens des aiguilles d'une montre, puis dans l'autre sens. Vos pieds décriront un cercle, mandala ou orbite, autour de votre tête qui doit rester immobile.

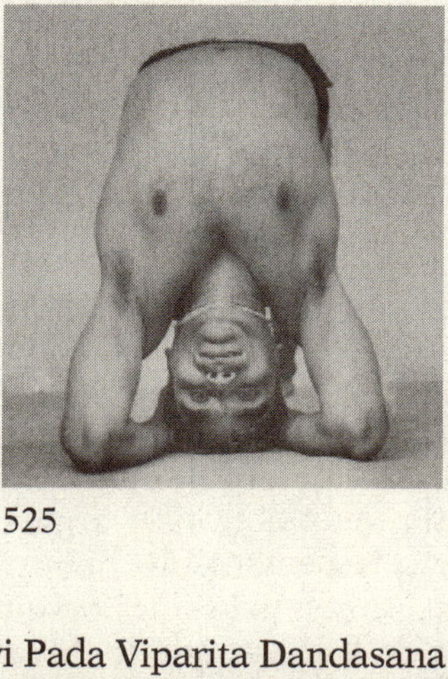

525

Technique.

1. Faites Dvi Pada Viparita Dandasana (photo 525).

2. Sans déranger la position de la tête, montez les épaules et la poitrine aussi haut que possible.

3. Déplacez les jambes en marchant sur le côté dans le sens des aiguilles d'une montre et tournez ainsi autour de la tête. Quand les jambes passent à 3 heures et à 9 heures, montez légèrement l'épaule opposée, tirez la poitrine vers le haut et en avant, et tournez le bassin comme vous le voyez sur les photos 525 à 535. La colonne vertébrale subit une rotation complète de 360°.

526

527

528

529

4. Après avoir terminé le cercle dans le sens des aiguilles d'une montre, reposez-vous un instant en respirant profondément. Puis reprenez le mouvement dans le sens contraire en suivant les photos dans le sens inverse.

5. Pour avoir assez de souplesse, il faut d'abord exercer la colonne vertébrale en pratiquant Viparita Cakrasana (photos 488 à 499) à partir de Urdhva Dhanurasana (photo 486). Au début, le cou et les épaules s'affaissent vers le sol. Lorsqu'ils ont gagné suffisamment de force et que le dos s'est suffisamment assoupli, il devient plus facile de faire cet asana.

530

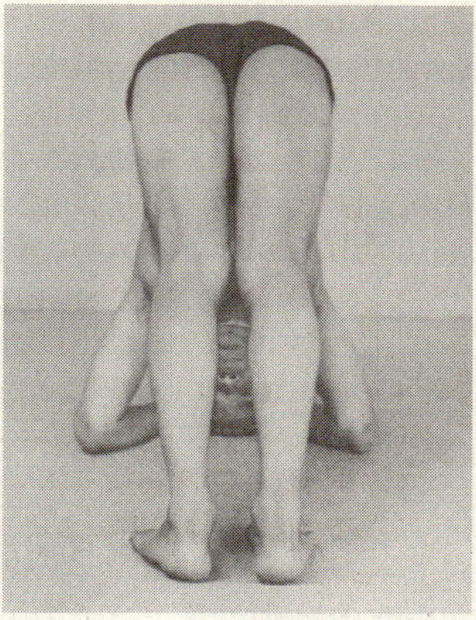

531

532

533

534

535

Effets.

Pendant la rotation, le buste et l'abdomen sont contractés d'un côté et étirés de l'autre. Cela maintient la colonne vertébrale et les organes abdominaux en forme et favorise la santé et la longévité.

182. Vrschikasana I Trente-deux*

(photos 536 et 537).

Vrschika est un scorpion. Pour piquer sa victime, le scorpion courbe sa queue par-dessus son dos et frappe au-delà de sa tête. Cette posture ressemble à un scorpion en train de piquer, d'où le nom.

Technique.

1. Agenouillez-vous sur le sol, penchez-vous en avant et posez les coudes, les avant-bras et les mains sur deux lignes parallèles. La distance entre les avant-bras ne doit pas être supérieure à la largeur des épaules.

2. Étirez le cou et montez la tête aussi haut que vous le pouvez au-dessus du sol.

3. Expirez, lancez les jambes et le bassin en l'air et essayez de rester en équilibre sans laisser tomber les jambes derrière la tête. Étirez le dos verticalement et maintenez les humérus verticaux. Étirez les jambes verticalement et cherchez l'équilibre. Vous êtes en Pinca Mayurasana (photo 357).

4. Une fois que votre équilibre est assuré, expirez, pliez les genoux, montez le cou et la tête aussi haut que possible, étirez la colonne depuis les épaules et descendez les pieds jusqu'à ce que les talons viennent toucher le sommet de la tête (vue de face : photo 536). Après avoir appris cela, essayez de garder les genoux et les chevilles serrés et les orteils pointés (vue de côté : photo 537). Les tibias doivent être perpendiculaires à la tête et parallèles aux humérus.

5. Comme le cou, les épaules, la poitrine, la colonne vertébrale et l'abdomen sont tous étirés dans cette posture, la respiration sera rapide et difficile. Essayez de respirer normalement et restez dans cette posture selon votre endurance pendant environ 30 secondes.

536

537

6. Après avoir tenu cette posture aussi longtemps que vous le pouviez, laissez tomber les jambes au-delà de la tête, soulevez les coudes, redressez les bras et faites Urdhva Dhanurasana (photo 486).

7. Puis, revenez en Tadasana (photo 1) soit directement, soit en faisant Viparita Cakrasana (photos 488 à 499).

8. Pour apaiser la douleur dans le dos causée par Vrschikasana, penchez-vous en avant et posez les mains sur le sol sans plier les genoux : Uttanasana (photo 48).

183. Vrschikasana II Trente-trois*

(photo 538).

C'est une version plus difficile que la première, car elle se pratique à partir de l'équilibre sur les bras tendus : Adho Mukha Vrksasana (photo 359).

Technique.

1. Placez-vous en Tadasana (photo 1). Penchez-vous en avant et posez les mains sur le sol. La distance entre les mains doit être égale à la largeur des épaules. Gardez les bras bien tendus.

538

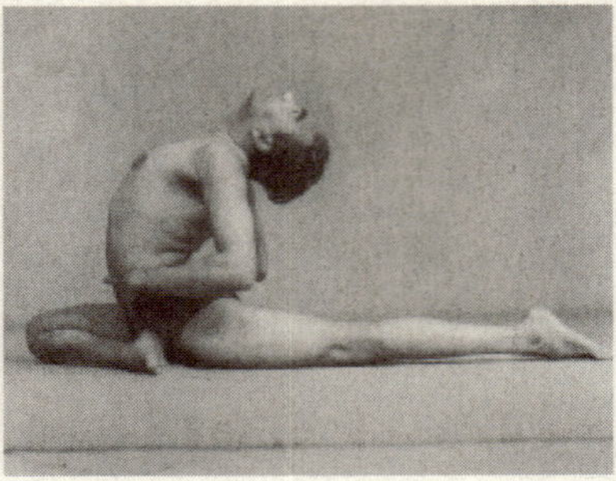

539

2. Montez les jambes et pliez les genoux. Expirez, lancez le bassin et les jambes à la verticale et maintenez-vous en équilibre sur les mains. Soulevez la tête et le cou le plus haut possible. Vous êtes en Adho Mukha Vrksasana (photo 359).

3. Une fois l'équilibre assuré, expirez, pliez les genoux, étirez la colonne vertébrale et la poitrine et descendez les pieds jusqu'à ce que les talons touchent le sommet du crâne. Tout en maintenant l'équilibre, essayez de rapprocher les genoux et les chevilles. Les tibias doivent être perpendiculaires à la tête et les bras verticaux. Les tibias et les bras doivent être parallèles entre eux (photo 538).

4. Il est extrêmement difficile de garder l'équilibre dans cette posture. Elle est beaucoup plus difficile à faire ainsi, qu'en partant de Pinca Mayurasana (photo 537).

5. Pour maîtriser cet asana, il faut beaucoup de force dans les poignets et travailler longtemps avec détermination. La respiration sera rapide et difficile à cause de l'étirement du cou, des épaules, de la poitrine et de la colonne vertébrale et de la contraction de l'abdomen. Essayez de respirer normalement et

de rester dans la posture aussi longtemps que vous le pouvez (de 10 à 15 secondes).

6. Puis, laissez tomber les jambes au-delà de la tête en faisant Urdhva Dhanurasana (photo 486) et revenez en Tadasana (photo 1) soit directement, soit en faisant Viparita Cakrasana (photos 488 à 499).

7. Pour apaiser la douleur dans le dos causée par Vrschikasana, penchez-vous en avant et posez les mains par terre sans plier les genoux : Uttanasana (photo 48).

Effets.

Les poumons sont pleinement dilatés tandis que les muscles abdominaux sont étirés. La colonne vertébrale est tout entière fortement tonifiée, ce qui la maintient en bonne santé. Cet asana a également une signification psychologique. La tête, qui est le siège de l'intelligence et du pouvoir, est aussi celui de l'orgueil, de la colère, de la haine, de la jalousie, de l'intolérance et de la méchanceté. Ces sentiments sont plus mortels que le poison que le scorpion porte en son dard. En frappant sa tête avec ses pieds, le yogi s'efforce d'extirper de lui-même ces passions et ces sentiments autodestructeurs. En piétinant sa tête, il cherche à gagner l'humilité, le calme et la tolérance qui libèrent de l'ego. Cette soumission de l'ego mène à l'harmonie et à la joie.

184. Eka Pada Rajakapotasana I Vingt-huit* (photo 542).

Eka signifie un, pada est la jambe ou le pied et kapota est une colombe ou un pigeon. Rajakapota est le roi des pigeons. Dans cet asana, la poitrine se dilate comme celle d'un pigeon qui enfle son jabot, d'où le nom.

Technique.

1. Asseyez-vous sur le sol les jambes allongées en avant (photo 77).

540

541

2. Pliez le genou droit et placez le pied droit sur le sol, le talon droit touchant l'aine gauche. Gardez le genou droit sur le sol.

3. Placez la jambe gauche en arrière et reposez-la tout entière tendue sur le sol. Le dessus de la cuisse gauche, le genou, le tibia et le dessus des orteils du pied gauche seront au contact du sol.

4. Placez les mains à la taille, avancez la poitrine, étirez le cou, rejetez la tête en arrière aussi loin que possible et cherchez l'équilibre dans cette position préparatoire à la posture (photo 539).

5. Maintenant, posez les mains sur le sol devant vous, pliez le genou gauche et approchez le pied de la tête. Le tibia gauche doit être perpendiculaire au sol. Pour cela, il faut contracter les muscles de la cuisse.

6. En expirant, amenez le bras droit derrière la tête et attrapez le pied gauche avec la main droite (photo 540). Faites quelques respirations, puis expirez et prenez le pied gauche avec la main gauche. Amenez la tête contre le pied gauche (photo 541).

7. Déployez la poitrine en avant, descendez un peu plus les mains, attrapez la cheville et descendez la tête jusqu'à ce que la lèvre supérieure touche le talon (photo 542). Restez dans cette posture pendant 10 secondes environ. Comme la poitrine est pleinement étirée et que l'abdomen est contracté, la respiration sera rapide. Essayez de respirer normalement.

542

8. Détachez les mains l'une après l'autre de la cheville gauche et posez les mains sur le sol. Tendez la jambe gauche et ramenez-la devant vous, puis tendez la jambe droite.

9. Répétez la posture de l'autre côté pour la même durée. Cette fois, le pied gauche sera au contact de l'aine droite, la jambe droite sera tendue en arrière et l'on attrapera le pied droit avec les deux mains passées par-dessus la tête.

185. Valakhilyasana Quarante-cinq*
(photo 544).

Les Valakhilya sont des esprits célestes de la taille d'un pouce, qui sont des émanations du corps du Créateur. On dit qu'ils précèdent le char du soleil et sont au nombre de soixante mille. Ils sont cités dans *Raghuvamsa*, un poème épique de Kalidasa. Cet asana difficile est une continuation de Eka Pada Rajakapotasana I (photo 542). Ne tentez pas de le faire avant d'avoir maîtrisé ce dernier et d'être capable de le faire confortablement et gracieusement.

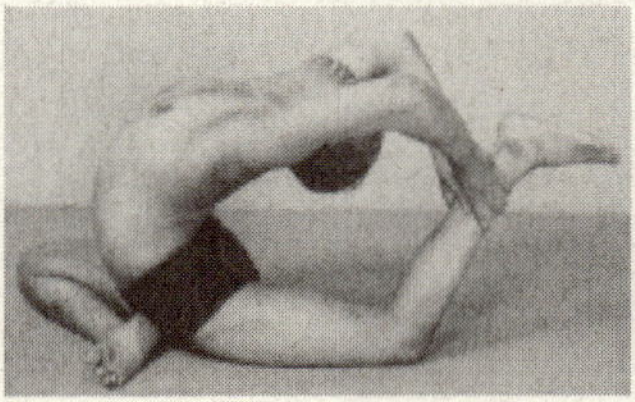

543

544

Technique.

1. Faites Eka Pada Rajakapotasana I (photo 542). Après avoir pris solidement la cheville gauche dans les deux mains, serrez les fesses et soulevez le coccyx. Sans lâcher la cheville, tendez la jambe gauche en arrière (photo 543) et faites quelques respirations.

2. Expirez, étirez plus encore les bras et forcez la jambe à descendre jusqu'à être à plat sur le sol. Tout l'avant de la jambe, de la cuisse aux orteils, doit toucher le sol (photo 544).

3. Restez dans la posture pendant quelques secondes. Comme la poitrine est étirée et que les organes abdominaux sont contractés, la respiration sera rapide et difficile.

4. Lâchez la cheville, redressez le dos et reposez-vous un moment.

5. Répétez la posture sur l'autre côté pendant la même durée.

Effets.

C'est la contre-posture de Janu Sirsasana (photo 127) et elle régénère la partie inférieure de la colonne vertébrale. Elle permet une meilleure irrigation de la région pubienne et la maintient en bonne santé. En pratiquant cette posture et les autres variations de Rajakapotasana, les troubles du système urinaire sont éliminés. Les muscles du cou et des épaules sont pleinement exercés. Les glandes thyroïde, parathyroïde, surrénales et sexuelles sont largement irriguées, ce qui augmente la vitalité. Cet asana et les autres variations de Rajakapotasana sont recommandés pour contrôler le besoin sexuel.

186. Eka Pada Rajakapotasana II Vingt-neuf* (photo 545).

Technique.

1. Asseyez-vous sur le sol les jambes allongées en avant (photo 77).

545

2. Pliez le genou droit et placez la plante et le talon du pied droit à plat sur le sol. Le tibia droit doit être presque perpendiculaire au sol et le mollet en contact avec l'arrière de la cuisse. Placez le talon droit près du périnée. La jambe droite se trouve maintenant en Maricyasana I (photo 144).

3. Mettez la jambe gauche en arrière et allongez-la tout entière sur le sol.

4. Pliez la jambe gauche au genou jusqu'à ce que le tibia gauche soit perpendiculaire au sol. Cherchez l'équilibre en appui sur le pied droit et le genou gauche. Pour assurer cet équilibre, avancez le genou droit jusqu'à ce que la cuisse droite soit parallèle au sol et le tibia incliné à 40° environ.

5. En expirant, passez le bras droit derrière la tête et attrapez fermement le pied gauche avec la main droite. Faites quelques respirations et, après avoir de nouveau expiré, passez le bras gauche derrière la tête et attrapez le même pied avec la main gauche. Posez la tête sur le pied (photo 545).

6. Déployez la poitrine en avant et tenez la posture pendant environ 15 secondes.

7. À cause de l'extension de la poitrine et de la contraction de l'abdomen, la respiration sera rapide. Essayez de la garder la plus normale possible.

8. Relâchez la cheville et redressez les jambes.

9. Répétez la posture de l'autre côté. Cette fois, la jambe gauche sera en Maricyasana I, les mains tien-

dront le pied droit contre lequel on appuiera la tête tout en restant en équilibre. Tenez la posture pendant la même durée de chaque côté.

10. Cet asana est plus facile que le précédent, une fois que l'on a surmonté la difficulté de rester en équilibre.

187. Eka Pada Rajakapotasana III Trente* (photo 546).

546

Technique.

1. Asseyez-vous sur le sol les jambes allongées en avant (photo 77).

2. Pliez le genou gauche de façon à ce que les orteils pointent en arrière et touchent le sol à côté de la cuisse gauche. Le côté intérieur du mollet gauche doit toucher le côté extérieur de la cuisse gauche et le genou gauche doit rester sur le sol. La jambe gauche est maintenant en Virasana (photo 89).

3. Mettez la jambe droite en arrière et allongez-la tout entière sur le sol.

4. Placez les mains sur le sol. Expirez, pliez le genou droit et amenez le pied droit près de la tête. Le tibia droit doit être perpendiculaire au sol, et, pour cela, tendez les muscles de la cuisse droite. Faites quelques respirations.

5. Expirez, étirez la colonne vertébrale et le cou, rejetez la tête en arrière et, en passant les bras l'un

après l'autre par-dessus la tête, attrapez le pied droit et amenez-le au contact de la tête (photo 546). Restez en équilibre pendant 15 secondes et essayez de respirer normalement.

6. Relâchez la cheville droite et redressez les jambes.

7. Répétez la posture de l'autre côté pendant la même durée. Cette fois, la jambe droite sera en Virasana et la tête s'appuiera sur le pied gauche qui sera tenu par les deux mains passées par-dessus la tête.

188. Eka Pada Rajakapotasana IV

Quarante* (photo 547).

547

Technique.

1. Agenouillez-vous sur le sol et placez les mains de chaque côté du corps. Montez les genoux. Amenez la jambe droite en avant et la jambe gauche en arrière et tendez-les toutes les deux en expirant. L'arrière de la jambe qui est en avant et l'avant de la jambe qui est en arrière doivent toucher le sol. Les jambes sont maintenant en Hanumanasana (photo 475), ce qui ressemble au grand écart de la danse occidentale.

2. Déployez la poitrine en avant, allongez le cou et rejetez la tête en arrière aussi loin que vous le pouvez. Pliez le genou gauche et approchez le pied de la tête. Le tibia gauche doit être perpendiculaire au sol.

3. En expirant, passez le bras gauche derrière la tête et attrapez le pied gauche avec la main gauche. Après avoir fait quelques respirations, expirez de nouveau, passez le bras droit derrière la tête et attrapez le pied gauche avec la main droite. Appuyez la tête contre le pied gauche (photo 47).

4. Restez dans cette posture pendant 10 secondes. Lâchez le pied gauche et revenez en Hanumanasana (photo 475). Montez les hanches en plaçant les mains sur le sol.

5. Maintenant, refaites Hanumanasana, en plaçant cette fois la jambe gauche tendue en avant. Pliez le genou droit et approchez le pied droit de la tête.

6. Répétez la posture en attrapant le pied droit et en y posant la tête. Restez dans la posture pendant la même durée de chaque côté.

Effets de Eka Pada Rajakapotasana et de ses variations.

Cette posture régénère les régions lombaire et dorsale de la colonne vertébrale. Les muscles du cou et des épaules sont pleinement exercés et les différentes positions des jambes renforcent les cuisses et les chevilles. Les glandes thyroïde, parathyroïde, surrénales et sexuelles reçoivent un riche apport de sang et fonctionnent correctement, ce qui augmente la vitalité. Dans cette posture, le sang irrigue plus largement la région du pubis, ce qui la maintient en bonne santé. Ces asana sont recommandés pour les troubles du système urinaire et pour contrôler le besoin sexuel.

189. Bhujangasana II Trente-sept*

(photo 550).

Bhujanga est un serpent. C'est une posture préparatoire à Rajakapotasana (photo 551). Elle ressemble à un serpent prêt à frapper.

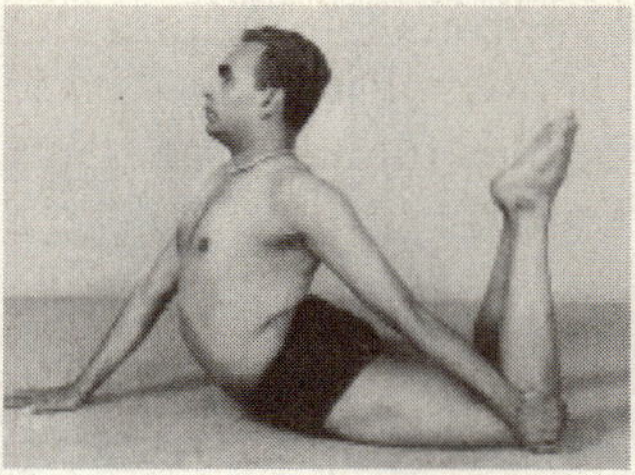

548

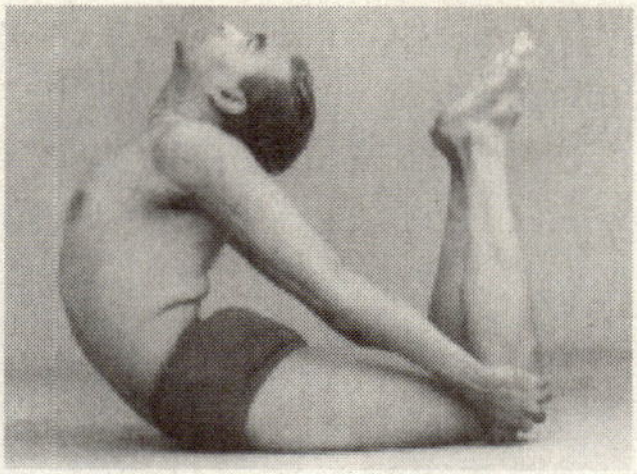

549

Technique.

1. Couchez-vous à plat ventre sur le sol. Pliez les coudes et placez les mains sur le sol de chaque côté de la taille.

2. Expirez, soulevez la tête et le buste, étirez-les en arrière, en tendant les bras complètement, sans bouger le bassin ni les jambes (photo 73).

3. Restez dans cette position en respirant normalement pendant quelques secondes.

4. Expirez, pliez les genoux et montez les pieds. Le poids du corps se portera sur le bassin, les cuisses et les mains. Faites quelques respirations.

5. En portant plus de poids sur la main droite, levez la main gauche et, en expirant profondément, lancez le bras gauche en arrière depuis l'épaule et attrapez la rotule gauche (photo 548). Après quelques respirations, attrapez la rotule droite avec la main droite en lançant le bras droit en arrière depuis l'épaule dans une expiration rapide et profonde (photo 549).

6. Ramenez les jambes tendues sur le sol, sans lâcher la prise aux genoux. Étirez le cou et rejetez la tête en arrière aussi loin que vous le pouvez (photo 550). Progressivement, tâchez de rapprocher les genoux autant que possible l'un de l'autre.

7. Contractez l'anus, serrez les cuisses et tenez la posture pendant 15 à 20 secondes. Comme la colonne vertébrale, la poitrine et les épaules sont pleinement

étirées et que l'abdomen est contracté, la respiration sera rapide et difficile.

8. Pliez les genoux, relâchez les mains l'une après l'autre, et reposez-vous sur le sol.

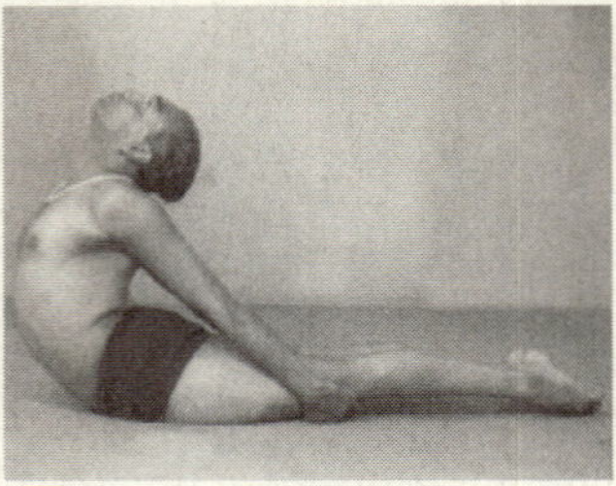

550

Effets.

Comme la posture est une version intensifiée de Bhujangasana I (photo 73), son effet est plus important. Les régions sacro-iliaque, lombaire et dorsale de la colonne vertébrale en tirent bénéfice, ainsi que les muscles du cou et des épaules qui sont étirés au maximum. Dans cette posture, la région pubienne est largement irriguée, ce qui la maintient en bonne santé. Les glandes thyroïde, parathyroïde, surrénales et sexuelles reçoivent un généreux apport de sang, ce qui augmente la vitalité. La poitrine est également largement ouverte.

190. Rajakapotasana Trente-huit*

(photo 551).

Rajakapota est le roi des pigeons. C'est une posture très intéressante, mais difficile. La poitrine est déployée en avant comme celle d'un pigeon qui enfle son jabot, d'où le nom.

Technique.

1. Couchez-vous à plat ventre, pliez les coudes et placez les mains sur le sol de chaque côté de la taille.

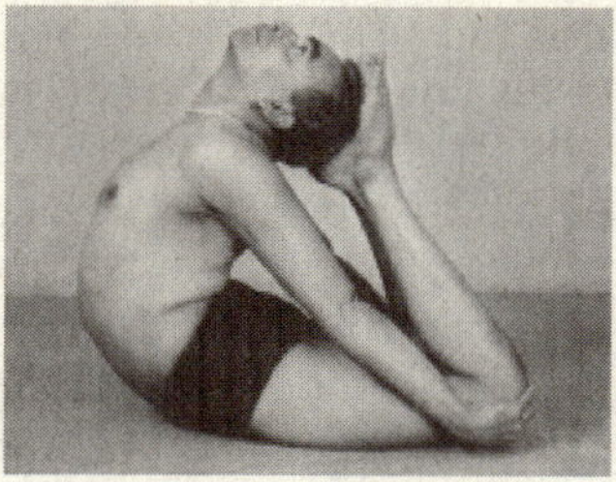

551

2. Expirez, levez la tête et le buste, étirez-les en arrière en tendant à fond les bras, sans bouger le bassin ni les jambes. Restez dans cette position pendant quelques secondes en respirant normalement.

3. Expirez, pliez les genoux et montez les pieds. Le poids du corps se portera sur le bassin et les cuisses. Faites quelques respirations.

4. En prenant appui sur la main droite, levez la main gauche et, dans une expiration rapide et profonde, lancez le bras gauche en arrière depuis l'épaule et attrapez la rotule gauche (photo 548). Faites quelques respirations. Puis, de nouveau, dans une expiration rapide et profonde, lancez le bras droit en arrière depuis l'épaule et attrapez la rotule droite avec la main droite (photo 549).

5. Montez la poitrine et, en se servant de la prise aux genoux comme d'un levier, étirez la colonne vertébrale et le cou plus en arrière encore, jusqu'à ce que la tête vienne toucher les talons et les plantes de pied. Gardez les pieds joints et les genoux aussi rapprochés l'un de l'autre que possible (photo 551).

6. Maintenez la posture aussi longtemps que vous le pouvez pendant environ quinze secondes. Comme la colonne vertébrale et la poitrine sont pleinement étirées, tandis que l'abdomen est comprimé contre le sol, la respiration sera très rapide et difficile et une durée de 15 secondes paraîtra une éternité. La posture est la même que Laghu Vajrasana (photo 513),

la différence étant que le corps repose maintenant sur le bassin et les cuisses au lieu de reposer sur les tibias et les pieds.

7. Redressez les jambes. Lâchez les genoux et ramenez les mains l'une après l'autre sur le sol devant vous. Si vous relâchez les deux mains en même temps, la tension de la colonne vertébrale vous projettera en avant et vous risquerez de vous heurter le visage contre le sol. Lorsque vous êtes en appui sur les deux mains, ramenez la poitrine sur le sol et relaxez-vous.

8. Si ce mouvement est trop difficile, laissez les mains sur le sol et amenez le sommet du crâne contre les pieds (photo 552).

552

Effets.

Dans Kapotasana (photo 512), on ressent l'étirement dans la région lombaire de la colonne vertébrale. Par contre, dans Rajakapotasana, ce sont à la fois les régions lombaire et dorsale qui se prêtent à cet étirement et en bénéficient. Les muscles du cou et des épaules sont pleinement étirés et exercés. Comme le poids du corps se porte sur la région pubienne, elle se trouve mieux irriguée, ce qui la maintient en bonne santé. Les organes abdominaux sont massés par la pression sur le sol. Les glandes thyroïde, parathyroïde, surrénales et sexuelles reçoivent un généreux apport de sang et cela accroît la vitalité. Cet asana est recommandé pour les troubles du système urinaire. Rajakapotasana, ainsi que Kandasana (photo 471) et Supta Trivikramasana (photo 478), sont recommandés pour contrôler le besoin sexuel.

553

554

191. Padangustha Dhanurasana Quarante-trois* (photo 555).

Pada est le pied. Angustha est le gros orteil et dhanu est un arc. C'est une version intensifiée de Dhanurasana (photo 63).

Des épaules aux genoux, le corps ressemble à un arc bandé. Les jambes, des genoux aux orteils, et les bras tendus derrière la tête forment la corde de l'arc tirée au maximum.

La posture est décrite ci-dessous en trois mouvements.

Technique.

1. Couchez-vous à plat ventre sur le sol.
2. Placez les mains sur le sol de chaque côté de la poitrine. Prenez appui sur elles et redressez les bras en soulevant la tête et le buste comme en Bhujangasana I (photo 73). Pliez les genoux et montez les pieds. Expirez, rapprochez la tête et les pieds et essayez de toucher les pieds avec la tête (photo 552).
3. Placez un pied par-dessus l'autre. Puis, prenant appui sur une main, ôtez l'autre du sol. Dans une

expiration profonde et rapide, lancez le bras ainsi libéré, depuis l'épaule par-dessus la tête, et attrapez les orteils (photo 553). Ôtez maintenant l'autre main du sol et, en expirant, attrapez également les orteils. Tenez bon les orteils et, de la main droite, saisissez le gros orteil droit et de la main gauche le gros orteil gauche (photo 554). Faites quelques respirations.

4. Tenez solidement les pieds, sinon ils s'échapperont des mains. Puis, en expirant, étirez les bras et les jambes aussi haut que vous le pouvez au-dessus de la tête. Essayez de redresser les bras aux coudes. Ceci est le premier mouvement (photo 555). Tenez la posture pendant 15 secondes environ.

555

5. Maintenant, sans lâcher les orteils, pliez les coudes et tirez les pieds vers le bas jusqu'à ce que les talons viennent toucher la tête. Augmentez progressivement la tension jusqu'à ce que les talons atteignent le front, puis les yeux et enfin les lèvres (photo 556). Ceci est le second mouvement. Restez dans la posture pendant quelques secondes.

6. Sans jamais cesser de tenir solidement les orteils, descendez les pieds jusqu'à ce qu'ils touchent le dessus des épaules (photo 557). Ceci est le troi-

sième mouvement. Tenez la posture pendant quelques secondes.

556

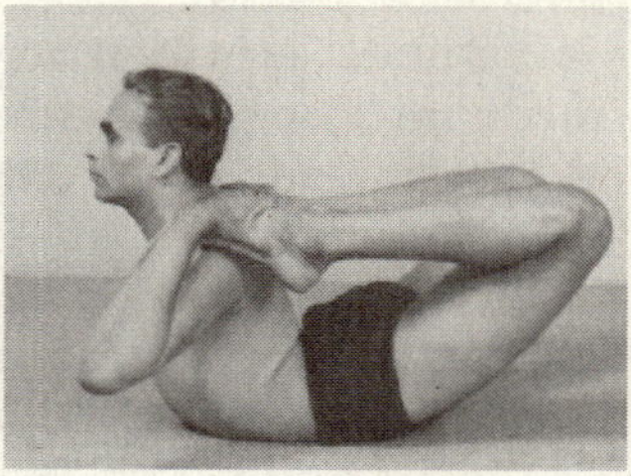

557

7. Après avoir terminé ce troisième mouvement, expirez et retendez les jambes et les bras vers le haut. Lâchez les jambes l'une après l'autre en replaçant immédiatement les mains sur le sol, sinon vous risquez de vous cogner la tête par terre au moment où la colonne vertébrale se détend. Puis reposez-vous sur le sol et relaxez-vous.

8. À cause de l'étirement du cou, des épaules, de la poitrine et de la colonne vertébrale, et également de la pression de l'abdomen sur le sol, la respiration sera rapide et difficile. Essayez de respirer normalement pendant ces trois exercices.

Effets.

Dans cet asana, toutes les vertèbres bénéficient de l'étirement. Le corps tout entier supporte l'effort et est assoupli. Tout le poids se porte sur l'abdomen aux environs du nombril et la pression sur l'aorte abdominale permet une irrigation correcte des organes abdominaux. Cela les maintient en bonne santé et améliore la digestion. Dans cette posture les omoplates sont bien étirées, ainsi toute raideur dans les épaules est éliminée. L'effet le plus remarquable est, cependant, le fait que, tout au long de ces exercices difficiles, l'esprit reste calme et passif. Cet asana aide à rester en forme, jeune de corps et frais et alerte d'esprit.

192. Gherandasana I Quarante-quatre* (photos 561 et 562).

Gheranda est le nom d'un sage, auteur de la *Gheranda Samhita*, auquel cet asana est dédié. Cette posture est une combinaison de Bhekasana (photo 100) et de Padangustha Dhanurasana (photo 555) ; un bras et une jambe du même côté sont dans la position du premier asana et, de l'autre côté, ils sont dans la position du second.

Technique.

1. Couchez-vous à plat ventre sur le sol.

2. Expirez, pliez le genou gauche et approchez le pied gauche de la hanche gauche.

3. Tenez la plante du pied gauche avec la main gauche. Faites quelques respirations. Puis tournez la main gauche de façon que la paume appuie sur le dessus du pied gauche, les orteils et les doigts de la main pointant ensemble vers la tête.

4. Expirez, descendez le pied gauche avec la main gauche pour rapprocher la plante du pied le plus près possible du sol. Soulevez la tête et la poitrine. Le bras et la jambe gauches sont maintenant en Bhekasana (photo 100). Faites quelques respirations.

558

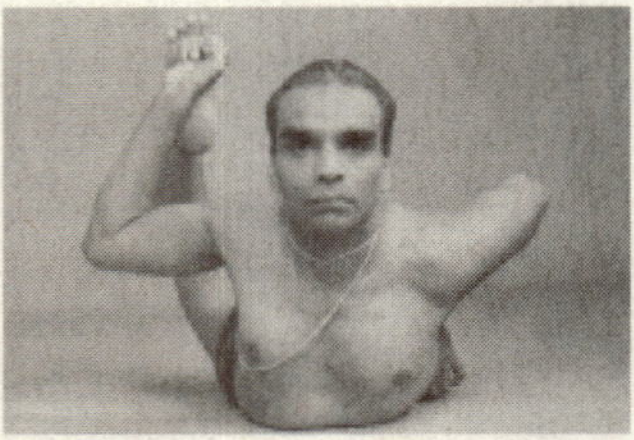
559

5. En pliant le genou, attrapez le gros orteil droit avec la main droite (photo 558). Tournez le coude et l'épaule droits (photo 559) et étirez le bras et la jambe droits vers le haut (photo 560). Faites quelques respirations.

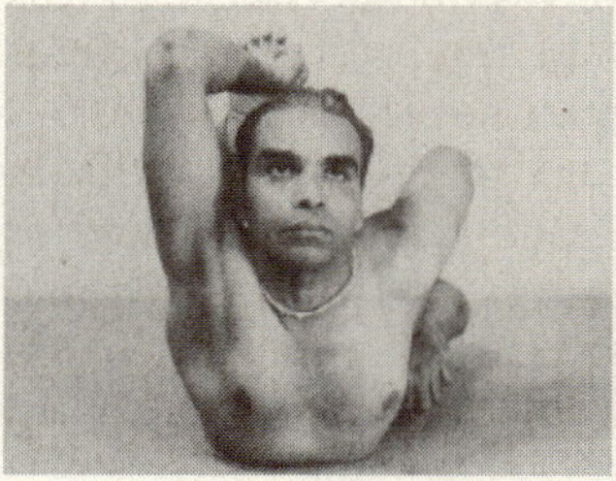

560

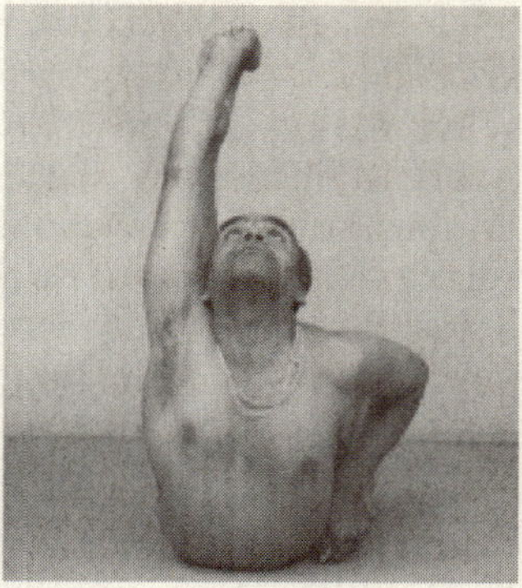

561

6. Expirez, montez la jambe et le bras droits verticalement sans relâcher le gros orteil (photos 561 et 562). La jambe et le bras sont maintenant en Padangustha Dhanurasana (photo 555).

7. Restez dans cette position pendant 15 à 20 secondes. La respiration sera rapide à cause de la pression du ventre sur le sol.

8. Puis, expirez, allongez le cou et rejetez la tête en arrière. Pliez le coude et le genou droits et tirez la jambe droite vers le bas jusqu'à ce que le pied touche l'épaule gauche (photo 563).

562

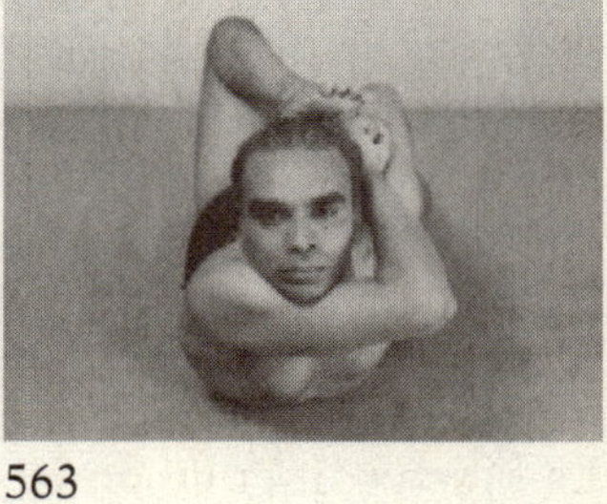

563

9. Restez dans cette posture pendant quelques secondes.

10. En expirant, revenez en position 6 (photo 561).

11. Maintenant, relâchez les pieds, allongez les jambes sur le sol, reposez la tête et la poitrine et relaxez-vous pendant quelques secondes.

12. Répétez la posture, en plaçant cette fois la jambe et le bras droits en Bhekasana et le bras et la jambe gauches en Padangustha Dhanurasana. Restez dans la posture pendant la même durée de chaque côté. Suivez la technique décrite ci-dessus en permutant droite et gauche.

193. Gherandasana II Quarante-six*

(photos 564 et 565).

Dans cet asana, un bras et une jambe d'un même côté sont en Baddha Padmasana (photo 118), tandis que la jambe et le bras de l'autre côté sont en Padangustha Dhanurasana (photo 555).

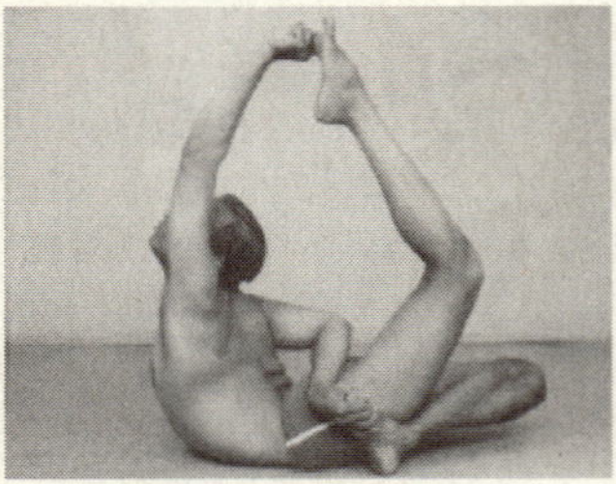

564

565

Technique.

1. Asseyez-vous sur le sol les jambes allongées en avant (photo 77). Placez le pied droit à la base de la cuisse gauche et couchez-vous à plat sur le dos.

2. Maintenant, roulez sur le ventre sans déplacer le pied droit. Expirez et, en passant le bras droit derrière le dos, attrapez le gros orteil avec la main droite. Le bras droit et la jambe droite sont maintenant en

Baddha Padmasana (photo 118). Faites quelques respirations et soulevez la tête et la poitrine.

3. Expirez, pliez le genou gauche et attrapez le gros orteil gauche avec la main gauche. Tournez le bras et l'épaule gauches et, sans lâcher le gros orteil, montez le bras et la jambe jusqu'à ce qu'ils soient en Padangustha Dhanurasana (photos 564 et 565).

4. Restez dans cette position pendant 15 secondes. La respiration sera rapide et difficile à cause de la pression du ventre sur le sol.

5. Puis expirez, allongez le cou et rejetez la tête en arrière. Pliez le coude et le genou gauches et tirez la jambe vers le bas jusqu'à ce que le pied touche l'épaule droite (photo 566).

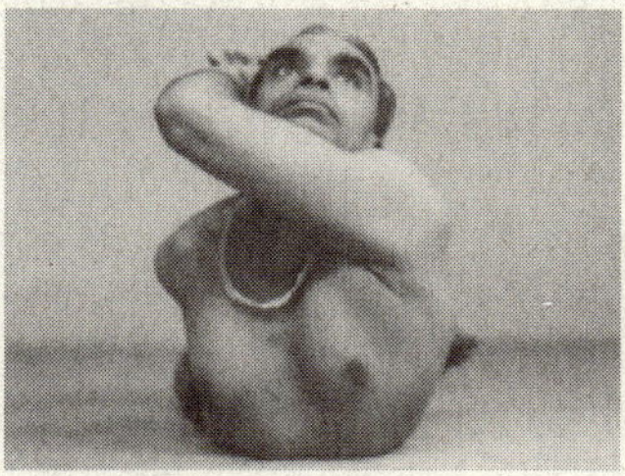

566

6. Restez dans la posture pendant quelques secondes. Comme l'abdomen est contracté et comprimé contre le sol, la respiration sera difficile.

7. En expirant, revenez en position 3 (photo 564).

8. Lâchez les pieds, redressez les jambes et reposez-les sur le sol, ainsi que la tête et la poitrine, et relaxez-vous pendant quelques instants.

9. Répétez la posture de l'autre côté pendant la même durée. Cette fois, le bras et la jambe gauches seront en Baddha Padmasana et le bras et la jambe droits seront en Padangustha Dhanurasana. Suivez la technique décrite ci-dessus en permutant droite et gauche.

Effets.

Toutes les vertèbres bénéficient de cet intense étirement et le corps entier est assoupli. Le poids du corps se porte sur l'abdomen autour de l'ombilic et grâce à la pression sur l'aorte abdominale, le sang circule largement dans cette région et la maintient en bonne santé. Cela améliore la digestion. Les omoplates sont pleinement étirées, ce qui élimine toute raideur dans l'articulation des épaules. La posture raffermit les genoux et fait disparaître les douleurs dues à la goutte ou aux rhumatismes des articulations du genou. La pression des mains sur les pieds corrige les voûtes plantaires et guérit les pieds plats. La posture renforce les chevilles, apaise les douleurs dans les talons et guérit certaines excroissances pathologiques du calcanéum.

194. Kapinjalasana Quarante-trois*

(photo 567).

Kapinjala est l'oiseau Cataka, une sorte de perdrix, qui, dit-on, vit uniquement de pluie et de rosée.

Cette posture est la réunion de Vasisthasana (photo 398) et de Padangustha Dhanurasana (photo 555) ; elle est difficile à maîtriser.

567

Technique.

1. Faites Tadasana (photo I). Penchez-vous en avant, posez les mains sur le sol et placez les jambes

en arrière à environ 1,20 mètre, comme pour faire Adho Mukha Svanasana (photo 75).

2. Tournez le corps sur le côté droit et maintenez-vous en équilibre sur la main et le pied droits. Le côté extérieur du pied droit doit être fermement posé au sol.

3. Placez le pied gauche sur le pied droit, posez la main gauche sur la hanche gauche et restez en équilibre, sans bouger le corps (photo 396). Le côté droit du corps est en Vasisthasana.

4. En expirant, pliez la jambe gauche au genou et tenez fermement le gros orteil gauche entre le pouce, l'index et le majeur de la main gauche.

5. Faites tourner le coude et l'épaule gauches et tendez le bras et la jambe gauches en arrière en forme d'arc, sans lâcher le gros orteil (photo 567). Le bras et la jambe gauches sont maintenant en Padangustha Dhanurasana.

6. Maintenez-vous en équilibre pendant quelques secondes en gardant la jambe et le bras droits tendus et en tenant solidement le gros orteil gauche avec la main gauche. Du fait que la poitrine, le cou et les épaules sont étirés au maximum et que l'abdomen est contracté, la respiration sera difficile.

7. Lâchez le gros orteil gauche, allongez la jambe gauche et placez le pied gauche sur le pied droit, et la main gauche sur la hanche gauche. Posez les deux mains sur le sol comme en position 1 ci-dessus. Puis faites la posture de l'autre côté pendant la même durée. Le côté gauche sera maintenant en Vasisthasana (photo 398), tandis que le côté droit sera en Padangustha Dhanurasana (photo 555). Suivez les indications techniques ci-dessus en permutant droite et gauche.

Effets.

Dans cette posture, les poignets sont renforcés et les omoplates sont exercées au maximum de sorte que toutes raideurs dans les articulations des épaules disparaissent. La colonne vertébrale entière bénéficie de l'étirement. Les jambes sont tonifiées. La cage thoracique s'épanouit largement et les muscles abdominaux deviennent puissants. Cet asana aide le corps à se maintenir en bonne condition.

195. Sirsa Padasana Cinquante-deux* (photo 570).

Sirsa signifie la tête, et pada, le pied. C'est la plus difficile des postures en flexion arrière. On la pratique à partir de l'équilibre sur la tête, Sirsasana (photo 190). Ici, depuis l'équilibre sur la tête on arque le dos, et les pieds descendent jusqu'à ce que les talons se posent sur la nuque, puis les mains attrapent les gros orteils pour les poser sur l'arrière de la tête.

568

569

Technique.

1. Placez une couverture sur le sol, agenouillez-vous devant et faites Salamba Sirsasana I (photo 190).

2. Pliez les genoux et descendez les jambes derrière le dos (photos 517 et 518). En expirant, étirez la colonne vertébrale, serrez les fesses, étirez les jam-

bes en arrière (photo 568) et descendez-les jusqu'à ce que les orteils touchent l'arrière de la tête (photo 569). Sans bouger les coudes, soulevez légèrement les poignets du sol et attrapez les gros orteils avec les mains sans décroiser les doigts (photo 570). Étirez la poitrine en avant et maintenez la posture pendant quelques secondes, aussi longtemps que vous le pouvez.

3. Dans les autres postures en flexion arrière, il y a toujours quelque chose qui aide la colonne vertébrale à s'étirer. Ici, en revanche, la colonne doit se plier d'elle-même afin de parvenir à la courbure requise.

4. Du fait que la colonne vertébrale, la poitrine, les épaules et le cou sont étirés au maximum et que l'abdomen est contracté, il est difficile de respirer normalement. Revenez en Sirsasana I (photo 190), descendez les jambes et relaxez-vous, ou bien faites Urhva Dhanurasana (photo 486) et remontez en Tadasana (photo 1), ou terminez par Viparita Cakrasana (photos 488 à 499).

570

Effets.

Outre les effets de Sirsasana I (photo 190), cet asana fait travailler toutes les vertèbres. Grâce à l'afflux de sang vers la colonne vertébrale, les nerfs conservent leur vitalité. Les organes abdominaux également sont tonifiés par cet étirement.

196. Ganda Bherundasana Cinquante-six* (photos 580 et 581).

Ganda signifie la joue, toute la moitié du visage y compris la tempe. Bherunda signifie puissant, terrifiant. C'est aussi une espèce d'oiseaux. Cette posture difficile en flexion arrière est expliquée ici en deux parties.

571

Technique.

1. Placez une couverture sur le sol et étendez-vous sur le ventre, les bras tendus en arrière. Étirez le cou et posez fermement le menton sur la couverture, pour vous éviter de vous écorcher sur le sol.

2. Pliez les coudes, posez les mains à côté de la poitrine, les doigts pointant dans la direction de la tête. Pliez les genoux et avancez les pieds vers la poitrine qui sera légèrement soulevée du sol (photo 571).

3. En expirant, pressez les mains sur le sol, envoyez les jambes en l'air et tendez-les (photo 572). Le menton, le cou, les bras et la partie haute des côtes sont les seules parties du corps au contact de la couverture.

4. Portez le poids du corps sur le cou et le menton, pliez les genoux (photo 573) et descendez les pieds jusqu'à ce qu'ils soient posés sur la tête (photo 574). Faites quelques respirations.

5. En expirant, descendez encore plus les jambes et amenez les pieds au-delà de la tête (photo 575).

572

573

574

575

6. Ôtez les mains du sol, écartez les bras depuis les épaules, placez-les l'un après l'autre devant la tête et agrippez les pieds avec les mains (photos 576 et 577). Faites deux respirations.

576

577

7. En expirant, descendez les pieds sur le sol de chaque côté du visage, près des tempes et des joues (photo 578). Les talons doivent toucher les épaules. Maintenant, pressez les orteils contre le sol avec les poignets et les avant-bras (photo 579).

578

579

8. Croisez les doigts et placez les mains sur le sol en pressant la partie haute des pieds avec les poignets (photo 580). Ceci est la première partie.

9. Maintenez la posture pendant quelques secondes. En raison de l'étirement intense de la colonne vertébrale et de la contraction de l'abdomen, la respiration sera difficile et rapide. Ne bloquez pas la respiration.

10. Tendez les bras de chaque côté, comme un oiseau qui plane, et maintenez-vous en équilibre pendant quelques secondes (photo 581). Ceci est la seconde partie, plus difficile que la première.

580

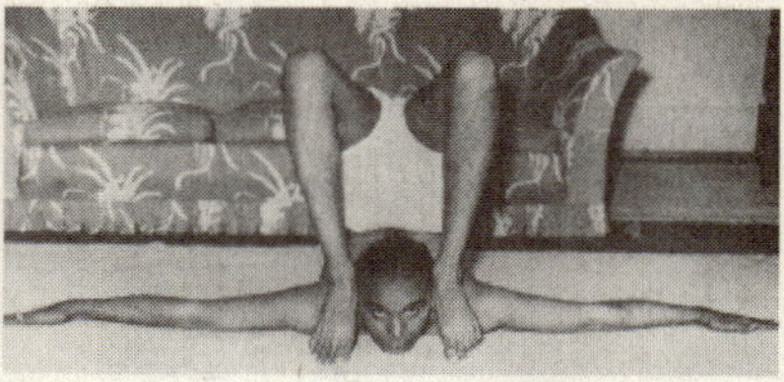
581

11. Reposez les mains sur le sol, roulez au-dessus du menton (photos 582 et 583), montez en Urdhva Dhanurasana (photo 486) et revenez en Tadasana (photo 1), puis relaxez-vous, ou bien terminez par Viparita Cakrasana (photos 488 à 499).

582

583

Effets.

Outre qu'il tonifie la colonne vertébrale tout entière et les organes abdominaux, cet asana stimule les centres nerveux du Muladhra Cakra (plexus pelvien), Svadhisthana Cakra (plexus hypogastrique) et Visuddhi Cakra (plexus pharyngé) ainsi que les glandes situées dans ces régions. Grâce à l'irrigation abondante de ces glandes, leur fonctionnement s'améliore et la vitalité s'accroît.

197. Viparita Salabhasana Cinquante-huit* (photo 584).

Viparita signifie inversé, opposé. Salabha est une sauterelle. Dans cette posture, l'étirement est plus intense que dans Ganda Bherundasana (photos 580 et 581) et les mouvements sont inverses de ceux de Halasana (photo 241).

584

Technique.

1. Étalez une couverture sur le sol et étendez-vous sur le ventre. Étirez le cou et posez fermement le menton sur la couverture, pour ne pas vous érafler la peau.

2. Pliez les coudes et posez les mains près de la poitrine, les doigts pointant vers la tête.

3. En expirant, pliez et soulevez les genoux, amenez les pieds vers la poitrine qui sera légèrement soulevée du sol (photo 571).

4. Faites quelques respirations et, en expirant, lancez les jambes en l'air, étirez tout le corps vers le haut et cherchez l'équilibre (photo 572), en répartissant le poids du corps sur le menton, le cou, les épaules, les coudes et les poignets. Essayez de respirer normalement.

5. En expirant, pliez les genoux (photo 573), descendez les jambes vers la tête, amenez les pieds audelà de la tête jusqu'à ce que les orteils touchent le sol (photo 582). Éloignez les pieds le plus possible de la tête et essayez d'étirer les jambes autant que vous le pouvez. Étirez les bras en arrière, paumes vers le sol (photo 584).

6. Restez pendant quelques secondes dans cet asana, qui est en fait la posture inverse de Halasana (photo 241). En raison de l'étirement intense de la colonne vertébrale et de la pression sur l'abdomen,

la respiration sera rapide et difficile, mais ne la bloquez pas.

7. Pliez les coudes et écartez les bras. Amenez les mains près des épaules et placez-les sur le sol. Pliez les genoux, rapprochez les pieds de la tête (photo 582), faites rouler le corps au-dessus du menton (photo 583) et exécutez Urdhva Dhanurasana (photo 486). Remontez en Tadasana (photo 1), ou bien, en expirant, faites Viparita Cakrasana (photos 488 à 499) et relaxez-vous.

Effets.

Les effets de cet asana sont les mêmes que ceux de Ganda Bherundasana (photos 580 et 581). Le but de ces deux asana est d'éveiller la Kundalini, l'Énergie Cosmique Divine qui réside dans le corps, et qui est symbolisée par un serpent lové sommeillant dans le centre nerveux le plus bas, à la base de la colonne vertébrale. Le yogi s'efforce consciemment d'éveiller cette Énergie latente, de la faire monter le long de la colonne vertébrale jusqu'au cerveau (le Sahasrara ou lotus aux mille pétales situé dans le centre cérébral supérieur), puis il immerge son ego en se concentrant sur la Source Divine de toute énergie afin de se désenchaîner du monde. « Comme les rivières qui, en se jetant dans la mer, perdent leur nom et leur forme, le sage, délivré de son nom et de sa forme, atteint l'Être Suprême, l'Illumination, l'Infini ».

198. Triang Mukhottanasana Soixante* (photo 586).

Trianga signifie trois membres ou trois parties de membre. Mukha signifie le visage et veut dire également principal, premier, éminent. Uttana est un étirement délibéré et intense. Dans cette posture en flexion arrière, la tête est renversée, et les bras, les jambes et le buste entier sont intensément étirés.

585

586

Technique.

1. Faites Tadasana (photo 1). Écartez les jambes d'environ 30 centimètres et placez les mains sur les hanches.

2. Avancez légèrement le pubis (photo 483), en expirant arquez le dos en arrière de façon à ce que le poids du corps se porte sur les cuisses et les pieds (photo 484).

3. Levez les bras au-dessus de la tête et laissez tomber les mains vers le sol (photo 485). Tendez immédiatement les bras et posez les mains par terre. Vous êtes maintenant en Urdhva Dhanurasana (photo 486).

4. Sans bouger les talons, augmentez la distance entre la pointe de chaque pied de sorte que les pieds ne soient plus parallèles entre eux mais forment un angle.

5. En expirant, étirez le buste aussi haut que possible et rapprochez les mains des pieds. Étirez la tête et le cou aussi loin que possible en arrière et touchez les pieds avec les mains (photo 585). Faites quelques respirations, qui seront rapides et difficiles en raison

de l'étirement intense de l'abdomen, de la poitrine et du dos.

6. Expirez profondément, ôtez les mains du sol l'une après l'autre et attrapez les mollets juste au-dessus des chevilles (photo 586). Rapprochez les orteils et cherchez l'équilibre. Ceci est la position finale. Après l'avoir travaillée pendant quelques secondes selon votre endurance, posez les mains sur le sol l'une après l'autre, faites Urdhva Dhanurasana (photo 486), puis revenez en Tadasana (photo 1). Lorsque l'on a maîtrisé la technique, on peut relâcher les mains et remonter directement en Tadasana sans passer par Urdhva Dhanurasana.

Effets.

Cette posture difficile fortifie les jambes, tonifie et vivifie la colonne vertébrale et les organes abdominaux. La poitrine et les articulations des épaules sont étirées au maximum, tandis que la région pelvienne bénéficie d'un abondant apport de sang, ce qui la maintient en bonne santé.

199. Natarajasana Cinquante-huit* (photos 590, 591 et 591a).

Nataraja (nata = danseur ; raja = seigneur, roi) est l'un des noms de Siva, Seigneur de la Danse. Siva est non seulement le dieu du silence mystique, de la mort et de la destruction, mais aussi le Seigneur de la Danse. Dans Sa résidence himalayenne du mont Kailasa, ainsi que dans Sa résidence du sud, le temple de Cidambaram, Siva danse. Il a créé plus d'une centaine de danses, les unes calmes et douces, les autres violentes farouches. La plus célèbre des danses de violence est la Tandava, la danse cosmique de destruction, au cours de laquelle, plein de fureur contre son beau-père Daksa, meurtrier de Sati, son épouse bien-aimée, Siva, entouré de ses serviteurs (ganas), mène un rythme sauvage, détruit Daksa et défie le monde. Siva, sous l'aspect du Seigneur de la Danse, a inspiré quelques-unes des plus belles sculptures indiennes et de magnifiques bronzes de l'Inde du Sud.

Cette belle posture pleine de vigueur est dédiée à Siva, Seigneur de la Danse, qui est aussi la source inépuisable du yoga.

Technique.

1. Faites Tadasana (photo 1). Étirez le bras gauche en avant, parallèlement au sol.

2. Pliez le genou droit et montez le pied droit. Avec le pouce, l'index et le majeur de la main droite, attrapez le gros orteil droit. Amenez la jambe droite en haut et en arrière (photo 587).

587

3. Tournez les doigts de la main droite autour du gros orteil droit. Simultanément, faites une rotation du coude et de l'épaule droites et étirez le bras droit vers le haut, derrière la tête, sans lâcher la prise du gros orteil (photo 588). Montez encore le bras droit et la jambe droite de façon à ce qu'ils forment un arc (photo 589). La cuisse droite sera horizontale et le mollet droit sera vertical (photos 590 et 591).

588

589

590

591

4. Étirez le bras gauche devant vous dans l'axe de l'épaule, les doigts pointés en avant.

5. Montez la rotule vers la cuisse et maintenez la jambe gauche verticale et tendue au maximum.

6. Cherchez à garder un équilibre stable pendant 15 à 20 secondes en respirant profondément et régulièrement.

7. Relâchez le pied droit, descendez les deux bras et revenez en Tadasana (photo 1). Faites la posture de l'autre côté pendant la même durée. Cette fois, tenez-vous en équilibre sur la jambe droite, tenez le gros orteil gauche avec la main gauche derrière le dos et étirez devant vous le bras droit.

8. Les élèves avancés peuvent tenir le pied avec les deux mains, l'appliquer contre la tête et chercher l'équilibre (photo 591a).

591 a

Effets.

Cet asana difficile développe le sens de l'équilibre et donne un port gracieux. Il tonifie et renforce les muscles des jambes. Il fait faire un mouvement complet aux omoplates et assure un plein développement de la cage thoracique. Dans cette posture, toutes les vertèbres bénéficient de l'exercice.

200. Savasana (appelé également Mrtasana) (photo 592).

Sava ou mrta signifie cadavre. Dans cet asana, l'objectif est d'imiter un cadavre. Lorsque la vie s'en est allée, le corps est figé et plus aucun mouvement n'est possible. On apprend à se relaxer en restant immobile pendant un certain temps et en gardant l'esprit immobile mais pleinement conscient. Cette relaxation attentive revigore et rafraîchit à la fois le corps et l'esprit. Mais il est beaucoup plus difficile d'apaiser l'esprit que le corps. C'est pourquoi cette posture, apparemment facile, est l'une des plus difficile à maîtriser.

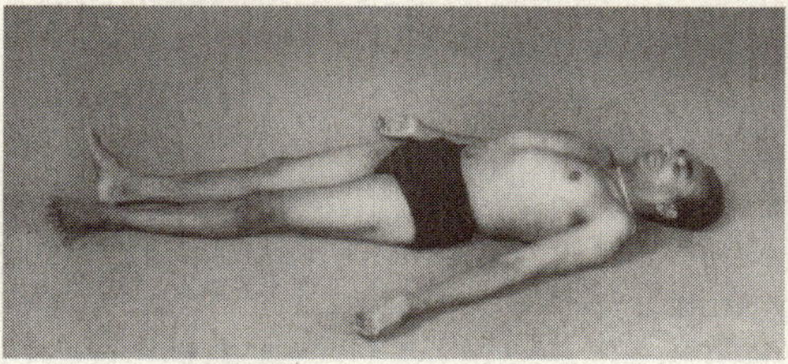

592

Technique.

1. Étendez-vous sur le sol de tout votre long comme un cadavre. Gardez les mains légèrement éloignées du corps, paumes en l'air.

2. Fermez les yeux. Si cela est possible, posez un tissu noir plié en quatre sur les yeux. Gardez les talons joints et laissez les pointes de pied s écarter.

3. Au commencement, respirez profondément. Plus tard, la respiration devra être lente et légère sans mouvements spasmodiques qui dérangeraient la colonne vertébrale ou le reste du corps.

4. Concentrez-vous sur des expirations profondes et légères, où les narines ne ressentent pas la chaleur du souffle.

5. La mâchoire inférieure doit rester lâche et ne pas être bloquée. La langue ne doit pas bouger, et même les pupilles doivent rester complètement passives.

6. Relaxez-vous profondément et expirez lentement.

7. Si l'esprit vagabonde, faites une pause, sans forcer, après chaque expiration lente.

8. Restez dans cette posture pendant 15 à 20 minutes.

9. Au début, on a tendance à s'endormir. Progressivement, à mesure que les nerfs deviennent passifs, on se sent complètement rafraîchi et relaxé.

Au cours d'une bonne relaxation, on sent l'énergie couler depuis l'arrière de la tête vers les talons et non dans l'autre sens. On a l'impression que le corps s'allonge.

Effets.

Le verset 32 du premier chapitre de la *Hatha Yoga Pradipika* dit : « Être étendu de tout son long sur le sol comme un cadavre s'appelle Savasana. Cela fait disparaître la fatigue produite par les autres asana et engendre le calme de l'esprit. »

Mrtasana est décrit de la façon suivante dans le verset II du second chapitre de la *Gheranda Samhita* : « S'étendre sur le sol (sur le dos) comme un cadavre s'appelle Mrtasana. Cette posture élimine la fatigue, et calme l'agitation de l'esprit. »

La *Hatha Yoga Pradipika* (versets 29 et 30 du chapitre IV) précise :

« L'esprit est le maître des Indriya (les organes des sens) ; le Prana (le souffle de Vie) est le maître de l'esprit. » « Lorsque l'esprit est absorbé, cela s'appelle Moksa (émancipation finale, libération de l'âme) ; lorsque Prana et Manas (l'esprit) ont été absorbés, il naît une joie indicible. »

Il dépend des nerfs de dompter le Prana. Une respiration régulière, légère et profonde, sans aucun mouvement spasmodique du corps, apaise les nerfs et calme l'esprit. Savasana est le meilleur antidote à la tension nerveuse imposée par la civilisation moderne.

Bandha et kriya

201. Uddiyana Bandha Douze* (photos 593 et 594).

Uddiyana signifie l'action de s'élever. Rigoureusement parlant, ce n'est pas un asana, mais un bandha, c'est-à-dire une retenue. De même que les condensateurs, les fusibles et les interrupteurs contrôlent le débit du courant électrique, les bandha régularisent le flot du prana (énergie). Dans ce bandha, on dirige le prana, ou énergie, depuis le bas de l'abdomen vers la tête. Pour une explication détaillée sur bandha et prana, voir la troisième partie de cet ouvrage sur le pranayama.

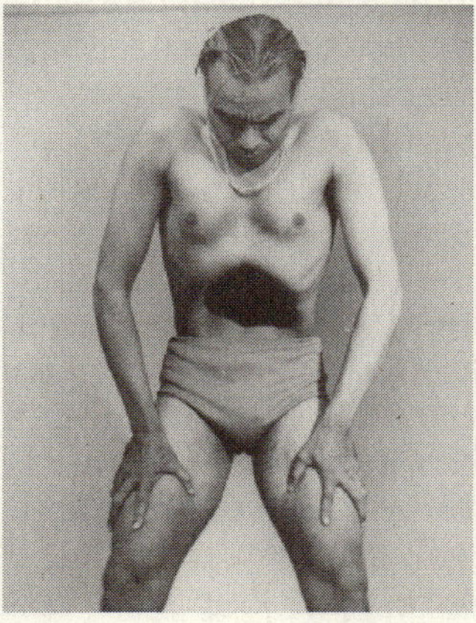

593

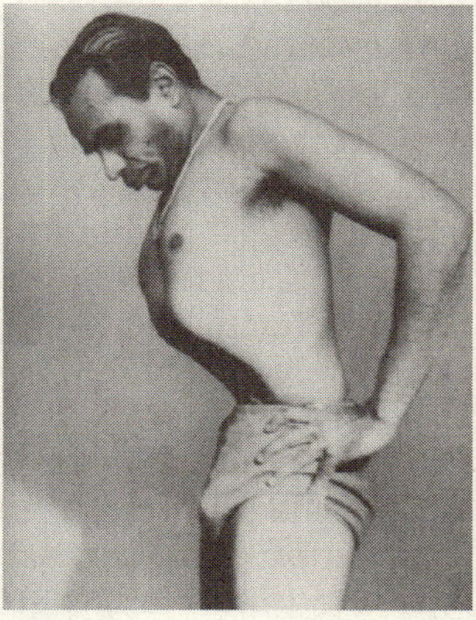

594

Technique.

1. Tenez-vous debout en Tadasana (photo 1).

2. Écartez les pieds de 30 centimètres.

3. Penchez-vous légèrement en avant en pliant un peu les genoux, et placez les mains avec les doigts écartés sur le milieu des cuisses.

4. Baissez la tête jusqu'à ce que le menton repose dans le creux laissé par les clavicules au sommet du sternum.

5. Inspirez profondément, puis expirez rapidement de façon à ce que l'air soit expulsé des poumons d'un seul coup.

6. Bloquez la respiration (n'inspirez pas). Tirez vers la colonne vertébrale toute la région abdominale. Contractez les abdominaux et montez-les vers le sternum, en pressant les mains sur les cuisses (photo 593).

7. En maintenant la contraction des abdominaux, ôtez les mains des cuisses et posez-les sur les hanches.

8. Redressez les jambes et le dos en gardant les abdominaux contractés et le menton contre le sternum (photo 594).

9. Relaxez les muscles abdominaux, sans bouger le menton ni la tête. Si la tête bouge, on sent immédiatement un effort dans la région du cœur.

10. Inspirez lentement et profondément.

11. Pendant les positions 6 à 9 décrites ci-dessus, n'inspirez pas. Ne maintenez pas la posture pendant plus de 5 à 10 secondes, selon votre endurance.

12. Faites quelques respirations, puis recommencez le cycle indiqué ci-dessus aux paragraphes 1 à 10. Cependant, ne faites pas plus de six à huit cycles consécutifs en vingt-quatre heures. N'augmentez la durée de la posture ou le nombre de cycles que sous la direction d'un guru expérimenté.

13. Ne faites qu'une seule fois par jour ces cycles consécutifs.

14. Pratiquez-les avec l'estomac vide et après avoir évacué vessie et intestins.

15. Apprenez d'abord Uddiyana Bandha en position debout, puis en position assise comme préparation au travail du pranayama.

16. Cela doit être fait au cours d'une expiration (recaka) et d'une rétention du souffle (kumbhaka) dans les différents types de pranayama décrits dans la troisième partie.

Effets.

Il tonifie les organes abdominaux, active le feu digestif et élimine les toxines présentes dans le tube digestif.

202. Nauli Seize* (photos 595 et 596).

Le mot nauli ne se trouve pas dans un dictionnaire classique. Ullola, qui signifie une grande vague ou une lame de fond, donne une notion du procédé du Nauli où les muscles et les organes abdominaux sont poussés latéralement et verticalement, ce qui ressemble au mouvement d'une vague. Nau signifie bateau, et li, s'accrocher à, être étendu, cacher ou recouvrir. Le tangage d'un bateau sur une mer démontée donne une certaine idée du procédé du Nauli.

Nauli est un kriya, un procédé, et non un asana. On doit être extrêmement prudent en le pratiquant, sinon il conduit directement à de nombreuses maladies. Il n'est donc pas recommandé à l'élève moyen. Maîtrisez d'abord Uddiyana Bandha avant d'essayer de pratiquer Nauli, qui est décrit dans la *Gherunda Samhita* sous le nom de Lauliki.

Technique.

1. Tenez-vous debout en Tadasana (photo 1).

2. Écartez les jambes de 30 centimètres, pliez légèrement les genoux et penchez-vous en avant.

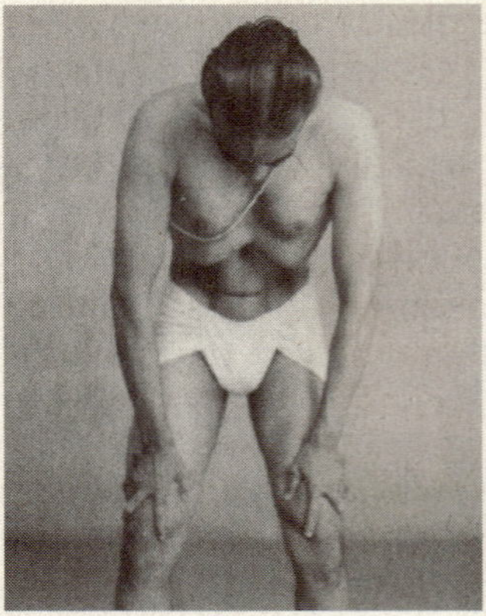

595

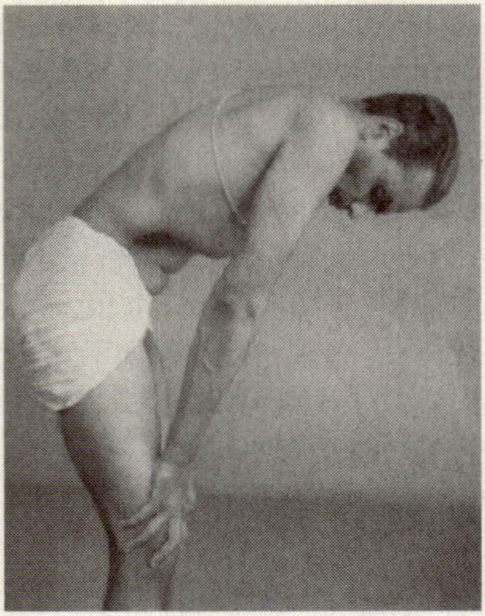

596

3. Placez les mains avec les doigts écartés sur les cuisses juste au-dessus des genoux.

4. Baissez la tête jusqu'à ce que le menton repose dans le creux laissé par les clavicules au sommet du sternum.

5. Inspirez profondément, puis expirez rapidement de façon à ce que l'air soit expulsé des poumons d'un seul coup.

6. Bloquez la respiration (n'inspirez pas). Tirez vers la colonne vertébrale toute la région abdominale.

7. La région située entre le pubis et les côtes flottantes de chaque côté de l'abdomen doit devenir passive pour qu'une cavité s'y creuse. En même temps, poussez en avant les grands-droits (photo 595 : vue de face, et photo 596 : vue de profil).

8. Maintenez cette position pendant 5 à 10 secondes, selon votre capacité.

9. Relaxez les grands-droits et revenez à la position 6.

10. Relaxez l'abdomen et inspirez lentement.

11. Faites quelques respirations profondes. Refaites le cycle des paragraphes 1 à 10 ci-dessus, six à

huit fois consécutives, et seulement une fois par jour.

12. La pratique de Nauli doit se faire l'estomac vide, et après avoir évacué vessie et intestins.

Effets.

Les muscles verticaux de l'abdomen (grands-droits) sont renforcés. Les autres effets de Nauli sont les mêmes que ceux d'Uddiyana Bandha.

TROISIÈME PARTIE

PRANAYAMA

Recommandations

Lisez d'un bout à l'autre et assimilez pleinement les recommandations données ci-dessous avant d'aborder les techniques de pranayama décrites plus loin.

Conditions d'aptitude.

1. De même que la possibilité de suivre des études supérieures dépend des capacités et de la discipline acquises pendant les études secondaires, l'entraînement au pranayama exige la maîtrise des asana ainsi que la force et la discipline qui en résultent.

2. L'aptitude de l'aspirant à pratiquer et à avancer dans le pranayama doit être jugée par un guru ou un professeur expérimenté dont la surveillance personnelle est essentielle.

3. Les outils pneumatiques peuvent percer la roche la plus dure. S'ils ne sont pas utilisés convenablement, ils détruisent à la fois l'outil et celui qui l'utilise. Dans le Pranayama, le yogi utilise ses poumons comme des outils pneumatiques. Une mauvaise utilisation des poumons peut conduire au même résultat néfaste.

Hygiène et nourriture.

4. On n'entre pas dans un temple avec un corps ou un esprit malpropre. Avant d'entrer dans le temple de son propre corps, le yogi observe des règles de propreté.

5. Avant de commencer le pranayama, la vessie et les intestins doivent être vidés. Cela donne de l'aisance pour les bandha.

6. Il est préférable de pratiquer le pranayama l'estomac vide mais, si cela est difficile, on peut prendre une tasse de lait, de thé, de café ou de chocolat.

Après un repas, il faut attendre au moins six heures.

7. Un repas léger peut être pris une 30 minutes après le pranayama.

Temps et lieu.

8. Le meilleur moment pour travailler est, soit tôt le matin (de préférence avant le lever du soleil), soit le soir après le coucher du soleil. Selon la *Hatha Yoga Pradipika*, le pranayama doit être fait quatre fois par jour, le matin, à midi, le soir et à minuit, en faisant quatre-vingts cycles à chaque fois (chapitre II, verset II). Cela n'est guère compatible avec le rythme rapide de la vie moderne. Cependant, il est recommandé d'en faire au moins 15 minutes par jour, mais les quatre-vingts cycles sont pour ceux qui s'y consacrent totalement et non pour la moyenne des gens.

9. Les meilleures saisons pour commencer le travail sont le printemps et l'automne quand le climat est régulier.

10. Le pranayama doit être pratiqué dans un endroit propre, aéré, et sans insectes. Les bruits provoquant de l'agitation, il est préférable de choisir les heures calmes.

11. Le pranayama doit être pratiqué avec détermination et régularité, au même moment, au même endroit, et dans la même posture. Les variations ne sont permises que dans le type de pranayama pratiqué, c'est-à-dire, si l'on fait Surya Bhedana Pranayama un jour, on peut faire Sitali le lendemain et Bhastrika le troisième jour. Toutefois, on doit faire chaque jour Nadi Shodhana Pranayama.

Posture.

12. Pendant le pranayama, la respiration se fait par le nez uniquement, excepté pour Sitali et Sitakari.

13. Les postures qui conviennent le mieux à la pratique du pranayama sont Siddhasana, Virasana, Padmasana et Baddha Konasana, assis sur une couverture pliée sur le sol. Toute autre posture assise peut être prise à condition que le dos soit parfaitement érigé depuis la base de la colonne vertébrale jusqu'au cou, et perpendiculaire au sol. Cependant, certains exercices de pranayama dont les détails seront donnés plus loin peuvent être faits dans la position allongée sur le dos.

14. Pendant le pranayama, il ne doit y avoir aucune tension des muscles du visage, des yeux, des oreilles, du cou, des épaules, des bras, des cuisses et des pieds. Il faut une grande attention pour relaxer les cuisses et les bras qui sont crispés, inconsciemment, pendant le pranayama.

15. Gardez la langue passive, sinon la salive s'accumulera dans la bouche. Si cela arrive, avalez avant l'expiration (recaka), et non lorsque vous faites la rétention (kumbhaka).

16. Pendant l'inspiration et la rétention, la cage thoracique doit s'ouvrir à la fois en avant et sur les côtés, tandis que la région des omoplates et des aisselles s'ouvre uniquement en avant.

17. Au début, vous transpirerez et vous tremblerez, mais cela disparaîtra avec le temps.

18. Dans tous les exercices de pranayama en posture assise, la tête doit pendre depuis la nuque, le menton reposant dans le creux entre les clavicules et le sternum. Cette immobilisation du menton, Jalandhara Bandha, doit toujours être utilisée excepté dans certaines techniques précisées ci-dessous.

19. Gardez les yeux fermés pendant tout le temps du pranayama, sinon l'esprit vagabondera et sera distrait par les objets extérieurs. Si les yeux restent

ouverts, vous aurez une sensation de brûlure, d'irritation dans les yeux.

20. Aucune pression ne doit être ressentie à l'intérieur des oreilles.

21. Le bras gauche est allongé, le dos du poignet posé sur le genou gauche. L'index est plié vers le pouce, les extrémités du pouce et l'index se touchent. Ceci est Jñana Mudra, qui est décrit plus loin dans la partie technique.

22. Le bras droit est plié au coude et la main est portée au nez pour régulariser l'écoulement du souffle et apprécier sa subtilité. Ceci doit être perçu par l'extrémité de l'annulaire qui contrôle la narine gauche, et par l'extrémité du pouce qui contrôle la narine droite. Les détails de la position de la main droite sont donnés dans la partie technique. Dans certaines formes de pranayama, les deux mains sont posées sur les genoux, en Jñana Mudra.

23. Lorsqu'un bébé commence à marcher tout seul, sa mère reste passive physiquement, mais son esprit est en alerte. En cas de besoin, par exemple lorsque l'enfant trébuche, son corps entre en action pour éviter la chute. Il en est ainsi de la pratique du pranayama, le cerveau reste passif mais vigilant. Lorsque le corps n'accomplit plus sa tâche correctement, le cerveau, attentif, envoie un message d'avertissement. Il demande à l'oreille de détecter le son juste du souffle (qui est décrit plus loin). Il demande à la main et au nez d'observer la qualité du souffle qui s'écoule à travers le conduit nasal.

24. On peut se demander comment il est possible de se concentrer sur le pranayama si l'esprit est occupé à envoyer des messages aux organes des sens. Un peintre absorbé dans son travail observe différents détails comme la perspective, la composition, les couleurs, les ombres, le premier plan et l'arrière-plan, tout cela en même temps que le tracé de son pinceau. Un musicien qui joue une mélodie observe le mouvement de ses

doigts, le timbre, l'accord interne de son instrument ainsi que son accord avec les autres instruments. Tout en observant et en corrigeant les détails, le peintre et le musicien sont concentrés sur leur œuvre, de même le yogi observe différents détails comme la durée, la posture, le rythme régulier du souffle, et est attentif et sensible au prana qui le parcourt.

25. De même qu'une mère attentive apprend à son enfant à marcher sans tension, l'esprit attentif du yogi apprend aux sens à être sans tension. La pratique assidue du pranayama libère les sens de l'obsession des désirs.

26. Chacun doit savoir juger de ses limites en faisant le pranayama, et ne pas les dépasser. Elles peuvent être évaluées de la façon suivante : supposons que vous puissiez, avec aisance, faire un cycle rythmé d'inspiration de 10 secondes et d'expiration de 10 secondes pendant un certain laps de temps, disons 5 minutes. S'il y a un changement dans le rythme et que l'inspiration ou l'expiration se réduisent à 7 ou 8 secondes par exemple, cela signifie que vous êtes au maximum de votre capacité. Aller au-delà, c'est forcer à l'excès les poumons, et cela entraîne des troubles respiratoires.

27. Un entraînement défectueux impose un effort excessif aux poumons et au diaphragme. Le système respiratoire en souffre et le système nerveux s'en trouve affecté. Les fondements de la santé du corps et de l'esprit sont ébranlés par une pratique défectueuse du pranayama. Une inspiration et une expiration forcées sont mauvaises, excepté dans Bhastrika Pranayama.

28. Régulariser la respiration apporte la santé aux nerfs et donc la sérénité à l'esprit et au caractère.

29. Il ne faut jamais faire les asana immédiatement après le pranayama. Si on commence par le pranayama il faut laisser s'écouler une heure avant de faire les asana, car le calme apporté aux nerfs par le pranayama risque d'être troublé par les mouvements du corps, dans les asana.

30. Cependant, le pranayama peut être fait quinze minutes après la fin d'une séance d'asana faciles.

31. Les asana difficiles sont fatigants. Lorsque vous êtes épuisé, ne faites pas le pranayama en une posture assise, car le dos ne peut pas rester érigé, le corps tremble et l'esprit s'agite. La respiration profonde en Ujjayi, faite dans la position allongée, fait disparaître la fatigue.

32. Lorsqu'une respiration profonde, régulière et lente ne peut pas être maintenue sur un rythme, arrêtez-vous. N'allez pas plus loin. Le rythme doit être contrôlé par le son produit dans le nez, à l'inspiration (« ssssssa » qui est semblable au son que fait une fuite dans une chambre à air de bicyclette) et à l'expiration (un son aspiré « huuuuuuuuuuum »). Si le volume du son diminue, arrêtez-vous.

33. Essayez de trouver un rapport égal entre l'inspiration (puraka) et l'expiration (recaka). Par exemple, si l'une est de 5 secondes pendant un nombre de cycles donné, l'autre doit être de la même durée.

34. Les types de Pranayama Ujjayi et Nadi Sodhana sont les plus bénéfiques qui puissent être pratiqués par les femmes enceintes, et de préférence, en Baddha Konasana. Toutefois, pendant la grossesse, on ne doit pas faire de rétentions sans la surveillance d'un professeur expérimenté.

35. Tout exercice de pranayama doit être suivi de Savasana (photo 592) en silence pendant au moins 5 à 10 minutes. L'activité de l'esprit doit être totalement coupée, tous les membres et tous les organes des sens sont rendus complètement passifs, comme ceux d'un mort. Après le pranayama, Savasana rafraîchit à la fois le corps et l'esprit.

Kumbhaka.

36. Les trois bandha, à savoir : Jalandhara, Uddiyana et Mula, doivent être observés en kumbhaka (rétention du souffle après inspiration complète

ou arrêt de la respiration après expiration complète, comme indiqué plus loin. Les bandha, comme des soupapes de sécurité, doivent rester fermés pendant la pratique des kumbhaka.

37. La maîtrise totale des processus d'inspiration (puraka) et d'expiration (recaka) est essentielle avant de commencer à apprendre antara kumbhaka (rétention après inspiration).

38. On ne doit pas essayer de faire bahya kumbhaka (arrêt après l'expiration) avant que antara kumbhaka ne soit devenu naturel.

39. Pendant la pratique de kumbhaka, il y a une tendance à laisser entrer l'air et à contracter et détendre le diaphragme et les organes abdominaux afin d'accroître la période de rétention. Cela se fait inconsciemment et involontairement. Faites attention de l'éviter.

40. Si la rétention (kumbhaka) se révèle difficile après chaque inspiration ou expiration, faites quelques cycles de respiration profonde, et ensuite à nouveau kumbhaka. Après le second cycle de kumbhaka faites trois cycles de respiration profonde, et ainsi de suite.

41. Si le rythme de l'inspiration et de l'expiration est perturbé par la rétention, diminuez la durée de kumbhaka.

42. Les personnes souffrant de troubles d'yeux ou d'oreilles (tels que glaucome ou otite) ne doivent pas faire de rétentions.

43. Des constipations se produisent parfois dans les premiers temps qui suivent le commencement de la pratique de kumbhaka. Cela est temporaire et disparaîtra en son temps.

44. Le nombre normal de respirations par minute est de 15. Ce nombre s'accroît lorsque le corps est perturbé par l'indigestion, la fièvre, le rhume, la toux, ou par des émotions comme la peur, la colère, le désir. Le nombre normal de respirations en vingt-quatre heures est de 21 600. Le yogi mesure la durée

de sa vie non pas en nombre de jours mais en nombre de respirations. Puisque dans le pranayama la respiration est allongée, cela prolonge la vie.

45. Celui qui pratique assidûment le pranayama verra son état d'esprit se modifier ; sa soif de plaisirs tels que fumer, boire, s'adonner à la sexualité se réduira considérablement.

46. Dans le travail du pranayama les sens sont attirés vers l'intérieur et dans le silence de kumbhaka, l'aspirant entend la voix intérieure qui l'appelle : « Regarde au-dedans ! La source de tout bonheur est au-dedans de toi ! » Cela le prépare aussi au prochain pilier du yoga, pratyahara, qui conduit à se libérer de la domination et de la tyrannie des sens.

47. Puisque les yeux sont gardés clos pendant tout le temps du pranayama, l'écoulement du temps est mesuré par la répétition mentale (japa) d'un mot ou d'un nom sacré. Cette répétition de mots ou de noms sacrés est la graine (bija) semée dans l'esprit du yogi. Cette graine croît et le prépare à dhyana ou contemplation, le sixième pilier du yoga. Au moment ultime, le fruit que cette graine produit est samadhi, où le yogi expérimente la conscience totale et la joie suprême, où il est uni au Créateur de l'Univers et ressent ce qu'il ne peut jamais exprimer – et cependant jamais taire complètement. Les mots adéquats font défaut pour communiquer cette expérience, car l'esprit ne trouve aucun mot pour la décrire. C'est la sensation d'une paix qui dépasse tout entendement.

BANDHA, NADI et CAKRA

Pour s'entraîner aux techniques de pranayama il est nécessaire de savoir certaines choses sur les bandha, les nadi et les cakra.

Bandha signifie asservir, assembler, enchaîner ou saisir. C'est également une posture dans laquelle certains organes ou parties du corps sont contractés et contrôlés.

Nadi est un canal étroit par lequel s'écoule l'énergie dans le corps.

Cakra signifie roue ou cercle.

Quand on produit de l'électricité, il est nécessaire d'avoir des transformateurs, des conducteurs, des fusibles, des interrupteurs et des fils isolés pour transporter le courant à destination, car sinon l'électricité produite serait mortelle. Lorsque, par le travail du pranayama, le prana circule dans le corps du yogi, il est également nécessaire d'employer les bandha pour éviter la dissipation de l'énergie et la transporter dans les régions appropriées, sans causer de dommages ailleurs. Sans les bandha, le prana est mortel.

Les trois principaux bandha, qui sont importants dans le pranayama, sont : (1) Jalandhara Bandha, (2) Uddiyana Bandha, et (3) Mula Bandha.

Le premier dont le yogi doit avoir la maîtrise est Jalandhara. Jala signifie filet, tissu, treillis ou maille. Dans Jalandhara le cou et la gorge sont pressés contre le menton qui repose dans le creux laissé par les clavicules au sommet du sternum. On le perfectionne en faisant Sarvangasana (voir n°s 87 à 104) et ses variations, car là aussi le sternum est pressé contre le menton. Le Jalandhara Bandha régularise la circulation du sang et du prana dans le cœur, les glandes situées dans le cou et dans la tête. Si le pranayama est fait sans Jalandhara Bandha, une pression est immédiatement ressentie sur le cœur, derrière les globes oculaires, à l'intérieur des oreilles, et la tête tourne. Jalandhara Bandha est essentiel dans les trois éléments du pranayama, à savoir : puraka (inspiration), recaka (expiration) et kumbhaka (rétention).

Uddiyana signifie s'élever. Dans Uddiyana Bandha il faut monter le diaphragme très haut dans le thorax et aspirer les organes abdominaux à l'intérieur vers la colonne vertébrale. On dit que grâce à Uddiyana Bandha le grand oiseau prana est conduit à s'envoler à travers la susumna nadi, le canal principal par lequel s'écoule l'énergie nerveuse, situé à l'intérieur du meru-danda, la colonne vertébrale. On dit que Uddiyana est le meilleur des bandha et que celui qui, dirigé par son guru ou maître, le pratique constamment, retrouve sa jeunesse. On dit que c'est le lion qui tue l'éléphant nommé Mort. Il doit être fait uniquement pendant bahya kumbhaka après recaka, c'est-à-dire entre la fin d'une expiration complète et une nouvelle inspiration, lorsque la respiration est suspendue. Il fait travailler le diaphragme et les organes abdominaux. La cavité créée par la montée du diaphragme provoque un léger massage qui tonifie les muscles du cœur. Uddiyana Bandha ne doit jamais être fait pendant antara kumbhaka, la rétention qui suit l'inspiration complète et précède l'expiration. Sinon, cela force le cœur et le diaphragme et les yeux sont exorbités.

Mula signifie racine, source, origine ou cause, base ou fondement. Mula Bandha est la région située entre l'anus et le scrotum. En contractant cette région, Apana Vayu (le prana du bas de l'abdomen), qui s'écoule normalement vers le bas, est dirigé vers le haut pour s'unir au Prana Vayu, qui a son siège dans la région de la poitrine.

Mula Bandha doit être essayé d'abord dans antara kumbhaka (rétention après l'inspiration). La région du bas de l'abdomen entre le nombril et l'anus est contractée vers la colonne vertébrale et tirée en haut vers le diaphragme. Dans Uddiyana Bandha, toute la région depuis l'anus jusqu'au diaphragme et jusqu'au sternum est montée et aspirée en arrière vers la colonne vertébrale. Mais dans Mula Bandha, toute la région basse de l'abdomen entre l'anus et le nombril est contractée, tirée en arrière vers la colonne vertébrale et montée vers le diaphragme.

La pratique de la contraction des muscles du sphincter anal (Asvini Mudra) aide à maîtriser Mula Bandha. Asva signifie un cheval. Cette mudra (une posture de verrouillage) est appelée ainsi parce qu'elle évoque un cheval qui crotte. On l'apprend en pratiquant différents asana, particulièrement Tadasana, Sirsasana, Sarvangasana, Urdhva Dhanurasana, Ustrasana et Paschimottanasana.

On dit que par la pratique de ces bandha les seize adhara sont fermés. Adhara (de la racine « dhr » = soutenir) signifie substrat, partie vitale. Les seize parties vitales sont : les pouces, les chevilles, les genoux, les cuisses, le prépuce, les organes génitaux, le nombril, le cœur, le cou, la gorge, le palais, le nez, le milieu des sourcils, le front, la tête et brahmarandhra (l'ouverture au sommet de la tête par laquelle il est dit que l'âme s'échappe lorsqu'elle quitte le corps).

Il est très dangereux d'essayer d'apprendre Uddiyana et Mula Bandha par soi-même, sans la surveillance personnelle d'un guru ou d'un professeur expérimenté. L'exécution incorrecte de Uddiyana Bandha conduit à l'émission involontaire de semence et à une perte de vitalité, tandis que celle de Mula Bandha conduit à un affaiblissement considérable et au manque de virilité. Même bien exécuté, Mula Bandha a ses propres dangers : il accroît le pouvoir de rétention sexuel, incitant par là même l'adepte à en abuser. S'il succombe à la tentation, il est perdu. Tous ses désirs assoupis se réveillent et deviennent mortels comme un serpent endormi, réveillé par un coup de bâton. La maîtrise des trois bandha place le yogi à la croisée des chemins de sa destinée. Un chemin conduit à bhoga, la jouissance des plaisirs du monde ; l'autre conduit au yoga, l'union avec l'Être Suprême. Grande est l'attraction des plaisirs du monde. Le yogi, cependant, ressent une attraction plus forte encore pour leur Créateur. Les sens sont dirigés vers l'extérieur, et par conséquent sont attirés vers des objets et suivent ainsi le chemin de bhoga. Si l'orientation des sens est modifiée et qu'ils se tournent vers l'intérieur, ils suivent alors le chemin du yoga. Les sens du yogi s'introvertissent pour rencontrer le Créateur, la Source de toute création. C'est lorsque l'aspirant a maîtrisé les trois bandha que les conseils d'un guru deviennent encore plus essentiels, car sous une conduite juste ce pouvoir accru est sublimé pour des buts plus élevés et plus nobles encore. L'aspirant devient alors un urdhva-retus (urdhva = vers le haut, retus = semence), celui qui vit dans l'état de célibat et ne dissipe pas sa virilité. Il acquérera ainsi un pouvoir moral et spirituel. Ce pouvoir intérieur resplendira comme le Soleil.

En pratiquant Mula Bandha, le yogi s'efforce d'atteindre la source véritable (mula) de toute création. Son but est le contrôle intégral (bandha) de citta qui comprend l'esprit (manas), l'intelligence (buddhi) et l'ego (ahamkara).

Le corps humain est en soi un microcosme. Le mot hatha est composé des deux syllabes ha et tha qui signifient respectivement le soleil et la lune. On considère que l'énergie solaire et l'énergie lunaire s'écoulent à travers les deux principales nadi, Pingala et Ida, qui partent respectivement des narines droite et gauche et descendent jusqu'à la base de la colonne vertébrale. Pingala est la nadi du soleil, tandis qu'Ida est la nadi de la lune. Entre les deux se trouve Susumna, la nadi du feu. Comme il a été précisé plus haut, la Susumna Nadi est le canal principal par lequel se répand l'énergie nerveuse. Il est situé à l'intérieur du merudanda, la colonne vertébrale. Pingala et Ida s'entrecroisent, et croisent également Susumna à différents endroits. Ces points de rencontre sont appelés cakra ou roues, et régularisent le fonctionnement de l'organisme comme un volant d'inertie régularise l'allure d'un moteur.

Les principaux cakra sont : Muladhara Cakra, situé dans la région pelvienne au-dessus de l'anus (mula = racine, cause, source, adhara = support ou partie vitale) ; Svadhisthana Cakra, au-dessus des organes génitaux (sva = force vitale, âme ; adhisthana = siège ou demeure) ; Manipuraka Cakra, au niveau du nombril (manipura = nombril) ; Manas et Surya Cakra, entre le nombril et le cœur (manas = esprit, surya = soleil) ; Anahata Cakra, dans la région cardiaque (anahata = cœur) ; Visuddha Cakra, dans la région du pharynx (visuddha = pur) ; Ajfia Cakra, entre les sourcils (ajfia = autorité, pouvoir) ; Sahasrara Cakra, qui est appelé lotus aux mille pétales, situé dans la cavité cérébrale ; et Lalata Cakra, au sommet du front (lalata = front).

Il se peut que ces cakra correspondent aux glandes endocrines, qui produisent les hormones et d'autres sécrétions internes dans l'organisme. Le Muladhara Cakra et le Svadhisthana Cakra correspondent peut-être aux organes génitaux (testicules, pénis et prostate chez l'homme ; ovaires, utérus et vagin chez la femme). C'est entre ces deux cakra que se trouvent les organes sexuels, connus sous le nom de Kamarupa, d'après Kama le dieu de la passion et de l'amour. Les organes abdominaux tels que l'estomac, la rate, le foie et le pancréas correspondent peut-être au Manipuraka Cakra. Les deux glandes surrénales pourraient être les Surya Cakra et Manas Cakra. Le cœur et les principaux vaisseaux sanguins qui l'entourent est Anahata Cakra. Le Visuddha Cakra serait les glandes thyroïde, parathyroïde et le thymus. Les Ajñna, Sahasrara et Lalata Cakra pourraient être la matière cérébrale et les glandes pituitaire et pinéale.

D'après les textes tantriques, le but du pranayama est d'éveiller la Kundalini, la force cosmique divine qui est en nous. La Kundalini est symbolisée par un serpent lové et gisant endormi dans le centre nerveux le plus bas, à la base de la colonne vertébrale, le Muladhara Cakra. Cette énergie latente doit être éveillée, puis dirigée le long de la colonne vertébrale en traversant les cakra jusqu'au Sahasrara (le lotus aux mille pétales, le réseau nerveux du cerveau) pour s'unir enfin à l'Âme Suprême. C'est peut-être une allégorie pour décrire l'extraordinaire vitalité, vitalité sexuelle en particulier, que donne la pratique de l'Uddiyana et du Mula Bandha décrits plus haut. L'éveil de la Kundalini et sa canalisation vers le haut peut être une façon symbolique de décrire la sublimation de l'énergie sexuelle.

TECHNIQUE ET EFFETS DE PRANAYAMA

203. Ujjayi Pranayama (photo 597).

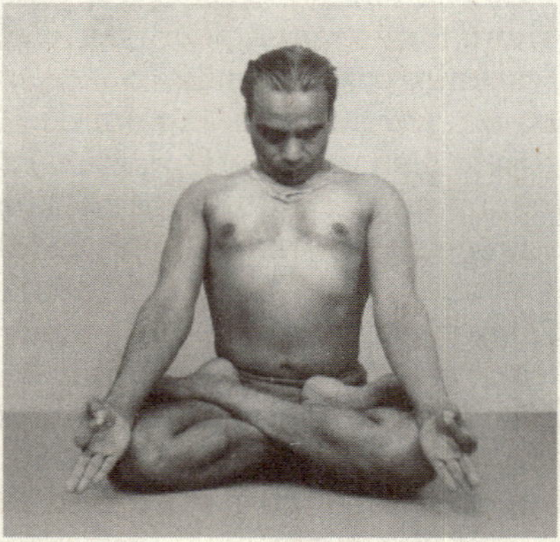

597

Le préfixe ud attaché aux verbes et aux noms signifie vers le haut, ou de rang supérieur. Il signifie également s'épanouir, se déployer. Il comporte la notion de prééminence, de pouvoir.

Jaya signifie conquête, victoire, succès. Sous un autre angle cela signifie retenue, frein.

Ujjayi est le procédé dans lequel les poumons sont ouverts au maximum et la poitrine se gonfle comme celle d'un fier conquérant.

Technique.

1. Asseyez-vous dans une posture qui vous soit confortable : Padmasana (photo 104), Siddhasana (photo 84) ou Virasana (photo 89).

2. Maintenez le dos érigé et étiré. Baissez la tête vers le buste. Reposez le menton dans le creux laissé par les clavicules juste au-dessus du sternum (c'est le Jalandhara Bandha).

3. Étirez les bras et posez le dos des poignets sur les genoux. Joignez l'extrémité des index et des pouces, en gardant les autres doigts allongés. (Cette position ou geste de la main se nomme Jñana Mudra, le symbole ou sceau de la connaissance. L'index symbolise l'âme individuelle et le pouce l'Âme Universelle. L'union des deux symbolise la connaissance.)

4. Fermez les yeux et tournez votre regard vers l'intérieur (photo 597).

5. Expirez à fond.

6. Maintenant commence la méthode de respiration Ujjayi.

7. Avec les deux narines, faites une inspiration lente, profonde et régulière. On sent sur la voûte du palais le passage de l'air qui entre en produisant un son sifflant (sa). On doit entendre ce son.

8. Emplissez les poumons à fond. Il faut être attentif à ne pas enfler le ventre pendant l'inspiration (cela doit être observé dans tous les types de pranayama). Cette inspiration profonde est appelée puraka.

9. Toute la région abdominale depuis le pubis jusqu'au diaphragme doit être tirée en arrière vers la colonne vertébrale.

10. Retenez le souffle pendant 1 ou 2 secondes. Cette rétention avec les poumons pleins s'appelle antara kumbhaka. Faites attentivement Mula Bandha comme il est décrit dans le chapitre sur les bandha, nadi et cakra.

11. Expirez lentement, profondément et régulièrement jusqu'à ce que les poumons soient complètement vidés. Au début de l'expiration, gardez votre étreinte sur l'abdomen. Après 2 ou 3 secondes d'expiration, relaxez le diaphragme lentement et progressivement. Lors de l'expiration, le passage de l'air qui sort doit être ressenti sur la voûte du palais. L'air qui effleure le palais produit un son aspiré (ha). Cette expiration est appelée recaka.

12. Attendez une seconde avant de commencer une nouvelle inspiration. Cette période d'attente se nomme bahya humbhaka.

13. Le processus décrit depuis le paragraphe 7 jusqu'au paragraphe 12 forme un cycle de Ujjayi Pranayama.

14. Faites de tels cycles pendant 5 à 10 minutes en gardant les yeux fermés.

15. Étendez-vous sur le sol en Savasana (photo 592).

16. Ujjayi Pranayama peut être fait sans le Jalandhara Bandha, même en marchant ou en étant couché. C'est le seul pranayama que l'on puisse pratiquer à toute heure du jour et de la nuit.

Effets.

Ce type de pranayama aère les poumons, dégage les bronches, donne de l'endurance, apaise les nerfs et tonifie l'organisme entier. Ujjayi sans kumbhaka, pratiqué dans la position couchée, est idéal pour les personnes souffrant d'excès de tension artérielle et de troubles coronaires.

204. Surya Bhedana Pranayama (photo 599).

Surya est le Soleil. Bhedana est dérivé de la racine bhid, qui signifie percer, briser, passer à travers.

Dans Surya Bhedana Pranayama, le souffle est inspiré par la narine droite. En d'autres mots, le prana passe à travers Pingala ou Surya Nadi. On pratique alors une rétention (kumbhaka), puis le souffle est expiré par la narine gauche qui est le chemin de Ida Nadi.

598

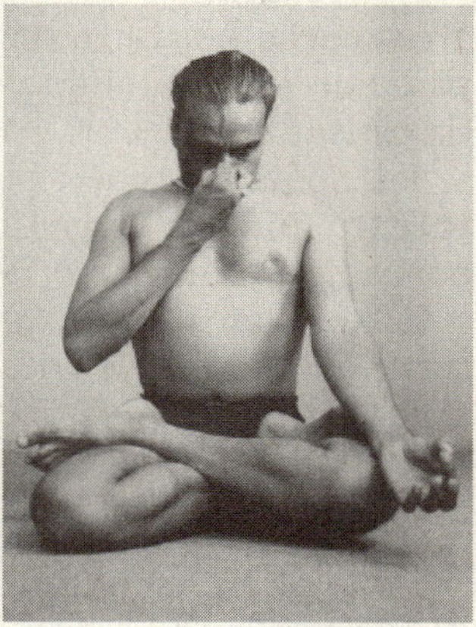

599

Technique.

1. Asseyez-vous dans une posture qui vous soit confortable : Padmasana (photo 104), Siddhasana (photo 84) ou Virasana (photo 89).

2. Maintenez le dos érigé et étiré. Baissez la tête vers le buste. Reposez le menton dans le creux laissé par les clavicules juste au-dessus du sternum (c'est le Jalandhara Bandha).

3. Étirez le bras gauche. Placez le dos du poignet gauche sur le genou gauche. Faites Jñana Mudra avec la main gauche (comme il est indiqué au paragraphe 3 de la technique de Ujjayi).

4. Pliez le bras droit au coude. Pliez l'index et le majeur vers la paume, ces deux doigts passifs. Approchez vers le pouce l'annulaire et l'auriculaire (photo 598).

5. Placez le pouce droit sur l'aile droite du nez juste au-dessous de l'os, l'annulaire et l'auriculaire sur l'aile gauche du nez au-dessous, dans le creux de la courbe de l'aile du nez.

6. Pressez l'annulaire et l'auriculaire pour bloquer complètement la narine gauche.

7. Avec le pouce droit, pressez le cartilage de façon à ce que le bord extérieur de la narine droite soit parallèle au bord inférieur du cartilage du septum (la cloison nasale).

8. Le pouce droit est plié à la dernière articulation et l'extrémité du pouce forme un angle droit par rapport au septum (photo 599).

9. Maintenant, inspirez lentement et profondément en contrôlant l'ouverture de la narine droite avec l'extrémité du pouce, près de l'ongle. Emplissez les poumons à fond (puraka).

10. Puis fermez la narine droite ; maintenant, les deux narines sont fermées.

11. Retenez le souffle pendant environ 5 secondes (antara kumbhaka) en pratiquant Mula Bandha (voir le chapitre sur les bandha, nadi et cakra).

12. En gardant la narine droite complètement fermée, ouvrez la narine gauche partiellement et expirez lentement et profondément (recaka).

13. Pendant l'expiration, laissez s'écouler l'air de la narine gauche avec un rythme régulier en ajustant la pression de l'annulaire et de l'auriculaire, de sorte que le bord extérieur de la narine gauche soit parallèle au septum. La pression doit être exercée depuis le bord intérieur de l'extrémité des doigts (loin des ongles).

14. Cela termine un cycle de Surya Bhedana Pranayama. Continuez en augmentant le nombre

de cycles consécutifs, pendant 5 à 10 minutes, selon votre capacité.

15. En Surya Bhedana toutes les inspirations se font par la narine droite et toutes les expirations par la narine gauche.

16. Tout au long du processus, le passage de l'air est perçu par l'extrémité des doigts et les membranes du nez où la pression est appliquée. Le passage de l'air produit un son qui ressemble à celui de l'air s'échappant d'une chambre à air. Ce son doit être constamment maintenu en variant la pression sur les narines.

17. Les yeux, les tempes, les sourcils et la peau du front doivent être rendus passifs et ne montrer aucun signe de tension.

18. L'esprit doit être complètement absorbé dans l'écoute du son juste de l'air et dans le maintien du rythme juste de respiration.

19. Chaque inspiration et chaque expiration doivent avoir la même durée.

20. L'inspiration et l'expiration ne doivent pas être forcées. On doit maintenir constamment un rythme lent et régulier.

21. Ensuite étendez-vous et faites Savasana (photo 592).

Effets.

Dans ce pranayama, en raison de la pression sur les narines les poumons travaillent davantage que dans Ujjayi. Dans Surya Bhedana ils sont remplis plus lentement, plus régulièrement et plus complètement que dans Ujjayi. Surya Bhedana augmente le pouvoir de digestion, apaise et revigore les nerfs et dégage les sinus.

Note. Il arrive souvent que les deux conduits nasaux ne soient pas de la même largeur, l'un étant plus large que l'autre. Dans ce cas, la pression des doigts doit être ajustée. Dans certains cas, l'inspiration ne peut être faite que par la narine gauche, tandis que l'expiration sera faite par la narine droite. Avec le temps grâce à l'action des doigts, la narine droite se débouchera et l'inspiration à travers celle-ci deviendra possible.

Recommandation. Les personnes souffrant d'hypotension artérielle tireront un grand profit de ce pranayama, mais celles qui souffrent d'hyper-tension artérielle ou de troubles cardiaques ne doivent pas retenir la respiration après l'inspiration (antara kumbhaka) en pratiquant ce pranayama.

205. Nadi Sodhana Pranayama.

Une nadi est un organe tubulaire du corps, comme une artère ou une veine, destiné au passage du prana ou énergie. Une nadi se compose de trois couches comme un fil électrique isolé. La couche interne est appelée sira, la couche du milieu, damani, et l'organe entier aussi bien que la couche externe est appelée nadi.

Sodhana signifie purifier, nettoyer ; l'objet de Nadi Sodhana Pranayama est donc la purification des nerfs. Une légère obstruction dans un conduit d'eau peut bloquer l'approvisionnement. Une légère obstruction dans les nerfs peut être un désagrément considérable et paralyser un membre ou un organe.

Technique.

1. Suivez la technique donnée aux paragraphes 1 à 8 de Surya Bhedana Pranayama (photo 599).

2. Videz totalement les poumons par la narine droite. Contrôlez l'ouverture de la narine droite avec le bord intérieur du pouce droit, loin de l'ongle.

3. Maintenant, inspirez lentement, régulièrement et profondément par la narine droite, en

contrôlant l'ouverture avec l'extrémité du pouce droit, près de l'ongle. Emplissez les poumons à fond (puraka). Pendant cette inspiration, la narine gauche est complètement fermée par l'annulaire et l'auriculaire.

4. Après complète inspiration, bloquez la narine droite avec la pression du pouce et relâchez la pression de l'annulaire et de l'auriculaire sur la narine gauche. Réajustez-les sur le bord extérieur de la narine gauche et maintenez-le parallèle au septum. Expirez lentement, régulièrement et profondément par la narine gauche. Videz complètement les poumons (recaka). La pression doit être exercée depuis le bord intérieur de l'extrémité de l'annulaire et de l'auriculaire (loin des ongles).

5. Après complète expiration par la narine gauche, modifiez la pression en ajustant les doigts. Maintenant ce sont les extrémités de l'annulaire et de l'auriculaire près des ongles qui exercent la pression.

6. Puis, inspirez par la narine gauche, lentement, régulièrement et profondément en remplissant les poumons à fond (puraka).

7. Après complète inspiration par la narine gauche, bloquez-la et expirez par la narine droite en ajustant la pression du pouce droit sur la narine droite, comme il est précisé au paragraphe 2 ci-dessus (recaka).

8. Ceci termine un cycle de Nadi Sodhana Pranayama. Le rythme de respiration est donc le suivant :

(a) expiration par la narine droite,
(b) inspiration par la narine droite,
(c) expiration par la narine gauche,
(d) inspiration par la narine gauche,
(e) expiration par la narine droite,
(f) inspiration par la narine droite,
(g) expiration par la narine gauche,
(h) inspiration par la narine gauche,
(i) expiration par la narine droite,

(j) inspiration par la narine droite… et ainsi de suite.

Le stade *(a)* ci-dessus est préparatoire. Le premier cycle réel de Nadi Sodhana Pranayama commence au stade *(b)* et se termine au stade *(e)*. Le second cycle commence au stade *(f)* et se termine au stade *(e)*. Le stade *(j)* est une mesure de sécurité à observer à la fin des cycles afin d'éviter de s'essouffler, de suffoquer et de forcer le cœur.

9. Faites huit à dix cycles consécutifs comme ceux décrits ci-dessus. Cela prendra 6 à 8 minutes.

10. L'inspiration et l'expiration doivent être de la même durée de chaque côté. Au début, la durée sera inégale. Persévérez jusqu'à ce que l'égalité soit atteinte.

11. Après avoir atteint la maîtrise de l'égalité de durée et la précision de l'inspiration et de l'expiration de chaque côté, on peut commencer à essayer de retenir le souffle (antara kumbhaka) après l'inspiration.

12. Cette précision ne sera atteinte qu'après une longue pratique.

13. La rétention ne doit pas déranger le rythme et l'égalité de l'inspiration et de l'expiration. Si l'un ou l'autre sont dérangés, abrégez la période de rétention ou bien ne retenez la respiration qu'une fois sur deux.

14. Pendant la rétention après l'inspiration pratiquez Mula Bandha (voir le chapitre sur bandha, nadi et cakra).

15. N'essayez pas de retenir le souffle après l'expiration (bahya kumbhaka, photo 600) avant d'avoir maîtrisé la rétention après l'inspiration (antara kumbhaka). Lorsque vous faites bahya kumbhaka, pratiquez Uddiyana (photos 593 et 594) et Mula Bandha.

600

16. La rétention et l'allongement de l'inspiration et de l'expiration ne doivent être expérimentés qu'avec l'aide et sous la surveillance d'un guru.

17. Terminez toujours en vous étendant en Savasana (photo 592).

Effets.

En Nadi Sodhana, le sang reçoit une plus grande quantité d'oxygène que dans une respiration normale, de sorte que l'on se sent rafraîchi et les nerfs sont apaisés et purifiés. L'esprit devient calme et lucide.

Note. Au début, le corps transpire et tremble, les muscles des cuisses et des bras se crispent. Ces tensions doivent être évitées.

Recommandations.

1. Les personnes souffrant d'excès de tension artérielle ou de troubles cardiaques ne doivent jamais essayer de retenir leur respiration (kumbhka). Elles peuvent faire Nadi Sodhana Pranayama sans rétention (kumbhaka) et en tireront des effets très bénéfiques.

2. Les personnes souffrant d'hypotension artérielle peuvent faire ce pranayama avec rétention *seulement* après l'inspiration (antara kumbhaka), avec des effets très bénéfiques.

206. Bhastrika Pranayama.

Bhastrika est un soufflet de forge. Ici, l'air est forcé à entrer et à sortir comme dans le soufflet du forgeron. D'où le nom. La technique est décrite ici en deux temps.

Technique : 1er temps.

1. Suivez la technique décrite aux paragraphes 1 et 2 de Ujjayi.
2. Inspirez rapidement et énergiquement et expirez rapidement et fortement. Une inspiration et une expiration forment un cycle de Bhastrika. Cela produit un bruit semblable à celui d'un soufflet.
3. Faites d'une seule traite, dix à douze cycles. Puis faites une lente et profonde inspiration comme dans Ujjayi. Retenez la respiration en faisant Mula Bandha pendant 2 à 3 secondes, puis expirez lentement et profondément comme dans Ujjayi.
4. Cette façon de respirer, comme dans Ujjayi, repose les poumons et le diaphragme et les prépare à de nouveaux cycles de Bhastrika.
5. Refaites trois ou quatre séries de cycles de Bhastrika alternant avec une respiration Ujjayi.
6. Si le bruit de l'air diminue et que vous vous fatiguez, réduisez le nombre de cycles.
7. Après avoir terminé, couchez-vous en Savasana (photo 592).

2e temps.

1. Suivez la technique des paragraphes 1 et 2 de Ujjayi.
2. Ajustez la pression du pouce et du doigt sur les narines en suivant la technique de Surya Bhedana.

3. Obturez la narine gauche complètement et ouvrez la droite partiellement.

4. Inspirez et expirez énergiquement à travers la seule narine droite en faisant dix à douze cycles de Bhastrika comme dans le premier temps.

5. Fermez la narine droite. Ouvrez partiellement la narine gauche. Et refaites un même nombre de cycles de Bhastrika.

6. Ôtez les doigts du nez.

7. Faites quelques respirations profondes comme dans Ujjayi.

8. Recommencez trois ou quatre séries de cycles de chaque côté en alternant avec Ujjayi.

9. Après avoir terminé, couchez-vous en Savasana (photo 592).

207. Kapalabhati.

Remarque. – Le procédé ou kriya de : 207 – *Kapalabhati* (kapala = crâne, bhati = lumière, éclat) est une forme atténuée de Bhastrika Pranayama. En Kapalabhati, l'inspiration est lente, mais l'expiration est énergique. Il y a une fraction de seconde de rétention après chaque expiration. Faites quelques cycles de Kapalabhati au lieu de Bhastrika si les dernières respirations s'avèrent trop difficiles. Couchez-vous en Savasana après avoir terminé Kapalabhati (photo 592).

Effets.

Bhastrika et Kapalabhati activent et fortifient le foie, la rate, le pancréas et les muscles abdominaux. Ceci améliore la digestion. Les sinus sont dégagés, les yeux rafraîchis et l'on se sent tout revigoré.

Recommandations.

1. Une locomotive est alimentée en charbon pour produire la vapeur qui permet de tirer le train. De même, Bhastrika engendre le prana qui active

le corps tout entier. Un feu trop nourri fait exploser la chaudière. De la même façon, une pratique trop prolongée de Bhastrika épuise l'organisme, car la respiration a une action extrêmement forte.

2. Les personnes de faible constitution qui n'ont pas une grande capacité pulmonaire doivent s'abstenir de pratiquer Bhastrika ou Kapalabhati.

3. Celles qui ont des problèmes d'oreilles ou d'yeux (otite, décollement de la rétine ou glaucome) doivent également s'en abstenir.

4. Ne doivent pas non plus les pratiquer les personnes qui ont une tension artérielle trop forte ou trop faible.

5. Si le nez se met à saigner ou si le sang se met à battre dans les oreilles et qu'elles deviennent douloureuses, arrêtez immédiatement de faire Bhastrika ou Kapalabhati.

6. Cessez de les pratiquer pendant quelque temps.

208. Bhamari Pranayama.

Bhamari est une sorte de grande abeille noire.

Technique.

La technique de Bhamari Pranayama est la même que celle de Ujjayi. La différence est que dans Bhamari, pendant l'expiration, on fait avec le nez un bruit semblable au bourdonnement des abeilles. Une fois le cycle terminé, couchez-vous en Savasana (photo 592).

Effets.

Ce bourdonnement dans Bhamari Pranayama est utile dans le cas d'insomnie.

209. Sitali Pranayama (photo 601).

Sitala signifie froid. Ce pranayama rafraîchit l'organisme, d'où le nom.

601

Technique.

1. Asseyez-vous en Padmasana (photo 104), Siddhasana (photo 84) ou Virasana (photo 89).

2. Gardez le dos érigé et étiré et la tête levée. Faites Jñana Mudra avec les mains (voir le paragraphe 21 des recommandations pour le Pranayama). Ici, on ne fera pas Jalandhara Bandha pendant l'inspiration, mais plus tard.

3. Ouvrez la bouche et arrondissez les lèvres en forme de « O ».

4. Soulevez et enroulez les ailes et l'extrémité de la langue, c'est-à-dire la partie qui est au contact des dents, des molaires aux incisives. La langue ressemblera à une feuille naissante sur le point de se dérouler (photo 601).

5. Faites saillir la langue ainsi enroulée en dehors de la bouche. Emplissez vos poumons complètement en aspirant l'air à travers le tube que forme la langue en produisant un son sifflant (sssssssa). L'air entre comme à travers une pipette ou une paille à soda. Lorsque les poumons sont pleins, rentrez la langue et fermez la bouche.

6. Abaissez la tête en pliant la nuque. Le menton doit venir se placer dans le creux qui se trouve entre les clavicules juste au-dessus du sternum. La tête est maintenant en position de Jalandhara Bandha.

7. Maintenant, retenez votre respiration (antara kumbhaka) pendant 5 secondes, en pratiquant Mula Bandha (voir le chapitre sur les bandha, nadi et cakra).

8. Expirez lentement avec un bruit aspiré (hhuuuuuuuuum) à travers le nez comme dans Ujjayi.

9. Ceci termine un cycle de Sitali Pranayama.

10. Relevez la tête et répétez le cycle pendant 5 à 10 minutes.

11. Après avoir terminé, couchez-vous en Savasana (photo 592).

Effets.

Cela rafraîchit l'organisme et calme les yeux et les oreilles. Cette pratique est indiquée dans les cas de légère fièvre ou de crise hépathique. Elle active le foie et la rate, améliore la digestion et calme la soif.

Recommandations.

1. Les personnes souffrant d'excès de tension artérielle doivent omettre antara kumbhaka.

2. Ceux qui souffrent de maladie cardiaque doivent s'abstenir de faire Sitali Pranayama dans les premiers temps.

210. Sitakari Pranayama.

Sitakari est ce qui provoque le froid. C'est une variation de Sitali Pranayama.

Technique.

Là, la langue n'est pas enroulée. Les lèvres sont légèrement écartées, seul le bout de la langue dépasse entre les dents. La langue est à plat dans sa position normale. Suivez la même technique que dans Sitali Pranayama.

Effets.

Les effets sont les mêmes que ceux de Sitali Pranayama.

Recommandations.

Les personnes qui souffrent d'excès de tension artérielle ressentiront une plus grande fatigue dans Sitakari que dans Sitali Pranayama.

211. Sama Vrtti Pranayama.

1. Sama signifie le même, identique, ou droit, entier, total et complet. Il signifie également, pareillement ou de la même manière.

2. Vrtti signifie action, mouvement, fonction ou opération, le déroulement d'une gestion ou d'une méthode.

3. Dans le Sama Vrtti Pranayama, on s'efforce, par conséquent, d'obtenir l'égalisation des trois temps de la respiration, à savoir puraka ou l'inspiration, kumbhaka ou la rétention, et recaka ou l'expiration, dans tous les types de pranayama. Si l'un d'eux dure 5 secondes, les autres temps doivent également durer 5 secondes.

4. Cette valeur de 5 secondes doit être respectée à travers tous les cycles de respiration d'un quelconque type de Pranayama comme Ujjayi, Surya Bhedana, Nadi Sodhana, Sitali, etc.

Recommandations.

5. Au commencement, Sama Vrtti Pranayama doit être limité à l'inspiration (puraka) et à l'expiration (recaka).

6. Réussissez d'abord à obtenir l'égalité de temps entre puraka et recaka, puis essayez seulement antara kumbhaka (rétention de la respiration après une inspiration complète).

7. Commencez les antara kumbhaka progressivement. Au commencement, les rapports de durée

entre puraka, antara kumbhaka et recaka doivent être comme : 1-1/4-1. Augmentez très lentement les proportions jusqu'à : 1-1/2-1. Et une fois cela bien établi, essayez : 1-3/4-1. Ce n'est qu'après avoir maîtrisé cela que vous pouvez augmenter la proportion d'antara kumbhaka jusqu'à atteindre le rapport : 1-1-1.

8. Ne faites pas de bahya kumbhaka (arrêt de la respiration après une expiration complète) avant d'avoir réalisé le rapport cherché : 1-1-1, entre puraka, antara kumbhaka et recaka.

9. Si tout l'air est chassé des poumons, le vide ainsi créé à l'intérieur et la pression atmosphérique à l'extérieur feront subir aux poumons un énorme effort. C'est pourquoi il faut éviter dans les débuts de faire à la fois antara kumbhaka et bahya kumbhaka.

10. Pratiquez antara kumbhaka et bahya kumbhaka séparément ou alternativement. Au commencement, il est bon de pratiquer les kumbhaka en les intercalant entre deux ou trois cycles de profonde respiration ne comportant que puraka et recaka. Par exemple, faites deux ou trois cycles de respiration profonde et un cycle d'antara kumbhaka. Puis faites deux ou trois cycles de respiration profonde suivi d'un cycle de bahya kumbhaka. Commencez avec trois antara kumbhaka et trois bahya kumbhaka, et augmentez très progressivement le nombre de kumbhaka.

212. Visama Vrtti Pranayama.

1. Visama possède, parmi de nombreuses autres significations, celle de difficile et irrégulier.

2. Visama Vrtti Pranayama est ainsi appelé parce qu'on ne maintient pas la même durée entre l'inspiration, l'expiration et la rétention. Cela provoque des ruptures de rythme et ces variations de proportion engendrent des difficultés et un certain danger pour l'élève.

3. Dans ce type de pranayama, si l'inspiration complète prend 5 secondes, la respiration sera inter-

rompue pendant 20 secondes (antara kumbhaka), et l'expiration prendra 10 secondes, c'est-à-dire en suivant les proportions : 1-4-2. Au commencement, l'élève aura du mal à garder le rythme jusqu'au bout de l'expiration, mais cela s'arrange toujours avec de la pratique.

4. Réciproquement, si l'inspiration dure 10 secondes la respiration est interrompue pendant 20 secondes et l'expiration prend 5 secondes, selon les proportions : 2-4-1.

5. Ensuite, on peut faire varier les durées de telle façon que si l'inspiration dure 20 secondes, on fera 10 secondes de rétention et l'expiration devra durer 5 secondes, en suivant ainsi les proportions : 4-2-1.

6. En un cycle de pranayama, on peut adopter les proportions : 1-2-4, 2-4-1, et 4-1-2. Puis la suite de ces trois rapports est comptée comme un seul cycle de pranayama.

7. Si l'on fait également bahya kumbhaka (rétention après une expiration complète et avant une nouvelle inspiration), le nombre de combinaisons de proportions est encore plus grand.

8. Si l'on fait varier les proportions de cette façon dans les méthodes de pranayama appelées : viloma, anuloma et pratiloma (décrites ci-dessous), en partant des variétés élémentaires de pranayama comme Ujjayi, Surya Bhedana, Nadi Sodhana, Bhramari, Sitali, et Sitakari, le nombre des combinaisons possibles devient astronomique.

9. Aucun mortel ne pourrait les faire toutes en une seule vie.

10. Le chemin de Visama Vrtti Pranayama est semé de dangers. C'est pourquoi vous ne devez pas chercher à le pratiquer de vous-même sans la surveillance personnelle d'un maître ou d'un guru expérimenté.

11. À cause des ruptures de rythme causées par les variations de proportion entre l'inspiration, la rétention et l'expiration, tous les éléments de

l'organisme, et particulièrement les systèmes respiratoire et nerveux, sont surmenés et sollicités à l'excès.

12. Les recommandations données pour Sama Vrtti Pranayama (211), à propos de la pratique de kumbhaka dans les paragraphes 5 à 10, s'appliquent plus encore à Visama Vrtti Pranayama.

13. On commence maintenant à mieux comprendre combien est vraie l'affirmation de Svatmarama dans le second chapitre de la *Hatha Yoga Pradipika* : « Le Prana doit être dompté plus lentement et plus progressivement que les lions, les éléphants ou les tigres (selon ses capacités et ses limitations physiques) ; sinon, il tuera celui qui pratique. »

VILOMA, ANULOMA ET PRATILOMA PRANAYAMA

Sama Vrtti et Visama Vrtti Pranayama concernent le maintien d'une certaine proportion entre les temps pris par l'inspiration, la rétention et l'expiration.

Les types de pranayama appelés Viloma, Anuloma et Pratiloma concernent les techniques et méthodes d'inspiration et d'expiration. Dans Viloma, l'inspiration et l'expiration ne se font pas d'une manière continue, mais par étapes, avec plusieurs pauses. Dans Anuloma, l'inspiration se fait par les deux narines comme dans Ujjayi et l'expiration se fait alternativement par l'une ou l'autre des narines comme dans Nadi Sodhana. Dans Pratiloma, les inspirations se font alternativement par l'une ou l'autre des narines tandis que l'expiration se fait par les deux narines comme dans Ujjayi.

213. Viloma Pranayama.

Loma signifie poil. La particule vi dénote la négation, la privation. Viloma signifie donc à rebrousse-poil, à contre-fil, contre l'ordre naturel des choses.

Dans Viloma Pranayama, l'inspiration ou l'expiration ne se font pas de façon continue, ininterrompue, mais sont entrecoupées de plusieurs pauses. Par exemple, s'il faut 15 secondes d'inspiration continue pour emplir les poumons ou 15 secondes d'expiration continue pour les vider d'air, on fera, dans Viloma, une pause de 2 secondes chaque fois que l'on aura inspiré ou expiré pendant 3 secondes. Ainsi la durée totale de l'inspiration ou de l'expiration sera allongée jusqu'à 25 secondes. La technique donnée ci-dessous se fait en deux phases distinctes.

Technique : Phase I.

1. Viloma Pranayama peut être fait soit dans une posture assise, soit en étant couché.

2. Si vous êtes assis, gardez le dos droit, abaissez la tête vers le buste de façon à ce que le menton s'appuie dans le creux situé entre les clavicules au sommet du sternum. C'est Jalandhara Bandha. Placez les mains en Jñana Mudra (voir les recommandations pour le pranayama, paragraphe 21).

3. Inspirez pendant 2 secondes, puis cessez pendant 2 secondes en retenant votre respiration, inspirez de nouveau pendant 2 secondes, retenez de nouveau votre respiration pendant 2 secondes, et continuez comme cela jusqu'à ce que les poumons soient complètement remplis.

4. Maintenant, retenez votre respiration pendant 5 à 10 secondes (antara kumbhaka) selon votre capacité, en pratiquant Mula Bandha.

5. Pendant les pauses de l'inspiration, pratiquez Mula Bandha.

6. Expirez lentement et profondément comme dans Ujjayi en produisant un son aspiré (huuuuum). Pendant l'expiration, relâchez le Mula Bandha.

7. Ceci termine un cycle de la première phase de Viloma Pranayama.

8. Faites en une seule traite, dix à quinze cycles de cette première phase.

Phase II.

9. Reposez-vous pendant 1 minute ou 2.

10. Puis faites une inspiration profonde sans aucune pause comme dans Ujjayi en produisant un son sifflant (sssssssssa), et en gardant le menton au sommet du sternum. Emplissez complètement les poumons.

11. Retenez votre respiration pendant 5 à 10 secondes (antara kumbhaka) en maintenant la contraction de Mula Bandha.

12. Expirez pendant 2 secondes et cessez de respirer pendant 2 secondes. De nouveau, expirez pendant 2 secondes et cessez de respirer pendant 2 secondes et continuez ainsi jusqu'à ce que les poumons soient vides.

13. Pendant les pauses, continuez de pratiquer Mula Bandha.

14. Ceci termine un cycle de la seconde phase de Viloma Pranayama.

15. Faites une série de dix à quinze de ces cycles.

16. Ceci termine Viloma Pranayama.

17. Puis, étendez-vous en Savasana (photo 592).

Effets.

La première phase de Viloma Pranayama est bénéfique pour ceux qui souffrent de tension artérielle trop faible. La seconde phase est bénéfique pour ceux qui souffrent d'excès de tension artérielle.

Recommandations.

1. La seconde phase ne doit être pratiquée qu'en position couchée par les personnes qui ont un excès de tension artérielle.

2. Les personnes atteintes de maladies cardiaques ne doivent pas le pratiquer avant d'avoir maîtrisé le Pranayama en Nadi Sodhana et en Ujjayi.

214. Anuloma Pranayama.

Anu signifie avec, dans le sens ou relié, ou encore : dans une séquence ordonnée. Anuloma signifie donc, selon un échelonnement régulier, dans le sens du poil (loma = poil), selon le fil ou selon l'ordre naturel. Dans Anuloma Pranayama, l'inspiration se fait par les deux narines et l'expiration se fait alternativement par l'une ou l'autre des narines.

Technique.

1. Asseyez-vous dans une position confortable comme Padmasana (photo 104), Siddhasana (photo 84) ou Virasana (photo 89).

2. Maintenez le dos érigé et étiré. Abaissez la tête vers le buste et placez le menton dans le creux situé entre les clavicules au-dessus du sternum. C'est le Jalandhara Bandha.

3. Inspirez profondément par les deux narines comme dans Ujjayi jusqu'à ce que les poumons soient tout à fait remplis.

4. Retenez votre respiration après l'inspiration (antara kumbhaka) pendant 5 à 10 secondes selon votre capacité en pratiquant Mula Bandha.

5. Portez votre main droite au nez comme dans Surya Bhedana Pranayama, relâchez le Mula Bandha et expirez lentement par la narine droite partiellement ouverte en obturant complètement la narine gauche. Videz entièrement les poumons, puis abaissez la main.

6. Inspirez par les deux narines jusqu'à ce que les poumons soient pleins, comme au paragraphe 3.

7. Retenez votre respiration après inspiration (antara kumbhaka) pendant 5 à 10 secondes selon

votre capacité en maintenant le Mula Bandha. Les rétentions dont il est question au paragraphe 4 et à ce paragraphe doivent être de la même durée.

8. De nouveau, portez la main droite au nez. Relâchez le Mula Bandha et obturez complètement la narine droite. Puis, en laissant la narine gauche partiellement ouverte, expirez lentement et profondément pour vider entièrement les poumons.

9. Ceci termine un cycle d'Anuloma Pranayama.

10. Faites une série de cinq à huit cycles.

11. Puis, étendez-vous en Savasana (photo 592).

Effets.

Les effets sont les mêmes que ceux d'Ujjayi, Nadi Sodhana et Surya Bhedana.

Recommandations.

1. Dans Anuloma Pranayama, l'expiration dure plus longtemps que l'inspiration. Cela conduit à une variation du rythme de la respiration. C'est difficile et cela ne doit être pratiqué que par des élèves avancés.

2. Les personnes souffrant d'excès de tension artérielle ou de maladies cardiaques et de troubles nerveux ne doivent pas le pratiquer car les effets peuvent en être désastreux.

215. Pratiloma Pranayama.

Prati signifie opposé. Ce type de Pranayama est le contraire de Anuloma. Dans celui-là, l'inspiration se fait alternativement par l'une ou l'autre narine et l'expiration se fait par les deux narines comme dans Ujjayi.

Technique.

1. Asseyez-vous dans une position confortable comme Padmasana (photo 104), Siddhasana (photo 84) ou Virasana (photo 89).

2. Gardez le dos érigé et étiré. Abaissez la tête vers le buste. Placez le menton dans le creux situé entre les clavicules juste au-dessus du sternum. C'est le Jalandhara Bandha.

3. Allongez le bras gauche. Posez le dos du poignet gauche sur le genou gauche. Faites Jñana Mudra avec la main gauche (voir 203, 3).

4. Pliez le bras droit au coude. Laissez tomber l'index et le majeur vers la paume. Rapprochez l'annulaire et l'auriculaire du pouce (photo 598).

5. Placez le pouce droit sur l'aile droite du nez juste en dessous de l'os, placez l'auriculaire et l'annulaire droits sur l'aile gauche du nez juste en dessous de la courbe formée par le tissu adipeux des narines.

6. Appuyez avec l'auriculaire et l'annulaire sur l'aile gauche du nez pour obturer complètement la narine gauche.

7. Appuyez avec le pouce droit sur le tissu adipeux de façon à rendre l'extérieur de la narine parallèle à la partie inférieure du cartilage de la cloison nasale (septum).

8. Le pouce est plié à sa dernière articulation et l'extrémité du pouce doit être placée au bon angle par rapport à la cloison nasale (photo 599).

9. Maintenant, inspirez lentement et profondément en contrôlant l'ouverture de la narine droite avec l'extrémité du pouce la plus proche de l'ongle. Remplissez les poumons au maximum (puraka).

10. Puis fermez la narine droite de sorte que les deux narines soient maintenant obturées.

11. Retenez votre respiration pendant environ 5 à 10 secondes (antara kumbhaka) et maintenez le Mula Bandha.

12. Abaissez la main droite. Relâchez la contraction de Mula Bandha. Expirez lentement et profondément comme dans Ujjayi (203) jusqu'à ce que les poumons soient complètement vidés.

13. De nouveau, amenez la main droite vers le nez. Inspirez lentement et profondément par la narine gauche partiellement ouverte en gardant la narine droite complètement fermée.

14. Emplissez vos poumons au maximum.

15. Retenez la respiration pendant 5 à 10 secondes en faisant Mula Bandha. Les rétentions (antara kumbhaka) après l'inspiration par l'une et l'autre narines doivent être de la même durée.

16. Laissez tomber la main droite, relâchez le Mula Bandha, expirez lentement et profondément, en évacuant totalement l'air des poumons comme dans Ujjayi.

17. Ceci termine un cycle de Pratiloma Pranayama.

18. Faites une série de cinq à huit cycles.

19. Puis, étendez-vous en Savasana (photo 592).

602

Effets.

Les effets sont les mêmes que ceux d'Ujjayi, Nadi Sodhana et Surya Bhedana.

Recommandations.

1. Ici, comme dans Anuloma, il y a une variation du rythme respiratoire car l'inspiration est plus longue que l'expiration. Ce type de pranayama difficile ne doit, par conséquent, être pratiqué que par des élèves avancés.

2. Les personnes souffrant d'hypertension artérielle, de maladies cardiaques et de troubles nerveux ne doivent pas le pratiquer car les effets seraient désastreux.

216. Sahita et Kevala Kumbhaka Pranayama.

Sahita signifie accompagné par, associé avec ou ensemble.

Lorsque le pranayama est pratiqué en faisant intentionnellement et délibérément les rétentions : bahya et antara kumbhaka, cela s'appelle Sahita Kumbhaka Pranayama.

Kevala signifié isolé, pur, absolu et parfait. Quand la pratique de kumbhaka devient *instinctive,* cela s'appelle Kevala Kumbhaka.

Quand l'élève a maîtrisé Kevala Kumbhaka, il s'est isolé du monde et est en accord avec l'Infini. Il a obtenu un peu de contrôle sur l'un des éléments les plus subtils et les plus puissants qui peut s'infiltrer dans la plus petite fissure aussi bien que se répandre dans le ciel immense. Son esprit est complètement absorbé dans Prana et il devient aussi libre que Prana lui-même.

Comme le vent purifie l'atmosphère de la fumée et des impuretés, le pranayama extirpe les impuretés du corps et de l'esprit. Alors, dit Patañjali, le Feu Divin Intérieur s'embrase dans toute sa gloire et l'esprit devient propre à la concentration (dharana) et à la contemplation (dhyana). (*Yoga Sutra*, chapitre II, versets 52 et 53). Long est le chemin… Lentement les ténèbres sont chassées par l'aurore.

Appendice I

COURS D'ASANA

Je divise les asana en trois groupes : élémentaire, moyen et supérieur. Je donne les séries d'asana dans l'ordre à suivre pour l'entraînement, ainsi que le temps que cela prend, en moyenne, pour les maîtriser dans ces trois cours.

(Les chiffres entre parenthèses après le nom des asana sont les numéros des photos.)

COURS N° I

Première et deuxième semaines
Tadasana (1) ; Vrksasana (2) ; Utthita Trikonasana (4 et 5) ; Utthita Parsvakonasana (8 et 9) ; Virabhadrasana I et II (14 et 15) ; Parsvottanasana (26) ; Salamba Sarvangasana I (223) ; Halasana (244) ; Savasana (592).

3e et 4e semaines
Utthita Trikonasana (4 et 5) ; Utthita Parsvakonasana (8 et 9) ; Virabhadrasana I et II (14 et 15) ; Parivrtta Trikonasana (6 et 7) ; Parsvottanasana (26) ; Prasarita Padottanasana I (33 et 34) ; Salamba Sarvangasana I (223) ; Halasana (224) ; Savasana (592).

5e et 6e semaines
Utthita Trikonasana (4 et 5) ; Utthita Parsvakonasana (8 et 9) ; Virabhadrasana I et II (14 et 15) ; Parivrtta Trikonasana (6 et 7) ; Parsvottanasana (26) ; Prasarita Padottanasana I (33 et 34) ; Urdhva Prasarita Padasana (276 à 279) ; Paripurna Navasana (78) ; Ardha Navasana (79) ; Salamba Sarvangasana I (223) ; Halasana (244) ; Ujjayi Pranayama (Section 203) pendant 5 minutes en Savasana (592).

7e semaine

Améliorez les asana et augmentez le temps pendant lequel vous tenez chaque posture.

8e semaine
Utthita Trikonasana (4 et 5) ; Utthita Parsvakonasana (8 et 9) ; Virabhadrasana I, II et III (14, 15 et 17) ; Ardha Candrasana (19) ; Parivrtta Trikonasana (6 et 7) ; Parsvottanasana (26) ; Prasarita Padottanasana I et II (33 et 34, 35 et 36) ; Urdhva Prasarita Padasana (276 à 279) ; Paripurna Navasana (78) ; Ardha Navasana (79) ; Salamba Sarvangasana (223) ; Halasana (244), Ujjayi Pranayama (Section 203), pendant 5 minutes en Savasana (592).

9e et 10e semaines
Utthita Trikonasana (4 et 5) ; Utthita Parsvakonasana (8 et g) ; Virabhadrasana I, II et III (14, 15 et 17) ; Ardha Candrasana (19) ; Parivrtta Trikonasana (6 et 7) ; Parivrtta Parsvakonasana (10 et 11) ; Parsvottanasana (26) ; Prasarita Padottanasana I et II (33 et 34, 35 et 36) ; Parighasana (39) ; Urdhva Prasarita Padasana (276 à 279) ; Paripurna Navasana (78) ; Ardha Navasana (79) ; Salamba Sarvangasana I (223) ; Halasana (244) ; Karnapidasana (246) ; Eka Pada Sarvangasana (250) ; Jatara Parivartanasana (274 et 275) ; Ujjayi Pranayama avec antara Kumbhaka (Section 203) pendant 5 minutes en Savanasa (592).

11e et 12e semaines
Utthita Trikonasana (4 et 5) ; Parivrtta Trikonasana (6 et 7) ; Utthita Parsvakonasana (8 et 9) ; Parivrtta Parsvakonasana (10 et 11) ; Virabhadrasana I, II et III (14,15 et 17) ;

Ardha Candrasana (19) ; Parsvottanasana (26) ; Prasarita Padottanasana I et II (33 et 34, 35 et 36) ; Padangusthasana (44) ; Padahastasana (46) ; Uttanasana (48) ; Parighasana (39) ; Urdhva Prasarita Padasana (276 à 279) ; Paripurna Navasana (78) ; Ardha Navasana (79) ; Salamba Sarvangasana I (223) ; Halasana (244) ; Karnapidasana (246) ; Eka Pada Sarvangasana (250) ; Jatara Parivartanasana (274 et 275) ; Ujjayi Pranayama, avec antara kumbhaka (Section 203) en Savasana (592).

13ᵉ semaine

Reprenez les mêmes postures et devenez ferme dans votre entraînement quotidien. Ceux qui trouveront difficile de maîtriser tous les asana de cette période peuvent continuer de les pratiquer pendant plusieurs autres semaines.

14ᵉ et 15ᵉ semaines

Salamba Sirsasana I (184) ; Utthita et Parivrtta Trikonasana (4 et 5, 6 et 7) ; Utthita et Parivrtta Parsvakonasana (8 et 9, 10 et 11) ; Virabhadrasana I, II et III (14, 15 et 17) ; Ardha Candrasana (19) ; Parsvottanasana (26) ; Prasarita Padottanasana I et II (33, 34, 35 et 36) ; Padangusthasana (44) ; Padahastasana (46) ; Uttanasana (48) ; Parighasana (39) ; Salabhasana ou Makarasana (60 ou 62) ; Dhanurasana (63) ; Bhujangasana I (73) ; Urdhva Prasarita Padasana (276 à 279) ; Paripurna Navasana (78) ; Ardha Navasana (79) ; Salamba Sarvangasana I (223) ; Halasana (244) ; Karnapidasana (246) ; Supta Konasana (247) ; Parsva Halasana (249) ; Eka Pada Sarvangasana (250) ; Jatara Parivartanasana (274 et 275) ; Mahamudra (125) ; Janusirsasana (127) ; Dandasana (77) ; Paschimottanasana (160) ; Ujjayi Pranayama avec antara kumbhaka (Section 203) en Savasana (592).

16ᵉ et 17ᵉ semaines (observez le changement dans l'ordre des asana)

Salamba Sirsasana I (184) ; Utthita et Parivrtta Trikonasana (4, 5, 6, et 7) ; Utthita et Parivrtta Parsvakonasana (8, 9, 10 et 11) ; Virabhadrasana I, II et III (14, 15 et 17) ; Ardha Candrasana (19) ; Parsvottanasana (26) ; Prasarita Padottanasana I et II (33, 34, 35 et 36) ; Padangusthasana (44) ; Padahastasana (46) ; Uttanasana (48) ; Urdhva Prasarita Ekapadasana (49) ; Utkatasana (42) ; Parighasana (39) ; Ustrasana (41) ; Salabhasana ou Makarasana (60 ou 62) ; Dhanurasana (63) ; Caturanga Dandasana (67) ; Bhujangasana I (73) ; Urdhva Mukha Svanasana (74) ; Adho Mukha Svanasana (75) ; Virasana (89) ; Salamba Sarvangasana I (223) ; Halasana (244) ; Karnapidasana (246) ; Supta Konasana (247) ; Parsva Halasana (249) ; Eka Pada Sarvangasana (250) ; Parsvaika Pada Sarvangasana (251) ; Jatara Parivartanasana (274 et 275) ; Urdhva Prasarita Padasana (276 à 279) ; Paripurna Navasana (78) ; Ardha Navasana (79) ; Mahamudra (125) ; Janusirsasana (127) ; Paschimottanasana (160) ; Purvottanasana (171) ; Savasana (592) ; Siddhasana (84). Ujjayi Pranayama (sans rétention) (Section 203) en Siddhasana.

18e semaine

Recommencez les postures.

Si les postures debout vous paraissent maintenant suffisamment faciles, vous pouvez ne les faire qu'un jour sur deux ou deux fois par semaine.

19e à 21e semaine

Salamba Sirsasana I (184) ; Parsva Sirsasana (202 et 203) ; Eka Pada Sirsasana (208 et 209) ; Salamba Sarvangasana I (223) ; Salamba Sarvangasana II (235) ; Niralamba Sarvangasana I (236) ; Niralamba Sarvangasana II (237) ; Halasana (244) ; Karnapidasana (246) ; Supta Konasana (247) ; Parsva Halasana (249) ; Eka Pada Sarvangasana (250) ; Parsvaika Pada Sarvangasana (251) ; Urdhva Prasarita Padasana (276 à 279) ; Jatara Parivartanasana (275) ; Cakrasana (280 à 283) ; Paripurna Navasana (78) ; Ardha Navasana (79) ; Utkatasana (42) ; Ustrasana (41) ; Virasana (89) ; Salabhasana (60) ; Dhanurasana (63) ; Caturanga Dandasana (67) ; Bhujangasana I (73) ; Urdhva Mukha Svanasana (74) ; Adho Mukha Svanasana (75) ; Mahamudra (125) ; Janusirsasana (127) ; Triangmukhaikapada Paschimottanasana (139) ; Ardha Baddha Padma Paschimottansana (135) ; Maricyasana I et II (144, 146 et 147) ; Ubhaya Padangusthasana (167) ; Urdhva Mukha Paschimottanasana I

(168) ; Paschimottanasana (160) ; Purvottanasana (171) ; Bharadvajasana I et II (297, 298, 299 et 300) ; Malasana II (322) ; Baddha Konasana (102) ; Savasana (592) ; Ujjayi Pranayama sans kumbhaka ou rétention (Section 203) en Siddhasana (84).

22e à 25e semaine

Suivez la série des postures jusqu'à Cakrasana (280 à 283) comme dans la 19e semaine. Puis : Salabhasana (60) ; Dhanurasana (63) ; Caturanga Dandasana (67) ; Bhujangasana I (73) ; Urdhva Mukha Svanasana (74) ; Adho Mukha Svanasana (75) ; Janusirsasana (127) ; Ardha Baddha Padma Paschimottanasana (135) ; Triang Mukhaikapada Paschimottanasana (139) ; Maricyasana I et II (144, 146 et 147) ; Paschimottanasana (160) ; Ubhaya Padangusthasana (167) ; Urdhva Mukha Paschimottanasana I (168) ; Lolasana (83) ; Gomukhasana (80) ; Simhasana I (109) ; Padmasana (104) ; Parvatasana (107) ; Tolasana (108) ; Virasana (89) ; Supta Virasana (96) ; Paryankasana (97) ; Ustrasana (41) ; Utkatasana (42) ; Uttanasana (48) ; Bharadvajasana I et II (297, 298, 299 et 300) ; Maricyasana III (303 et 304) ; Ardha Matsyendrasana I (311 et 312) ; Malasana II (322) ; Baddha Konasana (102) ; Savasana (592) ; Ujjayi Pranayama sans rétention (Section 203) en Siddhasana (84).

26e à 30e semaine

Salamba Sirsasana I (184) ; Parsva Sirsasana (202 et 203) ; Eka Pada Sirsasana (208 et 209) ; Urdhva Padmasana (211) ; Pindasana in Sirsasana (218) ; Salamba Sarvangasana I et II (223 et 235) ; Niralamba Sargasana I et II (236 et 237) ; Halasana (244) ; Karnapidasana (246) ; Supta Konasana (247) ; Parsva Halasana (249) ; Eka Pada Sarvangasana (250) ; Parsvaika Pada Sarvangasana (251) ; Urdhva Padmasana (261) ; Pindasana en Sarvangasana (269) ; Jatara Parivartanasana (275) ; Paripurna Navasana (78) ; Ardha Navasana (79) ; Janusirsasana (127) ; Ardha Baddha Padma Paschimottanasana (135) ; Triang Mukhaikapada Paschimottanasana (139) ; Maricyasana I (144) ; Paschimottanasana (160) ; Urdhva Mukha Paschimottanasana I (168) ; Gomukhasana (80) ; Lolasana (83) ;

Simhasana I (109) ; Padmasana (104) ; Parvatasana (107) ; Tolasana (108) ; Matsyasana (113) ; Virasana (89) ; Supta Virasana (96) ; Paryankasana (97) ; Maricyasana III (303 et 304) ; Ardha Matsyendrasana I (311 et 312) ; Baddha Konasana (102) ; Adho Mukha Svanasana (75) ; Urdhva Mukha Svanasana (74) ; Caturanga Dandasana (67) ; Salabhasana (60) ; Dhanurasana (63) ; Ustrasana (41) ; Utkatasana (42) ; Uttanasana (48) ; Garudasana (56) ; Savasana (592) ; Ujjayi Pranayama avec Antara Kumbhaka (Section 203) en Siddhasana (84), ou en Virasana (89) ou en Padmasana (104).

Lorsque vous faites les postures debout, supprimez les variations de Sirsasana et de Sarvangasana et faites le reste. Si vous n'avez pas encore maîtrisé Padmasana, essayez de le faire en continuant les asana pendant plusieurs semaines. On peut en ajouter au programme si on peut le faire sans effort.

À ceux qui se contentent de ce premier cours, je donne maintenant un court cycle de leçons en trois jours qui leur apportera, chaque fois qu'ils le pratiqueront, un grand profit pour le corps et l'harmonie de l'esprit.

Premier jour de la semaine
Salamba Sirsasana I (184) pendant 10 minutes ; Salamba Sarvangasana I (223) pendant 10 minutes ; Halasana (244) pendant 5 minutes ; Jatara Parivartanasana (275) pendant 30 secondes de chaque côté ; Paripurna Navasana (78) pendant 1 minute ; Ardha Navasana (79) pendant 20 à 30 secondes ; Paschimottanasana (160) pendant 3 à 5 minutes ; Maricyasana III (303 et 304) pendant 30 secondes de chaque côté ; Ardha Matsyendrasana I (311 et 312) pendant 30 secondes de chaque côté. S'il vous est difficile de faire Maricyasana III ou Ardha Matsyendrasana I, faites alors Bharadvajasana I et II (297, 298, 299 et 300). Parvatasana (107) pendant 1 minute ; Matsyasana (113) pendant 20 à 30 secondes ; Salabhasana (60) pendant 20 à 30 secondes. Dhanurasana (63) pendant 30 secondes ; Urdhva Mukha Svanasana (74) pendant 20 à 30 secondes ; Adho Mukha

Svanasana (75) pendant 1 minute ; Uttanasana (48) pendant 1 à 2 minutes ; Savasana (592) pendant 5 minutes et Nadi SodhanaPranayamaenPadmasana (104)ouenVirasana (89) ou en Siddhasana (84) avec rétention après l'inspiration pendant 10 minutes et 6 Uddiyana (Section 201), puis de nouveau Savasana (592).

Deuxième jour de la semaine

Salamba Sirsasana I (184) pendant 10 minutes ; Parsva Sirsasana (202 et 203) pendant 20 secondes de chaque côté ; Eka Pada Sirsasana (208 et 209) pendant 10 à 15 secondes de chaque côté ; Urdhva Padmasana (211) pendant 20 secondes ; Pindasana en Sirsasana (218) pendant 30 secondes ; (faites tout cet ensemble d'une seule traite). Salamba Sarvangasana I (223) pendant 8 à 10 minutes ; Salamba Sarvangasana II (235) pendant 30 secondes ; Niralamba Sarvangasana I et II (236 et 237) pendant 30 secondes chacun ; Halasana (244) pendant 5 minutes ; Karnapiasana (246) pendant 30 secondes ; Supta Konasana (247) pendant 20 secondes ; Parsva Halasana (249) pendant 20 secondes de chaque côté ; Eka Pada Sarvangasana (250) pendant 15 secondes de chaque côté ; Parsvaika Pada Sarvangasana (251) pendant 15 secondes de chaque côté ; Urdhva Padmasana (261) pendant 20 secondes ; Pindasana en Sarvangasana (269) pendant 20 secondes ; (tout cela doit être fait d'une seule traite). Jatara Parivartanasana (275) pendant 15 secondes de chaque côté ; Urdhva Prasarita Padasana (276 à 279) pendant 15 secondes dans chaque position ; Mahamudra (125) pendant 20 à 30 secondes de chaque côté ; Janusirsasana (127), Ardha Baddha Padma Paschimottanasana (135), Triang Mukhaikapada Paschimottanasana (139), Maricyasana I et II (144, 146 et 147) pendant 20 secondes de chaque côté pour tous ces asana ; Paschimottanasana (160) pendant 3 minutes ; Urdhva Mukha Paschimottanasana I (168) pendant 1 minute ; Maricyasana III (303 et 304) pendant 30 secondes de chaque côté ; Ardha Matsyendrasana I (311 et 312) pendant 30 secondes de chaque côté ; Baddha Konasana (102) pendant 1 minute ; Uttanasana (48) pendant 2 minutes ; Savasana (592) pendant 5 minutes. Ujjayi Pranayama (Section 203) ou Ndï Sodhana Pranayama (Section 205) pendant

8 minutes dans un asana confortable quel qu'il soit, et terminez avec Savasana (592).

Troisième jour de la semaine
Salamba Sirsasana I (184) pendant 10 minutes ; Utthita Trikonasana (4 et 5) pendant 30 secondes de chaque côté ; Parivrtta Trikonasana (6 et 7) pendant 30 secondes de chaque côté ; Utthita Parsvakonasana et Parivrtta Parsvakonasana (8, 9, 10 et 11) pendant 20 secondes de chaque côté ; Virabhadrasana I, II & III (14, 15 et 17) pendant 15 secondes de chaque côté ; Ardhacandrasana (19) pendant 20 secondes de chaque côté ; Parsvottanasana (26) pendant 30 secondes chaque côté ; Prasarita Padottanasana I (33 et 34), Padangusthasana (44) pendant 30 secondes ; Padahastasana (46) pendant 30 secondes ; Uttanasana (48) pendant 1 minute ; Urdhva Prasarita Ekapadasana (49) pendant 15 secondes de chaque côté ; Garudasana (56) pendant 10 secondes de chaque côté ; Utkatasana (42) pendant 15 secondes ; Parighasana (39) pendant 15 secondes de chaque côté ; Ustrasana (41) pendant 20 secondes ; Bhujangasana I (73) pendant 20 à 30 secondes ; Virasana (89), Supta Virasana (96) et Paryankasana (97) pendant 30 à 40 secondes pour chaque asana ; Padmasana (104), Parvatasana (107), Tolasana (108), Matsyasana (113) pendant 30 secondes pour chaque asana ; Gomukhasana (80) pendant 15 secondes de chaque côté ; Lolasana (83) pendant 15 secondes ; Simhasana I (109) pendant 20 secondes ; Paschimottanasana (160) pendant 3 à 5 minutes ; Ujjayi Pranayama (Section 203) ou Nadi Sodhana Pranayama (Section 205) pendant 15 minutes sans rétention et Savasana (592) pendant 5 minutes.

Puis on peut reprendre les asana dans le même ordre pendant les 3 jours suivants et se reposer le dimanche ou ne faire que Sirsasana 1 (223) pendant 10 minutes ; Salamba Sarvangasana I (223) pendant 10 minutes ; Halasana (244) pendant 5 minutes ; Paschimottanasana (160) pendant 5 minutes et Nadi Sodhana Pranayama (Section 205) pendant 15 minutes avec rétention à l'inspiration, et enfin Savasana (592) pendant 5 minutes.

Si l'on a l'impression que le nombre des asana et leur durée ont augmenté, on peut en adapter le nombre et le rythme à ses possibilités. Faites Savasana (592) après pranayama.

Ne faites antara kumbhaka (rétention après inspiration) que lorsque vous avez maîtrisé l'art de l'inspiration et de l'expiration profondes sans aucune saccade.

Ne faites pas les asana et le pranayama d'une seule traite. Cela peut vous demander trop d'effort et vous fatiguer.

Si vous faites le pranayama le matin, faites les asana le soir ou 30 minutes après le pranayama.

Ne faites jamais d'asana immédiatement après le pranayama, mais on peut pratiquer le pranayama après les asana si on est encore d'attaque.

Ceux qui veulent faire la salutation au soleil (suryanamaskar) et se développer les bras et la poitrine peuvent faire la séquence suivante d'asana, en faisant au commencement six cycles complets et en augmentant progressivement ce nombre selon leur capacité.

Asana	*Respiration*
1. Tadasana (1)	Inspiration
2. Uttanasana (47 et 48) et sautez en,	Expiration, inspiration
3. Caturanga Dandasana (66 et 67)	Expiration
4. Urdhva Mukha Svanasana (74) et revenez en,	Inspiration
5. Caturanga Dandasana (67)	Expiration, Inspiration
6. Adho Mukha Svanasana (75) et de là sautez en,	Expiration
7. Uttanasana (47 et 48) et de nouveau en,	Inspiration
8. Tadasana (1)	Expiration

Liste des asana importants du cours I

Utthita Trikonasana (4 et 5) ; Parivrtta Trikonasana (6 et 7) ; Utthita Parsvakonasana (8 et 9) ; Parivrtta Parsvakonasana (10 et 11) ; Virabhadrasana I & III (14 et 17) ; Ardhacandrasana (19) ; Parsvottanasana (26) ; Prasarita Padottanasana I (33 et 34) ; Ustrasana (41) ; Uttanasana (48) ; Salabhasana (60) ; Dhanurasana (63) ; Adho Mukha Svanasana (75) ; Paripurna Navasana (78) ; Ardha Navasana (79) ; Siddhasana (84) ; Virasana (89) ; Baddha Konasana (102) ; Padmasana (104) ; Matsyasana (113) ; Janusirsasana (127) ; Paschimottanasana (160) ; Salamba Sirsasana I (184) ; Salamba Sarvangasana I (223) ; Halasana (244) ; Maricyasana III (303 et 304) ; Ardha Matsyendrasana I (311 et 312) ; et Savasana (592).

Si ces asana sont maîtrisés, les autres asana de ce cours viendront d'eux-mêmes, même sans entraînement régulier.

COURS N° II

31e à 35e semaine

Salamba Sirsasana I (184) ; Urdhva Dandasana (188) ; Parsva Sirsasana (202 et 203) ; Parivrttaika Pada Sirsasana (206 et 207) ; Eka Pada Sirsasana (208 et 209) ; Parsvaikapada Sirsasana (210) ; Urdhva Padmasana (211) ; Parsva Urdhva Padmasana (215 et 216) ; Pindasana en Sirsasana (218) ; Salamb a Sarvangasana I & II (223 et 235) ; Niralamba Sarvangasana I & II (236 et 237) ; Halasana (244) ; Karnapidasana (246) ; Supta Konasana (247) ; Parsva Halasana (249) ; Eka Pada Sarvangasana (250) ; Parsvaika Pada Sarvangasana (251) ; Urdhva Padmasana (261) ; Pindasana en Sarvangasana (269) ; Parsva Pindasana (270 et 271) ; Setubandha Sarvangasana (259) ; Eka Pada Setubandha Sarvangasana (260) ; Jatara Parivartanasana (275) ; Supta Padangusthasana (285 à 287) ; Cakrasana (280 à 283) Paripurna Navasana (78) ; Ardha Navasana (79) ; Ustrasana (41) ; Virasana (89) ; Supta

Virasana (96) ; Paryankasana (97) ; Janu Sirsasana (127) ; Ardha Baddha Padma Paschimottanasana (135) ; Triang Mukhaikapada Pachimottanasana (139) ; Kroucasana (141 et 142) ; Maricyasana I (144) ; Paschimottanasana (160) ; Baddha Padmasana (118) ; Yoga Mudrasana (120) ; Parvatasana (107) ; Kukkutasana (115) ; Garbha Pindasana (116) ; Tout le cycle de Padmasana peut être fait d'une seule traite. Upavistha Konasana (151) ; Akarna Dhanurasana (173 et 175 ; Baddha Konasana (102) ; Maricyasana III (303 et 304) ; Ardha Matsvendrasana I (311 et 312) ; Salabhasana (60) ; Dhanurasana (63) ; Parsva Dhanurasana (64 et 65) ; Uttanasana (48) ; Nadi Sodhana Pranayama (Section 205) sans rétention après l'inspiration et pendant 10 minutes, et enfin Ujjayi Pranayama (Section 203) en Savasana (592).

36ᵉ à 40ᵉ semaine

Suivez la séquence ci-dessus pour Salamba Sirsasana, Salamba Sarvangasana et leurs variations, jusqu'à Supta Padangusthasana (285 à 287) ; Utthita et Parivrtta Trikonasana (4 et 5, 6 et 7) ; Utthita et Parivrtta Parsvakonasana (8 et 9, 10 et 11) ; Virabhadrasana I & III (14 et 17) ; Ardha Candrasana (19) ; Parsvottanasana (26) ; Padangusthasana (44) ; Pada Hastasana (46) ; Uttanasana (48) ; Utthita Hasta Padangusthasana (23) ; Ardha Baddha Padmottanasana (52) ; Vatayanasana (58) ; Janu-Sirsasana (127) ; Parivrtta Janu-Sirsasana (132) ; Ardha Baddha Padma Paschimottanasana (135) : Krouncasana (141 et 142) ; Maricyasana I (144) ; Paschimottanasana (160) ; Urdhva Mukha Paschimottanasana I (168) ; Urdhva Mukha Paschimottanasana II (170) ; Baddha Padmasana (118) ; Yoga Mudrasana (120) ; Kukkutasana (115) ; Garbha Pindasana (116) ; Simhasana II (110) ; Matsyasana (113) ; Baddhakonasana (102) ; Upavistha Konasana (151) ; Akarna Dhanurasana (173 et 175) ; Maricyasana III (303 et 304) ; Ardha Matsyendrasana I (311 et 312) ; Uttanapadasana (292) ; Salabhasana (60) ; Dhanurasana (63) ; Parsva Dhanurasana (64 et 65) ; Urdhva Dhanurasana I (482) ; Savasana (592) ; Nadi Sodhana Pranayama (Section 205) pendant 5 minutes ; Suryabhedana Pranayama (Section 204) pendant 5 minutes avec rétention après l'inspiration ; Uddiyana (Section 201) pendant huit cycles.

41ᵉ à 44ᵉ semaine

Consolidez toutes les postures en vous concentrant sur les asana qui ne faisaient pas partie du premier cours.

45ᵉ à 50ᵉ semaine

Salamba Sirsanana I (184) ; Salamba Sirsasana II (192) ; Salamba Sirsasana III (194 et 195) ; Baddha Hasta Sirsasana (198) ; Mukta Hasta Sirsasana (200 et 201) ; Parsva Sirsasana (202 et 203) ; Parivrttaikapada Sirsasana (206 et 207) ; Eka Pada Sirsasana (208 et 209) ; Parsvaikapada Sirsasana (210) ; Urdhva Padmasana (211) ; Parsva Urdhva Padmasana (215 et 216) ; Pindasana en Sirsasana (218) ; Salamba Sarvangasana I & II (223 et 235) ; Niralamba Sarvangasana I & II (236 et 237) ; Halasana (244) ; Karnapidasana (246) ; Supta Konasana (247) ; Parsva Halasana (249) ; Eka Pada Sarvangasana (250) ; Parsvaikapada Sarvangasana (251) ; Parsva Sarvangasana (254) ; Setubandha Sarvangasana (259) ; Eka Pada Setu Bandha Sarvangasana (260) ; Urdhva Padmasana (261) ; Parsva Urdhva Padmasana (264 et 265) ; Pindasana en Sarvangasana (269) ; Parsva Pindasana (270 et 271) ; Supta Padangusthasana (285 à 287) ; Anantasana (290) ; Paschimottanasana (160) ; Parivrtta Paschimottanasana (165) ; Janu-Sirsasana (127) ; Parivrtta Janu-Sirsasana (132) ; Krouncasana (141 et 142) ; Akarna Dhanurasana (173 et 175) ; Baddha Padmasana (118) ; Yoga Mudrasana (120) ; Kukkutasana (115) ; Garbha Pindasana (116) ; Goraksasana (117) ; Simhasana II (110) ; Matsyasana (113) ; Supta Virasana (96) ; Bhekasana (100) ; Baddha Konasana (102) ; Ardha Matsyendrasana I (311 et 312) ; Maricyasana III (303 et 304) ; Maricyasana IV (305) ; Malasana I (321) ; Uttanapadasana (292) ; Urdhva Dhanurasana I (482) six fois ; et Savasana (592).

Toutes les variations de Sirsasana peuvent être faites d'une seule traite en restant 10 à 15 secondes de chaque côté, sauf pour Sirsasana I (184) dans lequel vous devez rester pendant 5 minutes. Restez également en Salamba Sarvangasana I (234) et en

Halasana (244) pendant 5 minutes chacun et dans les variations, 15 secondes de chaque côté. Faites Paschimottanasana (160) pendant 3 à 5 minutes et le reste des asana pendant 15 à 20 secondes.

Faites Nadi Sodhana (Section 205) avec antara kumbhaka ou rétention à l'inspiration pendant 10 minutes, Bhastrika (Section 206) pendant 3 minutes et Uddiyana (593 et 594) huit fois.

51e à 54e semaine

Faites les asana importants du premier cours et perfectionnez-vous dans ceux du second. Certains seront maîtrisés rapidement, mais d'autres prendront plus de temps. Ajustez donc le programme à vos possibilités.

55e à 60e semaine

Sirsasana et ses variations, (184 à 218) ; Sarvangasana et ses variations (234 à 271, sauf 267) ; Jatara Parivartanasana (275) ; Supta Padangusthasana (285 à 287) ; Anantasana (290) ; Urdhva Prasarita Padasana (276 à 279) ; Paschimottanasana (160) ; Parivrtta Paschimottanasana (165) ; Urdhva Mukha Paschimottanasana I (168) ; Akarna Dhanurasana (173 et 175) ; Bhujapidasana (348) ; Kurmasana (363 et 364) ; Supta Kurmasana (368) ; Eka Pada Sirsasana (371) ; Padmasana et ses variations (104 à 120) et Supta Vajrasana (124) ; Bhekasana (100) ; Baddha Konasana (102) ; Maricyasana III (303 et 304) ; Ardha Matsyendrasana I (311 et 312) ; Malasana 1 (321) ; Pasasana (328 et 329) ; Uttana Padasana (292) ; Setu Bandhasana (296) ; Urdhva Dhanurasana II (486) douze fois en suivant la technique II de la description de cet asana ; Uttanasana (48) ; Savasana (592) ; Pranayama comme indiqué plus haut, puis commencez la méditation en Siddhasana (84), Virasana (89), Baddha Konasana (103) ou Padmasana (104).

61e à 65e semaine

Sirsasana et ses variations (184 à 218). Si vous avez maîtrisé Salamba Sirsasana II et III (192, 194 et 195), Baddha Hasta Sirsasana (198) Mukta Hasta Sirsasana (200 et

201), vous pouvez les supprimer de votre entraînement quotidien ; pratiquez-les tout de même de temps à autre pour garder votre sens de l'équilibre dans ces postures. Sarvangasana et ses variations (234 à 271, sauf 267) ; Jatara Parivartanasana (275) ; Supta Padangusthasana (285 à 287) ; Anantasana (290) ; Paschimottanasana (160) ; Parivrtta Paschimottanasana (165) ; Akarna Dhanurasana (173 et 175) ; Kurmasana (363 et 364) ; Supta Kurmasana (368) ; Eka Pada Sirsasana (371) ; Skandasana (372) ; Bhujapidasana (348) ; Astavakrasana (342 et 343) ; Ekahasta Bhujasana (344) ; Dvihasta Bhujasana (345) ; Adho Mukha Vrksana (359 – contre le mur) ; Padmasana et ses variations (104 à 124) ; Maricyasana III (303 et 304) ; Ardha Matsyendrasana I (311 et 312) ; Pasasana (328 et 329) ; Uttana Padasana (292) ; Setu Bandhasana (296) ; Urdhva Dhanurasana douze à quinze fois comme indiqué pour la 55e semaine ; Uttanasana (48) ; Savasana (592). Faites le Pranayama comme indiqué précédement et augmentez la durée de l'inspiration, de la rétention après inspiration, de l'expiration ; augmentez également le nombre de cycles et terminez par la méditation dans les postures indiquées plus haut.

66e à 70e semaine

Sirsasana et ses variations (184 à 218, sauf 192, 194, 195, 198 et 200-201) ; Adho Mukha Vrksasana (359) ; Mayurasana (354) ; Padma Mayurasana (355) ; Nakrasana (68 à 71) ; Salamba Sarvangasana et ses variations (234 à 271 sauf 267) ; Jatara Parivartanasana (275) ; Supta Padangusthasana (285 à 287) ; Anantasana (290) ; Uttana Padasana (292) ; Setu Bandhasana (296) ; Urdhva Dhanurasana (486) ; à partir de Vrksasana (359) douze fois et remontez en Tadasana (1) ; Maricyasana III (303 et 304) ; Ardha Matsyendrasana I (311 et 312) ; Pasasana (328 et 329) ; Bhujapidasana (348) ; Astavakrasana (342 et 343) ; Bakasana (406) ; Paschimottanasana (160) ; Parivrtta Paschimottanasana (165) ; Upavistha Konasana (151) ; Akarna Dhanurasana (173 et 175) ; Padmasana et ses variations (104 à 124) ; Kurmasana (363 et 364) ; Supta Kurmasana (368) ; Eka Pada Sirsasana (371) ; Skandasana (372) ; Baddha Konasana (102) ; Bhekasana (100) ; Supta Virasana (96) ; Savasana (592).

71e à 73e semaine
Faites comme indiqué pour la 66e semaine, mais au moment de faire Urdhva Dhanurasana (486), ajoutez Ekapada Urdhva Dhanurasana (501 et 502) et continuez avec Maricyasana III (303 et 304) et la suite. Faites le Pranayama comme indiqué ci-dessus et après Uddiyana, ajoutez Nauli (Section 202) 6 à 8 fois et terminez par la méditation.

74e à 78e semaine
Refaites tous les asana des Cours I et II.

Liste des asana importants du cours II.
Utthita Hasta Padangusthasana (23) ; Vatayanasana (58) ; Nakrasana (68 à 71) ; Bhekasana (100) ; Simhasana II (110) ; Garbha Pindasana (116) ; Yoga Mudrasana (120) ; Supta Vajrasana (124) ; Parivrtta Janu-Sirsasana (132) ; Krouncasana (141 et 142) ; Upavistha Konasana (151) ; Parivrtta Paschimottanasana (165) ; Akarna Dhanurasana (173 et 175) ; Urdhva Dandasana (188) ; Sirsasana et Sarvangasana et variations ; Supta Padangusthasana (285 à 287) ; Anantasana (290) ; Setubandhasana (296) ; Pasasana (328 et 329) ; Astavakrasana (342 et 343) ; Bhujapidasana (348) ; Mayurasana (354) ; Adho Mukha Vrksasana (359) ; Kurmasana(363 et 364) ; Supta Kurmasana (368) ; Eka Pada Sirsasana (371) ; Skandasana(372) ; Bakasana (406) ; et Urdhva Dhanurasana(486).

Pour ceux qui aiment faire les asana des cours I et II, j'indique maintenant une méthode hebdomadaire pour les pratiquer.

Premier jour de la semaine
Sirsasana et ses variations (184 à 218 sauf 192, 194-195, 198, 200-201) ; Sarvangasana et ses variations (234 à 271 sauf 267) ; Supta Padangusthasana (285 à 287) ; Anantasana (290) ; Paschimottanasana (160) ; Utthita et Parivrtta Trikonasana (4 et 5, 6 et 7) ; Utthita et Parivrtta Parsva Konasana (8 et 9, 10 et 11) ; Virabhadrasana I, II & III (14, 15 et 17) ; Ardha Candrasana (19) ; Utthita Hasta Padangusthasana (23) ; Parsvottanasana (26) ; Prasarita Padottanasana I & II (33 et 34, 35 et 36) ; Ardha

Baddha Padmottanasana (52) ; Padangusthasana (44) ; Padahastasana (46) ; Uttanasana (48) ; Maricyasana II, III et IV (144-146, 303-304, 305) ; Ardha Matsyendrasana I (311 et 312) ; Mạlasana I & II (321 et 322) ; Pasasana (328 et 329) ; Urdhva Dhanurasana (486) douze fois ; Savasana (592). Nadi Sodhan a Pranayama (Section 205) pendant 15 minutes et méditation pendant 5 minutes.

Deuxième jour de la semaine
Sirsasana et ses variations (184 à 218) ; Adho Mukha Vrksasana (359) ; Mayurasana (354) ; Padma Mayurasana (355) ; Nakrasana (68 à 71) ; Salabhasana ou Makarasana (60 ou 62) ; Dhanurasana (63) ; Parsva Dhanurasana (64 et 65) ; Caturanga Dandasana (67) ; Bhujangasana I (73) ; Urdhva Mukha Svanasana (74) ; Adho Mukha Svanasana (75) ; Salamba Sarvangasana et ses variations (234 à 271 sauf 267) ; Jatara Parivartanasana (275) ; Supta Padangusthasana (285 à 287) ; Urdhva Prasarita Padottanasana (276 à 279) ; Cakrasana (280 à 283) ; Paripurna Navasana (78) ; Ardha Navasana (79) ; Utkatasana (42) ; Ustrasana (41) ; Parighasana (39) ; Garudasana (56) ; Vatayanasana (58) ; Maricyasana III (303 et 304) ; Ardha Matsyendrasana I (311 et 312) ; Pasasana (328 et 329) ; Paschimottanasana (160) ; Kurmasana et Supta Kurmasana (363-364 et 368) ; Eka Pada Sirsasana et Skandasana (371 et 372) ; Urdhva Dhanurasana (486) quinze fois et Savasana (592) ; Uddiyana (Section 201) et Nauli (Section 202) huit fois chacun, Ujjayi Pranayama (Section 203) avec rétention après l'inspiration, pendant 10 minutes et méditation pendant 5 minutes.

Troisième jour de la semaine
Salamba Sirsasana (184) pendant 10 minutes ; Sarvangasana I (234) pendant 10 minutes ; Halasana (244) 5 minutes ; Supta Padangusthasana (285 à 287) ; Urdhva Prasarita Padasana (276 à 279) ; Paripurna Navasana (78) ; Ardha Navasana (79) ; Janu-Sirsasana (127) ; Parivrtta Janu-Sirsasana (132) ; Ardha-Baddha Padma Paschimottanasana (135) ; Triang Mukhaikapada Paschimottanasana (139) ; Krouncasana (141 et 142) ; Maricyasana I (144) ; Paschimottanasana (160) ; Urdhva Mukha Paschimottanasana I & II (168 et 170) ; Parivratta Paschimottanasana (165) ; Akarna

Dhanurasana (173 et 175) ; Kurmasana et Supta Kurmasana (363-364 et 368) ; Eka Pada Sirsasana et Skandasana (371 et 372) ; Urdhva Dhanurasana (486) quinze fois et Eka Pada Urdhva Dhanurasana une fois (501 et 592) ; Uttanasana (48) et Savasana (592). Suryabhedana Pranayama (Section 204) 10 minutes ; Ujjayi (Section 203) 5 minutes ; Bhastrika (Section 206) 3 minutes et méditation 5 minutes.

Quatrième jour de la semaine

Salamba Sirsasana et ses variations (184 à 218 sauf 192, 194-195, 198, 200 et 201) ; Salamba Sarvangasana et ses variations (234 à 271 sauf 267) ; Jatara Parivartanasana (275) ; Supta Padangusthasana (285 à 287) ; Paschimottanasana (160) 5 minutes ; Padmasana et ses variations (104 à 124) ; Virasana (89) ; Supta Virasana (96) ; Paryankasana (97) ; Upavistha Konasana (151) ; Baddha Konasana (102) ; Kurmasana (363 et 364) 1 minute chaque, Supta Kurmasana (368) 3 minutes ; Eka Pada Sirsasana (371) une minute de chaque côté ; Skandasana (372) 30 secondes de chaque côté ; Maricyasana III (303 et 304) ; Ardha Matsyendrasana I (311 et 312) ; Pasasana (328 et 329) ; Uttanapadasana (292) ; Setubandhasana (296) ; Urdhva Dhanurasana (486) douze fois en restant 20 secondes à chaque fois ; Savasana (592). Nadi Sodhana Pranayama (avec rétention après l'inspiration) (Section 205) pendant 15 minutes et méditation aussi longtemps que vous le pouvez dans un des asana indiqués plus haut.

Cinquième jour de la semaine

Salamba Sirsasana et ses variations (184 à 218) ; Salamba Sarvangasana et ses variations (234 à 271 sauf 267) ; Supta Padangusthasana (285 à 287) ; Paschimottanasana (160) ; Parivrtta Paschimottanasana (165) ; Kurmasana (363 et 364) ; Supta Kurmasana (368) ; Bhujapidasana (348) ; Astavakrasana (342 et 343) ; Mayurasana et Padma Mayurasana (354 et 355) ; Urdhva Mukha Svanasana (74) ; Bakasana (406) ; Lolasana (83) ; Adho Mukha Vrksasana (359) ; Adho Mukha Svanasana (75) ; Caturanga Dandasana (67) ; Nakrasana (68 à 71) ; Urdhva Dhanurasana quinze à vingt fois (486) ; Savasana (592). Pranayama et méditation comme au troisième jour.

Sixième jour de la semaine
Salamba Sirsasana I (184) 15 minutes. Urdhva Dandasana (188) 1 minute ; Salamba Sarvangasana I (234) 10 minutes ; Halasana (244) 5 minutes ; Paschimottanasana (160) 5 minutes ; Urdhva Mukha Paschimottanasana I (168) 1 minute ; Paripurna Navasana (78) 1 minute ; Ardha Navasana (79) 30 secondes ; Supta Virasana (96) 3 à 5 minutes ; Krouncasana (141 et 142) 20 secondes de chaque côté ; Kurmasana et Supta Kurmasana (363-364 et 368) pendant 1 minute chacun ; Ardha Matsyendrasana I (311 et 312) 30 secondes de chaque côté ; Pasasana (328 et 329) 1 minute de chaque côté ; Adho Mukha Vrksasana (359) 1 minute ; Mayurasana (354) 1 minute ; Urdhva Dhanurasana (486) six fois en restant chaque fois 20 à 30 secondes ; Savasana (592) 10 à 15 minutes.

(Là où la durée n'est pas indiquée, on doit le faire selon ses possibilités et le temps dont on dispose.)

Septième jour de la semaine
Vous pouvez vous reposez ou ne faire que les Pranayama de toutes les sortes. Uddiyana (Section 201) et Nauli (Section 202), huit fois chacun.

COURS N° III

Ce cours est essentiellement pour ceux qui veulent persévérer et aller plus loin et qui ont une dévotion suffisante pour la Science du yoga.

79e à 84e semaine
Sirsasana et ses variations (184 à 218, sauf 192, 194-195, 198, 200-201) ; Sarvangasana et ses variations (234 à 271, sauf 267) ; Paschimottanasana (160) ; Kurmasana et Supta Kurmasana (363-4 et 368) ; Eka Pada Sirsasana (371) ; Skandasana (372) ; Bhairavasana (375) ; Yoganidrasana (391) ; Bhujapidasana (348) ; Bakasana (406) ; Astavakrasana (342

et 343) ; Adho Mukha Vrksasana (359) ; Pinca Mayurasana (357) ; Mayurasana (354) ; Maricyasana III (303 et 304) ; Ardha Matsyendrasana I (311 et 312) ; Pasasana (328 et 329) ; Ardha Matsyendrasana II (330 et 331) ; Setubandhasana (296) ; Urdhva Dhanurasana (486) huit fois ; Dvipada Viparita Dandasana (516) ; Eka Pada Urdhva Dhanurasana (501 et 502) ; Uttanasana (48) ; Savasana (592). Nadi Sodhana Pranayama (Section 205) 10 minutes et méditation 5 minutes en Siddhasana (84) ou Virasana (89) ou Padmasana (104) ou Baddha Konasana (102).

85e à 90e semaine

Sirsasana et ses variations (184 à 218) ; Sarvangasana et ses variations (234 à 271 sauf 267) ; Jatara Parivartanasana (275) ; Urdhva Prasarita Padasana (267 à 279) ; Supta Padangusthasana (285 à 287) ; Anantasana (290) ; Janu-Sirsasana (127) ; Parivrtta Janu-Sirsasana (132) ; Ardha-Baddha Padma Paschimottanasana (135) ; Triang Mukhaikapada Paschimottanasana (139) ; Krouncasana (141 et 142) ; Maricyasana I (144) ; Paschimottanasana (160) ; Parivrtta Paschimottanasana (165) ; Upavista Konasana (151) ; Baddha Konasana (102) ; Baddha Padmasana (118) ; Yoga Mudrasana (120) ; Kukkutasana (115) ; Garbha Pindasana (116) ; Simhasana II (110) ; Goraksasana (117) ; Matsyasana ou Supta Vajrasana (113 ou 124) ; Virasana (89) ; Supta Virasana (96) ; Paryankasana (97) ; Bhekasana (100) ; Kurmasana et Supta Kurmasana (363-364 et 368) ; Yoganidrasana (391) ; Eka Pada Sirsasana (371) ; Bhairavavasana (375) ; Skandasana (372) ; Cakorasana (379 et 380) ; Bhujapidasana (348) ; Bakasana (406) ; Pinca Mayurasana (357) ; Adhomukha Vrksasana (359) ; Mayurasana (354) ; Ardha Matsyendrasana I & II (311-312 et 330-331) ; Malasana I & II (321 et 322) ; Pasasana (328 et 329) ; Dvipada Viparita Dandasana (516) ; Urdhva Dhanurasana (486) huit fois et Savasana (592). Faites le pranayama comme à la 79e semaine.

91e à 94e semaine

Faites les asana importants des cours I et II, ainsi que tous ceux qui viennent d'être ajoutés dans le cours III en incluant également Sirsasana, Sarvangasana et leurs variations.

95e à 100e semaine

Sirsasana et ses variations (184 à 218) ; Sarvangasana et ses variations (234 à 271 sauf 267) ; Supta Padangusthasana (285 à 287) ; Paschimottanasana (160) ; Kurmasana et Supta Kurmasana (363-364 et 368) ; Yoganidrasana (391) ; Eka Pada Sirsasana (371) ; Bhairavasana (375) ; Skandasana (372) ; Cakorasana (379 et 380) ; Pinca Mayurasana (357) ; Sayanasana (358) ; Mayurasana (354) ; Hamsasana (356) ; Bhujapidasana (348) ; Bakasana (406) ; Adho Mukha Vrksasana (359) ; Vasisthasana (398) ; Visvamitrasana (403) ; Urdhva Dhanurasana (486) huit fois de suite, en étirant à fond les jambes et les bras (487) à chaque fois pour supprimer la raideur du dos ; Dvipada Viparita Dandasana (516) pendant 1 minute ; Kapotasana (507) ; Ardha Matsyendrasana I (311-312 et 330-331) ; Pasasana (328 et 329) ; Uttanasana (48) ; Savasana (592). Pranayama comme précédemment.

101e à 108e semaine

Comme pour la 95e semaine, mais faites Viparita Dandasana (516) à partir de Salamba Sirsasana I (184), puis revenez en Sirsasana I en lançant vos jambes en arrière. Pour beaucoup, cette période sera trop courte pour acquérir la maîtrise de Viparita Dandasana. Dans ce cas, concentrez-vous sur cet asana en passant moins de temps pour les autres.

109e à 125e semaine

Suivez le cours de la 95e semaine. Ajoutez Viparita Dandasana (516) comme ci-dessus et apprenez Viparita Cakrasana (488 à 499) en le faisant quinze fois par jour d'une seule traite. C'est un asana difficile et il faut de la persévérance pour le perfectionner. Si vous ne pouvez pas le faire pendant cette période, ne perdez pas courage et continuez le travail pendant plusieurs semaines supplémentaires.

126e à 130e semaine

Sirsasana et ses variations (184 à 218) ; Urdhva Kukkutasana (419) ; Bakasana (410) à partir de Sirsasana II (192) ; Adho Mukha Vrksasana (359) ; Pinca Mayurasana (357) en faisant suivre ces quatre asana de Urdhva Dhanurasana (486) et de Viparita Cakrasana (488 à 499) ; Bhuja Pidasana (348) ; Astavakrasana (342-343) ; Mayurasana (354) ; Hamsasana (356) ; Vasisthasana (398) ; Kasyapasana (399-400) ; Visvamitrasana (403) ; Salamba Sarvangasana et variations (234 à 271 sauf 267) ; Supta Padangusthasana (285 à 287) ; Paschimottanasana (160) ; Kurmasana (363-364) ; Supta Kurmasana (368) ; Yoganidrasana (391) ; Eka Pada Sirsasana (371) ; Skandasana (372) ; Bhairavasana (375) ; Kalabhairavasana (378) ; Cakorasana (379-380) ; Dvipada Viparita Dandasana (516) à partir de Sirsasana (184) ; Kapotasana (507) ; Viparita Cakrasana (488 à 499) six fois ; Ardha Matsyendrasana I & II (311-312, 330-331) ; Pasasana (328-329) ; Uttanasana (48) ; Savasana (592). Pranayama comme précédemment avec méditation.

131e à 136e semaine

Revenez aux cours I et II et faites Urdhva Kukkutasana (419) ; Yoganidrasana (391) ; Viparita Cakrasana (488 à 499), quinze fois ; Dvipada Viparita Dandasana (516) et Kapotasana (507). *Note* : Viparita Cakrasana (488 à 499) est un asana qui demande beaucoup d'énergie ; ceci fait que l'on peut ne pas être capable de faire le pranayama quotidiennement. Dans ce cas, alternez, un jour après l'autre, le pranayama avec Sirsasana et Sarvangasana et leurs variations. Également, si votre corps est raide et que vous n'arrivez pas à suivre le programme qui vous est donné ci-dessus, alors répartissez les asana sur un plus grand nombre de semaines selon votre convenance. Tant que vous n'aurez pas amélioré ces postures en flexion arrière, vous ne pourrez guère avancer dans les autres asana difficiles. Il se peut également que les personnes de plus de 35 ans aient du mal à maîtriser Viparita Cakrasana en si peu de temps. J'ai de nombreux élèves de tous âges et certains apprennent plus vite que les autres. Mais il n'y a pas de limite d'âge pour ces asana.

137e à 142e semaine

Sirsasana et ses variations (184 à 218) ; Urdhva Kukkutasana (419) ; Bakasana (410) à partir de Sirsasana II (192) ; Parsva Bakasana (412) ; Galavasana (427 et 428) ; Adho Mukha Vrksasana (359) ; Pinca Mayurasana (357) ; Mayurasana (354) ; Vasisthasana (398) ; Kasyapasana (399 et 400) ; Visvamitrasana (403) ; Salamba Sarvangasana et variations (234 à 271 sauf 267) ; Supta Padangusthasana (285 à 287) ; Paschimottanasana (160) ; Kurmasana et Supta Kurmasana (363-364 et 368) ; Yoganidrasana (391) ; Ekapada Sirsasana (371) ; Skandasana (372) ; Bhairavasana (375) ; Kalabhairavasana (378) ; Durvasasana (383) ; Rucikasana (384) ; Dvipada Viparita Dandasana (516) à partir de Sirsasana I (184) et retour en Sirsasana, trois fois ; Mandalasana (525 à 535) ; Kapotasana (507) ; Viparita Cakrasana (488 à 499), douze fois ; Ardha Matsyendrasana I & II (311-312 et 330-331) ; Pasasana (328 et 329) ; Uttanasana (48) ; Savasana (592) ; Pranayama comme précédemment avec méditation.

143e à 145e semaine

Reprenez le programme de la 137e semaine jusqu'à Rucikasana (384) et ajoutez Virancyasana I & II (386-387 et 388) et continuez avec Dvipada Viparita Dandasana (516) et la suite.

S'il vous est possible d'ajouter les différentes méthodes de Pranayama exposées en troisième partie, faites-le. Dans ce cas, faites le Pranayama tôt le matin ; les asana difficiles dans la matinée et seulement Sirsasana et Sarvangasana et leurs variations dans la soirée. Si vous n'avez pas le temps, faites le Pranayama le matin et les asana, le soir.

146e à 155e semaine

Sirsasana et variations (184 à 218) ; Urdhva Kukkutasana (419) ; Bakasana (410) ; Parsva Bakasana (412) ; Galavasana

(427 et 428) ; Eka Pada Galavasana (432 et 433) ; Adho Mukha Vrksasana (359) ; Pinca Mayurasana (357) ; en terminant ces asana par Viparita Cakrasana (488 à 499) ; Vasisthasana (398) ; Kasyapasana (399 et 400) ; Visvamitrasana (403) ; Salamba Sarvangasana et variations (234 à 271) ; Uttana Padma Mayurasana (267) ; Supta Padangusthasana (285 à 287) ; Paschimottanasana (160) ; Kurmasana et Supta Kurmasana (363-364 et 368) ; Eka Pada Sirsasana (371) ; Skandasana (372) ; Buddhasana (373) ; Kapilasana (374) ; Bhairavasana (375) ; Kalabhairavasana (378) ; Cakorasana (379 et 380) ; Durvasasana (383) ; Rucikasana (384) ; Virancyasana I & II (386 et 388) ; Dvipada Sirsasana (393) ; Tittibhasana (395) ; Ardha Matsyendrasana I & II (311-312 et 330-331) ; Pasasana (328) ; Ardha Matsyendrasana III (332 et 333) ; Dvipada Viparita Dandasana (516) ; Mandalasana (525 à 535) ; Kapotasana (512) ; Ekapada Viparita Dandasana (521) ; Cakrabandhasana (524) ; Savasana (592). Pranayama : Ujjayi (Section 203) ou Suryabhedana (Section 204) ou Nadi Sodhana (Section 205) avec rétention à l'inspiration (antara kumbhaka) ; Uddiyana (Section 201), huit fois ; Nauli (Section 202) huit fois et méditation pendant 5 à 10 minutes.

156e à 160e semaine

Refaites les asana importants des cours I et II, puis ceux que vous avez appris jusqu'à présent dans le cours III.

161e à 165e semaine

Sirsasana et ses variations (184 à 218) ; Urdhva Kukkutasana (419) ; Bakasana (410) ; Parsva Bakasana (412) ; Galavasana (427 et 428) ; Ekapada Galavasana (432 et 433) ; Dvipada Koundinyasana (438) ; Eka Pada Koundinyasana I (441) ; Adho Mukha Vrksasana (359) ; Pinca Mayurasana (357) en terminant chaque asana par Viparita Cakrasana (488 à 499) ; Astavakrasana (342 et 343) ; Bhujapidasana (348) ; Vasisthasana (398) ; Visvamitrasana (403) ; Sarvangasana et variations (234 à 271) ; Paschimottanasana (160) ; Kurmasana et Supta Kurmasana (363-364 et 368) ; Eka Pada Sirsasana et ses variations (371 à 384) ; Dvipada Sirsasana et Tittibhasana (393 et 395) ; Yoganidrasana (391) ; Ardha Matsyendrasana I,

II & III (311-312, 330-331, 332-333) ; Pasasana (328) ; Yogadandasana (456) ; Supta Bhekasana (458).

166ᵉ à 175ᵉ semaine

Salamba Sirsasana I (184) pendant 10 minutes ; Salamba Sarvangasana I (234) pendant 10 minutes ; Halasana (244) pendant 5 minutes, Jatara Parivartanasana (275) ; Supta Padangusthasana (285 à 287) ; Urdhva Kukkutasana (419) ; Bakasana (410) ; Parsva Bakasana (412) ; Galavasana (427) ; Eka Pada Galavasana (432) ; Dvipada Koundinyasana (438) ; Eka Pada Koundinyasana I & II (441 et 442) ; Eka Pada Bakasana I & II (446 et 451) ; en terminant chaque asana par Viparita Cakrasana (488 à 499) ; Paschimottanasana (160) ; Kurmasana et Supta Kurmasana (363-364 et 368) ; Eka Pada Sirsasana et ses variations (371 à 384) ; Dvipada Sirsasana (393) ; Yoganidrasana (391) ; Yogadandasana (456) ; Supta Bhekasana (458) ; Mulabandhasana (462 et 463) ; Vamadevasana I & II (465 et 466) ; Dvipada Viparita Dandasana (516) ; Mandalasana (525 à 535) ; Eka Pada Viparita Dandasana I & II (521 et 522) ; Cakrabandhasana (524) ; Kapotasana (512) ; Laghuvajrasana (513) ; Ardha Matsyendrasana I, II & III (311, 330 et 332) ; Pasasana (328) ; Savasana (592). Pranayama comme précédemment.

176ᵉ à 180ᵉ semaine

Reprenez le programme de la 166ᵉ semaine, ajoutez Parsva Kukkutasana (424 et 425) après Urdhva Kukkutasana (419), et Paripurna Matsyendrasana (336 et 339) après Pasasana (328).

Il se peut que Paripurna Matsyendrasana (336 et 339) soit plus long à maîtriser que je ne le prévois. On doit tenter de faire cet asana tous les jours sans se soucier des échecs. Si vous ne pouvez pas maîtriser les asana donnés jusqu'à maintenant dans le cours III, dans le temps préconisé, étalez-les sur plusieurs semaines supplémentaires.

Comme les autres asana demandent des années pour être maîtrisés, je ferai mon possible pour donner un résumé permettant une pratique quotidienne de tous ces asana.

Premier jour de la semaine
Salamba Sirsasana I (184) pendant 8 à 10 minutes ; Salamba Sarvangasana I (234) pendant 10 minutes ; Halasana (244) pendant 5 minutes ; Jatara Parivartanasana (274) ; Supta Padangusthasana (285 à 287) ; Bhujapidasana (348) ; Astavakrasana (342 et 343) ; Adho Mukha Vrksasana (359) ; Pinca Mayurasana (357) ; Mayurasana (354) ; Hamsasana (356) ; Urdhva Kukkutasana (419) ; Parsva Kukkutasana (424 et 425) ; Bakasana (410) ; Parsva Bakasana (412) ; Dvipada Koundinyasana (438) ; Eka Pada Koundinyasana I & II (441 et 442) ; Eka Pada Bakasana I & II (446 et 451) ; Galavasana (427) ; Eka Pada Galavasana (432) et terminez chacun de ces asana par Viparita Cakrasana (488 à 499) ; Uttanasana (48) ; Savasana (592). Nadi Sodhana Pranayama (Section 205) 10 minutes, Uddiyana (Section 201) huit fois et Nauli huit fois (Section 202).

Deuxième jour de la semaine
Sirsasana et ses variations (184 à 218) ; Sarvangasana et ses variations (234 à 271) ; Jatara Parivartanasana (274) ; Supta Padangusthasana (285 à 287) ; Janu-Sirsasana (127) ; Parivrtta Janu-Sirsasana (132) ; Ardha Baddha Padma Paschimottanasana (135) ; Triang Mukhaikapada Paschimottanasana (139) ; Krouncasana (141) ; Maricyasana I & II (144 et 146) ; Upavista Konasana (151) ; Paschimottanasana (160) ; Padmasana et variations (104 à 124) ; Baddha Konasana (102) ; Virasana (89) ; Vatayanasana (58) ; Paripurna Navasana (78) ; Ardha Navasana (79) ; Gomukhasana (80) ; Urdhva Mukha Paschimottanasana I (168) ; Yoganidrasana (391) ; Savasana (592). Pranayama comme précédemment avec Bhastrika (Section 206) et Sitali (Section 209).

Troisième jour de la semaine
Sirsana et ses variations (184 à 218) ; Sarvangasana et ses variations (234 à 271) ; toutes les postures debout (4 à 36) ; Dhanurasana (63) ; Salabhasana (60) ; Caturanga Dandasana (67) ; Urdhva Mukha Svanasana (74) ; Adho Mukha Svanasana (75) ; Paschimottanasana (160) ; Parivrtta Paschimottanasana (165) ; Akarna Dhanurasana (173 et 175) ; Uttanapadasana (292) ; Setubandhasana (296) ; Maricyasana III & IV (303 et 305) ; Ardha

Matsyendrasana I (311) ; Pasasana (328) ; Mayurasana (354) ; Yoganidrasana (391) ; Dvipada Sirsasana (393) ; Dvipada Viparita Dandasana (516) ; Mandalasana (525 à 535) ; Kapotasana (512) ; Viparita Cakrasana (488 à 499) huit fois en une seule traite ; Uttanasana (48) ; Savasana (592). Pranayama selon ses capacités, sans efforts.

Quatrième jour de la semaine
Sirsasana et ses variations (184 à 218) ; Sarvangasana et ses variations (234 à 271) ; Adho Mukha Vrksasana (359) ; Pinca Mayurasana (357) ; Sayanasana (358) ; Mayurasana (354) ; Hamsasana (356) ; Paschimottanasana (160) ; Kurmasana et Supta Kurmasana (363-364, 368) ; Eka Pada Sirsasana et variations (371 à 384) ; Virincyasana I & II (386 et 388) ; Yoganidrasana (391) ; Dvipada Viparita Dandasana (516) ; Mandalasana (525 à 535) ; Eka Pada Viparita Dandasana I & II (521 et 523) ; Cakrabandhasana (524) ; Laghuvajrasana (513) ; Kapotasana (512) ; Uttanasana (48) ; Savasana (592). Nadi Sodhana Pranayama sans rétention pendant 15 minutes et Méditation en Siddhasana (84) ou en Padmasana (104).

Cinquième jour de la semaine
Salamba Sirsasana I (184) pendant 10 minutes ; Salamba Sarvangasana I (234) pendant 10 minutes ; Halasana (244) pendant 5 minutes ; Paschimottanasana (160) pendant 5 minutes ; Vasisthasana (398) ; Kasyapasana (399) ; Visvamitrasana (403) ; Urdhva Kukkutasana (429) ; Parsva Kukkutasana (424 et 425) ; Bakasana (410) ; Parsva Bakasana (412) ; Dvipada Koudinyasana (438) ; Eka Pada Koundinyasana I & II (441 et 442) ; Eka Pada Bakasana I & II (446 et 451) ; (tous ces asana d'équilibre étant faits d'une seule traite) Yogadandasana (456) ; Mulabandhasana (462) ; Vamadevasana I & II (465 et 466) ; Dvipada Viparita Dandasana (516) ; Mandalasana (525 à 535) ; Kapotasana (512) ; Paschimottanasana (160) pendant 5 minutes ; Uttanasana (48) pendant 3 minutes ; Savasana (592) pendant 5 minutes ; Ujjayi Pranayama pendant 10 minutes.

Sixième jour de la semaine
Sirsasana et ses variations (184 à 218) ; Sarvangasana et ses variations (234 à 271) ; Paschimottanasana (160)

pendant 5 minutes ; Yoganidrasana (391) 1 minute pour chaque façon de placer les jambes ; Dvipada Sirsasana (393) 1 minute pour chaque variation ; Maricyasana III (303) ; Ardha Matsyendrasana I, II & III (311, 330 et 332) ; Malasana I & II (321 et 322) ; Pasasana (328) ; Paripurna Matsyendrasana (336 et 339) ; Dvipada Viparita Dandasana (516) ; Mandalasana (525 à 535) ; Eka Pada Viparita Dandasana I & II (521 et 523) ; Kapotasana (512) ; et 6 Viparita Cakrasana (488 à 499) ; Savasana (592).

Septième jour de la semaine

Reposez-vous complètement ou faites seulement le Pranayama.

181e à 190e semaine

Sirsana et ses variations (184 à 218) ; Sarvangasana et ses variations (234 à 271) ; Urdhva Kukkutasana (419) ; Parsva Kukkutasana (424) ; Bakasana (410) ; Parsva Bakasana (412) ; Dvipada Koundinyasana (438) ; Eka Pada Koundinyasana I & II (441 et 442) ; Eka Pada Bakasana I & II (446 et 451) ; Vasisthasana (398) ; Visvamitrasana (403) ; Paschimottanasana (160) ; Kurmasana et Supta Kurmasana (363-364 et 368) ; Eka Pada Sirsasana et variations (371 à 384) ; Yoganidrasana (391) ; Dvipada Sirsana et Tittibhasana (393 et 395) ; Yogadandasana (456) ; Mulabandhasana (462) ; Ardha Mastyendrasana I (311) ; Pasasana (328) ; Paripurna Matsyendrasana (326) ; Dvipada Viparita Dandasana (516) ; Mandalasana (525 à 535) ; Eka Pada Viparita Dandasana I & II (521 et 523) ; Kapotasana (512) ; Laghuvajrasana (513) ; Eka Pada Rajakapotasana I (542) ; Hanumanasana (475 et 476) ; Uttanasana (48) ; Savasana (592). Nadi Sodhana Pranayama (Section 205) pendant 20 minutes.

191e à 200e semaine

Sirsasana (184) ; Sarvangasana (234) ; Halasana (244) ; Urdhva Kukkutasana (419) ; Parsva Kukkutasana (424) ; Bakasana (410) ; Parsva Bakasana (412) ; Dvipada Koundinyasana (438) ; Eka Pada Koundinyasana I & II (441 et 442) ; Eka Pada Bakasana I & II (446 et 451) en terminant chaque asana par Viparita Cakrasana (488 à 499) ; Dvipada Viparita Dandasana (516) ; Mandalasana (525 à

535) ; Eka Pada Viparita Dandasana I & II (521 et 523) ; Cakrabandhasana (524) ; Kapotasana (512) ; Eka Pada Rajakapotasana I (542) ; Hanumanasana (475) ; Samakonasana (477) ; Yogadandasana (456) ; Mulabandhasana (462) ; Vasisthasana (398) ; Visvamitrasana (403) ; Paschimottanasana (160) ; Kurmasana et Supta Kurmasana (363-364 et 368) ; Yoganidrasana (391) ; Eka Pada Sirsasana et variations (371 à 384) ; Dvipada Sirsasana (393) ; Ardha Matsyendrasana I (311) ; Pasasana (328) ; Paripurna Matsyendrasana (336) ; Kandasana (470) ; Savasana (592) Pranayama comme ci-dessus.

201ᵉ à 225ᵉ semaine
Suivez le programme de la 191ᵉ semaine jusqu'à Eka Pada Rajakapotasana I (542) et ajoutez Eka Pada Rajakapotasana II (545) ; Padangustha Dhanurasana (555) ; Bhujangasana II (550) ; Rajakapotasana (551) ; Hanumanasana (475) ; Samakonasana (477) ; Supta Trivikramasana (478) ; Yogadandasana (456) ; Mulabandhasana (462) ; Kandasana (470) ; Ardha Matsyendrasana I (311) ; Pasasana (328) ; Paripurna Matsyendrasana (336) ; Yoganidrasana (391) ; Dvipada Sirsasana (393) ; Paschimottanasana (160) ; Savasana (592). Pranayama comme précédemment.

226ᵉ à 250ᵉ semaine
Suivez le programme de la 200ᵉ semaine jusqu'à Rajakapotasana (551) ; ajoutez Vrchikasana I & II (537 et 538) ; Gherundasana I & II (561 et 564) ; Kapinjalasana (567) et continuez à partir d'Hanumanasana (475) sur le même programme.

251ᵉ à 275ᵉ semaine
Sirsasana et ses variations (184 à 218) ; Sarvangasana et ses variations (234 à 271) ; Urdhva Kukkutasana (419) ; Parsva Kukkutasana (424) ; Bakasana (410) ; Parsva Bakasana (412) ; Dvipada Koundinyasana (438) ; Eka Pada Koundinyasana I (441) ; Eka Pada Bakasana I et Eka Pada Bakasana II avec Eka Pada Koundinyasana II (446, 451 et 442) en terminant chaque asana par Viparita Cakrasana (488 à 499) ; Dvipada Viparita Dandasana, Mandalasana, Eka Pada Viparita Dandasana I & II d'une seule traite (516,

525 à 535, 521 et 523) ; Kapotasana (512) ; Vrschikasana I (537) ; Bhujangasana II (550) ; Rajakapotasana (551) ; Padangustha Dhanurasana (555) ; Gherundasana I & II (561 et 564) ; Eka Pada Rajakapotasana I, II, III & IV (542, 545, 546 et 547) ; Ganda-Bherundasana (580) ; Natarajasana (590 et 591) ; puis prenez la suite du programme de la 200e semaine à partir d'Hanumanasana (475).

276e à 300e semaine
Suivez le programme de la 251e semaine jusqu'à Ekapada Rajakapotasana I (542). Puis faites Valakhilyasana (544) ; Eka Pada Rajakapotasana II, III et IV (545, 546 et 547) ; Sirsapadasana (570) ; Ganda-Bherundasana et Viparita Salabhasana (580, 581 et 584) ensemble d'une seule traite, puis passez en Urdhva Dhanurasana (486) pour faire Triang-Mukhottanasana (586) ; Natarajasana (590 et 591). Puis suivez le programme de la 200e semaine à partir d'Hanumanasana (475) et faites le pranayama comme précédemment.

Au début, nombreux sont ceux qui cessent la progression à partir des exercices de la 166e semaine. Mais, par la ténacité et un entraînement continu, on peut maîtriser chaque asana et pranayama recommandé dans ce livre. Lorsque j'ai appris moi-même, cela m'a pris quatre années de dur travail pendant lesquelles l'optimisme et le pessimisme se partageaient également. Lorsque vous aurez atteint et maîtrisé la 166e semaine de ce cours, je vous demande en toute sincérité de persévérer dans le travail que vous avez entrepris, heureux de ce que vous avez atteint et ne désespérant jamais devant tout échec passager. Cependant, cela demande à la plupart des gens plus de temps que je ne l'ai indiqué pour faire tous ces asana avec confort et facilité. Lorsque vous aurez perfectionné tous ceux qui sont donnés dans ce cours III, vous pourrez les répartir dans un cours hebdomadaire comme indiqué ci-dessous. Alors, grâce à un entraînement quotidien, apprenez à rester maître dans tous.

Premier jour de la semaine

Sirsana et ses variations (184 à 218) ; Sarvangasana et ses variations (234 à 271) ; Bhujapidasana (348) ; Astavakrasana (342 et 343) ; Bakasana (410) ; Parsva Bakasana (412) ; Urdhva Kukkutasana (419) ; Parsva Kukkutasana (424) ; Dvipada Koundinyasana (438) ; Eka Pada Koundinyasana I (441) ; Eka Pada Bakasana I (446) ; Eka Pada Bakasana II avec Eka Pada Koundinyasana II (451 avec 442) ; Galavasana (427) ; Eka Pada Galavasana (432) ; en terminant chaque asana par Viparita Cakrasana (488 à 499) ; Adho Mukha Vrksasana (359) ; Pinca Mayurasana (357) ; Mayurasana (354) ; Paschimottanasana (160) pendant 5 minutes ; Savasana (592) ; Nadi Sodhana Pranayama pendant 15 minutes ; Ujjayi Pranayama avec Antarkumbhaka huit fois ; Méditation en Padmasana (104) ou Siddhasana (84) pendant 5 minutes.

Deuxième jour de la semaine

Sirsasana et ses variations (184 à 218) ; Sarvangasana et ses variations (234 à 271) ; Supta Padangusthasana (285 à 287) ; Jatara Parivartanasana (274) ; Paschimottanasana (160) ; Akarna Dhanurasana (173 et 175) ; Kurmasana et Supta Kurmasana (363, 364 et 368) ; Eka Pada Sirsasana et ses variations (371 à 384) ; Virancyasana I & II (386 et 388) ; Dvipada Sirsasana (393) ; Yoganidrasana (391) ; Yogadandasana (456) ; Mulabandhasana (462) ; Vamadevasana I & II (465) et (466) ; Kandasana (470) ; Hanumanasana (475) ; Uttanasana (48) ; Savasana (592). Pranayama comme précédemment avec huit fois Uddiyana et huit fois Nauli.

Troisième jour de la semaine

Sirsasana et ses variations (184 à 218) ; Sarvangasana et ses variations (234 à 271) ; Dvipada Viparita Dandasana (516) ; Mandalasana (525 à 535) ; Eka Pada Viparita Dandasana I & II (521 et 523) ; Cakrabandhasana (524) ; Kapotasana (512) ; Laghu Vajrasana (513) ; Vrschikasana I (537) ; Bhujangasana II (550) ; Rajakapotasana (551) ; Padangustha Dhanurasana (555) ; Gherandasana I & II (561 et 564) ; Eka Pada Rajakapotasana I & II (542 et 545) ; Valakhilyasana (544) ; Sirsapadasana (570) et Ganda-Bherundasana, Viparita Salabhasana et Triang Mukhottanasana (580,

581, 584 et 586) tous ensemble ; Paschimottanasana (160) ; Marichyasana III (303) ; Ardha Matsyendrasana I (311) ; Pasasana (328) ; Paripurna Matsyendrasana (336) ; Savasana (592). Nadi Sodhana Pranayama sans rétention pendant 10 à 15 minutes.

Quatrième jour de la semaine

Sirsasana et ses variations (184 à 218) ; Sarvangasana et ses variations (234 à 271) Paschimottanasana (160) ; Yoganidrasana (391) ; Marichyasana III (303) ; Ardha Matsyendrasana I (311) ; Pasasana (328) ; Paripurna Matsyendrasana (336) ; Yogadandasana (456) ; Mulabandhasana (462) ; Kandasana (470) ; Hanumanasana (475) ; Samakonasana (477) ; Supta Trivikramasana (478) ; Urdhva Mukha Paschimottanasana I & II (168 et 170) ; Savasana (592). Pranayama comme le premier jour de la semaine.

Cinquième jour de la semaine

Sirsasana et ses variations (184 à 218) ; Sarvangasana et ses variations (234 à 271) ; Urdhva Kukkutasana (419) ; Parsva Kukkutasana (424) ; Bakasana (410) ; Parsva Bakasana (412) ; Dvipada Koundinyasana (438) ; Eka Pada Koundinyasana I (441) ; Eka Pada Bakasana I & II (446 et 451) ; Eka Pada Koundinyasana II (442) ; Galavasana (427) ; Eka Pada Galavasana (432) ; tous ces asana étant faits d'une seule traite sans passer par Urdhva Dhanurasana (486) ; Vasisthasana (398) ; Kasyapasana (399) ; Visvamitrasana (403) ; Mandalasana (525 à 535) ; Kapotasana (512) ; Vrschikasana I (537) ; Rajakapotasana (551) ; Padangustha Dhanurasana (555) ; Sirsapadasana (570) ; Ganda-Bherundasana (580 et 581) ; Uttanasana (48) ; Savasana (592). Nadi Sodhana Pranayama sans rétention pendant 15 minutes.

Sixième jour de la semaine

Sirsasana et ses variations (184 à 218) ; Sarvangasana et ses variations (234 à 271) ; Paschimottanasana (160) ; Yoganidrasana (391) ; Maricyasana III (303) ; Ardha Matsyendrasana I (311) ; Pasasana (328) ; Paripurna Matsyendrasana (336) ; Hanumanasana (475) ; Samakonasana (477) ; Supta Trivikramasana (478) ; Mulabandhasana

(462) ; Kandasana (470) ; Mandalasana (525 à 535) ; Kapotasana (512) ; Vrschikasana I (537) ; Rajakapotasana (551) ; Eka Pada Rajakapotasana I (542) ; Valakhilyasana (544) ; Sirsapadasana (570) ; Ganda-Bherundasana (580 et 581) ; Uttanasana (48) ; Savasana (592). Nadi Sodhana Pranayama, Ujjayi Pranayama avec rétention après inspiration et huit fois Uddiyana.

Septième jour de la semaine
Repos complet ou bien seulement Sirsasana I (184) ; Salamba Sarvangasana (234) ; Halasana (244) ; Paschimottanasana (160) et Nadi Sodhana Pranayama sans rétention pendant 30 minutes.

Appendice II

LES ASANA PERMETTANT DE SOIGNER DIFFÉRENTES AFFECTIONS

J'indique ici des séries d'asana permettant de soigner différentes affections et maladies fonctionnelles ou organiques basées sur ce que j'ai appris avec mes élèves pendant vingt-cinq années d'enseignement.

J'ai donné toute une série d'asana pour chaque maladie. Je vous recommande donc d'avoir recours aux conseils d'un professeur expérimenté et de les choisir selon vos propres capacités, la souplesse de votre corps et votre constitution. En pratiquant les asana, il est important de faire usage de bon sens et de surveiller les réactions de votre corps, et de ce fait de juger par vous-même du temps pendant lequel vous restez dans les postures.

Acidité

Utthita Trikonasana (4 et 5) ; Parivrtta Trikonasana (6 et 7) ; Utthita Parsvakonasana (8 et 9) ; Parivrtta Parsvakonasana (10 et 11) ; Virabhadrasana I, II & III (14, 15 et 17) ; Ardha Candrasana (19) ; Parsvottanasana (26) ; Padangusthasana (44) ; Pada Hastasana (46) ; Uttanasana (48) ; Salamba Sirsasana et ses variations (184 à 218) ; Salamba Sarvangasana et ses variations (234 à 271) ; Jatara Parivartanasana (275) ; Paripurna Navasana (78) ; Ardha Navasana (79) ; Urdhva Prasarita Padasana (276 à 279) ;

Janu-Sirsasana (127) ; Parivrtta Janu-Sirsasana (132) ; Paschimottanasana (160) ; Maricyasana I, II & III (144, 146 et 303) ; Ardha Matsyendrasana I, II & III (311, 330 et 332) ; Pasasana (328) ; Paripurna Matsyendrasana (336) ; Yoganidrasana (391) ; Salabhasana (60) ; Dhanurasana (63) ; Bhujangasana I (73) ; Mayurasana (354) ; Urdhva Dhanurasana (486) et Uddiyana (Section 201).

Amnésie
Sirsasana et ses variations (184 à 218) ; Sarvangasana et ses variations (234 à 271) ; Uttanasana (48) ; Paschimottanasana (160) ; Urdhva Mukha Paschimottanasana I & II (168 et 170) ; Trataka ou fixer le milieu des sourcils ou le bout du nez ; Nadi Sodhana Pranayama (Section 205) avec rétention après l'inspiration et Bhastrika Pranayama (Section 206).

Anémie
Sirsasana et ses variations (184 à 218) ; Sarvangasana et ses variations (234 à 271) ; Paschimottanasana (160) ; Uttanasana (48) ; Ujjayi Pranayama ; Nadi Sodhana Pranayama sans Kumbhaka (rétention) pendant 2 ou 3 mois. Après 3 mois, faites Antara Kumbhaka (rétention après inspiration). Savasana (592) quand cela est possible pendant 10 à 15 minutes en une fois.

Angine
Sirsasana et ce qui est possible parmi les variations (184 à 218) ; Sarvangasana et ce qui est possible parmi les variations (234 à 271) ; Virasana (89) ; Paryankasana (97) ; Padmasana et ses variations (104 à 124) ; toutes les postures debout (1 à 36) ; Ustrasana (41) ; Dhanurasana (63) ; Urdhva Mukha Svanasana (74) ; Maricyasana III (303) ; Ardha Matsyendrasana I (311) ; Pasasana (328) ; Paripurna Matsyendrasana (336) ; Paschimottanasana (160) ; Yoganidrasana (391) ; Urdhva Dhanurasana (486) ; Dvipada Viparita Dandasana (516) ; Ujjayi (Section 203) et Nadi Sodhana Pranayama (Section 205) ; Bhastrika (Section 206) et Uddiyana (Section 201).

Appendicite
Sirsasana et ses variations (184 à 218) ; Sarvangasana et ses variations (234 à 271) ; Paschimottanasana (160) ; Urdhvamukha Paschimottanasana I & II (168 et 170) ;

Purvottanasana (171) ; Maha Mudra (125) ; Janu-Sirsasana (127) ; Ardha Matsyendrasana I (311) ; Pasasana (328) ; Urdhva Dhanurasana (468) ; Dvipada Viparita Dandasana (516) ; Uttanasana (48). Nadi Sodhana Pranayama (Section 205). Sans rétention pendant 2 mois, puis avec rétention après inspiration.

Arthrite au niveau des lombaires
Utthita et Parivrtta Trikonasana (4, 5, 6 et 7) ; Utthita et Parivrtta Parsvakonasana (8, 9, 10 et 11) ; Virabhadrasana I, II & III (14, 15 et 17) ; Ardhacandrasana (19) ; Padangusthasana (44) ; Pada Hastasana (46) ; Uttanasana (48) ; Sirsasana et variations (184 à 218) ; Sarvangasana et ses variations (234 à 271) ; Maricyasana I, II, III & IV (143, 145, 303 et 305) ; Bharadvajasana I & II (297 et 299) ; Ardha Matsyendrasana I (311) ; Pasasana (328) ; Parighasana (39) ; Salabhasana (60) ; Dhanurasana (63) ; Parsva Dhanurasana (64 et 65) ; Uttanapadasana (292) ; Ustrasana (41) ; Setubandhasana (296) ; Urdhva Dhanurasana (486) ; Dvivpada Viparita Dandasana (516) ; Adhomukha Vrksasana (359) ; Pinca Mayurasana (357).

Arthrite au niveau des dorsales
Padmasana et ses variations (104 à 124) ; Virasana (91) ; Paryankasana (97) ; Gomukhasana (80) ; toutes les postures debout (4 à 36) ; Parighasana (39) ; Paschimottanasana (160) ; Urdhva Mukha Paschimottanasana I & II (168 et 170) ; Bhujangasana I (73) ; Urdhva Mukha Svanasana (74) ; Adhomukha Svanasana (75) ; Pinca Mayurasana (357) ; Adhomukha Vrksasana (359) ; Sirsasana et ses variations (184 à 218) ; Sarvangasana et variations (234 à 271) ; Bharadvajasana I & II (297 et 299) ; Maricyasana I & III (143 et 303) ; Ardha Matsyendrasana I & II (311 et 330) ; Pasasana (328) ; Ustrasana (41) ; Dhanurasana (63) ; Urdhva Dhanurasana (486 et 487) ; Eka Pada Urdhva Dhanurasana (501) ; Dvipada Viparita Dandasana (516) ; Eka Pada Viparita Dandasana I (521) ; Kapotasana (512) ; Laghuvajrasana (513).

Arthrite de l'articulation des épaules
Utthita et Parivrtta Trikonasana (4, 5, 6 et 7) ; Utthita et Parivrtta Parsvakonasana (8, 9, 10 et 11) ; Virabhadrasana I. II & III (14, 15 et 17) ; Ardhacandrasana (19) ;

Parsvottanasana (26) ; Salamba Sirsasana (184) ; Salamba Sarvangasana I & II (234 et 235) ; Halasana (244) ; Dhanurasana (63) ; Urdhva Mukha Svanasana (74) ; Adhomukha Svanasana (75) ; Virasana (91) ; Parvatasana (107) ; Ardha Baddha Padmottanasana (52) ; Ardha Baddha Padma Paschimottanasana (135) ; Paschimottanasana (160) ; Gomukhasana (80) ; Baddha Padmasana (118) ; Yogamudrasana (120) ; Pinca Mayurasana (357) ; Adhomukha Vrksasana (359) ; Vasisthasana (398) ; Kasyapasana (399) ; Visvamitrasana (403) ; Bhujapidasana (348) ; Bakasana (410) ; Maricyasana I, II & III (144, 146 et 303) ; Ardha Matsyendrasana I & II (311 et 330) ; Bharadvajasana I & II (297 et 299) ; Pasasana (328) ; Paripurna Matsyendrasana (336) ; Ustrasana (41) ; Yogadandasana (456) ; Urdhva Dhanurasana (486) ; Kapotasana (512) ; Mandalasana (525 à 535) ; Padangustha Dhanurasana (55).

Asthme

Sirsasana et ses variations (184 à 218) ; Sarvangasana et ses variations (234 à 271) ; Mahamudra (125) ; Janu-Sirsasana (127) ; Uttanasana (48) ; Paschimottanasana (160) ; Bhujangasana I & II (73 et 550) ; Salabhasana (60) ; Dhanurasana (63) ; Urdhva Mukha Svanasana (74) ; Adhomukha Svanasana (75) ; Virasana (89) ; Supta Virasana (96) ; Paryankasana (97) ; Padmasana et ses variations (104 à 124) ; Uttanapadasana (292) ; Setubandhasana (296) ; Purvottanasana (171) ; Ardha Matsyendrasana I & II (311 et 330) ; Pasasana (328) ; Ustrasana (41) ; Urdhva Dhanurasana (486) ; Dvipada Viparita Dandasana (516) ; Ujjayi Pranayama (Section 203) et Nadi Sodhana Pranayama (Section 205) sans rétention au moment d'une attaque et avec rétention à l'inspiration et Uddiyana (Section 201) le reste du temps.

Bras et organes abdominaux

Caturanga Dandasana (67) ; Nakrasana (68 à 71) ; Urdhva Mukha Svanasana (74) ; Adhomukha Svanasana (75) ; Lolasana (83) ; Tolasana (108) ; Simhasana II (110) ; Mayurasana (354) ; Padma Mayurasana (355) ; Hamsasana (356) ; Astavakrasana (342) ; Bhujapidasana (348) ; Pinca Mayurasana (357) ; Adhomukha Vrksasana (359) ;

Bakasana (410) ; Parsva Bakasana (412) ; Ekahasta Bhujasana (344) ; Dvihasta Bhujasana (345) ; Cakorasana (379) ; Vasisthasana (398) ; Visvamitrasana (403) ; Tittibhasana (395) ; Urdhva Kukkutasana (419) ; Parsva Kukkutasana (424) ; Dvipada Koundinyasana (438) ; Eka Pada Koundinyasana I & II (441 et 442) ; Eka Pada Bakasana I & II (446 et 451) ; Galavasana (427) ; Eka Pada Galavasana (432) ; Viparita Cakrasana (488 à 499).

Bronchite
Toutes les postures debout (4 à 39) ; Sirsasana et si possible ses variations (184 à 218) ; Sarvangasana et ses variations (234 à 271 sauf 267) ; Paschimottanasana (160) ; Jatara Parivartanasana (275) ; Urdhva Mukha Pashimottanasana I & II (168 et 170) ; Janu-Sirsasana (127) ; Mahamudra (125) ; Bhujangasana I (73) ; Adhomukha Svanasana (75) ; Gomukhasana (80) ; Maricyasana I & III (144 et 303) ; Ardha Matsyendrasana I (311) ; Malasana I & II (321 et 322) ; Pasasana (328) ; Virasana (89) ; Supta Virasana (96) ; Paryankasana (97) ; Padmasana et tout ce qui est possible dans les variations (104 à 124) ; Baddha Konasana (102) ; Upavistha Konasana (151) ; Eka Pada Sirsasana et ses variations (371 à 384) ; Yoganidrasana (391) ; Dvipada Sirsasana (393) ; Kurmasana et Supta Kurmasana (363, 364 et 368) ; Salabhasana (60) ; Dhanurasana (63) ; Ustrasana (41) ; Urdhva Dhanurasana (486) ; Kapotasana (512) ; Dvipada Viparita Dandasana (516) ; Ujjayi (Section 203), Nadi Sodhana (Section 205) et Surya Bhedana Pranayama (Section 204) avec rétention après l'inspiration.

Broncho-pneumonie
Salamba Sirsasana I (184) ; Salamba Sarvangasana I (234) ; Halasana (244) ; Paschimottanasana (160) ; Uttanasana (48) ; Maha Mudra (125) ; Adhomukha Svanasana (75) ; Virasana (89) ; Siddhasana (84) ; Padmasana (104) ; Baddha Padmasana (118) ; Baddha Konasana (102) ; Ujjayi, Nadi Sodhana et Suryabhedana Pranayama ; Savasana (592).

Brûlures d'estomac
Suivez les exercices donnés sous le titre *Acidité*.

Cerveau
Sirsasana et ses variations (184 à 218) ; Sarvangasana et ses variations (234 à 271) ; Adhomukha Svanasana (75) ; Paschimottanasana (160) ; Uttanasana (48) ; Kurmasana et Supta Kurmasana (363, 364 et 368) ; Yoganidrasana (391) ; Urdhva Dhanurasana (486) ; Viparita Cakrasana (488 à 499) ; Dvipada Viparita Dandasana (516) ; Eka Pada Viparita Dandasana I & II (521 et 523) ; Vrischikasana I & II (537 et 538) ; Sirsapadasana (570) ; Ganda-Bherundasana (580 et 581) ; Viparita Saabhasana (584) ; Nadi Sodhana (Section 205), Suryabhedana (Section 204), Bhastrika (Section 206) et Sitali Pranayama (601) ; Savasana (592).

Chevilles
Utthita et Parivrtta Trikonasana (4, 5, 6 et 7) ; Utthita et Parivrtta Parsvakonasana (8, 9, 10 et 11) ; Virabhadrasana I, II et III (14, 15 et 17) ; Parsvottanasana (26) ; Prasarita Padottanasana (33) ; Adho Mukha Svanasana (75) ; Gomukhasana (80) ; Virasana (89) ; Supta Virasana (96) ; Bhekasana (100) ; Baddha Padmasana et ses variations (104 à 124) ; Baddhakonasana (102) ; Supta Padangusthasana (285 à 287) ; Triang Mukhaikapada Paschimottanasana (139) ; Krouncasana (141) ; Bharadvajasana I & II (297 et 299) ; Akarna Dhanurasana (173 et 175) ; Salabhasana (60) ; Dhanurasana (63) ; Ustrasana (41) ; Vatayanasana (58) ; Garudasana (56) ; Supta Bhekasana (458) ; Malasana I et II (321 et 322).

Coccyx (douleurs et déplacement)
Virasana (89) ; Supta Virasana (96) ; Padmasana et ses variations (104 à 124) ; Sirsasana I (184) ; Sarvangasana I (234) ; Setubandha Sarvangasana et Eka Pada Setu Bandha Sarvangasana (259 et 260) ; Salabhasana (60) ; Dhanurasana (63) ; Parsva Dhanurasana (64 et 65) ; Bhujangasana I & II (73 et 550) ; Adho Mukha Vrksasana (359) ; Pinca-Mayurasana (357) ; Urdhva Mukha Svanasana (74) ; Vatayanasana (58) ; Ustrasana (41) ; Urdhva Dhanurasana (486 et 487) ; Dvipada Viparita Dandasana (516) ; Kapotasana (512) ; Laghuvajrasana (513) ; Vrischikasana I (537) ; Rajakapotasana (551) ; Eka Pada Rajakapotasana I, II, III & IV (542, 545,

546 et 547) ; Valakhilyasana (544) ; Ganda-Bherundasana (580 et 581) ; Viparita Salabhasana (584) ; Padaangustha Dhanurasana (550) ; Tiriang Mukhottanasana (586) ; Hanumanasana (475) ; Mulabandhasana (462).

Coliques
Sirsana et ses variations (184 à 218) ; Sarvangasana et ses variations (234 à 271) ; Uttanasana (48) ; Jatara Parivartanasana (275) ; Paripurna Navasana (78) ; Ardha Navasana (79) ; Virasana (89) ; Supta Virasana (96) ; Mahamudra (125) ; Uddiyana six à huit fois (Section 201).

Colite
Sirsana et ses variations (184 à 218) ; Sarvangasana et ses variations (234 à 271) ; Uttanasana (48) ; Paschimottanasana (160) ; Virasana (89) ; Supta Virasana (96) ; Jatara Parivartanasana (275) ; Paripurna Navasana (78) ; Ardha Navasana (79) ; Maricyasana III (303) ; Ardha Matsyendrasana I (311) ; Pasasana (328) ; Mahamudra (125) ; Adho Mukha Svanasana (75) ; Janu-Sirsasana (127) ; Yoganidrasana (391) ; Salabhasana (60) ; Dhanurasana (63) ; Urdhva Dhanurasana (486) ; Ujjayi (Section 203) et Nadi Sodhana Pranayama (Section 205).

Constipation
Sirsasana et ses variations (184 à 218) ; Sarvangasana et ses variations (234 à 271) ; toutes les postures debout (4 à 36) ; Uttanasana (48) ; Paschimottanasana (160) ; Jatara Parivartanasana (275). Nadi Sodhana Pranayama (Section 205).

Déplacement de disques vertébraux
Toutes les postures debout (4 à 19) ; Padangusthasana (43) ; Pada astasana (45) ; Uttanasana (47) ; Pachimottanasana (160) ; Salabhasana (60 et 61) ; Makarasana (62) ; Dhanurasana (63) ; Ustrasana (41) ; Bhujangasana I (73) ; Urdhva Mukha Svanasana (74) ; Uttanapadasana (292) ; Setubandhasana (296) ; Sarvangasana I (234) ; Setubandha Sarvangasana (259) ; Pinca Mayurasana (357) ; Adho Mukha Vrksasana (359) ; Parvatasana (107) ; Matsyasana (113) ; Supta Virasana (96) ; Paryankasana (97) ;

Parighasana (39) ; Urdhva Dhanurasana (486 et 487) ; Dvipada Viparita Dandasana (516) ; Ujjayi (Section 203) et Nadi Sodhana Pranayama (Section 205).

Déplacement de l'utérus

Sirsasana et ses variations (184 à 218) ; Sarvangasana et ses variations (234 à 271) ; Uttanasana (48) ; Padangusthasana (44) ; Pada-Hastasana (46) ; Adho Mukha Svanasana (75) ; Dandasana (77) ; Parvatasana (107) ; Matsyasana (114) ; Baddha Konasana (101) ; Upavistha Konasana (151) ; Ujjayi (Section 203) et Nadi Sodhana Pranayama (Section 205) ; Uddiyana (Section 201).

Diabète

Sirsasana et ses variations (184 à 218) ; Sarvangasana et ses variations (234 à 271) ; Mahamudra (125) ; Janu-Sirsasana (127) ; Paschimottanasana (160) ; Virasana (89) ; Supta Virasana (96) ; Akarna Dhanurasana (173 et 175) ; Salabhasana (60) ; Dhanurasana (63) ; Paripurna Navasana (78) ; Ardha Navasana (79) ; Jatara Parivartanasana (275) ; Uttanasana (48) ; Maricyasana I, II, III et IV (146, 303 et 305) ; Ardha Matsyendrasana I, II et III (311, 330 et 332) ; Pasasana (328) ; Paripurna Matsyendrasana (336) ; Urdhva Dhanurasana (486) ; Dvipada Viparita Dandasana (516) ; Mayurasana (354) ; Hamsasana (356) ; Bhujangasana I et II (73 et 550) ; Uddiyana (Section 201), Nauli (Section 202), Nadi Sodhana Pranayama (Section 205) avec rétention à l'inspiration ; Savasana (592).

Diarrhée

Salamba Sirsasana I (184) ; Salamba Sarvangasana I (234) ; Nadi Sodhana Pranayama (Section 205) sans rétention.

Difformité des bras

Toutes les postures debout (1 à 48) ; Parvatasana (107) ; Halasana (244) ; Urdhva Mukha Svanasana (74) ; Adhomukha Svanasana (75) ; Adho Mukha Vrksasana (359) ; Gomukhasana (80) ; Maricyasana I & III (144 et 303) ; Ardha Matsyendrasana I (311) ; Baddha Padmasana (118) ; Malasana I (321) ; Pasasana (328).

Difformités des jambes

Toutes les postures debout (4 à 48) ; Janu-Sirsasana (127) ; Ardha Baddha Padma Paschimottanasana (135) ; Triangmukhaikapada Paschimottanasana (139) ; Krouncasana (141) ; Upavistha Konasana (151) ; Ubhaya Padangusthasana (167) ; Urdhva Mukha Paschimottanasana I & II (168 et 170) ; Halasana (244) ; Jatara Parivartanasana (275) ; Supta Padangusthasana (284 à 287) ; Anantasana (290) ; Adho Mukha Svanasana (75) ; Salabhasana (60) ; Hanumanasana (475) ; Samakonasana (477) ; Supta Trivikramasana (478).

Dilatation du cœur

Nadi Sodhana Pranayama (Section 205) sans rétention.

Dos bossu

Toutes les postures debout (1 à 36) ; Caturanga Dandasana (67) ; Salabhasana (60) ; Makarasana (62) ; Dhanurasana (63) ; Ustrasana (41) ; Padangusthasana (43) ; Pada Hastasana (45) ; Uttanasana (47) ; Bhujangasana I (73) ; Urdhva Mukha Svanasana (74) ; Adho Mukha Svanasana (75) ; Mahamudra (125) ; Janu-Sirsasana (127) ; Upavista Konasana (151) ; Gomukhasana (80) ; Parvatasana (107) ; Bharadvajasana I & II (297 et 299) ; Maricyasana I, II, III et IV (144, 146, 303 et 305) ; Baddha Padmasana (118) ; Paryankasana (97) ; Ardha Matsyendrasana I & II (311 et 330) ; Jatara Parivartanasana (275) ; Supta Padangusthasana (285 à 287) ; Urdhva Dhanurasana (486) ; Pinca Mayurasana (357) ; Adho Mukha Vsksasana (359) ; Dvipada Vuparita Dandasana (516).

Douleurs dans le dos

Sirsasana et ses variations (184 à 218) ; Sarvangasana et ses variations (234 à 271) ; toutes les postures debout (4 à 36) ; Jatara Parivartanasana (275) ; Supta Padangusthasana (285 à 287) ; Mahamudra (125) ; Janu-Sirsasana (127) ; Parivrtta Janu-Sirsasana (132) ; Paschimottanasana (160) ; Urdhva Mukha Paschimottanasana I et II (168 et 170) ; Pavritta Paschimottanasana (165) ; Maricyasana I & III (144 et 303) ; Ardha Matsyendrasana I & II (311 et 330) ; Pasasana (328) ; Paripurna Matsyendrasana (336) ;

Malasana I & II (321 et 322) ; Adho Mukha Svanasana (75) ; Ustrasana (41) ; Salabhasana (60) ; Dhanurasana (63) ; Parsva Dhanurasana (64 et 65) ; Urdhva Dhanurasana (486) ; Viparita Cakrasana (488 à 499) ; Dvipada Viparita Dandasana (516) ; Mandalasana (525 à 535).

Douleurs rhumatismales

Suivez les asana indiqués sous le titre *Arthrite* et *Lumbago*.

Dysenterie

Sirsasana et si possible les variations (184 à 218) ; Sarvangasana et si possible les variations (234 à 271) ; Mahamudra (125) ; Janu-Sirsasana (127) ; Nadi Sodhana Pranayama (Section 205) sans rétention.

Dyspepsie

Suivez les asanas donnés sous le titre *Acidité*.

Épilepsie

Salamba Sirsasana I (184) ; Salamba Sarvangasana I (234) ; Halasana (244) ; Mahamudra (125) ; Paschimottanasana (160) ; Ujjayi Pranayama avec rétention à l'inspiration et Nadi Sodhana Pranayama sans rétention ; Sanmukhi Mudra (106) pendant 5 minutes ; Savasana (592) aussi longtemps que vous pouvez en disposer. Sitali Pranayama (601) ; Dhyana ou méditation.

Faiblesse nerveuse

Sirsasana et ses variations (184 à 218) ; Sarvangasana et ses variations (234 à 271) ; Uttanasana (48) ; Paschimottanasana (160) ; Nadi Sodhana Pranayama sans rétention ; Sanmukhi Mudra (106) ; Méditation et Savasana (592).

Fatigue

Salamba Sirsasana I (184) ; Salamba Sarvangasana I (234) ; Halasana (244) ; Paschimottanasana (160) ; Urdhva Mukha Paschimottanasana II (170) ; Adhomukha Svanasana (75) ; Uttanasana (48) ; Ardha Matsyendrasana I (311) ; Pasasana (328) ; Malasana II (322) ; Dvipada

Viparita Dandasana (516) ; Nadi Sodhama Pranayama (Section 205) sans rétention ; Savasana (592).

Flatulence

Sirsasana et ses variations (184 à 218) ; Sarvangasana et ses variations (234 à 271) ; toutes les postures debout (1 à 36) ; Padangusthasana (44) ; Pada Hastasana (46) ; Uttanasana (48) ; Mahamudra (125) ; Janu-Sirsasana (127) ; Ardha Baddha Padma Paschimottanasana (135) ; Triang Mukhaikapada Paschimottanasana (139) ; Krouncasana (142) ; Maricyasana I (144) ; Paripurna Navasana (78) ; Ardha Navasana (79) ; Maricyasana III (303) ; Ardha Matsyendrasana I & III (311 et 332) ; Malasana II (322) ; Pasasana (328) ; Paripoorna Matsyendrasana (336) ; Paschimottanasana (160) ; Urdhva Mukha Paschimottanasana I & II (168 et 170) ; Jatara Parivartanasana (275) ; Urdhva Prasarita Padasana (276 à 279) ; Cakrasana (280 à 283) ; Supta Virasana (96) ; Yoga Mudrasana (120) ; Eka Pada Sirsasana et ses variations (371 à 384) ; Kurmasana et Supta Kurmasana (363, 364 et 368) ; Yoganidrasana (391) ; Dvipada Sirsasana (393) ; Salabhasana (60) ; Dhanurasana (63) ; Mayurasana (354) ; Urdhva Dhanurasana (486) ; Dvipada Viparita Dandasana (516) ; Mandalasana (525 à 535) ; Uddiyana (Section 201) et Nauli (Section 202).

Foie et vésicule biliaire

Suivez les asana donnés sous les titres : *Acidité, Dyspepsie* et *Flatulence*.

Foie, Rate, Pancréas et Intestins

Suivez les asana donnés sous les titres *Bras* et *Reins*.

Gastrite

Voir *Flatulence*.

Genoux

Toutes les postures debout (1 à 48) ; Janu-Sirsasana (127) ; Parivrtta Janu-Sirsasana (132) ; Ardha Baddha Padma Paschimottanasana (135) ; Triangmukhaikapada

Paschimottanasana (139) ; Krouncasana (141) ; Maricyasana I, II, III & IV (144, 146, 303 et 305) ; Akarna Dhanurasana (173 et 175) ; Padmasana et ses variations (104 et 124) ; Virasana (89) ; Supta Virasana (96) ; Paryankasana (97) ; Gomukhasana (80) ; Siddhasana (84) ; Baddha Konasana (101) ; Bharadvajasana I & II (297 et 299) ; Ardha Matsyendrasana I (311) ; Malasana I & II (321 et 322) ; Pasasana (328) ; Kurmasana et Supta Kurmasana (363, 364 et 368) ; Yoganidrasana (391) ; Yogadandasana (456) ; Bhekasana (100) ; Supta Bhekasana (458) ; Mulabandhasana (462) ; Vamadevasana I & II (465 et 466) ; Kandasana (470) ; Hanumanasana (475) ; Gherandasana I & II (561 et 564).

Goutte
Sirsasana et tout ce qui est possible dans les variations (184 à 218) ; Sarvangasana et tout ce qui est possible dans les variations (234 à 271) ; toutes les postures debout (4 à 36) ; si possible Padmasana et variations (104 à 124) ; Virasana (89) ; Supta Virasana (96) ; Paryankasana (97) ; Parighasana (39) ; Garudasana (56) ; Gomukhasana (80) ; Uttanasana (48) ; Paschimottanasana (160) ; Ubhaya Padangusthasana (167) ; Akarna Dhanurasana (173 et 175) ; Krouncasana (142) ; Maricyasana III (303) ; Ardha Matsyendrasana I (311) ; Malasana I & II (321 et 322) ; Pasasana (328) ; Yogadandasana (456) ; Bhekasana (100) ; Supta Bhekasana (458) ; Mulabandhasana (462) ; Vamadevasana I & II (465 et 466) ; Kandasana (470) ; Hanumanasana (475).

Mauvaise haleine
Sirsasana et ses variations (184 à 218) ; Sarvangasana et ses variations (234 à 271) ; Uttanasana (48) ; Jatara Parivartanasana (275) ; Paschimottanasana (160) ; Simhasana I & II (109 et 110) ; Ujjayi (Section 203), Nadi Sodhana (Section 205) et Sitali Pranayama (601) ; Uddiyana (Section 201).

(En faisant les asana et le pranayama, ouvrez la bouche, tirez la langue et courbez-la en arrière en rapprochant son extrémité de la glotte tout au long de la pratique. Ce n'est pas seulement pour supprimer la mauvaise haleine, mais aussi pour apaiser la soif. Ceci est appelé Kaka Mudra en Yoga. Kaka est un corbeau et mudra est un symbole.)

Hémorroïdes
Sirsasana et ses variations (184 à 218) ; Sarvangasana et ses variations (234 à 271) ; Jatara Parivartanasana (275) ; Supta Padangusthasana (285 à 287) ; Matsyasana (114) ; Simhasana II (110) ; Salabhasana (60) ; Dhanurasana (63) ; Urdhva Dhanurasana (486) ; Dvipada Viparita Dandasana (516) ; Ujjayi (Section 203) et Nadi Sodhana Pranayama (Section 205) avec rétention et Savasana (592).

Hernie inguinale
Sirsana et ses variations (184 à 218) ; Sarvangasana et ses variations (234 à 271) ; Ubhaya Padangusthasana (167) ; Urdhva Mukha Paschimottanasana I & II (168 et 170) ; Krouncasana (141) ; Akarna Dhanurasana (173 et 175) ; Supta Padangusthasana (284 à 287) ; Upavistha Konasana (151) ; Baddha Konasana (102) ; Hanumanasana (475) ; Samakonasana (477) ; Supta Trivikratnasana (478) ; Yogadandasana (456) ; Mulabandhasana (462) ; Yoganidrasana (391) ; Uddiyana (Section 201).

(Il est recommandé de faire Baddha Konasana (101) en position couchée en se reposant. Ne bougez pas et ne vous levez pas immédiatement après avoir fait cet asana. Faites d'abord Savasana.)

Hernie ombilicale
Sirsasana et ses variations (184 à 218) ; Sarvangasana et ses variations (234 à 271) ; Baddha Konasana (103) ; Upavistha Konasana (151) ; Paschimottanasana (160) ; Urdhva Mukha Paschimottanasana I & II (168 et 170) ; Akarna Dhanurasana (173 et 175) ; Supta Padangusthasana (284 à 287) ; Mahamudra (125) ; Adho Mukha Svanasana (75) ; Padangusthasana (43) ; Pada Hastasana (45) ; Uttanasana (47) ; Urdhva Dhanurasana (486) ; Dvipada Viparata Dandasana (516) ; Kurmasana et Supta Kurmasana (363, 364 et 368) ; Eka Pada Sirsasana et ses variations (371 à 384) ; Yoganidrasana (391) ; Dvipada Sirsasana (393) ; Paripurna Navasana (78) ; Ardha Navasana (79) ; Uddiyana.

Hydrocèle
Sirsasana et ses variations (184 à 218) ; Sarvangasana et ses variations (234 à 271) ; Padmasana et ses variations (104 à 124) ; Adho Mukha Vrksasana (359) ; Pinca Mayurasana (357) ; Adho Mukha Svanasana (75) ; Jatara Parivartanasana (275) ; Supta Padangusthasana (285 à 287) ; Baddha Konasana (101) ; Upavistha Konasana (151) ; Paschimottanasana (160) ; Yoganidrasana (391) ; Yogadandasana (456) ; Mulabandhasana (462) ; Vamadevasana I & II (465 et 466) ; Kandasana (470) ; Hanumanasana (475) ; Samakonasana (477) ; Uddiyana (Section 201) et Nauli (Section 202).

Impuissance
Sirsasana et ses variations (184 à 218) ; Sarvangasana et ses variations (234 à 271) ; Paschimottanasana (160) ; Uttanasana (48) ; Mahamudra (125) ; Baddha Konasana (101) ; Ardha Matsyendrasana I (311) ; Pasasana (328) ; Mulabandhasana (462) ; Kandasana (470) ; Hanumanasana (475) ; Yoganidrasana (391) ; Urdhva Dhanurasana (486) ; Dvipada Viparita Dandasana (516) ; Uddiyana ; Nadi Sodhana Pranayama (Section 205) avec rétention après inspiration.

Indigestion
Toutes les postures debout (4 à 48) ; Sirsasana et ses variations (184 à 218) ; Sarvangasana et ses variations (234 à 71) ; Jatara Parivartanasana (275) ; Urdhva Prasarita Padasana (276 à 279) ; Paripurna Navasana (78) ; Ardha Navasana (79) ; Mahamudra (125) ; Salabhasana (60) ; Dhanurasana (63) ; Paschimottanasana (160) ; Yoganidrasana (391) ; Maricyasana III (303) ; Ardha Matsyendrasana I (311) ; Pasana (328) ; Paripoorna Matsyendrasana (336) ; Supta Virasana (96) ; Uddiyana (Section 201) et Nauli (Section 202), Bhastrika Pranayama (Section 206), Nadi Sodhana Pranayama (Section 205) avec rétention à l'inspiration.

Insomnie
Sirsasana et ses variations (184 à 218) ; Sarvangasana et ses variations (234 à 271) ; Paschimottanasana (160) ;

Uttanasana (48) ; Bhastrika, Nadi Sodhana et Suryabhedana Pranayama sans rétention. Sanmukhi Mudra (106) et Savasana (592).

Jambes
Toutes les postures debout (1 à 58) ; Salabhasana (60) ; Dhanurasana (63) ; Bhujangasana I & II (73 et 550) ; Caturanga Dandasana (67) ; Urdhva Mukha Svanasana (74) ; Adho Mukha Svanasana (75) ; Paripurna Navasana (78) ; Ardha Navasana (79) ; Paschimottanasana (160) ; Urdhva Mukha Paschimottanasana I & II (168 et 170) ; Akarna Dhanurasana (173 et 175) ; Upavistha Konasana (151) ; Jatara Parivartanasana (275) ; Supta Pandangusthasana (285 à 287) ; Krouncasana (141) ; Salamba Sirsasana I (184) ; Salamba Sarvangasana (234) ; Halasana (244) ; Pinca Mayurasana (357) ; Adho Mukha Vrksasana (359) ; Anantasana (290) ; Ekapada Sirsasana et ses variations (371 à 384) ; Vasisthasana (398) ; Visvamitrasana (403) ; Hanumanasana (475) ; Samakonasana (477) ; Supta Trivikramasana (478).

Lumbago
Toutes les postures debout (4 à 48) ; Salabhasana (60) ; Dhanurasana (63) ; Bhujangasana I (73) ; Poorvottanasana (171) ; Malasana I & II (321 et 322) ; Bharadvajasana I & II (297 et 299) ; Maricyasana III (303) ; Ardha Matsyendrasana I (311), Pasasana (328) ; Urdhva Mukha Paschimottanasana II (170) ; Jatara Parivartanasana (275) ; Parvatasana (107) ; Sirsasana et ses variations (184 à 218) ; Sarvangasana et ses variations (234 à 271) ; Urdhva Dhanurasana (486 et 487) ; Viparita Cakrasana (488 à 499) ; Dvipada Viparita Dandasana (516) ; Mandalasana (525 à 535).

Maux de tête
Salamba Sirsasana I (184) 10 minutes ; Salamba Sarvangasana I (234) 10 minutes ; Halasana (244) 5 minutes et ce qui est possible des variations de Sarvangasana ; Paschimottanasana (160) 5 minutes ; Uttanasana (48) 3 minutes ; Nadi Sodhana Pranayama (Section 205) sans rétention, 10 à 15 minutes ; Savasana (592) 10 minutes.

Migraine

Salamba Sirsasana (184) ; si possible variations de Sirsasana ; Sarvangasana (et ce qui est possible des variations) (234 à 271) ; Paschimottanasana (160) ; Uttanasana (48) ; Nadi Sodhana Pranayama sans rétention ; Sitali Pranayama ; Sanmukhi Mudra (106) ; Méditation en Virasana (89) ou Siddhasana (84) ou Baddha Konasana (103) ou Padmasana (104) ; Savasana (592).

Muscles de l'arrière des genoux (jarrets)

Toutes les postures debout (4 à 36) ; Sirsasana et ce qui est possible dans les variations (184 à 218) ; Salamba Sarvangasana et ce qui est possible dans les variations (234 à 271) ; Jatara Parivartanasana (275) ; Supta Padangusthasana (284 à 287) ; Anantasana (290) ; Paschimottanasana (160) ; Purvottanasana (171) ; Baddha Konasana (101) ; Upavistha Konasana (151) ; Akarna Dhanurasana (173 et 175) ; Kurmasana (363 et 364) ; Ustrasana (41) ; Salabhasana (60) ; Dhanurasana (63) ; Urdhva Dhanurasana (486 et 487) ; Dvipada Viparita Dandasana (516) ; Mandalasana (525 à 535) ; Ardha Matsyendrasana I (311) ; Malasana II (322) ; Pasasana (328) ; Hanumanasana (475) ; Samakonasana (477) ; Supta Trivikramasana (478).

Obésité

Suivez les asana indiqués sous les titres *Acidité, Dyspepsie* et *Gastrite.*

Ovaires

Suivez les asana indiqués sous le titre *Troubles menstruels*.

Palpitations

Salamba Sirsasana I (184) ; Salamba Sarvangasana I (234) ; Halasana (244) ; Paschimottanasana (160) ; Uttanasana (48) ; Adho Mukha Svanasana (75) ; Dvipada Viparita Dandasana (516) ; Virasana (89) ; Supta Virasana (96) ; Ujjayi (Section 203) et Nadi Sodhana Pranayama (Section 205) sans rétention au commencement. Après deux ou trois mois, faites 5 secondes de rétention à l'inspiration, puis augmentez ce temps progressivement. Savasana (592).

Paralysie

Ici encore, la direction d'un professeur compétent est une nécessité. Toutes les postures debout (1 à 36) ; Padangusthasana (44) ; Pada Hastasana (46) ; Uttanasana (48) ; Salabhasana (60 et 61) ; Makarasana (62) ; Dhanurasana (63) ; Bhujangasana I (73) ; Salamba Sirsana I (184) ; Salamba Sarvangasana I (234) ; Halasana (244) ; Eka Pada Sarvangasana (250) ; Parsvaikapada Sarvavangasana (251) ; Parsva Halasana (249) ; Supta Konasana (247) ; Supta Padangusthasana (284, 285 et 287) ; Urdhva Prasarita Padasana (276 à 279) ; Savasana (592) ; Ujjayi (Section 203) et Nadi Sodhana Pranayama (Section 205).

Pieds plats

Toutes les postures debout (1 à 48) ; Sirsasana I (184) ; Sarvangasana I (234) ; Virasana (89) ; Supta Virasana (96) ; Paryankasana (97) ; Bhekasana (100) ; Supta Bhekasana (458) ; Triang Mukaikapada Paschimottanasana (139) ; Krouncasana (141) ; Baddha Padmasana (118) ; Baddha Konasana (102) ; Mulabandhasana (462) ; Supta Padangusthasana (284 à 287) ; Gomukhasana (80) ; Yogadandasana (456) ; Vamadevasana I & II (465 et 466) ; Gherandasana I (561).

Pleurésie et Pneumonie

(Après traitement médical et repos, le patient pourra avantageusement se mettre à pratiquer le yoga pour reprendre des forces et revenir à une vie normale en peu de temps.)

Salamba Sirsasana I (184) ; Salamba Sarvangasana I (234) ; Halasana (344) ; Paschimottanasana (160) ; Uttanasana (48) ; Virasana (89) ; Parvatasana (107) ; Matsyasana (114) ; Ujjayi (Section 203) et Nadi Sodhana Pranayama (Section 205) sans rétention, Méditation et Savasana (592).

Poitrine

Toutes les postures debout (1 à 48) ; Sirsasana et ses variations (184 à 218) ; Sarvangasana et ses variations (234 à 271) ; Dhanurasana (63) ; Caturanga Dandasana (67) ;

Bhujangasana I & II (73 et 550) ; Urdhva Mukha Svanasana (74) ; Adho Mukha Svanasana (75) ; Padmasana et ses variations (104 à 124) ; Paschimottanasana (160) ; Akarna Dhanurasana (173 et 175) ; Ubhaya Padangusthasana (167) ; Urdhva Mukha Paschimottanasana I & II (168 et 170) ; Baddha Konasana (101) ; Bhujapidasana (348) ; Maricyasana III (303) ; Ardha Matsyendrasana I, II et III (311, 330 et 332) ; Pasasana (328) ; Pinca Mayurasana (357) ; Adho Mukha Vrksasana (359) ; Bakasana (410) ; Parsva Bakasana (412) ; Dvipada Koundinyasana (348) ; Eka Pada Koundinyasana I & II (441 et 442) ; Eka Pada Bakasana I & II (446 et 451) ; Urdhva Kukkutasana (419) ; Parsva Kukkutasana (424) ; Vamadevasana I & II (465 et 466) ; Urdhva Dhanurasana (486) ; Viparita Cakrasana (488 à 499) ; Kapotasana (512) ; Laghuvajrasana (513) ; Dvipada Viparita Dandasana (516) ; Eka Pada Viparita Dandasana I & II (521 et 523) ; Cakrabandhasana (524) ; Mandalasana (525 à 535) ; Vrischikasana I (537) ; Rajakapotasana (551) ; Eka Pada Rajakapotasana I, II, III et IV (542, 545, 546 et 547) ; Valakhilyasana (544) ; Padangustha Dhanurasana (555) ; Ganda-Bherundasana (580 et 581) ; Viparita Salabhasana (584) ; Tiriang Mukhottanasana (586) ; Natarajasana (590) ; Ujjavi (Section 203) et Nadi Sodhana Pranayama (Section 205) avec rétention à l'inspiration.

Poliomyélite

Toutes les postures debout (1 à 36). Salabhasana (60) ; Dhanurasana (63) et ainsi de suite. Mais, selon ma propre expérience, avec les polios il est essentiel de travailler sous la direction d'un maître, donc n'utilisez pas simplement le livre. Les asana doivent être adaptés aux besoins de chacun et à l'état du patient.

Poumons

Sirsasana et ses variations (184 à 218) ; Sarvangasana et ses variations (234 à 271) ; Padmasana et ses variations (104 à 124) ; Virasana (89) ; Supta Virasana (96) ; Paryankasana (97) ; toutes les postures debout (4 à 36) ; Urdhva Dhanurasana (486) ; Dvipada Viparita Dandasana (516) ; tous les types de Pranayama avec rétention à l'inspiration.

Prostate
Sirsasana et ses variations (184 à 218) ; Sarvangasana et ses variations (234 à 271) ; Jatara Parivartanasana (275) ; Uttanasana (48) ; Salabhasana (60) ; Dhanurasana (63) ; Adho Mukha Svanasana (75) ; Paripurna Navasana (78) ; Ardha Navasana (79) ; Janu-Sirsasana (127) ; Virasana (89) ; Supta Virasana (96) ; Baddha Konasana (102) ; Padmasana et ses variations (104 à 124) ; Kurmasana et Supta Kurmasana (363, 364 et 368) ; Eka Pada Sirsasana et ses variations (371 à 384) ; Yoganidrasana (391) ; Ardha Matsyendrasana I & II (311 et 320) ; Pasasana (328) ; Paripoorna Matsyendrasana (336) ; Mulabandhasana (462) ; Kandasana (470) ; Hanumanasana (475) ; Samakonasana (477) ; Urdhva Dhanurasana (486) ; Viparita Cakrasana (488 à 499) ; Dvipada Viparita Dandasana (516) ; Mandalasana (525 à 535) ; Uddiyana (Section 201), Nadi Sodhana (Section 205) et Ujjayi Pranayama (Section 203) avec rétention.

Refroidissement
Sirsasana et ses variations (184 à 218) ; Sarvangasana et ses variations (234 à 271) ; Uttanasana (48) ; Paschimottanasana (160) ; Ardha Matsyendrasana I (311) ; Pasasana (328) ; Urdhva Dhanurasana (486). Ujjayi (Section 203), Bhastrika (Section 206), Nadi Sodhana (Section 205) et Suryabhedana (Section 204) Pranayama.

Reins
Sirsasana et ses variations (184 à 218) ; Sarvangasana et ses variations (234 à 271) ; toutes les postures debout (4 à 48) ; Urdhva Mukha Svanasana (74) ; Adho Mukha Svanasana (75) ; Salabhasana (60) ; Dhanurasana (63) ; Janu-Sirsasana (127) ; Parivrtta Janu-Sirsasana (132) ; Paschimottanasana (160) ; Parivrtta Paschimottanasana (165) ; Baddha Konasana (103) ; Upavistha Konasana (151) ; Jatara Parivartanasana (275) ; Ardha Navasana (79) ; Maricyasana III (303) ; Ardha Matsyendrasana I, II et III (11, 330 et 332) ; Pasasana (328) ; Paripurna Matsyendrasana (336) ; Bhujangasana I et II (73 et 550) ; Mulabandhasana (462) ; Kandasana (470) ; Hanumanasana (475) ; Yoganidrasana (391) ; Urdhva Dhanurasana (486 et 487) ;

Dvipada Viparita Dandasana (516) ; Mandalasana (525 à 535) ; Kapotasana (512) ; Rajakapotasana (551) ; Vrischikasana I ou II (537 ou 538) ; Padangustha Dhanurasana (555) ; Sirsapadasana (570) ; Ganda Bherundasana (580 et 581) ; Viparita Salabhasana (584) ; Tiriang Mukhottanasana (586) ; Natarajasana (590) ; Uddiyana (Section 201) et Nadi Sodhana Pranayama (Section 205).

Rhume

Sirsasana et ses variations (184 à 218) ; Sarvangasana et ses variations (234 à 271) ; Uttanasana (48) ; Paschimottanasana (160) ; Kurmasana et Supta Kurmasana (363, 364 et 368) ; Yoganidrasana (391) ; Ujjayi Pranayama (Section 203) avec rétention à l'inspiration.

Rhume chronique

Sirsasana et ses variations (184 à 218) ; Sarvangasana et ses variations (234 à 271) ; Paschimottanasana (160) ; Uttanasana (48) ; Adho Mukha Svanasana (75) ; Ujjayi (Section 203), Bhastrika (Section 206), Suryabhedana (Section 204) et Nadi Sodhana Pranayama (Section 205).

Sciatique

Toutes les postures debout (1 à 36) ; Sirsasana et ce que vous pouvez faire parmi les variations (184 à 218) ; Sarvangasana et ce que vous pouvez faire parmi les variations (234 à 271) ; Jatara Parivartanasana (275) ; Supta Padangusthasana (284 à 287) ; Anantasana (290) ; Uttanapadasana (292) ; Setubandhasana (296) ; Paschimottanasana (160) ; Salabhasana (60) ; Dhanurasana (63) ; Bhujangasana I (73) ; Urdhva Mukha Svanasana (74) ; Adho Mukha Svanasana (75) ; Urdhva Mukha Paschimottanasana I & II (168 et 170) ; Purvottanasana (171) ; Kurmasana (363 et 364) ; Mulabandhasana (462) ; Bharadvajasana I & II (297 et 299) ; Maricyasana III (303) ; Ardha Matsyendrasana I (311) ; Malasana I & II (321 et 322) ; Pasasana (328) ; Hanumanasana (475) ; Supta Trivikramasana (478) ; Ustrasana (41) ; Dvipada Viparita Dandasana (516). Si possible, Paripurna Matsyendrasana (336).

Souffle (manque de)

Salamba Sirsasana I (184) ; Salamba Sarvangasana I (234) ; Halasana (244) ; Paschimottanasana (160) ;

Uttanasana (48) ; Adho Mukha Svanasana (75) ; Parvatasana (107) ; Urdhva Dhanurasana (486) ; Ujjayi Pranayama Nadi Sodhana Pranayama ; Uddiyana ; Savasana (592).

Spermatorrhée
Sirsasana et ses variations (184 à 218) ; Sarvangasana et ses variations (234 à 271) ; Paschimottanasana (160) ; Baddha Konasana (103) ; Mulabandhasana (462) ; Kandasana (470) ; Ujjayi (Section 203) et Nadi Sodhana Pranayama (Section 205) sans rétention pendant 2 à 3 mois, puis ensuite avec rétention à l'inspiration.

Stérilité
Suivez les asana indiqués sous le titre *Spermatorrhée*.

Talons (douleurs ou excroissances pathologiques).
Sirsasana et ses variations (184 à 218) ; Sarvangasana et ses variations (234 à 271) ; Adho Mukha Svanasana (75) ; Virasana (89) ; Supta Virasana (96) ; Paryankasana (97) ; Bhekasana (100) ; Supta Bhekasana (458) ; Baddha Konasana (101) ; Mulabandhasana (462) ; Ardha Matsyendrasana I (311) ; Malasana I & II (321 et 322) ; Pasasana (328) ; Paripurna Matsyendrasana (336) ; Urdhva Mukha Paschimottanasana I & II (168 et 170) ; Gomukhasana (80) ; Pinca Mayurasana (357) ; Adho Mukha Vrksasana (359) ; Vamadevasana I & II (465 et 466) ; Yogadandasana (456) ; Kandasana (470).

Tension artérielle (défaut)
Salamba Sirsasana I (184) ; Salamba Sarvangasana I (234) ; Halasana (244) ; Karnapidasana (246) ; Paschimottanasana (160) ; Virasana (89) ; Siddhasana (84) ; Padmasana (104) ; Baddha Konasana (102) ; Nadi Sodhana Pranayama (Section 205) sans rétention au début et Savasana (592).

Tension artérielle (excès)
Halasana (244) ; Janu-Sirsasana (127) ; Ardha Baddha Padma Paschimottanasana (135) ; Triang Mukhaikapada Paschimottanasana (139) ; Paschimottanasana (160) ;

Virasana (89) ; Siddhasana (84) ; Padmasana (104) ; Savasana (592). Nadi Sodhana Pranayama (Section 205) sans rétention. Méditation avec les yeux fermés (si la tension est très élevée, il est préférable de faire Ujjayi Pranayama (Section 203) au commencement, en position couchée pendant 5 minutes, puis de faire Nadi Sodhana Pranayama (Section 205), suivi immédiatement de Savasana (592) pendant 15 minutes.

Thrombose coronaire
Ujjayi Pranayama (Section 203) en position couchée sans rétention. Même la respiration profonde doit se faire sans effort et de préférence sous la conduite d'un maître compétent. Savasana (592) pendant 15 minutes, deux fois par jour.

Thrombose des jambes
Salamba Sarvangasana I, si possible (234) ; Halasana (244) ; Virasana (89) ; Siddhasana (84) ; Baddha Konasana (102) ; et toute posture assise sans effort. Ujjayi (Section 203) et Nadi Sodhana Pranayama (Section 205) et Savasana (592).

Toux
Sirsasana et ses variations (184 à 218) ; Sarvangasana et ses variations (234 à 271) ; Uttanasana (48) ; Paschimottanasana (160) ; Ardha Matsyendrasana I (311) ; Pasasana (328) ; Urdhva Dhanurasana (486) ; Ujjayi Pranayama (Section 203) ; avec rétention à l'inspiration.

Travail (douleurs de l'accouchement)
Virasana (89) ; Baddha Konasana (101 et 103) ; Upavistha Konasana (148) en tenant ou non les orteils ; Ujjayi Pranayama (Section 201) avec rétention à l'inspiration et Nadi Sodhana Pranayama (Section 203) sans rétention ; Savasana (592).

Troubles cardiaques
Ujjayi (Section 203) ou Nadi Sodhana Pranayama (Section 205) sans rétention et sans effort. Méditation. Savasana (592).

Troubles menstruels
Sirsasana et ses variations (184 à 218) ; Sarvangasana et ses variations (234 à 271) ; Paschimottanasana (160) ; Uttanasana (48) ; Adho Mukha Svanasana (75) ; Baddha Padmasana (118) ; Yogamudrasana (120) ; Parvatasana (107) ; Matsyasana (113) ; Kurmasana et Supta Kurmasana (363, 364 et 368) ; Virasana (89) ; Supta Virasana (96) ; Paryankasana (97) ; Baddha Konasana (102) ; Upavistha Konasana (151) ; Urdhva Mukha Paschimottanasana I & II (168 et 170) ; Yoganidrasana (391) ; Maricyasana III (303) ; Ardha Matsyendrasana I (311) ; Pasasana (328) ; Urdhva Dhanurasana (486) ; Dvipada Viparita Dandasana (516) ; Savasana (592) ; Nadi Sodhana Pranayama avec rétention à l'inspiration et Uddiyana (Section 201).

Tuberculose
Il est recommandé de se placer sous la direction d'un maître compétent après avoir subi un traitement médical.

Tumeur de l'estomac
(Seulement si la maladie n'en est qu'à ses débuts) Salamba Sirsasana I et les variations que vous pouvez faire (184 à 218) ; Sarvangasana I et les variations que vous pouvez faire (234 à 271) ; toutes les postures debout (1 à 36) ; Uttanasana (48) ; Mahamundra (125) ; Janu-Sirsasana (127) ; Supta Virasana (96) ; Matsyasana (114) ; Parvatasana (107) ; Paschimottanasana (160) ; Uddiyana (Section 201) et Ujjayi (Section 203) ou Nadi Sodhana Pranayama (Section 205).

Ulcère de l'estomac
Suivez les asana indiqués sous le titre *Acidité, Dyspepsie* et *Flatulence*.

Ulcère du duodénum
Sirsasana et ses variations (184 à 218) ; Sarvangasana et ses variations (234 à 271) ; Mahamudra (125) ; Janu-Sirsasana (127) ; Paschimottanasana (160) ; Kurmasana et Supta Kurmasana (363, 364 et 368) ; Yoganidrasana

(391) ; Maricyasana III (303) ; Ardha Matsyendrasana I (311) ; Pasasana (328) ; Dvipada Viparita Dandasana (516) ; Uddiyana (Section 201), Ujjayi (Section 203) et Nadi Sodhana Pranayama (Section 205) avec rétention après l'inspiration.

Urine (incontinence ou excès)
Sirsasana et les variations que vous pouvez faire (184 à 218) ; Sarvangasana et les variations que vous pouvez faire (234 à 271) ; Supta Virasana (96) ; Matsyasana (114) ; Simhasana II (110) ; Mahamudra (125) ; Baddha Konasana (101) ; Uddiyana (594) ; Nadi Sodhana Pranayama (Section 205) avec antara kumbhaka et bahya kumbhaka.

Varices
Sirsasana et ses variations (184 à 218) ; Sarvangasana et ses variations (234 à 271) ; Virasana (89) ; Supta Virasana (96) ; Paryankasana (97) ; Bhekasana (100).

Vertiges
Salamba Sirsasana I (184) ; Salamba Sarvangasana I (234) ; Halasana (244) ; Paschimottanasana (160) ; Sanmukhi Mudra (106) ; Nadi Sodhana Pranayama (Section 205) sans rétention ; Savasana (592).

Yeux
Sirsasana et ses variations (184 à 218) ; Sarvangasana et ses variations (234 à 271) ; Uttanasana (48) ; Paschimottanasana (160) ; Trataka ou fixer des yeux fermés l'extrémité du nez pendant quelque temps et le milieu des sourcils pendant quelque temps ; Sanmukhi Mudra (106) ; Sitali (601) et Nadi Sodhana Pranayama (Section 205) ; Savasana (592).

Table de correspondance entre les asana et les photos

Nom des asana	Posture intermédiaire, photo n°	Posture finale, photo n°
1. Tadasana	–	1
2. Vrksasana	–	2
3. Utthita Trikonasana	3	4 et 5
4. Parivrtta Trikonasana	–	6 et 7
5. Utthita Parsvakonasana	–	8 et 9
6. Parivrtta Parsvakonasana	–	10 et 11
7. Virabhadrasana I	12 et 13	14
8. Virabhadrasana II	–	15
9. Virabhadrasana III	16	17
10. Ardha Candrasana	18	19
11. Utthita Hasta Padangusthasana	20 à 22	23
12. Parsvottanasana	24 et 25	26, 27 et 28
13. Prasarita Padottanasana I	29 à 32	33 et 34
14. Prasarita Padottanasana II	–	35 et 36
15. Parighasana	37 et 38	39
16. Ustrasana	40	41
17. Utkatasana	–	42
18. Padangusthasana	43	44

19.	Padahastasana	45	46
20.	Uttanasana	47	48
21.	Urdhva Prasarita Ekapadasana	–	49
22.	Ardha Baddha Padmottanasana	50 et 51	52, 53, 54 et 55
23.	Garudasana	–	56
24.	Vatayanasana	57	58 et 59
25.	Salabhasana	61	60
26.	Makarasana	–	62
27.	Dhanurasana	–	63
28.	Parsva Dhanurasana	–	64 et 65
29.	Caturanga Dandasana	66	67
30.	Nakrasana	–	68 à 71
31.	Bhujangasana I	72	73
32.	Urdhva Mukha Svanasana	–	74
33.	Adho Mukha Svanasana	–	75 et 76
34.	Paripurna Navasana	–	77
35.	Dandasana	–	78
36.	Ardha Navasana	–	79
37.	Gomukhasana	–	80 et 81
38.	Lolasana	82	83
39.	Siddhasana	–	84
40.	Virasana	85 à 88 et 90 à 92	89
41.	Supta Virasana	93 à 95	96
42.	Paryankasana	–	97
43.	Bhekasana	98 et 99	100
44.	Baddha Konasana	101	102 et 103
45.	Padmasana	–	104 et 105

46.	Sanmukhi Mudra	–	106
47.	Parvatasana	–	107
48.	Tolasana	–	108
49.	Simhasana I	–	109
50.	Simhasana II	–	110 et 111
51.	Matsyasana	112 et 114	113
52.	Kukkutasana	–	115
53.	Garbha Pindasana	–	116
54.	Goraksasana	–	117
55.	Baddha Padmasana	–	118 et 119
56.	Yoga Mudrasana	–	120, 121 et 122
57.	Supta Vajrasana	123	124
58.	Maha Mudra	–	125
59.	Janu Sirsasana	126	127, 128 et 129
60.	Parivrtta Janu Sirsasana	130 et 131	132
61.	Ardha Baddha Padma Paschimotta-nasana	133, 134 et 136	135 et 137
62.	Triang Mukhai-kapada Paschimotta-nasana	138	139
63.	Krouncasana	140	141 et 142
64.	Maricyasana I	143	144
65.	Maricyasana II	145	146 et 147
66.	Upavistha Konasana	148 à 150	151 et 152
67.	Paschimottanasana (ou Ugrasana ou Brahma-caryasana)	153 à 160	161 et 162
68.	Parivrtta Paschimottanasana	163 et 164	165 et 166

69.	Ubhaya Padangusthasana I	–	167
70.	Ubhaya Padangusthasana II	–	168
71.	Urdhva Mukha Paschimottanasana	169	170
72.	Purvottanasana	–	171
73.	Akarna Dhanurasana	172 et 174	173 et 175
74.	Salamba Sirsasana I	176 à 183 et 186 à 189, 191	184, 185 et 190
75.	Urdhva Dandasana	–	188
76.	Salamba Sirsasana II	–	192
77.	Salamba Sirsasana III	193, 196 et 197	194 et 195
78.	Baddha Hasta Sirsasana	–	198
79.	Mukta Hasta Sirsasana	199	200 et 201
80.	Parsva Sirsasana	–	202 et 203
81.	Parivrttaikapada Sirsasana	204	205, 206 et 207
82.	Eka Pada Sirsasana	–	208 et 209
83.	Parsvaika Pada Sirsasana	–	210
84.	Urdhva Padmasana en Sirsasana	–	211 et 212
85.	Parsva Urdhva Padmasana en Sirsasana	–	213 à 216
86.	Pindasana en Sirsasana	217	218

87.	Salamba Sarvangasana I	219 à 222 et 226 à 235	223 et 224, 225 et 234
88.	Salamba Sarvangasana II	–	235
89.	Niralamba Sarvangasana I	–	236
90.	Niralamba Sarvangasana II	–	237
91.	Halasana	238 à 243	244
92.	Karnapidasana	245	246
93.	Supta Konasana	–	247 et 248
94.	Parsva Halasana	–	249
95.	Eka Pada Sarvangasana	–	250
96.	Parsvaika Pada Sarvangasana	–	251
97.	Parsva Sarvangasana	252 et 253	254 et 255
98.	Setu Bandha Sarvangasana (ou Uttana Mayurasana)	256 à 258	259
99.	Eka Pada Setu Bandha Sarvangasana (ou Eka Pada Uttana Mayurasana)	–	260
100.	Urdhva Padmasana en Sarvangasana	–	261
101.	Parsva Urdhva Padmasana en Sarvangasana	–	262 à 265
102.	Uttana Padma Mayurasana	266	267
103.	Pindasana en Sarvangasana	268	269

104.	Parsva Pindasana en Sarvangasana	–	270 et 271
105.	Jathara Parivartanasana	272 et 273	274 et 275
106.	Urdhva Prasarita Padasana	–	276 à 279
107.	Cakrasana	–	280 à 283
108.	Supta Padangusthasana	284	285 à 287
109.	Anantasana	288 et 289	290
110.	Uttana Padasana	291	292
111.	Setu Bandhasana	293 à 295	296
112.	Bharadvajasana I	–	297 et 298
113.	Bharadvaja-sana II	–	299 et 300
114.	Maricyasana III	301 et 302	303 et 304
115.	Maricyasana IV	–	305 et 306
116.	Ardha Matsyendrasana I	307 à 310 et 313 à 316	311 et 312
117.	Malasana I	317 à 320	321
118.	Malasana II	–	322
119.	Pasasana	323 à 327	328 et 329
120.	Ardha Matsyendrasana II	–	330 et 331
121.	Ardha Matsyendrasana III	–	332 et 333
122.	Paripurna Matsyendrasana	334 et 335, 337 et 338	336 et 339
123.	Astavakrasana	340 et 341	342 et 343
124.	Eka Hasta Bhujasana	–	344
125.	Dvi Hasta Bhujasana	–	345
126.	Bhujapidasana	346 et 347, 349 et 350	348

127. Mayurasana	351 à 353	354
128. Padma Mayurasana	–	355
129. Hamsasana	–	356
130. Pinca Mayurasana	–	357
131. Sayanasana	–	358
132. Adho Mukha Vrksasana	–	359
133. Kurmasana	360 à 362	363 et 364
134. Supta Kurmasana	365 à 367	368
135. Eka Pada Sirsasana	369 et 370	371
136. Skandasana	–	372
137. Buddhasana	–	373
138. Kapilasana	–	374
139. Bhairavasana	–	375
140. Kala Bhairavasana	376 et 377	378
141. Cakorasana	–	379 et 380
142. Durvasasana	381 et 382	383
143. Rucikasana	–	384 et 385
144. Virancyasana I	–	386 et 387
145. Virancyasana II	–	388
146. Yoganidrasana	389 et 390	391
147. Dvi Pada Sirsasana	392	393 et 394
148. Tittibhasana	–	395
149. Vasisthasana	396 et 397	398
150. Kasyapasana	–	399 et 400
151. Visvamitrasana	401 et 402	403
152. Bakasana	404 et 405, 407 à 409	406 et 410
153. Parsva Bakasana	411	412
154. Urdhva Kukkutasana	413 à 416	417 à 419

155.	Parsva Kukkutasana	420 à 423	424 et 424a 425 et 425a
156.	Galavasana	426	427 et 428
157.	Eka Pada Galavasana	429, 430 et 432	431 et 433
158.	Dvi Pada Koundinyasana	434 à 437	438
159.	Eka Pada Koundinyasana I	439 et 440	441
160.	Eka Pada Koundinyasana II	444	442 et 443
161.	Eka Pada Bakasana I	445	446 et 447
162.	Eka Pada Bakasana II	448 à 450	451 et 452
163.	Yogadandasana	453 à 455	456
164.	Supta Bhekasana	457	458
165.	Mulabhandasana	459 à 461	462 et 463
166.	Vamadevasana I	464	465
167.	Vamadevasana II	–	466
168.	Kandasana	467 à 469	470 à 471b
169.	Hanumanasana	472 à 474	475 à 476a
170.	Samakonasana	–	477
171.	Supta Trivikramasana	–	478
172.	Urdhva Dhanurasana I	479 à 481	482
172a.	Urdhva Dhanurasana II	483 à 485	486 et 487
173.	Viparita Cakrasana en U. Dh.	–	488 à 499
174.	Eka Pada Urdhva Dhanurasana	500	501 et 502

175.	Kapotasana	503 à 506 et 508 à 511	507 et 512
176.	Laghu Vajrasana	–	513
177.	Dvi Pada Viparita Dandasana	514 et 515, 517 à 520	516
178.	Eka Pada Viparita Dandasana I	–	521
179.	Eka Pada Viparita Dandasana II	522	523
180.	Cakra Bandhasana	–	524
181.	Mandalasana	–	525 à 535
182.	Vrschikasana I	–	536 et 537
183.	Vrschikasana II	–	538
184.	Eka Pada Rajakapotasana I	539 à 541	542
185.	Valakhilyasana	543	544
186.	Eka Pada Rajakapotasana II	–	545
187.	Eka Pada Rajakapotasana III	–	546
188.	Eka Pada Rajakapotasana IV	–	547
189.	Bhujangasana II	548 et 549	550
190.	Rajakapotasana	552	551
191.	Padangustha Dhanurasana	553 et 554, 556 et 557	555
192.	Gherandasana I	558 à 560	561 à 563
193.	Gherandasana II	–	564 à 566
194.	Kapinjalasana	–	567
195.	Sirsa Padasana	568 et 569	570
196.	Ganda Bherundasana	571 à 579 582 et 583	580 et 581

197. Viparita Salabhasana	–	584
198. Triang Mukhottanasa	585	586
199. Natarajasana	587 à 589	590, 591 et 591a
200. Savasana (ou Mrtasana)	–	592
201. Uddiyana Bandha	–	593 et 594
202. Nauli	–	595 et 596
Pranayama		
203. Ujjayi	–	597
204. Surya Bhedana	598	599
205. Nadi Sodhana	–	–
Bahya Kumbhaka	–	600
206. Bhastrika	–	–
207. Kapalabhati	–	–
208. Bhamari	–	–
209. Sitali	–	601
210. Sitakari	–	–
211. Sama Vrtti	–	–
212. Visama Vrtti	–	–
213. Viloma	–	–
214. Anuloma	–	–
215. Pratiloma	–	–
216. Sahita et Kevala Kumbhaka	–	602

Glossaire

L'éditeur n'ayant pas respecté la translittération des mots sanskrits, l'Institut B. K. S. IYENGAR et les traducteurs prient le lecteur de bien vouloir les en excuser et lui demandent de se reporter au présent glossaire.

A	Particule de négation signifiant « non », comme dans « non-violence ».
Abhaya	Délivré de la peur.
Abhiniveśa	Attachement instinctif à la vie et peur d'être coupé de tout par la mort.
Abhyāsa	Étude, quête constante et déterminée.
Adhaḥ	En bas, inférieur.
Ādhāra	Un support.
Adhimātra	Démesuré, supérieur.
Adhimātratama	Souverain, le plus haut.
Adho-mukha	La tête vers le bas.
Ādīśvara	Le Seigneur Originel ; un qualificatif de Śiva.
Aditi	La mère des dieux Ādityas.
Āditya	Dieux, fils d'Aditi.
Advaita	Unité de l'Esprit Universel et de l'âme individuelle.

Āgama	Témoignage ou preuve émanant d'une autorité valable quand cette source de connaissance a été reconnue comme sûre et digne de confiance.
Ahaṁkāra	L'ego ; littéralement le moi-actif, l'entité qui constate que « Je sais ».
Ahiṁsā	Non-nuisance. Ce mot n'a pas seulement une signification négative et restrictive de « ne pas tuer, ne pas violenter », mais aussi une signification positive et plus étendue de « amour embrassant toute la création ».
Ajapa-mantra	Prière répétée inconsciemment. Toute créature vivante répète inconsciemment dans chaque respiration la prière « So'ham » [Saḥ = Il (l'Esprit universel), aham = je suis] avec chaque inspiration, et avec chaque expiration la prière « Haṁsaḥ » [aham = je suis, Saḥ = Il (l'Esprit Universel)].
Ājñā-cakra	Le plexus nerveux situé entre les sourcils, le siège de l'autorité.
Ākarṇa	Près de l'oreille, vers l'oreille.
Akrodha	Délivré de la colère.
Alabhdha-bhūmikatva	Défaut de stabilité et de continuité dans la pratique, sentiment qu'il est impossible de voir la réalité.
Ālamba	Support.
Ālasya	Oisiveté, mollesse, apathie.
Amanaska	L'esprit affranchi des pensées et des désirs.

Amṛta	Nectar d'immortalité.
Anāhata-cakra	Le plexus nerveux situé dans la région du cœur.
Ananta	L'Infini ; un des noms de Viṣṇu et également le lit de Viṣṇu, le serpent Śeṣa.
Ananta-padmanābha	Un nom de Viṣṇu.
Anavasthitattva	Inconstance dans l'entraînement, sentiment de celui qui croit qu'il n'est pas nécessaire de poursuivre car il pense qu'il a atteint l'état de conscience le plus élevé, Samādhi.
Aṅga	Le corps ; un membre ou une partie du corps ; une partie constituante.
Aṅgamejayatva	Instabilité ou tremblement du corps.
Aṅgula	Un doigt ; le pouce.
Aṅguṣṭha	Le gros orteil.
Aṅjanā	Nom de la mère de Hanumān, le puissant chef des singes.
Antara	Interne ; intérieur.
Antara Kumbhaka	Suspension de la respiration après complète inspiration.
Antaranga Sādhanā	Aspect intérieur de la quête de l'âme, à l'aide de prāṇāyāma et pratyāhāra où l'esprit est maîtrisé et les sens libérés de l'asservissement aux objets de désir.
Antarātmā	L'Âme Suprême résidant dans le cœur de l'homme.
Antarātmā Sādhanā	Aspect le plus profond de la quête de l'âme, par les moyens de dhāraṇā (concentration), dhyāna (contemplation) et Samādhi.

Anuloma	Dans le sens du poil, dans le sens du fil, régulier. Dans l'ordre naturel.
Anumāna	Une conséquence.
Apāna	L'un des souffles vitaux qui circule dans la région du bas abdomen et contrôle les fonctions d'élimination de l'urine et des excréments.
Aparigraha	Affranchissement du désir de thésauriser ou amasser.
Apuṇya	Vice ou démérite.
Ardha	Demi.
Arjuna	Un prince Pāṇḍava, valeureux archer et héros de l'épopée du *Mahābhārata*.
Āsana	Posture. Le troisième pilier du yoga.
Asmitā	Égoïsme.
Aṣṭa	Huit.
Aṣṭāvakra	Celui dont le corps était déformé en huit endroits. Nom d'un sage, qui, bien que né physiquement difforme, devint le maître spirituel du roi Janaka du Mithilā.
Aṣṭāṇga Yoga	Les huit piliers du yoga décrits par Patañjāli.
Asteya	Ne pas voler.
Aśva	Un cheval.
Aśvinī-mudrā	Contraction des sphincters de l'anus. Appelée ainsi car cela évoque un cheval qui crotte.
Ātmā ou Ātman	L'Âme Suprême ou le Brahman.
Ātma Ṣaṭkam	Poème en six couplets écrit par Śankarāchārya décrivant l'âme dans l'état de Samādhi.
Ātmīyatā	Le sentiment d'unité, comme celui d'une mère avec ses enfants.

Aum̐	Comme le mot latin « Omne », le mot sanskrit « Aum » signifie « tout » et exprime les concepts de « Omniscience », « Omniprésence » et « Omnipotence ».
Avasthā	État ou condition de l'esprit.
Avatāra	« Descente », avènement ou incarnation de Dieu. Il y a dix avatāra de Viṣṇu : Matsya (le Poisson) ; Kūrma (la Tortue) ; Varāha (le Sanglier) ; Narasiṁha (l'Homme-lion) ; Vāmana (le Nain) ; Paraśurāma ; Rāma (héros de l'épopée du Rāmāyaṇa) ; Krishna (héros de l'épopée de *Mahābhārata*, le narrateur de la *Bhagavad Gītā*) ; Balarāma et Kalki.
Avidyā	Ignorance.
Avirati	Sensualité.
Āyāma	Longueur, expansion, extension. Exprime également la notion de retenue, contrôle, arrêt.
Baddha	Lié, pris, retenu, ferme.
Bahiraṅga Sādhanā	Aspect extérieur de la quête de l'âme pour son Créateur. Les trois premiers piliers du yoga, c'est-à-dire Yama, Niyama et Āsana, sont les aspects extérieurs de la recherche et maintiennent le chercheur en harmonie avec ses semblables et avec le cosmos.
Bāhya Kumbhaka	Suspension de la respiration après complète expiration lorsque les poumons sont entièrement vidés.

Baka	Une grue ; un échassier.
Bali	Nom d'un roi démon.
Bandha	Servitude, chaînes. Qualifie une posture où certains organes ou parties du corps sont contractés et contrôlés.
Bhagavad Gītā	Le Chant Divin, le dialogue sacré entre Krishna et Arjuna. L'un des livres qui contient la source de la philosophie hindoue, comprenant l'essence des Uspaniṣad.
Bhagavān	Seigneur ; vénérable, saint.
Bhairava	Terrible, épouvantable ; l'une des formes de Siva.
Bhakti	Adoration ; culte.
Bhakti-mārga	La voie de la réalisation à travers l'adoration d'un dieu personnel.
Bharadvāja	Un sage.
Bhastrikā	Un soufflet utilisé dans une forge. Bhastrikā est un type de prāṇāyāma où l'air est inspiré et expiré avec force comme dans le soufflet d'un forgeron.
Bhaya	Peur.
Bhedana	Perçant, traversant.
Bheka	Une grenouille.
Bheruṇḍa	Épouvantable, effrayant. Désigne également une espèce d'oiseau.
Bhoga	Plaisir ; un objet de plaisir.
Bhoktṛ	Celui qui éprouve de la jouissance, capable d'expériences.
Bhramara	Un bourdon.
Bhramarī	Un type de prāṇāyāma où l'air, pendant l'expiration, produit un léger bourdonnement.

Bhrānti-darśana	Point de vue ou connaissance (darśana) erronée (bhrānti), illusion.
Bhu	Terre.
Bhūdāna	Donation d'un terrain.
Bhuja	Le bras ou l'épaule.
Bhuja-pīdā	Appui sur le bras ou l'épaule.
Bhujaṅga	Un serpent.
Bhūmikatva	Emprise ferme.
Bīja	La graine, le germe.
Bīja-mantra	Syllabe mystique accompagnée d'une prière sacrée répétée mentalement pendant le prāṇāyāma. Cette graine ainsi semée dans l'esprit germe et produit l'unité du but.
Brahmā	L'Être Suprême, le Créateur. La première déité de la Trinité hindoue dont la vocation est de créer le monde.
Brahma-randhra	Ouverture au sommet de la tête par laquelle il est dit que l'âme quitte le corps lors de la mort.
Brahma-vidyā	Connaissance de l'Esprit Suprême.
Brahmacārī	Celui qui fait des études religieuses et qui a fait vœu de célibat et de modération. Celui qui vit (cārin) constamment en Brahman (l'Esprit Suprême) et qui voit la divinité en tout.
Brahmacarya	Vie de célibataire, d'étude religieuse et de modération.
Brahman	L'Esprit Suprême, la cause de l'univers, l'esprit imprégnant tout l'univers.
Brahmāṇḍa-prāṇa	Le souffle cosmique.
Brahmarsī	Un sage Brahmane.

Buddhi L'intellect, la raison, la discrimination, le jugement.

Cakra Littéralement, une roue, un cercle. On dit que l'énergie (prāṇa) circule dans le corps humain à travers trois canaux (nāḍī) principaux, à savoir : Suṣumṇā, Piṅgalā et Idā. Suṣumṇa est situé à l'intérieur de la colonne vertébrale. Piṅgalā et Idā commencent respectivement à la narine droite et à la narine gauche, montent jusqu'au sommet de la tête et redescendent jusqu'à la base de la colonne vertébrale. Ces deux nāḍī se croisent et rencontrent également Suṣumṇā. Ces jonctions des deux nāḍī sont nommées cakra ou volants et régularisent la machine humaine. Les cakra importants sont : *(a)* Mūlādhāra (mūla = racine, source ; ādhāra = support, partie vitale) situé dans la région pelvienne au-dessus de l'anus ; *(b)* Svādhiṣṭhāna (sva = force vitale, âme ; adhiṣṭhāna = siège ou demeure) situé au-dessus des organes génitaux ; *(c)* Maṇipūraka (maṇipūra = nombril) situé au niveau du nombril ; *(d)* Manas (esprit) et *(e)* Sūrya (le Soleil) situés entre le nombril et le cœur ; *(f)* Anāhata (= cœur) situé dans la régiown cardiaque ; *(g)* Viśuddha (= pur) situé dans la région du pharynx ; *(h)* Ājñā (= autorité, pouvoir) situé entre les sourcils ; *(i)* Sahasrāra

(= mille) qui est appelé le lotus aux mille pétales, situé dans la cavité cérébrale ; et *(j)* Lalāṭa (= front), au sommet du front.

Cakra-bandha — Une posture qui relie, qui scelle, et qui agit sur tous les cakra.

Candra — La Lune.

Catur — Le nombre quatre.

Cidambaram — Un lieu de pèlerinage en Inde du Sud (Cit = conscience, ambara = atmosphère ou habit). Une appellation de Dieu, car Il couvre tout de Sa conscience.

Citta — L'esprit dans son sens total ou collectif, composé de trois éléments : *(a)* l'esprit, ayant la faculté d'attention, de sélection et de discrimination ; *(b)* la raison, ayant la faculté de jugement qui détermine la distinction entre les choses, et *(c)* l'ego, le moi actif.

Citta-vikṣepa — Distraction, confusion, perplexité.

Citta-vṛtti — Fluctuations de l'esprit. Mode de comportement, manière d'être, condition ou état mental.

Dadhīca — Un sage célèbre, qui fit don de ses os aux dieux. Ces os servirent à fabriquer le foudre avec lequel Indra, le roi des dieux, tua le démon Vṛtra.

Daitya — Un fils de Diti. Un démon.

Dakṣa — Un célèbre prajāpati, seigneur des êtres vivants.

Dakṣiṇa — Le côté droit.

Damanī	La couche intérieure d'une nāḍī, canal destiné au passage de l'énergie.
Dānava	Un démon.
Daṇḍa	Un bâton.
Daṇḍakā	Une région forestière du Deccan, située entre les rivières Narmāda et Godāvarī.
Daurmanasya	Désespoir, découragement.
Deva	Un dieu.
Devadatta	L'un des souffles vitaux qui apporte à un corps fatigué un supplément d'oxygène en provoquant un bâillement.
Dhanu	Un arc.
Dhasanjaya	L'un des souffles vitaux qui reste dans le corps même après la mort, et quelquefois gonfle un cadavre.
Dhenu	Une vache.
Dhāraṇā	Concentration ou extrême attention. Le sixième pilier du yoga mentionné par Patañjāli.
Dhṛ	Soutenir, supporter, maintenir.
Dhyāna	Contemplation. Le septième pilier du yoga mentionné par Patañjāli.
Diti	Mère des démons appelés Daityas.
Droṇa	Le précepteur qui enseigna les arts martiaux, et en particulier le tir à l'arc, aux princes Pāṇḍava et Kaurava. Il était le fils du sage Bhradvāja.
Duḥkha	Peine, tristesse, douleur.
Durvāsā	Un sage très irascible.
Dveṣa	Haine, dégoût, répugnance.
Dvi	Deux, les deux.
Dvi-hasta	Les deux mains.
Dvi-pāda	Les deux pieds ou les deux jambes.

Eka	Un, seul, seulement, unique.
Eka-pāda	Une seule jambe.
Eka-tattvābhyāsa	Étude du principe unique, l'Esprit Suprême qui imprègne la partie la plus profonde du soi de chaque être.
Ekāgra	(Eka = un ; agra = la pointe.) Fixé sur un seul objet ou un seul point. Attention intense où toutes les facultés mentales « convergent » sur un seul objet.
Ekagrata	L'état dans lequel toutes les facultés mentales « convergent » sur un seul objet.
Gālava	Un sage.
Gaṇa	Une assemblée de demi-dieux qui formaient la suite de Śiva.
Gaṇḍa	La joue, tout le côté du visage comprenant la tempe.
Gaṇḍa-bheruṇḍa	Une espèce d'oiseau.
Gaṅgā	Le Gange, la rivière la plus sacrée de l'Inde.
Garbha-piṇḍa	L'embryon dans la matrice.
Garuḍa	Un aigle. Nom du roi des oiseaux. Garuḍa, véhicule de Viṣṇu, est représenté avec une face blanche, un bec aquilin, des ailes rouges et un corps doré.
Gheraṇḍa	Un sage, l'auteur de la *Gheraṇḍa-Saṁhitā*, un ouvrage classique sur le Haṭha Yoga.
Gheraṇḍa-Saṁhitā	Voir ci-dessus.
Go	Une vache.

Gomukha	Qui ressemble à la tête d'une vache. C'est également une sorte d'instrument de musique, étroit à une extrémité et large à l'autre extrémité, comme la tête d'une vache.
Gorakṣa	Un vacher. Nom d'un célèbre yogi.
Gotra	Une famille, une race, une lignée.
Gulma	La rate.
Guṇa	Une qualité, un élément constituant de la nature.
Guṇātīta	Celui qui est passé au-delà et s'est affranchi des trois guṇa : sattva, rajas et tamas.
Gu	Première syllabe du mot « guru », signifiant ténèbres.
Guru	Maître spirituel, celui qui apporte la lumière à l'esprit obscurci par le doute spirituel.
Ha	Du mot « haṭha », qui est composé de la syllabe « ha », le soleil, et « tha », la lune. L'objet du Haṭha Yoga est d'équilibrer l'écoulement de l'énergie solaire et de l'énergie lunaire dans l'organisme.
Hala	Une charrue.
Haṁsa	Un cygne.
« *Haṁsaḥ* »	« Je suis Lui, l'Esprit Universel », prière inconsciente qui accompagne chaque expiration de tout être vivant.
Hanumān	Un puissant chef des singes, plein de force et de bravoure, dont les exploits sont relatés dans l'épopée du Rāmāyaṇa. Il était le fils d'Aṅjana et de Vāyu, le dieu du vent.

Hasta	La main.
Haṭha	Force. Le mot « haṭha » est utilisé adverbialement dans le sens de « par force » ou « contre sa propre volonté ». Haṭha Yoga est appelé ainsi car il exige une discipline rigoureuse afin d'atteindre l'union avec le Suprême.
Haṭha-vidyā	La science du Haṭha Yoga.
Haṭha Yoga	Le cheminement vers la réalisation à travers une discipline rigoureuse.
Haṭha Yoga Pradīpikā	Un célèbre manuel de Haṭha Yoga écrit par Svātmārāma.
Himālaya	Le pays des neiges et des glaces. Nom d'une chaîne de montagnes située aux confins du nord de l'Inde.
Hiṁsā	Violence, instinct meurtrier.
Hiraṇya-kaśipu	Un célèbre roi démon, tué par Viṣṇu pour sauver Prahlāda, l'un de ses fidèles.
Iḍā	Une nāḍī, canal destiné au passage de l'énergie, qui part de la narine gauche, monte vers le sommet de la tête puis redescend à la base de la colonne vertébrale. Elle conduit l'énergie lunaire et pour cette raison se nomme chandra nāḍī (canal de l'énergie lunaire).
Indra	Le Chef des dieux. Le dieu du tonnerre, de la foudre et de la pluie.
Indriya	Un organe des sens.

Indriya-jaya	Conquête, retenue et maîtrise des sens par le contrôle des désirs.
Iśvara	L'Être Suprême, Dieu.
Iśvara-praṇidhāna	Consécration au Seigneur de toute action et de toute volonté.
Jāgratha-avasthā	La prise de conscience totale de l'état de l'esprit.
Jālandhara-bandha	Jālandhara est une posture où le cou et la gorge sont pressés contre le menton placé dans le creux laissé par les clavicules au sommet du sternum.
Jamunā	Rivière qui se jette dans le Gange.
Janaka	Célèbre philosophe, roi du Videha ou Mithilā.
Jānu	Le genou.
Japa	Prière que l'on répète.
Jaṭhara	L'abdomen, l'estomac.
Jaṭhara-parivartana	Un āsana où on donne à l'abdomen un mouvement de va-et-vient.
Jaya	Conquête, victoire. Signifie également contrôle, maîtrise.
Jīva	Un être vivant, une créature.
Jīvana	La vie.
Jīvana-mukta	Une personne qui, grâce à la vraie connaissance de l'Esprit Suprême, est libérée au cours de sa vie.
Jīvana-mukti	L'état de libération.
Jīvātmā	L'âme individuelle.
Jñāna	Connaissance sacrée dérivée de la méditation sur les vérités les plus hautes de la religion et de la philosophie, qui apporte à l'homme la compréhension de sa propre nature.

Jñānendriya	L'ouïe, le toucher, la vue, le goût, l'odorat.
Jñāna-mārga	La voie de la connaissance par laquelle l'homme atteint la réalisation.
Jñāna-mudrā	Une position des mains où l'extrémité de l'index vient toucher l'extrémité du pouce, tandis que les trois autres doigts restent allongés. Ce geste est le symbole de la connaissance (jñāna). L'index est assimilé à l'âme individuelle, le pouce à l'Âme Suprême Universelle, et l'union des deux symbolise la vraie connaissance.
Kagola ou Kahola	Le père du sage Aṣṭāvakra.
Kailāsa	Mont des Himālayas, considéré comme la demeure de Śiva.
Kaivalya	Libération finale.
Kaivalya-pāda	La quatrième et dernière partie des *Yoga Sūtra* de Patăñjali, traitant de la libération finale.
Kāla-Bhairava	Un des noms de Śiva.
Kālidāsa	Le plus connu des poètes et dramaturges de la littérature sanskrite, dont l'ouvrage *Śakuṅtalā* est admiré dans le monde entier.
Kāma	Désir, passion. Nom du dieu de l'Amour.
Kāma-dhenu	Vache céleste génératrice de tous les désirs.

Kāma-rūpa	Siège des organes génitaux, ainsi nommée d'après Kāma, dieu de l'Amour.
Kaṅda	Une racine bulbeuse, un nœud. Le kaṅda est de forme ronde, son diamètre est d'environ 10 centimètres, et il est situé à 30 centimètres au-dessus de l'anus, près du nombril, à l'endroit où les trois principales nāḍī : Suṣumnā, Idā et Piṅgalā s'unissent et se séparent. Il est comme couvert d'une légère étoffe blanche.
Kanyākubja	Région et ville anciennes baignées par un affluent du Gange, et maintenant appelées Kanoja.
Kapālabhāti	Kapāla = crâne ; bhāti = lumière, éclat. Un procédé de purification des sinus.
Kapila	Sage, fondateur du système Sānkhya, l'un des six systèmes orthodoxes de la philosophie hindoue.
Kapinjala	L'oiseau cātaka, qui, dit-on, ne s'abreuve que de pluie.
Kapota	Pigeon.
Karma	Action.
Karma-mārga	Le cheminement d'un homme d'action vers la réalisation.
Karma Yoga	Réalisation de l'union avec l'Âme Suprême Universelle à travers l'action.
Karmendriya	Les organes d'excrétion, les organes génitaux, les mains, les pieds, et la parole.

Karṇa	Oreille. C'est également l'un des héros du *Mahābhārata*.
Karṇa-pīḍā	Pression sur l'oreille.
Kārtikeya	Le dieu de la guerre, nommé également Kumara, Ṣaṇmukha et Skanda. Il est fils de Śiva et est appelé ainsi car il fut élevé par les Krttikā, les six Pléïades, qui, chacune, lui donnèrent le sein (Ṣaṇ = six ; mukha = bouche ou visage). L'histoire de sa naissance est relatée par Kālidāsa dans son poème épique « Kumārasambhava ».
Karuṇā	Compassion, pitié, tendresse. Cela implique également de se dévouer pour alléger la souffrance de ceux qui sont affligés.
Kaśyapa	Sage, époux de Aditi et de Diti. Il est l'un des seigneurs qui ont engendré les êtres vivants.
Kaṭhopaniṣad	L'une des principales Upaniṣad, écrite en vers, sous la forme d'un dialogue entre le chercheur Naciketā et Yama, le dieu des morts.
Kauṇḍinya	Un sage.
Kauravas	Descendants de Kuru, qui combattirent dans la guerre fratricide du *Mahābhārata* contre leurs cousins, les Pāṇḍava.
Kāyā	Le corps.
Kāyika	Qui se rapporte au corps.
Kevala	Tout, entier, absolu, parfait, pur.
Kevala Kumbhaka	Lorsque les exercices respiratoires de kumbhaka deviennent tellement parfaits qu'ils deviennent instinctifs, ils sont appelés kevala kumbhaka.

Kleśa	Souffrance, angoisse.
Koṇa	Un angle.
Kraunca	Un oiseau de l'espèce du héron. Nom d'une montagne.
Krishṇa	Le héros le plus célèbre de la mythologie hindoue. La Huitième Incarnation de Viṣṇu.
Kriyā	Rite expiatoire, procédé de purification.
Kṛkara	Nom de l'un des souffles vitaux secondaires, dont la fonction est d'empêcher les substances de pénétrer dans le nez et la gorge, en provoquant la toux et l'éternuement.
Kṛta	Nom du premier des quatre âges du monde des hommes.
Kṣatriya	Membre de la caste des guerriers.
Kṣipta	Distrait, négligé.
Kukkuṭa	Coq.
Kumāra-saṁbhava	Voir Kārtikeya.
Kumbha	Un pot à eau, un pichet, un calice.
Kumbhaka	Intervalle de temps ou rétention de la respiration après inspiration ou expiration complète.
Kuṇḍalinī	Kuṇḍalinī (kuṇḍala = rouleau de corde ; Kuṇḍalinī = serpent femelle lové) est l'Énergie Cosmique Divine. Cette force ou énergie est symbolisée par un serpent lové sommeillant dans le centre nerveux le plus bas à la base de la colonne vertébrale, le Mūlādhāra cakra. Cette énergie latente doit être éveillée puis dirigée

le long de Suṣumṇa, canal principal de la colonne vertébrale, en traversant les cakra jusqu'au Sahasrāra, le lotus aux mille pétales, situé dans la tête. Alors, le yogi est en communion avec l'Âme Universelle Suprême.

Kūrma — Une tortue. C'est également le nom d'un des souffles vitaux secondaires, dont la fonction est de contrôler le mouvement des paupières pour empêcher un corps étranger ou une lumière trop vive de pénétrer dans les yeux.

Laghu — Petit, jeune. Signifie également beau.

Lakṣmana — Un frère de Rāma, héros de l'épopée du Rāmāyana.

Lakṣmi — La déesse de la beauté et de la chance, parèdre de Viṣṇu.

Lalāṭa — Le front. C'est également le nom d'un cakra.

Lankā — Le royaume du roi démon Rāvaṇa. Il est assimilé à Ceylan.

Lauliki — Même signification que nauli.

Laya — Dissolution. Absorption de l'esprit, dévotion.

Laya Yoga — Réalisation de l'union avec l'Âme Suprême Universelle par le moyen de l'adoration, de la dévotion.

Lobha — Cupidité.

Lola — Tremblement, balancement, mouvement de va-et-vient comme celui d'une balançoire ou d'un pendule.

Loma — Chevelure.

Madhyama	Moyen, médiocre.
Mahā	Grand, fort, puissant, élevé, noble.
Mahābhārata	Épopée célèbre écrite par Vyāsa, et comprenant la *Bhagavad Gītā*.
Maharṣi	Un grand sage.
Maitri	Amitié doublée d'un sentiment d'unité.
Makara	Crocodile.
Mālā	Une guirlande, une tresse.
Man	Penser.
Manas	L'esprit individuel ayant le pouvoir et la faculté d'attention et de sélection. Ce qui gouverne les sens.
Manas-cakra	Plexus nerveux situé entre le nombril et le cœur.
Mānasika	Qui se rapporte à l'esprit, au mental.
Maṇḍala	Un cercle. Ce mot est également employé pour désigner une section du Ṛgveda.
Mandara	Montagne qui servit de bâton à baratter aux dieux et aux démons lors du barattage de l'océan cosmique pour obtenir le nectar (liqueur d'immortalité).
Maṇḍuka	Une grenouille.
Maṇipūraka-cakra	Plexus nerveux situé dans la région du nombril.
Manomanī	L'état de Samādhi.
Mantra	Pensée ou prière sacrée.
Manu	Nom du père des hommes.
Mārga	Voie, route, chemin.

Marīci	Nom d'un des fils de Brahmā. Il était un sage et le père de Kasyapa (voir ce mot).
Matsya	Un poisson.
Matsyendra	L'un des fondateurs du Haṭha Yoga.
Mayūra	Un paon.
Menakā	Une nymphe, mère de Śakuntalā.
Merudaṇḍa	La colonne vertébrale.
Mithila	La capitale du royaume du Videha, gouverné par le roi Janaka.
Moha	Erreur, illusion.
Mokṣa	Libération, émancipation finale de l'âme du cycle des naissances successives.
Mṛdu	Doux, gentil, modéré.
Mṛta	Mort, un cadavre.
Mūdha	Perplexe, embarrassé, idiot, hébété, stupide.
Muditā	Joie, bonheur.
Mudrā	Un sceau, une posture qui verrouille.
Mukha	Visage.
Mukta	Libéré.
Mukti	Délivrance, libération, émancipation finale de l'âme du cycle des réincarnations.
Mūla	La racine, la base.
Mūla-bandha	Une posture dans laquelle le corps, depuis l'anus jusqu'au nombril, est contracté et monté vers la colonne vertébrale.
Mūlādhāra-cakra	Plexus nerveux situé dans la région pelvienne, au-dessus de l'anus, à la base ou racine de la colonne vertébrale et qui est le support principal du corps.

Muṇḍakopaniṣad Nom d'une Upaniṣad traitant de la syllabe mystique Auṁ.

Naciketā Nom d'un chercheur qui est l'un des personnages principaux de la Kaṭhopaniṣad. Son père Vājaśravas désirait distribuer tous ses biens afin d'obtenir des mérites religieux. Naciketā, déconcerté, ne cessait de demander à son père : « À qui me donnerez-vous ? » Son père répondait : « Je te donnerai à Yama (le dieu des morts). » Naciketā descendit au royaume des morts, et obtint trois faveurs, la dernière étant la connaissance de la vie et de la mort. Yama essaya de dissuader Naciketā de ce souhait en lui offrant les plus grands plaisirs terrestres, mais Naciketā sut résister, et finalement Yama lui accorda la connaissance désirée.

Nāda Son mystique intérieur.

Nāḍī Organe du corps subtil par lequel s'écoule l'énergie. Il est composé de trois couches successives, comme l'isolation d'un fil électrique. La couche interne s'appelle « sirā », la couche du milieu, « damanī ». L'organe entier ainsi que la couche externe s'appellent « nāḍī ».

Nāḍī-Śodhana Purification des nāḍī.

Nāga	L'un des souffles vitaux secondaires qui soulage les pressions abdominales en faisant éructer.
Nakra	Un crocodile.
Nara	Un homme.
Narahiṁsa	L'homme-lion, Quatrième Incarnation de Viṣṇu.
Naṭarāja	Un des noms de Śiva, seigneur de la danse.
Ṇauli	Un procédé par lequel les muscles et les organes abdominaux bougent verticalement et latéralement dans un mouvement de vague.
Nāva	Un bateau.
« Neti, Neti »	« Pas cela ! pas cela. » L'expérience de Samādhi, à l'encontre des autres expériences, ne peut pas être décrite. Le sage dit « Ce n'est pas cela ! Ce n'est pas cela ! », car aucune expression ne peut transmettre le sentiment de joie et de paix que le sage expérimente dans cet état.
Nirālamba	Sans support.
Niranjana	Sans tache ; sans mensonge, pur.
Nirodha	Retenue, contrôle.
Niruddha	Retenu, contrôlé.
Niyama	Purification du soi par la discipline. Le second pilier du yoga mentionné par Patañjāli.
Pāda	Le pied ou la jambe ; également une partie d'un livre.
Pādāṅguṣṭha	Le gros orteil.
Padma	Un lotus.

Padmanābha	L'un des noms de Viṣṇu. On dit qu'un lotus sortit du nombril de Viṣṇu, et que de ce lotus naquit Brahmā.
Pāṇḍava	Nom de chacun des cinq fils de Pāṇḍu, héros du *Mahābhārata*.
Paramapāda	L'échelon le plus élevé, l'état suprême, la béatitude finale.
Paramātmā	L'Esprit Suprême.
Parāṅmukhi	Le regard tourné vers l'intérieur.
Paraśurāma	La Sixième Incarnation de Viṣṇu, qui détruisit les Kṣatriya, ou caste des guerriers, avec sa hache (paraśu).
Parigha	Une traverse ou une barre de fer utilisée pour fermer une porte.
Parigraha	L'action de thésauriser.
Paripūrṇa	Entier, complet.
Parivartana	Tournant autour.
Parivṛtta	Tourné autour, retourné.
Parivṛttaikapāda	Avec une jambe tournée autour.
Pārśva	Le côté, le flanc ; latéral.
Pārśvaikapāda	Avec une jambe tournée sur le côté.
Parvata	Une montagne.
Parvati	Déesse, parèdre de Śiva, fille de l'Himālaya.
Paryanka	Un lit, un divan.
Pāśa	Une chaîne, un piège, un lacet.
Paśchima	L'Ouest ; le côté arrière du corps.
Paśchimottāna	Étirement intense de l'arrière du corps, depuis la nuque jusqu'aux talons.
Pātāla	Les régions inférieures.
Pantañjāli	Le propagateur de la philosophie du Yoga. Il est l'auteur des *Yoga Sūtra*, du *Mahābhāśya* (un ouvrage classique sur la grammaire) et d'un traité de médecine.

Pīḍā	Souffrance, douleur, pression.
Pinca	Le menton ; également une plume.
Piṇḍa	Le fœtus ou embryon, le corps.
Piṇḍa-prāṇa	La respiration individuelle par rapport à la Respiration Cosmique ou Universelle.
Piṅgalā	Une nāḍī ou canal d'énergie, qui, partant de la narine droite, monte jusqu'au sommet de la tête et redescend à la base de la colonne vertébrale. Elle est appelée sūrya-nāḍī car c'est l'énergie solaire qui la parcourt. Piṅgalā signifie cuivré, rougeâtre.
Plīhā	La rate.
Prahlāda	Un ardent dévot de Viṣṇu. Il était le fils du roi démon Hiraṇya-kaśipu.
Prajāpati	Le seigneur des êtres vivants.
Prajñā	L'intelligence, la sagesse.
Prajñātmā	Le soi-conscient.
Prakṛti	La Nature, source originelle du monde manifesté, constituée de trois qualités : sattva, rajas et tamas.
Pramāda	Indifférence, insensibilité.
Pramāṇa	Un modèle ou idéal.
Pranava	Un autre mot désignant la syllabe sacrée Auṁ.
Prāṇa	Souffle, respiration, vie, vitalité, vent, énergie, force. Désigne également l'âme.
Prāṇa-vāyu	Le souffle vital qui imprègne le corps humain tout entier. Il a sa source dans la région du cœur.
Prāṇāyāma	Contrôle rythmique de la respiration. Le quatrième pilier du yoga.

Praṇidhāna	Consécration.
Prasārita	Étendu, étiré.
Praśvāsa	Expiration.
Pratiloma	À rebrousse-poil, à contre-fil.
Pratyāhāra	Retrait et émancipation de l'esprit de la domination des sens et des objets des sens. Le cinquième pilier du yoga.
Pratyakṣa	Évidence directe.
Puṇya	Vertu, mérite, droiture, justesse.
Puraka	Inspiration.
Pūrṇatā	Perfection. Plénitude.
Pūrva	L'Est. L'avant du corps.
Pūrvottana	Étirement intense de l'avant du corps.
Rāga	Amour, passion, colère.
Rāja	Un roi, un gouverneur.
Rāja-kapota	Un pigeon royal.
Rāja-mārga	La voie royale de la réalisation du soi par le contrôle de l'esprit.
Rāja-yoga	La réalisation de l'union avec l'Esprit Suprême Universel, lorsque l'homme, après avoir abattu les ennemis de son esprit, en devient le maître. Les principaux ennemis sont : kāma (passion), krodha (colère), lobha (cupidité), moha (illusion), madā (orgueil) et matsara (jalousie, envie). Le yoga aux huit piliers de Patañjāli montre la voie royale (rāja-mārga) pour atteindre cet objectif.
Rāja-yogī	Celui qui est parvenu à la maîtrise totale de l'esprit et du soi. Celui qui a fait la conquête de lui-même.

Rājarṣi — Un sage royal, un roi-philosophe.

Rajas — Mobilité ou action ; L'une des trois manières d'être ou constituants de chaque chose dans la nature.

Rajo-guṇa — La manière d'être de mobilité ou d'activité.

Rāma — Le héros de l'épopée du Rāmāyaṇa. La Septième Incarnation de Viṣṇu.

Rajo-guṇa — La manière d'être de mobilité ou d'activité.

Rāma — Le héros de l'épopée du Rāmāyaṇa. La Septième Incarnation de Viṣṇu.

Rāmāyaṇa — Nom du célèbre récit épique relatant les exploits de Rāma, dont l'auteur est le sage Vālmīki.

Rāvaṇa — Nom du roi démon de Śri Lanka (Ceylan), qui enleva Sītā, épouse de Rāma.

Recaka — Expiration.

Retus — Semence.

Ṛṣi — Un sage inspiré.

Ru — Lumière, la seconde syllabe du mot « guru ».

Rucika — Un sage.

Sādhaka — Un chercheur, un disciple.

Sādhanā — Recherche, quête.

Sādhana-pāda — Seconde partie des *Yoga Sūtra* de Patañjāli, traitant des moyens.

Sahajāvasthā — L'état naturel de l'âme en Samādhi.

Sahasrāra-cakra — Le lotus aux mille pétales situé dans la cavité cérébrale.

Sahita Kumbhaka — Sahita signifie accompagné de ou en même temps que. Rétention du souffle faite intentionnellement.

Śakuṇtalā	Fille du sage Viśvāmitra et de la nymphe Menakā. Elle est l'héroïne de la pièce de Kālidāsa qui porte son nom.
Śalabha	Une sauterelle.
Sālamba	Avec support.
Sama	Même, égal, régulier, droit.
Sama-sthiti	Qui se tient calme et droit.
Sama-vṛtti	Égalisation des temps d'inspiration, d'expiration et de rétention dans le prāṇāyāma.
Samādhi	État dans lequel le disciple est uni avec l'objet de sa méditation, l'Esprit Suprême qui imprègne l'univers. Il éprouve alors un sentiment indicible de joie et de paix.
Samādhi-pāda	Première partie des *Yoga Sūtra* de Patañjāli, traitant de l'état de Samādhi.
Samāna	L'un des souffles vitaux, dont la fonction est d'aider la digestion.
Sambhava	Naissance.
Śāmbhava ou Śāmbhavī	Qui appartient à Śambhu ou Śiva.
Śambhu	L'un des noms de Śiva.
Saṁśaya	Le doute.
Saṁskāra	Les impressions mentales laissées par les événements passés.
Ṣas	Six.
Sanjīvani	Une sorte d'élixir ou de plante médicinale, dont on dit qu'elle redonne la vie aux morts.
Śankarācārya	Célèbre professeur de la doctrine Advaita.

Ṣaṇmukha	Littéralement avec six bouches. L'un des noms de Kārtikeya, dieu de la guerre.
Ṣaṇmukhī-mudrā	Une posture qui scelle, où les ouvertures de la tête sont fermées et l'esprit tourné vers l'intérieur pour le préparer à la méditation.
Santoṣa	Contentement.
Sarasvatī	Un affluent du Gange. C'est également le nom de la déesse de la parole et des études, parèdre de Brahmā.
Sarva	Tout, entier.
Sarvāṅga	Le corps entier.
Satī	La fille de Dakṣa Prajāpati. Elle s'immola en raison de l'insulte faite par son père à son époux Śiva. Elle naquit à nouveau comme fille de l'Himālaya et redevint l'épouse de Śiva. Elle a été la mère de Kārtikeya (dieu de la guerre) et de Ganapati (dieu des études, de la sagesse et de la chance).
Sattva	L'élément constituant de ce qui est bon, pur et lumineux dans toute chose de la nature.
Sattva-guṇa	La qualité de bonté et de pureté.
Śauca	Pureté, propreté.
Śava	Un cadavre.
Śayana	Un lit, un divan.
Śeṣa	Un célèbre serpent ayant, dit-on, mille têtes. Śeṣa est représenté comme le lit de Viṣṇu, flottant sur l'océan cosmique, ou bien supportant le monde sur ses capuchons. Les autres noms de Śeṣa sont Ananta et Vāsuki.

Setu	Un pont.
Setu-bandha	La construction d'un pont. Nom d'un āsana dans lequel le corps est arqué.
Siddha	Un sage, voyant ou prophète. C'est également une créature semi-divine d'une grande pureté et d'une grande sainteté.
Siṁha	Un lion.
Sirā	Un canal tubulaire dans le corps. Voir *nāḍī*.
Śirṣa	La tête.
Śiṣya	Élève, disciple.
Sītā	Nom de l'épouse de Rāma, l'héroïne de l'épopée du Rāmāyaṇa.
Śita	Frais, froid.
Śitakārī et Śitalī	Types de prāṇāyāma qui rafraîchissent l'organisme.
Śiva	Nom de la troisième déité de la Trinité Hindoue, dont la tâche est la destruction.
Śiva-Saṁhitā	Un ouvrage classique sur le Haṭha Yoga.
Skanda	L'un des noms de Kārtikeya, dieu de la guerre.
Smṛti	Mémoire, code de loi.
Śodhana	Purification.
« *Soham* »	« Il est je », prière répétée inconsciemment dans chaque inspiration de toute créature vivante.
Śoka	Angoisse, détresse, tristesse.
Śraddhā	Foi, confiance.
Steya	Vol.

Sthita-prajñā	Celui dont la sagesse est fermement établie et ne vacille pas ; celui qui n'éprouve plus les dualités telles que plaisir et souffrance, gain et perte, joie et peine, victoire et défaite.
Sthiti	Stabilité.
Styāna	Langueur, indolence.
Sugrīva	Un chef des singes qui aida Rāma à chercher et à retrouver Sītā qui avait été enlevée par le roi démon Rāvaṇa.
Sukha	Bonheur, plaisir, joie, bien-être.
Sumanasya	Bienveillance.
Śunyāśūnya	L'esprit en état de vide (śūnya) et en même temps de non-vide (aśūnya).
Supta	Le sommeil.
Sūrya	Le soleil.
Sūrya-bhedana	Perçant ou passant à travers (bhedana) le soleil. L'inspiration est faite par la narine droite, où commence la Piṅgalā-nāḍī ou Sūrxa-nāḍī. L'expiration est faite par la narine gauche, où commence l'Iḍa-nāḍī ou Candra-nāḍī.
Sūrya-cakra	Plexus nerveux situé entre le nombril et le cœur.
Sūrya-nāḍī	La nāḍī du soleil. Autre nom de la Piṅgalā-nāḍī.
Suṣumṇa	Le canal principal situé à l'intérieur de la colonne vertébrale.
Susupti-avasthā	L'état de l'esprit dans un sommeil sans rêve.
Sva	De soi-même, inné, force vitale, âme, soi.

Svādhiṣṭhana-cakra	Plexus nerveux situé au-dessus des organes génitaux.
Svādhyāya	Éducation du soi par l'étude de la littérature divine.
Śvāna	Un chien.
Svapnāvasthā	L'état de l'esprit dans le rêve.
Śvāsa	Inspiration.
Śvāsa-praśvāsa	Soupirer.
Svātmārāma	L'auteur de la *Haṭha Yoga Pradīpikā*, un ouvrage classique sur le Haṭha Yoga.
Tāḍa	Une montagne.
Tamas	Obscurité, ignorance, l'un des trois éléments constituants de chaque chose dans la nature.
Tamo-guṇa	La qualité d'obscurité, d'ignorance.
Tan ou Tān	Étirer, étendre, allonger.
Taṇḍava	Danse violente de Śiva, symbolisant la destruction de l'univers.
Tap	Brûler, flamboyer, briller ; endurer des souffrances, être consumé par la chaleur.
Tapas	Effort ardent qui implique purification, autodiscipline et austérité.
Tāraka	Un démon tué par Kārtikeya, le dieu de la guerre.
« *Tat tvam asi* »	« Tu es cela. » La réalisation de la nature réelle de l'homme, comme étant une parcelle du divin, et de la divinité qui réside à l'intérieur de lui-même, ce qui libère l'esprit humain des limitations du corps, de la conscience, de l'intellect, et de l'ego.

Tattva	Le vrai principe ou principe primordial, l'élément ou la substance primordiale. La nature réelle de l'âme humaine ou du monde matériel et l'Esprit Suprême qui imprègne tout l'univers.
Tattva-jñāna	Connaissance du vrai principe.
Tejas	Éclat, splendeur, majesté.
Tha	La seconde syllabe du mot « haṭha ». La première syllabe « ha » représente le soleil, tandis que la seconde syllabe représente la lune. L'union des deux est Haṭha Yoga.
Tittibha	Une luciole.
Tola	Une balance.
Tri	Trois.
Tryanga	Trois membres.
Trikona	Un triangle.
Trivikrama	La Cinquième Incarnation de Viṣṇu, qui couvre en trois pas (krama) la terre, le ciel et l'enfer.
Tṛṣṇa	Soif, désir ardent.
Turīyāvasthā	Le quatrième état de l'âme, samādhi, qui englobe et cependant transcende les trois autres états : de veille, de rêve et de sommeil.
Ubhaya	L'un des souffles vitaux qui parcourt le corps humain en le remplissant d'énergie vitale. Il se tient dans la cage thoracique et contrôle l'absorption d'air et de nourriture.

Uḍḍīyāna	S'envoler. Dans uḍḍīyāna-bandha, le diaphragme est monté très haut dans le thorax et les organes abdominaux sont aspirés en arrière vers la colonne vertébrale. Par ce procédé, l'adepte oblige le grand oiseau Prāṇa (la Vie) à prendre son vol le long de la Suṣumṇā nāḍī.
Ugra	Terrible, puissant, noble.
Ujjāyi	Un type de prāṇāyāma dans lequel les poumons sont pleinement gonflés et la cage thoracique ouverte au maximum.
Ullola	Une grande vague, une lame de fond.
Umā	Autre nom de la déesse Pārvati, parèdre de Śiva.
Unmanī	L'état de samādhi.
Upaniṣad	Le mot est dérivé du préfixe « upa » (près) et « ni » (en bas) ajouté à la racine « sad » (s'asseoir). Cela signifie s'asseoir aux pieds d'un guru pour recevoir un enseignement spirituel. Les Upaniṣad sont la partie philosophique des Veda, la plus ancienne littérature sacrée hindoue, qui traite de la nature de l'homme et de l'univers, et de l'union de l'âme individuelle ou soi, avec l'Âme Universelle.
Upaviṣṭha	Assis.

Upekṣa	Dédain. Ce n'est pas qu'un sentiment de dédain ou de mépris pour la personne qui est tombée dans le vice, ou un sentiment d'indifférence ou de supériorité à son égard. C'est un examen autocritique pour découvrir comment on se serait comporté dans les mêmes circonstances. C'est également examiner jusqu'à quel point on n'est pas responsable de l'état dans lequel est tombé l'infortuné, et enfin l'épauler pour qu'il revienne sur le droit chemin.
Ūrdhva	Monté, élevé, se dirigeant vers le haut.
Ūrdhva-mukha	Le visage vers le haut.
Ūrdhva-retus	(Ūrdhva = vers le haut, retus = semence). Celui qui vit constamment en célibataire et s'abstient de tout rapport sexuel. Celui qui a sublimé le besoin sexuel.
Uṣṭra	Un chameau.
Ut	Particule, dénotant l'intensité.
Utkaṭa	Puissant, violent.
Uttāna	Un étirement intense.
Utthita	Levé, étiré, tendu.
Vācā	Le discours.
Vācika	Se rapprochant de la parole, oral.
Vaikuṇṭha	Un qualificatif de Viṣṇu.
Vairāgya	Absence de désirs matériels.
Vajra	Le foudre, arme d'Indra.
Vakra	Difforme.

Vālakhilya	Personnages divins de la taille du pouce, émanant du corps du Créateur, et qui précèdent le char du soleil.
Valli	Chapitre des Upaniṣad.
Vāma	Le côté gauche.
Vāmadeva	Un sage.
Vāmana	Le nain, Cinquième Incarnation de Viṣṇu, qui humilia le roi démon Bali.
Vaṇḍi	Un érudit de la cour du roi Janaka.
Vāsanā	Penchant, désir ardent.
Vasanta	Le Printemps déifié. Un compagnon de Kāma, dieu de l'amour et de la passion.
Vasiṣṭha	Sage célèbre, auteur de plusieurs hymnes védiques.
Vāsuki	Autre nom de Séṣa.
Vātāyana	Un cheval.
Vayu	Le vent, les souffles vitaux.
Veda	Les écritures sacrées hindoues, révélées par l'Être Suprême.
Vibhūti	Force, puissance, noblesse.
Vibhūti-pāda	Troisième partie des *Yoga Sūtra* de Patañjāli, traitant des pouvoirs qui traversent la vie du yogi dans sa quête.
Vidyā	Connaissance, érudition, savoir, science.
Vikalpa	Imagination, s'appuyant uniquement sur l'expression verbale, sans aucune base réelle.
Vikṣepa	Trouble, confusion, perplexité.
Vikṣipta	Agitation de l'esprit.

Viloma	À rebrousse-poil, contre l'ordre des choses. La particule « vi » dénote la négation ou la privation.
Viparīta	Inversé.
Viparyaya	Un point de vue erroné, qui se révèle tel, après étude.
Vīra	Un héros.
Vīrabhadra	Un héros puissant créé à partir d'une mèche de la chevelure nattée de Śiva.
Viranca ou Viranci	L'un des noms de Brahmā.
Virocana	Un prince démon, fils de Prahlāda et père de Bali.
Vīrya	Vigueur, force, virilité, enthousiasme.
Viṣama-vṛtti	Rythme irrégulier ou spasmodique de la respiration.
Viśuddha-cakra	Le plexus nerveux situé dans la région du pharynx.
Vitasti	Un empan.
Viṣṇu	La seconde déité de la Trinité Hindoue, dont le rôle est la préservation du monde.
Viśvāmitra	Un sage célèbre.
Vṛkṣa	Un arbre.
Vṛschika	Un scorpion.
Vṛt	Tourner, rouler.
Vṛtti	Façon d'agir, comportement, manière d'être, condition ou état mental.
Vyādhi	Maladie, trouble, affection.
Vyāna	L'un des souffles vitaux qui parcourt le corps entier et fait circuler l'énergie provenant de la nourriture et de l'air.

Yama	Le dieu des morts. Yama est également le premier des huit piliers ou étapes, permettant d'atteindre le yoga. Yama représente les commandements moraux universels qui transcendent les notions de croyance, pays, âge et temps. Patañjāli en énumère cinq : non-nuisance, vérité, non-vol, modération et non-convoitise.
Yoga	Union, communion. Le mot « yoga » est dérivé de la racine « yuj » qui signifie joindre, atteler, concentrer son attention sur. C'est l'union de la volonté humaine avec la volonté de Dieu, un équilibre de l'âme qui permet de regarder la vie sous tous ses aspects de façon paisible. Le principal but du yoga est d'enseigner les moyens par lesquels l'âme humaine peut être totalement unie avec l'Esprit Suprême qui imprègne l'univers, et ainsi permettre la libération finale.
Yoga-mudrā	Une posture.
Yoga-nidrā	Le sommeil du yoga, où le corps est en repos complet comme dans le vrai sommeil, tandis que l'esprit demeure pleinement conscient, bien que tous ses mouvements aient cessé. Yoga-nidrā est également le nom d'un āsana.
Yoga Sūtra	L'ouvrage classique de Patañjāli sur le yoga. Il consiste en 185 courts aphorismes sur le yoga, et est divisé en quatre parties traitant

	respectivement de samādhi, des moyens par lesquels le yoga est atteint, des pouvoirs qui traversent la vie du chercheur au cours de sa quête et de l'état de libération finale.
Yogi ou Yogin	Celui qui suit le chemin du yoga.
Yoni-mudrā	Yoni signifie matrice, source, et mudrā, un sceau. Yoni-mudrā est une posture qui scelle, où les ouvertures de la tête sont fermées et les sens du disciple tournés vers l'intérieur pour lui permettre de trouver la source de son être.
Yuga	Un âge.
Yuj	Joindre, atteler, utiliser, concentrer son attention sur.
Yukta	Celui qui a atteint la communion avec l'Esprit Suprême qui imprègne l'univers.

Table des matières

8936

Composition
NORD COMPO

Achevé d'imprimer en Slovaquie
par NOVOPRINT SLK
le 12 décembre 2014.

Dépôt légal avril 2009.
EAN 9782290017388

ÉDITIONS J'AI LU
87, quai Panhard-et-Levassor, 75013 Paris

Diffusion France et étranger : Flammarion

Foie… et confits

Les subtilités de la découpe, de la cuisson et de la stérilisation. Et aussi des recettes originales et gourmandes.

Jean-Marc Plantade
et Michel Sage

Photos
Patrick Bourdet

HACHETTE

Sommaire

Les recettes sont signalées en italique

Avant-Propos

Foie gras, magrets, confits, pâtés, rillettes...
De la ferme du producteur à l'assiette du consommateur, le canard gras — celui qui a été élevé plus de treize semaines en liberté et nourri avec des produits 100 % naturels (blé, avoine, orge...) puis gavé pendant au moins quinze jours avec du maïs — est sans aucun doute le volatile qui présente aujourd'hui le plus d'intérêt pour l'amateur de bonne chère.

Intérêt culinaire d'abord. Comme tout est bon dans le canard, du cou à la carcasse en passant par le foie, les ailes, les cuisses, les aiguillettes, le gésier, le cœur..., le nombre de recettes disponibles est immense. À lui seul, le canard gras, produit culte de la cuisine française, est en mesure de régaler les plus fins gourmets.

Intérêt pratique ensuite. De plus en plus de personnes aspirent désormais à conditionner elles-mêmes leurs produits. S'il est difficile, en ville notamment, de découper un mouton ou un veau pour le cuisiner à sa guise, il est en revanche parfaitement réalisable de préparer, dans des délais raisonnables, un canard gras de A à Z. De plus, le matériel est somme toute modeste et très rapidement amortissable.

Intérêt naturel dans la foulée. À l'heure de la vache folle, de la viande aux hormones et des dérapages de l'agriculture industrielle, le canard gras élevé traditionnellement dans des milliers de fermes françaises présente l'avantage de rester un produit totalement sain. Et en cela conforme aux attentes du plus grand nombre. Toutes proportions gardées, le canard gras est en quelque sorte une des dernières viandes biologiques.

Il n'est pas anodin au passage de rappeler la conclusion des experts médicaux : la cuisine à la graisse de canard n'est pas néfaste pour la santé, au contraire, elle favorise la production de « bon cholestérol ». Les chercheurs ont d'ailleurs officiellement constaté que les populations qui consomment de la graisse de canard, en particulier celles du Sud-Ouest, étaient moins sujettes aux infarctus du myocarde et autres maladies cardiaques. Autrement dit, sauf bien sûr en cas d'abus manifestes, le canard gras est aussi bon pour le palais que pour le corps !

Intérêt économique enfin. Achetés entiers, le canard et le foie gras présentent l'énorme avantage de rester des produits très bon marché. La preuve ? Au kilo, le canard gras vendu dans une foire « grasse », avec son foie et tous les autres morceaux plus délicieux les uns que les autres, ne coûte pas plus cher qu'un bon poulet fermier élevé au grain proposé à grand renfort de publicité dans un supermarché. Autre élément en faveur du canard gras « entier » : son rapport qualité-prix surpasse, et de loin, celui des autres viandes et poissons. Acquis pour environ 200 F (30,75 euros), un animal de 5 kg permet de confectionner, outre un foie gras, deux ailes, deux cuisses et un gésier confits, deux aiguillettes, des pâtés, des rillettes, un cou farci, une carcasse... Ce qui, au total, représente plusieurs repas pour une bonne demi-douzaine de convives. À titre de comparaison, pour 200 F (30,75 euros), on aurait pu se procurer 1,5 kg de filet de bœuf, 1,8 kg d'escalope de veau ou 1,8 kg de sole. Il n'y a pas de quoi faire des folies.

Seule condition pour profiter pleinement des opportunités du canard gras : apprendre à le préparer soi-même. Simples, les gestes à acquérir relèvent cependant d'une technique précise que peu de gens maîtrisent encore dans nos sociétés urbaines.

C'est précisément pour permettre à tout un chacun
de redécouvrir ces traditions, qui autrefois, dans les fermes de l'Empire
romain, celles du Sud-Ouest ou d'ailleurs, se transmettaient
de père en fils et de mère en fille, que ce livre a été conçu.

Simple, concret et très illustré, il permettra à tous les cuisiniers
en herbe et les apprentis bouchers de venir à bout, en moins d'une heure
de lecture, des subtilités de la découpe, de la cuisson
et de la stérilisation du palmipède. Avec un minimum de pratique,
la confection d'un foie gras, d'un confit ou d'un cou farci n'aura bientôt
plus de secret pour les lecteurs de cet ouvrage.

Afin de les rendre plus accessibles, chacune des opérations
a été classifiée en fonction de son niveau de difficulté.
Chaque chapitre ou sous-chapitre comporte un classement
🦆 = très facile ; 🦆 🦆 = des difficultés ;
🦆 🦆 🦆 = attention aux pièges,
qui en précise très clairement le degré de complexité.
Et de fait, preuve supplémentaire de la simplicité de travail du canard
gras, les points classés 🦆 🦆 🦆 sont relativement rares.

Après avoir donné les bons conseils pour acheter
puis préparer un canard, ce manuel propose enfin toute une série
de recettes qui permettront aux marmitons débutants de passer
immédiatement des travaux pratiques aux plaisirs de la table.

Pour finir, quatre siècles après Henri IV, roi de France
et de Navarre, et sa fameuse poule au pot, nous souhaitons aujourd'hui
populariser comme il se doit ce beau et noble volatile fermier
car, après avoir beaucoup dégusté et fait la différence avec les autres
viandes, nous affirmons avec certitude et de manière
quasi définitive que : « le bonheur en bouche, c'est le canard gras » !

Jean-Marc Plantade
Michel Sage

Savoir acheter

Acheter un canard

Avant de le cuisiner et de le déguster, il faut évidemment un beau canard gras. Aspect extérieur, prix, adresses... voici donc tout ce qu'il faut savoir pour être sûr de faire le bon choix.

LES BONS CONSEILS

Outre les proportions, le poids – entre 5 et 7 kilos – préoccupez-vous en premier lieu de la fraîcheur de l'animal. Pour cela, regardez sa peau, ses pattes et son bec.

Le bec : quand le canard est frais, le bec est brillant, pas desséché.

Les pattes : au-delà de deux ou trois jours, elles noircissent.

La peau : souple, elle perd son brillant quand l'animal est trop vieux.

L'odeur : légère, elle permet presque de différencier un canard frais d'un vieux.

Le toucher : palpez le canard (sur une foire ou un marché gras c'est naturel). Une chair trop ferme veut dire que l'animal est probablement resté en chambre froide trop longtemps.

Un palpage rapide du foie s'impose quand la peau qui le recouvre n'a pas été incisée. Dur, le foie a toutes les chances d'avoir trop de graisse, ce qui abaisse sa qualité. Un foie bien proportionné représente entre 10 et 12 % du poids total de l'animal, pas plus.

Quel type de canard ? le mulard mâle, qui est un hybride du canard rouennais et du canard de Barbarie. Ce dernier est plus fourni en viande et son foie supporte moins bien la conserve.

Quand acheter un canard ? les meilleures saisons sont l'automne, l'hiver et le printemps.

Combien ça coûte ? les prix sont stables depuis une dizaine d'années, autour de 40 F (6,15 euros) le kilo dans les régions de production. En Région parisienne ou dans les grands centres régionaux, les tarifs sont souvent sensiblement plus élevés.

LES ADRESSES

Les foires grasses, les marchés gras : Partout dans le Sud-Ouest de la France sont organisés des foires grasses et des marchés gras qui, réservés aux producteurs, permettent, en automne et en hiver, de trouver des canards gras d'excellente facture. Citer la liste exhaustive de ces marchés qui remontent souvent au Moyen Âge serait trop long. Nous nous bornerons à n'en préciser que quelques-uns :

– Corrèze : Brive-la-Gaillarde, Objat ;
– Dordogne : Ribérac, Thiviers-en-Périgord ;
– Landes : Aire-sur-l'Adour, Hagetmau, Montfort-en-Chalosse ;
– Gers : Mirande, Riscle, Eauze...

À la ferme : En France, plus de 2 000 éleveurs fermiers, et notamment dans le Sud-Ouest, proposent aux amateurs des volailles grasses. On peut les acheter sur place ou les commander par téléphone, Minitel et Internet.

Les boutiques de foie gras : Certains traiteurs, épiceries fines et boutiques de produits régionaux en Île-de-France et dans plusieurs grandes métropoles acceptent désormais les commandes de canard gras. Boucheries et charcuteries devraient bientôt les imiter.

Les principaux morceaux du canard gras :

1 *Tête*
2 *Cou*
3 *Manchon (partie inférieure de l'aile)*
4 *Aileron (partie supérieure de l'aile)*
5 *Magret*
6 *Cuisse*
7 *Partie où se trouve le foie*
8 *Croupion*
9 *Patte*
10 *L'os du bréchet (sous la peau)*

Le transport : le canard gras voyage bien à condition d'être maintenu au froid (sac de congélation, glacière) et à l'abri des chocs.

Les délais : pour éviter tout risque de détérioration, mieux vaut ouvrir son canard gras le plus rapidement possible. En particulier en ce qui concerne le foie. Dans le meilleur des cas, son extraction doit se faire dans les vingt-quatre heures qui suivent l'abattage de l'animal. Les autres morceaux, eux, peuvent attendre un, voire deux jours de plus.

Acheter un foie frais

Mais rien n'oblige le particulier pressé à acquérir obligatoirement un canard entier. Il peut parfaitement se contenter d'acheter un simple foie gras destiné à être soit cuisiné « nature », soit mis en conserve. Voici, dans cette perspective, l'essentiel de ce qu'il faut savoir.

LES PRÉCAUTIONS À PRENDRE

La couleur : juger d'un coup d'œil la couleur du foie est la chose prioritaire.
Un bon foie doit avoir un teint « chair » régulier et un aspect légèrement brillant. S'il est trop jaune – et sec (cela va souvent de pair) – c'est qu'il a été extrait depuis plusieurs jours ou n'a pas été préparé dans de bonnes conditions.

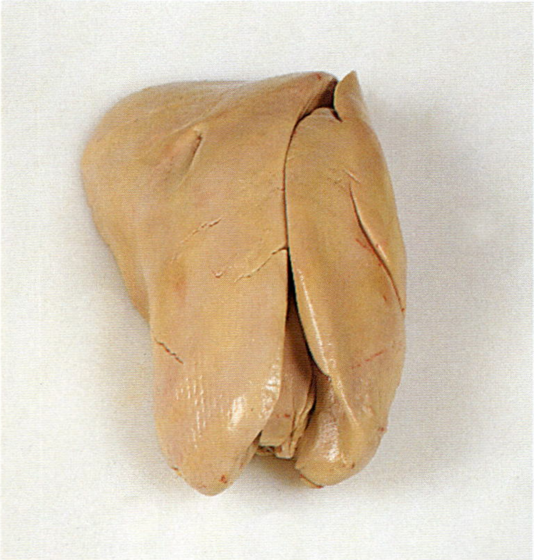

Couleur cierge sans altération et grain fin : le prototype d'un beau foie.

La présentation : attention, pour des questions d'hygiène, les foies mis en vente doivent être emballés séparément et placés sous film transparent. Fuyez les autres présentations, à l'air libre notamment.

Le prix : très bon marché depuis une décennie dans les régions de production, le foie frais se négocie autour de 250 F (38,5 euros) le kilo. Des prix quasiment introuvables en Région parisienne ou dans les capitales provinciales : c'est pourquoi mieux vaut vous adresser en priorité aux producteurs indépendants.

La catégorie : pour choisir entre un foie de catégorie « extra », « première » ou « tout-venant », il faut connaître sa destination précise (conserve, cuisine...). *Voir Le foie gras facile, p. 24.*

La découpe du canard

Percer ce coffre-fort qu'est le canard sans abîmer les trésors culinaires qu'il renferme n'est pas chose très compliquée. Cela nécessite pourtant d'adopter une technique précise car le canard ne se découpe pas comme les autres volatiles. En suivant en détail les six opérations décrites et illustrées dans ce chapitre, n'importe quelle personne doit être en mesure de préparer un canard dans un temps raisonnable. D'une vingtaine de minutes pour un débutant, la découpe s'effectue, en effet, en moins de dix minutes lorsque les gestes sont maîtrisés. Au travail !

Difficulté 🦆 🦆

Les quatre principales phases de la découpe du canard :

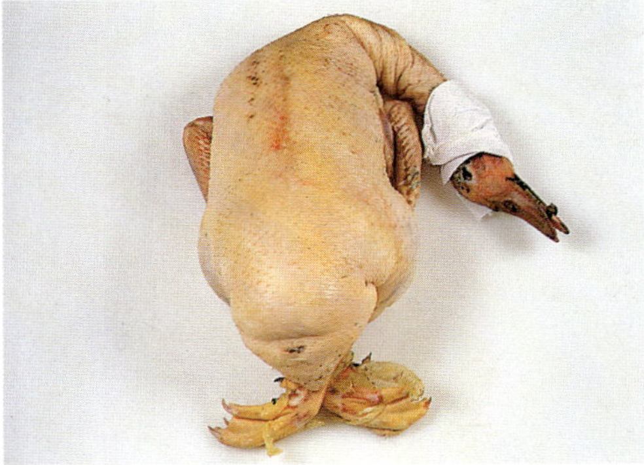

***1** entier,*

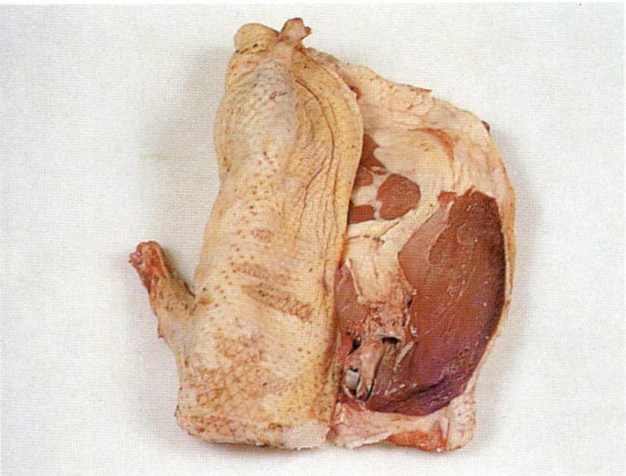

***2** l'enlèvement du paletot,*

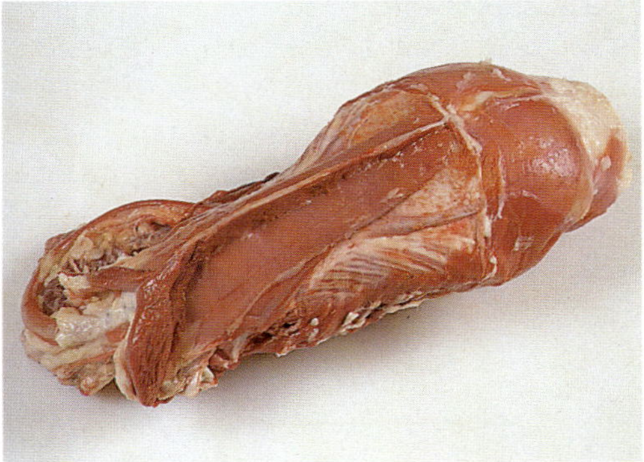

***3** l'accès à la carcasse,*

***4** la carcasse ouverte.*

◀ *Des bocaux, un stérilisateur (en arrière-plan) et un thermomètre à yaourt : l'essentiel du matériel de conserve.*

Les deux couteaux (petite et longue lame) et le fusil pour l'affûtage.

L'HYGIÈNE

Le travail du canard gras doit s'effectuer dans un **environnement** et avec un **matériel propres.**
Ainsi l'usage d'un tablier et de gants est-il fortement recommandé pour la confection des conserves.
De même, il est déconseillé d'utiliser une planche à découper en bois pour le foie : véritable filtre, ce dernier est susceptible de s'imprégner des odeurs de la planche, sans compter les bactéries et autres microbes potentiels. En conclusion, une **table de cuisine bien nettoyée** fera parfaitement l'affaire.

LE MATÉRIEL

Si **deux couteaux** suffisent à découper un canard gras, ils doivent être cependant de **très bonne qualité,** tout particulièrement au niveau des lames. Ces dernières doivent être parfaitement affûtées, si vous voulez travailler à l'aise. Aussi convient-il de vous procurer de véritables couteaux de boucher : le premier à **lame fine** et pointue pour faire les intérieurs, dégager le foie... L'autre, à **longue lame,** servira aux autres opérations. Procurez-vous également des bocaux, un stérilisateur et un thermomètre à yaourt.

La séparation des abats

Désignées sous le terme d'« abats », les pattes – partie la plus sale du canard –, la pointe des ailes (ailerons) et la tête sont les rares morceaux à ne pas être conservés. La première opération consiste à s'en séparer.

Les pattes - *Difficulté*

Placez le canard ventre en l'air, saisissez la première patte que vous tranchez à la jointure de l'articulation de la cuisse. À environ la moitié de l'incision, déboîtez légèrement la patte vers l'extérieur pour faciliter le passage de la lame.
Répétez l'opération pour la seconde.

Les ailes - *Difficulté*

Dépliée, l'aile, ou plus exactement l'aileron, est découpé au niveau du coude. Après avoir tranché la peau, attaquez l'articulation en la déboîtant vers l'extérieur pour mieux la trancher *(photos 1 et 2)*.
Répétez l'opération de l'autre côté.

La tête - *Difficulté*

Le canard dirigé vers vous (ventre en l'air), saisissez la tête d'une main pour la trancher au couteau de l'autre. Pour la détacher plus facilement, tournez-la après l'avoir entaillée jusqu'aux trois quarts *(photo 3)*.

L'opération « abats » est théoriquement terminée mais dans la pratique on l'achève en « libérant » la peau du cou qui, elle, constitue un morceau de choix.

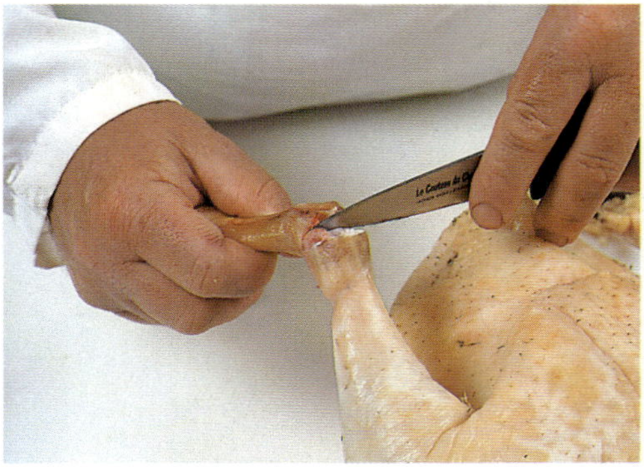

1 L'articulation de la patte est sectionnée.

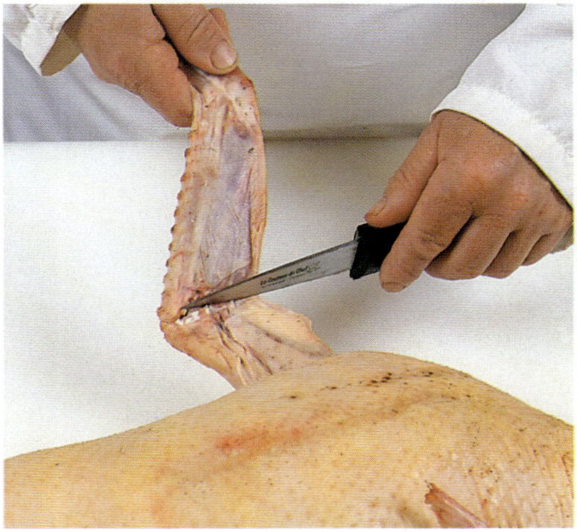

2 La découpe de l'aileron.

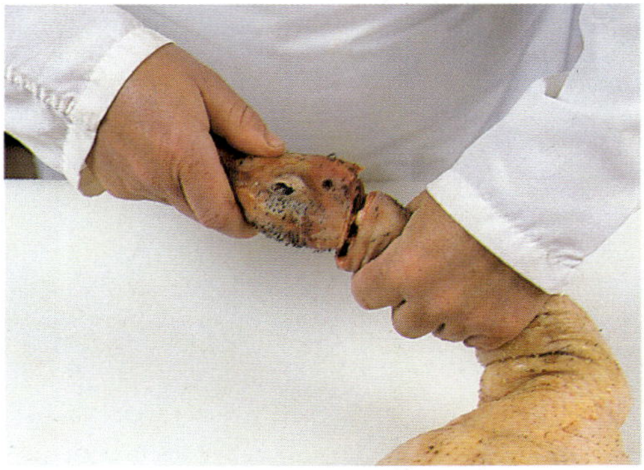

3 Coupée au couteau, la tête est vrillée à la main.

Le cou - *Difficulté*

Pour commencer, laissez pendre le cou hors de la table, cela permet de mieux repérer le premier os de la carcasse avec votre pouce. Armé du petit couteau, tranchez la peau du cou en décrivant un mouvement circulaire. Attention : seule la peau doit être libérée, il faut donc prendre soin de ne pas entailler la viande en dessous. Aidez-vous ensuite des doigts pour décoller la peau sur environ 10 cm. Puis tirez-la vers vous en la prenant d'une main tout en tenant le canard de l'autre.

Truc : Retournez la peau du cou avant de la mettre au salage.

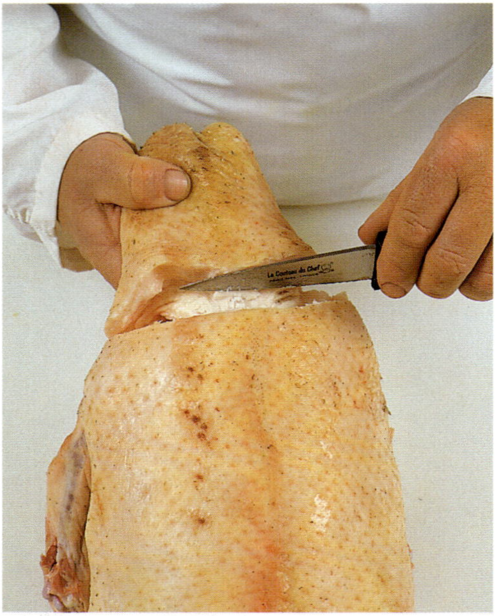

La découpe du cou à la base.

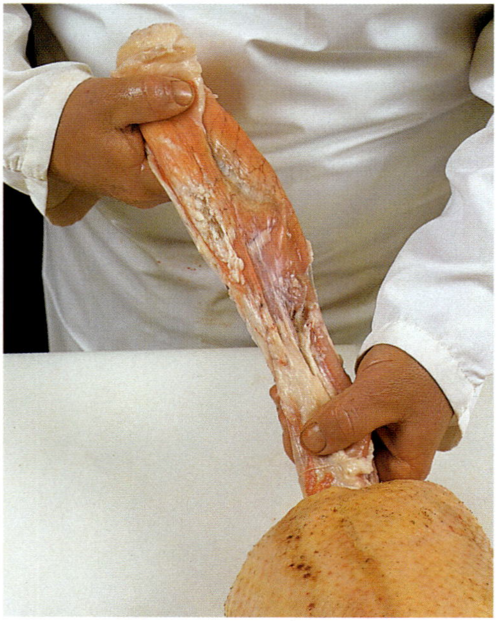

On le tire comme une chaussette.

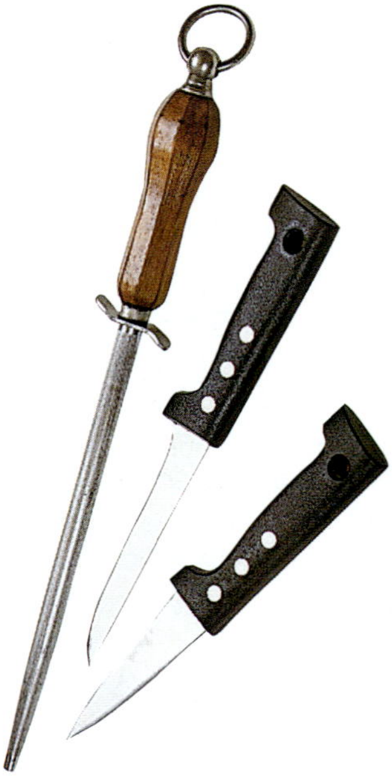

La découpe du paletot

Le paletot d'un canard, c'est en quelque sorte un manteau dans lequel se trouvent des morceaux de choix : les magrets et les cuisses. L'opération « découpe » consiste à dévêtir l'animal pour, ensuite, accéder au foie.

Difficulté 🦆 🦆

Entailler

Placez le canard ventre en l'air, le croupion face à vous. Avec le couteau à grande lame, entaillez la peau et la graisse sur 2 à 3 cm en partant du premier os palpable (celui qui a servi de repère pour le cou) et en longeant délicatement le bréchet – os de la carcasse qui correspond au sternum chez l'homme *(photo 1)*.

CONSEIL

Attention à ne pas découper le petit muscle placé de chaque côté du bréchet. Il s'appelle l'aiguillette et fera l'objet d'un traitement spécifique.

Couteau-main

Au fur et à mesure que vous découpez d'une main, tirez pour détacher la partie libérée de l'autre, sans trop forcer car l'opération doit se faire en douceur *(photos 2 et 3)*. Si nécessaire, aidez-vous ensuite du couteau pour libérer les deux parties supérieures du paletot : le canard est alors à moitié déshabillé.

Pour finir, incisez délicatement la peau du paletot jusqu'à l'anus de l'animal et décollez-la à la main.

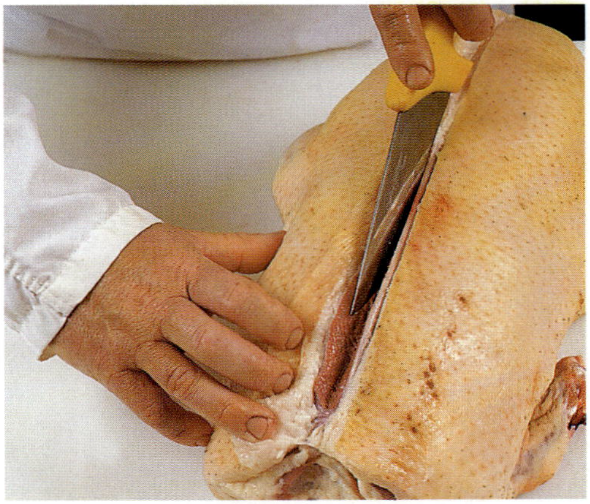

1 *Pour ouvrir le paletot, suivre le bréchet.*

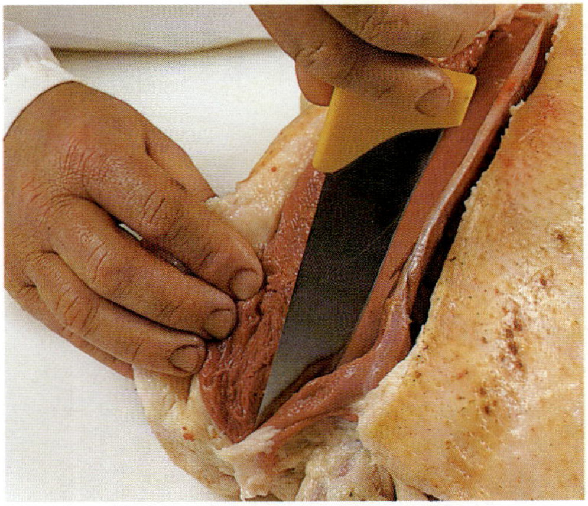

2 *Une main tire, l'autre coupe.*

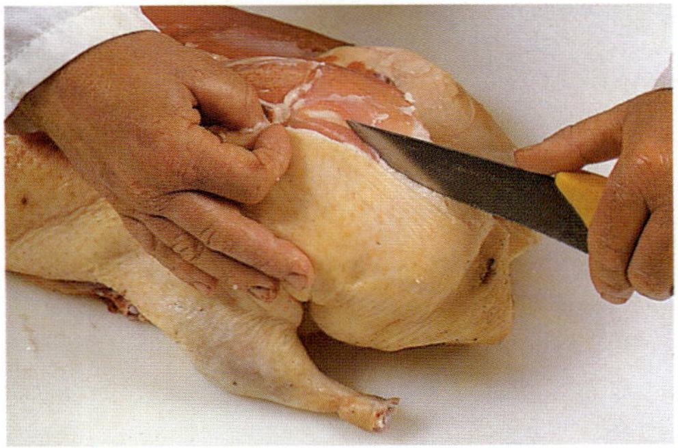

3 *Découpe minutieuse au-dessus du foie.*

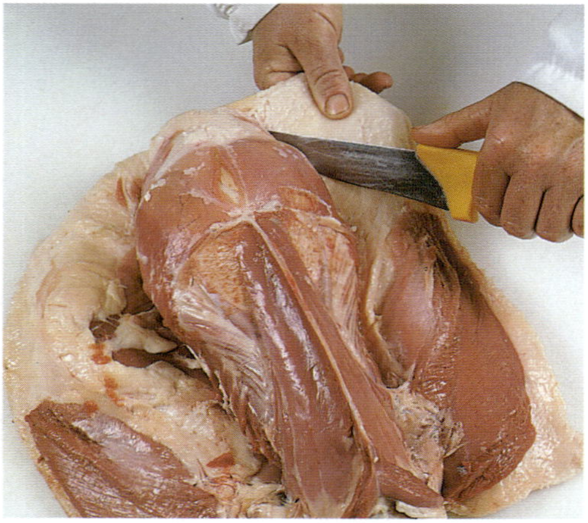

Un paletot bien ouvert.

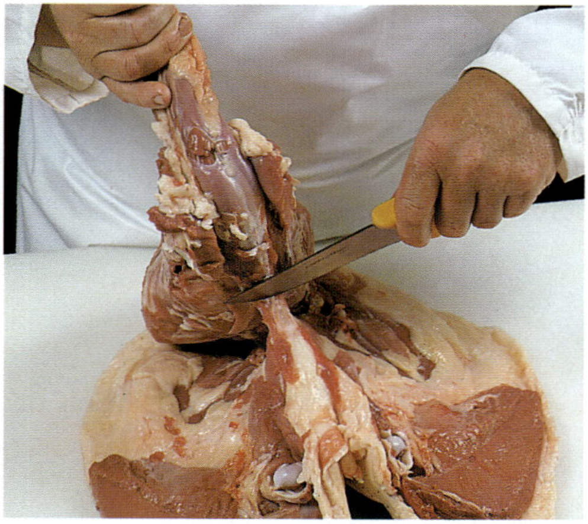

On suit la colonne vertébrale.

Le dos *(photos ci-dessus)*
Le paletot doit être libéré au niveau du dos. Avec le couteau, dégagez les côtés bas de la carcasse jusqu'aux cuisses tout en vous aidant de la main : l'une tient le paletot, l'autre la carcasse. À ce stade, le paletot n'est plus solidaire que de la colonne vertébrale. Prenez donc le canard par le cou pour le tirer vers le haut. Libérez alors le dos en sectionnant délicatement jusqu'au bout de la colonne vertébrale.

L'ouverture de la carcasse

On enchaîne ensuite sur le travail de la carcasse, cette structure osseuse qui contient le foie, le cœur, le gésier, les boyaux et une boule de graisse voisine de l'anus. C'est la partie la plus délicate de la découpe car il s'agit d'ouvrir la « boîte » sans abîmer le foie.

Difficulté

La peau *(photo 1, p. 17)*
En fait, une simple peau protège désormais le foie. Dans un premier temps, passez délicatement la lame du couteau sous la carcasse en prenant soin de ne pas toucher le foie. Objectif : crever la peau pour y faire entrer de l'air. Posez la carcasse sur le flanc et, le tranchant de la lame tourné vers l'extérieur, coupez la peau le long de la première côte, sans toucher ni les boyaux, ni le foie.

Les côtes *(photo 2, p. 17)*
Placez la pointe de la longue lame – le tranchant toujours tourné vers l'extérieur – sous les dernières côtes, à l'endroit où elles sont le plus souples, c'est-à-dire vers le milieu. Découpez alors doucement vers l'extérieur jusqu'à la première côte.
Répétez l'opération de l'autre côté de la carcasse.

Le dos *(photo 3, p. 17)*
Reste alors à remettre le canard sur le dos. D'une main, tenez le foie pour le protéger, de l'autre étirez vers vous la carcasse à la verticale). Surprise : le coffre-fort s'ouvre !

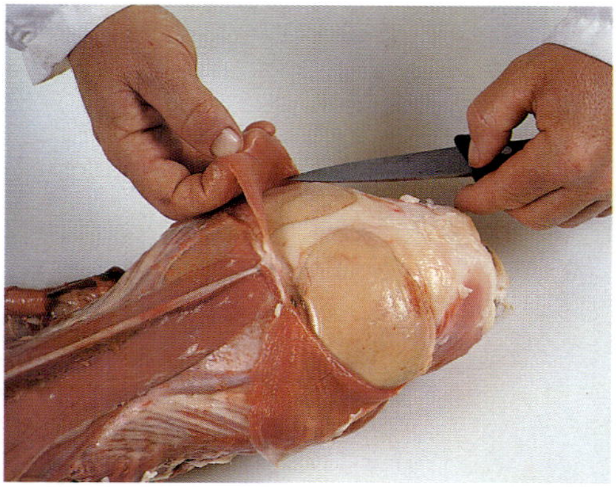

1 Sous la peau, le foie gras.

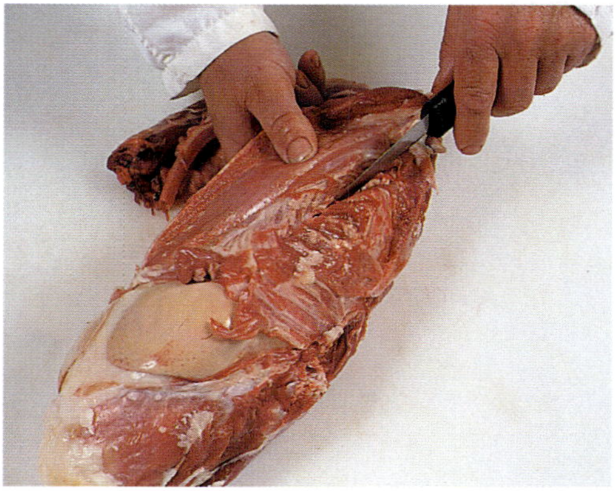

2 On tranche les côtes pour les ouvrir.

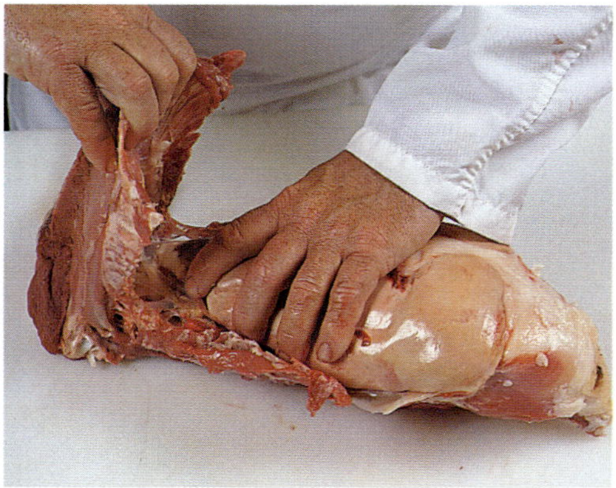

3 En tenant le foie, on décolle la carcasse.

La libération du foie

La « boîte » ouverte, on aperçoit, outre un foie volumineux, le cœur, des viscères et de la graisse. Première chose à faire, « libérer » le foie, c'est-à-dire le désenclaver à la main.

Difficulté 🦆 🦆 🦆

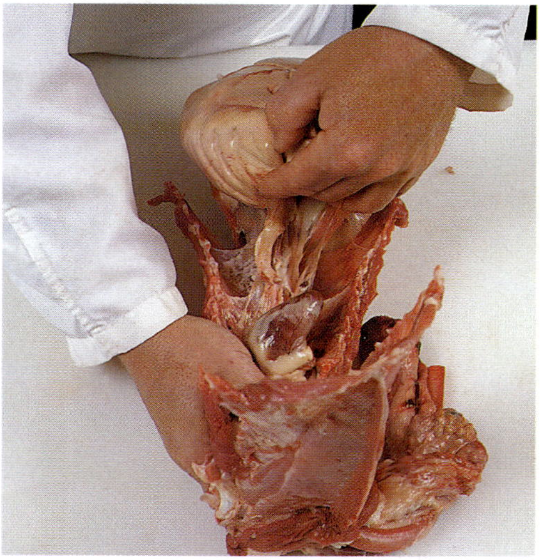

Le foie pris en main.

Tirer

Soulevez la carcasse d'une main, tandis que les doigts de l'autre main attrapent le foie à sa partie supérieure et l'étirent doucement, exactement comme pour le décoller *(photo 1, p. 18)*.

CONSEIL

Attention à la poche de fiel (glande verte). Elle ne doit être percée sous aucun prétexte : son goût très désagréable risquerait de dénaturer gravement le foie et les autres morceaux.

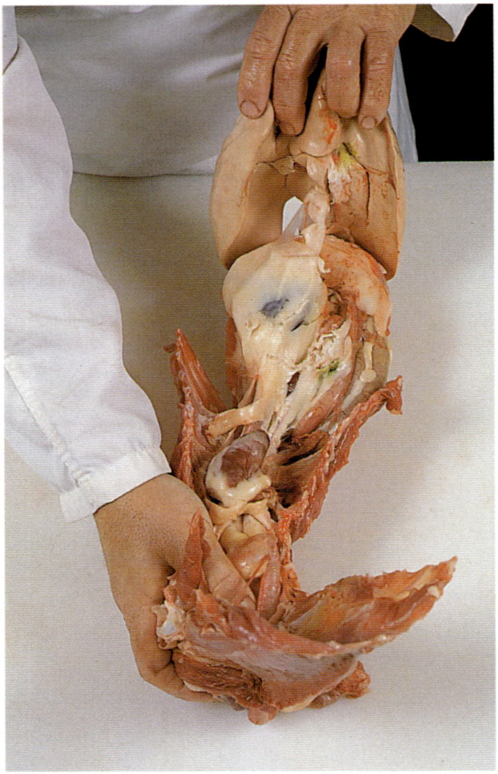

1 On tire le foie vers soi.

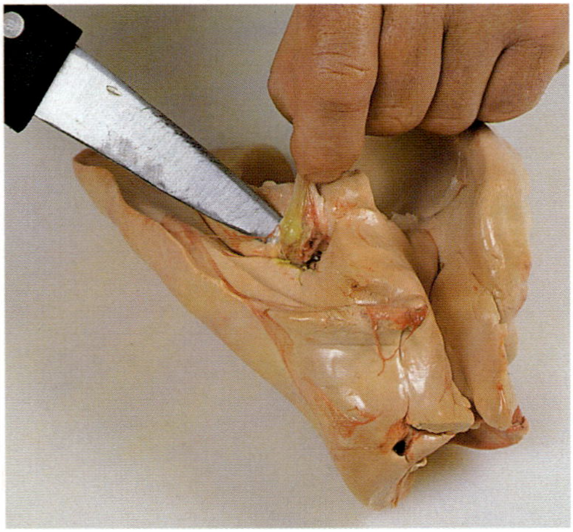

2 La tache verte de la poche de fiel.

Mais pas question de vous arrêter en route, continuez à tirer sur le foie, la poche de fiel devant rester solidaire des boyaux et de la graisse *(photo 2)*.

Précision : Si toutefois vous percez la poche de fiel, lavez immédiatement sous l'eau courante toutes les parties touchées par la bile.

La bile

Le foie est alors définitivement « libéré ». Vous constatez immédiatement la présence d'une trace verte à l'endroit de la jointure avec la poche de fiel. Nettoyez-la au couteau. Enlevez ensuite à la main la graisse blanchâtre qui reste sur le foie. Ce dernier est alors prêt à être travaillé.

C O N S E I L

Un foie ne doit pas rester longtemps à l'air libre. Couvrez-le immédiatement d'un linge propre ou d'un papier absorbant. Placez-le aussitôt sur un bain de glace, pendant 5 à 10 mn, avant de le retravailler.

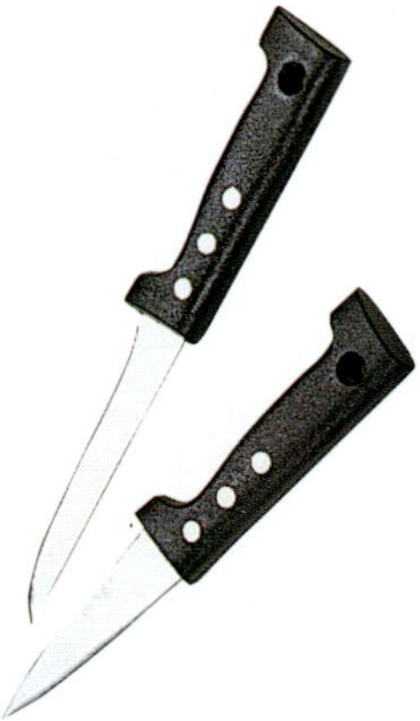

Le morcelage du paletot

Le foie bien au frais, on revient au paletot. Objectif : en extraire les deux magrets, les deux ailes et les deux cuisses.

Difficulté

La découpe *(photo 1)*
Posez le paletot côté peau sur la table, partagez-le en deux dans le sens de la longueur avec le grand couteau.

Les glandes *(photo 2)*
Attention, il existe de chaque côté du croupion une glande à enlever absolument. Pour ce faire, découpez les bosses au couteau en en faisant le tour.

Le magret *(photo 3)*
Si vous voulez le cuisiner seul, partagez le demi-paletot en deux. Puis, à l'aide du couteau, découpez la « parure » (graisse et peau) autour de la cuisse et du magret. Mettez la « parure » de côté, elle servira pour les rillettes. Reste alors à désolidariser le magret du « manchon », désignation de l'articulation de l'aile. Sectionnez la veine et les nerfs qui passent entre le manchon et le magret. Puis étirez le manchon en vous aidant du couteau. Le magret comporte aussi un excédent de graisse qu'on « libère » en soulevant puis en sectionnant la peau avec le couteau. Il est alors à point.

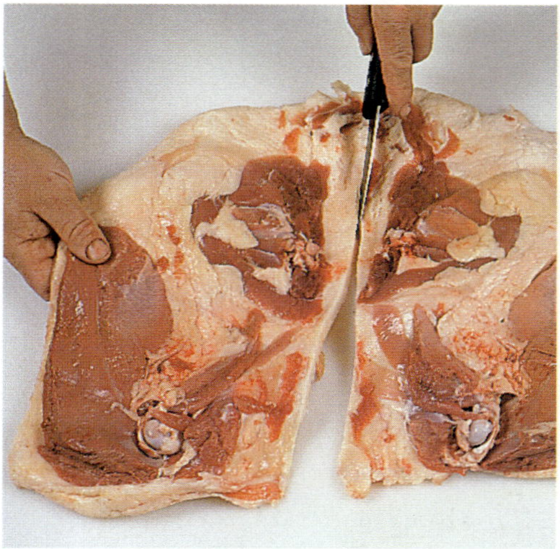

1 *Le paletot est découpé.*

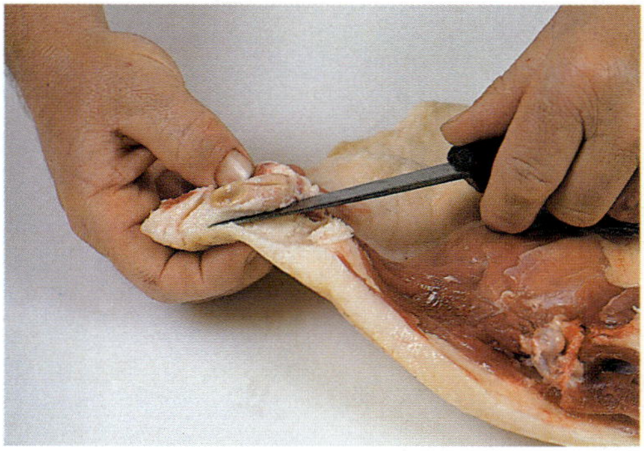

2 *Les glandes du croupion à retirer.*

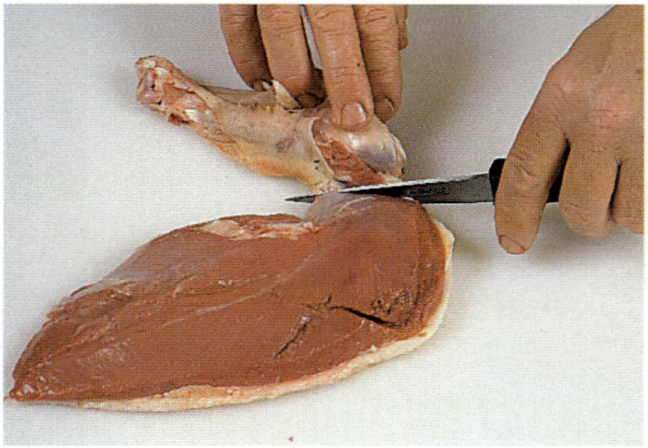

3 *Le magret libéré du manchon.*

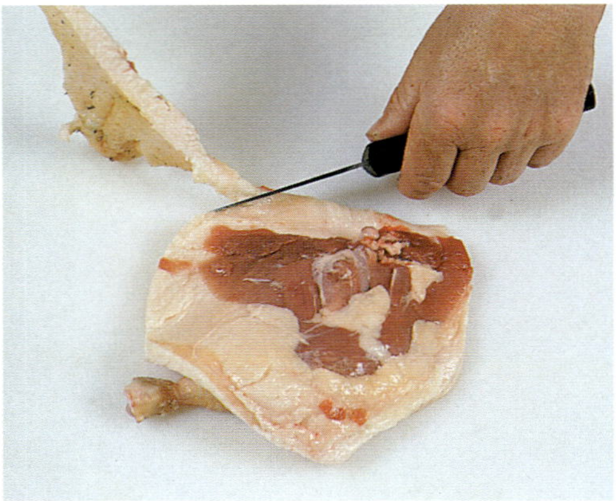

Cuisse prête à confire.

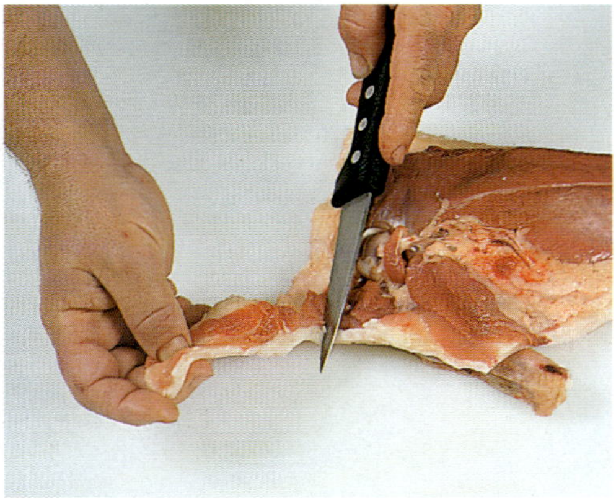

Aile (manchon et magret) prête à confire.

Les cuisses et les ailes *(photos ci-dessus)*
Dans la perspective de les confire, commencez par enlever la « parure » inutile en décrivant au couteau un arc de cercle autour de la cuisse. Objectif : laisser un tiers de gras pour la cuisson.

Quant à l'aile bientôt confite, vous lui conserverez le magret. Il n'est donc pas nécessaire de séparer ce dernier.

Le morcelage du paletot est terminé et le surplus de graisse (la « parure ») est mis de côté.

La carcasse démantelée

La découpe du canard s'achève à présent par le démantèlement de la carcasse. C'est une opération sans difficulté.

Difficulté 🦆

Le cou *(photo 1, p. 21)*
Première chose à faire, lui enlever le maximum de graisse. Avec le couteau long, dégagez le cou de toutes les attaches au niveau de la carcasse et tirez dessus en tournant légèrement. Dans la foulée, « libérez » le cou au couteau si vous ne souhaitez pas l'utiliser pour la confection des rillettes. À l'autre extrémité de la carcasse, extrayez ensuite la boule de gras et de boyaux à la main et au couteau.

L'aiguillette *(photo 2, p. 21)*
Dernier grand muscle présent sur la carcasse. Avant de le récupérer, commencez par sectionner au couteau les deux os qui tiennent le bréchet et le dos du canard (l'équivalent des clavicules). Posez ensuite la carcasse à plat, longez-la en passant l'extérieur du couteau sous l'aiguillette et aidez-vous de la main pour tirer la partie « libérée ».

Le gésier *(photo 3 et 4, p. 21)*
Extrayez à la main le gésier des abats et des graisses après avoir sectionné l'arrivée du tube digestif. Une fois nettoyé de sa graisse, sectionnez-le par le milieu avant de gratter la peau interne au couteau. La présence de grains de maïs est toujours un bon signe.

Enfin, découpez la graisse au niveau de l'anus du canard. Elle sera utilisée pour la cuisson des confits. Les boyaux et autres abats sont à jeter.

La découpe du canard gras – phase de boucherie la plus délicate – est alors achevée.

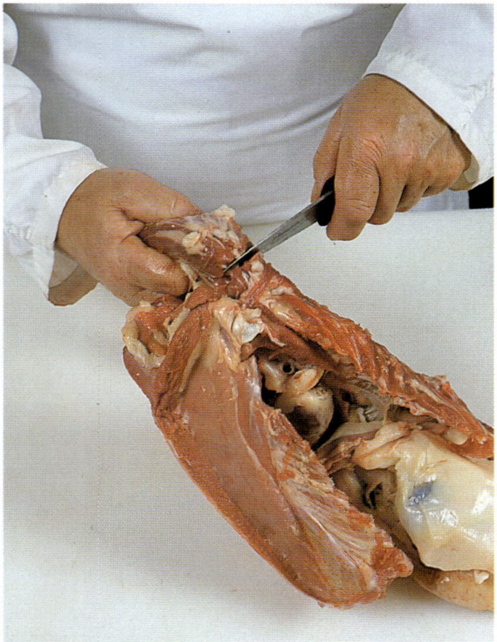

1 La libération du cou.
Au premier plan, les intestins et la graisse.

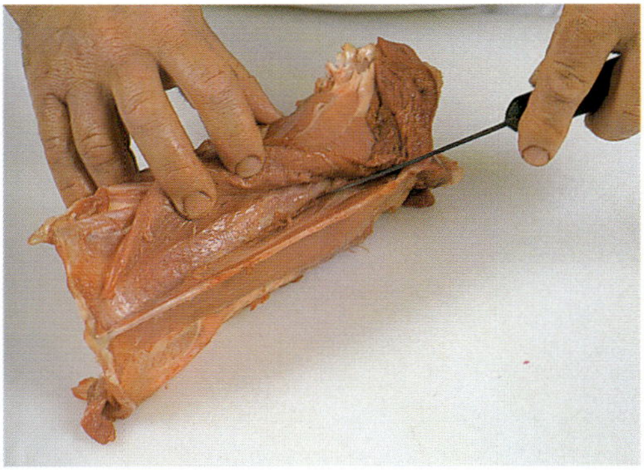

2 L'aiguillette est libérée.

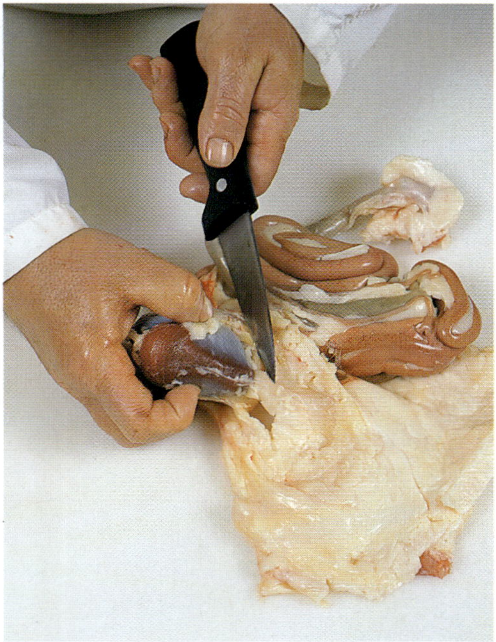

3 L'extraction du gésier.

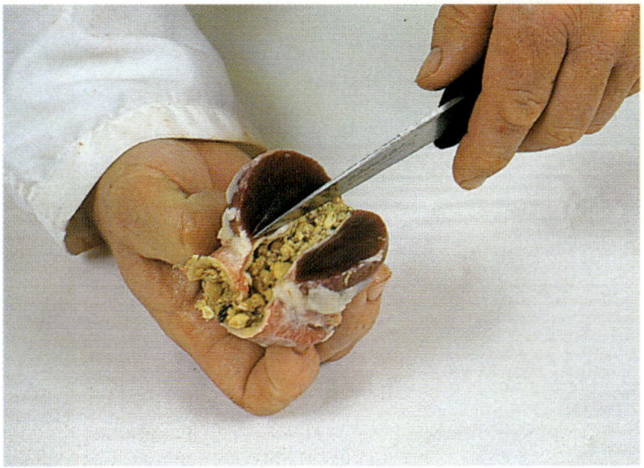

4 Le gésier ouvert.

Le salage

Sitôt la découpe achevée, il convient d'assurer le salage et le poivrage des morceaux de viande destinés à être confits ou transformés en rillettes.

Difficulté

Les délais

Le salage et le poivrage consistent en fait à entreposer au frais, entre 12 et 24 h, la viande salée et poivrée dans un récipient adéquat : bassine, plat en aluminium, récipient hermétique font parfaitement l'affaire.
Une fois lavé, jetez au fond du récipient une bonne poignée de gros sel et de poivre avant d'y déposer les morceaux de canard.

Les proportions

Chaque morceau de viande doit être salé et poivré quasi individuellement selon les proportions suivantes : de 25 à 30 g de sel et 6 g de poivre par kilo de viande.
Exemples : 6 g de sel et 1 g de poivre pour une cuisse de 200 g.
Les deux ailes, les deux magrets et les deux cuisses pèsent souvent un peu moins de deux kilos, 40 g de sel et 9 g de poivre suffisent alors. N'oubliez pas de mettre également le gésier à saler.

Pour les produits à rillettes, c'est-à-dire la parure (la graisse) et la peau, les proportions sont légèrement différentes : 20 g de sel et 10 g de poivre par kilo.

Attention : le cou du canard doit être impérativement dégraissé avant d'être salé et poivré à l'intérieur *(voir Le cou farci, p. 59).*

C O N S E I L

Pour éviter toute mauvaise surprise, utilisez exclusivement du sel marin sans conservateur. Le poivre de Cayenne convient aussi parfaitement.

Le foie gras facile

Le foie gras est sans doute la partie du canard qui se prépare avec le plus de précautions. Une fois classifié avec soin, il doit être dénervé avant d'être cuisiné frais ou mis en conserve. Facilement réalisables, toutes ces opérations nécessitent malgré tout une attention certaine.

Difficulté

Identifier la qualité d'un foie

Dans un même lot de canards, les foies gras n'ont pas forcément la même qualité et ne pourront pas être réservés au même usage. Il convient donc, avant de faire un foie frais, un foie entier en bocal ou un pâté de foie, de déterminer sa catégorie : « extra », qualité « première » ou « tout-venant » *(photo 3)*.

Les repères

La couleur

On l'a vu, la couleur est le premier facteur déterminant de la qualité d'un foie. Trop jaune, par exemple, signifie « chargé en gras », donc n'appartenant pas à la meilleure qualité. Un tel foie ne pourra pas être cuisiné « pur », c'est-à-dire frais. À noter que la présence de taches noirâtres à l'extérieur d'un foie n'a rien d'inquiétant. Il s'agit la plupart du temps de coups portés au niveau des côtes ou de la carcasse. Il suffit d'enlever ces marques à l'aide du couteau, comme on le fait pour d'éventuelles traces vertes au niveau de la vésicule biliaire.

Le poids

Il doit être compris entre 350 et 600 g pour être classé. Un foie « extra » de plus de 600 g est automatiquement déclassé en « première catégorie ». Il en va de même pour les foies de moins de 350 g.

Le toucher

Il permet de déterminer la qualité de la pâte. Prenez le foie dans vos mains et, pour commencer, palpez sa chair au niveau du gros lobe. Ni trop dure, ni trop molle, la pâte doit être souple et marquer au doigt *(photo 1)*. L'autre opération, surtout pratiquée par les spécialistes, consiste à passer le pouce sur la partie très lisse et très fine qui se trouve à l'intérieur du gros lobe *(photo 2)*. Un autre excellent indicateur...

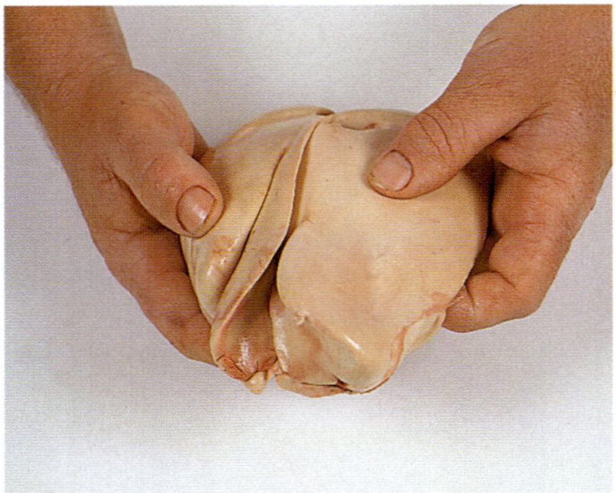

1 Le palpage extérieur d'un foie.

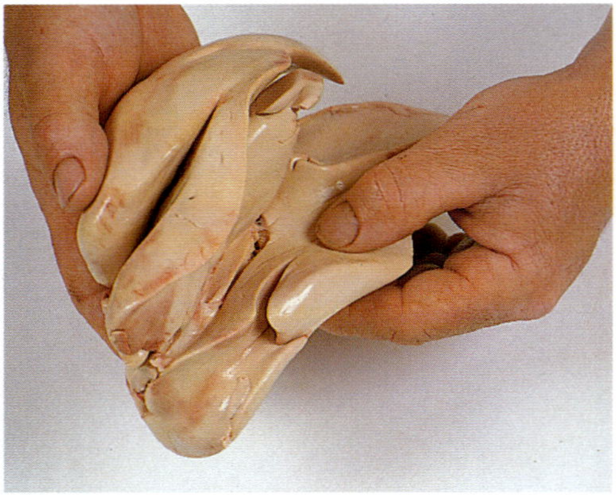

2 Le palpage intérieur d'un foie.

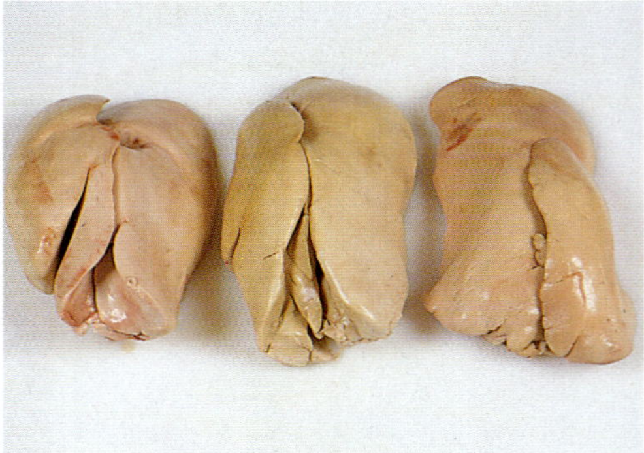

3 De gauche à droite : un foie extra, de première catégorie et un tout-venant.

Les catégories

Voici les trois catégories auxquelles un foie peut appartenir *(photo 3, p. 24)* :

Qualité « extra » : la meilleure. Elle ne comporte pas de défaut de couleur, sa pâte est souple et résistante à la fois. Elle ressemble à du beurre ou à de la pâte à modeler : elle ne casse pas et est très malléable. C'est elle que l'on utilise pour la conserve.

« Première » qualité : de couleur nettement plus rosée (uniforme ou tachée), elle se caractérise par un grain sensiblement plus gros au toucher. Le foie appartenant à cette catégorie est le plus souvent destiné à être cuisiné frais.

« Tout-venant » : le plus souvent jaunâtre, le foie tout-venant a une pâte trop souple et passablement caoutchouteuse. On s'en sert pour la confection des pâtés de foie ou des sauces.

La préparation du foie

Voici, en fonction de la catégorie du foie, la marche à suivre selon qu'on s'oriente vers la cuisine d'un foie frais ou sa mise en conserve.

LE FOIE FRAIS

Difficulté

La préparation est réduite au minimum. Elle consiste essentiellement, avant de le cuisiner, à conserver le foie à basse température (bac à légumes d'un réfrigérateur ou chambre froide) et à l'abri de l'air – donc sous un film plastique, un linge ou un papier absorbant – sans apport de sel, ni de poivre ou autre ingrédient. Certains préconisent de le laver ou d'enlever la fine pellicule qui le recouvre : des gestes qui comportent plus d'inconvénients que d'avantages.

La conservation
Bien au frais, un foie peut se conserver 24 h, guère plus. Pour des raisons d'hygiène, veillez à ne pas dépasser ce délai pour le travailler.

Les escalopes
Évitez de dénerver un foie gras frais après l'avoir laissé chambrer *(voir « Truc » ci-dessous)*.
De très nombreuses recettes utilisent le foie gras « nature », tranché en escalopes de 5 mm à 1 cm d'épaisseur, choisies en priorité dans le gros lobe.

Truc : Sortez le foie 1 h avant de le cuisiner.
Il doit absolument prendre la température ambiante avant d'être mis à la poêle.
En effet, trop froid, il ne serait pas cuit à cœur, et un séjour trop prolongé dans la poêle le ferait fondre anormalement.

Le foie gras frais cuisiné

Extrait du canard et préparé, le foie gras frais n'attend désormais plus qu'une bonne recette pour se montrer à la hauteur de sa réputation.

En voici quatre qui, aisément réalisables, satisferont les meilleurs palais.

Foie gras au raisin

Pour 6 personnes

Préparation : 30 mn. Cuisson : 8 à 10 mn

- ***6 escalopes de foie gras***
- ***500 g de raisin (muscat de préférence)***
- ***6 têtes de champignons de Paris nettoyées***
- ***6 lamelles de truffe***
- ***6 bouchées en pâte feuilletée***
- ***50 g de beurre***
- ***25 cl de bouillon de volaille préparé avec un cube***
- ***2 cuil. à soupe de crème fraîche***
- ***5 cl d'armagnac***
- ***farine***
- ***sel, poivre du moulin***

1. Passez les escalopes dans la farine. Faites fondre 25 g de beurre dans une poêle et faites dorer les escalopes à feu doux, de 4 à 5 mn de chaque côté. Retirez-les de la poêle et réservez-les au chaud.

2. Dans la graisse de cuisson des escalopes, faites revenir les grains de raisin préalablement pelés et épépinés.

3. Faites fondre le reste du beurre dans une autre poêle. Ajoutez les têtes de champignons et faites-les étuver quelques minutes avant de les flamber à l'armagnac.

4. Versez ensuite le bouillon de volaille, ajoutez la crème fraîche, salez, poivrez et remuez le tout avec une spatule.

5. Dressez les bouchées sur un plat rond, remplissez-les avec la sauce des champignons. Répartissez autour les escalopes et les grains de raisin.

6. Posez sur chaque escalope une tête de champignon, nappez-les de sauce et surmontez-les d'une lamelle de truffe. Servez très chaud.

Le bon accord

Un vin blanc moelleux : graves, sauternes, barsac, vouvray, jurançon, gewurztraminer.

Foie gras à la reinette

Pour 6 personnes

Préparation : 30 mn. Cuisson : 8 à 10 mn

- ***2 foies gras de canard***
- ***1 kg de pommes reinettes***
- ***150 g de beurre***
- ***6 tranches de pain de mie de la taille des escalopes***
- ***cognac ou madère***
- ***noix muscade râpée***
- ***farine***
- ***sel, poivre du moulin***

1. Pelez les pommes, retirez le cœur et les pépins. Émincez-les. Faites-les dorer quelques minutes à feu doux dans une sauteuse avec 110 g de beurre.

2. Tranchez six escalopes dans les foies gras. Salez-les, poivrez-les et poudrez-les d'un soupçon de noix muscade avant de les passer dans la farine.

3. Faites fondre 25 g de beurre dans une poêle et faites dorer les escalopes à feu doux de 4 à 5 mn de chaque côté.

4. Faites fondre séparément le reste du beurre et faites dorer les tranches de pain de mie des deux côtés.

5. Disposez les tranches de pain sur un plat de service et déposez sur chacune d'elles une escalope. Arrosez de quelques gouttes de cognac ou de madère. Ajoutez les pommes. Servez très chaud.

Le bon accord

Un vin blanc moelleux : graves, sauternes, barsac, monbazillac, vouvray.

En haut : foie gras au raisin.
En bas : foie gras à la reinette.

Terrine au foie de canard à l'ancienne

Pour 6 personnes

Préparation : 20 mn. Cuisson : 1 h 30

- ***1 foie de canard de 450 à 600 g (qualité « extra » ou « première », voir p. 25)***
- ***1,2 kg de chair à pâté pas trop grasse***
- ***1 crépine de porc***
- ***1 feuille de laurier***
- ***1 pincée de cannelle***
- ***1 pincée de noix muscade***
- ***5 cl d'armagnac***
- ***sel, poivre du moulin***

1. Nettoyez le foie gras cru, séparez les lobes, salez, poivrez, ajoutez la cannelle et la noix muscade.

2. Faites préchauffer le four (th.7/8). Salez, poivrez la chair à pâté et parfumez-la avec l'armagnac.

3. Tapissez une terrine avec la crépine de porc. Déposez au fond la feuille de laurier. Emplissez-la avec la moitié de la chair à pâté, déposez le foie dessus, tassez avec précautions, puis recouvrez avec le reste de la chair à pâté. Rabattez la crépine.

4. Glissez la terrine (sans la couvrir) dans le four et faites cuire pendant 1 h 30, en ayant soin d'enlever régulièrement l'excédent de graisse qui se forme à la surface.

5. Sortez la terrine du four, couvrez-la et laissez-la refroidir à température ambiante.

Le bon accord

Un vin blanc moelleux : graves, sauternes, barsac, monbazillac, jurançon.

Foie gras confit

Pour 6 personnes
Préparation : 20 mn. Cuisson : 1 h
Repos du foie : 12 h + 6 h

- ***1 beau foie gras (qualité « extra » ou « première »)***
- ***2 kg de graisse de canard***
- ***sel, poivre du moulin***

1. La veille, préparez le foie : dénervez-le *(voir p. 30)*, salez-le, poivrez-le et laissez-le reposer toute la nuit au frais sous un film transparent.

2. Faites fondre la graisse de canard à feu doux dans une grande casserole. Plongez-y le foie et faites-le cuire doucement (à 70 °C maximum : à contrôler avec un thermomètre à yaourt) pendant 1 h.

3. Retirez le foie précautionneusement, dégraissez-le avec du papier absorbant puis laissez-le refroidir.

4. Placez le foie dans une terrine hermétiquement close et laissez-le reposer au moins 6 h au réfrigérateur. Dégustez-le ensuite dans les 48 h.

Le bon accord
Un vin blanc moelleux : graves, sauternes, barsac, monbazillac, jurançon.

LE FOIE EN CONSERVE

Difficulté 🦆

Le foie entier destiné à la conserve subit quatre opérations : le présalage, l'apport d'ingrédients (facultatif), le repos et le dénervage.
Cette dernière partie est techniquement plus délicate mais les explications détaillées qui suivent la rendent aisément accessible.

Le salage
Le foie, à son tour, va être salé et poivré. Mettez-le dans un récipient hermétique ou une terrine où il sera ensuite conservé. Comptez 12 g de sel et 2 g de poivre par kilo de foie. Salez et poivrez de chaque côté et autour du foie.

Truc : Vous pouvez utiliser du poivre blanc – efficace mais invisible – qui évite la présence de minuscules taches noires sur le foie.

Foie naturel ou amélioré ?
À ce stade, vous pouvez laisser le foie au « naturel », c'est-à-dire sans aucun apport extérieur, ou bien l'« améliorer » avec de l'alcool (cognac, armagnac, porto, jurançon, monbazillac, sauternes) ou des truffes. C'est au choix. Il suffit d'ajouter quelques gouttes ou lamelles du produit choisi, il transmettra son odeur et son goût de façon raisonnable.

C O N S E I L

Mieux vaut éviter de faire « tremper » le foie dans un produit alcoolisé, le goût serait alors trop fort. Il est primordial de dénaturer le foie le moins possible.

Le repos
Salé, poivré, alcoolisé ou truffé, mettez le foie au repos au frais dans un récipient hermétique, pendant environ 12 h. Il va y macérer, se libérer de ses substances acides et se bonifier avant la mise en conserve. Veillez toutefois à ne pas dépasser les 24 h de repos et évitez les différences de température. Le foie risquerait de durcir ou de fondre.

Le dénervage

Difficulté 🦆 🦆 🦆

Rien n'est plus désagréable, lorsque l'on mange un foie gras, que de tomber sur un gros vaisseau ou sur un nerf : on a d'ailleurs du mal à les sectionner au couteau.
Voilà pourquoi l'opération dite de dénervage, qui consiste en fait à retirer les nerfs mais aussi les veines et artères, est particulièrement importante.
Si le nerf principal est aisé à trouver – et donc à enlever – car il est visible de l'extérieur, les vaisseaux sanguins, en revanche, doivent être recherchés à l'intérieur du foie. Il faut donc l'ouvrir au couteau et procéder par petites étapes en commençant par le gros lobe.

C O N S E I L

Prenez bien vos repères. Il y a essentiellement deux vaisseaux à enlever par lobe – le premier se situe à environ 1 cm de profondeur, le second entre 2 et 3 cm – plus un nerf sur le petit lobe.

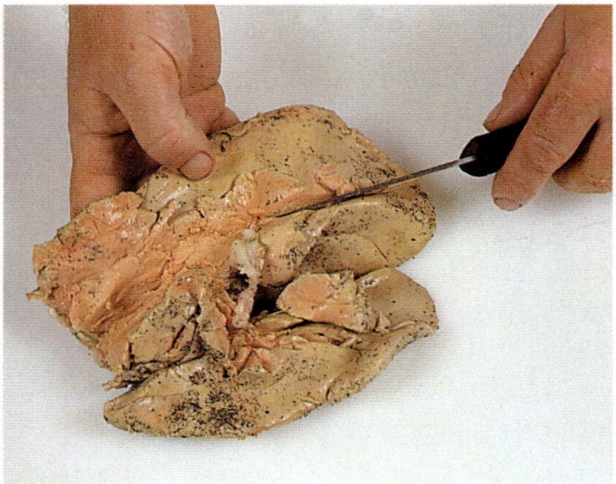

1 La recherche des vaisseaux du gros lobe.

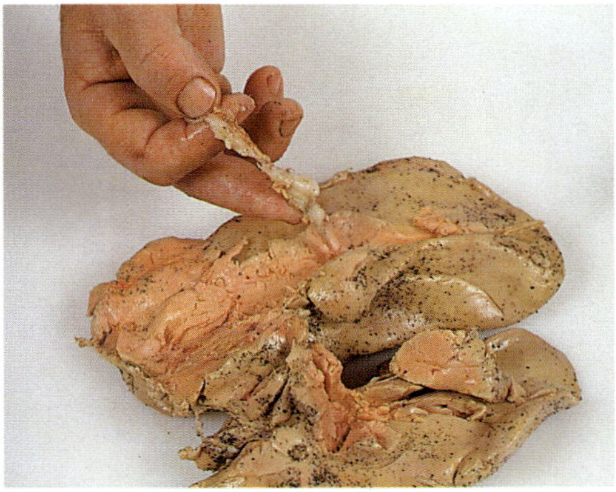

2 Le dégagement des vaisseaux principaux.

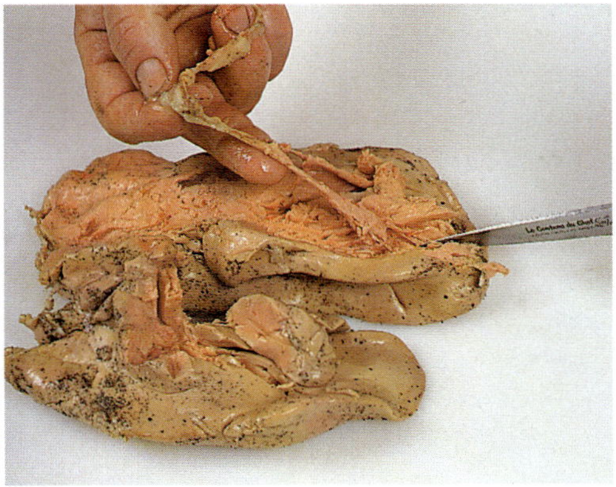

3 Les autres vaisseaux retirés.

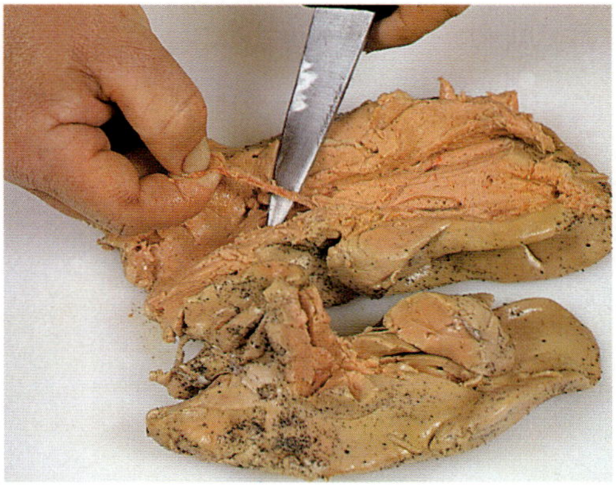

4 Vaisseaux en profondeur.

Le gros lobe

Le foie posé sur le flanc, partez à la recherche du vaisseau principal qui traverse le gros lobe avec le couteau à fine lame *(photo 1)*. Une première estafilade sérieuse permet d'accéder au vaisseau que vous dégagez ensuite sur la longueur *(photo 2)*.

Attention : pour ne pas le sectionner, découpez tout autour du vaisseau afin de le dégager et d'atteindre les ramifications. Vous libérez ainsi cette première série de vaisseaux en tirant dessus et en vous aidant du couteau *(photo 3)*.

Vous allez ensuite chercher une deuxième série de vaisseaux, plus petits, implantés plus en profondeur dans la partie supérieure du gros lobe. N'hésitez pas à entailler le foie pour l'atteindre. Libérez-la en tirant dessus et en découpant tout autour au couteau *(photo 4)*.

Le petit lobe

C'est lui qui, paradoxalement, est le plus délicat à dénerver car il comporte le plus d'éléments à enlever. Par conséquent il ne faut pas craindre de l'inciser.
Commencez par le vaisseau principal situé au niveau de la jointure des deux lobes. Saisissez-le entre le pouce et l'index, tirez-le et efforcez-vous de faire venir, sans les casser, ses ramifications *(photo 1)*. Pour cela, aidez-vous en découpant le foie autour. Procédez de la même manière avec le nerf, également accessible à l'extérieur du foie.

CONSEIL

Ne craignez pas, pour les premiers dénervages, de retirer du foie afin de ne pas casser les vaisseaux en les enlevant. Cela n'a aucune importance pour la suite. Avec un peu de pratique, l'opération s'effectue en quelques minutes.

Le travail du foie entier est alors achevé *(photo 2)*. Il reste simplement à resserrer la pâte du foie sans vous soucier des stries faites à l'occasion du dénervage. Vous allez pouvoir passer à la mise en conserve.

Définitions

Voici, avant d'aller plus loin en besogne, les définitions les plus usuelles concernant les différents types de cuisson du foie gras :
– **Foie frais :** on l'a vu précédemment, il se travaille et se cuisine rapidement après la découpe.
– **Foie mi-cuit :** préparé en boîte, en bocal ou en terrine, il a été pasteurisé mais pas stérilisé. En d'autres termes, il a subi une température moins importante (75 °C pendant 1 h) qu'un foie en conserve. Gardé à basse température (4 °C), il doit être consommé dans les 3 mois.
– **Foie cuit :** cuit en conserve à température plus importante (au moins 105 °C), il a été stérilisé. Maintenu au frais et à l'abri des variations de température qui le durcissent ou le font fondre, il peut se conserver pendant plusieurs années.

Quant à la composition même des conserves, il existe également plusieurs formules :
– **Foie gras de canard entier :** celui que vous allez faire en suivant la méthode traditionnelle. Il est exclusivement composé d'un ou de plusieurs morceaux d'un même foie, en fonction de la capacité du récipient.
– **Bloc de foie gras de canard :** signifie que le foie, issu de morceaux différents (souvent pris dans les qualités inférieures), a été reconstitué. Ce traitement est un procédé courant chez les industriels.

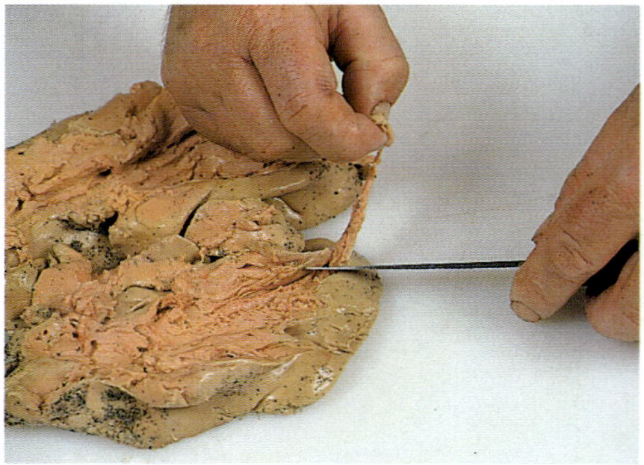

1 Le travail du petit lobe.

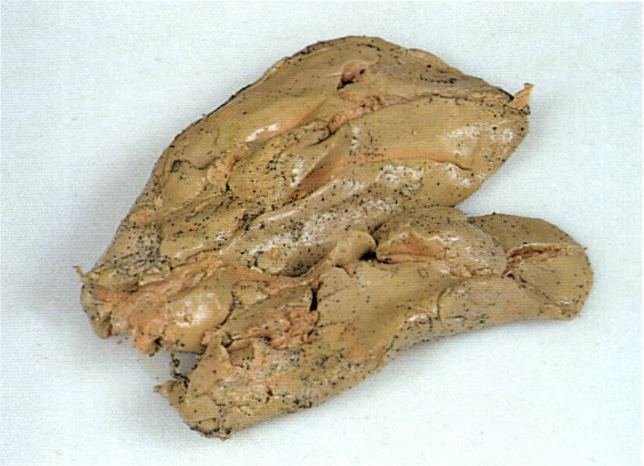

2 Le foie après dénervage.

La mise en conserve

Difficulté

Un mot d'abord sur le matériel utilisé. Il existe deux techniques de conserve : la boîte en métal traitée contre la corrosion et vernie à l'extérieur pour éviter la rouille, et le bocal de verre.
Les deux méthodes sont parfaitement efficaces.

CONSEIL

Même si la boîte possède des qualités que n'a pas le bocal (elle ne laisse pas filtrer la lumière, ce qui est un gage de bonne conservation), il est conseillé malgré tout aux particuliers d'opter pour ce dernier. On trouve, en effet, des bocaux absolument partout – ce qui n'est pas le cas des boîtes – et, gros avantage, ils ne nécessitent pas de sertissage avant cuisson.
Deux techniques de fermeture existent : le joint de caoutchouc ou le couvercle à vis.
Pour des raisons de commodité à l'ouverture, il est préférable d'utiliser plutôt les couvercles à vis.

La contenance

Si vous avez un beau foie (de 600 g par exemple) à mettre en conserve, mieux vaut choisir deux, voire trois bocaux de 200 g pour le mettre dedans. Un seul de ces bocaux permettra de régaler quatre à cinq personnes, les autres pouvant, on l'a vu, être conservés à loisir. N'oubliez pas de mettre du foie de côté pour confectionner quelques pâtés de foie gras.

Quel morceau choisir ?

Sélectionnez systématiquement la partie supérieure du foie pour la conserve : c'est celle qui se garde le mieux. La partie inférieure, en revanche, est parfaite pour confectionner les pâtés.

La mise en bocal

Il suffit de glisser le ou les lobe(s) de foie dans le bocal en prenant soin de ne pas trop remplir ce dernier. Ne rajoutez pas de graisse, cela pourrait entraîner des problèmes au moment de la cuisson. Fermez la capsule *(photos 1 et 2, p. 34)*.

La cuisson

Placé(s) dans le stérilisateur, le ou les bocaux doivent rester 1 h 30 à une température de 105 °C. Ensuite, sortez les bocaux du stérilisateur durant la phase de refroidissement (vers 80 °C environ) en n'oubliant pas d'enfiler un gant isolant. Cela évite une cuisson prolongée.

L'étiquetage

Après avoir bien essuyé les bocaux, collez des étiquettes comportant le nom du produit, son poids et sa date de fabrication. Après plusieurs mois, voire plusieurs années, la mémoire peut faire défaut... Rangez les bocaux au frais et à l'abri de la lumière.

Les bocaux doivent être clos hermétiquement.

Le foie en conserve cuisiné

C O N S E I L

En entrée, le foie gras cuit se déguste frais, pas froid. Il est donc nécessaire de le faire chambrer à température ambiante, comme le vin, une bonne demi-heure avant le service.
Coupez-le au dernier moment avec un couteau dont la lame est chauffée à l'eau chaude et essuyée après chaque tranche.
Enfin, un foie gras entier ne se tartine pas, il se savoure sur un pain de qualité légèrement grillé. Évitez les pains fantaisie (noix, raisins...) qui dénaturent son goût.

1 *La mise en bocal du foie.*

2 *La fermeture du bocal.*

Omelette au foie gras

Pour 4 personnes

Préparation : 10 mn. Cuisson : 15 mn

- ***8 œufs frais***
- ***200 g de foie gras en bocal***
- ***quelques lamelles de truffe***
- ***25 g de beurre***
- ***sel, poivre du moulin***

1. Coupez le foie gras en cubes.

2. Battez les œufs en omelette. Ajoutez les cubes de foie gras. Salez et poivrez.

3. Faites fondre le beurre dans une poêle posée sur feu vif. Saisissez le mélange dans la poêle, puis réduisez le feu et poursuivez la cuisson à feu doux, pour que l'omelette reste baveuse, pendant 15 mn. Ajoutez les lamelles de truffe au bout de 10 mn de cuisson.

4. Retournez l'omelette et servez-la sans attendre.

Le bon accord
Un vin blanc de Loire : sancerre, menetou-salon, reuilly.

Truc : Gardez les œufs au contact de la truffe pendant 24 h dans un bocal, l'omelette n'en sera que meilleure.

Foie gras en crépine de laitue

Pour 6 personnes

Préparation : 10 mn. Cuisson : 2 mn

- ***2 laitues***
- ***1 bocal de 200 g de foie gras de canard au naturel***
- ***2 1/2 cuil. à café de graisse de canard***

1. Nettoyez les laitues, ne gardez que les grandes feuilles vertes. Lavez-les, puis épongez-les avant d'en retirer les grosses nervures au couteau.

2. Faites bouillir 2 litres d'eau dans un faitout, plongez-y les feuilles de laitue. Comptez 1 mn après la reprise de l'ébullition puis posez le faitout dans l'évier et laissez les feuilles refroidir sous un filet d'eau froide. Égouttez-les soigneusement.

3. Découpez le foie gras en petits dés.

4. Disposez 4 feuilles de laitue en rosace sur le plan de travail de manière à ce qu'elles se touchent au centre. Répartissez dessus quelques dés de foie. Repliez les feuilles, qui font office de crépine, sur la garniture. Opérez de même pour les autres crépines.

5. Préchauffez le four (th. 8/9). Rangez les crépines dans un plat à four préalablement badigeonné de graisse de canard. Recouvrez les crépines d'un soupçon de graisse.

6. Enfournez le plat et faites cuire 2 mn au maximum. Servez en accompagnement d'une viande blanche (côte de veau aux cèpes, par exemple).

Le bon accord

Un vin blanc sec (pouilly-fumé, sylvaner) ou rouge (beaujolais, bourgueil, chinon).

Tagliatelles au foie gras

Pour 6 personnes

Préparation : 8 mn. Cuisson : 20 mn

- ***300 g de tagliatelles***
- ***2 litres de lait***
- ***100 g de foie gras cuit + 2 cuil. à soupe de foie gras réduit en purée à la fourchette***
- ***100 g de parmesan***
- ***50 g de crème fraîche***
- ***50 g de beurre***
- ***sel, poivre du moulin***

1. Coupez le foie gras en cubes.

2. Salez, poivrez le lait et ajoutez le beurre. Portez-le à ébullition dans un faitout ou une grande casserole.

3. Jetez-y les pâtes. Couvrez après la reprise de l'ébullition et maintenez 15 mn à une température de 80 °C (à contrôler avec le thermomètre à yaourt). Égouttez les tagliatelles en recueillant le lait.

4. Incorporez au lait la crème fraîche et la purée de foie gras. Refaites bouillir 2 mn et réintégrez les pâtes pendant 4 mn. Égouttez-les.

5. Dressez les pâtes sur un plat, ajoutez les cubes de foie gras et le parmesan, et servez chaud.

Le bon accord

Un vin rouge : saint-émilion, graves, pomerol, côte de beaune, côte rôtie.

En haut : tagliatelles au foie gras.
En bas : foie gras en crépine de laitue.

Marbré d'artichauts et foie de canard au sauternes

Pour 6 personnes

Préparation : 40 mn. Cuisson : 15 mn

Réfrigération : 12 h

- ***1 bocal de 200 g de foie gras de canard***
- ***8 fonds d'artichauts en conserve au naturel***
- ***le jus de 1/2 citron non traité***
- ***18 cl de sauternes***
- ***3 feuilles de gélatine***
- ***1 cuil. à café d'huile de tournesol***
- ***1 cuil. à café de farine***
- ***1 pincée de gros sel marin***

1. Ouvrez le bocal et versez le foie dans une assiette que vous placez au réfrigérateur.

2. Remplissez à mi-hauteur une casserole d'eau froide, ajoutez la farine, l'huile, le gros sel, le jus de citron et mélangez avec un fouet.

3. Rincez les fonds d'artichauts à l'eau tiède, ajoutez-les dans la casserole et faites-les cuire à feu doux pendant 15 mn.

4. Égouttez les fonds d'artichauts cuits, puis taillez-les en lamelles de 1 cm d'épaisseur. Rincez la casserole et mettez-y le sauternes à tiédir.

5. Pendant ce temps, faites tremper les feuilles de gélatine dans de l'eau froide pendant 3 mn. Ensuite égouttez-les et faites-les fondre dans le sauternes tiède. Retirez la casserole du feu.

6. Sortez le foie gras et coupez-le également en lamelles de 1 cm d'épaisseur.

7. Versez les lamelles de foie gras et d'artichauts dans la gelée de sauternes, mélangez délicatement puis transvasez le tout dans une petite terrine. Égalisez et tassez légèrement à l'aide d'une fourchette.

8. Placez la terrine 12 h au réfrigérateur. Servez-la découpée en tranches, accompagnée de pain de campagne grillé.

Le bon accord

Un vin blanc sec : pouilly-fumé, sylvaner...

Le pâté de foie gras

Délicieux et apprécié de tous, il est techniquement très facile à réaliser. Un produit à découvrir absolument !

Difficulté

Définition : le pâté de foie ***de*** canard comporte autant de foie gras que de chair à pâté (porc). Au contraire du pâté au foie ***au*** canard qui lui comporte plus de chair à pâté que de foie.

Les ingrédients

Le pâté de foie réalisé ci-après est donc constitué pour moitié de foie gras et pour l'autre moitié de chair à pâté de porc. Concrètement, pour un bocal de 200 g, il faut compter 100 g de foie gras et 100 g de chair à pâté. Achetée chez un boucher ou un charcutier, cette dernière est constituée de gras et de viande maigre de porc, à l'exclusion de tout autre additif. Il convient de la saler et de la poivrer à raison de 20 g de sel et 10 g de poivre par kilo. On peut également y ajouter un doigt de cognac.

C O N S E I L

Exigez une chair à pâté sans conservateur ni sels nitriques. Ces derniers sont d'ailleurs parfaitement repérables après la cuisson : ils font virer au rosé la couleur du pâté.

La réalisation

Prenez un bocal de 200 g, lavez-le à l'eau courante fraîche en prenant soin de ne pas mettre les doigts dedans. Pesez 100 g de chair à pâté. Tapissez le fond et les parois du bocal avec la moitié de la chair à pâté. Introduisez ensuite dans le bocal un morceau de 100 g de foie gras (première qualité ou tout-venant), pointe en haut *(photo 1)*. Recouvrez le foie avec le reste de la chair à pâté en veillant à laisser découverte la partie supérieure du foie *(photo 2)*. Fermez la capsule, le bocal est prêt. Reste à le stériliser.

1 *Le foie posé sur un tapis de chair à pâté.*

2 *Le pâté de foie avant fermeture du bocal.*

La stérilisation

Disposez la ou les boîtes en quinconce dans le stérilisateur – il est, on s'en doute, plus judicieux d'en faire plusieurs à la fois. Prenez soin de les caler avant de commencer la cuisson. Elle durera 2 h 30 à une température comprise entre 103 °C et 105 °C. À l'issue, videz le stérilisateur de son eau et laissez les boîtes de pâté refroidir à l'air libre.

La conservation

Une fois étiquetée (nature du produit, composition, date de fabrication), la boîte de pâté de foie de canard peut se conserver pendant des années.

Variante

le pâté de foie gras à la truffe
L'apport d'un morceau de truffe présenté sous forme de médaillon bonifie ostensiblement le pâté de foie gras. L'opération, qui ne présente aucune difficulté, s'effectue lors de la mise en boîte.

C O N S E I L

Évitez de manger trop jeune votre pâté de foie. Âgé d'un an, il est déjà très bon, mais deux années d'ancienneté le rendent meilleur encore. Comme le vin, le pâté doit prendre le « mal du verre ». De plus, l'amalgame du foie gras et de la chair à pâté ne s'accomplit qu'en vieillissant.

Pâté de foie gras demi-lune

Pour 6 personnes
Préparation : 3 mn

- ***2 boîtes de pâté de foie gras***
- ***quelques feuilles de salade***
- ***quelques tomates-cerises***

1. Sortez les pâtés de leurs boîtes, posez-les sur le petit côté sur le plat de service.

2.Coupez chaque pâté en deux dans le sens de la longueur, puis ouvrez-les comme un livre, en demi-lune. Ainsi présentés, les pâtés offrent à l'œil un appétissant liseré jaune (l'excédent de graisse du foie), un liseré de chair, puis le foie en médaillon.

3. Agrémentez la présentation de feuilles de salade et de tomates-cerises.

Le bon accord
Un vin blanc frais : pacherenc.

Le magret

Dans le Sud-Ouest, la tradition veut que l'on conserve les plus beaux magrets (en général ceux qui pèsent plus de 450 g) pour un usage frais. Ces muscles charnus et bien dessinés, qui correspondent au filet, sont en effet en tout point délicieux. Une viande rouge de choix, parfaitement compatible avec tous les régimes !

Difficulté

Magret côté graisse et côté viande.

La conservation

Avant d'être cuisiné, un magret peut être gardé 2 ou 3 jours au frais. Le réfrigérateur fait parfaitement l'affaire, il suffit simplement de le recouvrir d'un film alimentaire transparent.

La congélation

Elle se pratique aisément pour le magret qui se garde de 6 mois à 1 an au congélateur. La décongélation s'effectue lentement au réfrigérateur ou au four à micro-ondes.

Magret strié pour la cuisson.

La préparation

Avant de faire cuire un magret, quadrillez au couteau le côté peau afin précisément de faciliter sa cuisson *(voir ci-dessus)*. Deux estafilades dans le sens de la longueur, une dans la largeur permettront à la chaleur de faire fondre la graisse tout en remontant plus facilement jusqu'à la viande.

Attention : les estafilades doivent être profondes, jusqu'à la viande, mais sans toutefois sectionner la pellicule qui sépare la peau de la chair.

Truc : Un magret ne se sale et ne se poivre jamais avant la cuisson.
Explication : le sel a tendance à faire monter le sang, ce qui rend la viande plus dure. C'est donc en fin de cuisson que l'on sale et poivre, toujours côté viande.

La cuisson

Quelle que soit la recette choisie, la cuisson du magret doit être douce. N'hésitez pas pour cela à l'arroser avec des gouttes d'eau.
Autre point à savoir : il est inutile de mettre un corps gras (huile ou beurre) dans la poêle, la graisse du magret fait l'affaire.
Enfin, retenez qu'un magret ne se retourne pas plusieurs fois pendant la cuisson.

Voici la bonne technique : comptez 10 mn de cuisson pour un magret de 450 g. Mettez le magret dans une poêle chaude mais pas brûlante. Commencez par faire cuire le côté peau 7 mn, puis retournez le magret et faites cuire le côté chair 3 mn, en arrosant la viande de temps en temps. Salez, poivrez, c'est prêt.

Magret poêlé à l'échalote

Pour 6 personnes

Préparation : 2 mn. Cuisson : 10 mn

- ***2 magrets frais d'environ 500 g chacun***
- ***2 échalotes***
- ***1 cuil. à soupe de vinaigre de vin***
- ***sel, poivre du moulin***

1. Pelez et émincez les échalotes.

2. Quadrillez au couteau le côté peau des magrets comme indiqué *p. 43*.

3. Dans une poêle chaude mais pas brûlante, faites cuire les magrets à sec, côté peau dessous, pendant 7 mn. N'hésitez pas à vider la graisse excédentaire.

4. Retournez les magrets et faites cuire le côté viande pendant 3 mn. Un peu avant la fin de la cuisson, ajoutez les échalotes. Salez et poivrez.

5. Faites glisser les magrets sur un plat, arrosez-les de vinaigre et recouvrez-les d'une feuille de papier d'aluminium. Au moment de servir découpez-les en tranches de 2 cm.

CONSEIL

Le magret aux échalotes se marie parfaitement avec une salade aux noix ou des pommes de terre confites dans de la graisse de canard.

Le bon accord

Un vin rouge : madiran, pauillac, saint-estèphe, pécharmant, clos de vougeot, crozes-hermitage.

Magret de canard à la braise

Pour 6 personnes

Préparation : 1 mn. Cuisson : 8 mn

- ***2 magrets d'environ 500 g chacun***
- ***sel, poivre du moulin***

1. Quadrillez au couteau le côté peau des magrets comme indiqué *p. 43*.

2. Déposez les magrets sur le gril du barbecue à 10 cm des braises et faites-les cuire 6 mn côté peau et 2 mn côté chair. Pour vérifier la cuisson, soulevez la partie exposée au feu avec une fourchette. Salez et poivrez. Servez les magrets émincés en tranches de 2 cm.

CONSEIL

Le magret se cuit très facilement au barbecue. Néanmoins, il faut surveiller l'écoulement de la graisse sur les braises pour éviter qu'elles ne s'enflamment. Prévoyez une casserole d'eau à proximité et arrosez dès que des flammes apparaissent.

Le bon accord

Un vin rouge : bergerac, gaillac, madiran, graves, pomerol.

En haut : magret poêlé à l'échalote.
En bas : magret de canard à la braise.

Les aiguillettes

L'aiguillette se cuisine traditionnellement fraîche. Ce muscle particulièrement fin est très apprécié des connaisseurs qui, dans la hiérarchie du goût, la classent en deuxième position, juste derrière le foie gras. Certains vont même jusqu'à prétendre que l'aiguillette est supérieure au filet de bœuf.

Difficulté

Aiguillettes avant cuisson.

La conservation

L'aiguillette ne se conserve guère plus de 2 jours au réfrigérateur, comme le magret. Elle peut également se congeler. Pour éviter les odeurs du congélateur, utilisez des sacs plastique de bonne qualité.

La cuisson

L'aiguillette se cuit comme un bifteck : avec une poêle très chaude qui saisit la viande. Attention, compte tenu du faible volume de ce muscle, le temps de cuisson ne dépasse guère 2 à 3 mn.

Aiguillettes normandes

Pour 3 personnes

Préparation : 2 mn. Cuisson : 4 mn

- ***6 aiguillettes (2 par personne)***
- ***2 cuil. à soupe de beurre mou***
- ***2 cuil. à soupe de crème fraîche***
- ***sel, poivre du moulin***

1. Faites fondre le beurre dans une poêle posée sur feu vif. Jetez-y les aiguillettes et faites-les cuire 4 mn en les retournant deux fois. Ajoutez la crème fraîche pour les adoucir, salez, poivrez et servez.

◊ Rosé, alors que l'extérieur est saisi, le cœur de l'aiguillette met en valeur le triple goût « noisette-raisin-pain d'épice » du canard.

Le bon accord
Un margaux, un pauillac ou un crozes-hermitage.

Aiguillettes à la braise

Pour 3 personnes

Préparation : 2 mn. Cuisson : 2 mn

- ***6 aiguillettes (2 par personne)***
- ***sel***
- ***poivre du moulin***

1. Déposez les aiguillettes sur le gril – très propre – du barbecue, à 7 cm d'un lit de braises vigoureuses. Faites-les cuire pendant 2 mn. Salez, poivrez et servez saignant de préférence.

Le bon accord

Un vin rouge : madiran, pécharmant ou roussillon.

CONSEIL

Hormis le couple sel-poivre, n'ajoutez aucun ingrédient supplémentaire (huile d'olive, épices, etc.). Les aiguillettes se suffisent parfaitement à elles-mêmes.

Les confits

Confire une viande consiste à la faire cuire dans de la graisse. Outre le fait de pouvoir la conserver dans d'excellentes conditions, cette technique très ancienne valorise la viande comme nulle autre. Chaque morceau du canard peut être confit. Dans la pratique, on se limite surtout aux ailes (sur lesquelles on laisse le magret), aux cuisses, au cœur et au gésier.

Difficulté

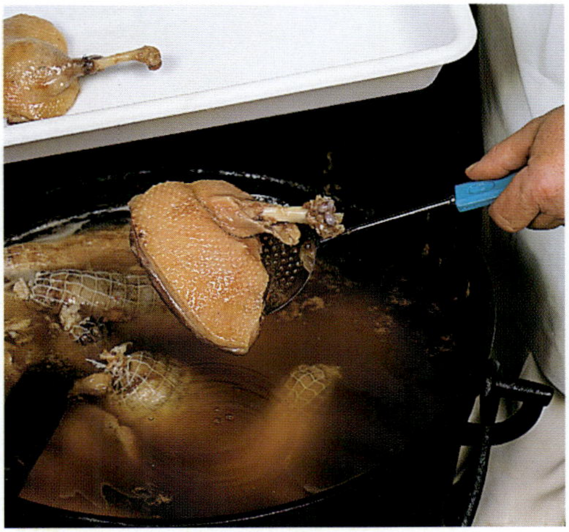

Aile confite sortie de la marmite.

Les condiments du confit.

La cuisson

Identique pour tous les confits, elle consiste à plonger les morceaux de viande dans une marmite en fonte ou un faitout rempli de graisse de canard. Notez que seule la cuisson sur un feu de bois garantit un goût inimitable.

Portez à ébullition la graisse de canard (la quantité de graisse dépend du volume de viande à confire, celle-ci doit baigner dans la graisse). Éventuellement, vous pouvez ajouter dans la marmite quelques légumes et aromates *(voir p. 51, Confit corrézien)*. Lorsque la graisse bouillonne doucement, ajoutez la viande et faites-la confire à feu doux pendant environ 2 h, en prenant soin de remuer le tout de temps à autre avec une grande spatule de bois pour éviter que les morceaux de viande n'attachent. Couvrez aux trois quarts la marmite ou le faitout afin que les vapeurs d'eau puissent s'échapper. Lorsque la viande est cuite et bien gorgée de graisse, mettez-la à égoutter.

La mise en bocal

Une fois confits, mettez les morceaux en bocal. L'aile confite (manchon et magret), assez volumineuse, nécessite un bocal de 1 litre et de 10 cm de diamètre, avec une ouverture suffisamment large pour faciliter l'introduction et la sortie des morceaux *(photo 1)*.
Pour une cuisse, un bocal d'une contenance de 1/2 litre fait l'affaire. Pour les gésiers et cœurs confits, des bocaux de 1/4 litre suffisent.
Attention : lors de l'introduction dans le bocal, serrez le ou les morceaux confits. Cela empêche l'écrasement. Complétez ensuite le bocal de graisse liquide tiède, puisée dans la marmite ou le faitout *(photo 2)*. Veillez à ne pas remplir le bocal à ras bord, pour éviter les débordements au moment de la stérilisation.

CONSEIL

Choisissez de préférence un bocal muni d'une capsule. Très simple à fermer, ce procédé est parfait à l'ouverture.

La stérilisation

L'élimination des bactéries passe, on le sait, par la stérilisation des bocaux. Disposez-les en quinconce dans le stérilisateur (pour éviter les chocs pendant la cuisson), et maintenez-les pendant 1 h à 1 h 15 à une température de 105 °C. Ensuite, sortez-les avec précautions pendant la phase de refroidissement (enfilez des gants anti-brûlures) à 80 °C environ. Essuyez-les une dernière fois pour enlever toute trace de graisse et pour éviter tout phénomène de rouille au niveau de la fermeture. Cette opération nécessite la dépose et l'essuyage de chaque couvercle.

1 *Aile mise en bocal.*

2 *Le complément de graisse.*

La conservation

Une fois étiquetés, les confits peuvent être rangés. Consommables de suite, ils peuvent aussi se conserver plusieurs années à l'abri de la lumière et à température constante.

Confit corrézien

Pour 6 personnes

Préparation : 5 mn. Cuisson : 2 h minimum

- ***viande à confire (aile, cuisse...)***
- ***graisse de canard (la quantité dépend du volume de viande à confire)***
- ***2 carottes***
- ***1 oignon***
- ***1 bouquet garni (thym, laurier)***
- ***3 clous de girofle***

1. Pelez les carottes et coupez-les en gros morceaux. Pelez l'oignon et piquez-le des clous de girofle.

2. Mettez la graisse de canard dans une marmite en fonte ou un faitout et portez à ébullition. Ajoutez la viande à confire, les carottes, l'oignon et le bouquet garni. Inutile de saler et de poivrer, la viande l'est déjà. Laissez cuire à feu très doux pendant au minimum 2 h.

◊ Cette recette est très prisée dans la Corrèze périgourdine, la cuisson au feu de bois conférant aux ailes et aux cuisses confites un parfum inimitable.

Le bon accord
Un vin rouge : bergerac, gaillac, graves, saint-émilion.

Confit de canard en piperade

Pour 6 personnes

Préparation 1 h. Cuisson : 1 h

- ***1 aile et 1 cuisse de confit de canard***
- ***8 à 10 tomates***
- ***250 g de piments longs et doux***
- ***2 oignons***
- ***25 cl bouillon de volaille préparé avec un cube***
- ***2 cuil. à soupe de graisse de canard***
- ***2 cuil. à soupe de crème fraîche***
- ***1 pincée de sucre***

1. Ébouillantez les tomates, pelez-les, épépinez-les et coupez leur chair en dés. Pelez et émincez les oignons. Équeutez les piments et coupez-les en deux dans le sens de la longueur.

2. Faites fondre la graisse de canard dans une poêle, faites blondir les oignons, ajoutez les piments puis les tomates et le sucre. Faites cuire longuement et à feu doux jusqu'à légère consistance avant d'ajouter le bouillon et la crème fraîche.

3. Allumez le four (th. 6). Mettez les morceaux de confit dans un plat et faites-les chauffer au four dans leur propre graisse, en ayant soin d'en éliminer l'excédent. Mangez-les accompagnés de piperade.

Le bon accord

Un vin rouge du Béarn, un médoc ou un saint-émilion.

La carcasse

Contrairement à celles d'autres volatiles, la carcasse du canard est un morceau très prisé : la viande accrochée à ses os peut être utilisée pour faire des rillettes ou cuisinée de belle manière.

La séparation

Difficulté

Composée d'une partie supérieure (celle où le cou est accroché qui correspond au dos) et d'une partie inférieure (les côtes et le bréchet), la carcasse doit être ouverte pour être travaillée *(photo 1)*. L'opération consiste à glisser la lame du couteau entre l'os qui assure la fermeture des deux carcasses ; on les sépare ensuite en coupant le muscle et les nerfs.
Si vous souhaitez utiliser une ou plusieurs carcasses pour faire des rillettes, sectionnez la partie inférieure en quatre morceaux afin d'obtenir une meilleure cuisson ultérieure : le cou est coupé par le milieu *(photo 2)*, de même que le reste de la carcasse inférieure *(photo 3)*. Tous ces morceaux finiront dans la marmite ou le faitout de graisse bouillonnante *(voir Les rillettes, p. 55)*.

Attention à ne pas enlever le cœur accroché dans la partie supérieure, il sera cuit et confit avec les autres morceaux.

Non utilisée pour les rillettes, la carcasse peut être cuisinée avec bonheur.

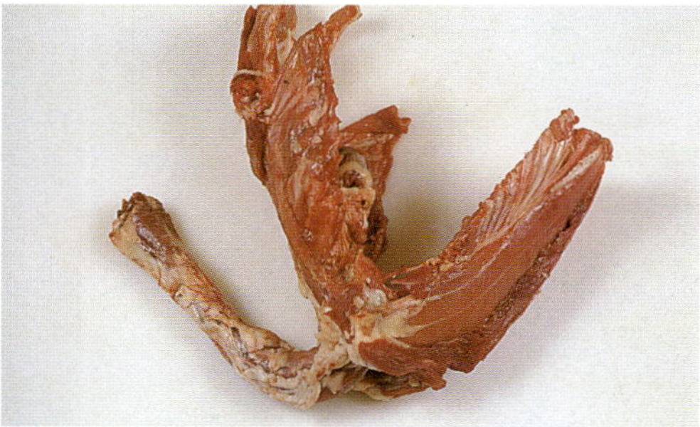

1 *La carcasse inférieure (le cou n'a pas été enlevé) et supérieure.*

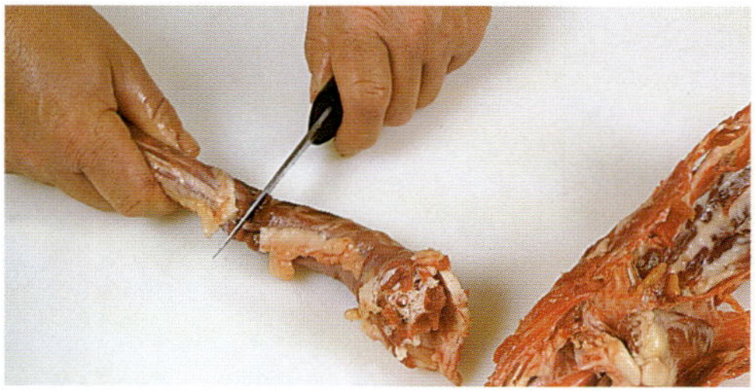

2 *Le cou coupé en deux.*

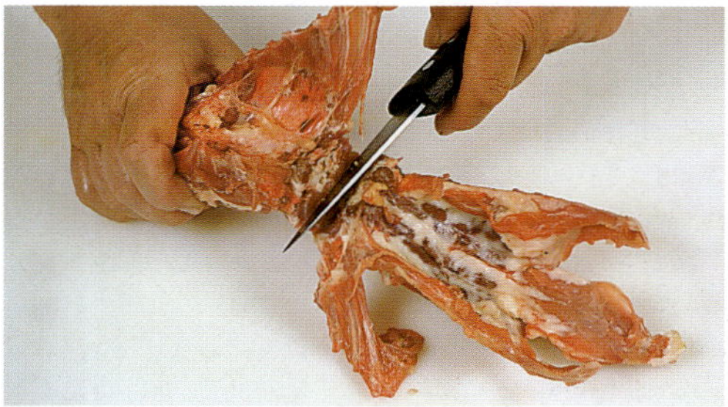

3 *La carcasse inférieure coupée en deux.*

Soupe de carcasse

Pour 6 personnes

Préparation : 5 mn. Cuisson : 2 h minimum

- ***1 ou plusieurs carcasses de canard***
- ***1 ou 2 poireaux***
- ***1 ou 2 carottes***
- ***3 ou 4 navets***
- ***1 branche de céleri***
- ***1 oignon blanc***
- ***3 ou 4 clous de girofle***
- ***sel, poivre du moulin***

1. Portez à ébullition une marmite ou un faitout d'eau froide. Au premier bouillon, jetez-y les légumes préalablement pelés et coupés en morceaux, l'oignon piqué des clous de girofle, salez et poivrez.

2. Plongez la ou les carcasse(s) coupée(s) en morceaux dans la marmite et laissez cuire le plus longtemps possible à feu doux (comptez 2 h au minimum avec une marmite, un peu moins avec une cocotte-minute).

C O N S E I L

Une fois cuite, la soupe se mange en deux temps : D'abord les carcasses : la viande présente sur les os est particulièrement fine, souple et goûteuse. Après avoir mis une pincée de gros sel, on la picore avec la pointe d'un couteau ou d'une fourchette et on la mange avec de la moutarde douce et de jeunes cornichons.
Bouillon et légumes sont dégustés ensuite.

Le bon accord

Un vin rouge de Loire : sancerre, bourgueil, anjou.

Les rillettes

La graisse, la peau et la viande encore non utilisées entrent toutes dans la composition des célèbres rillettes de canard. Plus charnues et plus moelleuses que celles de porc, elles font le bonheur des pique-niqueurs avertis.

Difficulté 🦆 🦆

Les proportions

Sur les 6 kg d'un canard gras moyen environ 1,5 à 2 kg peuvent être utilisés à la réalisation de rillettes. Après la cuisson, et du fait de la fonte des graisses, on en tire grosso modo deux boîtes.
Par ailleurs, les rillettes de bonne facture comportent plus de la moitié de viande afin de ne pas être trop grasses. Voilà pourquoi il convient de récupérer le maximum de viande (cou, aiguillette, manchon, carcasse...).
Dernière précision liminaire : les rillettes de canard doivent exclusivement être réalisées avec du canard. Pas question d'y adjoindre d'autres viandes ou graisses.

Truc : Pour faire plusieurs boîtes de rillettes sans acheter pour autant plusieurs canards, vous pouvez vous procurer de la parure (graisse), de la peau, des abats ou des manchons auprès des producteurs artisanaux.

La préparation

La peau et la graisse ont été salées et poivrées après la découpe du canard *(voir Le salage, p. 22)*. Taillez-les en lamelles d'environ 5 mm, puis recoupez-les en cubes ou passez-les au hachoir à gros trous *(photos 1 et 2)*. Mettez-les ensuite dans une marmite avec les morceaux maigres (viandes : *photo 1, p. 56)*.

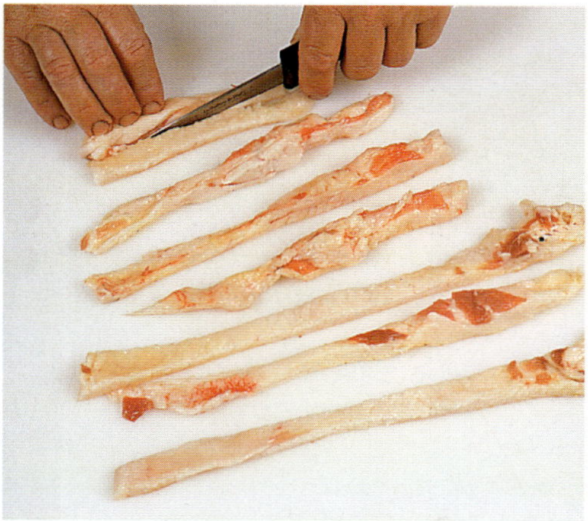

1 *Parure découpée en lamelles.*

2 *Parure passée au hachoir.*

C O N S E I L

Ne découpez jamais la peau ou la parure sur une planche de bois. Vous risqueriez en effet d'écorcher la fibre et d'amalgamer des fragments de bois dans les rillettes. De plus, chaque incision dans le bois favorise l'introduction de bactéries et de microbes.

La cuisson

Traditionnellement, rillettes et confits sont cuits ensemble. Seule différence, les produits « rillettes » cuisent sensiblement plus longtemps. Le temps de cuisson minimum est de 3 h, mais il peut être prolongé sans aucun problème.

La mise en boîte

Une fois cuit, le maigre de la rillette doit être récupéré. Pour ce faire, sortez les os et les carcasses et grattez tous les petits morceaux de viande. Sans difficulté, l'opération peut néanmoins paraître fastidieuse. Il faut surtout veiller à ne pas laisser de bouts d'os après la viande.

Égouttez ensuite les petits cubes de graisse extraits de la marmite et mélangez-les à la viande. Cela donne naissance à une pâte chaude à laquelle vous pouvez, si nécessaire, ajouter de la graisse afin de la rendre plus moelleuse. Mais pas question d'ajouter d'autres condiments. Veillez à bien respecter les proportions : plus de maigre que de gras.

Ensuite vous pouvez procéder au remplissage, toujours à chaud, des bocaux (200 g). Dès que la graisse refroidit, elle redevient compacte. Garnissez-les en laissant une marge de sécurité en haut *(photo 2)*, fermez-les, essuyez-les et placez-les dans le stérilisateur. Durée de la cuisson : 1 h 30 à 103-105 °C.

Après refroidissement, essuyez les bocaux, étiquetez-les puis rangez-les.

1 *Les viandes pour rillettes à la marmite.*

2 *La mise en bocal des rillettes.*

C O N S E I L

Contrairement au pâté de foie, les rillettes peuvent être consommées quasi fraîches. Il est d'ailleurs inutile de les laisser vieillir, elles risqueraient, à terme, de rancir.
Une fois ouvert, le bocal de rillettes doit être fini rapidement, les rillettes ne supportant guère les séjours prolongés au réfrigérateur.

Salade gaillarde

Pour 6 personnes

Préparation : 25 mn. Cuisson : 10 secondes

- ***1 salade frisée***
- ***150 g de rillettes de canard***
- ***50 g de noix tendres hachées***
- ***1 échalote***
- ***1 cuil. à soupe de moutarde violette (spécialité de Brive-la-Gaillarde)***
- ***1 cuil. à soupe d'huile de noix***
- ***1 cuil. à soupe de vinaigre de vin***
- ***sel, poivre du moulin***

1. Nettoyez, lavez puis essorez la salade.

2. Épluchez l'échalote et hachez-la très finement. Mélangez-la dans un saladier avec la moutarde violette, le vinaigre, du sel, du poivre et les noix. Ajoutez l'huile puis la salade.

3. Faites chauffer une petite poêle, versez-y les rillettes. Remuez-les 10 secondes sur feu vif avec une spatule en bois, puis déposez-les brûlantes sur la salade. Tournez celle-ci vivement et servez-la sans attendre avec un confit de canard.

Le bon accord
Un vin rouge : cahors, bergerac, mille-et-une-pierres (vin du sud de la Corrèze).

Crêpes de sarrasin aux rillettes de canard

Pour 6 personnes

Préparation : 1 h 45. Cuisson : 10 mn

- ***250 g de farine de sarrasin***
- ***100 g de farine de blé***
- ***3 boîtes de rillettes de 200 g***
- ***2 œufs***
- ***1/2 cube de levure de boulanger***
- ***2 cuil. à soupe d'huile + huile pour les crêpes***
- ***1 pincée de sel***

1. Mettez les deux farines, la levure, le sel, l'huile et les œufs dans une grande jatte. Travaillez le tout avec une spatule en versant peu à peu 1 litre d'eau, mélangez bien pour éviter les grumeaux. Vous devez obtenir une pâte liquide comme une pâte à crêpe. Laissez reposer 1 h 30 à température ambiante.

2. Badigeonnez le fond d'une poêle avec un peu d'huile. Lorsque la poêle est chaude, versez une louche de pâte en tournant la poêle pour bien l'étaler. Retournez la crêpe lorsque le dessus est doré. Confectionnez ainsi 12 à 18 crêpes. Réussies, elles ont l'apparence de dentelles.

3. Étalez les rillettes de canard dans le milieu d'une crêpe, pliez-la en deux, roulez-la et sectionnez-la en plusieurs morceaux. Répétez l'opération pour les autres crêpes. Servez-les en apéritif, chaudes ou froides.

Le bon accord
Un vin blanc de Loire.

Le cou farci

**Le craquant de la peau du cou du canard poêlée
allié à la douceur d'une farce tiède fait du cou farci un mets de tout premier ordre.
Sa confection est d'une simplicité enfantine.**

Difficulté

La préparation

Commencez par le dégraisser : retournez-le à l'envers, exactement comme une chaussette ou un gant, puis découpez au couteau la graisse située dans la partie supérieure. Une opération qui ne dure guère plus de 2 à 3 mn.

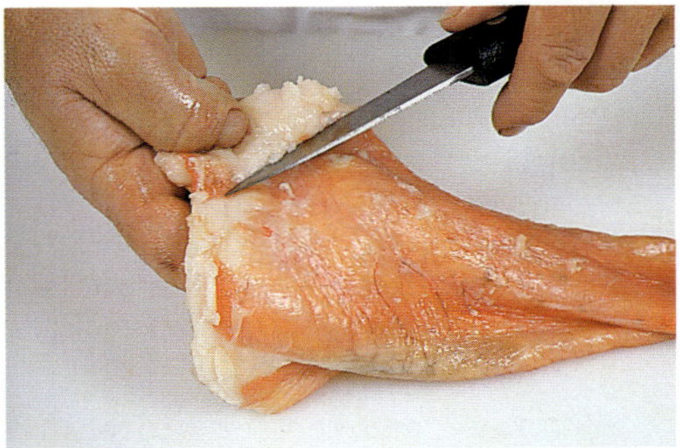

Dégraissage du cou.

CONSEIL

Pour éviter de percer ou de couper la peau, ce qui rendrait impossible sa garniture de farce, étalez-le au maximum pour empêcher la formation de plis.

La garniture

Remettez le cou à l'endroit et cousez l'extrémité étroite avec une aiguille de ménagère et du fil de cuisine *(photo 1)*. Farcissez-le ensuite avec 500 g de chair à pâté salée et poivrée *(photo 2)*.

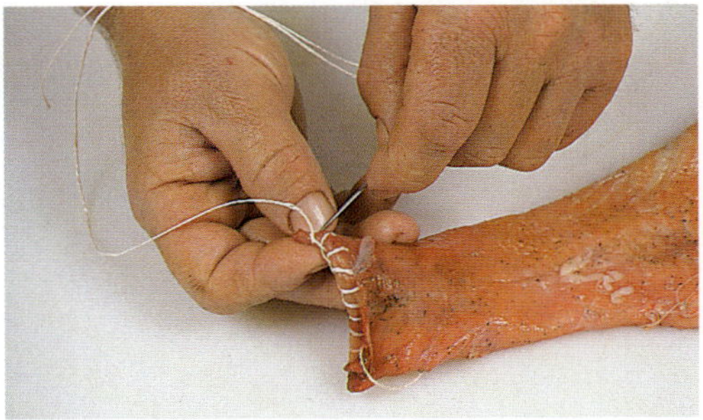

1 *Couture du cou.*

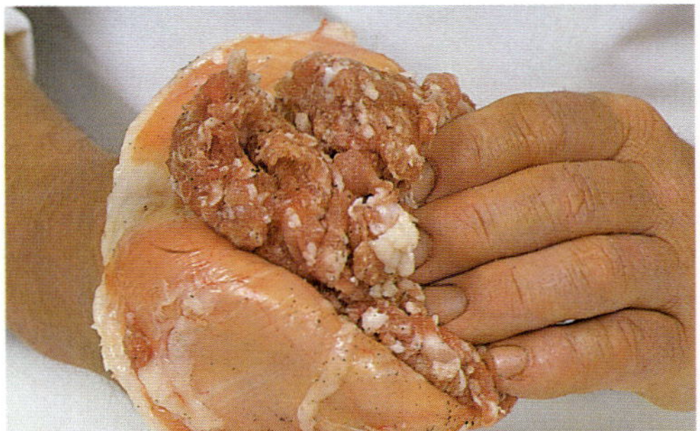

2 *Remplissage du cou.*

Cousez l'autre extrémité et mettez le cou farci à cuire dans la graisse en même temps que les confits, rillettes, gésiers... *(photos 3 et 4)*. Durée de la cuisson : 1 h 30.

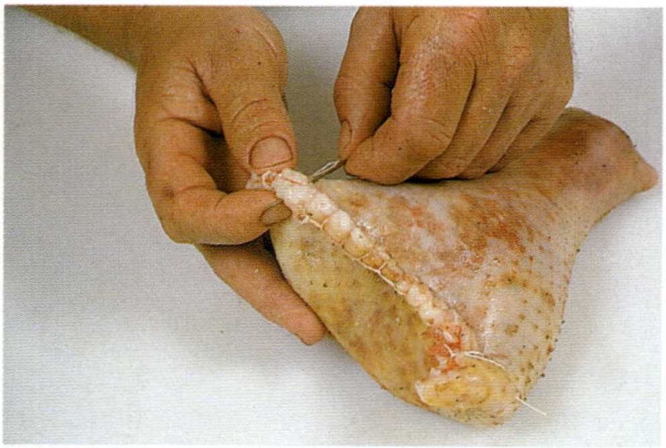

3 *La fermeture du cou farci.*

4 *Le cou farci dans la marmite.*

La mise en bocal

Mettez le cou farci cuit dans un bocal de 1 litre. Recouvrez-le de graisse avant de refermer et mettez-le dans le stérilisateur 1 h 30 à 105 °C.
Après refroidissement, essuyez, étiquetez puis rangez le bocal à l'abri de la lumière.

Cou farci poêlé

Pour 6 personnes

Préparation : 1 mn. Cuisson : 15 mn

- ***2 cous farcis***

1. Faites cuire les cous à sec, dans une poêle posée sur feu doux, pendant 15 mn. Régulièrement tournée, la peau va dorer pendant que fond l'excédent de graisse.

Le bon accord
Un vin rouge : saint-émilion, pauillac, pessac-léognan.

Cou farci à l'oseille

Pour 6 personnes

Préparation : 10 mn. Cuisson : 20 mn

- ***2 cous farcis***
- ***1,5 kg d'oseille***
- ***50 g de beurre***
- ***12,5 cl de crème fraîche***
- ***2 gousses d'ail, 1/2 bouquet de persil***
- ***sel, poivre***

1. Ôtez les côtes de l'oseille, lavez-la avant de la blanchir dans de l'eau bouillante salée. Égouttez.

2. Faites fondre le beurre dans une poêle et faites revenir l'oseille 5 mn en remuant doucement. Ajoutez l'ail et le persil hachés en fin de cuisson. Hors du feu, ajoutez la crème fraîche, salez légèrement et poivrez.

3. Faites cuire les cous farcis 15 mn à sec dans une poêle posée sur feu doux, puis coupez-les en tranches.

4. Dressez l'oseille dans un plat rond en disposant les tranches de cou au centre.

Le bon accord
Un vin rouge rond en bouche : lalande de pomerol.

Cou farci poêlé. ▶

Les derniers morceaux

Difficulté

LE CŒUR

Son sort est identique à celui du gésier *(voir ci-contre)*. Une fois confit, le cœur peut se mettre en bocal dans les mêmes conditions.

Mise en bocal des cœurs.

LES AILES ET LES CUISSES

Bien que cela ne soit pas courant, ces deux morceaux peuvent se cuisiner frais. Cuits au four, il faut simplement faire attention à enlever l'excès de graisse afin d'éviter tout risque (bien réel) d'incendie.

CONSEIL

Bien que cela soit techniquement possible, un canard gras – même sans foie – ne se cuit que très rarement au four. En tout cas, surveillez avec attention l'excès de graisse, là aussi il y a en effet risque d'incendie.

LE GÉSIER

Faites confire le gésier, ou plutôt les gésiers, car mieux vaut en avoir plusieurs, dans la marmite avec les autres viandes pendant 2 h. Puis mettez-les à leur tour en bocal (200 g). Égouttez bien, introduisez à chaud, recouvrez de graisse et refermez le bocal que vous stériliserez pendant 1 h 30 à 105 °C.

Les gésiers mis en bocal.

Gésiers en folle salade

Pour 6 personnes

Préparation : 10 mn. Cuisson : 1 mn

- ***12 gésiers confits***
- ***100 g de cerneaux de noix***
- ***100 g de roquefort Papillon***
- ***1 scarole***
- ***1 salade frisée***
- ***2 cuil. à soupe de vinaigre de xérès***
- ***2 cuil. à soupe d'huile de noix***
- ***sel, poivre du moulin***

1. Coupez le roquefort en cubes.

2. Triez, lavez et essorez les salades. Mettez-les dans un saladier. Ajoutez l'huile de noix, du sel et du poivre.

3. Découpez les gésiers en morceaux et faites-les tiédir dans une poêle.

4. Faites également tiédir le vinaigre dans une petite casserole.

5. Ajoutez les gésiers tièdes ainsi que les noix à la salade, versez le vinaigre et mélangez bien.

Le bon accord
Un vin rosé frais.

Adresses utiles

Une adresse parmi des milliers d'autres
où vous serez toujours royalement accueilli par le co-auteur de ce livre :
Michel Sage, ferme de Frabet, 19 310 Perpezac-le-Blanc.
Tél./Fax : 05 55 25 18 74.

Photo p. 23 : Laurent Bianquis.

Stylisme : Fabienne Cardonne
Secrétariat d'édition : Mireille Touret
Réalisation : Filigrane

Dépôt légal : décembre 2004
N° d'édition : OF59381
ISBN : 2.01.620784.1
62.62.0784.08.9

Impression : G. Canale & C. S.p.A, Turin (Italie).